吴德喜 著

蒙古女皇满都海

内蒙古出版集团
内蒙古文化出版社

图书在版编目（CIP）数据

蒙古女皇满都海／吴德喜著．－－呼伦贝尔：内蒙古文化出版社，2016.5
ISBN 978-7-5521-1070-8

Ⅰ．①蒙… Ⅱ．①吴… Ⅲ．①满都海（1448-1480）－传记 Ⅳ．①K833.117=324

中国版本图书馆 CIP 数据核字 (2016) 第 126319 号

蒙古女皇满都海

吴德喜 著

出版发行	内蒙古出版集团 内蒙古文化出版社 （呼伦贝尔市海拉尔区河东新春街4付3号）
直销热线	0470-8241422　邮　编　021008
激光照排	北京鸿儒文轩文化传播有限公司
印刷装订	北京欣睿虹彩印刷有限公司
责任编辑	丁永才
封面设计	鸿儒文轩
开　　本	787 毫米 ×1092 毫米　1/16
印　　张	31.5
字　　数	650 千
版　　次	2016 年 5 月第 1 版
印　　次	2020 年 5 月第 2 次印刷

ISBN 978-7-5521-1070-8
定价：56.00 元

目　录

第一章　金凤出世

  第一节　女英雄的摇篮——土默特　　/ 002

  第二节　长生天欢送金凤凰下凡　　/ 003

  第三节　"百日起名"茶宴　　/ 010

  第四节　"那孙拜亦日"周岁喜宴　　/ 012

  第五节　第一次战乱——俘虏明朝皇帝的"土木堡战役"　　/ 015

  第六节　父母严教培养意志　　/ 018

  第七节　第二次战乱——也先太师篡夺汗位　　/ 019

第二章　拯救汗裔

  第一节　也先汗女儿齐齐格公主救黄金家族后裔　　/ 030

  第二节　也先汗部将那哈出举正义施计救汗裔　　/ 033

  第三节　男将军抚育襁褓中汗裔苦中有乐　　/ 035

  第四节　阿里不哥后裔要杀汗裔报祖宗旧日之仇　　/ 039

第三章　乱世成长

  第一节　第三次战乱——也先汗失德政被弑　　/ 046

  第二节　满都海战乱年代过幸福的蒙古族年节　　/ 048

  第三节　第四次战乱——佞臣孛赉征伐瓦剌　　/ 054

  第四节　请名师教授满都海文韬武略　　/ 060

第四章　龙凤呈祥

第一节　决心嫁汗族后裔以逞己志　/ 070
第二节　邂逅相识一见定终身　/ 075
第三节　"藏龙"求"雏凤"　/ 079
第四节　"龙"迎"凤"送双喜呈祥　/ 085
第五节　结发拜天地祭灶见公婆　/ 107
第六节　嘎拉喀占卜满都海生男却生女　/ 114

第五章　弑君乱政

第一节　第五次战乱——毛里孩袭杀佞臣孛赉　/ 118
第二节　第六次战乱——摩仑汗糊涂出兵阵亡　/ 121
第三节　满都海施展才华机遇已见端倪　/ 123

第六章　群雄聚套

第一节　群雄汇聚宝日陶亥　/ 126
第二节　汗裔18年苦寻终归宗　/ 128
第三节　第七次战乱——满都鲁老营被明朝毁灭　/ 130
第四节　形势迫使群雄联合　/ 132
第五节　达延汗巴图蒙克诞生　/ 134
第六节　满都鲁被侄孙力举当大汗　/ 135

第七章　英才初绽

第一节　满都鲁登基为北元大汗　/ 140
第二节　满都海酝酿扩土增实力　/ 141
第三节　首战七土默特获胜　/ 143

第八章　智除枭雄

第一节　满都海运筹铲除枭雄毛里孩计谋　/ 152
第二节　满都海借科尔沁刀袭杀枭雄毛里孩　/ 157
第三节　毛里孩儿子被迫率余部归降汗廷　/ 169

第九章　佞臣政变

第一节　乩加思兰目无大汗擅自出兵兀良哈　/ 174
第二节　佞臣受大汗批评生怨造谣挑拨君杀孙　/ 178
第三节　济农受诬陷因性格倨犟失礼丧失自救机会　/ 181

第四节　满都海听说后识破佞臣奸计但为时已晚　　　　/ 184
第五节　二佞臣乩加思兰和亦思马因产生矛盾　　　　　/ 188
第六节　野心家斡赤来积极配合乩加思兰政变　　　　　/ 189
第七节　忠臣乌格岱办忠心事搜出佞臣反叛罪证　　　　/ 191
第八节　大汗重情义糊涂处理谋反政治事件　　　　　　/ 193
第九节　满都鲁汗放恶虎归山政变命丧马克温都儿　　　/ 194

第十章　执掌国柄

第一节　满都海哈屯挽救政变败局　　　　　　　　　　/ 198
第二节　满都海重用对乩加思兰有成见的诺延　　　　　/ 199
第三节　汗廷有备叛军进攻死伤一片　　　　　　　　　/ 201
第四节　满都海为丈夫满都鲁汗办丧礼　　　　　　　　/ 202
第五节　分裂分子预谋追悼会上对满都海发难　　　　　/ 203
第六节　追悼会上满都海斩佞臣夺皇权大显身手　　　　/ 205
第七节　满都海重新组阁并严明法纪　　　　　　　　　/ 214

第十一章　苦难童年

第一节　亦思马因遗弃锡吉尔儿子童年达延汗　　　　　/ 218
第二节　代养人巴海家虐待童年达延汗　　　　　　　　/ 220
第三节　正义牧民抢养汗裔巴图蒙克　　　　　　　　　/ 225
第四节　好心人共同治好童年达延汗痞疾　　　　　　　/ 230
第五节　护送巴图蒙克投亲途遇贼兵　　　　　　　　　/ 234

第十二章　争抚汗裔

第一节　满都海寻抚汗裔为实现宏伟目标做准备　　　　/ 240
第二节　叛贼企图控制汗裔以便下步控制汗廷　　　　　/ 242
第三节　护送巴图蒙克投亲途遇群狼　　　　　　　　　/ 243
第四节　正邪两方各为己利争寻汗裔巴图蒙克　　　　　/ 244
第五节　天助人愿汗裔巴图蒙克幸到满都海处　　　　　/ 247

第十三章　如母抚育

第一节　满都海从生活细节开始教巴图蒙克　　　　　　/ 252
第二节　叛贼乩加思兰派人偷抢巴图蒙克　　　　　　　/ 255
第三节　按蒙古风俗给巴图蒙克举行"乌日波"剃发仪式　　/ 257
第四节　满都海训练巴图蒙克骑马摔跤　　　　　　　　/ 260
第五节　满都海请忠臣传品德教武艺并兼侍卫长　　　　/ 263

第十四章　成陵迁套

- 第一节　满都海为政治需要从漠北迁圣祖灵到宝日陶亥　/ 268
- 第二节　李罗乃说服大禁地官民同意迁成灵　/ 270
- 第三节　成吉思汗灵寝绰木朝克启灵仪式　/ 272
- 第四节　喀尔喀民众追祭成吉思汗灵　/ 280
- 第五节　成吉思汗灵寝入卧龙岗八白宫　/ 284

第十五章　千古奇婚

- 第一节　满都海寡居科尔沁首领求婚未允　/ 290
- 第二节　满都海再婚出现截然不同意见　/ 294
- 第三节　满都海嫁小女婿前防变心要其立誓　/ 297
- 第四节　佞臣亦思马因兴兵逼宫要官　/ 300
- 第五节　大汗即位大典（仪式）　/ 305
- 第六节　新大汗即位向成吉思汗灵宣誓　/ 307
- 第七节　大汗即位献宝玺献贺礼　/ 308
- 第八节　摄政王满都海赏赐并发布大赦令　/ 310
- 第九节　双庆御宴及庆祝活动　/ 311

第十六章　统军西征

- 第一节　瓦剌蒙古的作为迫使满都海必须征伐　/ 320
- 第二节　摄政王满都海筹备西征瓦剌　/ 322
- 第三节　满都海按蒙古族传统习惯出征前血祭敖包　/ 325
- 第四节　满都海亲率雄兵4万踏上艰险征程　/ 327
- 第五节　西征途中见千般景受万般苦　/ 330
- 第六节　满都海西征瓦剌首战告捷　/ 333
- 第七节　满都海给瓦剌四部立规矩　/ 337
- 第八节　满都海严惩瓦剌分裂首领阿沙嗣　/ 339

第十七章　二征瓦剌

- 第一节　满都海专程亲征分裂叛乱首恶乩加思兰　/ 344
- 第二节　满都海先遣掌吉深入虎穴侦查　/ 345
- 第三节　满都海一举攻陷乩加思兰老巢　/ 349
- 第四节　火筛智擒分裂叛乱首恶乩加思兰　/ 351
- 第五节　分裂叛乱首恶乩加思兰被明正典刑　/ 352
- 第六节　将士们议论满都海有能力及高风亮节　/ 353

第十八章　培养幼帝

　　第一节　满都海借五月节登山教育小可汗　　/ 358
　　第二节　满都海带小可汗到牧民家微服私访教育　　/ 363
　　第三节　满都海教小可汗如何做人做人君　　/ 368

第十九章　统一蒙古

　　第一节　满都海做统一全蒙古的部署　　/ 374
　　第二节　亦思马因得信息逃窜统一大军跟踪追击　　/ 376
　　第三节　统一大军三面突袭击杀分裂分子亦思马因　　/ 380
　　第四节　满都海设珠玛国宴招待统一蒙古参战功臣　　/ 385

第二十章　劫难生子

　　第一节　青春萌动的小达延汗使满都海怀孕　　/ 392
　　第二节　贼兵夜袭满都海转移落马生双胞胎　　/ 394
　　第三节　满都海严军纪惩失职并借刀镇压偷袭贼　　/ 401

第二十一章　蒙明和好

　　第一节　满都海说服众诺延改变对明朝态度　　/ 408
　　第二节　达延汗给明朝的国书迟迟得不到答复　　/ 411
　　第三节　北元代表团赶着"贺礼"提前出发敦促明朝　　/ 413
　　第四节　年轻可汗意图与年轻皇帝一拍即合达成通商协议　　/ 419

第二十二章　皇后选妃

　　第一节　瓦剌首领欲献美女达延汗不敢收纳　　/ 426
　　第二节　达延汗与老妻不亲昵促使满都海给其纳妃　　/ 427
　　第三节　满都海公告在全蒙古给达延汗选妃　　/ 433
　　第四节　各部出众美女施展才华竞争哈屯　　/ 437
　　第五节　顾实和苏密尔2才女胜出被选为哈屯　　/ 442

第二十三章　平定叛乱

　　第一节　右翼3部派请愿团请求汗廷派济农去管理　　/ 448
　　第二节　济农上任前拜谒八白宫被叛匪挑衅杀害　　/ 451
　　第三节　达延汗无经验第一次率兵出征尴尬回师　　/ 456
　　第四节　叛匪出兵进攻汗廷火筛报信汗廷无恙　　/ 458
　　第五节　达延汗亲率大军二征右翼平叛胜利　　/ 460

第二十四章　政治改革

  第一节　满都海针对蒙古政局提出政治改革意见　/ 464
  第二节　满都海举行蒙古祀天大典主格黎　/ 466
  第三节　满都海改革方案达延汗公布施行　/ 470
  第四节　火筛不满改革割去多罗土蛮鄂托克放厥词　/ 472
  第五节　满都海为国家统一支持丈夫对女婿用兵制裁　/ 474
  第六节　火筛因小失大迎击征讨失误被达延汗战胜　/ 477

第二十五章　和谐社会

  第一节　勋臣国戚提议肢解右翼被满都海驳回　/ 482
  第二节　达延汗为满都海哈屯61岁本命年祝寿办庆典　/ 487
  第三节　达延汗在庆寿大会上授予满都海"伟大母亲"称号　/ 490

第一章 金凤出世

第一节　女英雄的摇篮——土默特

呼和浩特市，是内蒙古自治区首府，这是尽人皆知的事情。然而，500多年前，此地不叫呼和浩特。那时此地一片青山绿水，牧草丰足，人烟稀少，土默特蒙古部来到这里后，虽然仍过着逐水草而居的游牧生活，但主要游牧区限制在这一带。土默特蒙古部在这个地区驻牧，是这个地区的主人，因此人们根据这个地区的地理环境特点加上川或滩，称这个地区为土默川或土默滩。

呼和浩特这个名字，是蒙古语的"青色城市"，是一个富有诗意和民族特色的名称。这是蒙古民族的民族英雄满都海的孙子，土默特兀鲁思（国家）大封建主阿勒坦（蒙古语：金子）汗（皇帝）学习中原农耕文化在此地仿照元大都（北京）形制建城。因为蒙古族一向喜爱蓝绿两色，所以当时称"库库和屯"（汉译为青色的城）。第一次建成是在公元1551年（北元184年），阿勒坦汗首先让人为他"造起楼户三区"以及5塔，随之迅速在这一带大量出现8大板升居民区房舍城堡。公元1560年3月，建好不久的库库和屯，被明大同总兵刘汉指挥3000兵将纵火焚毁殆尽。公元1571年，阿勒坦汗在土默滩重新建大板升12个、小板升32个，库库和屯才最后建成。《隆庆和议》后，明万历皇帝朱翊钧赐名归化城，意思为"归顺朝廷，接受教化"。

板升房，是用建房方法命名。20世纪贫困地区建房仍在用这个方法，称之为"干打垒"或"土打墙"，60年代王庆喜在大庆就用这种方法解决职工住房问题。在固定住的两木板内填土夯实后逐步升高做墙，在土默川缺少石料的地区正适合这种方法建房。但也有人解释说板升房为"百姓房"的蒙古语叫法。

当经济发展到一定程度的时候，修筑城市是必然现象，这是经济发展的规律，也是文明、进步的体现。但对阿勒坦汗建库库和屯，明朝有些高官持鄙视态度，明内阁辅臣张居正说："古称房之难治者，以其迁徙鸟举，居处饮食不与人同也。今乃服吾服，食吾食，城郭以居，是自敝之道也"；明宣大（宣府和大同）巡抚方逢时说："毡裘氄（翠，鸟兽的细毛）幕，随畜迁徙，虏之性也；驰骋射猎，剽掠攘敚（夺），虏之长也。拂其性、舍其长、自困之道也"。他们以为阿勒坦汗修建库库和屯是"自敝、自困之道"，但他们都估计错了。

土默特蒙豁勒（土默特蒙古）人，500多年前在背靠"哈剌兀那（蒙古语：黑山，今称大青山）"，面向哈屯河（今黄河）的土默川广袤草原上，建成了土默特兀鲁思的首府库库和屯。

呼和浩特地区，发现"大窑文化遗址"，是中华民族的摇篮之一。

恩古特鄂托克（领地），又称恩古特爱玛克（氏族、部族），是土默特蒙豁勒下属的一个以血统和亲属关系为纽带组成的、战时能组织千名军队的游牧集团，当时在今呼和浩特市赛罕区地方驻帐；恩古特爱玛克首领绰罗斯拜·帖木尔斋桑"好如嘎"（衙署）设在现在的赛罕区"巧报乡"这个地方。绰罗斯拜·帖木尔（铁）是人名，斋桑是职务，汉语丞相的蒙古语读音，汉译为千户长。千户长有分配草场、收取税赋、摊派劳役以及战时指挥打仗、分配战利品之权。按现在的说法，是蒙古有实权的相当于县、团级的干部。

那时的赛罕区地方，是一望无际的碧绿的平坦草原。雪白的毡房，散落在偌大的草原上，犹如在绿色的毡子上镶嵌的点点白色小花，煞是好看，是一道美丽的风景。现在的赛罕区，是蒙汉等民族和谐聚居的繁荣的呼和浩特市郊区。

巧报乡这个地方，有一大群毡房，组成一个牧民的艾寅勒（村庄），散落在几平方公里范围内。一大片毡房，像众星捧月似的中间耸立着一个大毡房伊克格尔（汉译为大屋子、大房子），这是恩古特爱玛克首领绰罗斯拜·帖木尔斋桑的"好如嘎"（官衙）。牧民围绕伊克格尔周围搭建毡房，因为是用毡子搭建的，形状像帐篷，汉族人习惯上称为毡帐；古时称穹庐；从清代开始称为蒙古包至今。艾寅勒留出出入的通道，而后在众多毡房最外层用破勒勒车或丢弃不用的物品做障碍物阻挡通行。

斋桑诺延办公大毡帐伊克格尔，坐北朝南。诺延，汉译为首长、长官。称斋桑诺延，即相当于汉语称呼"丞相老爷"。伊克格尔（大房子）右侧，是帖木尔斋桑夫妻住宿的格尔（蒙古人称自己的毡房为格尔）。寝帐格尔，小于斋桑办公伊克格尔，大于普通牧民格尔。

帖木尔斋桑大毡帐伊克格尔右前侧，竖立着蒙古人尊为神祇之一的苏勒德。苏勒德也称苏鲁锭，是成吉思汗统一蒙古和征伐亚欧大陆所使用的枪戟。传说，苏勒德是成吉思汗在统一蒙古初期战败最困难的时候，由长生天赐给他的。成吉思汗用它统一了蒙古高原，后来又用它征服了花刺子模等若干西方国家，因此，它是战神的标志。苏勒德又是成吉思汗大蒙古国国旗上的徽记。因此，它具有神圣、威严的性质，蒙古人视为总神祇之一，对它崇拜、供奉。

成吉思汗使用过的苏勒德原件，存放于大蒙古国首都哈喇和林附近的大禁地绰木朝克。绰木朝克南迁后称八白宫，现在称成吉思汗陵。

苏勒德，又分查干（白）苏勒德、哈日（黑）苏勒德、阿勒格（花）苏勒德3种。

斋桑诺延伊克格尔右前侧竖立的苏勒德是仿制品。这种仿制品，在蒙古地区到处都有，每个诺延大毡帐前，乃至每个牧民毡房格尔前，都竖立着高低不等、制作优劣、装饰不一的苏勒德，以表示其对苏勒德的崇敬之心。据说，门前竖立苏勒德，犹如中原汉人门上贴门神，有驱邪镇妖作用。

伊克格尔外，还有几处栓马桩，两桩之间都用生羊皮绳拉着。主人和客人，都将骑用之马拴在那里。

第二节　长生天欢送金凤凰下凡

公元1448年，旧历戊辰年即黄龙年。

春暖花开的季节，一个拂晓时分，牛羊都在熟睡，大地万籁俱寂。远处，偶尔有牧羊犬吠叫两声。

蒙古·土默特兀鲁思·恩古特爱玛克首领绰罗斯拜·帖木尔斋桑家，一个和美的家庭，帖木尔斋桑，30多岁，英俊青年，留有不同于满族辫子的左右俩辫又合二辫为一的蒙古后垂式发辫；斋桑夫人格根塔娜（意为亮光闪闪的珍珠），30来岁，秀美蒙古佳人，头发为中分的两条大辫盘在头顶上，用发簪固定，戴耳环、项圈，左手无名指上戴着戒指，穿绸缎蒙古袍；有一男孩阿尔斯楞（蒙古语狮子），5岁，头顶四边留4小撮头发。

帖木尔斋桑寝帐格尔内，光线昏暗。帖木尔夫妻正在睡觉，粗长枕头，绸缎被。三口之家睡得正香甜，突然，斋桑夫人感到肚子痛得厉害，她忍了一会儿，翻了几个身，最后终于不得不叫醒丈夫。

"帖木尔、帖木尔，您醒醒。"斋桑夫人格根塔娜轻轻叫着丈夫名字，边用手轻轻地推帖木尔。按蒙古族风俗习惯，蒙古人的女人是不直接称呼丈夫的名字的，由于帖木尔夫妻感情特别好，帖木尔嫌妻子称呼他"斋桑诺延"太外道，称呼他"孩子阿爸"太庸俗，不愿意让妻子那样称呼他，愿意让妻子在无外人时直呼他名"帖木尔"，这样他感到亲切。

"帖木尔，孩子阿爸，您醒醒。"

帖木尔斋桑在朦胧中似乎听到夫人在叫他，便糊里糊涂地说："昨天我太累了，我想多睡一会。"翻个身，又睡着了。

斋桑夫人格根塔娜无奈，放下手，辗转反侧又躺一会儿，实在疼痛难忍，便又用手轻轻推着，喃喃地说："帖木尔，我肚子痛得厉害，是不是孩子要出生了？"

帖木尔斋桑在朦胧中听到孩子要出生了，顿时兴奋起来，睡意全消，马上起身穿衣服，击打火镰点亮了蜡烛（普通牧民用羊油灯），屋内顿时亮堂起来。

帖木尔斋桑在没外人的时候，亲切地昵称其夫人为"塔娜（珍珠）"，点亮蜡烛后，赶紧过去安慰夫人，兴奋地说："塔娜，我看看。"

斋桑夫人忍着疼痛，咧着嘴微笑着说："刚开始疼，您看啥？您又不是头一回当阿爸。"

帖木尔斋桑说："那我派人去请兀都干（蒙古语接生员，一般都是母女相传有经验的中老年妇女）。"说着出帐喊一声，"乌日娜（意为聪慧灵巧），去请兀都干来。"听到旁边的女仆格尔内答应一声"加（意为知道了）"后，回到格尔。

斋桑夫人疼得皱着眉头。

帖木尔斋桑坐到靠近夫人的地方，说："塔娜，古人说'男人怕打仗，女人怕生孩子'，你又得受罪了，我陪着你。"

过了一小会儿，看到夫人痛苦的样子，他心疼地说："塔娜，看你疼得那样子，我也没有好方法让你减少疼痛。这样吧，我给你揉揉，也许能好一点。"

斋桑夫人格根塔娜没表示反对，帖木尔就俯下身子，脸贴近夫人，用一只手掌在夫人肚子上，轻轻划起圆圈来。也许是爱情的力量起了作用，又或者是生理上生育疼痛本身就属于阵发性疼痛，有间歇，夫人竟然平静了许多。

帖木尔斋桑关切地问："疼得好一点了吗？"

斋桑夫人难受地象征性地点点头。

帖木尔斋桑看到夫人痛苦表情明显减轻，便与夫人聊起来，以分散其痛苦："塔娜，你说心里话，你希望是男孩呢，还是女孩呢？"

斋桑夫人脸上痛苦的表情一下平和下来，说："我希望是个男孩，长大了像您一样成为一名巴特尔（蒙古语：英雄），当蒙古响当当的巴特尔，打击分裂我们民族的坏人，也好帮您管理鄂托克。帖木尔，您呢？"

帖木尔斋桑说："塔娜，我也同意这个理。但是我总觉得，这些年来，咱们的兀鲁思（国家），为继承大汗位子的事，家族、兄弟之间已发生多次战争，你杀我夺的，最后是两败俱伤。我担心这个坏风气会影响到咱们鄂托克来。咱们已经有了一个儿子，再有个儿子，不要因为我这个小小斋桑位子，哥俩再打起来。嗨，因为这个，我从心眼里说，我希望是个女孩。"

帖木尔斋桑夫妻的对话，早已吵醒了5岁的儿子阿尔斯楞。阿尔斯楞很懂事，静静地听着父母的谈话。

"阿爸、嬷母（土默特蒙古人称母亲为嬷母），你们在聊什么？"阿尔斯楞好奇地问。

帖木尔斋桑过去把儿子连被抱起来，亲昵地胳肢一下儿子说："你要当小哥哥了！"

阿尔斯楞被胳肢，咯咯地笑了几声后，问："阿爸，当哥哥是什么样子？"

帖木尔斋桑告诉儿子："到时候你就知道了。"

东方泛出鱼肚白，天渐渐亮了，艾寅勒的老少牧民们，开始了一天的生活，有起来挤奶的，有生牛粪火的；近处，牧民老人们，正在畜圈里给小羊羔、小牛犊喂食；牛羊开始动弹叫唤了，草原又开始活跃了。

牧民穿着梭布（即中原汉人家织布）蒙古袍，男女都系着腰带；妇女头上用头巾系扎，中年妇女头巾留个角，形成圆顶帽状，老年妇女头巾系在后脑处。

牧民妇女也都带有金耳环、金戒指、金手镯，这是他们的先人跟随成吉思汗战胜欧亚各国得到的奖励。既然富有，为何牧民穿着梭布蒙古袍？那是为了劳动方便。

帖木尔斋桑寝帐格尔内点着蜡烛，斋桑夫人格根塔娜被疼痛折磨得来回翻身，哼哟着。

女仆乌日娜领着一个老妪，女仆用右手掀起格尔左边门帘，老妪从左边进入斋桑格尔内。

收生老妪兀都干穿绸缎蒙古袍，腰带也是绸的，头上包着绸布头巾。进格尔后，向斋桑诺延请安："赛音拜诺？"施半蹲礼。

而后又向斋桑夫人请安："赛音拜诺？"又施半蹲礼请安。

半蹲礼，即双膝下蹲，双手扶膝，上身微前倾的礼节，蒙古妇女在非重大场合一般都用这个礼节。

帖木尔斋桑居高临下地直说："兀都干，请你来，是请你帮助照顾夫人生孩子。"收生老妪兀都干答应一声"加"，便忙做起自己职责内的事。

火红的太阳在南方（古代蒙古人以太阳升起的方向为南）露出半边脸，天际开始出现五彩祥云。

斋桑诺延此时穿戴整齐，蒙古袍为直径1寸5长小花七品官的绸缎蒙古袍，腰束带环扣的皮腰带，腰带上左挂有褡裢，内装有火镰，煞有介事地坐在以往经常坐的位子上。

斋桑夫人格根塔娜痛苦地躺在床上，哼哟着。

兀都干在女仆预备的半铜盆洗手水中涮涮手，算是消了毒，来到夫人跟前，给夫人检查身体，摸完肚子这块，又摸肚子那块，而后说："还得一个时辰。"

"来，乌日娜，咱俩扶夫人到生孩子的格尔，别让生孩子的污气冲着神明。"兀都干招呼着乌日娜。

那时蒙古人信奉萨满教，萨满教的神明，有天、地、太阳、月亮、星星、山、河等，天上有99位天神，地上有77位地母，还有许许多多其他神明。

斋桑诺延过来帮忙，同女仆乌日娜扶着斋桑夫人慢慢走下卧榻，两边搀着出门，到另一个格尔，再扶上卧榻。

兀都干对诺延说："您在外边等着，不叫您的时候千万别进来，别让生孩子的污气冲着您的福气。"斋桑诺延无奈地看看夫人，见夫人也用无奈的眼光在看着他，深情地看了一眼后，顺从地走出格尔。

而后，兀都干吩咐乌日娜："你赶紧把给夫人预备的生孩子用的东西找出来，放在顺手的地方。"

女仆乌日娜："加！"

兀都干又问另一个女仆："预备细沙面了没有？"

女仆苏日娜（蒙古语：学习）："预备了。"

兀都干："把它拿到这来。"

苏日娜："加！"

兀都干指挥女仆："你去吩咐男仆人，让他找个铁铲子，再找根细铁条预备着。把干树枝火生得旺一点，不要生牛粪火，准备一会儿烧铁铲子、烧铁条。我让他烧啥他就烧啥，知道了？"

女仆乌日娜答应："加！"出去后吩咐男仆人，"少布（蒙古语：雀鹰）大哥，兀都干吩咐，把干树枝火生得旺一点，不要生牛粪火，把铁铲子烧热热的。"

男仆少布在外面烧着木柴火，里面烧着铁铲、铁条。

女仆苏日娜抱进一羊皮袋子细沙面，交给兀都干。

兀都干指着卧榻："来，放这儿。"而后亲自把细沙面倒在卧榻上，用手搅拌抹平，用手捏沙子，看有无沙粒或小石子，"还行，挺细的。把铁铲子烧热热地拿来。"

乌日娜出格尔，站在门口向男仆招呼："少布大哥，把铁铲子烧热热地拿来。"

男仆少布答应："早烧热了，就等你招呼哪。"而后拿着烧红的铁铲递给乌日娜说，"斋桑夫人要生孩子，能不好好侍候着吗？"

乌日娜接过烧热的铁铲子说："平时夫人没白关心你。"一边走进格尔递给兀都干。

兀都干拿热铁铲子在细沙中来回搅动热沙子，去掉外面带进来的潮气："去，换个热的来。"

乌日娜在格尔门口喊："少布大哥，换个热的。"

男仆嘴里喊着："来了、来了！"跑着过来在格尔门口将热铲子递给乌日娜，乌日娜转身进格尔递给兀都干。

兀都干又拿铁铲子在细沙中来回搅动一会儿，用手试验了温度，满意地说："行了。夫人，来，躺这上。"搀扶着夫人，躺倒在细沙面上，给盖上被子。兀都干在旁守候。

斋桑诺延把夫人生孩子工作全部委托给兀都干，自己在外边焦急地等着。

火红的太阳在南方冉冉升起，越来越高，不一会儿，就升起一丈多高，今天是个万里晴空的绝好日子。此时天际出现的五彩祥云越来越多，伴随五彩祥云的出现，祥云中传来类似轰隆隆的雷声，又似鼓乐齐鸣的响声。

正在畜圈里给小牛犊喂食的一牧民老人查干（蒙古语：白的、白色），听到天上轰隆隆的响声，感到很惊讶，嘴里叨咕着："这么晴朗的天气，怎么打雷了呢？"而后慢腾腾挺起腰，抬起头观天，想在天上搜寻着，企图找到原因，但看遍东西南北，并没有看到什么，便诧异地问，"阿古拉（蒙古语：山）大哥，你听见打雷了没有啊？"

附近另一位在羊圈里忙着打扫卫生的老牧民阿古拉，听到喊声，回声问："你说啥？"

查干老人喊着说："你听见打雷了没有啊？"

阿古拉也喊着回答："听见了，晴天打雷，这是咋回事啊？"

牧民老人再次听到似雷声的天鼓声，而后诧异地对另一打扫羊圈的老牧民喊道："哎，朝鲁（蒙古语：石头）大哥，你听清楚了没有，不是打雷，和雷声不一样！"

朝鲁老人，用手挡着耳朵，侧耳细听，听到的声音真的和以往听到的雷声不大一样。"不是雷声，听起来像擂鼓声，是不是人们说的天鼓声啊？"老人回话。

方才喊他的查干老人说："我听着也像擂鼓声。若是天鼓声，那可能要发生大事了！"

早起劳动的人们，听到天上轰隆隆的响声，都感到很惊讶，不约而同地放下手中活儿，直起身，仰起脖子观察着天空。

天空彩云中出现了海市蜃楼，若隐若现。

几位牧民老人，都走出自家范围，一起站在中间地带，各抒己见评论着，不一会儿，又集聚了好几个老人在那议论。

老牧民查干说："阿古拉大哥，你看，多奇怪呀，晴空里有了五彩祥云！"

阿古拉老人也说："晴空里出现五彩祥云，可真少见哪！我这么大岁数，头一回看见哪。"

眼尖的孩子吵吵："爷爷、爷爷，我看见云彩里还有画哪！可好看了！"

查干老人手遮阳光，在天空中查找。孩子用手指着："在那！在那！"

老牧民看了一会，告诉孩子："那不是画。"孩子问："爷爷，你说不是画，那是啥啊？"

查干老人告诉其孙子："孩子，那不是画。那是天宫，是天神呆的地方。你细看看那天上，那五彩云里，是不是有花花绿绿的、高大的、高低不平的格尔？看见没有？"

孩子高兴地蹦跳着："看见了。"

查干老人说："那是长生天99位天神呆的天宫，叫琼楼仙阁。"

孩子疑惑地问："爷爷，那天神的牛、羊在哪呢？"

查干老人说："天神不养牛羊。"

孩子更疑惑："那天神吃什么、喝什么呢？"

查干老人说："天神受人间香火供奉，他们不吃东西。"

孩子仍不明白："那天神不饿坏了吗？"

查干老人说："饿不坏，不然为啥叫神仙哪！"

这时，附近的男女牧民渐渐多了起来，一位叫高娃（蒙古语：美丽）的中年妇女大声喊着："唉！都出来看哪，天上出现长生天天神的天宫了，快出来看哪！"附近男女老幼听见喊声，都从格尔出来，仰头往天上观看，眼神不好的仰头用手遮阳观看、倾听。

一年轻牧民制止着大伙："别吵吵、别吵吵，你们听，祥云里似乎有鼓乐声，听见没有？"

另一牧民："我也听见了，好像是有敲鼓声、吹喇叭声。"

查干老人很有感触地说："这是长生天送星宿下凡哪！"

阿古拉老人仔细听听，高兴地说："我也看见了，我也听见了，就是看也看不清楚，听也听不清楚。"回头埋怨自己,"唉!老了,老眼昏花,耳朵背呀,这么好的多少年也不遇一回的事,看不清楚,听不清楚,嘿!"

年轻牧民安慰老人:"阿爸,您别伤心,我也看不清楚,可能是天神诚心不让咱凡人看清楚,不是您老眼花耳背的事。"

斋桑夫人格根塔娜还在毡房格尔内痛苦地哼哟着,声音比以前大了些,脸上沁出大粒大粒的汗珠。

远处草原上牛羊遍野,马儿欢跳,牧马人拿着套马杆追赶着马儿,一片和平安祥景象。这时从四面八方飞来各种雀鸟,在帖木尔斋桑大毡房伊克格尔上空盘旋欢唱;一只白色大海东青落在帖木尔斋桑格尔顶上,呱呱地叫着,似乎报告主人"长生天送女儿来了";海东青叫了几声后飞走了,又飞来了喜鹊在格尔顶上翘着尾巴"喳喳"叫个不停。当时彩霞满天,这样的奇景持续了约一个时辰。

查干老人又发现问题了,提醒阿古拉老汉:"阿古拉大哥,你看你看,又是一个多年不见的奇景啊!百鸟汇集,都汇集盘旋在斋桑诺延伊克格尔顶上了。"

阿古拉老人感叹:"真是奇景啊,从来没看过这样的奇景。"

查干老人有感而发地说:"这多年不见的海东青,落在斋桑诺延伊克格尔顶上了,斋桑诺延家肯定要有大事发生了。"

朝鲁老人忽然想起:"对了对了,我想起来了,今天天蒙蒙亮的时候,我一泡尿憋不住了,起来撒尿,我看见斋桑诺延家女仆乌日娜把兀都干请去了,是不是斋桑夫人要生孩子了?"

阿古拉老人被启发:"这就对了,这海东青,是天上飞禽中最厉害的鸟了。它飞来落在斋桑格尔上,叫个不停,估计斋桑诺延家这孩子,将来肯定是个厉害人物!"

朝鲁老人说:"我看这架势,可不一般。斋桑诺延家可能要有仙人下凡!人们不是常说'吉人自有天象吗'?这像不像'有天象'啊?"

查干老人:"那当然是'吉人天象'了,要不长生天怎能鼓乐相送哪?"

中年妇女高娃听到此话,得到启发,向大伙喊:"唉,斋桑诺延家要有仙人下凡了!走啊,咱们都去看看哪,兴许遇见长生天的神仙,咱当面给他磕个头,还能沾点福气哪!"又一好热闹的中年妇女凑上前,跟着喊:"走啊,咱都去看看哪!"附近人们拖家带口的,男男女女,老老少少的,百十多人齐奔斋桑诺延家。

帖木尔斋桑诺延格尔内传来斋桑夫人格根塔娜绝命似的叫声,大叫几声后戛然停止,格根塔娜大口喘着气。格尔内传出"哇、哇!"的孩子微弱啼哭声。

兀都干提起孩子双脚,头朝下,在孩子的臀部轻轻拍一下,强令孩子大哭出声。这一招还真好使,"呜哇!呜哇!呜哇!呜哇!"真的大了起来。

孩子降生了,大人孩子都平安,这在那个年代是很庆幸的事情。兀都干高兴地向主人大声报告着好消息,以便让门外等候的斋桑诺延听到。

"斋桑夫人,斋桑诺延,是个白白胖胖的女孩,还有'蒙古斑'哪!"

帖木尔斋桑在门口焦急地在等待着,听到小孩哭声,马上掀门帘进格尔,睁大眼睛看着孩子问:"怎么还有'蒙古斑'?"

兀都干忙解释："这'蒙古斑'不是病，是臀部上的青色痕迹。这臀部上的青记，就像人没有尾巴却有尾巴根一样，这是长生天赐给咱蒙古人区别于其他民族的先天性标记，称'蒙古斑'。只有蒙古纯正血统的人才有，属血缘的印记，这是非常重要的。别的血统的民族，没有这种青记。长大了自己就自然消失了，不会影响身体的。"

蒙古民族女英雄满都海，1448年诞生在土默特兀鲁思·恩古特鄂托克（即现在的呼和浩特市赛罕区巧报乡地方）。

斋桑诺延格尔附近的一些老年牧民，跪地朝向太阳方向，向长生天叩头。

众乡亲七嘴八舌地说："长生天有眼，送仙人下界，治理乱世，拯救苍生黎民！谢谢长生天福照黎民！谢谢长生天福照黎民！"

斋桑诺延格尔内，兀都干在忙活着。她一边收拾孩子，一边下令："把铁条烧得红红地拿过来。"

女仆乌日娜赶紧在门口喊："把铁条烧得红红地拿过来。"男仆跑着把红铁条送到门口，乌日娜接过递给兀都干。兀都干用烧红的铁条，切断孩子的脐带。

"把黄油烫热乎，拿一小酒盅来。"兀都干像指挥官似的指挥着。

女仆乌日娜赶紧递过一个已温过的小酒盅黄油。黄油，是用牛奶奶皮熬出来的油，因其色黄称其为黄油。

兀都干接过黄油酒盅，放在自己嘴唇边，用自己的舌头尖试试烫不烫，而后分两次给孩子灌了下去。

"斋桑夫人，给小姐喝了热黄油，能祛除体内的寒湿胎气，保证今后不会肚子疼。"兀都干向主人报告着。

斋桑夫人象征性地微微咧下嘴，表示满意。

兀都干用手掌托着孩子的屁股，用胳膊托着孩子腰，把孩子放在事先准备好的被单上，把两支胳膊两条腿放直，胳膊肘处和两条腿中间，都撒上细沙土面，而后包紧，放在夫人身边。

"斋桑夫人，孩子包好放这了。斋桑诺延，大人孩子都好，我就回去了，后天我来给'洗三（孩子生下三天洗澡）'。"兀都干要告辞。

帖木尔斋桑赶紧表示："兀都干受累了，赶明个给你赶过去九只羊。"说着，斋桑诺延送兀都干出格尔门。

女仆苏日娜抓紧在毡房门醒目位置挂上红布条，以示这是产妇格尔，即等于告知与产妇无关的人不要进入。

帖木尔斋桑回头去看望夫人和孩子，轻轻拉过夫人手，抚摸着："塔娜，你感觉好吗？"夫人辛酸地微微点点头。

帖木尔斋桑看了夫人一会儿，又转头看女儿，左看，右看，离座到格尔中央，情不自禁地说："哈哈，我有女儿了！哈哈，我儿女双全了！哈哈、哈哈哈！"欢喜得不得了。沉思一会，又到夫人跟前，拉着夫人手说，"塔娜，你可真好。你按我的意愿，给我生了一个宝贝女儿，我得感谢你呀！"

斋桑夫人格根塔娜痛苦之后露出甜蜜微笑，轻轻地说："孩子阿爸，您不重男轻女，这么喜欢咱的女儿,我从心里特别高兴!"

帖木尔斋桑:"我想要女儿,你给我生女儿,我能不喜欢吗?"

斋桑夫人甜甜地笑了。

牧民群众都奔到帖木尔斋桑毡房前,向帖木尔斋桑祝贺。

比较有威望的老人如查干等站在人们前面:"祝贺斋桑诺延喜得贵女!"

乡亲们来祝贺,斋桑诺延穿戴整齐出迎,这是蒙古人的习惯和风俗,以表示对来访者的尊重。他身穿直径为1寸5小花七品官紫罗蒙古官袍,腰束带环扣的乌犀偏带,腰带上左边挎着蒙古腰刀,左前方挂着装有火镰的褡裢。

斋桑诺延出迎,双手在胸前合掌,而后向众乡亲频频摆动:"父老乡亲们,谢谢了!谢谢了!本斋桑得了个女儿,有劳父老乡亲们都来祝贺,本斋桑谢谢众乡亲们!长生天按本斋桑的意愿赐给我女儿,这是本斋桑的福分,本斋桑非常高兴!本斋桑要按咱蒙古人的规矩,摆'玛里雅兀特喜筵(是庆祝婴儿诞生宴会。"玛里雅兀特"是古代仪式中涂抹奶油或奶酒、马奶等以示祝福。又称"米喇兀"祝福宴)'答谢大家,请众乡亲们一定赏光。"

而后回头喊:"乌力吉。"

男仆乌力吉(蒙古语:幸运、如意)上前施礼:"请诺延吩咐。"

帖木尔斋桑吩咐:"今天为小姐诞生摆'玛里雅兀特'祝福宴,你找几个人,去给羊除魂,多除几只(蒙古人杀羊忌讳杀字,不叫杀羊叫除魂)。"

男仆乌力吉答应:"加。"几个年轻牧民主动上前帮忙。蒙古族习惯,杀羊时让羊四蹄朝上掏膛杀,让它死得快少受罪,死时还能眼睛看着蓝天。

看到斋桑诺延如此态度,牧民纷纷议论:"看来,斋桑诺延得女儿,真高兴了!"

"不是说他摆'玛里雅兀特'喜宴说他高兴。你就看他说话那样,看那兴高采烈的样子,就知道诺延得了女儿是从心眼里往外满意。"

说时迟那时快,说话间,大盆端上来"术兀思"(是清炖羊肉。蒙古人吃肉不说吃肉说喝术兀思)。按草原特点,男女老幼找平坦地方围坐在一起大碗喝酒,大碗吃喝术兀思。

斋桑诺延到群众中,与牧民说:"乡亲们,本斋桑喜得女儿特别高兴,请大家尽情地喝,尽情地吃。本斋桑还要按咱蒙古族规矩,摆'洗三'茶宴、'术兀思满月'摇篮宴、'百日起名'茶宴、'那孙拜亦日'周岁喜宴,恭请乡亲们届时光临参加呀!"

众乡亲们边喝酒边吃肉,纷纷答应着:"一定、一定。"

第三节 "百日起名"茶宴

帖木尔斋桑诺延按蒙古人的风俗习惯,为女儿的出生,在伊克格尔大帐内举行"百日起名"茶宴。安给(百户长)夫妇、杰萨(40户长)夫妇、得木齐(20户长)夫妇以及亲友等客人围着茶桌转圈坐着。

茶桌上摆着各种茶点、奶酪、奶豆腐等。

斋桑诺延殷勤地招呼着："喝茶喝茶。"女仆苏日娜逐个给客人倒上奶茶。蒙古族喝茶，茶中要放一些炒米、奶酪、黄油、糖等，此外还佐以点心之类，边吃边喝。

第一安给的夫人，进格尔后首先去看孩子，看后说："夫人，这才百天，你看小姐都长开了，胎气都没了。"而后问斋桑诺延，"到底给小姐起个什么芳名啊？"

斋桑诺延："来来，都往前坐，都往前坐。坐好了，咱慢慢聊。"

第二安给的夫人也首先看孩子，边看边说："夫人姐姐，你也太会生了，先生个儿子，这又来一个姑娘，儿女双全了，这让斋桑姐夫多高兴啊！"

同来的第三安给的夫人会打趣："这可不是咱夫人姐姐会生的事，得看咱斋桑姐夫点的什么种。种豆得豆，种瓜得瓜，是吧，斋桑姐夫？"

斋桑夫人瞪了她一眼，笑着未语。

斋桑诺延美滋滋笑着推辞："不不，是你夫人姐姐会生。"

大伙边喝茶边说笑着。

第一安给的夫人是急性子脾气。她等不及，催问道："姐夫，这茶也喝了，点心也吃了，小姐的芳名也该公布了吧？！"

斋桑诺延慢腾腾地像讲故事似的开口说："众位亲友，我很高兴地向大家宣布，我的女儿，健康成长，这100天来，吃饱了就睡，醒了就玩，不哭不闹，一点毛病都没有。她的名字，这些天来我一直在琢磨，给我女儿起个豁亮一点的名字，想了好几个名，都不随心。"

第一安给的夫人："总得起一个吧？"

斋桑诺延："是啊，昨天夜里，我正琢磨着，起个什么名呢，到时候了，不能再等了。这时候有一个拄着龙头拐杖、鹤骨仙风、须发皆白的老翁问我，你给女儿起什么名啊？我说还没想好哪。那老翁说，我给起个名，叫满都海（蒙古语为'光芒四射'之意）吧！我看这名起得好，对老人家的热心肠，我弯腰施礼说声谢谢。等我抬头，老人家不见了。我赶紧到格尔外，想送送老人家，看见老人家骑上仙鹤，摆摆手，走了。我一看，这不是神仙嘛，赶紧跪下磕头。这一磕，我脑袋磕疼了，惊醒了，原来做了个梦。既然仙人梦中赐名，就按仙人赐的名，叫满都海了！"

所有来宾表示："好！好！这仙人起的名字好！"而后噼里啪啦鼓掌。

夫人格根塔娜闲着没事，怀里抱着满都海，看着她，逗着她，教满都海发音，学叫阿爸、嫫母。

夫人发音："啊、啊！"

满都海跟着："啊。"

夫人又发音："爸、爸。"

满都海跟着："爸。"

夫人："我女儿真乖，连着叫阿——爸。"

满都海："阿——爸。"

功夫不负有心人，至周岁时，满都海竟能叫阿爸、嫫母了！

第四节 "那孙拜亦日"周岁喜宴

1449年春，满都海出生一周年，按蒙古族风俗习惯，要给孩子办"那孙拜亦日"周岁喜宴。

孩子睡在悠车里。悠车子，形式多种多样，按照体长做成长方形或椭圆形，但总的原则是头部稍高些，头部放一个绷紧的半月形布挡风，又可以顶住孩子头部，枕头里装上光滑的糜子，控制头顶部和后脑勺部形状以保证孩子头型好看，这是与其他民族的不同之处。此外，在悠车里，还把孩子腿和手捋直溜地绑上，防止长成罗圈腿，也防止小手乱抓抓伤眼睛鼻子什么的。

斋桑夫妇在伊克格尔大帐设宴，请亲朋前来吃女儿"那孙拜亦日"喜宴。按蒙古族规矩，还要"抓周"。斋桑夫人今天特别高兴，头上梳了顾姑冠。

顾姑冠，是一种极为特殊的蒙古贵族已婚妇女的头饰，高约1尺多，最高的可达3尺，分大中小几种样式。富有者，用大珠串结成龙凤楼台样，饰于其前后。复以珠缀长条，掩络其缝，又以小花朵插带，宝石塔形。顶上有金十字，用安翎筒戴矢鸡尾，上插朵朵羽翎，染以五色，如飞扇样，光彩照人。其上戴着各种珠宝首饰，因尊贵程度及其富有程度有区别，有的价值万金。

斋桑夫人在自己的格尔内，哼着催眠曲，悠孩子睡觉，等待客人来临。

噢——噢——
宝宝、宝宝睡觉喽。
笨布莱、笨布莱，
羊羔咩咩叫着找它嬷母喽。
笨布莱、笨布莱，
嬷母陪你游梦乡喽。
笨布莱、笨布莱！

噢——噢——
宝宝、宝宝睡觉喽。
笨布莱、笨布莱，
马驹跑着跳着找它嬷母喽。
笨布莱、笨布莱，
草原春天多热闹喽。
笨布莱、笨布莱！

噢——噢——
宝宝，宝宝睡觉啦。

笨布莱、笨布莱，
牛犊哞哞叫着找它嫫母喽。
笨布莱、笨布莱，
不知不觉一草青（一年）喽。
笨布莱、笨布莱！

噢——噢——
宝宝、宝宝睡觉喽。
笨布莱、笨布莱……

斋桑夫人正在编唱着催眠曲，哄孩子睡觉时，听见外面传来"夫人大姐，夫人大姐"的声音，赶紧出格尔迎接。

客人到来时，满都海正在悠车子里甜甜地睡觉。来的女客人都先来到寝帐格尔，看一眼孩子。

第一安给的夫人："夫人大姐，别让孩子睡觉了，让我抱抱您家宝贝姑娘。"

斋桑夫人便将孩子从悠车中抱起，包好后交给安给夫人。

安给夫人接过孩子，稀罕着、端详着，而后情不自禁地发出赞叹声："哎呀，夫人大姐，您这女儿，就像您一样，眉清目秀，多俊啊！你看她天庭饱满，可真是福相啊！"

斋桑夫人格根塔娜听了，心里非常舒服，微笑着，但嘴里还是谦逊地说："妹子，您可真会说，我哪有那么好啊。"

安给夫人更会说："那得谁看，让我姐夫看，比我说得还好看哪！"而后拿着孩子小手教起来。

嘟、嘟、嘟、嘟、岁，
嘟、嘟、嘟、嘟、岁，
嘟、嘟、嘟、嘟、岁，
嘟、嘟、嘟、嘟、岁。

第二安给的夫人："来，给我也稀罕一会。"说着把孩子接过来，端详着，一边端详，一边发起评论，"这小姐长得白白胖胖的，你们看，这眼睛、这小嘴、这小鼻子，长得多匀称啊！"

第三安给的夫人，凑上去，帮着夸奖："夫人大姐，你这千金，脸型，像咱诺延姐夫！你看这脸上这几大件，像大姐您，像扒下来的一样！"

夸奖对方的孩子，可能是妇女的本能。

几位女客人在女主人格尔内，对女主人及其宝贝女儿献了一阵殷勤之后，便一起到斋桑伊克格尔大帐，坐好。

斋桑诺延发言了："诸位亲友，在百忙中来参加小女满都海'那孙拜亦日'喜筵，本斋桑甚是高兴，来，我敬大家一碗！"

大家都举起了酒碗，按蒙古族规矩，喝第一碗酒时，得先敬天地神明和祖先：先用小指蘸点酒，往天上弹一下，表示敬天；再用小指蘸点酒，往地上弹一下，表示敬地；再蘸点酒往旁边弹一下，表示敬祖先，而后才喝。蒙古人喝酒先敬天敬地敬祖先的习俗，传说是成吉思汗留下的。成吉思汗创业已有相当成就，即将在众多蒙古部中独占鳌头，与其3次结拜为安达（亲密朋友）的札木合非常嫉妒，想在一次盟会中请他喝酒毒死他。成吉思汗应邀到来，尚未下马时，几个心怀叵测的人拥上来假意恭维敬下马酒，札木合敬了第一碗酒，成吉思汗戴在手指上拉弓弦的象牙扳指儿蘸上酒变了色，成吉思汗已知是毒酒，他装出十分坦然的样子说："有长生天的保佑，才让你我结盟。这杯酒就敬天吧！"说完将酒朝天泼去；其盟友塔塔儿伊拉固敬第二碗，伊拉固双手颤抖着将酒递到成吉思汗面前，结结巴巴地说："大汗，请饮下这碗酒，消除前仇，让我们永结同心。"成吉思汗若无其事地将酒碗接过，扳指儿伸到酒中立即灰黑，便冷眼看着他说："你我原本都是这片大地上的儿子，这杯酒应该敬给生养我们的大地！"说着将酒泼在地上；那几个人不死心，你抢我夺地又敬上第三碗酒，硬塞到成吉思汗手中说："天也敬了，地也敬了，这碗请大汗喝下！"成吉思汗冷笑了一声说："虽说我们有上天的庇佑，有大地的养育。今日结盟怎能黑着心肠忘了我们是同一个祖宗？"说着又把象牙扳指儿蘸进酒里，又变黑了，他强忍怒火说，"在天之灵的祖宗啊！睁开慧眼看分明！不孝子孙捧浊酒，别怪孩儿大不敬！" 说完将酒狠狠泼下。事不过三，那伙人见三次未成，也就不敢再敬毒酒了。这向天、地、祖先敬3碗酒的事，就给蒙古人留下了喝酒先敬天、敬地、敬祖先的习俗。但老百姓不能成碗泼酒，只能象征性地用小指头蘸点弹，表示一下意思，后来形成了用手指蘸酒弹的习俗。

宴席上有说有笑很热闹。

安给夫人发言了："诺延姐夫，酒宴特别丰盛，我们喝得差不多了，再喝，就要找不着家了。"

斋桑诺延："那你说来点啥？"

安给夫人说："千金的'那孙拜亦日'喜宴，最有兴趣、最逗乐的，得属'抓周'了。我看，就让小姐'抓周'吧！各位亲友，你们看，行吗？"

杰萨夫人们因不够级，平时很少出头说三道四。安给夫人一提议，杰萨夫人等女客人异口同声地捧场："行、行，'抓周'吧。"

斋桑诺延看这形势说："好，喝了这一碗，就'抓周'。"大家一起端起碗喝酒，但都不干杯，因为蒙古族有喝酒留福根的风俗习惯。

而后，斋桑诺延指挥女仆："乌日娜，去找个盘子，里面放上吃的呀、玩的呀、脂粉盒啊、钱啊什么的，多放几样。钱呢，找和玩的东西一样大小的金锭、银元宝，一样放一个；再放一个带鞘的小马刀；这么着，不妨把我那千户长官印也放里头，让她摸摸，看她摸啥，好让众亲友取个乐！"

斋桑诺延："诸位亲友，抓的东西也拿来了，那就让孩子抓一下，大家看一下热闹，开心一下吧！"

安给夫人好信把女仆端来的各种抓周的东西，零乱散放在中间。转圈围满了客人。斋桑诺延又亲自将各种物品划拉了一回"洗了牌"，不让其有规律性，而后，将满都海放床边上。

满都海坐那愣愣地看了那些东西一小会儿，便好奇地径直爬过去，到跟前坐在那，用小手把吃的、玩的东西，全划拉乱套了，而后从乱套的东西中，用小手抓抓这个又摸摸那个，似乎都不可心，大伙好奇地屏住呼吸看着，满都海最后抓起斋桑诺延大印的小钮，坐在那上下抢着。客人们顿时哗然。

亲友们惊叹不已："哇啊！小姐抓大印了！小姐抓大印了！"满都海"抓印小姐"的美名，也随草原清风，传遍蒙古高原！

第五节　第一次战乱——俘虏明朝皇帝的"土木堡战役"

公元1449年夏，帖木尔斋桑在庆祝爱女满都海"那孙拜亦日"一周岁之际，那边北元大汗与也先太师正在研究应否与明朝作战问题。

6月，北元大汗岱宗脱脱不花在汗廷召集会议，研究应否用武力制裁明朝在互市贸易中欺骗蒙古人问题。明朝在互市贸易中缺斤短两、以次充好是历史事实，如《明英宗实录》记载：绵帛绸缎"时剪裂幅不足"；《明史纪事本末》卷33记载："赠帛靴帽之属……不堪一着，即破碎矣。"

岱宗汗脱脱不花昔剌斡耳朵（汉译为金帐），也先太师坐右侧首座，其他诺延们按级别分坐两列。朝堂上大臣们都有座，这是有别于中原朝廷的。

岱宗汗首先发言："各位爱卿，这两年与明朝的互市贸易中，屡屡发生明朝欺骗咱蒙古人的问题，今年尤甚。这是大家都知道的事情，朕就不多说了。朕以为，咱们人民的衣用，多仰仗明朝供给，不宜与明朝动武，协商处理为宜，为此，朕已向明朝皇帝提出书面抗议了。今也先太师，提出并坚持用武力制裁明朝的意见，朕不好决定，请大家来对此事发表意见。"

也先太师在大臣们发言之前抢先发言："大汗，臣是太师，主管军事。臣向大汗提出武力制裁意见，您完全有权决定这件事。您今天提交汗廷集体讨论，这是拿诺延众人压服臣。臣不同意集体讨论这个问题。"

岱宗汗想达到自己的目的，辩驳解释说："也先太师，你不要误会，诺延们集体讨论，可以集思广益，你怎知道大家一定不同意制裁明朝呢？"

也先太师同样有自己的想法，威胁性地说："明朝不仅在互市贸易中缺斤短两、以次充好，欺骗咱蒙古人，更可气的是他们那个皇帝老儿，答应将公主嫁给我儿子，我备了巨额聘礼到北京迎娶时，他们又悔婚约不认账，如此砢碜我。明朝这么办事，我非出兵制裁他们不可。大汗您就集思广益吧，反正我制裁明朝的决心已经定了。"

岱宗汗也不示弱，以大汗地位压制也先太师说："那你的意见先保留，请各位诺延们发表意见。"

与会诺延们，知也先太师在朝中说一不二，而现在大汗与强臣太师意见不一，哪一方都不敢得罪，都互相观望，无人发言。

岱宗汗见无人发言，自己的意见不被支持，只好无奈而又生气地宣布散会。

众诺延起立，施礼，后退两步，转身，陆续走出金帐。

也先太师回到伊克格尔好如嘎衙府大帐，向其众下属诺延们开会部署出兵事宜："决定秋上月30日进攻大同，大家分头做进军准备。"

蒙古一年分为春、夏、秋、冬四季，每季分上中下3个月。秋上月30日即为7月30日。

夫人格根塔娜怀抱女儿满都海，变化着手指头，在教识数。帖木尔斋桑在旁幸福地观看着母女俩。

夫人伸出一个手指头，在女儿眼前比划，口中呼出："诺——个。"

满都海跟着学："诺——个。"

斋桑夫人出两个手指头，呼出："浩——亦——日。"

满都海："浩——亦——日。"

正在此时，格尔外有人高呼"帖木尔听令、帖木尔听令"。顿时，格尔内的宁静气氛戛然停止。

帖木尔收敛笑容，赶紧穿戴好，正衣冠，出门在格尔门前单膝跪倒，口称："帖木尔接令。"而后双手扶膝，头下垂，洗耳恭听。

也先太师秃阿赤（传令官）在毡房外，骑在马上，手持金腰牌，正在等待传令。见帖木尔出帐跪倒，秃阿赤亮出金牌，下达太师军令：

"帖木尔斋桑，明朝过去多次进兵攻打咱们，这两年和咱们搞互市贸易，一匹绸缎竟分成5份与咱们交换马匹，欺骗咱蒙古人太甚。也先太师决定，要教训一下明朝，定于秋上月30日进攻大同，命你带领你们和硕人马，秋上月29日准时到大同北猫儿庄北待命，不得有误。违者军法处治。"

蒙古实行军政合一的管理体制，以行政角度称鄂托克，以军事角度称和硕，因此命令带领和硕人马。

帖木尔斋桑表示："帖木尔接令。"也先太师秃阿赤转身策马离去。斋桑起立，目送他远去后，心情沉重地进格尔，严肃地说，"也先太师派秃阿赤下达军令，军令如山倒，必须服从。通知各安给长，立即安排组织人马，3日后出发。"

满都海父亲帖木尔斋桑率领和硕人马按时到达指定地点大同北猫儿庄。北元军队3万兵马在也先太师指挥下，分别进攻明朝大同北各卫堡，帖木尔斋桑率部就在其中。明朝大同北各卫堡军队战败全军覆没，消息传到北京后，8月6日明朝英宗皇帝朱祁镇亲率50万大军百员战将从北京浩浩荡荡来增援，8月18日首先派出驸马都尉井源等4员大将各率万人计4万兵马出战，全军覆没；又派大同总督军务宋瑛、总兵官朱冕、督都石亨等在太监郭敬监督下出战，在阳和（今阳高县）又全军覆没。英宗皇帝闻讯后吓破了胆，仓皇下令全军撤退。

明朝北部边境城市较大的如大同称卫，比它小的称堡，堡后来变成县。

也先太师大声下令："明朝军队往宣化（宣化府，现在是张家口市的区）方向逃跑了，全军追击！"北元军队帖木尔等3万人马紧跟其后追击。

8月31日，明朝军队进入土木堡地区（在宣府东南，距明京师北京也就百公里）。

在土木堡外，也先太师骑马站在一高处，军旗手在马上挥动着大黑纛（军旗），也先太师通知高级将领紧急开会。

也先太师发布战地动员令:"明朝昏庸的皇帝老儿,听从不懂军事的太监王振瞎指挥,几十万军队全部逃进土木堡了。土木堡这地方,周围峰峦耸立,群山环抱,尤其是其地狭窄,只有一条通路,他们无疑是钻进口袋里了,没跑了。咱们在土木堡这地方好好教训教训明朝皇帝老儿一下,让他们尝尝咱蒙古人的厉害,今后不敢再欺负咱蒙古人。"

也先太师随后下达军令:"阿勒出将军,你立即带2000人马到桑干河和洋河上游,将这的水流掐断,不许有一滴水流下来,这对整个战役的胜利至关重要,不得有任何闪失。"

阿勒出将军答应:"加。"带兵走了。

"阿拉知院,你带5000人马,把住各出口,不得放过一个明朝军队逃离。这里发起攻击后,你也率兵收网。"

阿拉知院答应:"加。"带兵走了。

也先太师继续命令:"其他各和硕军队,随我从麻峪口进入土木堡冲杀。"帖木尔斋桑率领的1000人马属于其他各和硕军队,跟随也先太师冲杀。

土木堡地区,一下子来了50多万军队,人满为患。上游水源截断后,明朝50万军队人马干渴无奈,掘地两丈,不得水。士兵们都急待水喝,有人在山岩中得到一点水,刚要喝,被头目喝令给他喝。战士们抢水互相拳打脚踢,最后竟至动刀。

正这时,有人喊:"蒙古兵来了!蒙古兵来了!"明军一听,不顾抢水,四散逃命,跑不远,对面发现蒙古军,或者有自己人逃跑过来,明军来回瞎跑滥撞,乱作一团粥。

北元军队横冲直撞,乘乱追杀,边追杀边喊:"放下刀箭的不杀!放下刀箭的不杀!"

明朝英宗皇帝朱祁镇在亲兵护卫下企图逃跑未遂,知败局已定,便索性"下马盘膝面南而坐",等待命运的处置。这时北元军队杀到跟前,见一穿戴豪华出众的年轻人在那坐着,就将其俘获。

帖木尔斋桑率部骑马,押着一小队步行明朝官兵走过来。在将近土默特兀鲁思恩古特鄂托克帖木尔斋桑爱寅勒时,腿脚快的一牧民看见队伍回来了,高兴地先跑进爱寅勒,高喊:"我们胜利了,明朝皇上被抓活的了!我们胜利了,明朝皇上被抓活的了!"

爱寅勒牧民群众听说抓到明朝皇帝了,都要看看新鲜,互相招呼着:"走哇,看明朝皇上去呀,看看明朝皇上长什么样啊,走啊!"

牧民互相招呼着,急匆匆赶往爱寅勒门口,半大孩子跑在前,妇女们领着孩子,老人们在后面跟着,都往爱寅勒门口涌去。

只见帖木尔斋桑带着自己一伙人,押着一队穿戴明朝军官和士兵服装的人走过来。牧民们凑过去,好奇地挨个端详那些俘虏,嘴里叨咕着:"哪个是皇上啊?这不都是两个耳朵一个鼻子,和咱牧民长得一样嘛!"

帖木尔斋桑骑在马上,摆手招呼群众:"乡亲们,明朝皇上是抓活的了,不过由也先太师弟弟赛刊王押解,送到也先太师好如嘎去了。这伙人里没有皇上,大家请回吧。"

牧民们泄气地发着牢骚:"白跑一趟,真没劲。"

斋桑夫人格根塔娜抱着小满都海也随牧民走过来。

帖木尔斋桑赶紧跳下马,迎上去,有点责备地说:"怎么把孩子也抱来了?"

斋桑夫人揭开包孩子的小被,对着孩子说:"满都海,看你阿爸胜利回来了,叫阿爸!"

一个俘虏军官此时从跟前经过,他停了一下,与帖木尔斋桑及其夫人互相定睛看了一眼。

满都海已一岁多,小嘴能发出"爸、爸"的音节。帖木尔斋桑高兴地露出笑容,接过孩子,亲一下脑门,又交给夫人:"快回去吧。"

斋桑夫人想知道得多一点,说:"孩子阿爸,听说你们打了一个特大胜仗。"

帖木尔斋桑感触地告诉她:"仗是打得真漂亮,是少见的以少胜多的典型战役。"可是,他立即阴下脸,叹口气,很感慨地说,"明朝军队死的人太多了!真惨哪!"

斋桑夫人提醒:"孩子阿爸,那大局咱掌握不了,可这些被俘虏的官兵,都不是自愿来打咱蒙古人的,咱得把他们当人看待呀。"

帖木尔斋桑深有同感地说:"这个我懂,他们放下刀箭后,我们也没打他们一下,更是一个也没杀,你看他们不好好的嘛?"

第六节　父母严教培养意志

天空晴朗,雄鹰在空中盘旋。

斋桑夫人格根塔娜头发盘在头顶上,戴几件首饰,右边插一朵鲜花,悠闲地坐在伊克格尔外哄孩子。儿子阿尔斯楞在草坪上撒欢儿。

蒙古族妇女有在头发上插戴鲜花的习惯。

满都海5岁,按蒙古族习惯,头发自然披散着。斋桑夫人让满都海坐自己对面,拉住她的小手,交叉拍着,慢声教着儿歌:

你拍一,我拍一,骠悍烈马胯下骑;
你拍二,我拍二,身体强壮似犍牛;
你拍三,我拍三,驰骋万里不下鞍;
你拍四,我拍四,上山不怕恶豺狼;
你拍五,我拍五……

"嬷母、嬷母!"阿尔斯楞拿着一朵野花跑过来,打断了她们的儿歌。

阿尔斯楞跑到嬷母跟前,递过小花,问:"嬷母,这朵花好看吗?"

斋桑夫人把儿子拉过来,给他擦干额上的汗,看看花。

"好看,这花真好看!来,给我女儿戴上。"斋桑夫人说着,将小花戴在满都海头上。

哥哥阿尔斯楞将野花抢走,跑开两步,摇晃着花,用手势和花招呼着:"来,妹妹!你追上我,哥哥就给你戴上。"在前面往后看着,逗引着妹妹小跑,"来,妹妹!追上我。"

满都海在后面追,想要回那朵花,但蹒跚跑不远便摔倒了,弄个嘴啃泥。满都海抬头看嬷母、看哥哥,谁也没有跑过去抱起她的意思。

斋桑夫人看见孩子摔倒了,不动声色,注视着孩子,看见女儿在观望,便命令似的鼓励她:

"爬起来，追上哥哥，把花要回来。"

满都海没哭，爬起来，用手背抹一下鼻子、嘴，又继续蹒跚地追她哥哥。阿尔斯楞已懂事了，见妹妹摔倒了，便象征性地跑几步，故意让妹妹追上，嘴上夸着妹妹坚强，将小野花插在妹妹头发上。

两个孩子玩了一阵儿累了，回到斋桑夫人跟前，满都海偎在母亲怀里，叫着"嬷母"。嬷母，是比额吉更为亲切的对母亲的亲昵称呼。

斋桑夫人见女儿回来了便问："满都海，你和哥哥刚才去的那个方向，是东、南、西、北哪个方向啊？"

满都海左右看了两遍说："那是南。"

斋桑夫人亲了一下："我女儿真乖！嬷母告诉你，"指着太阳出来的方向说，"早晨太阳出来的那边，是东；太阳在天上走一天，晚上落下去的那边，"用手指着，"那是西。"满都海随母亲手指的方向看着。"中午，天气最热的时候，太阳在正前方，那个方向是南；南的对面，咱后面，就是北。记住没？"

满都海用小手指指着："那是南、那是西、那是北、那是东。"

斋桑夫人又亲了一下："我女儿真聪明！"

第七节　第二次战乱——也先太师篡夺汗位

公元1452年。

北元也先太师伊克格尔大帐与帖木尔斋桑大帐形制一样，但比帖木尔斋桑大帐大而华丽，周围牧民的毡房比帖木尔斋桑的多。

伊克格尔内，也先太师懒洋洋地坐在太师椅子上。也先，40多岁，留有络腮胡子，穿有直径5寸独棵大花的一品官服蒙古袍，其弟弟伯颜帖木尔知院、亲信阿卜都拉坐在两侧，他们正在密谋夺权篡位之事。

也先亲信阿卜都拉拍马屁说："太师，您南下进军明朝，土木堡战役，以3万蒙古铁骑，一举歼灭明朝50万大军，活捉明朝皇帝朱祁镇。您威震华夏，名声远播，论功劳苦劳，咱北元谁人能抵？谁人敢比？"

也先弟弟伯颜帖木尔知院附和着说："就是嘛！"

阿卜都拉又蛊惑说："太师，您不能久居人下，恭敬那个岱宗汗。他脱脱不花，除了有黄金家族的那个'血统'外，有何德何能在您之上发号施令？臣以为，乘土木堡战役胜利，您威望最高的时候，设法夺取汗位，由您做大汗。"

也先太师眯缝着眼睛，很得意地听着，手指在椅子扶手上不停敲击着。

阿卜都拉抬头看看也先，知道自己的言语正中其下怀，便大胆地进一步阐述自己的意见说："太师，目前，夺取汗位有一个机会，就是迫使大汗确立太子。大汗长子也先猛可是您的外甥，太子确立后，咱们找个理由将岱宗汗废掉，扶立您外甥登基。太子年龄小，这汗廷大小事情不就都由您说了算了吗？这全蒙古不成了您的天下了吗？再不用别人给您发号施令、指指点点的了！"

也先弟弟伯颜帖木尔知院又附和着说："我看可行。"

阿卜都拉乘其兴致好，又进一步进谗言："臣分析，这岱宗汗迟迟不确立太子，这不明摆着是对您不信任吗？不信任，日久必生祸患。"

阿卜都拉观察也先表情，看到也先没反对，便又慷慨激昂地发表意见："太师，这事要办成，必须敦促大汗召开'呼里勒台'，研究确定太子之事，以此向他发难。在会议中，以立次子摩仑不符合传统为由，迫使他立您外甥也先猛可为太子。"

呼里勒台，是汗族宗王、贵族及重要大臣参加的会议，类似现在的部长级会议。

也先弟弟伯颜帖木尔知院也正式发表自己意见："兄长，我多次出使明朝，明朝礼部对我接待的规格，都比接待岱宗汗使臣的规格要高。接待官员私下对我说，他们认为兄长您，才是蒙古的真正英雄，他们更愿意接待咱们。明朝景帝朱祁钰主动单独召见我，岱宗汗的使臣多次求见，景帝都没赏脸见他。厚此薄彼，这是个信号，我认为明朝意思是让您取而代之。"

岱宗汗的汗廷设在呼伦贝尔一带，而也先太师的好如嘎大帐设在哈密北山，君和相不在一处办公，因此与明朝交往时更多时候是各自派遣使臣，明朝乘机对其实施厚此薄彼离间之策，让北元君臣因此互相猜忌，伯颜帖木尔知院说的正是这件事。

"兄长，机不可失，时不我待，错过机会就悔之晚矣了。阿卜都拉的意见您应当认真考虑，他分析得有道理，应当以确立太子之事向大汗发难，创造机会登宝。"

也先太师挺直腰板表态说："好，就按你们的意见办。阿卜都拉，你替我写一个奏疏，用词强硬一点，派人报上去。"

岱宗汗脱脱不花昔剌斡耳朵的大汗金帐，规模与也先太师大帐差不多，重要的差别是帐内各个支柱以及裸露部分都用黄绸布包起来，显得金光灿灿。座席，比太师的高大，显得威严，大汗几案由黄花梨木雕刻制成。座椅背后，挂有成吉思汗画像。大汗坐在可汗位子上，两侧坐着几个大臣。丞相、知院，都穿直径5寸独棵大花的一品官服蒙古袍。

岱宗汗手拿一封奏疏，说："众爱卿，也先太师报来一份奏疏，要求尽快确立太子，措词强硬。你们看，怎么办合适？"

丞相也里不花起立，面朝大汗发言："大汗，也先太师这么急着要求确立太子，其用心，臣分析，是想确立他外甥也先猛可为太子，以便扩大他的权势。大汗现在正年富力强，精力旺盛，再过几年确立不晚，不能忙于确立太子，不能他说怎样就怎样。"

知院哈剌你牙起立，面朝大汗发言："大汗，我的看法与丞相相同。也先太师这个人野心大，土木堡战役胜利后，更不可一世，好像是他一个人的力量打胜似的。大汗正年富力强，他却这么关心确立太子之事，其中必定有诈，得提防着点；确立太子之事，也悠着点，不能他一提就定下来。"

还有诺延要发言，岱宗汗看主要诺延都持否定意见便抢先表了态。

岱宗汗说："也里不花丞相、哈剌你牙知院，你们的分析都是正确的，朕心里有数。但确立太子之事，早晚都得办，莫不如趁他奏请之时，给他一个顺水人情，既满足也先太师的要求，也了却台吉（皇族男性子孙称台吉）们的悬念，汗廷诸诺延和各部诺延的心情也可稳定下来。

"朕决定，在明安哈剌（地名）召开呼里勒台会盟会议，决定立太子之事。众爱卿就不要争执了。"

岱宗汗召开呼里勒台会盟会议。也先太师、阿剌知院、撒都剌大夫等率千余人马先期来到，脱脱不花汗率汗廷诺延和各部诺延相继来到，都在明安哈剌搭建营帐住了下来。各部大帐相距约百丈距离。

当天夜里，敖汉部首领桑德格沁彻辰带两个随从护卫，向岱宗汗营帐方向大摇大摆地走着，准备向大汗献计。

阿卜都拉在月光下窥视着大汗大帐周围的动态，见敖汉部首领桑德格沁彻辰从大帐出来大摇大摆地向大汗大帐走去，便蹑手蹑脚、鬼鬼祟祟地在后面跟着，溜到大汗大帐后面窃听。

敖汉部首领桑德格沁彻辰到大帐门口，主动交出弯刀后进帐，首先向大汗请安："大汗，赛音拜诺？"

岱宗汗："请坐、请坐。"

敖汉部首领直接了当地发表自己的意见："大汗，我听说这次'呼里勒台'是也先太师提议召开的？如果属实是这样，依臣看，也先太师他绝对不怀好意。您想，您正年富力强，他为啥忙着让您立太子？也先太师在土木堡战役胜利后，居功自傲，目中无人，不可一世，其'司马昭之心'已充分暴露无遗了。这个人，不是一心一意维护黄金家族正统汗位的人，他提议确立太子，其中必有阴谋。臣以为，趁此会盟机会，将也先太师及瓦剌籍诺延统统干掉，以绝后患。"

也先亲信官员阿卜都拉听到这儿，吓出一身冷汗，赶紧往回跑，在大帐拉线上绊了一跤，发出"咕咚"一声响声。

大帐门前卫兵听到动静，持刀喝问："谁？"阿卜都拉趁夜色趴地上不动。卫兵四处张望一下，又帐前帐后简单看看，未发现什么，便又回到帐前执勤。阿卜都拉跳起来不要命地连滚带爬往回跑。

阿卜都拉气喘吁吁跑进太师大帐，进帐便跪倒："太、太师，太、太师，大、大事不好了。"

也先太师："何事如此惊慌？"

阿卜都拉上气不接下气，磕磕巴巴，心惊肉跳地说："太、太师、大事不、不好了，他们要向咱们动手了。"

也先太师立即绷起神经说："冷静点，到底怎么回事？说得详细点。"

阿卜都拉镇静一下后说："刚才，我看见敖汉部首领桑德格沁彻辰向大汗大帐走去，我便偷偷地跟在后面走到大汗大帐后面，听到他们商量要将咱们全部除掉。我赶紧跑回来报信。"

也先太师十分惊讶："有这等事？"随即下令，"马上撤。"连同随行人员千余人，抛弃营帐等物资，骑上马一溜烟跑了。

岱宗汗大帐里，也里不花丞相进帐施礼："启禀大汗，也先太师带领全部随行人员，营帐都未拆卸，仓皇离去。"

脱脱不花汗沉思一小会说："可能方才敖汉诺延的话，被他们偷听去了。咳！天意呀，准备打仗吧。"

也里不花丞相进言："大汗，臣以为，与也先太师的战事，只是早一天或晚一天的事情。臣建议，与其等待他公开反叛来进攻，不如咱先发兵去讨伐他搞分裂。"

脱脱不花汗表态："也里不花丞相，那就按你的意见办。趁各部诺延都前来之机，明天的呼里勒台会议照常举行，确立太子之事不商量了，专门部署讨伐也先太师问题。"

也里不花丞相答应："加！"

在帖木尔格尔内，其夫人正在教女儿满都海学习蒙古文字。

斋桑夫人拿过来一个写有蒙古文字母的硬牛皮，招呼满都海："满都海，来，咱学习蒙古文字母。"

满都海正在另一边玩耍，听到叫声，跑过来叫声："嫫母。"

斋桑夫人："来，咱学习蒙古文字母。"

满都海懂事地坐在母亲身边。斋桑夫人手指着写在羊皮上的蒙古文字母，"阿、额、衣"地教着。满都海眼睛盯着嫫母手指指向跟着"阿、额、衣"地学着。

学了一会儿，满都海可能感到有点累了，便说："嫫母，给我讲故事吧！"说着撒娇地坐到嫫母的怀中。

斋桑夫人："好，嫫母给你讲故事。今天，嫫母给你讲一个咱蒙古族的大英雄成吉思汗的故事，你看好吗？"

满都海："好。"看着嫫母的脸，等着讲故事。

斋桑夫人为了加深满都海理解，特意放慢语速："200多年前的时候，咱蒙古人分为很多个爱玛克，这一伙那一帮的，经常互相打仗，每次都死不少人。"

满都海童声童气地问："嫫母，他们为啥总打仗呢？"

斋桑夫人："那些个部落的头子们哪，为了多管一些人，多有一些牛羊，就抢别人的。谁养的牛羊愿意白给他呀？就因为这个，双方就打仗，打仗就死人。"

满都海童声童气地说："这些人真坏！嫫母，没有人管这些人吗？"

斋桑夫人："后来有人管了，这个人就是咱蒙古人的大英雄成吉思汗。他出生那一天，他父亲也速该巴特尔正带领乞颜蒙古部的人马攻打塔塔尔蒙古人报仇。也速该的父亲俺巴海汗，早些年被塔塔尔蒙古人出卖给金国，被金国皇帝钉死在木驴上了。也速该那天杀了塔塔尔蒙古人的首领铁木真兀格，为父亲报了仇。"

满都海："嫫母，也速该真厉害！"

这时，大汗脱脱不花的传令官骑一匹快马，正在草原上向这个方向飞驰而来。

斋桑夫人继续讲："也速该杀了铁木真兀格回来，见到儿子出生了，就给儿子起名铁木真。铁木真比他的父亲、爷爷更厉害，统一了蒙古草原各个部落，当了更大更大的官，管更多更多的地方。大伙啊，就称他成吉思汗，就是长生天派来的汗的意思。"

满都海："嫫母，长大了我要学成吉思汗。"

斋桑夫人："学习成吉思汗可不容易呀！他小时候可苦了，没有肉吃没有奶喝，挖野菜、抓河鱼才能填饱肚子；别的蒙古部落还要谋害他，他得到处躲藏。有一次啊，他藏在羊毛堆里才逃过了追杀，困难着哪。"

满都海："嫫母，我不怕困难。"

此时，大汗的传令官秃阿赤已飞马来到艾寅勒，口中呼喊着："闪开、闪开！"

马儿毫不减速地飞向帖木尔斋桑大帐，接近大帐时，呼喊："帖木尔斋桑接旨，帖木尔斋桑接旨！"

帖木尔斋桑正在大帐内，欣赏着母女的对话，听到了大汗紧急信使的号令声，赶紧整理衣帽，出帐迎接。

岱宗汗脱脱不花信使穿牛皮铠甲，佩着刀箭，在毡房外，骑在马上大声呼喊："帖木尔斋桑接旨，帖木尔斋桑接旨！"

帖木尔斋桑走上前，看到信使手持的金令牌，在大帐门前单膝跪倒，口呼："帖木尔接旨！"而后双手扶膝盖，低头听旨。

大汗信使秃阿赤传达着大汗的旨令："也先太师谋反，大汗有旨，命令你立即率领你们和硕兵马，到吐鲁番北之哈喇地方集结待命，准备参战，讨伐也先太师。"

帖木尔斋桑表示："领旨！"信使传完旨便转身快马跑去通知其他鄂托克。

帖木尔斋桑起身后立即命令："秃阿赤，立即通知各安给、杰萨、得木齐、斯尔古楞、阿哈拉齐（10户长），各率属下人马，带上刀箭，带上干肉、'楚拉（快餐奶制品）'及'格鲁特（干奶）'，到艾寅勒门前集合，去攻打也先太师。"

而后，四处响起了牛角号和海螺号声。

帖木尔斋桑格尔内，斋桑夫人与女儿满都海正在对话。

满都海问："嫫母，那个人叫我阿爸干啥？"

斋桑夫人告诉她："咳！又要打仗了，大汗命令你阿爸带咱这的人马，去帮他打仗。"

满都海问："嫫母，不打仗不行吗？"

斋桑夫人答复："太师谋反，大汗要打仗，不去是不行的。"

满都海又问："那个人为啥说话那么横？为啥到咱家门口不下马？"

斋桑夫人解释："他是大汗的秃阿赤，代表大汗说话，当然横了！他忙，还要到别处下达命令，不能下马。"

满都海接着问："阿爸认识他吗？"

斋桑夫人解释："你阿爸不全认识，秃阿赤总换。"

满都海好奇地又问："那阿爸为啥要听他的呢？"

斋桑夫人告知理由："那是因为他手持的金令牌。"斋桑夫人见满都海人虽小，却什么事都关心，感叹地说，"咳！你还小，长大了就都明白了。"

这一年是1452年，满都海5岁，因敖汉诺延提建议，也先谋士偷听了只言片语，发生误会，继而发生互相残杀的战争。

在吐鲁番之哈喇地方，南北两边，对列着两个大兵营。

这边，是岱宗汗脱脱不花军队宿营地，一片营帐，横亘数里，周围用勒勒车围着当墙用，用木杆搭个门楼，两边有士兵守卫，中间一带设有稍高一些的瞭望塔。大汗大帐前竖立着哈日苏勒德。岱宗汗二弟阿噶巴尔济济农和三弟满都鲁台吉各自都有一部分人马随军到达吐鲁番之哈喇地方。

数公里之外的另一边，是也先太师军队的宿营地，营地设置与大汗营地基本相同。营区内外都有人马巡逻。

第二天，双方在吐鲁番之哈喇地方决战。岱宗汗率军在北边，也先太师率军在南边。两军都是骑兵，分列两旁，一字排开。大汗军队这边，蒙古著名勇士科尔沁诺延锡古苏台巴特尔将军手持一把几十斤重的"陌刀"出阵；也先太师方，卫拉特著名神箭手圭林齐将军出阵。

锡古苏台将军先打起招呼："你好啊？圭林齐将军。"

圭林齐将军答言："锡古苏台将军，别来无恙啊？"

锡古苏台将军接着说："你我二人，此前太平时是安达（朋友），曾记得有一天共坐饮酒时，咱俩聊过：倘若都沁·都尔本（蒙古和卫拉特）二部起衅兴戎，冲头阵者，除你我二人更有谁？到那时，你我二人相逢时何以相处？你说：'我善射，汝虽擐甲亦能射穿！'今天，都沁·都尔本二部真的起衅兴戎，真的是你我二人冲头阵。你看，今日咱俩怎么个战法？"

圭林齐将军说："我记得当时你说：'我善劈，能自汝顶劈至汝骑。'今天，我先射，你后劈怎样？"

锡古苏台将军说："圭林齐将军，那你可要使足劲，否则你要后悔的！"

圭林齐将军说："你可不能躲！"

锡古苏台将军说："我要闪一下身子，就不叫巴特尔。"说完策马跑到一箭之距离，面对着圭林齐，屏住呼吸，等待圭林齐射箭。

也先阵中擂起战鼓助威。圭林齐将军弯弓搭箭，瞄准锡古苏台将军，使足劲，射出一箭，该箭正好射中锡古苏台将军铠甲心窝处护心铜镜。岱宗汗失色！军中哑然！锡古苏台将军在马上一趔趄，晃了几晃，险些掉下马来。铜镜破碎，箭插在铜镜中，鲜血顺铜镜缝流了出来。

锡古苏台将军咬牙忍着痛，拔下箭，手拿箭，挥舞着。岱宗汗转颜为笑，军中情绪又欢快起来。

锡古苏台将军忍痛大喊："圭林齐将军，你先射，但你的箭没射死我，这回该我砍你一刀了，来来，放马过来。"

那时的人非常讲信用，有头有脸的人更是"一言既出，驷马难追"。圭林齐将军既然先射一箭未射杀对方，那么就得让人家砍一刀。明知放马过去可能被砍死，圭林齐将军还是放马冲过去，锡古苏台将军也策马迎了上去，岱宗汗阵中鼓声震天。二马相遇交会时，锡古苏台将军咬紧牙，脖筋绷挺高，使足吃奶力气。嘿！用陌刀一刀劈下去，将圭林齐将军从肩膀处一直劈到马鞍处。圭林齐将军当即死亡，身体分成两半掉在马两边。

大汗军中一片欢呼声，官兵们举刀挥舞跳跃。

也先军中一片愕然、惊惧，有些人受到惊吓往后撤退，大汗军队也未乘胜追击。双方阵中都鸣金，两阵军队各自收兵歇息。

也先太师回到大帐。

也先太师往椅子上一靠，面带怒容，很严厉地对大伙说："首战失利，军心受挫，你们说，如何扭转败局？"

阿卜都拉赶紧献策说："太师，锡古苏台将军实在太厉害了，心窝受伤流血，还能力劈圭林齐将军于马下。现在的形势，应该避开力战，以智取胜。"

也先太师："那你说说，如何以智取胜？"

阿卜都拉说："岱宗汗有智有谋，智勇双全，对他无法用计。据我所知，其弟阿噶巴尔济济农生性愚钝，不妨以利试探一下，也许能够成功。"

也先太师："那就由你去试一下，多带些珍宝，快去快回。"

也先使臣阿卜都拉怀揣珍宝，趁黑夜鬼鬼祟祟地从大汗营寨左侧方济农大帐附近栅栏下秘密爬进营寨，摸到阿噶巴尔济济农大帐策反。

卫兵发现有人，持刀厉声问："谁？"

阿卜都拉赶紧小声说："别喊，我是阿卜都拉，我有要紧的事要向济农诺延报告。"

济农，蒙古官职名，仅次于大汗的官职，相当于副汗或中原朝廷的郡王，一般都由大汗的弟、子等直系男性亲属担任。蒙古以左为贵，因此他的行军毡帐设在大汗中军帐左侧。

卫兵严厉地责问："你有要紧的事，要向济农诺延报告，为何不正大光明走正门？为何不白天来，鬼鬼祟祟地偷越营寨何意？"

阿卜都拉诡辩说："我和济农诺延个人有要事报告，你给通报一下。"

卫兵："不行，现在是敌对双方，我不能给你通报。"

阿卜都拉纠缠："小点声，我有重要的事情，必须见到济农。"

卫兵："你这人，不懂蒙古话呀？这么墨迹。我再给你说一遍，现在是敌对双方，我不能给你通报。我给你通报，我得挨收拾，快走！"

阿卜都拉看说好话不行，便心生一计，绷起脸，威逼卫兵："我可告诉你，我给你说几回了，我有非常重要的事情，要见济农。你拒不通报，我这就回去，若济农知道你不通报，耽误了事情，你的小命坐地就完！"而后假作往回走的样子，"哼，我看你吃不了兜着走。"

卫兵一听，人家来硬的了，也不知这高层首领们都捉摸点啥，万一出错，担待不起，真有性命之忧，便转变态度说："慢！你先靠后站。"阿卜都拉退后，卫兵与另一卫兵嘀咕两句，进帐请示，出来说，"进去吧。"

阿卜都拉进帐后施跪拜礼："济农诺延，赛音拜诺？"

阿噶巴尔济济农威严地问："你有何事，深夜偷进营寨？"

阿卜都拉赶紧抬出也先："也先太师派我来传他的话，他说若济农独取，则我辈愿降，若与大汗分取，则我辈难降；也先太师又说：汝汗兄在朝中独断专行，从不把您放在眼里，他为此非常气不公，愿帮助济农诺延登上大汗位。今献上一点珍宝，表示心意。"说着从怀里掏出金灿灿、亮闪闪的珠、玉、金饰、翡翠等珍宝放在桌子上。

阿噶巴尔济济农见此诸多珍宝，眼睛一亮，他从来没见过这么多珍宝，用手抚摩了好一小会儿，才表态说："如此，可与太师合力而逐之。"

阿卜都拉见济农如此容易便上钩，赶紧说："太师军队今夜五更到，请济农配合。"

阿噶巴尔济济农果断地说："一言为定。"

阿卜都拉见事已办成不再啰嗦："告辞。"

也先太师头戴栖鹰冠，身穿甲和胄连在一起的"劳布吉盔甲"，骑一匹赛雄驼大黑马，手持一把大刀，趾高气扬。这一天深夜四更时分，在一队骑兵面前下达战斗命令："勇士们，岱宗汗脱脱不花，容不下咱们瓦剌蒙古人，那咱也和他势不两立。今天的作战任务就是袭击脱脱不花汗大营，具体攻击目标：直奔大汗中军帐，击杀脱脱不花汗，击杀者有重赏。瓦剌勇士们，跟我冲啊！"第一个骑马冲出去。

岱宗汗守卫大营门卫的兵士见有军队来劫营，大喊："有人偷营了，有人偷营了！"听到"有人偷营"的喊声，很多行军帐内兵士都神经质地提刀出帐。报信门卫兵士连喊带跑，忙跑回营内报信，未跑多远，遇阿噶巴尔济济农。

"报告济农……"下面的话还未来得及说，被济农一刀砍死。

也先军队在大营门前，被守营兵士射杀几个人之后，冲入大营。进营后，在去大汗大帐途中又遭到抵抗，两军厮杀喊声和刀枪撞击声叮当乱响。

脱脱不花汗听到人喊马嘶声，赶紧穿戴出帐，边系衣扣边在帐外大喊："阿噶巴尔济，阿噶巴尔济，有人偷营，快组织军队！"

阿噶巴尔济早已在帐外等候也先军队劫营，听到岱宗汗喊他，高声回话："汗兄，我在这。"

阿噶巴尔济见到也先率军来到，便小声说："跟我走！"遂带领也先军队直往大汗大帐冲来，并亲自刀砍阻挡也先军队的士兵。脱脱不花汗正往这个方向走来，亲眼看见阿噶巴尔济刀劈本营士兵，知道情势有变，便赶紧骑上自己的快马弃营逃跑。

也先士兵喊："太师，岱宗汗跑了！岱宗汗跑了！"也先太师下令："给我追！"率领骑兵追过去。

岱宗汗的三弟满都鲁台吉，当时任北元平章职务。他的行军毡帐设在大汗中军帐右侧，他自己也有一支人数不多但独立的军队。他看到汗兄脱脱不花抛下几万军队跑了，他因相邻中军大帐，得到信息比较及时，便对他的战士们说："勇士们，军情有变，赶紧跟我撤退。"带着比姬（台吉的妻子蒙古语称比姬）大鼻子中宫和自己的人马完整无损地向另一个方向逃跑，最后跑到哈剌兀那北的阿苏忒山（又译作伊苏特山梁）隐居，因此逃过了也先太师的追杀迫害。

帖木尔斋桑所率领的恩古特爱玛克1000多人马，在大汗中军帐右翼扎营。帖木尔斋桑发现也先率军劫营，正想率兵支援，却听到也先士兵喊"岱宗汗跑了"。既然统帅跑了，这仗就没法打了，帖木尔斋桑便招呼部属，下达撤退命令："勇士们，也先太师劫营，岱宗汗逃命去了，这仗不能打了。也先太师的军队马上就会来杀我们，趁他们还没来，咱们赶紧撤退。后队变前队，全速撤退。"

帖木尔斋桑满脸忧容地率人马回营，爱寅勒的家属们到爱寅勒村口去迎接。

满都海高兴地扑过去抱住阿爸大腿，帖木尔斋桑这才有了笑容，而后共同进格尔。斋桑夫人帮着把盔甲脱下来，仆人接过去。斋桑夫人拿布巾掸去斋桑诺延身上的土，而后又在铜盆里投湿布巾给诺延擦脸。

"渴了吧?"斋桑夫人亲切地问,然后支使仆人,"快给诺延煮奶茶。"

仆人献上奶茶后,斋桑夫妇落座,两个孩子多日不见阿爸,今日像怕他跑了似的紧贴其左右。斋桑夫人格根塔娜问:"孩子阿爸,你们这次出兵,怎么回来这么快呀?"

帖木尔斋桑懊丧地回答:"别提了,好悬见不到你们了!大汗那个不靠谱的弟弟阿噶巴尔济济农,就是那个人们传言的'驴济农',他吃里扒外,背着他大汗哥哥,和也先太师串通一气,深更半夜勾来也先军队攻打自己的大汗哥哥,他还帮着杀自己的人,这还有个不败的吗?岱宗汗跑了。"

满都海人虽小,却站在阿爸跟前非常认真地听着。

帖木尔接着说:"军中无主帅,这仗怎么打?我看这情况不妙,就赶紧往回撤,晚一点就见不到你们了。"

斋桑夫人:"那岱宗汗后来咋样了?也先太师抓住他了吗?"

帖木尔斋桑:"岱宗汗的马跑得快,也先人马没追上。后来在回来的道上听说他逃到郭尔罗斯他老丈人沙不丹诺延那去了。但他没有想到,他老丈人记恨大汗当年遗弃他女儿的事,又怕也先太师报复他,把岱宗汗整死了。"

斋桑夫人发表感想:"搁谁身上都一样,你遗弃人家姑娘,还把人家耳朵割去打发回娘家,谁不忌恨哪?这放在我身上,都不能去投奔人家。"

满都海疑惑地问:"阿爸,大汗是最大的官,能随便杀吗?"

帖木尔斋桑稀罕地拍拍满都海小脸蛋,说:"阿爸告诉你,现在是乱世,这是乱世才能发生的问题;你嬷母不是给你讲过落坡的猛虎被犬欺的故事吗?岱宗汗被郭尔罗斯沙不丹杀害,这就是落坡的猛虎被犬欺的例证了。"

满都海似有所悟地眨眨眼睛。

斋桑夫人又问:"那驴济农阿噶巴尔济后来咋样了?"

帖木尔斋桑:"驴济农阿噶巴尔济也没得好,那种人也不应该得好!回来的路上听说的,也先说合作成功了,要庆贺。驴济农带着汗廷30多名诺延去参加也先摆的庆功宴,进格尔后还没等闻到酒味,就都掉进大坑里了。也先事先埋伏的刀斧手,就在那大坑里将那30多人'剁了饺子馅'。"

满都海听得非常认真。

斋桑夫人听到这儿,打了个寒噤!

帖木尔斋桑接着说:"那几十个诺延死得好惨哪!过去听人说过什么'鸿门宴',可没见过,这回可真见识了!以后这赴宴的事啊,还真得留个心眼啊!"

一天,满都鲁台吉对夫人说:"夫人,哈喇这一仗打得窝囊。咱不抓紧跑,一定会遭也先毒手。我侄子哈尔古楚克,还在也先手下,不知也先会怎样对他?"

大鼻子中宫安慰他:"台吉,你不要担心,哈尔古楚克是也先的女婿,不会把他怎样的。也先下毒手,他姑娘齐齐格不会允许的。"

满都鲁说出他担心的原因:"唉,你对也先这人还不了解。这人哪,"用鼻子哼了一声,"哼,什么事都能干得出来！"

大鼻子中宫说："那有什么法子？咱又没能力救他出来，在人家手下，听天由命吧！台吉，您保重自己要紧。"

这一天，探马打听到也先太师重要信息，回鄂托克向斋桑诺延汇报。

探马，是军队和政府的侦查人员，挎刀佩箭，携带干粮，长年在外地打探军事、政治情报。

探马进帐施礼："报告斋桑诺延，前天见到也先太师手下一个头目，他说也先太师听说岱宗汗脱脱不花被沙不丹害死的消息后，便按蒙古大汗即位传统仪式，在哈喇莽来（地名，在今蒙古国苏赫巴托省）即大汗位，自称'大元天圣大可汗'，年号为'天元'，说当的是咱全蒙古都沁·都尔本蒙古的大汗。"

帖木尔斋桑表扬他："这情报很重要。你受累了，先下去歇息吧。"

探马："加！"退下去了。

满都海跑到阿爸跟前问："阿爸，太师能当大汗吗？"

帖木尔斋桑抱起孩子放腿上说："孩子啊，阿爸告诉你，按蒙古传统，只有成吉思汗的子孙才能当大汗。你嫫母给你讲过吧，'胜者王侯败者寇'！岱宗汗兵败逃跑被杀了，没大汗了。现在是乱世，谁兵多将广，谁就可以抢政权；谁抢得政权，谁就当大汗。咳！这乱世的理，谁能说得清呢！"

第二章 拯救汗裔

第一节　也先汗女儿齐齐格公主救黄金家族后裔

1453 年，满都海 6 岁。

也先汗昔剌（黄色）斡耳朵金帐高大、华丽，其斜后侧，是其女儿齐齐格公主的格尔。

齐齐格公主，也先汗女儿，20 来岁，左手无名指上戴着精美的戒指，两手戴着金手镯，头戴"宝格图格帽"。

齐齐格公主因已结婚，她的毡房格尔，在也先汗昔剌斡耳朵一侧，约距百丈之远。齐齐格公主所生之男孩，系后来的蒙古中兴列祖达延汗父亲，是"蒙古女皇"满都海公爹。因系男孩，将来会延续成吉思汗黄金家族汗位，也先篡权即汗位后要杀掉他，对孛儿只斤氏斩草除根。

这一天，也先汗派巴布尔吉去查验其女儿所生之孩子。

巴布尔吉站在门外，轻轻地报告："启禀公主，大汗派我来，看看您生的孩子。"

齐齐格公主在格尔内没好气地问："父汗看我孩子干啥？"

巴布尔吉说："大汗让看看，是男孩，还是女孩。"

齐齐格公主知其意图，告知："我告诉你，是个丫头，看她干啥？"

巴布尔吉还是不走："公主，是丫头，我也得亲眼看看。"

齐齐格公主生气地训斥："狗奴才，我的话你也不信吗？！"

巴布尔吉作为下人逆来顺受地说："公主息怒，不是我不信，出了差错，大汗要打死我的。"

齐齐格公主责问："你难道非要进公主的产房吗？"

巴布尔吉说："公主不要怪罪，不是我斗胆非要进公主产房，是大汗的指示，不进产房不行啊。"

齐齐格公主质问："你非要看？"

巴布尔吉抬出后台说："大汗让看。"

齐齐格气愤地说道："那你进来看吧。"

巴布尔吉从门左边进格尔，给公主弯腰施礼。

齐齐格公主趁他弯腰施礼机会，用手从孩子屁股后面把儿子的小鸡子往后拽着，同时手托着孩子屁股和腰，给巴布尔吉晃了一下："看吧。"

巴布尔吉抬头时，恍恍惚惚地看了一眼，没看太准确，使劲眨了眨眼睛。

齐齐格公主居高临下地骂道："看完了，滚吧。"

巴布尔吉没看真切，心不甘，犹豫不走，又不敢说我再看一遍。

这时齐齐格公主厉声："还不滚，你想干什么？"

巴布尔吉这才悻悻地走了。

齐齐格公主知道，如是男孩，其父也先汗定要除掉，因此谎报是女孩，机智地骗过了巴布尔吉。但是，她知道，欺骗只能骗一时，骗不了一世，得想办法处理这事。这天她请来太奶萨穆尔公主求计。

萨穆尔公主，是也先汗祖母，当年额勒伯克汗霸占弟媳鄂勒泽图·洪高娃，错杀也先汗的曾祖父浩海达由，将其女儿萨穆尔公主赐予浩海达由的儿子马哈木为妻，现已70来岁。公主虽老，气质犹存，贵妇人打扮，头上梳着顾姑冠，无名指上戴着精美戒指，两手戴着金手镯。

齐齐格公主请太奶出主意有着三层考虑：萨穆尔公主是孛儿只斤氏黄金家族后裔，是齐齐格公主丈夫哈尔古楚克的姑奶，能替其家族利益考虑，又是自己的太奶，而且是女人，能够理解做母亲的心情。因此，公主请来太奶萨穆尔公主后，向太奶汇报："太奶，孩子生下来这才几天，父汗就派巴布尔吉来查验过，若是男孩便要溺死。我将孩子的小鸡子向后拽着，给他晃了一下，把他骗走了。暂时是唬过去了，估计还会来，再来就不好办了。太奶，你看怎么办哪？"公主简直愁得要哭。

萨穆尔公主慢声细语地问："孩子还未起名吧？"

齐齐格公主："这才几天，哪顾得上起名啊。"

萨穆尔公主说："那就先起个名，叫巴延蒙克吧，咱们说话也方便。你父汗那个人，只要惦记上，肯定还会来。他那个人，我太了解了，心最狠，做事往往做绝，他是想对孛儿只斤氏斩草除根，不留后患。要想保住巴延蒙克这孩子，最保险的办法，就是送到他祖家孛儿只斤氏部落去。别的法都不行，都长远不了。可是这么点小孩子，护送几千里地，爬山越岭，风餐露宿，可不是件容易事，既艰苦又困难，谁都不愿意去。而更重要的是，护送的人必须可靠，不能有一点闪失。哎，这样的人难找啊！"

纳哈出在旁说话了："太后、公主，我有几个朋友，他们对也先汗都有看法，对哈尔古楚克台吉却印象很好。太后您以您的身份一说，他们一定能去。"

纳哈出，男，20岁左右，是齐齐格丈夫哈尔古楚克台吉（岱宗汗侄子）的亲信"那可"。

萨穆尔公主说："你先去试探一下他们的想法。"

纳哈出出去了，过了一会儿，领着4个人进格尔，向萨穆尔太后和公主汇报："太后、公主，小人去问过他们了，他们说他们都是蒙古人，愿意为蒙古黄金家族做出贡献。这不，乌格岱太保、巴延台墨尔根、博赉太师、额则雷太傅四位将军，他们都跟小人来了。"

萨穆尔公主对来的几位将军说："几位将军，你们知道，我是也先汗的奶奶；同时，我也是哈尔古楚克台吉的姑奶。今天委托诸位将军护送的巴延蒙克，既是齐齐格公主的亲儿子，又是我娘家侄曾孙。他亲爷爷阿噶巴尔济济农、他大爷爷岱宗汗脱脱不花都被害了，他叔爷爷满都鲁台吉还活着，正好他叔爷还没有儿子。巴延蒙克是我娘家蒙古黄金家族孛儿只斤氏的独苗，这事可关系重大呀，务请诸位将军多多辛苦，千方百计、万无一失地送到他叔爷满都鲁那。事成，你们几位将军都是蒙古的大功臣，我老太婆在此先拜谢了！"

四位将军都表示："太后，您放心，我们一定千方百计完成您老人家的嘱托，决不辜负太后对我们的信任！"

齐齐格公主提出："太奶，孩子太小，我要亲自护送。这万里迢迢、涉山过水的，有母亲在，孩子还好点。我和这几位将军同行，亲手将孩子交给他叔爷满都鲁，让他到孛儿只斤氏归宗，不愧对哈尔古楚克在天之灵。"

萨穆尔公主立刻拒绝："不行，你父汗会找你的。你一走，会加大护送的困难。"

齐齐格公主又说："这未出满月的孩子，母亲不随行，能受得了吗？能活着到哈剌和林浩特吗？"

萨穆尔公主还是拒绝："绝对不行！"

齐齐格公主见几次要求不行，便以死抗争："我不能和我儿子分开，我一定要亲自护送我儿子。如不让我护送，我也不活了。"

萨穆尔公主见此情景被迫同意："那好吧，赶紧收拾东西，越早越好，注意保密。"

在太奶安排下，齐齐格公主等一行人马深夜出发逃离，分乘几匹马，骆驼驮着毡帐和食品。

两天后，也先汗闲暇散步巡营，路过齐齐格公主格尔前时，发现异样，就想进格尔看看女儿。

也先汗招呼："齐齐格、齐齐格。"招呼两声，没人答应，便闯进格尔，发现女儿齐齐格公主和孩子都不见了，也先汗震怒，没好气地责问女仆，"公主呢？"

女仆施礼："回禀大汗，公主走了。"

也先汗生气地问："上哪去了？"

女仆回答："奴才不知！"

也先汗问："走多长时间了？"

女仆回答："两天了。"

也先汗问："孩子呢？"

女仆回答："公主抱走了。"

也先汗气急败坏地斥责："为什么不向朕禀报？"

女仆赶紧匍匐在地，捣蒜一样磕头："奴才该死、奴才该死。"

也先汗回头对侍卫喊一声："把这个老东西拖下去给我活活打死。"

女仆大声哭叫："大汗饶命啊！大汗饶命啊！"

萨穆尔公主听到女人哭叫声，令仆人："去看看怎么回事？"

女仆领命后，回来施女式屈膝下蹲礼汇报："禀太后，大汗要打死公主的女仆，所以哭叫。"

萨穆尔公主命令女仆："你快去，告诉大汗，公主是我放走的。"

女仆跑去，施女式屈膝下蹲礼："启禀大汗，太后让奴才禀告大汗，公主是她老人家放走的。"

也先汗无可奈何地长出一口气："嗯！"

萨穆尔公主手拿拐棍，由女仆搀着，到也先汗跟前，用眼睛瞪了也先一眼。

也先汗施礼，叫一声："奶奶！"

萨穆尔公主非常气愤地说："我不是你奶奶！"将头歪向一边，不看也先。

也先汗平心静气地说："奶奶！您别生气！"

萨穆尔公主生气地说："咱蒙古人，讲究打狗看主人。你非要整死我侄孙小巴延蒙克，你眼中还有我这奶奶吗？"停顿一会儿，接着训斥也先汗，"也先啊也先，你考虑过吗？巴延蒙克是孛儿只斤氏后裔不假，可是你知道，他是你女儿齐齐格亲生儿子啊。母子连心，你懂吗？你害死这个孩子，你考虑过你女儿齐齐格的感受吗？你这不是把齐齐格往死里推吗？"

也先汗默默地听着，不作声。

老太太越说越来气，又停顿一会儿，接着说："襁褓中的孩子，他有什么罪？你怎么预料他今后一定会与你为敌？"老人真气急眼了，说，"还有，我也是孛儿只斤氏的人，你要对黄金家族赶尽杀绝，你先把我活活打死吧！"

也先汗受到奶奶训斥，对侍卫发脾气："还不赶快把她放了！还等朕自己动手呀！"侍卫赶紧收起鞭子，女仆磕头爬起。

女仆又跪倒在萨穆尔公主脚前，磕头："谢太后救命之恩。"起身后，战战兢兢、一拐一瘸地走了。

也先汗转身，对奶奶赔笑脸："奶奶，消消气，我这全是为咱绰罗斯爱玛克长远利益着想的。消消气，奶奶，回去吧。"

萨穆尔公主瞪了也先汗一眼，"哼"了一声，由女仆搀着，头也不回地走了。

也先汗回金帐后秘密召见那哈出将军。

那哈出将军进帐，施全跪礼，呼："祝大汗万岁、万岁、万万岁！"

也先汗："平身。"

那哈出将军："谢大汗！"磕头起立。

也先汗："你们都下去吧。"左右人员都退下。

"那哈出将军，我今欲绝孛儿只斤氏之后，太后不准，只能背着太后行事了。你是朕信得过的将军，今命你秘密率领一队人马骑快马去追，一定要杀死那巴延蒙克，斩草除根，并务必将公主追回来。"

那哈出将军："加！"施手掌捂胸鞠躬礼，退两步转身，退出金帐，而后带一小队兵士追击齐齐格公主一行。

第二节　也先汗部将那哈出举正义施计救汗裔

齐齐格公主怀抱孩子与众人在风雨中正穿行山势险要的隘口，五人五匹马，两峰骆驼驮着毡帐和食品。齐齐格公主身穿黑蒙古袍，头戴头巾，绿色腰带；四位将军都戴栖鹰冠，穿有直径1寸5分花标志官阶的蓝黑蒙古袍，腰扎带环扣皮带，左挂蒙古腰刀，左前挂火镰，脚穿"苏黑"鹅顶靴，身后马上驮着铠甲。

因两天的逃跑途中饮食不调、劳累及恐惧等原因，奶不够吃，孩子饿得直哭。到了山中一个较平坦的有水有草的地方，齐齐格公主向护送人员说："将军们，歇一会儿吧，孩子饿得直哭，给孩子吃口奶。咱们大人也吃点东西，喝口水，歇歇脚，让马也吃点草。"

大家就地坐下，有人取来泉水，大家分吃干牛肉。孩子吮了几口奶，吃不到满口奶，照样哭，齐齐格公主急得都哭了。

护送人员："公主，您怎么了？"

齐齐格公主带着哭腔说："这几天，连着急带上火，加上劳累，奶都回去了；光吃干肉和楚拉，不喝水，也不下奶啊！你们说这可怎么办哪？"

孩子还在哭，嗓子都哑了。

乌格岱太保提议说："我看这么着，咱们分头去打几只山鸡、野兔什么的回来，给公主熬点热肉汤喝，保证下奶。"

巴延台墨尔根有顾虑："这招儿行是行，可是，咱们都分头去打猎，万一也先汗的人追上来怎么办？"

乌格岱太保说："哪那么巧，这都好几天了，他们能追上吗？要不这么办吧，也没别的法子。咱们快去快回，也别走远，打着就回来，别贪多。"

齐齐格公主赞成说："也只有这么办了，要不巴延蒙克会饿坏的。"

四位将军都分头打猎去了，临时歇息地只剩下公主母子俩。公主为了喝口热水，自己抱着孩子捡树枝烧水，湿树枝冒的青烟高数丈。

无巧不成书，世间的事有时就是那么巧。

齐齐格公主他们第一天是快马奔驰，想快些离开那险地。由于公主还未出月子，身体尚未恢复，第二天开始就信马由缰了，虽然走了几天，实际并未走出多远。

那哈出将军心中有事，骑快马跑在队伍前面，他单骑先进山，走不远看到山坡上有一匹马和两峰骆驼在吃草，大岩石后面冒着青烟，猜测附近有人，便快马加鞭赶到跟前，意外遇到齐齐格公主，下马施礼说："公主，您让我追得好苦啊！"

齐齐格公主揶揄他说："你应该向我父汗去叫苦，他会给你赏赐，向我叫苦有什么用？"

那哈出将军知道公主在误会他，态度照常："请公主回去吧，大汗非常想念您。"

齐齐格公主态度非常冷淡地说："我既已出来，孩子不送到孛儿只斤氏家族，我绝不回去。"

那哈出说明必须回去的理由："公主，孩子您是送不到的。大汗有令，一定要追上你们，把您带回去，孩子就地处理。今天我自己追上了，大队人马马上就到，您的孩子能送到孛儿只斤氏家族去吗？"

齐齐格公主斩钉截铁地说："那我就与孩子死在一起。"

那哈出劝说："请公主想开一点。大汗可是非常想念您的，不能因为襁褓中的孩子，往牛角尖里钻，与自己过不去！公主还年轻啊！"

齐齐格公主紧紧地搂着孩子，坐在草地上，严肃地说："别废话了！下手吧！"而后闭上了眼睛，等着被杀。

那哈出解释："公主您误会我了。我也是蒙古人，也受过孛儿只斤氏的皇恩，我怎能害成吉思汗的后代呢？大汗是给我下了死命令，我后面还有一队人马，我之所以快马单骑追您，是想救您。只有您跟我回去，才能救您的孩子。"

齐齐格公主疑惑："这话怎么讲？"

那哈出说："我的人马很快就会追上来，他们不完成任务，是回不去的。他们为了回去见他们的父母妻子儿女，必须追到底，直到杀了您的孩子，并且带您回去。"

齐齐格公主半信半疑地问："你说救我孩子，那不是黄鼠狼给鸡拜年吗？"

那哈出说出救孩子的计划："孩子交给他们带走，您跟我们回去，这样我们共同编瞎话，欺骗大汗就是了。"

齐齐格公主："我的孩子没有奶吃，不也一样饿死吗？"

此时，打猎的拿着猎物回来，远远看见一将军正与公主说话，山口那有一队人马正往边过来，认为追兵已到，便在山崖中隐蔽起来。

那哈出说："马奶、牛奶、羊奶都可以喂孩子，咱蒙古人的孩子是饿不死的。公主，快决策吧，来不及了，您看山口那已经上来人了。"

齐齐格公主忍痛答应："好吧，就按你的安排吧。"

那哈出指挥公主："山崖那有您的人，您把孩子交给他们，而后我们就往回跑，让他们在咱们后面使劲射箭，越多越好。"

二人急忙跑着将孩子送到山崖处护送人员手中。齐齐格公主交出孩子后，跪拜护送人员："将军们，这是孛儿只斤氏唯一的骨血，如今拜托将军们无论如何送到蒙古让其归宗，你们多受累了。"说完直磕头。

那哈出催促："公主，咱们赶紧回去，后面的人马快到了。"

齐齐格公主起身，蹒跚地走几步，恋恋不舍地回头看一眼孩子，就声嘶力竭地喊一声："儿子啊！"就扑过去，刚走两步就摔倒了，而后大声嚎啕痛哭，"儿子啊，额吉对不住你呀！额吉对不住你呀！"

那哈出将军听到齐齐格公主撕心裂肺的哭声，也伤心地落下眼泪，突然他醒悟过来，下命令似的："公主，您要冷静。咱们赶紧回去，不赶趟了，再不走，咱们全完了。"而后半拉半搋地拽着公主往回跑。

护送的几位将军，按他的安排，在他们后面使劲追着射箭，箭头散布了半山坡。

待那哈出将军、齐齐格公主回来时，追击人马已到附近。

那哈出将军责怪他们："你们走得也太慢了，就我一个人，好险被他们射死。你看，这山坡上都是箭头，碰上一个就要我命。好在巴延蒙克已被我一箭先射死了，公主已被我说服，愿意跟咱们回去。咱们已圆满完成任务，回去领赏。走！"骑马带头往回走。带队的头领这么说了，随从们都乐意回去领赏，没有人怀疑其中是否有诈。

第三节　男将军抚育襁褓中汗裔苦中有乐

追杀人马回去了，孩子母亲也随着走了，这几个骑马打仗的大老爷们，如何抚养孩子，在那儿犯难。

乌格岱太保首先说话了："几位兄弟，追兵回去了，孩子母亲也走了。现在，咱们几个老爷们，商量商量怎么带这月科里的孩子吧！抱着，骑马跑起来，不得劲儿！还兴把孩子颠零碎了！谁有高招儿，拿出来说说。"

巴延台墨尔根提议说："乌格岱老兄，我看这么着，把孩子放在咱怀里，贴着胸脯，外边用咱蒙古大袍子衣襟裹上，下边有咱蒙古腰带扎着，保证掉不下去。贴着胸脯，孩子热乎的，感觉和在他妈肚子里差不多，保证没事。"

额则雷太傅称赞带取笑说："我看这招儿还真行！巴延台，这一招是不是在家里你媳妇教你的呀？"几个人哈哈笑起来。

乌格岱太保说："我看，就让巴延台先来，他在家都训练成了，好教教咱们。"

巴延台不好意思但又假装生气地说："人家想法出点子，你们还拿人家开心！我先来就我先来。"首先把孩子抱在怀里，用衣襟裹上，下边用腰带扎紧，而后抖落抖落，"哎？这还真把握，马跑颠起来也没事。"

追杀人员回去了，也放心了，他们就在山野中信马由缰往前走着。忽然，巴延台叫起来："哎！哎！有一股热水从我胸脯这直往下流，流到我大腿根这了。"另几人不知怎么回事，愣眼看着他。

乌格岱忽然明白过来："是小台吉尿尿了吧！"几人哈哈大笑！

额则雷太傅又取笑说："小台吉真有福气，从小尿尿，就不用冻屁股！"几人又是哈哈大笑！

巴延台生气地说："人家裤子都给尿湿了，你还拿人家开心。你等着，额则雷，等轮到你班的时候，小台吉非在你怀里拉泡屎不可！"大家又哈哈大笑。

护送人员继续走一程，在一处有草有水的地方支起毡帐，扎营住宿，伺候吃奶的小巴延蒙克。从骆驼上卸下毡帐，支架毡帐时，有一人抱孩子。毡帐支架完成后，众人拾捡干柴烧水，吃干肉。

乌格岱说："几位兄弟，咱们已经离开也先汗控制的危险区了，现在心可以放肚子里了。咱们逃出来时，有些仓促，有好多事，没细捉摸。公主这一回去，又增添了不少难度。下一步怎么办，咱们是不是得商量商量？"

巴延台搭腔："这路途还远着呢，别的事都好办，小台吉的事，必须得商量商量。"

乌格岱说："我提一个办法，你们看看行不行？"

巴延台："你说说吧。"

乌格岱说："去一个人，快马到附近，整一只下奶的羊来，拿鲜奶喂小台吉。如果能多整几只，咱们也喝点鲜奶。"

额则雷太傅表态："好主意，我同意。"

博赉太师提出疑问："那咱以后，就得随着奶羊走了，那啥时护送到地方啊？"

巴延台说："若着急，也可把奶羊驮在马身上，也可驮在骆驼上。"

额则雷提出担心："这些年，汗廷你杀我，我杀你的，整得这么乱套，按老黄历去找满都鲁台吉，我看不一定能找到。我看得做长远打算。"

乌格岱接着说："额则雷分析得有道理。咱送小台吉，找满都鲁台吉，现在看，属实是大海捞针，没目标，真得有长期的思想准备。但是眼下，急需的是整只奶羊来，解决燃眉之急。"

额则雷提出安排意见："这么着，乌格岱、巴延台，你们两个在这哄小台吉。我是洪吉喇特人，博赉是喀喇沁人，到这个地区，我俩去可能好一点，牧民不至于起疑心。我俩分头去找奶羊。"

乌格岱肯定说："额则雷把这细节都考虑到了，我看就这么办吧。"

博赉和额则雷分头骑马走出很远，才各自发现牧民居住区爱寅勒。毡房一个接一个，额则雷走到一个看似较富裕的毡房跟前。

毡房，门前右边立有类似苏勒德的杆子，杆上挂有旗幡，再右，牲畜栏圈，有百多只羊，左边有一十多头牛的牛栏。

博赉在毡房格尔前下马，边拴马边打招呼："有人吗？"

一牧民迎出："谁呀？"

博赉见牧民年龄比自己大，便称："大哥，牲畜都好吧？全家都好吧？"蒙古人相互问好，多数是把问牲畜好放在第一位。

牧民礼貌地反问："诺延家也都好吧？"

博赉说明来意："大哥，真不好意思。我是喀喇沁人，我们有几个人，从瓦剌过来，遇到了困难，没有办法解决。我这是一张纸画一个鼻子装大脸，来跟你化缘，要东西来了。"

牧民很坦然地说："这是哪的话呀，咱们蒙古人，那有见有困难的不帮助之理呀？你尽管说，我能提供帮助的，绝对不推辞。"

博赉大胆提出："我想向你要一只正在下奶的奶羊。"

牧民带着疑问提出："要一只羊，没问题。咱蒙古草原，地广人稀，出门在外，常有带的干肉吃没了，缺吃的，要只羊什么的，这没事。但我这都是又肥又大的公羊，没有要下奶的母羊的。"

博赉只有告知实情："大哥，你有所不知，我们要母羊，不是为吃肉喝术兀思。我们几个人中，有一个不会吃东西的孩子，他需要吃奶呀。"

牧民更加疑惑："孩子额吉呢？"

博赉解释："这话怎么说呢？说死了吧，她还实实在在地活着；说活着吧，她确确实实不能给孩子喂一口奶。我们急需一只奶羊的奶，来喂这个孩子。"

牧民说："我是越听越糊涂。"

博赉犯难了，说："我怎么让你明白呢？得了，竹筒倒豆子，实底我全告诉你得了，是这么回事：这个孩子的额吉，是也先汗的女儿齐齐格公主，这个孩子的阿爸，是岱宗汗脱脱不花的侄子。因为是男孩，也先汗容不了，要害死他。他是孛儿只斤氏唯一的独苗，也先汗的奶奶萨穆尔公主为了救她娘家的一条根，派我们几位护送。半道，也先汗派人把他姑娘，也就是这个孩子的额吉逼回去了。我们这才跟你化缘要奶羊。"

牧民恍然大悟："原来是这么回事啊。诺延，您别生我气呀！给一只公羊，只是自己少吃几口肉的事，蒙古人，都会毫不犹豫地慷慨解囊，帮助解决困难的。而下奶的母羊，要影响羊群繁殖，谁都不愿意往外给，蒙古人也没有要母羊的。不过，话又说回来。既然圣主成吉思汗的后裔需要，我愿意要一只奉献两只。"

"我哪能生气呢，本来你问明白了再给，是对的嘛。问明白了，要一只给两只，这就表现了蒙古人对圣主成吉思汗的崇敬和爱戴！"博赉理解地答道。

牧民接着问："诺延，我叫必勒格（蒙古语：智者），是蒙古人，我有个想法，跟您说说，您看能成吗？"

博赉说："这有什么客气的呢？但说无妨。"

牧民必勒格讲出自己的想法："孛儿只斤氏唯一的一条根，遇到了困难，你们都在为他辛苦效劳。我没有您那样的能力，但我有百多只羊，十多头牛，我愿意在小台吉遇到困难时和你们一起走，我的牛羊供你们在途中食用，免得你们再次陷入困境，也让我为圣主成吉思汗后裔做点贡献。您看成吗？"

博赉高兴地表示："那太好了！"

牧民必勒格招呼："老伴，老伴。"出来一位女牧民，50多岁的年龄，牧民见老伴出来便下令,"赶紧收拾东西,咱跟这位诺延回咱蒙古。"

博赉和牧民必勒格赶着大群牛羊、几辆勒勒车,回休息营地。

乌格岱在营地正等着着急,看见有牛羊群赶过来便招呼:"巴延台,你看那边来了那么多牛羊,还有勒勒车。"

巴延台抱着孩子,往远处看:"我看赶牛羊的,其中一个人像博赉。"

乌格岱高兴地说:"是他,是他!没错!"

"这博赉可真能耐,让他要一只羊,要来一群羊,还捎带一群牛,真厉害。"

牛羊群走近时,乌格岱高兴地迎跑上去,巴延台将军抱着孩子也迎上前去。

乌格岱笑呵呵地开玩笑:"博赉,这些牛羊,怕不是你用马刀逼来的吧?"

博赉颇有成就感地表白:"咱堂堂汗廷官员,能干那偷鸡摸狗的事吗?这全是这位大哥,听说圣祖成吉思汗后裔遇到困难,主动提出来要以自己的家产为成吉思汗后裔做贡献的!"

乌格岱高兴地握住牧民必勒格的手说:"哎呀大哥,真是难得呀!我代表小台吉,谢谢你呀!方才我跟博赉开玩笑,过重了,伤害了你对圣主成吉思汗的感情了;请原谅啊!"

牧民必勒格说:"哪能呢,我虽然没文化,但开玩笑的话,我是听得出来的。今后,在路上,还请多多指教啊。"

巴延台招呼:"乌格岱,博赉,你们看哪,又来了一大群牛羊。这回是不是额则雷回来了?"

博赉有点嫉妒地说:"额则雷运气好,今天碰到了更大的'施主'了!"

巴延台是个心直口快的人,听博赉的话不太对劲,边说:"博赉,你这话有毛病,我可要挑你一鼻子了!"

博赉理直气壮地:"我说得不错呀,你挑吧。"

巴延台说:"这不是额则雷运气好不好的事,而是圣主成吉思汗的威信太高了。蒙古人,一听说圣主成吉思汗后裔遇到困难,宁愿倾家荡产都来资助,连咱们都借光。博赉,你说你的话有毛病没?"

博赉:"巴延台,大汗没白送你'墨尔根'称号。你这一鼻子给我挑的,上纲上线,扯到圣主那去了,可够我喝一壶的了。我服你墨尔根了,你还是高抬贵手吧。"

墨尔根是蒙古人的一种荣誉称号,授予聪明、敏慧、机智的诺延或将军。

正说着,额则雷和几户牧民赶着牛羊过来了。乌格岱和博赉都跑过去迎接,高兴地拥抱在一起。

巴延台抱着孩子说话了:"喂!喂!你们别光高兴,小台吉还饿着肚子哪!"

这时有几个牛羊的主人,蹲到母牛肚子底下和蹲在母羊旁边挤奶,端上来几碗鲜奶,恭恭敬敬地献给小台吉。

这个牧民说:"先喝我家的新鲜羊奶。"

那个牧民说:"先喝我家的新鲜牛奶。"

巴延台抱着孩子连连鞠躬:"谢谢,谢谢。小台吉太小,只能每家喝一点点。"

护送小台吉巴延蒙克的队伍扩大了,有了牛羊、勒勒车,食品有了保障。四位护送将军,带着不大的队伍,爬山过河,在蒙古草原上边放牧,边寻找满都鲁台吉。

第四节　阿里不哥后裔要杀汗裔报祖宗旧日之仇

满都鲁台吉伊克格尔大帐内，满都鲁台吉与比姬大鼻子中宫正在聊天。

满都鲁台吉忧心忡忡地对比姬说："夫人，也先他们家族早先年巴结咱家，他父亲脱欢把姑娘嫁给我大哥，也先也把姑娘嫁给我二哥的儿子。他设'鸿门宴'害死我二哥后自己称汗，不知他对哈尔古楚克啥态度了？"

大鼻子中宫胸有成竹地回答："也先那人，满脑袋装的不是权力就是金钱，哪有亲情二字？既然害死您大哥、二哥，我看对他姑爷也好不了！"

"照你这么说，我那侄子也逃不过他魔掌？"满都鲁台吉反问。

大鼻子中宫说："哈尔古楚克年轻，没有政治斗争经验，也先想谋害他，那太容易了。"

满都鲁台吉担心地问："这可怎办？"

大鼻子中宫冷冷地回答他："怎办？没招儿。您自己都是人家手下败将，跑到这来猫着，哪有能力救他呀！"

满都鲁台吉想起侄媳妇的事："我记得哈尔古楚克的媳妇好像是怀孕了。"

大鼻子中宫说："是怀孕了，这事我们女人最敏感，她闹喜、呕吐，我都碰见过。"

"照你这么说，哈尔古楚克的孩子，也该出生了吧？"满都鲁想得到准确信息。

大鼻子中宫简单掐指头算算："不是该出生了，我算着，该是出生好几个月了。"

满都鲁有点放心地说："是个男孩就好了，我二哥的血脉就可以延续下来了，我们孛儿只斤氏又有后代了。"

大鼻子中宫打破他的幻想说："我和您看法不一样，若生个男孩，那肯定就活不成了，因为那是您们黄金家族血脉。也先篡权称汗，抢的是你们黄金家族的汗位。您想想，也先做事那么绝，他能让你们黄金家族后裔在他眼皮底下长大成人吗？"

满都鲁台吉又陷入绝望："照你这么说，这个孩子没好啊？"

大鼻子中宫用最不值钱的语言开导他："老祖宗留下那么一句话，'吉人自有天相'，看他的福分吧！"

满都鲁台吉："咳！我是无能为力呀，听天由命吧，但愿长生天保佑他。"满都鲁台吉本想在精神上得到一些安慰，没承想大鼻子中宫分析完后，满都鲁心情更加沉重了。

护送过程比较艰难，唯一的孛儿只斤氏长辈满都鲁在哪不十分清楚，他是战败逃跑的，为了不被也先追杀，隐姓埋名。护送人员只能边放牧边打听边寻找，找了一个地方又一个地方，谁都不知道。羊吃草不吃饱也不往前走，此时巴延蒙克已四岁了。这一天，又到一处较大艾寅勒，见一70多岁，留着山羊胡，稍驼背，穿深灰色蒙古袍的老牧民与几个老牧民闲谈。

乌格岱走上前施鞠躬礼："老阿爸，赛音拜诺？"

老阿爸："诺延，赛音拜诺？"
　　乌格岱："老阿爸，请问这是什么地方？"
　　老阿爸告诉说："这里是岭北行省布尔干地方。"
　　乌格岱："这里到和林浩特还有多远哪？"
　　老阿爸："和林浩特？和林浩特我没去过，听说有几千里吧！"
　　和林浩特，即喀剌和林，是成吉思汗大蒙古国首都，元朝岭北行省首府，北元前期首都。
　　乌格岱："老阿爸，你听说脱脱不花汗的弟弟满都鲁台吉，现在在哪吗？"
　　老阿爸："没听说，大汗的弟弟不在和林浩特，能上哪去呀？"这老牧民消息更闭塞。
　　乌格岱："老阿爸，上和林浩特往哪走啊？"
　　老阿爸："和林浩特？你们一直往东北走吧，远着哪！"
　　乌格岱礼貌性地说："谢谢老阿爸。"没问明白，没有准确目标，只好领着几个人赶一群牛羊继续往前走。

　　一个普通毡房格尔内，有几个老头、几个中年人、几个青年人。一老牧民介绍情况："方才在路上遇见一小伙人，打听脱脱不花汗的弟弟满都鲁台吉，他们带一个小男孩，称小男孩为台吉，我估计他们是忽必烈后裔，很可能是脱脱不花汗的后代。长生天给咱送来报仇的机会了，我就把大家请来，想与大家商量一下，当年杀咱老祖宗的仇报还是不报？"
　　第二个老牧民坚决地说："报，怎么不报？忽必烈利用管理漠南军队的机会，强取应该由咱老祖宗阿里不哥继承的汗位，此后，忽必烈后裔多次杀害咱阿里不哥后裔，把咱们逼到这地方。若不是因为忽必烈，咱们不都是显赫的诺延、台吉嘛。这个仇为啥不报？报，这口气一定要出！"
　　第三个老牧民口气和缓地说："这个仇是要报，这口气也要出。但是咱们都老了，上马抡刀杀仗干不动了。这个事，就看他们年轻人的了。"
　　年轻牧民："阿爸、大伯，说到年轻人的态度，我想讲讲我的观点。事情已经过去200多年了，为报此仇，一代又一代，咱阿里不哥后裔死了多少人？有啥好处？你报他也报，打打杀杀，杀来杀去，杀的都是咱成吉思汗后裔，有啥意义？作为年轻人，我认为，时过境迁，应该随遇而安，不能再有牺牲了！至于谁功谁过，自有后人评说。历史在前进，一切应向前看，不仅不能再谈厮杀之事，应该主动帮助他们，求得宗族团结。"
　　第二个老牧民听不耐烦了，厉声阻止道："行了，别高谈阔论了，没出息的畜牲！阿里不哥子孙里出了你这么一个忘祖弃宗的东西！"看来这发言的年轻人可能是其儿子。
　　第三个老牧民劝道："行了，老哥，别生气了。我看这事就别议了，看看谁愿意参加吧！"
　　年轻牧民气呼呼地说："不管你怎么骂我，反正我是不参加。你们议吧，我走了。"起身走了，几个年轻人接二连三地都跟着走了。
　　第二个老牧民鄙夷地说："这些年轻人，没骨气，一听说打仗，像乌龟，往回缩脖子，呸！"
　　第三个老牧民总结说："我的意见，在座的都参加，马上去追。"

　　乌格岱他们行进中，看见后面有几匹马追过来，速度挺快，有点诧异，便说："墨尔根将军，后面追上来几匹马，你看是凶是吉？"

巴延台："这地方咱没朋友，我估计坏人的可能性大。"

乌格岱："几位将军，咱得做些战斗准备呀。"

额则雷："让那些坏小子们来吧，好久没打仗了，今天开开荤。"

博赉："他那10来个人，对咱几个来说，小菜一碟。"

说话间，几个骑马人来到视线内，他们都挥着刀。

阿里不哥后裔们喊："站住！站住！别跑！"此时跟随台吉的牧民们有点乱套，牛羊开始互相乱窜。

乌格岱指挥："大家不要慌，男人们把刀准备好，听我指挥。骑马的都下马列成一排，手持弯刀，四位护送将军在中间，男牧民在两旁。"对方见此情景也勒住马。

乌格岱将军上前几步做个施礼动作，而后问："请问你们是哪个部落的？追我们何意？"

阿里不哥后裔们毫不客气命令式地说："把小台吉留下，其他与你们无干，你们走你们的。"小台吉吓得直往女牧民身后躲。

乌格岱强压怒气问："你们到底是什么人？必须说清楚。我们与你们近日无仇，昔日无怨，为何追杀我们？"

阿里不哥后裔们恶狠狠地说："把小台吉留下，其他甭多问。"

乌格岱也恶狠狠地回复："那就问问我的刀吧。上！"几位将军挥刀杀上前，对方也下马，双方交手打起来。几位牧民，也持刀与对方年老的打起来。

追杀人员的一个老头，逃开与牧民的厮杀，单独跑到牧民妇女那去抢小台吉。小台吉吓得直往勒勒车底下钻，牧民妇女操起捣奶棒与老头对打起来。

经过一阵打斗，乌格岱首先制服那个领头的中年人，刀压其脖子喊："你们都给我住手，不住手我先宰了他。"抢小台吉的老头，见此情景，赶紧往回跑，抛下另几个人，骑上马逃命去了，另几个人看他跑了也随着逃命去了。

乌格岱将军刀压脖子，被俘人直喊："饶命啊，诺延。饶命啊，诺延。"乌格岱审问对方："你们为何追杀我们？说！"

被俘人员："我说、我说，我们是阿里不哥后裔。方才跑的那几个老头，说小台吉是忽必烈后裔，鼓动我们给冤死的先辈报仇。就是那几个老头，鼓动我们来的。我们不愿来，他们骂我们。我们不是成心要害你们哪，诺延，手下留情啊，诺延。"边说边磕头，见持刀人犹豫，追杀人员赶忙诉苦，"我家中还有老额吉，我死了老额吉怎么办哪？诺延，饶命吧。"又是一通磕头。

乌格岱看看另几位将军，他们点头示意，便答应："好吧，念你还是孝子，留下你这颗人头，去孝敬你老额吉去吧。起来吧！"

俘虏见不杀，赶紧道谢："谢谢诺延不杀之恩。"磕头起立，要走。

乌格岱叫住："慢！"俘虏愣了一下，以为反悔了，哆哆嗦嗦的眼睛直勾勾地看着诺延。乌格岱训斥他，"你要记住，从今以后，不能再提阿里不哥和忽必烈之间斗争的事，记住了？"

俘虏赶紧表态："记住了，记住了。"

乌格岱："去吧。"俘虏骑马一溜烟跑了。

乌格岱他们一行，又到山下一处较大艾寅勒，路遇一穿深色蒙古袍的老人，施鞠躬礼："老阿爸（汉语称呼之老大爷），赛音拜诺？"

老阿爸也很有礼貌地问好："诺延，赛音拜诺？"

乌格岱："请问老阿爸，这是什么地方？"手指着山问，"那个山叫什么山？"

"这里是科尔沁蒙古地方，那个山叫伊勒呼里山（是大兴安岭的分支）。"老阿爸回答。

乌格岱接着问："老阿爸，我向您打听一件事，你知道脱脱不花汗的弟弟满都鲁台吉现在在哪儿吗？"

老阿爸将知道的如实告知："那一年，听说脱脱不花汗死在这边了，他弟弟满都鲁台吉的事可没听说。"

乌格岱："老阿爸，这边谁能知道这方面的消息呢？"

老阿爸："咱们蒙古国，发生什么事，我们这些老人都能知道。我们成天没事，就爱在这交通要道、人多的地方呆着闲聊，山南海北的，蒙古人的或汉人的，什么稀奇古怪的事我们都会聊，可没听说满都鲁台吉的事。凡是路过这的人，问路时，我们都打听点各地的消息，人们或多或少都能透露点，可没有说满都鲁的。你们就别费心了，去别的地方打听吧。"

乌格岱："老阿爸，麻烦你了，祝您长寿，我们走了！"

老阿爸："谢谢您的吉言。再见！"

巴延蒙克一行人，包括跟随的牧民，在护送寻找满都鲁台吉继续行进途中遇鄂罗忽特鄂托克之兀鲁人斡罗出少师一家，斡罗出少师有一个与巴延蒙克同龄的女孩。

乌格岱太保见斡罗出少师，按蒙古族习惯礼貌地问好："赛音拜诺？"

斡罗出少师："赛音拜诺。老兄，一路顺利吗？"

护送人员："顺利。大哥，您是此地人吗？"

斡罗出少师："是啊。"

护送人员："你们上哪去呀？"骑着马，边走边聊。

斡罗出少师："去锡林郭勒。你们去哪呀？"

护送人员："也去锡林郭勒。"

斡罗出："那我们是同路人啊。"

护送人员："那我们有伴了，你是哪个部落的呀？"

斡罗出："我是鄂罗忽特鄂托克的斡罗出少师，这位是我夫人，这个孩子是我女儿。"

护送人员："哎呀，是位将军哪！"

斡罗出："是将军也不大，也就是个千户长级的，不是大将军。你们几位呢？"

巴延台："都差不多，都算将军吧！"指着乌格岱，"他是太保！"；指着额则雷，"他是太傅！"；指着李贲，"他是太师。衔不低，可是权不大、饷不多。人说树挪死人挪活，这不是想换换地方，想投奔黄金家族满都鲁台吉看看！"

斡罗出："哎呀，咱们哥们是同病相怜哪！我也是想去投奔满都鲁台吉。"

护送人员："那咱们不仅是同路人，而且是志同道合的朋友了！"

斡罗出："那咱们以后要一殿称臣了！"

护送人员："那互相得多照应点了。巴延蒙克，都10岁了，该学会向长辈请安问候了，去向斡罗出叔叔问好。"

巴延蒙克学大人样子："斡罗出少师叔叔好！"

斡罗出："好，这孩子真聪明，保证有出息。"

两方人马共同行路。途中休息吃饭时，巴延蒙克与斡罗出女儿锡吉尔玩得很好、很熟。

锡吉尔问："你叫什么名字？"

巴延蒙克："我叫巴延蒙克，你呢？"

锡吉尔："我叫锡吉尔。以后咱俩做好朋友好吗？"

巴延蒙克："好！"两个人用孩子的方法，打手击掌做好朋友。

斡罗出："怎么没见着这孩子父母呢？"

护送人员："这个孩子就是黄金家族后裔。他爷爷被也先汗害死了，他母亲是也先汗女儿齐齐格，半路被也先派人马追回去了。我们就是想把这孩子送到他叔爷爷满都鲁台吉那。"

斡罗出："那你们的任务很艰巨呀！"斡罗出夫妇从护送人员对巴延蒙克的保护工作，早已猜到巴延蒙克的身世，听护送人员说明其身世，遂决定让女儿与这个孩子结姻缘。

又共同行走了一段时间，两个孩子混得更熟了。一天，斡罗出对俩孩子说："巴延蒙克、锡吉尔，你俩玩得挺好的，挺对心思的，我看你俩就做夫妻吧。"

巴延蒙克台吉年龄小，好像玩家家似的答应了："好啊！我同意。锡吉尔，你做我的媳妇，你同意吗？"

锡吉尔答应："我也同意！以后咱俩可以总在一起玩喽！"

斡罗出少师以小孩玩的方法，解决了自己与黄金家族结亲的重大政治问题。

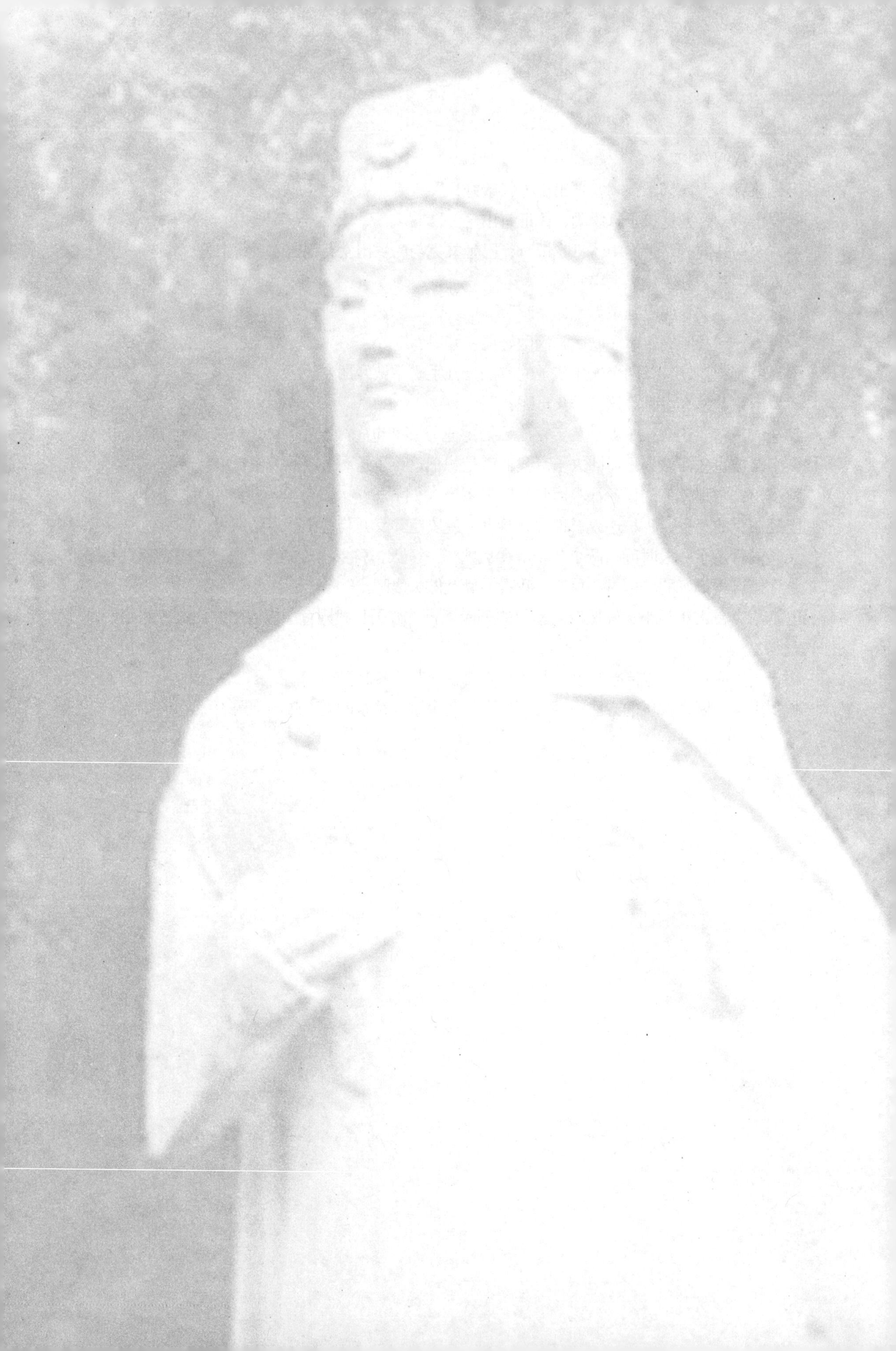

第三章 乱世成长

第一节　第三次战乱——也先汗失德政被弑

公元 1454 年 8 月，满都海 7 岁。

一天夜里，也先昔剌斡耳朵附近一个营地，众多骑兵列队整装待发。也先汗汗廷枢密院阿拉知院、中书省帖木尔丞相、阿麻火者院判共同起兵袭击也先汗。

阿拉知院给军队布置任务。帖木尔丞相、阿麻火者院判都披戴盔甲，挎刀骑马陪同。

阿拉知院气急败坏地喊着："弟兄们，我们大家出生入死，为也先打下了天下。可是他做了大汗，忘恩负义，把大家都忘了；更可恨的是，他不仅不论功行赏，封疆功臣，反倒诛杀功臣。就拿我家来说吧，我跟他几十年，出生入死，身上挂了几处伤；我两个儿子，都为他冲锋陷阵，立了战功，到头来，他却把我两个儿子都害死了，下一步该轮到我了，我老头现在是孤苦伶仃。你们说，也先这办的是人事吗？我们不要这个大汗了，今天我们就去袭击他，杀死他。"

巴忽将军对也先有杀父之仇，领头喊："杀了他、杀了他！"

阿拉知院继续动员："今天起兵，袭击目标就是也先，要死的不要活的，护着也先和咱们作对的，格杀勿论。勇士们，跟我冲！"

阿拉知院率领军队直奔也先汗大帐，杀了几个拦路的也先门卫卫兵直往也先大帐冲。也先听到动静出帐，见势不妙，骑上他的赛驼黑马只身逃窜。

看见也先逃跑的兵士们乱喊："也先跑了！也先跑了！"

阿拉知院下令："追，赶紧追，一定要追上杀死他。"袭击人马跟踪飞驰而去。仇人巴忽追在最前面，很怕放跑仇人，一个劲给马加着鞭子。

也先在前面跑，巴忽在后面追，巴忽后面跟着一队追兵。

也先狼狈逃窜，心惊胆战，只顾逃命，已无心也无力与追兵厮杀。

巴忽他们追出很远，追得人和马都气喘吁吁，追到距离不远时，巴忽大声喊："也先，你死期到了！"边追边喊边向也先射箭，其中一箭，射中也先战马后臀，战马剧疼强烈抖动，把也先摔到地上。

也先滚下马来，在地上滚了几下，一个鲤鱼打挺跳起来，急窜几步拉住马爬上去想跑。

巴忽将军手急眼快，又放一箭，该马尚未跑起来又中一箭，这一箭将马射倒。也先第二次被摔下马来。

巴忽赶到，跳下马，刀指也先："你想跑哇？你跑得了吗？"持刀前逼。

也先直往后退，用手摆着："别、别，年轻人，手下留情，我给你金银财宝，我给你官职。"

巴忽"嘿嘿"冷笑两声。

也先用带着颤抖的声音说："年轻人，别、别冲动，你要多少钱我给你多少钱。"用眼睛贼溜溜地瞅着巴忽说，"你要啥官我给你啥官，比你杀了我强。年轻人，你考虑好了，哪个合适？"

巴忽持刀步步逼近，恶狠狠地说："你都快死了，你还有金银财宝给我吗？你还能给我官职吗？"

也先无赖似的说："有、有，有的是，财宝满格尔都是，你、你跟我去取，你可以用车拉。"说着，爬起来就跑。

巴忽一个箭步上去，飞出一脚把他撂倒，而后近距离地，刀压住也先脖子，说："也先，你不认识我。我告诉你，让你死个明白。我是无辜被你杀死的布克·索尔孙的儿子。"也先听到这儿，不禁打一冷战，心想冤家路窄，这回可能死定了。

巴忽接着说："那一年，你额吉问我阿爸，土木堡战役谁胜谁负，我阿爸在你告诉你额吉之前，告诉了你额吉胜利的消息，你就因为这个芝麻大点小事，杀了我阿爸。你想想，这点小事应该杀一个将军吗？你太不拿我们当人了。"

巴忽满怀仇恨地数落着也先，也先眼睛贼溜溜乱转思索着，同时慢慢向后挪着身子，急速思索着脱身法子。

"今天我要给我阿爸报仇，用你的人头祭奠我阿爸亡灵！"巴忽道出了内心真实想法。

巴忽举起刀要砍也先，也先猛地窜起来抱住巴忽，与巴忽滚在一起，相互玩命，也先掐住巴忽脖子，巴忽也掐住也先脖子，双方都使出吃奶的力气要置对方一死。在这决定死活的关键时刻，也先拼命挣扎着滚到上面，乘此机会撒开掐巴忽脖子的手，跳起来奔向巴忽的马，要骑马逃跑。巴忽看仇人要跑，鲤鱼打挺也跳起来，说时迟，那时快，抓起刀紧追两步，砍了也先一刀。也先倒下了，在沙地上抽搐挣扎，巴忽瞪着充血的眼睛，持刀看着也先挣扎，看着看着仇恨又起，恶狠狠地补了一刀，也先不动了。巴忽看着也先死去，也精疲力尽地瘫倒在那里不动了。

后面追上来的士兵，围巴忽一圈，边摇身子边招呼："巴忽将军、巴忽将军。"

巴忽在众人呼喊声中慢慢睁开眼睛，有气无力地问："也先死了？"

追上来的士兵肯定地回答："死了。"

有个兵士补充说："窃国大盗也先被您杀死了，您既为您阿爸报了仇，也为咱北元立了一大功！"

巴忽突然坐起来喊道："阿爸，我给您报仇了！"而后抱头呜呜哭起来，"阿爸，您死得好冤哪！阿爸，我终于给您报仇了！"哭得很是伤感。

追上来的士兵劝巴忽："巴忽将军，您不应该哭啊，您应该高兴才对呀！"

巴忽抹一把泪脸："对！我应该高兴。"

巴忽站起来，恶狠狠地把也先头颅砍下来，手薅头发拎着，累得跟跟跄跄地走到附近库克山麓，将也先人头挂在树枝上，而后单膝向太阳的方向，跪在地上，弯刀插在地上，手扶弯刀，向长生天禀告：

"阿爸，您老人家死得好冤哪！今天儿子给您老人家报仇了。我今天以杀您的仇人也先的人头祭奠您，您老人家可以瞑目了！安息吧，阿爸！"

而后起立，巴忽向山下马匹走去，虽然为父报仇了，但勾起伤心往事，心情很沉重，风吹起他的袍襟，留下一个孤枝败叶。

历史的教训是：不论什么人，都要为他自己的行为负责，皇帝、大汗也概莫例外。聪明、睿智、雄才大略，能以3万军队战胜50万明军，最终能取得北元大汗地位的英雄人物也先，可谓是蒙古的一个巴特尔。然而，由于胜利后失当的行为，他付出了沉重的代价，不仅失去到手的国家政权，还落得个身败名裂、暴尸荒野的悲惨结局!

这是人们应当记取的血的历史教训!

探马抓紧把听到的阿拉率众造反、诛杀暴君也先的消息,快马及时报告了帖木尔斋桑。

探马进帐施礼:"报告斋桑诺延,也先汗被他多年伙伴阿拉知院带人杀死了。"

帖木尔斋桑听后很是震惊:"也先这个暴君,作恶多端,恶有恶报!该!"

满都海梳着满头小辫在斋桑诺延跟前站着,像懂事似的,聚精会神地在一旁听着探马汇报,听他阿爸说"恶有恶报!该!"时,眨了眨眼睛,似乎有所悟。

"阿爸,是那个要杀害大汗的太师吗?"满都海问。

帖木尔高兴地轻轻拍着女儿的后脑勺说:"我女儿真乖,这样的事还能记得。对,就是那个要杀害脱脱不花大汗,向大汗动兵的大坏蛋被人杀了。你说是不是好事啊?"

满都海立即答复:"是。"

帖木尔斋桑继续问:"阿爸说恶有恶报!对不对呀?"

满都海答:"对。"

第二节　满都海战乱年代过幸福的蒙古族年节

蒙古族重大节日之一"祭火节",是冬下月(腊月)二十三,虽然与汉族过小年同一天,意义却有很大不同。

蒙古人从远古时期就崇尚火,认为火神圣、干净,能给人带来光明和温暖,是家族兴旺发达的象征,因此蒙古人把"火灶、火盆、图鲁嘎(3条腿火撑子)"视作"火神"的载体崇奉敬仰。蒙古人继承祖先香火的最小的儿子称为"敖特根·嘎勒(火)"。因此,蒙古族"祭火神"与汉族"祭灶"形式相类似,却有质的不同。平时生活中有许多忌讳,有多项不准对火神不恭敬行为的习俗。

蒙古人祭火习俗远古时期就已形成,其过小年的叫法是统一中原后从汉人那里学来的。

帖木尔斋桑诺延格尔,披上新的雪白毡子圆顶和外罩,与大地白雪皑皑形成一片白色世界。

男女仆人清晨起来就开始清扫格尔前面院子里的雪,室内各个角落都打扫得干干净净。

女仆乌日娜请示工作:"夫人,祭火神的物品都准备点啥?"

斋桑夫人格根塔娜指示:"把羊胸茬骨煮烂糊的,把肉全剔下来,肉和胸茬骨单放着,再熬一锅什锦粘粥,夕阳西下后'祭火神'用。"

斋桑夫人招呼:"孩子们,今天过小年,都换上新衣服。"

满都海和哥哥阿尔斯楞,换了新衣服后,扭扭捏捏地站在父母面前,等待夸奖,这是小孩的心思。

斋桑夫人拉过姑娘、儿子到跟前,抻抻这块又拽拽那块,像好久未见似的端详一下后称赞说:"我姑娘、儿子,真好看。"

斋桑诺延看完孩子衣服后说:"塔娜,你也收拾一下,把首饰都戴上,打扮得漂漂亮亮的。"

蒙古民族风俗习惯,丈夫在日常生活中称妻子名字。

斋桑夫人梳拢头发,戴上不经常戴的顾姑冠头饰。

夕阳西下,天渐渐黑下来,星星渐渐亮了起来。转眼间,满天密密麻麻、亮晶晶的星星在高空闪耀,微笑看着人间万象。

斋桑诺延招呼夫人:"塔娜,该祭火神了。"

斋桑夫人答复:"我都安排好了,开始吧。"

格尔的火盆也即"火神"所在地,火盆火撑子旁备了新干柴,火盆旁放着大盘子,盘中放着剔光肉的、用白色公羊毛捻成的绒线缠好的羊胸骨,在胸骨上放着供品,有剔下的羊头肉、奶酪、香柏叶、各色绸布条,榆树皮、冷蒿、苇子放另一边。火盆前铺着特意用最洁白的羊毛擀的白色新毡子。

斋桑诺延告诉女儿满都海:"你到别处玩去吧,别参加。"

孩子们都好奇,为什么不让参加,满都海问阿爸,"为啥不让我参加?"

斋桑诺延答复:"不为啥。就是咱蒙古人有规矩,女孩子不参加祭祀火神活动。"满都海不吱声了,在一旁看着。

斋桑诺延拿起五色彩绸条,又拿起一束芦苇,将彩条系在芦苇上,而后将芦苇插在毡房门楣上,并将劈成细条的柞木置于火撑子三根支腿上,而后跪坐在前面的新毡子上,夫人稍斜点跪坐在诺延左后方,儿子在诺延右后斜方跪坐着。诺延用火镰打着火,将夫人手中蒿草点着放入火撑下,柴禾顿时冒出浓烟和火焰。

斋桑诺延跪直腰板,吟唱《祭火词》:

焰火冲入云霄九天,
火光照亮劳苦人间;
三十天为一个月,
三百六十天为一草青;
辛勤放牧为收获,
用每年收获的德吉(第一口),
奶油奶酒和肥肉,
敬献给火神爷爷奶奶您。

"火神爷爷奶奶,我们全家老小给您老人家磕头上供了!敬请您老人家,从今天起到明年的今天,上天对众神仙多言我们百姓疾苦,下界保佑我们全家人丁兴旺,大人孩子没病没灾,个个身体健康活到百岁!保佑我们家牲畜繁殖兴旺,没病没灾!

"蒙哥(蒙古语银子)、昭什(蒙古语钱),呼瑞,呼瑞。

"蒙哥、昭什,呼瑞,呼瑞。"

吟唱同时,将预备好的剔光肉的羊胸骨以及供品冷蒿、柏叶、苇子、奶酪、黄油、香、布条、苇子、榆树皮等,一一慢慢投入火中焚烧,边投供品边加柴。阿尔斯楞也学着诺延动作,将预备好的粘稠粥往火撑子腿上抹，将麻糖扔进火中，又往火中添酒、加黄油。见了火的油、酒及柏叶等，噼噼啪啪地响着，散发一种特殊的香味。

诺延磕头起身，将粘稠粥抹在阿尔斯楞和满都海的脑门上，而后抹在门框上、家具上，出格尔后抹在马脑门、马桩、马鞍子上、勒勒车辕上、毡房上、羊圈牛圈上，而后回到格尔内，重新跪到火盆前。诺延磕头后起身，阿尔斯楞学着阿爸动作，磕头后起身。

用与"年"同音的"粘粥"，应该是在中原与汉族同胞混居时学来的。

祭火神完毕后，斋桑诺延将能吃的剩余祭品分给夫人、儿子、男女仆人，唯独没有满都海的份，满都海眼巴巴地看着他阿爸，委屈得要流出泪来。

斋桑诺延赶紧过去安慰："满都海，阿爸没忘记你，你别委屈。祭火神剩下的食品，不分给女孩子，这是咱蒙古族老祖宗留下的规矩。来，阿爸给你别的东西！"从怀里拿出一个香荷包，给了她。

满都海拿到香荷包，这才有了点笑容，还用鼻子闻了闻。

帖木尔斋桑问："香吗？"

满都海："香。"

火盆中，火红炭火仍闪着红光，散发着热气，格尔内暖融融的。

而后，全家人不声不响地坐在饭桌旁，诺延正座，夫人对面，儿女左右各一个，桌子中央放着盛有"祭火份子"胸茬肉的盘子。女仆盛两碗粘粥，第一碗由主人斋桑诺延恭恭敬敬地作揖弯腰放在火盆前，敬献给火神；第二碗，主人斋桑诺延恭恭敬敬地作揖弯腰放在成吉思汗像前。女仆按尊卑长幼顺序每人给盛一碗粘粥。

斋桑诺延平端起粥碗，念道：

"天神赐给的五畜之福分，地神赐给的五谷之福分，火神赐给的熟食之福分，呼瑞、呼瑞！"

夫人和孩子学着诺延样子，平端粥碗，复诵着诺延的词句：

"天神赐给的五畜之福分，地神赐给的五谷之福分，火神赐给的熟食之福分，呼瑞、呼瑞！"

斋桑诺延待夫人等复诵完后，又念道：

"提供奶水乳牛之福气，帮助脚力公马之福气，送给术兀思绵羊之福气，呼瑞、呼瑞！"

夫人和孩子还是学着诺延样子复颂。

斋桑诺延待夫人等复诵完后，念道：

"'祭火份子'是'火神'赏赐的'贺喜格'宝物，能祛病防灾'年年（粘粘）'身体健康！"

夫人和孩子也学着复颂。

而后大家开始喝年（粘）粥。

转眼几天过去，到了大年三十，蒙古语叫"比特棍"，这一天也当年过。

比特棍的晚上就是除夕夜，全家都穿上白色蒙古袍。斋桑诺延毡房门两侧贴着方块红纸，上用蒙文书写"福"字，毡房地上铺上了雪白的新羊毛毡子。毡房外，白雪皑皑，天近黄昏，帖木尔斋桑指挥男仆人准备祭祀的物品。

在格尔内，斋桑夫人拿出新做的白色蒙古袍，招呼满都海兄妹俩："来，你俩都换上。"

满都海问："嬷母，花袍比这白袍好看，为啥过年不穿花袍穿这白袍？"

斋桑夫人告诉满都海："咱蒙古人，认为白色是吉祥、圣洁、高尚、喜庆的象征，因此老祖宗留下这个风俗习惯，过年穿白色衣服。咱蒙古人风俗习惯，不仅衣服穿白的，过年出门要骑白马，互相间送礼也要送白色礼物，连祭祀祖先的祭品也都要白色的。不信你看看你阿爸提桶里都装的啥？"

满都海真的验看了她阿爸提桶，见没有白色的，便问："嬷母，有奶酪、炒米、奶皮、阿如拉，都是黄的，没有白色的。"

斋桑夫人告诉她："那都属白色食品。咱蒙古人的食品，就分两类，肉类的就属红色食品，叫乌兰（红）伊德根，奶类的就属白色食品，叫查干伊德根。"

斋桑诺延过来问："塔娜，你给咱宝贝女儿上什么课哪？"

说着，斋桑诺延亲自点燃格尔内成吉思汗像前的酥油灯、蜡烛，将仆人拿过来的供品亲自摆在供盘内，一字排放，四个供盘分别为奶酪、炒米、奶皮、阿如拉，香炉内插上点燃的，而后招呼家人。

"走啊，除夕祭祖宗去呀。"斋桑诺延手里提着类似奶桶的桶，里面装着祭祀物品，牵着满都海的手，领着夫人，儿子跟在后。

路上，斋桑诺延告诉家人："回来时我在最后走，你们不要回头瞅我。"

满都海问："阿爸，那为啥呢？"

斋桑诺延告知："不为啥，就是老祖宗传下来的规矩。祖宗们认为，老人去世后，有的升入天堂，有的打入地狱，打入地狱的就是鬼了。哪位老人升天堂哪位老人下地狱，活着的人谁都不知道。这给他们拜年，回去时总回头，表示留恋他们，太留恋了，怕他们跟回来。"

满都海问："有跟回来的吗？"

斋桑诺延答："谁也没见过跟回来的，就是防备跟回来。"

全家人走到一稍高处，那里已堆放了足够使用的干柴。到那后，斋桑诺延亲自点燃篝火，而后领夫人、儿子、女儿全家人跪在篝火前磕三个头，而后往篝火中添加食品如奶酪、奶皮、炒米、黄油、酒、肉等。这时可以看到草原多处燃起了祭祖的篝火。

蒙古族祭奠祖宗先人的这种旧风俗，汉译为"烧饭"。

斋桑诺延一家人把供品投尽，等待篝火燃尽，而后用土或沙将残火压盖，防止复燃，这是草原民族为防荒火多少代人养成的良好习惯。帖木尔领全家人向火堆叩拜三次，起立后共同顺时针绕火堆残迹一圈，而后默默无声，原路返回。诺延走在最后面，口中低声念叨着："愿祖宗在天堂安息！愿祖宗保佑子孙平安！愿祖宗在天堂安息！愿祖宗保佑子孙平安！"反复念叨着。

斋桑夫人格根塔娜手牵女儿满都海在前面走，儿子阿尔斯楞在后跟着。当小女儿感到父亲在后面叨叨咕咕新鲜，要回头时，夫人用手揉她一下，提醒她不要回头。

男仆人在诺延一家接近格尔时，点燃一堆火。诺延一家人绕火一周经火净身后进格尔。

斋桑诺延进格尔后，点着香出来，在每个门、车上都插上一炷香。而后，在格尔内端坐到椅子上，招呼兄妹俩："来，哥俩上我这来。"兄妹俩一边一个坐那瞅着阿爸，等待阿爸继续说下去。

斋桑诺延说："我今天给你们兄妹俩，讲讲咱家家族历史、祖先名字、部族来源。过去咱蒙古人没有文字，咱蒙古人的历史，都是这么一辈一辈口述传下来的。"

斋桑诺延在格尔内，向儿女讲述着家族历史；而另一个格尔内，斋桑诺延夫人正同女仆在起包"扁食（扁食的叫法是蒙古人起的，但这种食品'饺子'是蒙古人跟汉人学的）"。

斋桑诺延讲完家族历史，便到另一格尔问夫人："塔娜，迎接'福、禄、财、喜、寿'诸神的时辰快到了吧？"

"萨满说：鼠时下界，快到了！"斋桑夫人回答。

斋桑诺延说："那咱得提前去迎接，在各路神仙来到咱格尔的时候，看到咱家没人迎接，生气走了怎么办？"

阿尔斯楞已9岁，是男孩最淘气的时候，说声"那我去看看"便跑出去了，在外面四下观看，看到别处已有篝火。

那时没有钟表，一般蒙古人看时间，白天在格尔外的人是看太阳的方位，在格尔内的人是凭经验看从天窗射进来的阳光的斜度；晚上只有看月亮或星星，这需要很丰富的经验，因此各家各户的时间都不准确。

"阿爸，别人家已经在接神仙了，快出来呀，"阿尔斯楞喊起来。

斋桑诺延夫妇到格尔外查看，满都海也跟出来看。

斋桑诺延向四周瞭望，别处篝火红红已在接神仙，便仰头看看星星。

"你看那北斗星在头上闪闪发光，鼠时属实到了。阿尔斯楞，去把所有格尔的门全部敞开，迎接神仙进咱格尔。"斋桑诺延指挥着儿子。

斋桑诺延格尔前面的空地上早已摆上香案（高桌），香案上除香炉外，还供有代表牧民生活资料畜产品的羊头、羊五叉以及奶酪、奶皮、奶豆腐等奶制品。斋桑诺延见时辰已到，便点燃柏叶篝火，拿成把的香向南西北东四个方向的空中上下祭拜后，将香插在香炉中，而后带领全家人跪在香案北边。蒙古人最尊崇的是长生天，是天神，实际上初一是祭天拜天仪式，蒙古语称为"腾格日得慕日古诺"，向篝火中添加炒米、酥油、奶皮、奶酪、马奶酒等食品，同时双手掌合一，口中祈祷：

> 热烈欢迎尊敬的"福、禄、财、喜、寿"天神，
> 来到我们土默特兀鲁思恩古特爱玛克，请进我帖木尔格尔；
> 请福神赐福给我帖木尔全家，享用不尽；
> 请禄神赐我帖木尔禄位，官升运长；
> 请财神让我帖木尔发财，牛羊遍野；
> 请喜神赐我帖木尔抬头见喜，喜事成双；
> 请寿神赐我帖木尔全家寿禄，长命百岁。

在马市上用羊或牛羊皮或奶制品换到鞭炮人家的孩子，此时捡篝火中燃着火的小枝子点燃他有限的鞭炮，阿尔斯楞就是其中之一。草原因无高楼大厦阻隔空气流通，鞭炮声异常响亮，能传很远。

祈求后磕头起立，人们向漆黑的夜空四方泼洒鲜奶、马奶酒、蒙豁勒巴达（即炒米，用本地低产糜子制作的）等食品，满都海冻得缩着脖子。

"好了，回去吃扁食。"帖木尔表示"祭天"迎接诸天神仪式已完毕。

回格尔后，阿尔斯楞首先说："阿爸，过年了，我又长了一草青，我给您磕头。"

牧民放牧全靠草场，草场的草从前一年秋天变枯黄，春天来了又发芽变青。草青对牧民饲养发展牲畜非常重要，因此牧民以草由黄变青为一年，从而当时的蒙古人习惯上以草青一次为一岁。

满都海跟着哥哥的话也说："阿爸，我也长了一草青，我也给您磕头。"

斋桑诺延高兴地说："好，我儿子、我姑娘要给阿爸拜年，好，等阿爸坐好。"

帖木尔郑重其事地坐在斋桑座位上，手里捧着红铜火炉，哥俩跪在斋桑面前，认真磕头。斋桑从旁边的匣子里拿出两个小元宝，给兄妹俩一人一个，祝颂道：

"愿你们哥俩像这元宝的孟根（银子）一样天长日久，源远流长！"这是蒙古族老人在给儿女及晚辈们压岁钱时最常用的祝颂语。

哥俩给阿爸磕头起来后，要给嫫母磕头。斋桑诺延夫人葛根塔娜正在忙活包扁食，说："算了，给你阿爸磕头就代表了。"可是小哥俩不同意，说嫫母为他们辛苦一年，过年不磕个头不行，硬将嫫母拉过来坐下，而后跪下铿铿磕俩头。斋桑夫人用带面的胳膊将儿女脑袋抱在一起各亲了一下脑门，说："愿嫫母的儿女长命百岁！"

哥俩磕完头玩弄着元宝。斋桑说："好了，吃扁食。"

大家都坐下，吃扁食。斋桑诺延将第一个扁食盛在小碟里，拿到外面扔到格尔顶上，这表示敬天地；第二个扁食盛在小碟里，恭恭敬敬地放在成吉思汗像前，这表示敬祖宗和先辈；然后坐回原处。

满都海问："阿爸，为啥大年初一吃扁食？"

斋桑诺延夹一个扁食上下掉着个给满都海看："你看扁食这形状，像不像阿爸刚才给你们的孟根元宝？"

满都海拿出元宝比对："像。"

斋桑诺延讲解说："对，扁食的形状像孟根元宝，颜色是白的，又像孟根元宝。大年初一是一年的第一天，这第一天的第一顿饭，吃孟根元宝样的扁食，象征这一年360天，天天能收获孟根元宝，图个吉利。"

满都海明白了："原来是这么回事。"

斋桑诺延对阿尔斯楞说："咱蒙古习惯，接完神，吃完扁食，就给附近长辈和年老的拜年。你赶紧给他们拜年去，去晚了，人家说咱诺延家孩子架子大。你没看见，那些孩子哪年都比你早，来咱家给我拜年吗？"（有的部落在日出后才拜年）

阿尔斯楞痛快地答应："我这就去。"

斋桑诺延嘱咐："拜完年，快点回来，别顺路玩去。回来咱爷俩'幕日敖如乐（汉译为踩福路）'或'幕日嘎日嘎那（汉译为开福路）'去。"

阿尔斯楞答应着："加！"

斋桑诺延坐在斋桑座位上，女仆端来用新年新火新奶熬制的热腾腾的奶茶。斋桑诺延将第一次奶茶的第一碗"德吉"敬献在成吉思汗像前，而后悠闲地喝奶茶。

寒夜的夜空下，忙忙碌碌走着拜年的孩子们，有单人独行的，有三两搭伴的，这些孩子们拜一圈年回到格尔，一般都拂晓了。接受拜年的老年人，都在小炕桌上摆上几碟子红枣、光糖（无包装的糖块）等吃食，抓几块给孩子们。

阿尔斯楞拂晓时分回到格尔，用手捂着冻得通红的脸："阿爸，我回来了。"

斋桑诺延见儿子冻成这样，说："赶紧暖和暖和，大亮前咱还得去踩福路。"

满都海也凑热闹："阿爸，我也去踩福路。"

斋桑诺延拍着小满都海："你还小，外边冷；再说，咱蒙古人的风俗，这些活动不让女孩参加。你在家，阿爸一会儿就回来，啊。"

爷俩一同步行出门踩福路。

阿尔斯楞问："阿爸，咱往哪儿走？"

斋桑诺延告诉他："萨满说了，今年财神、福神，都坐在东南方位，咱向东南走。"爷俩步行向东南方向走着，途中帖木尔问儿子阿尔斯楞，"去年你也陪阿爸踩福路，这踩福路啥规矩，你还记得不？"

阿尔斯楞说："记得，踩福路不能从原道回来，从原道回来，那叫'走回头路'，不吉利。"

太阳出来后，艾寅勒的邻居们开始互相拜年。

查干老人："斋桑诺延赛音西嫩吉（汉译为过年好）？"

帖木尔斋桑："其赛音西嫩吉（您过年也好）？"

查干老人："阿古拉大哥过年好？"

阿古拉老人："斋桑诺延过年好？"

帖木尔斋桑："您老人家过年好？"

阿古拉老人："查干兄弟过年好？"

朝鲁老人："斋桑诺延过年好？"

艾寅勒中的每一个成年人，在第一次见面时都要礼貌又亲切客气地相互问好，就这样繁琐地互相问好。问好同时，晚辈要向长辈磕头；辈分相同，年纪低的要行半屈膝礼，同时口中说"阿木日阿苏吉纳（汉译为过年好）"。

正月间，男人的游戏是赛马、赛箭法，还有踢球、跳障碍、荡秋千、扔坑、跳嘎啦喀。

第三节　第四次战乱——佞臣孛赉征伐瓦剌

公元1455年，满都海8岁。

岱宗汗的小哈屯萨木尔（30来岁）听说也先死了，便找岱宗汗老部下喀喇沁部落首领孛赉取得支持。

萨木尔哈屯请来了孛赉诺延说："孛赉诺延，请你来，是想与你商量件事。"

孛赉诺延说："请哈屯殿下尽管盼咐。"

萨木尔哈屯说："也先死了，汗位该由岱宗汗后裔即位。我儿子马古可儿吉思，是岱宗汗的三子。老大死了，老二远在天边。你们喀喇沁部落有实力，因此我请您来，请求您扶立我小儿子即汗位。您也这么大岁数了，若能为圣祖成吉思汗的后裔做点贡献，也好青史留名。您看如何？"

孛赉诺延见求之不得的机会来临，哪有推辞之理，赶紧说："萨木尔哈屯这么信得过我，我哪有推辞之理。可是，虽然也先汗死了，但也先汗的势力还是很强大的。我们喀喇沁部落是有一定实力，但对付也先汗势力还是有困难。不歼灭也先残余势力，小台吉即汗位也得不到安宁。请您以岱宗汗哈屯名义，授予我调遣各部各爱玛克兵力的权力，先征服瓦剌四部。"

萨木尔哈屯表示："当然可以，我当众授予您全权。"

萨木尔哈屯领着小儿子，在古列延门外，自己骑马提刀，站在集合待出发的马牛步兵面前，发表讲话："勇士们，也先篡夺汗位，使脱脱不花汗受害致死，罪大恶极，全蒙古各部军民应共讨之，共诛之！也先这个窃国大盗，已经被阿拉知院率众诛杀了，死了，就不用我们征讨了。可是，也先虽然死了，也先的叛逆势力还在，全蒙古各部军民应共讨之！现在，喀喇沁部落孛赉诺延来到我身边，他要帮助我们讨伐也先叛臣逆贼残余势力。我一个女人，不懂打仗的事。讨伐也先残余势力的军事行动，我全权交由孛赉诺延指挥，希望各部、各爱玛克的诺延们和众多勇士们听从孛赉诺延指挥。"

喀喇沁，是蒙古族的一个部族，又译作哈喇慎、哈喇嗔等名称。据史籍记载，其人善制黑马湩，而"黑"在蒙语中为哈喇，故称制黑马湩者为"哈喇沁"。当初该部驻牧称海镇，在今蒙古国科布多省境内。到孛赉任喀喇沁部落首领时，该部逐渐强大起来，其部众达3万多人，在今内蒙古锡林郭勒盟多伦县、东西两个乌珠穆沁旗到赤峰市克什克腾旗经棚镇一带驻牧。

孛赉诺延发布命令："勇士们，我受岱宗汗萨木尔哈屯的授权，率领军队，去征讨四瓦剌。全军一切行动，要听从我的指挥。不服从者，按《大札撒》处置。"

"秃阿赤。"

秃阿赤近前半步单膝跪倒："请诺延吩咐。"

孛赉诺延命令："去通知各鄂托克，立即率领鄂托克和硕兵马，到崆奎雅巴罕地区与我会合，不得有误。"

秃阿赤："加！"骑快马走了。

孛赉诺延率马、牛、步兵，向崆奎雅巴罕地区出发！

萨木尔哈屯用皮橐（驮）载着脱脱不花汗7岁的儿子马古可儿吉思，自己骑马提刀，同孛赉率领马、牛、步兵一起去进攻瓦剌。

斋桑夫人格根塔娜正与女儿满都海玩织网格，满都海跪坐在母亲对面。斋桑诺延边喝茶，边微笑着欣赏母女的亲密，其乐融融。

秃阿赤骑马飞至高喊："帖木尔斋桑听令。"

帖木尔斋桑立即紧张起来："夫人，刚消停几天，你看，传军令的秃阿赤又来了。但有什么办法呢？"一边胆战心惊地整理衣帽出迎，单腿跪倒，口称，"帖木尔听令。"而后低头，双手按膝盖。

秃阿赤手持金牌，下达出兵命令："岱宗汗的萨木尔哈屯授权孛赉诺延，率领全部蒙古兵马征伐叛贼也先残余势力。孛赉诺延命令你，立即率领鄂托克和硕兵马，到崆奎雅巴罕地区与孛赉诺延兵马会合，不得有误。"

帖木尔斋桑口称："帖木尔接令。"传令兵骑马走了，帖木尔起立喊他的传令兵，"秃阿赤。"

传令兵赶紧近前施礼："请诺延吩咐。"

帖木尔斋桑："立即集合鄂托克和硕兵马，向崆奎雅巴罕地区进兵。"

秃阿赤："加。"吹起了牛角号，呜呜地响起来。

帖木尔进帐披挂，并与夫人告别。

满都海问："阿爸，又要打仗吗？"跑过来抱住阿爸。

帖木尔心酸地抱起满都海，贴一下脸，放下来，亲一下额头，一声不语地回头走了。

满都海很愕然，反过来找嬷母："嬷母，阿爸又要打仗吗？"

斋桑夫人："是的，孩子。"不舍又无奈地把孩子抱起来。

满都海："嬷母，怎么总打仗呢？"

斋桑夫人告诉满都海："篡夺岱宗汗汗位的也先汗被阿拉知院率兵杀死了。也先还有残余势力，不消灭他的残余势力，岱宗汗的小儿子就无法继承汗位，萨木尔哈屯让孛赉诺延率领军队去讨伐他们。你长大了就懂了，去，玩去吧。"

孛赉率领的军队，在崆奎雅巴罕地区与瓦剌也先残余势力交战，双方都有几万人马。交战开始，一片喊杀声。孛赉诺延指挥军队进攻勇猛，瓦剌军队激烈抵抗，最后败逃，孛赉诺延指挥军队乘胜追击，瓦剌军队一路丢盔弃甲、横尸遍野。

孛赉诺延骑在马上，问手下将军："阿哈剌忽将军，阿拉知院抓住没有？"

阿哈剌忽将军回答："没有。"

孛赉诺延下达死命令："阿拉知院是四瓦剌仅次于也先的首领，也先篡权，他为虎作伥。也先称汗，他搞叛乱杀死也先，此人必须抓住他。"

阿哈剌忽将军答应："我这就带人去搜索。"骑马带人走了，到了一处瓦剌人集聚区，问瓦剌人，"喂，你们知道阿拉知院在哪儿吗？"

瓦剌人吓得直往后缩："不知道。"

阿哈剌忽将军往前走，又问一个瓦剌人："喂，你看见阿拉知院在哪儿？"

瓦剌人吓得直往人堆里躲："不知道。"

阿哈剌忽生气了："哼，问你们谁，你们谁都不知道，这回我让你知道。"命令士兵，"把他抓起来。"士兵下马，抓住一个人，用绳子拴在马上。

阿哈剌忽下命令："告诉你，你给我们带路，找阿拉知院。你要耍刁滑，就要了你命。走！"在瓦剌人的带路指引下，追上一伙逃命的瓦剌牧民队伍。瓦剌带路人手指一个骑高头大马的人说："那个骑高头大马的人就是阿拉知院，求求诺延，放了我吧。"

阿哈剌忽说话算话："好，放了他。追！"

逃命人群见有追兵追来，哭爹叫娘四散逃去。阿拉知院放马急奔，追兵紧追不舍。阿拉知院一个劲儿地给马加鞭子，马劳累过度倒下，阿拉知院被活捉，带到孛赉跟前："报告孛赉诺延，阿拉知院被我们活捉。"

孛赉诺延坐椅子上，命令手下："带上来。"士兵将阿拉知院推到孛赉面前。孛赉看了阿拉知院说："嗯，是阿拉知院诺延！"验明正身后，阿拉知院不屑地用眼睛斜了他一下，没吱声。

"阿拉，见到本诺延为何不跪？"孛赉责问。

阿拉知院很傲慢地说："废话，哪有上跪下之理！"

孛赉诺延说："本人现在是北元统兵大元帅,你这个叛逆知院,何以不跪?"

阿拉知院嘿嘿一笑说："我的知院,是北元大汗任命的,你那个大元帅,是你自己封的,值几个大子?"

孛赉诺延被当众侮辱,气急败坏地说："不跟你啰嗦了,今天,我送你回姥姥家,你看怎么样啊?"

阿拉知院站在那儿反问:"你凭什么?"

孛赉诺延有点戏耍性地说:"因为你作为臣子,杀了你的大汗。"

阿拉知院据理反驳:"也先汗是篡夺黄金家族孛儿只斤氏的汗权当的大汗,是咱北元的叛臣逆贼。我起兵杀也先,是为北元除害,应该是功臣。萨木尔哈屯命你率兵前来,是代表孛儿只斤氏利益,我对孛儿只斤氏有功,你为何杀我?"

孛赉诺延也有他的理:"不论也先篡夺谁的汗位,他做了大汗,你就是他的臣子。作为臣子,杀了大汗,你就是叛臣逆贼。"

阿拉知院又反驳:"你这不是理。也先篡权称汗后,应该全国共诛之。谁杀他,谁就是功臣。你说杀了也先是叛臣逆贼,你这是在为叛臣逆贼也先报仇,你们是一丘之貉。"

孛赉诺延生气地说:"行了,不与你这阶下囚理论。来人,把他推下去砍了!"

阿拉知院被士兵推下去时破口大骂:"孛赉,你和也先是一丘之貉,你也不是个好东西,孛赉你不得好死。"

孛赉诺延得意洋洋地率军赶着掳获四瓦剌的马、牛、羊,勒勒车载运掳获的财物,胜利回师。

孛赉征伐瓦剌归来,回到称海镇后,扶立岱宗汗脱脱不花七岁的儿子马古可儿吉思为大汗,称乌珂克图汗。孛赉自称太师兼淮王,执掌朝廷大权,封阿哈剌忽将军为枢密院知院。

帖木尔斋桑夫人等若干妇女携子女迎接出征将士归来。

斋桑夫人领着女儿满都海在迎接队伍最前面,见到斋桑诺延,笑呵呵迎上前说:"回来了?"各家妇女也都在人群中寻找自己男人并跑过去迎接自家男人。

帖木尔斋桑"嗯"了一声,面无表情地往爱寅勒里大步走,后面人群里突然传出大声嚎哭声,队伍仍往里走。迎接人群涌向后面哭声处,看见人群后面出现几位妻子哭着搀扶着受伤男人,最后还出现一匹马上搭着的尸体,妻子趴在上面撕心裂肺地哭着"孩子阿爸、阿爸"。满都海随着媽母过去,看见了这凄惨场面,依靠在媽母身旁。

斋桑夫人拉着哭泣的妇女:"妹妹,节哀吧,这是战争,免不了牺牲,先回去吧,再想想办法。"

帖木尔斋桑进帐,斋桑夫人以及仆人小心翼翼地侍候着诺延。

斋桑诺延坐下后,相当不高兴,左看右瞧,闷坐一会儿,忽然,憋不住那口气,大发脾气,"啪"一声,一拍桌子。满都海激灵一下。

"孛赉叫人吗?仗我们帮他打胜了,缴获的财物,上万的马、牛、羊,还有骆驼,都让孛赉拿走了。我去找他,说我们这阵亡一个人,还伤了好几个乡亲,要求拨给我们一些缴获的财物作抚恤用,可他连哼都没哼。这上千人马辛苦这趟不说,这些哭哭啼啼的伤亡家属我怎么办吧?你说说,这孛赉办的什么事吗?你说这、这。"没办法,气得又"啪"一声,大巴掌拍在桌子上。满都海又激灵一下,直往媽母身上靠。

斋桑夫人格根塔娜提醒："您轻着点，别把孩子吓着。已经这样了，您光生气有什么用？想点别的法子吧。"

满都海问嬷母："嬷母，孛赉这么坏，阿爸为啥不打他呢？"

斋桑夫人告知孩子："他现在是代表大汗做事，咱们打他，那不成了反大汗了吗？"

满都海"噢"一声，表示明白了。

斋桑诺延气还未消："哼，他孛赉就这么办事，他这个诺延，兔子尾巴长不了。"

这几次战争，给了小满都海的心灵沉重的刺激，为满都海树立仇视分裂、憎恨战争的思想做了铺垫。小满都海逐步形成了长大了一定要杀尽那些搞阴谋诡计的奸佞之徒，消除分裂，消除战争，统一国家的思想。

探马进帐施礼："报告斋桑诺延，喀喇沁部落首领孛赉诺延，扶立岱宗汗的7岁的小儿子马古可儿吉思继承了大汗位，称乌珂克图可汗。孛赉自称太师兼淮王，执掌朝廷大权，孛赉还封阿哈剌忽为枢密院知院。"

帖木尔斋桑："知道了，下去休息吧。"

这边自己的侦察员刚报告完信息，孛赉派来的使臣又到了。

孛赉太师信使骑在马上在帐前呼喊："帖木尔斋桑接旨。"

帖木尔斋桑赶紧整理衣帽出帐："帖木尔接旨。"在伊克格尔门前单膝跪到，双手扶膝盖，低头听旨。

孛赉太师信使向帖木尔斋桑出示了大汗金令牌："乌珂克图汗已即大汗位，孛赉诺延任太师兼淮王。孛赉太师令你们鄂托克，按老规矩，按期朝拜大汗，按期缴纳贡物。"

帖木尔斋桑口称："领旨。"起身后，用手指着格尔说，"请秃阿赤诺延进格尔，本斋桑备薄酒为诺延接风洗尘。"仆人接过马，拴在马桩上。信使随斋桑进格尔，当然是一醉方休了。

满都鲁台吉听说孛赉扶立他小侄子马古可儿吉思即汗位，便备贺礼派使臣前去祝贺。

孛赉亲自接待，问满都鲁台吉使臣："乌珂克图汗即位前，征伐瓦剌部也先残余势力，你们为何不派兵参加呀？"

满都鲁台吉使臣答复："我家台吉未接到出兵通知。"

孛赉说："秃阿赤全面通知，不能单单落下你们吧？"

满都鲁使臣说："我家台吉，虽未接到出兵通知，但听说诺延征伐瓦剌时，想出兵，当时诺延出兵已一个月了，已经来不及了。"

孛赉太师说："本太师出征前曾下令，不出兵者，按《大札撒》（成吉思汗颁布的《法典》）治罪，考虑你家台吉是大汗的叔叔，就不治罪了。但是，你家台吉违犯军令，不能不罚，你送来的贺礼，充作处罚的罚物，不转交大汗了。请你转告满都鲁台吉，再备份厚礼，亲自来汗廷拜见大汗。"

满都鲁台吉使臣："加。"

孛赉太师以未朝拜大汗为由，派人敲诈勒索。

孛赉太师派来催缴贡物（实物税）的诺延50来岁，胖胖的，很傲慢地说："帖木尔诺延，乌珂克图汗即位已一年多了，你也未去汗廷朝拜大汗，你这是对可汗最大的不忠！为此孛赛太师很生气，派我专程来问问你，为什么这么长时间不去朝觐大汗？"

帖木尔斋桑见来使责难他，命夫人亲自给其倒茶："夫人，给钦差诺延倒奶茶。"

帖木尔斋桑赶紧解释："钦差诺延，您言重了。小臣长几个脑袋，敢对大汗不忠？您可以查一查，帖木尔几代人对孛儿只斤氏都是忠心耿耿的。比如说，孛赛诺延派秃阿赤，命令我们到崆奎雅巴罕地区去参加征伐瓦剌。我毫不含糊，接到孛赛诺延的命令当天连夜出发，比孛赛诺延大军还早一天到的崆奎雅巴罕地区。这场战役中，我们冲杀在前，还伤亡了几个弟兄。朝觐大汗时间是晚了点，这纯属误会，实际上孝敬大汗的贡物礼品早就都准备好了，多次想去朝觐，一到起程时，鄂托克就发生棘手的事，牵扯我走不开。这件事我是有点毛病，请钦差诺延向太师诺延美言几句。"

"这回好了，汗廷派钦差来了，我对鄂托克这几千口子也好说话了，叫他们不能大事小情总找我。过两天我随您一同去朝觐大汗，行吧钦差诺延？您先到馆驿休息两天。"帖木尔斋桑接着解释。

催贡官员绷着脸，耍官腔："不行，明天必须起程。我没时间在你这儿休息，汗廷还有重要事等我去处理哪。我不听你那花言巧语，我也不给你美言。这么着得了，你去不了，你把孝敬大汗的贡物礼品都给我带上，我明天起程。"

斋桑诺延赔着笑脸说："钦差诺延一路鞍马劳顿，风尘仆仆来到我们土默川草原，总得歇歇脚，恢复一下您的贵体，我们也好借这机会孝敬您两天。"

催贡官员威胁说："帖木尔诺延，你可不能跟我玩空的。我可告诉你，孛赛太师是授我生杀大权的。你这么说，我等你一天，后天一定走，明天你什么都给我准备好了，别说到时候我对你不客气。"

帖木尔斋桑诺延说："您是代表太师来的，我跟您撒谎，这不等于和太师撒谎嘛！太师握有生杀大权，我与太师玩心眼儿，那不自取灭亡吗？您借我两个胆，我也不敢那么做。钦差诺延，您放心，后天保证让您老人家满意而归。"

催贡官员转变态度："那好。"

帖木尔斋桑诺延招呼："来人。"

仆人进帐施礼："斋桑诺延有何吩咐？"

斋桑诺延下指示："领钦差诺延到馆驿休息。一定要服务周到，务必要让钦差诺延休息好。"

仆人："加。"领钦差出去了，帖木尔送出格尔门。

斋桑诺延回帐，坐下，咳了一声。

斋桑夫人走过去，递杯茶："您受委屈了，歇歇吧。"

满都海过去到阿爸那问："阿爸，这个人怎么这么凶？"

斋桑诺延告知满都海："他是个贪官，是为大贪官孛赛太师敛财而来的，这叫上梁不正下梁歪，什么师傅教出什么徒弟。他恶狠狠的目的，是为了借此机会多敲诈点贡物回去，他好中饱私囊。"

斋桑夫人问："那得给他们多少贡礼才行呢？"

斋桑诺延说："现在是奸雄贪官当政，而且是'挟天子以令诸侯'，你不让他满意，他就拿大汗压你，上纲上线，谁受得了？咳，没办法，只能尽力给他凑吧。"

第四节　请名师教授满都海文韬武略

　　1457 年，满都海 10 岁，梳满头 10 多条小辫，披于左右及脑后，是个精灵、聪慧的小姑娘。帖木尔斋桑夫妇所教授的文化知识，已不能满足满都海对知识的渴求。

　　一日，斋桑夫人格根塔娜首先提出："孩子阿爸，你看，满都海都这么大了，求知欲特别强，接受能力又特别高，咱俩的水平根本就教不了她了。我看，得赶紧找一个文武双全、知识渊博的巴克什（蒙语对老师的称呼）去教她了。"

　　帖木尔斋桑说："塔娜，咱俩想一块儿了。这孩子，就像你说的，接受能力太强了，将来肯定是个人才。可是你说，这文武双全、知识渊博的巴克什，上哪儿找呢？"

　　斋桑夫人提出自己想法："孩子阿爸，我琢磨好些日子了，为了教咱孩子成材，我看，咱别分蒙古人汉人，只要文武全才就行。"

　　帖木尔斋桑问："那你的意思是请汉人巴克什了。"

　　斋桑夫人肯定地说："我看那个汉人肯定行。"

　　帖木尔斋桑问："哪个汉人？你把我给弄懵了。"

　　斋桑夫人格根塔娜提醒说："您忘了，就是那一年，您从'土木堡战役'带回来的那个明朝俘虏，我看就不是一般人，他肯定是明朝一个文武双全的官员。他被俘后，咱们没打他没骂他，更没杀他，他肯定感激咱们。听说他放羊挺认真的，不说三道四的，看来这人有修养。他对咱蒙古人没有敌意，我看这个人就行。再说，汉人当官的都有文化，他们都读过五经四书什么的，让他教咱孩子，肯定没错。"

　　帖木尔一拍脑袋："你看，我都把他忘哪国去了！是有这么一个人，登记俘虏花名册时，他说叫赵念萱。当时抓住他时，他表现得比较老实，主动放下刀箭。就因为这个，他保住了命，还少吃不少亏。别的俘虏说他是个将军，说他考中过进士，见了他都客客气气的。可是他这个人却从来没张扬过，老老实实地放羊。你说得对，这人有修养，论学问，教咱孩子是肯定没问题。可是，你考虑过没有，给咱孩子请个汉人巴克什，背后会有人说三道四的。"

　　斋桑夫人给他打气："这鄂托克，您说了算，群众背后说三道四，能把您怎么样？"

　　帖木尔斋桑说："群众舆论我是不怕，他们奈何不了我。"

　　斋桑夫人进一步鼓动："那您还顾虑啥？"

　　帖木尔斋桑还是打消不了顾虑："可是你知道，现在乌珂克图汗年幼，是奸贼孛赉把持汗廷大权，去年孛赉派他的亲信来收取给大汗的贡物，咱没让他个人从中捞一把，得罪了他，就怕这俩奸贼合谋，利用汗廷名义以莫须有罪名怪罪下来，到那时，咱有话无处说，有理无处讲，吃不了可就得兜着走了。"

　　斋桑夫人胸有成竹："孩子阿爸，不要有顾虑。这事，前有车，后有辙，咱不怕他。远点的，太祖成吉思汗，用汉人郭宝玉为谋士，言听计从，尤其是世祖忽必烈，采纳刘秉忠、姚枢等多名汉人谋士的意见，建立大元帝国称帝，延续98年基业；近的，元廷北撤时，很多汉人官员随咱蒙古人北撤，这些汉人，都表现出蒙汉一家的民族亲情，为咱北元做出了不朽的贡献。大汗可以将军政大权交给一个汉人，我们请一个汉人巴克什教教孩子，有什么风险？"

帖木尔斋桑还是不放心："理是这么个理，可是孛赍这个奸贼，手中有生杀大权，不跟你讲这个理，到时咱只有挨整了。"

斋桑夫人决心非常大："就请他做咱女儿的巴克什。汗廷怪罪下来，我与您一起去坐牢。"

帖木尔斋桑说："照你这么一说，这巴克什非他莫属了。"

斋桑夫人肯定地说："就请他做咱女儿的巴克什。"

帖木尔斋桑看到夫人决心这么大，自己也受到鼓舞："塔娜，有你给我撑腰，我也豁出去了，那这事就这么定了。"

斋桑夫人格根塔娜是急性子："孩子阿爸，那您就赶紧派人找他来吧。"

帖木尔斋桑修正说："不，塔娜，是请他来。来人。"

仆人进帐，施手掌捂胸鞠躬礼："斋桑诺延，有什么吩咐？"

帖木尔斋桑吩咐："你去第三安给，把当年那个姓赵的俘虏老头给我请来，说我有事相商。是请，跟人家客气点。"

仆人："加。"

一汉人老头，50多岁，穿一件梭布普通蒙古袍，虽然经风吹日晒，皮肤黝黑，但眉宇间仍然透出文雅气质，文质彬彬、不卑不亢，进帐施礼："斋桑诺延，找我有事？"

赵老头本来就是聪明人，因为生存需要，他这十多年来与蒙古牧民一起放牧，蒙古话说得很好，可以以假乱真。至于赵老头的真实名字是否真叫赵念萱，明朝在"土木堡战役"后其参战的50万将士因全军覆没都按阵亡一笔勾销了，其阵亡抚恤金已由家属花完了，史籍上只有朝中随皇帝出征的几十个大臣的名字，赵念萱这个名是被俘后报的名字，肯定是假的，明朝知道后也无处查对核实。如报真实姓名，一旦明朝知道会以变节投敌罪名（明朝当时称北元为敌为虏）处理，那家属就惨了。因此进士及第的将军，绝不会报真实姓名。北元管理俘虏，记个名即可，没必要究其真名实姓。

帖木尔斋桑起身让座："老先生，请坐。给老先生上茶。"年轻女仆端上奶茶。

汉人赵老头很平静地坐下。

帖木尔斋桑与其先客套一番："老先生，很对不住您。这几年，本斋桑把您给忘了，我手下的人，没因为您是明朝俘虏而欺负您吧？"

汉人老头客气地回答："斋桑诺延客气了！"

帖木尔斋桑说明请他的意思："今天把您老先生请来，是想托付您一件事，不知您老先生能否答应？"

汉人老头慷慨答应："斋桑诺延，有事请讲，老夫能为者，尽当竭力。"古代的人多数寿命短，因此年过50对比自己年轻的人即可称自己为老夫。

帖木尔斋桑说正题："那我就不客气了。小女满都海，今年已11草青，才思敏捷，聪慧过人。我们山野僻壤之人，教她已无能为力了，想请老先生代劳教她，想必能赏这个脸吧？"

汉人老头谦逊地说："教斋桑诺延的千金，老夫可不敢当！"

帖木尔斋桑进一步说明自己的想法："老先生不要客气。本斋桑听说您年轻时曾经考中明朝武举，后来又进士及第，做了官，是文武全才的人。只是因为明朝政治昏暗，太监王振当权，才使老先生随英宗皇帝仓卒出兵，兵败被俘，落得到我们北国放羊这个悲惨局面，白白浪费了这一身本事。老先生就不要推辞了！"

汉人老头也掏出肺腑之言："说实在的，明朝50万大军在'土木堡战役'中全军覆没，我老朽还能活到今天，这得感谢斋桑诺延不杀之恩。今斋桑诺延把宝贝女儿交给我教育，老夫岂有怠慢之理？我将尽职尽责教好令爱才是，只是委屈令爱了！"

帖木尔斋桑高兴地说："这样就好，这样就好。"

"满都海，你们都过来。"孩子们叽叽喳喳都过来了，一男五女，都穿袍系腰带，但五位女孩腰带的一侧都系着一个花结。

"孩子们，过来过来。"帖木尔斋桑把满都海拉到自己身旁，命令她们，"你们先拜见你们的巴克什。"帖木尔斋桑挨个介绍名字、关系，而后他们挨个给老师施礼。

"这个，叫满都海，是我女儿。

"这个，叫阿尔斯楞，是我儿子。

"这个姑娘，叫伊喇姑，她们四位，都是我女儿陪学陪练的姐妹。

"孩子们，我给你们请来的这个巴克什，文武双全，其文韬武略，都在我之上。你们要好好地听巴克什教你们，一字一句都不能落。还有，你们要像尊重我一样，尊重你们的巴克什，要听巴克什的话。"

孩子们齐声："加。"

帖木尔斋桑说："巴克什，我听说你们汉人私塾老师教学生是很严厉的，学不好要打手板子。"

汉人老头微笑着点头。

帖木尔斋桑要求老师："老先生，您要按汉人教私塾的方法教她们，对她们严格要求。她们不好好学习，你可以师长之尊，惩戒他们，打她们手板子。"

汉人老头微笑着，不语。

"孩子们，听清了没有？学习不好，巴克什要打你们手板子。"帖木尔斋桑强调一句。

几个女孩，嘻嘻地笑了。

阿尔斯楞像个男人，大声答应："听清了。"

帖木尔斋桑见师生相见完毕说："好了，你们都出去玩去吧。"孩子们又叽叽喳喳地出去了。

帖木尔斋桑关心地说："老先生，这些年您一直独身生活，很辛苦。这样吧，我给您安排一个年轻一点的，长得俊一点的，会体贴人的阵亡家属与您共同生活，照顾您的起居。您看好吧？"

汉人老头依从："依斋桑诺延安排就是！"

帖木尔斋桑说："那就这么定了，先安家，后教书。来人。"

男仆人进帐，施手掌捂胸鞠躬礼："斋桑诺延有何吩咐？"

帖木尔斋桑吩咐："你再到第三安给，告诉他们安给长，就说我说的，请他找一个40岁以下的，长得好看一点的，又能干的阵亡家属，给这位老先生做老婆。选好后，连她的牛羊一起赶这边来。快去！"

男仆人答应："加。"施礼走了。

巴克什的生活安排好后，开始了其教授活动。

斋桑伊克格尔大帐前草地上，学生们席地围坐成半圆，老师坐在对面讲课。外围，有几个与阿尔斯楞一般大的男孩旁听玩耍。

巴克什："这一节课，我们学习《孙子兵法》36计中的第18计'擒贼擒王'。下面我读原文。孙子曰：'摧其坚，夺其魁，以解其体。龙战于野，其道穷也'。"

巴克什讲解课文意思："这一计的意思是说，打仗的时候，不是兵力平摊平推，一定要有重点。所谓重点：一是要以歼灭或摧毁敌人的主力为主，再一就是设法擒住他们的首领。这两点，不论做到哪一点，都可以瓦解敌军的整体力量，使其处于被动、瘫痪的状态。对敌军来说，这就好似水中蛟龙到陆地面临绝境一样，发挥不了军威，最后必定失败。"

讲解完后问："听懂了没有？"

满都海答："听懂了！"另几个孩子没吱声。

巴克什问："你们几个怎么不吱声？巴克什没讲好吧？我问你，伊喇姑，你听懂了没有？"

伊喇姑答："像是听懂了，又像没听懂，道理太深奥。"

巴克什指名："满都海，你听懂了，那你说一下你对这个军事理论的理解。"

满都海起立，对巴克什说："巴克什，我认为，咱蒙古也先太师指挥的'土木堡战役'，就是体现这一军事理论现成的例子。土木堡战役，可以帮助我们理解这个军事理论。"

巴克什说："那你详细说说。"

满都海详细阐述她的理解："土木堡地区的地形，像个大口袋，明朝军队50万人马钻进一个狭小的大口袋里，饮水就成了最大的问题。'土木堡战役'中，也先太师指挥蒙古军队首先占领了明军上游的水源，使明朝50万军队没水吃，人马饥渴，不战自乱，这就是'摧其坚，以解其体'的具体运用。因为没水吃，军心骚动，明朝英宗皇帝亲自指挥都不好使，这就起到了'夺其魁'的作用。50万军队，对于3万蒙古军队来讲，其实力属实相当于'龙'，但也先太师截断水源这一军事行动，使明朝50万军队变成50万的乌合之众，最后被3万蒙古铁骑杀得全军覆没，这就是'龙战于野，其道穷也'的最生动例子！"

巴克什肯定并表扬："满都海，你理解得非常正确！举的例子也非常贴切。"而后笑呵呵地问，"伊喇姑，这回你听明白了没有？"

伊喇姑答："又多明白一点。"

巴克什说："那好，歇一会儿，去玩儿一会吧。"

阿尔斯楞刚站起来，外围玩耍的男孩就跑过来对他说："阿尔斯楞，那干巴巴的没意思，咱还是杀马仗。"拉过阿尔斯楞到另一边，一个人骑另一个人之上，或一个人骑两个人之上，或三个人架起一个人，在上面的人互相拉拽，被拉拽下来为败。

与此同时，满都海等五个女孩，在另一边的草地上，铺了一块牛皮，围坐四周，玩嘎拉喀（羊的腿踞骨）。

玩嘎拉喀的规则：将其掷于地上，看其所呈现的四个面，分花面、平面、凸面、凹面，然后掷其手中的一个嘎拉喀于空中，待它落下来之前，用手抓起地上相同面的嘎拉喀，然后用同一只手接住落下来的那一个；如果地上有几个相同面的嘎拉喀，则要在接住落下来的那一个之前，要用同一只手抓起所有相同面的嘎拉喀，也有其他玩法。这是游牧民族的大人小孩普遍喜欢的一种游戏。

几个孩子玩得挺热闹，嘻嘻哈哈地笑，又互相抢。满都海心灵手快，玩得好，而另几个孩子往往接不住，掉落嘎拉喀而引起哈哈大笑。

土默川草原野外训练场地宽阔，有草人、木杆挂羊皮等训练用具，几匹马在旁边吃草。

巴克什招呼："来呀，孩子们，今天讲武器使用中的骑马舞刀。"大家都聚拢在巴克什跟前，形成半月形。巴克什开始给大家讲课：

"两军交锋，使用长枪比使用短刀对自己更有利，因为它长，未等对方到你跟前，你的长枪就可以刺中他。但短兵相接，混战时，长枪就显得笨拙，运用起来，就不如短的马刀得心应手。因此说长枪有长枪的好处，短刀有短刀的优点，各有其长短。长枪的基本枪法，咱们学过了，以后就要勤加练习。

"蒙古人以骑马见长，马上功夫，其他民族是无法比的。因此，蒙古骑兵，应以骑马舞刀为主，方法比较简单，就是左劈右砍，主要是砍击的力度。咱以草人、挂的羊皮代表战场上的敌人练习，策马飞奔，途中遇到草人，就用马刀砍击草人，遇到挂在木杆间的羊皮，就用马刀砍击羊皮。"

"我做示范，你们看着。"巴克什先骑马高举马刀，做左砍草人、右砍羊皮等动作，而后由满都海、伊喇姑等孩子做，巴克什在旁观察纠正，如此反复练习。

练习了一阵子，孩子们也都累了，天也起风了，巴克什说："来，孩子们，起风了，咱们到格尔内上课。"

孩子们跑到附近一个毡房内，老师坐一面，满都海等六人分坐于巴克什对面。

巴克什讲："这一节，我们学习汉人经典文章《论语》中的《为政篇》。我来读《为政篇》，文圣人孔子说：'为政以德，譬如北辰，居其所而众星拱之。'这是孔老夫子教化我们：用道德来治理国家，民众就会拥护你，你就会像北极星一样，居于千千万万颗星星之中，让众星拱卫着你。蒙古眼下就有个活生生的例子，比如也先太师就很有能力，他苦心经营多年，取得了蒙古大汗位，号称大元天圣可汗，应该说是一位英雄。可是为什么即汗位一年多，就被其部属阿拉知院推翻杀害了呢？就是因为他'为政'不是'以德'。这个例子足以说明孔老夫子'为政以德'道理高深、经典。孩子们，听懂了吗？"

满都海和其哥哥阿尔斯楞等六人齐声："听懂了！"

巴克什提问学生："我提一个问题，为什么说也先汗不是'为政以德'？谁来回答？"

满都海举手："我。"

巴克什说："好，满都海回答这个问题。"

满都海发表自己的理解："巴克什，我认为，也先太师的悲剧，首先是因他没有'为政以德'思想。他当上大汗后，对其个人能力和对集体的力量，认识错位，错误地把取得大汗地位的功劳都算在他个人能力上，表现在具体行动上，就是对汗廷官员职位分配不适当，也就是对国家权力分配不适当，实质是集团利益分配不适当。比如，同他出生入死几十年的老伙伴阿拉知院，他代表着一个利益集团，这个集团在也先太师篡夺汗位战争中做出了贡献，也先汗最低应该对其代表人物阿拉知院晋级提升，委任以比原来更高的职位。可是，也先汗不仅没有对他晋级提升，反而妒嫉他势力强大将来会威胁他自己的汗位，设计将他两个儿子都害死了。这就不是'为政以德'！"

巴克什肯定满都海的理解："好，满都海答得非常好！你们几个同学，谁再说说对'为政以德'的理解？"

学生们都举手："我。"

巴克什领着满都海她们几个在土默川草原训练射箭。

巴克什给讲课："今天练射箭，我给讲一下要领。如果你是站那儿、蹲那儿射箭，你是不动的，对方是动的，比如骑兵向你冲来，你就往他身上射箭就行了。如果跑马用弓箭射草人，草人是不动的。这里的诀窍，主要是掌握好你自己运动的速度，往目标后边瞄，别往前边瞄，因为你的箭射出去时，你的位置已经往前移动了。攻击敌人营盘，敌人基本是不动的，步兵、骑兵向你冲来，面对面，也类似固定目标。射击的要领，你就往他身上射箭就行了。比较难的，是射击活动目标，最难的，是射中运动中的目标。蒙古人的狩猎，是练习射箭的最好方式。咱们先练习跑马射草人。"

巴克什命令："上马。"满都海等人跟随巴克什跑马射草人，当马快跑到射程时，巴克什大声教授，"往目标偏后点瞄，因为你的箭射出去时，你已经往前移动了。这里的要领，主要是掌握好你自己前进的速度。"说着搭弓射出一箭，正中草人胸部，满都海紧随其后眼睛盯着巴克什，学巴克什样子也射出一箭，也中草人身上，偏一点儿。

"很好，第一箭就能射中目标，很不简单，就照这方法练。"

巴克什停在草人附近对面观看纠正，学员们又跑马射击几次，而后，巴克什叫停下来。大家围在巴克什跟前，擦着汗。

巴克什说："野外狩猎射兔子、射飞鸟，那难度比射草人大多了。因为，你的目标在急速运动，而你自己也在急速运动，需要掌握的基本要领，就是往目标前方射，这叫提前量。而这个提前量，是很难准确掌握的，因为目标的速度在不断变化，而你自己的速度也在不断变化。这要做到百发百中，是相当的不容易。中原考武举有一个科目叫'百步穿杨'，这里没有秘密和诀窍，就是掌握了基本要领后，多多练习，反反复复地练习，就要靠自己不断摸索，不断体验，不断总结经验，逐步掌握。"

公元1458年，孛赉太师执政第4年，满都海11岁。

在称海镇大汗金帐，10岁的乌珂克图汗、萨木尔太后、孛赉太师在议事。太后和大汗双坐正座，右侧坐孛赉。

萨木尔太后小心翼翼地提醒："孛赉太师，现在下面有些流言蜚语，不知您听到了没有？"

孛赉太师很不客气地反问："什么流言蜚语，我怎么没听到？"

萨木尔太后解释说："其实哪，也不是什么大事。但我听到了，因为您是太师，掌握着朝廷大权，我不能不向您过个话，好在以后的行动中注意一点。"

孛赉太师很不耐烦地说："什么事吧，甭拐弯抹角的，直说吧。"

萨木尔太后没办法只得直说："您这么性急，那我就说了，不过这事也是下面人说的，不一定都是真的，您不要往心里去，我的意思是有则改之，无则加勉。"

孛赉太师更不耐烦了，说："我说太后，你可真是女人，婆婆妈妈的。有啥话你就说吧！"

萨木尔太后谨小慎微地说："有人跟我反映，说群众中流传一个童谣。"

孛赉太师故意装作不懂："什么什么？什么童谣？童谣是什么玩意？"

萨木尔太后给其解释："我也才听说，童谣，就是小孩们玩时唱的歌。"

孛赉太师很不在意、不屑地说："小孩唱歌，和我有什么关系？"

萨木尔太后说："童谣唱词，和您有点关系。您忍一下性子，我给您学一下童谣是怎么唱的：孛赉诺延当太师，权力钱财统统要，利用可汗使劲搂，蒙古全成他家的。"

孛赉太师恼羞成怒，"啪！"猛拍桌子起立："谁在那瞎造谣，我砍了他！"

萨木尔太后赶紧安慰："孛赉太师，您千万不要介意，我今天跟您说这个，不是挑您毛病。我的意思是，大汗年纪小，这江山社稷，全靠您了。下面有风声，万一民怨大了，整出事来，不好办。"

孛赉太师怒气未消："能整出什么事来？有什么不好办的？有什么事不有我顶着呢吗！"说完便愤愤地走了。

萨木尔太后无奈地叹口气："咳！"

某一天，满都海突然中断学习，来到斋桑伊克格尔，招呼阿爸、嫫母。

斋桑夫人问："你怎么这么早回来了？"

满都海说："我有个问题不明白，想请教阿爸。"

帖木尔斋桑好奇地问："啥事啊姑娘，说吧！"

满都海说："孛赉太师假借大汗名义，横征暴敛，为非作歹，牧民们恨之入骨，你们总打仗，为啥不把他杀掉？"

帖木尔斋桑："我的姑娘，怎么问起这么严肃的国家大事啊？"

满都海："我就是想知道为什么。"

帖木尔斋桑告诉她："这问题很复杂，我简单地跟你说：一呢，孛赉横征暴敛国人谁都知道，可是他是以大汗的名义，你一反他，你就得背负反大汗的罪名，这谁不怕呀？二呢，孛赉势力强大，控制着10来万兵马，谁能杀了他呀？"

满都海疑问："那就永远让他为非作歹下去吗？"

帖木尔斋桑说："那倒不能，得有个有实力的诺延去收拾他，你阿爸这样的一个管千八百户的千户长，是没办法的。"

满都海又问："那统一全蒙古，就更困难了呗？"

帖木尔斋桑："那当然了！咱北元，现在被搞得四分五裂，战乱不断，民不得安生，谁不盼望统一呀？可是，统一蒙古可不是一件容易的事，不是谁想统一就能统一得了的。首先，得有孛儿只斤氏黄金家族的人号召，黄金家族的人在咱蒙古号召力最强；尔后得有多个爱玛克响应，而且各爱玛克的实力合起来，得相当强大；还得有英明的指挥员；再者还得有相当的物资作为保障。这些事，很难办到啊！"

满都海高兴了："阿爸，我明白了，谢谢您阿爸，我玩去了。"

斋桑夫人疑惑地说："这孩子，小小年纪，关心上国家大事了！"

帖木尔斋桑对夫人开玩笑说："塔娜，你生的这个姑娘野心可不小啊！你没听她刚才打听统一全蒙古的事吗？"

斋桑夫人拉长声说："听见啦！孩子阿爸，这回我可要挑您了，咱那宝贝姑娘是雄心，不是野心。"

帖木尔斋桑笑着说："好、好，夫人说得对！夫人说得对！"

第四章 龙凤呈祥

第一节　决心嫁汗族后裔以逞己志

公元1462年，满都海15岁。

科尔沁蒙古部落是个游牧集团，由13个爱玛克组成，分左右两翼，其首领为锡古苏台巴特尔诺延，是成吉思汗二弟哈萨尔后裔。也先太师1453年篡权即汗位后，为排除异己，无辜杀害了锡古苏台诺延。此后，科尔沁部落集团由左右两翼分管，右翼克里叶特、伊克明安、萨阿赤惕、主亦惕、噶滚贺什格、吐亦别滚6个爱玛克由锡古苏台诺延的小儿子乌纳博罗特统领。

锡古苏台诺延被也先汗害死时，其小儿子乌纳博罗特才8草青。

10年过去了，一日，锡古苏台小夫人与其所生的儿子乌纳博罗特正闲谈，乌纳博罗特很不好意思地向其母亲提出："额吉，我想请您给我提亲。"

锡古苏台诺延小夫人端详了儿子一会儿，觉得儿子今天怪怪的，怎么提出这个问题，不过还是实事求是地说："18草青了，该说媳妇了。"

锡古苏台诺延小夫人说："你阿爸若活着，早给你说媳妇了。这几年，你一心扑在学习上，我没着急。我寻思，等你武艺练成，练得就像当年你阿爸立马刀劈也先大将军圭林齐于马下那般武艺时，再提不晚。既然你已有意中人，不妨说说，相中的是谁家的姑娘？"

乌纳博罗特说："不是咱科尔沁的，是土默特姑娘。"

小夫人很有把握地说："那没事。不管哪儿的姑娘，凭你的长相、才干，凭咱家的实力、地位，没有办不成的。你说，那姑娘是谁家的孩子？叫啥名？"

乌纳博罗特说："我听说土默特有一个文武全才、长得又漂亮的姑娘，我也没见过她本人，听说很有名。"

小夫人问："你说的是不是那个'抓印小姐'呀？"

乌纳博罗特答："对对，是有这个绰号。"

小夫人说："这个姑娘，在咱蒙古草原上，名气可不小，明天就派人去求亲。"

科尔沁提亲大管家带着象征和谐、甜蜜的白糖、茶叶等物品来到帖木尔斋桑爱寅勒，找到他的伊克格尔，招呼："斋桑诺延在家吗？"

帖木尔斋桑听有人招呼，赶紧正衣冠出迎。

科尔沁提亲大管家施礼："斋桑诺延，赛音拜诺？"

斋桑诺延见来的是老翁，便礼貌地还礼，反问："阿巴嘎（大叔），其（你）赛音拜诺？"

提亲大管家自我介绍："我是科尔沁锡古苏台诺延大管家巴根，受锡古苏台巴特尔诺延小夫人委派，前来求亲。"

斋桑诺延礼貌地赶紧请其进格尔："请进格尔。"一边客气地亲自给其掀门帘。

进格尔后，分宾主落座。女仆人倒上奶茶。

提亲大管家再次亮出他的主人身份："我家主人锡古苏台诺延，是咱蒙古著名的巴特尔。"

斋桑诺延表示："久闻大名，他是我崇拜的英雄。"

巴根大管家讲明来意："在岱宗汗征讨也先太师搞分裂的战争中，因立马刀劈也先大将圭林齐，也先篡权称汗后，锡古苏台诺延被也先谋害。那一年我家少爷才8草青。我家小夫人将其抚养成人，现在少爷已18草青，一表人才，练就了一身武艺，并继承了科尔沁13个鄂托克的右翼6个鄂托克。我家少爷，听说您家小姐大名，非要慕名求婚不可。我家小夫人派我前来求亲。"

斋桑诺延客气地说："大管家，您家少爷地位高，实力强，年龄又相当，实在是难得的一门亲事，本斋桑是喜出望外呀！可是呢，小女也非人们传的那样，虚名大了点。"

巴根大管家恭维说："斋桑诺延别谦虚了。"

斋桑诺延说出了难处："不过，我得实话实说呀。实不相瞒，我家姑娘，由于我们娇生惯养，脾气倔强了点。这样的事情，非得她同意。她要不同意的，我们做阿爸、嬷母的，是做不了主啊！"

巴根大管家提议："那就请您问问小姐吧。"

斋桑诺延对夫人说："格根塔娜，你去问问姑娘意见。"斋桑夫人答应："加。"便出去了。

夫人进满都海格尔，满都海赶紧起立叫声："嬷母。"

斋桑夫人直截了当说主题："满都海，今天科尔沁锡古苏台诺延大管家，受锡古苏台诺延小夫人委派，前来求亲。他说，他家少爷今年18草青，一表人才，练就了一身好武艺，像他阿爸锡古苏台巴特尔那样，还继承了科尔沁13个鄂托克的6个鄂托克，实力、财力都非常强大。他听说你文武全才后，慕名来求婚。你看怎样？"

满都海说："嬷母，我才15，我不急。"

夫人动员说："咱蒙古族的姑娘，十五六嫁人，正是时候，人们不是说'二八佳人'嘛！过了这个年龄段，就不好找了！"

满都海调皮地说："不好找，我就侍候您一辈子。"

夫人责怪她："净说傻话，嬷母可不让你侍候一辈子。人家是科尔沁右翼克里叶特、伊克明安、萨阿赤惕、主亦惕、噶滚贺什格、吐亦别滚6个鄂托克的首领，是个大诺延，比你阿爸官大多了，财产也比咱家多多了；更重要的是，他年龄好，才比你大3草青，是个白男（未结过婚的），你是个红女（未结过婚的女人），非常般配；人家条件都比咱好，以嬷母看，挺合适，你好好考虑考虑？"

满都海坚持己见："嬷母，我给您说呀，我想干一番大事业，嫁给一个爱玛克的首领，尽管它有6个鄂托克，也干不成大事业，我不同意。"

夫人不解地问："那你想嫁个啥样的？"

满都海告诉母亲："非孛儿只斤氏汗族后裔不嫁。"

斋桑夫人介绍孛儿只斤氏家族后裔情况："近几十年，诺延们为争夺权力互相打仗，孛儿只斤氏家族的男人都快被杀绝了。你想想看，假如孛儿只斤氏家族后裔不向你求婚怎么办？"

满都海还是坚持自己的主意："那我就侍候您一辈子！"

夫人不高兴地说："满都海，你这不是和自己过不去吗？"

满都海却坚持："嬷母，我决心定了，你快回去吧。"

夫人又啰嗦一句："你再考虑考虑？"

满都海说："我不给您说了吗，嬤母，我不同意。"

夫人以父母意见压她一下："那你阿爸和你嬤母的意见，你一点儿也不考虑？"

满都海不耐烦了："嬤母，我说过了，我决心定了。你快回去吧，别在这唠叨了好不好！"

夫人无奈："好！好！"无奈地走了。

斋桑诺延和提亲大管家正在等待信息。

斋桑夫人进格尔，用手招呼丈夫出来。

斋桑诺延出格尔，迫不及待地问："姑娘怎么说的？"

夫人说："她说非汗族后裔不嫁。"

斋桑诺延疑惑地问："你没劝劝吗？"

夫人有点委屈："我能不劝嘛！这样合适的女婿上哪找哇！我多劝几句，她不耐烦了，把我推出来了。"

斋桑诺延也无计可施："那怎么办？回绝他们？"

夫人把希望寄托在丈夫身上："要不您去劝劝您姑娘。"

斋桑诺延也无信心："她那主意定了，我去也够呛。"

夫人给丈夫鼓劲儿："我觉着这门亲事挺可心的，黄了可惜，你还是去劝劝吧，您的话比我管用。"

斋桑诺延只得去一趟："那我试试吧。"

斋桑诺延到满都海的格尔门口招呼一声："满都海。"

满都海听到招呼声赶紧起身叫声："阿爸。"

斋桑诺延开口就问："你嬤母说你说的，非汗族后裔不嫁，是真的吗？"

满都海答复："是真的。"

斋桑诺延介绍黄金家族后裔情况并阐明后果："据我了解，黄金家族男的没几个人了，上一辈的只剩下岱宗汗三弟满都鲁平章没死，但也逃亡在外，现在不知在哪儿，而且他是有妻室的人；下一辈的，有阿嘎巴尔济济农的儿子哈尔古楚克，他是也先汗的女婿，后来听说也死了。我没听说黄金家族还有别的男人。你说非汗族后裔不嫁，这可能会耽误自己的青春，你仔细考虑过没有？"

满都海沉思不语。

斋桑诺延见满都海不语，知道她在做思想斗争，便赶紧介绍求亲人的情况："科尔沁求亲的乌纳博罗特诺延，年轻，才18草青，与你很般配，家庭条件非常好，你嬤母都和你说了，你俩很合适，我也同意这门婚事。阿爸、嬤母不会给你亏吃的，你听一下阿爸、嬤母的意见吧。"

满都海答复："阿爸，我主意定了，不到山穷水尽的时候，我不想改变主意。"

斋桑诺延假装威胁说："满都海，耽误青春，变成老姑娘，嫁不出去的风险，你考虑过没有？"

满都海却冷静地说："哈尔古楚克台吉，听说死了，但没得到证实。我想，他的儿女和我年龄差不多，他们也是汗族后裔，等我得到他们的准确消息后，再做决定。阿爸，这次您先回绝他们吧。"

斋桑诺延担心地说："回绝容易，只是几句话的事。怕是回绝了，人家不等你，过了这个村，怕没有下一个店啊！"

满都海死心地说："那我就认命了。"

斋桑诺延无计可施："咳！你怎么这么倔呢！"叹着气，回伊克格尔去了。

巴根大管家看见斋桑诺延回来，迫不及待地问："怎么样，姑娘答应了没有？"

斋桑诺延歉疚地回答："老管家，实在对不起了，我那姑娘说年龄小，才15草青，怎么说也不同意。"

巴根大管家不知是搪塞他的话，很理解地说："年龄小，没关系，我回去跟我家少爷和夫人说说，让他们等两年迎娶。"

斋桑诺延见他没理解"年龄小"的背后含义，只好再直接一点回绝："姑娘不同意现在定亲，这个家，我就不好当了！还是过两年再说吧！老管家，实在对不起了！您老受累了！回去跟少爷、夫人好好解释解释吧。"

巴根大管家："咳！那我就不打搅了。"斋桑诺延将其带来的茶叶白糖装到他褡裢内，并和夫人送大管家到伊克格尔前的拴马桩处，为大管家敬了上马酒，看着大管家骑马走了才回格尔。

科尔沁乌纳博罗特诺延好如嘎伊克格尔内，乌纳博罗特诺延和其母亲小夫人在座。

巴根老管家进帐施礼："夫人、少爷，我回来了。"

乌纳博罗特未等汇报，焦急地问："怎么样，老管家？"

巴根老管家："启禀夫人、少爷，那满都海小姐说，才15草青，不忙。"

乌纳博罗特："还说什么了没有？"

巴根："其他没说什么。"

小夫人问："她阿爸、额吉什么态度？"

巴根："她阿爸、额吉都同意，他俩都去做过姑娘的工作，都没做通。他们说，他们的姑娘主意正，拿定主意后，别人劝说不听，他们还连连向我道歉。"

小夫人："还有什么办法没有？"

巴根："她阿爸说，让等两年。"

乌纳博罗特："额吉，再等两年，这两年中别人求亲答应怎么办？咱蒙古人的孩子，十五六草青，一般都结婚，她以才15草青回绝，我看不是真话，可能其中另有隐情。"

夫人："那你说，另有隐情，她不说，咱有啥法？"

乌纳博罗特："额吉，我想亲自去土默特见见她。"

夫人："儿子，你不是说笑嘛，人家姑娘能见你吗？"

乌纳博罗特："只要额吉允许儿子前去，儿子自会有办法与她见面。"

夫人："好吧。"

乌纳博罗特："额吉，把您身边年轻的姑娘，都借给我。"

夫人："你要干什么？"

乌纳博罗特："我自有安排。"

夫人："好吧。娜仁托娅。"

娜仁托娅进帐施礼："请夫人吩咐。"

夫人："你带你们几个小姐妹们，随少爷到土默特去一趟。"

娜仁托娅："加。"施礼出去了。

夫人："老管家，你已经去一趟了，道路熟，你再辛苦一趟，给少爷搭个伴，带个路。"

老管家："加。"

科尔沁乌纳博罗特诺延带领百多名护卫和十来个女青年，在老管家的引导下，不日到达土默特恩古特鄂托克帖木尔斋桑爱寅勒附近扎下营寨。

乌纳博罗特吩咐："娜仁托娅，你带两个姑娘，到那个爱寅勒，以比武会友为名，把满都海骗到这块儿来。"

娜仁托娅答应一声："加！"带两个女青年骑马走了。

乌纳博罗特继续布置任务："乌兰图雅，你们几位姑娘，迎在半路上，无论如何，把满都海骗到这儿来。"

乌兰图雅答应一声："加！"与几个姑娘嘻嘻哈哈笑着走了。

乌纳博罗特吩咐完毕，自己也骑上马，拒绝卫士们跟随，而后自己慢慢地向前走去，走到一处，见有一棵树，便下马在那等候。

娜仁托娅等三位姑娘找到满都海格尔，在离满都海门前约百丈远的地方下马，步行到满都海格尔前招呼："满都海小姐在家吗？"

满都海听到有人找她，赶紧出格尔问："你们找谁呀？"

娜仁托娅施礼问好："赛音拜诺？"

满都海："我怎么不认识你们哪？"

娜仁托娅说："我们是科尔沁的，久闻小姐文武双全大名，无缘相见，今日特此前来以武会友，请小姐在百忙中能赏光。"

满都海回答："文武双全，是别人道听途说而已，我自己并没有说过文武双全，何苦这么老远来比武？"

娜仁托娅说："我们也没有别的意思，一来领教一下小姐的武功，二来认识一下小姐，交个朋友。"

满都海："交个朋友可以，比武就不必了吧？"

娜仁托娅："小姐，那您是认输喽？"

满都海："不是认输，没这个必要。"

娜仁托娅用激将法："您要不比，就是认输，您文武全才的名气是假的。"

满都海有点生气："当真要比？"

娜仁托娅："哎，要比。"

满都海毕竟年轻，被激怒了："你们欺人太甚了吧，跑到人家门口欺负人。姐妹们，来呀。"伊喇姑、萨仁、其木格、赛罕四位陪练姑娘都从格尔内出来了。

伊喇姑问："小姐，有事吗？"

满都海："科尔沁这几位姑娘，非要跟我比武，这不，在这儿等着哪。"

伊喇姑："教训她们几个，还用小姐您亲自动手吗？我把她们打回科尔沁就是了。"

另几位姑娘："小姐，就这么定了。"

娜仁托娅赶紧解释："小姐您领会错了，不是我们几个要与您比武，是我家小姐要与您比武，她在那边，请小姐还是亲自去好。"

满都海："好，带路。"上马带女伴们向前跑去。跑到一半时，乌兰图雅等赶上来相遇。

乌兰图雅等走上前拦住马问好："满都海小姐，赛音拜诺？我家小姐等不及了，派我们前来再请一次。"

满都海生气地绷着脸说："带路。"一行人马，向乌纳博罗特休息地方前进。到了附近时，乌纳博罗特诺延彬彬有礼地迎上前去，拦住马，施礼问好："满都海小姐，赛音拜诺？"那些姑娘们退去。

满都海在马上，厉声问："你是谁？"

乌纳博罗特诺延笑脸相迎："请小姐息怒，小生科尔沁的乌纳博罗特，仰慕小姐大名，特千里迢迢前来拜会小姐。"

满都海出于礼貌，无可奈何地下马，回礼说："乌纳博罗特诺延，我已答复老管家了，何苦再千里劳驾贵体呢？"

乌纳博罗特诺延恳切地说："小生实在爱慕您，怕老管家年老说话不周全，特亲自前来向您当面表白，请求小姐给予考虑！"

满都海解释："乌纳博罗特诺延，实在对不起，您的各个方面，老管家都详细介绍了，属实都很好，是很合适的人家。只是我现在不想定亲，不为别的，您还是请回吧。"

乌纳博罗特："满都海小姐，您现在不想定亲，我可以等您。"

满都海："那得等几年呢？"

乌纳博罗特表示决心："一直等您，非您不娶。"

满都海："我是徒有虚名，不像您想象中的那么好。天下好姑娘多得是，没这个必要吧！"

乌纳博罗特起誓发愿地表示："我下定决心等您，我的心情，日月可以作证！"

满都海："谢谢您对我的爱慕！谢谢！请回吧。"

乌纳博罗特："我一定等您。"

满都海："没必要，请回吧。"说着骑上马，加鞭，往回飞驰，几位女伴也飞驰相伴。

乌纳博罗特诺延木然地站在那儿，看着满都海头也不回地走了，心里那个难受劲儿，只有他自己知道。

第二节　邂逅相识一见定终身

1462年，满都鲁台吉在哈剌兀那山北一带隐居。这一天，他兴致勃勃地带着手下的几个年轻人出来打猎消遣。

这年满都海15岁，头上梳数十条小辫，摆动时，犹如数十条小青龙在上下、左右游动，眉清目秀、面皮白皙,透着聪明和靓丽,是个人见人爱的姑娘,翻眼睛、动嘴唇,一举一动就能看出是个精灵鬼,还显得成熟。伊喇姑等4个陪练女孩也都梳数十条小辫,同样的俊秀机灵,个头差不多都一般高。

这一天,土默川草原迎来一个风和日丽的日子。早晨,满都海斯琴从格尔内出来,招呼着姐妹们:"姐妹们,咱们今天还到野外练射箭去呀!"

四位陪练女孩,一边答应一边从格尔内出来。

满都海高声:"阿爸、嫫母,我们练射箭去了。"

斋桑诺延夫妇出现在格尔门口,告诫:"满都海,你们要注意安全。"

"哎!"五人口中答应着,而后骑马嘻嘻哈哈地奔野外走了。几个姐妹骑马飞驰,骑马射箭,射远处地上目标,飞跑练箭时,听见空中一阵雁叫。

女伴伊喇姑喊:"小姐,有大雁叫声。"听到有大雁,五人都仰头往天上看。

女伴萨仁告知:"小姐,我看见了,在那儿、在那儿。"用手指着,五人都顺着其指的方向看,看见前面天空中飞过一队大雁。

女伴其木格着急地催促:"小姐,您赶紧射箭呀!"

满都海说:"大雁从南方飞回咱蒙古,是到咱这儿养儿育女来了,咱不能伤害这生灵。"马还在往前跑着。

女伴萨仁说:"小姐,您不跑马射飞雁,就没法证明您的射箭技术。就这一次,下不为例。小姐,您射吧!"央求着,还用"跑马射飞雁"相诱惑。

满都海似乎被小姐妹们说服了,其实是其内心的逞强心理作怪,想表现一下自己的射箭技能:"好,就这一次,下不为例。"不慌不忙张弓射出一箭,中了那雁翅膀。

小姐妹们高兴地欢呼:"射中了!射中了!"那雁不愿掉队忍痛跟队飞翔,体力逐渐不行,慢慢地落伍,飞出很远,满都海五人一直纵马同大雁一个方向跟踪奔跑着。受伤的那只大雁,经过艰难的努力,最终还是扑扑啦啦地、嘎嘎叫着往下滑着掉进一个树林里。

小姐妹们用手指着,嘴里喊着:"掉下来了,掉下来了。"

女伴伊喇姑:"小姐,您真成了跑马射飞雁的神箭手了!"

满都海谦虚地说:"你们可别夸我了,只射中翅膀,没射中雁脖子,技术还差远着哪。"五人一直追雁,追进北边那片树林中。

这时,反方向有一哨人马,骑马打猎正追兔子,其中一人看见天上一只雁正斜着往下落,便招呼着:"台吉、台吉,你看那边天上掉下来一只大雁。"

这支反方向从北面过来的一哨人马正是满都鲁台吉打猎的人马。满都鲁台吉听见喊声抬头看,看见大雁往下滑落,说:"过去看看。"共同驱马直奔大雁斜落方向。

男随从们抢先赶到落雁处附近,纷纷下马,一个随从扑上去,没抓着,大伙儿直笑。另一男随从看个机会扑上去,扑了几下才抓住,喊:"台吉、台吉,抓住了,抓住了,是活的、活大雁!"大雁"嘎、嘎"哀鸣着,好像在求饶!

这时满都海等五人趋马也到跟前。

伊喇姑对那人说:"大哥,那雁是我们射中的,请你还给我们。"

台吉男随从回答:"妹子,这雁明明是我抓住的,怎么说是你们射中的呢?"

满都海女伴萨仁问:"大哥,这雁你是从哪抓住的?"

台吉男侍从:"你没看见我刚刚抓住的嘛,为抓这大雁,他还弄个狗呛屎哪。"手指另一男随从,大伙儿哈哈大笑。

伊喇姑抬杠说:"大哥,你有能耐到天上抓一个呗!"

台吉男随从不高兴地说:"你这是什么话,人,能到天上抓大雁吗?"

满都海几个女伴咯咯笑着:"这不就得了,我也觉着你上不了天!若不是我家小姐把它射下来,带膀的东西,你能抓住它吗?"

伊喇姑阴沉着脸,不耐烦地说:"要吃雁肉自己打,赖着人家的东西不给,算不上蒙古爷们,没出息。"而后命令式地说,"赶紧送过来,要不我们不客气了!"

台吉男随从也急了:"你敢动手?"都站了起来。

满都海这时说话了:"算了,算了,这只大雁就送给这位大哥补补身子吧。姐妹们,咱们走!"说着骑上马要走。

满都鲁台吉一直在一旁看着,他看见几个女孩都十五六岁,为首的一位,一身戎装打扮,头上包着粉红色头巾,裹住眉毛以上部分,露出头顶,戴着耳环和贵重的金手镯,披一副乳白色丝绒软甲,系草绿色腰带,骑一匹雪里白追风马,高大骏烈,腰间佩一把镂金镶玉蒙古弯刀,手拿一张桑木弓,斜佩箭鞘,飒爽英姿,神情飘逸。跟随的那四名女孩,年龄相仿,也都佩戴刀箭骑白马。他料到此女绝非一般女性,便出面搭话。

他赶紧上前几步招手:"姑娘留步。"满都海她们停住。

满都鲁台吉问:"请问姑娘尊姓大名?何方人士?"

满都海不卑不亢地回答:"萍水相逢,各奔东西,何劳动问?"

满都鲁台吉开始奉承:"姑娘气度不凡,武艺超群,我爱慕至极,才冒昧下问。"

满都海见其年龄大,反问:"请问尊长何人?"

满都鲁自我介绍:"我乃成吉思汗第12代孙,北元岱宗汗三弟满都鲁台吉是也。"

满都海听说是汗族台吉,便飞身下马,施女式礼,说:"台吉赎罪,小女有眼无珠,不曾识得台吉大驾,还请台吉见谅。"

满都鲁赶紧说:"不敢不敢。下人做事粗鲁,多有冒昧,还请姑娘海涵!"

满都海细看台吉,40来岁,中短身材,典型蒙古汉子,梳"贴别式"头发(无额发,两边的头发编成两髻,悬垂于两肩上),穿有直径3寸花的华丽的二品官蒙古袍,戴栖鹰帽,腰系带环扣的皮腰带,右侧佩戴火镰,左侧佩带蒙古腰刀,很沉着,似有城府。

满都鲁台吉笑呵呵地说:"姑娘,这回该告诉我尊姓大名了吧?!"

满都海行个半蹲礼说:"台吉见笑,小女满都海,土默特·恩古特鄂托帖木尔斋桑之女,请台吉多关照!"

满都鲁台吉又惊喜又有点失态地说:"哎呀!你就是文武双全、闻名草原的'抓印小姐'满都海姑娘啊!"

说完了,他觉得有点失态,便咳嗽一声,镇静一下,转入正常心态后说:"姑娘,草原上久闻姑娘文武双全,无缘相见,今日邂逅,得见姑娘芳蓉睿才,实乃我满都鲁之幸也。"很尊敬地施了手掌捂胸鞠躬礼,满都海还半蹲礼。

"姑娘，闻你芳名已多年，敢问芳龄几何？"满都鲁问。

满都海微笑着回答："15草青矣。"

满都鲁台吉提议："我们到那边走走好吗？"

满都海顺从地说："依台吉安排就是。"

二人在草原上信步走着，边走边聊，转眼，时间过去很久。

满都鲁台吉聊着、聊着，突然转过身拉住满都海的手，说："满都海姑娘，嫁给我吧！"

满都海斯琴一愣！意料之外，又意料之中，镇静一下说："台吉，您的爱慕心情我领了，感谢您！"稍顿一会儿说，"请您冷静地考虑一下，您是黄金家族的后裔，娶一个斋桑的女儿是否般配？再者，您已有一房比姬，她能不能容纳我？"

这边草地上，满都鲁台吉和满都海手下的那些人，都在看着台吉和小姐，小声议论着。

男随从指着满都海对其女伴们说："哎！哎！看你家小姐，和我们家台吉聊得那热乎劲儿，可能好上了！过些日子可能要成我家台吉比姬了！"

伊喇姑气愤地冲他们嚷："不许你们胡说！再胡说，撕烂你的嘴！"

台吉另一随从冲这伙伴说："小子唉，你这臭嘴还真得闭紧点，小心将来的台吉比姬治你。"

那边草地上，满都鲁台吉紧紧拉着满都海的手不放，说："我考虑过了，我现在很冷静。我虽然比你大20多草青，而且有一房比姬，但这不是问题，问题是，我需要你，我需要你的才华，我需要你的帮助，咱北元的事业需要你出力，我需要你'抓印小姐'帮我掌印。我向你保证，我一定真心实意待你，请你答应我的求婚吧。"

满都海沉默，沉思不语。

满都鲁台吉看满都海不语，一时无招儿，突然悟出："看来，你是信不过我。这样吧，我向长生天起誓！"说着便在草地上跪下，"长生天在上，我发誓！"满都海赶紧把他拉起来。

满都海问："台吉，我问您，您对现在的政局是啥看法？"

满都鲁不假思索地说："不能总这样混乱下去。"

满都海又问："那您作为孛儿只斤氏家族男性后裔，有没有决心再统一蒙古？"

满都鲁沉思一小会儿回答："哪能没有！"

满都海因满都鲁是黄金家族后裔，又有决心统一蒙古，便很痛快地答应了："好吧，我答应你！"

一听答应了，满都鲁台吉高兴地把满都海抱起来悠了一圈，满都海咯咯地笑着。

满都鲁台吉放下满都海后，满都海害羞地说声："你这人真坏！"而后害羞跑开。满都鲁台吉兴奋地追赶，满都海像捉迷藏一样地绕着树和花丛跑，跑得气喘吁吁，满都鲁台吉也像捉迷藏似的在后面追。满都海跑累了，懒洋洋地躺倒在柔软如毯的草地上，喘着粗气。满都鲁也追得气喘嘘嘘，随着躺倒在满都海身边的草地上。两人枕着手，仰望蓝天，脸上呈现出幸福的微笑。满都鲁躺了一会儿，坐起来，东张西望像找东西。

满都海也坐起来，问："台吉，您在找什么？"

满都鲁说："我闻到一股花香，可没看见跟前有花丛啊！"

满都海也帮着东张西望地找。

满都鲁循着花香味，闻到了满都海身上。

满都海发现满都鲁台吉在用鼻子闻自己身上，问："您在干什么？"

满都鲁高兴地说："我发现了，原来花香来自你身上。"

满都海不以为然地说："瞎说，我身上怎么有花香哪？"

满都鲁还在满都海身上嗅着："真的，真是您身上的香味。"

满都海猛然想起："哎呀，我想起来了！"于是摘下香荷包递给满都鲁，"是这个味儿吧？"

满都鲁放在鼻子下嗅嗅，肯定地说："对，就是这个味儿。"

满都海说："那就送给您了！"

满都鲁笑着打趣问："是定情物吗？"

满都海也笑着回答："您说是就是吧。"满都鲁深情地看了满都海一眼，又用鼻子闻闻，高兴得揣起来，说，"走，回去。"二人懒洋洋地往回走。

满都海心想，这奇遇，可能是长生天的有意安排吧！

第三节 "藏龙"求"雏凤"

满都鲁台吉是大汗脱脱不花的同父异母弟弟，岱宗汗执政时任汗廷平章政事，是正三品的诺延，现在虽然是落魄背时之时，还是很讲究排场和民族习俗的。虽然满都海答应了嫁给他，但还得走一下正规提亲程序。蒙古族规矩，提亲做媒的人必须是全人，就是父母夫妻儿女都齐全的人。当时那个时期，十几年间发生了土木堡战役、岱宗汗讨伐也先战争、孛赉太师征伐瓦剌战争等几个大的战事，蒙古家庭老少几辈都健在的很少。那派谁去提亲呢？忽然他想起大管家苏和，他未上过战场，父母夫妻儿女都健在，而且大管家也是相当于千户长一级待遇的人物，级别也不低，满都鲁台吉就决定委派大管家去完成这件事。为大汗的弟弟而且是正三品诺延提亲是件很荣耀的事，苏和高兴地答应了，出发之前，先派人知会恩古特鄂托克帖木尔斋桑。

这一天，满都鲁台吉的特使大管家苏和按蒙古族习俗带着象征和谐、甜蜜的茶叶、白糖等礼品到帖木尔斋桑家提亲。苏和穿一件蓝色蒙古袍，系红色腰带。因满都海已答应嫁给满都鲁台吉，有把握提亲成功，便将许婚宴用品也一并带上，用勒勒车牵着肥牛1双，车上载着肥羊4双、酒4坛，到斋桑诺延伊克格尔大帐附近扎下毡帐。而后苏和让几位仆人抬着礼盒，到帖木尔斋桑大帐求婚。

仆人报告："斋桑诺延，斋桑夫人，满都鲁台吉派人来求亲了。"

帖木尔斋桑听了报告："赶紧出去迎接。"整理自己的衣帽，夫妇迎出门外。

提亲诺延苏和见斋桑诺延迎出，便按蒙古人唱祝颂词的习惯，道出：

毡房飞出金凤凰，
抓印雏凤美名扬！

"斋桑诺延，赛音拜诺？"而后深深地施右手捂胸鞠躬礼，"斋桑夫人，赛音拜诺？"施男士鞠躬礼。

帖木尔斋桑诺延同样还以礼貌祝颂词：

> 喜鹊唱罢客人到，
> 想必是贵客送喜讯来！

"提亲诺延，赛音拜诺？"帖木尔斋桑弯腰施鞠躬礼。

斋桑夫人问安："赛音拜诺？"施双膝蹲一下的女士礼。

"请进格尔说话！"帖木尔斋桑热情地往屋让着，亲自用右手掀起门帘，"请进。"正副使客人二人从左边进帐，抬礼盒的其他人被让到其他格尔内。

"请坐！"帖木尔斋桑很客气地让座。主副使和主人坐在靠哈那（毡房做围墙的毡子）北边鲜红的长方木桌两旁。女仆乌日娜赶紧往桌上摆放红枣、奶皮、炒米、奶渣、酥油，用花纹艳丽、瓷质优良的细瓷碗（一般牧民家是没有的）敬奶茶，边吃边喝边聊。

提亲诺延："斋桑诺延，我叫苏和，是满都鲁台吉家大管家。我家台吉，是岱宗脱脱不花汗之三弟，今年37草青，久闻斋桑诺延令爱满都海大名，日前在哈剌兀那（今大青山）邂逅奇遇，顿生爱意，今派我来提亲。"而后，苏和诺延招呼，"抬进来。"随行人员抬进大红礼盒。提亲诺延亲自打开礼盒，拿出折叠得方方正正的白色"手帕"，恭恭敬敬地献给斋桑诺延和在座的亲友，而后拿出酒一坛，坛颈拴着红绸布条，油炸饼四个，饼子上放着红枣做顶子。提亲诺延亲自打开酒坛，给在座的亲属，按辈分顺序给每人敬奶酒一碗。

这个时期，蒙古族在礼仪上还未实行哈达。据《马可波罗游记》第102页记载：元朝在忽必烈大帝执政时期，"在元旦这一天，大汗统治下的各省和各王国中拥有领地或掌有管辖权的要员，都纷纷给大汗进贡金银和宝石等贵重礼品，并且配上白布，意思是祝皇帝陛下万寿无疆、财源充足、用之不竭"；后来在元代法律《通制条格》卷八《仪制》篇规定，相贺之时赠予"手帕"，向皇帝"敬献手帕，随贡方物"。向皇帝都敬献"手帕"，当然皇帝（大汗）以下人员之间往来的礼仪更是敬献手帕了——这是哈达的前身。敬贺礼仪用白色手帕，与蒙古人历来崇尚白色有着内在密切的联系。

提亲诺延斟满酒，捧给斋桑一碗，自己也举起一碗，唱起了"求婚歌"：

> 黄金碗斟满了香甜的马奶酒，
> 献给尊贵的帖木尔斋桑诺延，
> 遵照祖辈留下的规矩，
> 请您把宝贝女儿许配台吉吧。

唱罢，喝酒。按蒙古族规矩，喝酒要先敬天敬地敬祖宗。酒还不能喝干，要留个福根。

帖木尔斋桑表态："满都鲁台吉是黄金家族的皇子，对我小女产生爱意，实我帖木尔家族之幸事，没有推辞之理。然而，我家小女从小娇生惯养，事事都宠着她，我必须征得她的意见，她同意我才敢答应；再者，按咱蒙古人的规矩，还得请萨满，看看属相合不合，若属相相克，事儿就不好办了。"

提亲诺延："请斋桑诺延按规矩办就是。"

斋桑夫人格根塔娜关心地问："请问台吉贵庚？"

提亲官员答复："37草青。"

帖木尔斋桑对夫人说："格根塔娜，你去征求一下姑娘意见。"

斋桑夫人对客人客气地说："您喝茶。"而后出去了。

在满都海格尔，夫人向女儿述说满都鲁台吉求亲之事。

满都海见嬷母进来赶忙起立，叫一声："嬷母。"

斋桑夫人拉女儿坐在一起，和蔼地说："满都海，满都鲁台吉托人来提亲，你阿爸让我来征求你的意见。"

满都海不好意思地低下头说："我没意见。"

斋桑夫人觉得奇怪，还没介绍情况，一提名字就同意，与科尔沁诺延求婚时怎么说服都不同意的态度截然不同，便生气地问："满都海，他比你大22草青呀，你连多大年龄都不问，就说没意见，你疯了？"

满都海很坦然地说："他年龄比我大，我知道。"

斋桑夫人提醒："可不是一般的大，比你阿爸才小两草青，咱蒙古人定亲，是非常讲究辈分和年龄的，你考虑过没有？"

满都海答复："我考虑过了。"

斋桑夫人说："那你为啥还答应这桩婚事？你不同意，你阿爸就让求亲的回去。"

满都海说明同意的原因："嬷母，人家是岱宗汗三弟，是黄金家族后裔，我只有嫁给黄金家族的人，我的才华，我的文韬武略，才可能有用。"

斋桑夫人仍坚持自己的意见："凭你的条件，找一个年轻、般配的诺延，也不见得发挥不了你的才华。你这么好的条件，找一个老头，砢碜死了。"

满都海的看法却截然不同，她说："那可不一样。嬷母，我都答应他了，您就别管了，啊！"往外推嬷母。

斋桑夫人嘟囔着往外走："嫁一个小老头子，我心里总觉得不得劲儿！"

斋桑夫人回到斋桑大帐。帖木尔斋桑问："姑娘啥意见？"

夫人格根塔娜回答："她说没意见。"

帖木尔斋桑说："这姑娘表了态，我才敢请萨满。来人！"

仆人进帐施礼："诺延有何吩咐？"

帖木尔斋桑吩咐："你去请萨满过来一趟。"

仆人答应："加。"施礼退出。

斋桑夫人起身，给提亲官员倒茶："请喝茶。"

提亲诺延苏和客气地说："夫人，我们这一来，可给您添麻烦了。"

斋桑夫人回答："这是哪儿的话呀？有姑娘的人家，若没人来提亲，那阿爸、嬷母可得愁死。"

苏和诺延恭维说："您有这样的好姑娘，不会愁的，倒是要被我们这些提亲的人烦死的。"

斋桑夫人迎合："不可能的，没有媒人从中帮忙，那些小伙子、姑娘们，不都得打光棍嘛。"

苏和诺延又恭维说："夫人可真会说话，有您这话，媒人累死都不知上哪儿要钱去。"

正谈话间，仆人进帐施礼："报告诺延，萨满请到。"而后退出。

伊都干（蒙古人对萨满巫婆的称呼）进格尔施礼："斋桑诺延，赛音拜诺？斋桑夫人，赛音拜诺？这位客人诺延，赛音拜诺？"

帖木尔斋桑说："伊都干，咱蒙古最尊贵的孛儿只斤氏家族的满都鲁台吉，派人来向我女儿满都海求亲，请你给看看，他们的属相和不和？"

伊都干："请两位诺延报一下他们的属相。"

苏和诺延："台吉属马，37草青。"

斋桑诺延："小姐属龙，15草青。"

伊都干装模作样掐了好几次手指头，而后慢声细语地，拖着长调说："我看看，我看看！"嘴里叨咕着，"台吉属马，37草青，按干支是丙午马；小姐属龙，15草青，按干支是戊辰龙。阴阳五行上都属阳。五行，丙午属火，火能发光发热，火能使万物更新，火是蒙古人崇奉的神灵；戊辰，五行属土，土属大地，大地可生万物，乃万物之本，蒙古人生存立足发展之根本。丙午马，是红马，是地上千里驹；戊辰龙，是黄龙，也就是金龙。火生土，土生金，火命土命五行相生。丙午马与戊辰龙婚配，是千里驹降到大地，标得本相助，定事业有成，官运亨通，财源兴旺！金龙得水，水雾相连，可以腾云驾雾，上，可以达天庭，下，可以翻江倒海，可以成大事业。恭喜斋桑诺延！恭喜斋桑夫人！小姐与台吉婚配，是一桩上上婚。"

苏和诺延高兴地问："斋桑诺延，姑娘同意，属相相合，那这门亲事就定啦？"

斋桑诺延答复："当然定了！"

苏和诺延带着商量口气："那咱们，就是'胡达'（儿女亲家）了？"

斋桑诺延肯定："当然是胡达了！"

苏和诺延："按咱蒙古人的规矩，那咱就摆许婚宴，吃象征坚久不离、不悔婚的坚韧、耐嚼的'不兀勒札儿'羊颈喉吧？"

另一位诺延马上说："我去叫他们把许婚宴席用品抬进来。"不一会儿许婚宴席用品就被抬了进来。

斋桑诺延客气地说："这点酒席用品，胡达也带来了？"

苏和诺延胸有成竹地说："这是咱蒙古人的规矩嘛！不带来，胡达不笑我们不懂规矩嘛！"

斋桑诺延说："那好，那好。"

苏和诺延向仆人吩咐："摆上'不兀勒札儿'。"待仆人摆上羊颈喉、肉饼、油炸饼、糕点、羊术兀思等食品，向对方用手掌指，"请！"

"请！"斋桑诺延也客气着。

双方都上桌后，侍女倒满酒碗，双方都很客气地向对方说："请！"

大家都很客气地按蒙古人喝酒规矩，敬天敬地后喝了第一碗酒。

"夫人，恭喜您呀，有个好姑娘，找了个好女婿！"苏和诺延恭维说。

斋桑夫人看胡达恭维她，回敬一下："来，我敬二位胡达一碗！"亲自给二位胡达满上酒，给斋桑和自己也满一碗，而后举碗，对方举碗。

斋桑诺延举碗，四人共同喝酒，而后，亲自给对方满上一碗酒，给自己也满上一碗酒，给夫人倒酒，说："既然亲事定了，咱们就成了胡达。"

"我说胡达，按咱蒙古族的规矩，那就讲讲聘礼吧！"

苏和诺延："既然亲事定了，按咱蒙古族的规矩，讲聘礼是当然的了。胡达诺延，我家台吉非常喜欢您家小姐的才华仪表，我来时就特意交待过了，只要斋桑诺延答应亲事，聘礼尽管提就是。"

斋桑诺延说："胡达您知道，按咱蒙古族的风俗习惯，聘礼是以九为单位的。一般牧民都三九二十七件，五九四十五件，咱两家太少，不叫人笑话嘛！"

苏和诺延表态说："那是当然！那是当然！"

斋桑诺延说："胡达，那我就开始说了？"

提亲官员说："这是规矩，您就别客气了。"

斋桑诺延开始要彩礼："一、马奶酒9坛；二、各种花色的头巾9条；三、'德勒'（蒙古语衣服，一般指蒙古袍）9件，其中银鼠皮、猞猁皮的皮德勒各1件；四、波斯锦或明朝绸缎的单棉德勒9件；五、牛皮靴子、鹿皮软靴共9双；六、绸缎被褥、白羊毛毡子等共9床；七、全鞍白马9匹；八、翡翠、红宝石、绿松石、猫眼石、水晶、珊瑚、珍珠、玛瑙、金首饰共9件；九、水獭、貂皮皮帽子和银狐、火狐皮围脖共9件。9类各9件，取个'久、久'吉祥之意！怎么样，胡达，不多吧？"

苏和诺延答复："不多！不多！胡达，我代表台吉都应承了。"

斋桑诺延问："那何时送聘礼呀？"

"快、快，回去择个吉日，就送过来！"苏和诺延答道。

斋桑诺延："那好，喝酒。"把刚才倒的酒喝了。

苏和诺延给斋桑诺延满上酒，自己也满上说："胡达，按咱蒙古族风俗习惯，定亲时，谈完男方聘礼后，要谈女方嫁姑娘陪送多少嫁妆。胡达，令爱出阁，您陪送多少嫁妆，也得说说呀！"

斋桑诺延坦然道："那是当然要说的。我这小女，是我的心肝，岂有不陪送之理。咱蒙古族民间不是流传着'娶得起媳妇，嫁不起姑娘'这么一句顺口溜嘛！这意思是说，咱蒙古族陪送姑娘的嫁妆昂贵。尽管我是个小小的千户长，比我女婿汗族台吉，财力要差得多，但我要尽我所有陪送我女儿。

"胡达，您记着点，我开始说了：一、陪送怀孕母绵羊9只；二、产奶母牛9头；三、红骟马9匹；四、骆驼9峰；五、勒勒车9辆；六、金、银、铜装饰马鞍具9套；七、毡房9座；八、明朝钧窑产细瓷茶碗6个、盛术兀思汤碗2个、肉盘1个计9件；九、红木床1个、红木炕桌1个、红木椅子4把、红木梳妆柜1个、樟木衣箱2个计9件。也是9类各9件，取个'久、久'吉祥之意！可以吧，胡达？"斋桑诺延说时，同苏和胡达一起来的第二胡达用笔记着品名和数量。

苏和诺延："哎呀！胡达诺延，从您慷慨、大方的嫁妆看，您女儿可真是您的心肝宝贝呀！比我们台吉的聘礼还贵重，连薛禅汗忽必烈在世时都很难整到手的钧窑瓷器，都陪送给姑娘了。我钦佩，钦佩，实在是钦佩！

"加，我为您慷慨陪送，唱一首歌！"

马奶酒啊香喷喷，
　　喝了好酒心沸腾，
　　斋桑嫁女心意诚，
　　倾囊陪送显诚心！

　　"来，喝酒、喝酒。"三人都把酒倒入嘴中，而后抹着嘴。
　　斋桑诺延提醒说："哎，咱光顾说话喝酒，这象征坚久不离的坚韧、耐嚼的定亲羊颈喉您还没吃呢！"
　　苏和诺延叫板："好！吃、吃，咱们都得吃，都得说话算数！"
　　斋桑诺延更不示弱："那当然算数，谁能拿女儿的婚事开玩笑！来，吃、吃！"两人各拿一个羊颈喉，啃着嚼着，啃到一定时候放下，斋桑诺延说，"胡达，以下的事，就是定迎娶、送亲的日子。萨满说9月9日是吉日，咱两家都抓紧筹备，你们就在这个秋高气爽的日子来迎娶。至于迎亲、送亲的礼仪，喜筵，咱双方都按咱蒙古族老规矩办。您看，行吗？"
　　苏和诺延说："胡达可真是爽快人，就按亲家说的办。"而后说，"胡达，我家台吉担心着哪，着急等着听信儿。我不能贪酒，得赶紧回去给台吉报喜讯，我得告辞了。"
　　斋桑诺延说："那好，我就不留了。"
　　蒙古族独特婚俗，起源于蒙古人远古时期，但后来蒙古人在中原转了100多年后，蒙古族婚俗受到一些影响也有了一些变化，形成经过媒人说亲、相亲（不是男女方见面互相相亲，而是女方老人相女婿）、订婚、聘礼、许婚筵等程序。由于满都海事先答应了满都鲁台吉的求婚，加上大管家苏和的巧妙安排以及帖木尔斋桑的办事利落，繁琐的礼仪程序简化了，一次性全解决了。
　　而后一起下地，苏和诺延先出门，斋桑诺延一家人送出，一直送到爱寅勒街口。斋桑诺延向苏和诺延敬上马酒，分手时互相招手。

　　满都鲁台吉比姬大鼻子中宫（是瓦剌蒙古姑娘），听说满都鲁订亲，很有醋意，问："台吉，听说您又定亲了？"
　　满都鲁台吉炫耀说："夫人，这个女孩子是咱蒙古有名的文武全才的才女，你见见她，你也会喜欢她的。"
　　大鼻子中宫担心自己被冷落，问："那这么好的姑娘娶到家，那我怎么办？"
　　满都鲁台吉说明情况："你是大比姬，是嫡妻，是正室；她是小比姬。"
　　大鼻子中宫听了满都鲁台吉解释，仍有顾虑："听说她比您小20多草青，您娶了这么有才又年轻的小比姬，心中还能有我吗？"
　　满都鲁台吉告诉她："这你放心。"
　　大鼻子中宫哭丧着脸说："台吉，我求求您，不娶她不行吗？"
　　满都鲁台吉解释说："夫人，不只是因为她年轻、有才华，她还能生育呀！你过门这么多年，没给我生个一男半女，我没儿子，不找个年轻点的，你说怎么办？"
　　满都鲁的话，一下子触到大鼻子中宫的痛楚，便换个口气说："台吉，我没给您生儿子，我对不住您哪！我只求您，别有了新的忘了旧的呀！"她伤心地哭着。

满都海正在格尔内为未婚丈夫满都鲁做靴子。

伊喇姑招呼一声"小姐"，因总在一起，话音未落就进格尔，见满都海赶紧把一个东西藏在身后，便左右瞧瞧，满都海左瞧右边藏、右瞧左边藏。伊喇姑不高兴了，嘟噜着嘴说："小姐，您有事儿背着我！"

满都海说："我和你像一个人一样，啥事儿能背着你？"

伊喇姑见不说实话，便逼她："那您把手伸过来。"

满都海把靴子扔身后，伸出两只空手。

伊喇姑弯腰一伸手，从满都海身后搜出半成品靴子，得到证物，问道："这是啥？"

满都海往回抢："给我。"

伊喇姑得到证物又逼她："您不告诉我给谁做的，我不给。"

满都海不示弱："你不给，我不告诉你。"

伊喇姑没法了，只得说："我猜，是给我刚来提亲的姐夫满都鲁台吉做的，是吧？"

满都海脸一下子红到耳根，装作生气样子说："死丫头，猜到了还要我！我打你。"用手比画打的姿势。

伊喇姑用手遮挡着说："别、别，别不好意思。"

满都海故作不满地说："啥也瞒不过你这精灵鬼。"

伊喇姑说："小姐，您偷偷摸摸地做，得做到什么时候啊？咱蒙古人的规矩，不是只给新姑爷做一双靴子，还得给婆家主要亲属每人做一双，这靴子得做一大堆哪。结婚时，不给主要亲属上靴子礼，人家会笑话您家不懂规矩。另外，还得给一般亲朋好友缝制有精美图案的褡裢、荷包、针线包什么的。你自己偷偷摸摸做，做到老也做不完。"

满都海说："那你说怎么办？"

伊喇姑给出个好主意："您定下嫁给满都鲁台吉，这姑爷这一双靴子您自己做，其他人的，咱姐妹大伙儿拿家去，让大伙儿帮您做。"

满都海说："为我的事，让大伙儿挨累，那我太不好意思了。"

伊喇姑说："女孩结婚时七大姑八大姨都来帮忙，是咱蒙古人的传统习俗，您别不好意思。"

满都海说："那我得先谢谢你们。"

第四节　"龙"迎"凤"送双喜呈祥

迎亲日子，是当年秋下月（九月）初九。

为这一天，满都鲁台吉将在阿苏武山的伊克格尔大帐装饰一新。大帐前，立着一排高高的有三四丈高的九个白色大纛，大纛的白色飘带，随风飘扬。苏勒德与四周的陪纛间的拉线上，挂满了红、黄、蓝、绿、白五色彩旗。古列延（比艾寅勒较大的牧民集聚区）主要进出道路两边的毡房的苏勒德，也换了新布幡。

初八这一天，婚事司仪站在大帐前招呼："禄马神台打扫干净没有？"

一位男婚事服务人员答话："都收拾干净了。"

婚事司仪接着问："把迎新亲用的禄马牵过去没有？"

服务人员答话："全牵过来了，拴在禄马桩上了。"

马背民族非常尊重马，将马视为家庭重要成员或亲密朋友。远古时期祭祀神灵时其中就包括有祭祀马的成分，祭祀神灵的地方被称为"神台"，重大礼仪事项骑用的马被尊称为"禄马"。

婚事司仪："那赶紧把供奉禄马的东西准备好。"

服务人员："都准备啥呀？"

婚事司仪告诉："准备奶皮、酥油、奶豆腐、红枣，装四个小碟，准备神灯、柏叶。"

服务人员："加。"准备去了。

亲朋好友于午间时分先后陆续到达，首先向主人递交礼品清单，主人将礼单交给大管家，而后，均被领到临时搭建的伊克格尔歇息，以茶食招待。礼品如马、牛、羊、或绸缎、砖茶，由设在休息室旁边的账房过目记数后向众人唱收。礼品摆放在婚礼大帐显眼地方予以显示，牲畜由仆人牵走拴在指定之处。蒙古人认为"九"是最大数，是吉利数，因此贺礼、彩礼、陪送等都以九为单位。

傍晚，婚事司仪招呼："各位嘉宾、诸位亲友，现在，由新郎满都鲁台吉，向陪同迎亲的胡达、那可敬酒。"

满都鲁台吉挨个敬酒，完毕。

婚事司仪宣布："现在，迎婚宴开始。"

不去迎亲的亲友们进入迎婚宴席，做服务工作的姑娘媳妇小伙们，按尊卑老幼顺序挨个献茶、满上酒！摆上羊背后，参加婚宴的亲友开始自由吃喝，喝酒爱兴奋的人们唱起歌来。

这边，满都鲁台吉敬完酒后正在打扮，穿一件白色蒙古袍，系橘红色腰带，戴一顶圆形类似钢盔样的蒙古帽，帽子顶上有红珊瑚疙瘩，脚上穿高筒靴子，腰带上戴着象牙筷子、蒙古刀、火镰。

帮打扮人员问大伙："唉，你们看，新郎官漂亮不漂亮？"

跟前看热闹的小伙打趣道："咱台吉本来长得就英俊，这一打扮，就更让姑娘们动心了。小心半道别让别的姑娘家接跑了！"

帮打扮人员表扬他："你小子还真会说话。"

此时，迎亲胡达苏和大管家发话了："诸位亲友，各位来宾，迎亲人员起程的时辰到了，请大家到禄马神台那儿送行！"

新郎满都鲁台吉骑上一匹威武雄壮雪白高大的骏马，背着弯弓，挎着箭筒，像要出征的将军那样，威风凛凛地来到出发集合处，站立在雪白的大毡子上。陪去迎亲的伴郎，整齐地立在新郎右旁，白毡子外边。

迎亲队伍七人，除新郎外，有胡达苏和、大宾、伴郎、贺勒们乞、押车姑娘等，都穿礼服。

众人都聚到禄马神台那，服务人员已在禄马神台上摆上供品奶皮、酥油、奶豆腐、红枣等四个小碟。神灯内的奶油已经点燃,柏叶燃烧后浓烟飘上天空,柏叶燃烧散发的香气弥漫整个院落。

新郎骑马站立在雪白的大毡子上,等待接受祝颂人神圣的"祝赞词"。

迎亲胡达苏和发号令:"请贺勒们乞致祝赞词。"

蒙古语"贺勒们乞",汉译为祝颂人,简单说是能说会道的人,其实是对蒙古语言文字研究颇有造诣的人,将蒙古语言中赞美吉利语言编成合辙押韵的"好勒包(汉译为好来宝,其实是'连成串'的意思)"来歌颂赞扬的人或事或物。

祝颂人吟诵"祝赞词"同时,以左手端一盛满鲜奶的碗,右手持箭,用箭头从碗中蘸几滴鲜奶,淋在新郎箭筒上。

祝颂人首先吟诵《弓箭赞》:

弓箭,帮咱太祖统一了蒙古高原!
弓箭,帮咱世宗奠定了中原江山!
弓箭,帮咱蒙古人征服了亚欧大陆!
弓箭,使太祖成为天下最大可汗!
赞美吧!圣德无量的弓箭!

《弓箭赞》吟诵完毕,接着吟诵《骏马赞》:

骏马啊!
当主人举步想出行的时候,
当骑手装束的短暂时刻,
你像那嗖嗖的飞箭,
你像那迅疾的闪电,
没来得及喝碗马奶酒,
你就从远方急速跑来,
从那天涯跑到主人身边!
带主人去完成伟大事业!

你是宝驹似苍龙!
你不比苍龙逊一分!
你明星般的眼睛兼观六路,
你精狼般的双耳能听八方,
你虎豹般的腰板稳如床榻,
你四蹄踏地生烟行走如云。
你丝锦般的鬣(列)鬃直直立,
你彩虹般的长尾甩摆如龙!

你鲨鱼皮的雕鞍,
你八条皮的梢绳,
你金丝线编织的马缰,
你银响铃缀饰的嚼环,
你象牙雕刻成的鞍桥,
你紫檀木精致的马鞍,
奇珍异宝装饰的雪白神马呀,
把这圣洁的奶酒向你轻弹。
立于神台前的新郎哟,
祝福您贵体安康!

送行人员齐呼:"祝福台吉贵体安康!"
迎亲胡达苏和大管家请求:"请亲属长者致《祝颂词》。"
满都鲁台吉父母早逝。科尔沁孛罗乃诺延,是成吉思汗二弟哈萨尔后裔,因此满都鲁台吉称其为叔王。他以亲属长者身份致《祝颂词》:

因为祈求了吉祥和福缘,
才降生在这蒙豁勒福地,
因为祈求了子孙的福分,
才能生儿育女繁衍后代。
只要儿女子孙满堂,
就有远方联姻的亲戚,
韧蹬催马快快去迎,
遵循传统礼仪规矩。
郑重举行迎婚大礼,
圆满成就婚宴之禧。
明日彩霞绽放之时,
阳光洒下金辉遍地。
吉日良辰莫迟疑,
快快迎回赛罕(蒙古语:好、美丽、漂亮)新媳妇。

服务人员吹起海螺号,在柏叶燃烧的烟雾中,迎亲人员起程。由男方第一胡达即求亲代表苏和大管家带队,策马奔向女方家。

女方这边,女方亲属在喝"送亲茶"。

茶宴比较小型,以茶为主,加一点点心。来的客人,都给满都海带些小礼物。茶宴,充满儿女情深,温情脉脉。满都海坐在格尔的正面,父母亲坐对面,其他人围坐,呈众星捧月状。客人到齐后，茶宴开始。

满都海嬷母斋桑夫人格根塔娜，首先把熬好的第一碗奶茶，亲手端来敬给女儿，说："新郎就要来迎娶了，以后你就到另一家过日子了。女儿，这是你婚前在家吃的最后一顿饭，请女儿喝嬷母临别一碗奶茶。"说完，伤心地落下泪来。

> 女儿啊我的心肝，
> 端给你的这碗奶茶，
> 是嬷母亲自由花白乳牛挤下的鲜奶，
> 是恩爱慈祥的嬷母亲手为你烧煮，
> 献给你呀，
> 从此步入世途的心肝！

> 女儿啊我的宝贝，
> 小羔长大要汇入羊群，
> 女儿长大了要嫁人。
> 世俗和约谁都要依顺。
> 公婆要与父母同样孝顺，
> 明日女儿就要离开嬷母。

满都海听此话，顿时泪如雨下，躬身接过茶碗，尝一口放下。而后，满都海亲手倒两碗奶茶，先敬给嬷母，后敬给阿爸，然后伏地给双亲磕一个头。

> 当初嬷母与阿爸，
> 相亲相爱，
> 才有孩儿之身，
> 精心茹苦抚育，
> 长成亭亭玉立之身，
> 谢谢您呀我的嬷母！

> 漫漫十月时光，
> 心神劳苦无穷，
> 十五载好生养育，
> 才有今日的喜庆，
> 谢谢您呀我的嬷母！
> 感谢嬷母、阿爸养育之恩！

祝颂人进格尔，用银碗盛满鲜奶，举在手里，跪在火撑子前端，面向满都海唱颂歌：

> 即便是万丈的高山,
> 其上也有上山的路,
> 即便是可汗的公主,
> 也有嫁男人的规矩,
> 为了把您这娇小的姑娘,
> 嫁到远方婚配的地方,
> 把这乳牛的奶浆,
> 嬷母阿爸的心意,
> 贵重的饮品,
> 让您品尝!

满都海品尝鲜奶之后,祝颂人宣喊:"给姑娘换新装!"

满都海解下腰带,递给母亲。祝颂人宣喊:"姑娘留下了金腰带,嬷母阿爸家的福分全留下了!"

满都海换上天蓝色的蒙古袍后,祝颂人宣喊:"姑娘换上天蓝色蒙古袍,与长生天一色,天人融为一体,这是开始新征程的象征!"而后,将满都海领进另一个格尔。

男方迎亲人员,夜间行路在空旷原野中,为驱散寂寞,为避免走失,一路高歌,用蒙古长调唱:

> 台吉娶亲我做伴,
> 我做伴郎也荣光。
> 我的媳妇在哪里?
> 哪年让我做新郎?

新郎满都鲁台吉一边听着,一边微微笑着。

祝颂人微笑着,听着,唱完时打趣说:"爷们,想媳妇啦?平时没事,你好好给大叔打进步,多请大叔喝几顿酒。大叔哪天高兴,选一个小脸蛋长得俊点的姑娘,给你保个媒!"

男方大宾笑完,冲伴郎说:"小伙子,你不能总搂着马鞭子睡觉啊!你想娶媳妇,那就赶紧拜贺勒们乞为干老吧!"迎亲人员情绪都很兴奋。

蒙古人的婚姻,禁在本部族内通婚。而蒙古地广人稀,与外部族的婚姻相距都比较远,必须在途中吃喝,因此有途中埋藏归途所用酒肉等食品的习俗。满都鲁台吉迎亲队伍,在有识别物的地方,按习俗,将用牛胃皮红桶携带的各种食品和一扁桶约20斤马奶酒,就地挖一土坑,埋藏起来,而后继续前进,继续歌唱。

接近女方家时,选择一个高地,堆起一堆柴火,放上6个饼子,燃起一堆篝火,向对方报信,并将特意留下的各种食品,向四面八方扔洒,并往篝火里扔。在此休息一会儿,整理一下行装,而后继续行进,继续歌唱。

男方祝颂人扯开嗓子用蒙古长调高唱：

> 新娘漂亮又有才，
> 草原绽放一奇葩！
> 新郎英俊又潇洒，
> 郎才女貌世无双！

帖木尔斋桑伊克格尔大帐打扮得特别鲜亮，大帐顶上是如意纹，大帐上四面，用五彩绸条拉着"如意图案"。苏勒德换了新布幡，向四周陪纛的拉线上，挂满了红、黄、蓝、白、绿5色彩旗。通向大帐的道路，打扫得干干净净。

天蒙蒙亮时，迎亲篝火在远方熊熊燃起，女方家人员发现远处的篝火。

劳忙的（婚事帮忙服务人员的简称）喊："东家，看见篝火了！萨阿德格（汉译为迎亲）的人来了！"

女方婚事主管招呼："快，把神台东边的干柴堆点起来，上边多泼洒些酥油，让火旺点，烟升得高高的，让新姑老爷老远就看见，老丈人在欢迎他哪。"指挥几位年轻劳忙的，"去，你们几个，把看席摆好。"

几个小伙子，嘻嘻哈哈地走了。老头叨咕："嘻嘻哈哈的，摆不好，看我怎么收拾你们。"

几个劳忙小伙子从仓库毡房内抬出新大白毡子，铺在斋桑大帐前西南约10丈的地方，上面摆上两个长条桌，用白台布把桌子蒙好。长桌上，在有羊头装饰的大红漆长条盘中，盛上一只全羊，站立状，羊脖子围着红绸布条，两个桌上两个羊头相对着摆在桌子中央。两边各放一盘圣饼，另放一只盛着鲜奶的雕花银碗。长条白毡子，铺在看席南面。

大帐东面，临时架的"村灶"图勒嘎中，嘎勒其（直译为伙夫，现在应译为厨师）正在煮全羊。

此时，新郎一行，已接近阿寅勒。

总管下令："姑娘、小伙子们，美妙的歌声唱起来！器乐吹拉起来！"立刻呈现一片欢腾景象，附近人们都涌上来看热闹。

拴着红色彩绸条的乐器马头琴、笙、笛、箫，都演奏起来。姑娘们热情地唱道：

> 金秋九月，丰收季节，
> 牛肥马壮，漫山遍野，
> 尊贵客人，来自远方，
> 问候平安，恭祝健康！

新郎一行，见到迎接队伍赶紧下马，互相问安，迎接人员接过迎亲马缰绳。在女方歌声、器乐声中，新郎一行人进入阿寅勒，而后，顺时针方向绕斋桑伊克格尔大帐和属于斋桑的格尔三圈。一群十来岁的小孩子嘻嘻哈哈地跟在后面跑着。第三圈绕到图勒嘎那时，男方祝颂人唱道：

> 九里之外闻肉香，

>   原来肉香从这来，
>   嘎勒其手艺真高超，
>   驻马闻香难离开。

而后向嘎勒其施鞠躬礼献了手帕。

新郎一行绕大帐、格尔后，到南面绕过旺火和神台，在西南停住。女方婚事主管和祝颂人早在此等候。于是，男方迎亲领队和伴郎被引到看席那儿坐下，受到隆重的礼节性接待。新郎满都鲁台吉被引到白毡子上，骑马站好，接受双方祝颂人深情的礼赞。赞词吟咏得抑扬顿挫、有腔有调，女方宾客纷纷聚来围观倾听。

女方婚事司仪宣："由女方祝颂人致赞颂词《增箭赞》！"

>   箭啊！
>   长生天恩赐的神箭，
>   驱恶扬善的神箭！
>   它，
>   射断了豺狼的喉咙，
>   保护了畜群的安全！
>   它，
>   射断了敌人的脊梁，
>   保障了牧民的安宁！
>   颂扬吧！
>   祝福吧！
>   牧民离不开的神箭！

女方婚事司仪又宣："由男方祝颂人致赞颂词《增箭赞》！"

>   神箭！神箭！
>   追鹿赶兔的神箭。
>   神箭！神箭！
>   獐狍野猪作佳肴。
>   神箭！神箭！
>   矢鸡野鸭作美味。
>   神箭！神箭！
>   改善牧民生活的神箭！
>   颂扬吧，
>   牧民离不开神箭！

男方祝颂人宣:"由女方祝颂人致赞颂词《骏马赞》!"

马啊!是蒙古人成长的摇篮。
马啊!是蒙古人生活的伙伴。
马啊!是蒙古民族永恒的朋友。
颂扬吧!亲爱的骏马!
它是蒙古民族兴旺的保障!

女方祝颂人宣:"由男方祝颂人致赞颂词《骏马赞》!"

骏马,刀枪剑戟他不怕,
骏马,冲锋陷阵立战功,
骏马,英雄业绩因你成就,
颂扬吧,亲爱的骏马!
江山事业靠你帮助建成!

赞颂完毕,女方祝颂人将一只白箭,插入新郎满都鲁箭筒。这时新郎下马,把弓箭挂在禄马马鞍上,而后随双方祝颂人来到看席处,品尝了鲜奶、圣饼。偷看新郎的姑娘们,发出小声嬉笑声。在女方婚事司仪带领下,新郎携第一胡达、伴郎,向正宴伊克格尔大毡房走去。

当新郎一行人刚要进伊克格尔时,从上边突然下来一条白毡,将新郎及其祝颂人隔在外面,两方祝颂人在隔帘两边开始论战。

男方祝颂人首先唱起:

跋涉高山峻岭,
越过金浪沙滩。
穿过旷野百里草原,
渡过土拉、克鲁伦两河。
良缘使我们忘记了路远,
喜气招我们来到这福地。
娶亲进格尔是正当,
挡在格尔外为哪般?
敬上这醇香的马奶酒,
请求亲家允许进福门。

女方祝颂人:

看你们穿戴和外貌,
真像汗廷大诺延。

听你们言谈举止，
像个达官小跟班。
斋桑诺延的毡房，
不比平常牧民家。
只准有缘来相投，
不准闲人来纠缠。
既然你们称娇客，
请把家门报齐全。

男方祝颂人：

初升太阳的西边，
夕照晚霞的东边。
潺潺流水的北岸，
巍巍高山的南甸。
那美丽广袤草原，
是我们台吉家园。
我们台吉爱小姐，
迎娶成亲续香烟。
月老红线早已牵，
今日迎娶莫迟延。
九九大礼骆驼驮，
急急赶路奔这边。
越过阿尔泰，
取道杭爱边，
山上行围采猎，
山林放鹰撒犬。
猎得梅花鹿，
得茸十二盘。
时值烈日当头照，
一行来到格尔前。
喜鹊叫，把信传，
彩云缭绕半空间。
黄莺啼，声婉转，
欢声笑语不一般。
报告亲家"萨阿德格到"，
急忙停车卸酒坛。

敬请尊贵新亲家，
可否允许成大典？

女方祝颂人：

舌头巧似百灵鸟，
声音好似马头琴。
满嘴莲花并蒂开，
果然不愧是高亲。
我家主人早有令，
在此恭候迎上宾。
掀帘迎请贵宾客，
赶快请进正堂门。

双方祝颂人舌战无休止，新郎被晾在一边，女方亲友见此情景赶紧说情，女方祝颂人这才让他们进格尔。

格尔内西北角供有成吉思汗像，像前，红布盖着的盘子内放着"沙恩吐"（绵羊后右腿的上径骨附带踝骨的部分）。新郎进格尔后，先向成吉思汗像敬献手帕，而后跪在放有精致雕刻木质架子上的火祠前，大沿青铜火盆里（普通牧民使用一种特制的坚硬陶瓦造的）燃烧着彤彤红炭火。男方祝颂人吟咏《祭火词》，边吟咏，边不时往火上添油脂或酒，往火撑腿上洒酒。

加，
火祠前跪的是英雄儿郎，
请火神容我们虔诚献上。
为何献上肥美的膏脂？
为何敬上甘甜的琼浆？
先祖铁木真迎娶孛儿帖的时候，
锻铁打就美观圆形锅撑，
装制三根鼎足叫图拉嘎，
置于火祠祭祀蒸尝。
您娇养的闺秀女儿，
即将出阁到异地他乡。
在您鼎足上敬洒美酒，
请您赐予她福禄吉祥。
山岩中火石埋藏，
艾蒿中火绒生长，
击出火花视为火种，

酒给人间与阳光媲美，
　　化冻为暖为众生造福，
　　利世济民其功德无量。
　　远方的呼日根（汉译为女婿）顶礼参拜，
　　请求赐给传宗接代如意好儿郎！

　　祝颂完毕，男方主婚亲家胡达，转身捧出一块折叠得方方正正的白色方巾手帕，毕恭毕敬地敬献给女方父母，口颂："赛音拜诺？"
　　女方司仪婚事司仪宣："新郎向老泰山上'芒来术兀思'大礼！"
　　这时，迎亲另二人抬进一只肥大的全羊，还有个看盘，其中横立着三块砖茶，呈"川"字形，一起摆在女方大宾面前。领队胡达从男方带来的酒坛里，斟满一碗酒递给新郎。
　　新郎在敬献的全羊前，面朝女方婚事主管跪下，男方祝颂人也端酒跪在新郎右边。
　　女方宾客见此情景，忙说："包勒吉！包勒吉！（蒙古语行了、免了、可以了的意思）"
　　女方婚事司仪宣："男方祝颂人吟诵芒来术兀思祝词，表示娶亲心意。"

　　加，
　　贵小姐
　　如同刚出水的芙蓉娇滴鲜艳，
　　如同光芒四射的珍珠夜明，
　　如同中秋普照大地的明月，
　　使得台吉慕名向小姐求婚。
　　在这一顺百顺的大好日子，
　　在这吉祥美好难忘的时辰，
　　我们谨遵迎亲的大礼，
　　步入亲家高贵的大门。
　　把那首席的芒来术兀思，
　　摆在高贵亲朋的正中，
　　把那醇香的美酒佳肴，
　　斟满闪光的银酒觞中。
　　在上的尊贵新亲，
　　请接受我们这崇高的盛情！

　　新郎和祝颂人便向女方宾客逐一敬酒。当女方宾客举起酒碗时，女方婚事司仪用刀从芒来术兀思上取肉少许，放入银碗酒中，拿到大帐外面，往四周高处扬洒，边扬洒，口中边叨颂："乌如吉拜（献天的意思），请长生天饮酒！请圣祖成吉思汗摆术兀思（蒙古人忌讳说'吃肉'，吃肉就说'摆术兀思'）！乌如吉拜，请长生天摆术兀思！请圣祖成吉思汗饮酒！"如此往复，直到祭物扬洒完毕。

祭撒完后回格尔中，女方婚事司仪又从芒来术兀思上再取肉少许，扔进火撑燃烧，口中叨念："请火神爷摆术兀思！"往火中浇碗酒，口中叨念，"请火神爷喝酒！"

女方婚事主管作为女方代表，从羊头上剜块月牙形肉放进嘴里吃掉，而后赞扬："新郎敬献的芒来术兀思做得好，又嫩、又软、又香，绝对是天上独有地上绝无的美味！这等美味，留待慢慢品尝！"用手示意，让婚事司仪把芒来术兀思拿走。

这边新娘在开脸。伴娘用白线在手上网成剪子状，用此线剪子在新娘脸上一下一下绞净（拔掉）脸上汗毛，叫"开脸"。

满都海说："阿姨，疼！"说着用手掌去捂脸。

伴娘说："疼也没法，忍着点吧，这是祖上留下的规矩，女孩出嫁都要开脸。"

新郎向女方正座上的长辈跪下，请求派向导引见新娘，这是"男方索求向导"程序。

男方祝颂人：

　　浩特大小都有进出的通道，
　　婚宴丰俭都有名酒佳肴，
　　婚前另起芳名蒙古规矩，
　　定何芳名请告分晓。
　　若在近邻请予指教，
　　若在异地请派向导，
　　若在浩特指明方向，
　　若在远处领路才好。

席间长辈指两个嫂子辈的："你们这两位嫂子给带个路。"

男方祝颂人：

　　二位亲家，
　　成坛的马奶酒，全羊的术兀思，
　　满壶琼浆玉液，满桌山珍野味珍馐。
　　礼物虽然微薄，情意却是特别深厚，
　　请二位带我们，去见亲家千金闺秀。

而后被这两个嫂子领到另一格尔酒席前。

蒙古很多部落，女孩结婚时都另起一个名，新郎和祝颂人两人跪在女方主宾席前"求名问庚"。

女方婚事司仪："男方祝颂人致《求名问庚词》。"

男方祝颂人：

> 在这风和日丽的黄道吉日，
> 在这花好月圆的美景良辰，
> 让我代表新亲再次敬酒，
> 向温柔慈善可敬的额吉，
> 向肩如金山尊贵的阿爸，
> 叩请令爱的芳名妙龄！

女方一位嫂子辈的能说善辩的女人面朝新郎，笑嘻嘻地代答，从而开始了与男方祝颂人论辩舌战，有的要口语论战多次，以显示自己有才华，其实只是一种玩笑性风俗。论战之后，将姑娘的信物荷包交给新郎，而后请新亲入席，用女方家准备的宴席招待。

晚间，女方举行离别宴，非常隆重，每桌都用蒸煮的术兀思全羊招待。全羊称"布呼力"，是蒙古人最丰盛的宴席。宴席，由新郎按辈分高低磕头开始。接受磕头的长辈，都要用简短的吉祥语言祝福。岳父家赠送衣着饰物，主要亲友也赠送礼品、衣服或佩饰物。

满都海父母正襟危坐，地上铺着新擀的白毡子，等待新郎参拜。

女方司仪宣："新郎拜见岳父岳母大人！"

新郎满都鲁台吉口称："拜见岳父大人，祝愿岳父大人万福金安！"跪下，向岳父叩头。

帖木尔斋桑诺延祝福说："祝福姑爷事业有成，飞黄腾达！"

新郎满都鲁台吉口称："博勒哥（蒙古语为谢您吉言的意思）！"而后磕头，起身。再面向岳母，口称，"拜见岳母大人，祝福岳母大人松鹤延年，长命百岁！"重新跪倒，向岳母叩头。

斋桑夫人格根塔娜祝福说："祝福姑爷仕途顺利，财源茂盛！"

新郎满都鲁口呼："博勒哥！"而后磕头，起身。

女方司仪宣："岳父岳母赠新女婿陪嫁礼品！"话音刚落，几个年轻姑娘分别端着鹅顶靴、蒙古袍、腰带、帽子以及褡裢、荷包、蒙古短刀等饰物进来，排成一列。鹅顶靴，口朝上立着，靴尖朝着端盘子人，靴根朝前，靴上绣有很多"乌力吉赫"吉祥纹。

新郎满都鲁台吉坐在地上铺的大白毡子上，几个小姨子辈的姑娘帮助穿戴，将岳父母赠送的衣服饰物，全部穿戴起来，回到自己家之前不得脱掉。帮助扎腰带时，新郎使劲鼓肚子使腰带扎得松一些，而小姨子辈的姑娘们使劲勒紧腰带，新郎叫饶才停，借机取笑新郎。穿靴子时，姑娘们嘴叨念：

> 这鹅顶靴是我家小姐亲自给你做，
> 你穿这靴子骑马踩脚蹬特舒适，
> 冬天保你小腿和踝骨暖和，
> 夏天能保你不被蚊虫叮咬，
> 草丛中行走能防你被蛇咬。
> 你说我家小姐对你好不好？

满都鲁台吉为保自己身份和面子开始不说这"好"字，姑娘们逼着满都鲁台吉连连说"好"才罢。穿戴后，新郎显得很笨拙。

在新郎穿戴好后，男方祝颂人赞颂：

> 福禄齐全的尊贵亲家，
> 屈尊赏光的各位亲朋。
> 举起酒碗表敬意，
> 祖传规矩必遵行。
> 我们两家门当户对，
> 鸾凤和鸣人人赞称。
> 亲家生的是玉容花面千金女，
> 我家生的是力敌狮象俊儿郎。
> 为了不误佳期来迎娶，
> 亲家款待礼仪非寻常。
> 说起装饰女儿，
> 前身生金光，
> 后身发银辉，
> 打扮的女儿像天仙一样！
> 姑爷被打扮得更像样，
> 头戴水獭红缨帽，
> 身穿彩缎绾袖袍，
> 腰系长虹丝线带，
> 绸缎裙裢挎在腰，
> 掐脸靴子青缎面，
> 上绣云卷针法高，
> 单行火镰腰间挎，
> 铁打宝刀挎在腰。
> 上述事实说明了，
> 亲家疼婿胜过儿！

新郎、祝颂人口称："博勒哥！"
女方祝颂人致答词：

> 福禄双全的知心胡达，
> 顶礼膜拜的赫亚新郎，
> 回敬您的美言，
> 答谢您的琼浆！
> 为啥黄莺啼鸣这样嘹亮？

　　　　是因为迎春花吐露芬芳；
　　　　为啥细雨连绵湖泊满？
　　　　是因为时交三伏助草长；
　　　　为啥远亲近邻聚在一起？
　　　　是因为娇女出嫁把喜分享；
　　　　愿金玉良缘如阿尔泰山，
　　　　祝两家情谊似土拉河水，
　　　　愿长生天保佑新亲们，
　　　　永远喜乐安康！

　　新郎、祝颂人口称："博勒哥！"磕头、起立。
　　新郎因穿戴多而笨拙，起立时动作不协调，小姨子们嘻嘻哈哈地指点着取笑，有的笑得前仰后合。
　　女方司仪宣："新郎拜见亲友。"
　　满都鲁台吉笨拙地跪下："拜见阿巴嘎（叔父）大人。"因笨拙，跪下时险些躺倒，小姨子们又是一场嘻嘻哈哈大笑。
　　斋桑诺延弟弟："祝愿姑爷身体健康，万事如意！"
　　新郎满都鲁口称："博勒哥！"磕头、起立。
　　女方司仪宣："新郎拜见完毕，请到'帖尔蔑格尔（临时毡房）'进膳。"
　　新郎被领到小字辈帖尔蔑格尔宴席，与新娘一起进餐。
　　年轻后生甲待新郎满都鲁台吉坐下后，拿个羊脖子递给满都鲁说："台吉新郎，按咱蒙古人的规矩，您必须当我们众人面，把这个半生的羊脖子掰开。"
　　新郎满都鲁台吉看着大伙，看着新娘满都海，不接。
　　后生甲不饶："这是咱蒙古人的规矩，台吉新郎也不能例外，你必须掰开。"
　　满都鲁台吉被迫接过羊脖子，但仍看着大伙，看着满都海，不动手掰。
　　几个年轻后生都站起来起哄："掰呀，掰呀，不掰不行，这是老祖宗留下来的规矩，谁都不能违反。不掰开这羊脖子，甭想娶走我家小姐。"
　　新郎满都鲁台吉估计凭自己的力气有点困难，仍默不作声。几个年轻后生接着起哄。满都海见此情景有点脸红，鼓励说："台吉，给他们掰开看看！"
　　满都鲁台吉在此情况下知无退避之处，便硬着头皮开始掰，掰两下没掰开。这期间，小字辈的那些后生们，起哄："吼、吼！"
　　后来，满都鲁台吉使足劲，咬着牙，脸红脖子粗地掰。后生们吵吵："使劲！加油！使劲！加油！"而姑娘们却叽叽咯咯地笑："哎哟，吃奶的劲儿都使出来了！"
　　满都鲁台吉最终把羊脖子掰开时，大家齐声喊："噢！"
　　年轻后生甲："台吉新郎，今天您把羊脖子掰开了，还算有把子力气，大伙儿服您。今天您要是掰不开呀！那就惨了！不管您将来当多大官怎么治我，今天我一定得按咱蒙古人的规矩，不能让您和我们小姐喝酒。"
　　新郎满都鲁台吉嘿嘿微笑着。

年轻后生乙："既然胜利了，大家一起喝酒。羊脖子，按规矩，新郎与新娘各一半。"

年轻后生丙继续饮酒中，把席上羊腿上的"沙恩（即嘎拉喀）"剔下，假装不让新郎看见自己留下。而后在众目睽睽之下沙恩由新郎抢走，并很新奇地以得胜心情装入荷包。这是风俗留下的一个游戏。

迎亲队伍启程，乌德古勒送亲队伍必须同时启程。

婚事总管招呼："乌德古勒启程了，去请小姐上车！"

车是经过美化的、带棚的马拉勒勒车，上面以红色毡子蒙盖，马脑门上戴着红花。

劳忙姑娘去找小姐，看见新娘满都海的四位陪练女伴和要好的姑娘们，把新娘的两条大辫子与绸带子连接在一起，都从右袖左袖串过，把自己与新娘用绸带一一连接在一起。劳忙姑娘很快回来汇报："伊喇姑、萨仁、其木格、赛罕几位姑娘在小姐格尔内，她们阻拦不让小姐上车。"

婚事总管指示劳忙姑娘："你把这事儿向斋桑夫人禀报，问夫人怎么办？"

劳忙姑娘向斋桑夫人施礼："启禀夫人，伊喇姑、萨仁、其木格、赛罕四位姑娘在小姐格尔中，她们阻拦小姐，不让小姐上车，总管大人问夫人怎么办？"

斋桑夫人答复："就这事儿啊，没事儿。这几个姑娘，从小就和小姐一起长大，她们感情很深。她们也不是成心不让小姐上车，她们是难过之余，想按咱老祖宗留下的阻嫁风俗开个玩笑，安慰一下难舍难分的心情而已。这样吧，我去找她们。"而后急忙到姑娘格尔内，对那四个女孩说，"姑娘们，你们舍不得与小姐分开，这心情我是知道的。我原来想，小姐结婚后，找个机会，再把你们几个送过去。今天你们几位演了一场'阻嫁'戏，触动了我，我今天突发一个想法：这个新郎不比一般新郎，他是孛儿只斤氏后裔，将来必有发展。不妨，小姐出嫁，你们四位姑娘一起过去，你们和小姐还和过去一样。这么办行吗？"

四位姑娘听到一起去这话，便立即表示："谢谢夫人！"立即解绸带，给满都海解辫子，各自打扮上了。而后，满都海由四位姐妹陪伴，在悠扬的乐声中，缓缓穿过人群，来到立于白毡上的骏马身边。女伴们把她扶上马，她哥哥阿尔斯楞在前边牵引，在一大帮亲朋好友的簇拥下，绕自家的毡房一周，下马。这时，送亲人员过来，给蒙上红盖头（这是远古野蛮蒙昧时期的抢亲习俗，抢到姑娘就蒙上脑袋不让认识回头路）。

女方司仪看见新娘下马，便喊："新姑爷抱新娘上轿。"

轿车在新郎跟前，轿车上面和左、右及后面四面用红绸缎做篷，白里，左、右两面刺绣有吉祥、如意花纹图案，前脸有帘，帘上有另一种吉祥、如意花纹图案，套双白马，马戴红脑门，套包用红布包着。新娘蒙着红盖头，披上鲜红色无袖的披风，由女伴们搀扶着，女眷跟在后，来到轿车前。

满都鲁台吉衣冠楚楚早已站在轿车旁，听见喊抱新娘上轿，上前抱起满都海放在车上（也是远古抢亲遗俗），去迎亲的姑娘拉满都海在车内坐好。新娘最亲密的女友伊喇姑，拿一朵金花，插在新郎帽子上。一个顽皮小伙过来，拿一根沙恩吐很新鲜地看了又看，放到新娘轿车里。新娘上车后，新郎从左向右绕轿车三圈。

女方婚事主管下令："出发！"这时，车附近有人使劲甩响两声响鞭，类似放鞭炮，这是发车的信号。车驭手将车启动，新郎骑马在前引路。一帮孩子在车后嘻嘻哈哈地跟着，唱诵土默特蒙古民间歌谣：

鞭响两声天门开，五位天神送喜来，
前头安的摇钱树，后头装的聚宝盆。
聚宝盆，宝满盆，荣华富贵两家亲。
门也当，户也对，龙凤呈祥是一对！
喜见石榴多结子，儿女满堂出贵子。
新郎就如左金童，新娘就像玉皇女；
金童玉女喜相配，白头偕老到百年。
亲家常来又常往，两家一样都兴旺！

司仪见迎亲和送亲车队启动，便发号施令："奏乐！"乐声起，送亲人员唱起土默特部族传统的《送亲歌》：

前额上带着红花的骏马哟，
正向远方草原奔跑。
身穿绸缎新衣的姑娘哟，
已经离开嬷母家的毡房！

脊背上洒满金花的骏马哟，
还在向远方草原奔跑。
头戴珠宝玉器的姑娘哟，
就要走进陌生的毡房！

登上西岗遥望啊！你的嬷母！
迎亲的人把你接走了，我的孩子。
真叫人放心不下呀！你的嬷母。

登上东岗眺望啊，你的额其格（父亲）
伶俐的姑娘父母的心尖，我的孩子，
家中不能没有你呀，你的额其格！

衣服的领扣解开还要系上，
叮嘱的话儿可不能随风飘逝，
不能再随时提醒你呀，
你的嬷母！

蒙古袍大襟解开还要复合，
教诲的话儿可不能随便遗忘，
不能再随时嘱咐你呀，

你的额其格!

满都海的亲朋好友，目送满都海背影消逝。蒙古族习惯，女方父亲不送。所有送亲人们，都朝自身方向做出一种"吸引人的"手势，口中反复呼叫着："呼热艾！呼热艾！"也有呼叫"呼瑞！呼瑞！"的。

象征意思是：财气别被带走，召回财气之意。招呼一气，得到心理上的满足，又用木勺子，从奶桶里舀奶，一勺一勺地往前扬。

迎亲、送亲队伍浩浩荡荡，前面是新郎骑脑门戴红花的马开路，伴郎在新郎右边护着。新娘轿车在新郎马后紧随，陪嫁的四位姑娘在新娘轿车左右两边护着。送亲人员骑着九对脑门都戴红花、脖子上都戴红绸带子的白马在新娘轿车后边。最后面是新娘父母陪送物品的车队：陪送的九峰骆驼（用红绳戴驼铃）驮着陪送的九个毡房；陪送的九匹红骝马佩戴着陪送的九套金银铜装饰的马鞍鞴，拉着陪送的九辆勒勒车，其中一个车上装着陪送的九只怀孕母绵羊，另几个车上拉着陪送的红木床、红木炕桌、红木椅子、红木梳妆台、樟木衣箱，威武地走在队伍中间；陪送的九头产奶母牛牵在车后头；陪送的明朝钧窑产细瓷茶碗汤碗肉盘用带毛羊皮紧紧包裹好装在家具缝隙中。所有的马、牛、羊、骆驼都戴着红绸带。队伍前后约有一里多地，甚是壮观。迎亲带队的胡达苏和，为迎来这样一个浩荡的送亲队伍，高兴地跑前跑后前后照应着。队伍中，不时传出歌声。女方中传出唱女儿远嫁怀念亲人的土默特长调歌声：

鸿雁南飞躲冰寒，
来春归来儿女双，
女儿远嫁他方地，
成家立业是根本。

阳光普照大草原，
雨露滋润必需的，
洒泪告别父母亲，
虽走心肝连双亲。

女方送亲队伍中也传出满都海陪嫁姐妹唱出满都海选择汗裔为夫婿的远大志向的歌声：

雏凤展翅奔北方，
飞过万丈漠喀喇（大青山的蒙古语古称），
广袤草原在前方，
东南西北任飞翔。

金凤振翅使劲飞，
越过北疆土拉河，

飞过西陲阿尔泰，
蒙古高原都飞遍。

在连续不断的歌声中，送亲队伍来到迎亲队伍埋酒的高岗，伴郎提前跑上去，扒开土，翻出食品，找出酒坛，请送亲人员在此休息。迎亲人员给送亲人员敬酒，能喝的每人都喝一碗，吃些奶酪等查干伊德根，而后继续前行。继续行进中，长调歌声又起，男方中有人唱着：

骏马飞驰奔家乡，
越跑越快心里忙。
台吉娶亲马着忙，
娶亲快快到家乡！

星星眨眼月亮笑，
飞鸟入林偷着瞧。
新郎新娘夜路行，
洞房花烛比月明！

伴郎抒发自己的感情大声唱：

天下美事第一桩，
男人新婚入洞房。
千户诺延都不换，
神仙见了都眼馋！

送亲、迎亲人员听了，都哈哈笑了起来。

这时，突然从另一个方向飞跑来十几匹马，骑马人都是全副武装，飞也似的直奔新娘。跑在最前的马，直到新娘车跟前，才勒住马，马前蹄腾空而起，险些撞在新娘车上。第二匹马也如此。抢亲人员高举着马刀："不许动！"

而后接连上来七八个人，高举着马刀，挥舞着，似要砍新娘新郎似的，嗷嗷叫着围新娘新郎转。突然，一匹马像冲锋似的从新郎紧贴身边的地方冲过去，过去时瞬间抽走新郎一只箭。新郎正在惊讶时，又一个骑士，打马飞也似的从新娘跟前驰过，拽走了新娘围在脖子上的一条纱巾。其他人员也都拽点新郎或新娘的小物件打马随着逃走了。

满都海陪嫁的几个女伴对这场骚扰很气愤："这几个抢马贼，哪里跑？"取下横背着的弓，要射箭。

迎亲领队胡达苏和见此情景赶紧上前制止："姑娘，姑娘，慢、慢点，可不能射箭！刚才那几个小伙子，来得太迅猛，给我也弄懵了！我也寻思真的来了抢马贼了呢！这不，什么都没抢就走了，这我才寻思过味来。他们这是按老规矩给咱们'下马威'哪！"无可奈何地叹口气，"嘿，这帮年轻人！"

满都海女伴收起弓箭说:"算这几个小子命大。赶明个我要认出这几个小子来,非教训他们一顿不可。"

一场惊吓结束。由于这场抢亲恶作喜剧,队伍中的欢笑气氛,降低了不少。

男方迎亲人员在野外几十里的新亲必经地方迎接,称为"乌格图拉",燃烧篝火指示方向,同时架起图拉嘎煮羊背和鲜奶等候。相遇时,男方提前先下马,而后在野外铺上白色大方毡子,上面放上小红木桌,摆上热气腾腾的奶茶、羊背子和美酒、圣饼等。

新亲队伍到跟前时,男方司仪先弯腰施礼:"请高贵的新娘、尊贵的新亲们,下马喝茶!"

这时送亲迎亲人员都下马,女方两位主要亲属坐在小红桌前,其他人在周围围坐成圈。男方敬奶茶后,小红桌前的两位主要亲属,象征性地各喝一口便都站起来,将那一碗奶茶分别倒在新娘轿车的左右轱辘上,回到座位。这时,男方祝颂人跪在小红桌对面,致《欢迎词》:

> 尊贵的新亲客人们,
> 我们乌格图拉及时来到,
> 乳汁的精华是奶酒,
> 我们把奶酒双手敬上。
> 五畜的精华是五叉(猪或羊的后臀部肉),
> 我们把五叉恭敬献上。
> 远道来的尊贵客人,
> 请你们赏光!

送亲人员真的渴了、饿了、凉了、累了,坐在草地上,喝起滚烫的奶茶。这时,男方祝颂人开始祝颂:

> 高山峻岭险峻,有路通向山顶。
> 江河再宽再深,也能摆渡通行。
> 珍珠撒得再多,用线把它串拢。
> 亲家离得再远,月老连成姻亲。

接着,祝颂人急转直下赞颂新娘:

> 尊贵的新娘:
> 您
> 桃花似的红润!
> 杏花似的白净!
> 柳枝般的婀娜!
> 流水般的柔顺!
> 白玉般的纯洁!

宝石般的贵重！
您是仙女下界！
您是仙女化身！
您与仙女不差半分！
您比仙女还受尊重！

送亲人员休息了一会儿，酒足饭饱，恢复了精神，整理一下行装，正一正衣帽，继续行进。满都鲁台吉驻帐地阿寅勒村头，有两堆旺火熊熊燃烧。第二站迎接的人员在此等候。

看到迎亲队伍来了，欢迎的鼓乐便吹打了起来，喜庆气氛顿时升腾起来。当时的乐器有：琴（1-9弦）、琵琶、筝、箫、笛、锣、鼓、钹、拍板等。

新亲到后，在伴娘的搀扶下，新娘下车。伴娘，是男方选请的与新娘属相相同，夫妻、父母、子女都健在的与其母亲年龄相当的妇女，称为完人。

男方婚事主管宣喊："请新娘接受'嘎勒兀图拉（汉译为火的洗礼）'。"

新娘满都海在伴娘搀扶下骑上马，而后，由男方婚事总管牵马，新娘骑马通过两堆旺火之间，而后继续行进，来到新郎毡房伊克格尔前，旁边有器乐队奏乐，姑娘们在轻快地跳舞，眼睛不时斜看着新娘。新娘头盖红盖头，在伴娘搀扶下，下马。

在两堆旺火中间前面呈三角形的地方，支着火撑子，下面烧着木柴火。

男方司仪宣喊："新娘拜见火神。"

新娘满都海在伴娘搀扶下，来到火撑前，跪倒。男方祝颂人致祷词：

把这咀嚼香甜的美味，
叩献给您这火的天神；
把这穿戴舒适的绸缎，
叩献给您这火的天神；
把这悦耳动听的歌声，
叩献给您这火的天神；
把这沁人肺腑的香气，
叩献给您这火的天神；
把这灿烂夺目的美色，
叩献给您这火的天神。

在祝颂人致祷词时，每念诵两句祷词，新娘满都海都用筷子夹取一点黄油或白脂，向火中添加，然后，解开袍襟磕头，加三次黄油或白脂，磕3次头，拜罢火神，起身。

第五节　结发拜天地祭灶见公婆

拜完火神后，进行拜天地仪式。在伊克格尔大毡房前的空地上，放一条白色毡子，毡前（南面）放一约一米高的红木桌。桌后有一男人牵一只公绵羊，面朝桌子站着。桌上放一个香炉，其中插着成把的高香，两旁各点燃一支红色高烛。新郎新娘各拽沙恩吐的一头。

男方司仪高呼："新郎、新娘拜天地！"新娘满都海由伴娘搀扶着，同新郎满都鲁分别拽着沙恩吐的两头，走上白毡子上。新郎站在右边，新娘站在左边。

司仪高呼："新郎新娘'慕日估牟（蒙古语磕头之意，即拜天地神灵）！'"

新郎满都鲁自己磕头，新娘满都海由伴娘象征性地按头点一下，而后伴娘将新郎新娘发辫（古代蒙古男人在头部左、右、后部3处留发辫）解开，合拢在一起，梳成一个辫，"结发夫妻"之词由此而来，蒙古姑娘从此时开始除生母、婆母外又有了一个"慕日衮怎额吉"的娘，而后再用女家带来的沙恩吐将新娘头发从头顶分开，绾作纂髻，用牛皮筋扎紧。此间，男方祝颂人吟颂《拜天经文》：

> 祝天作之合，
> 愿大吉大利！
> 祈祷永恒的长生天，
> 为孩儿结成良缘，
> 赐给福禄和平安，
> 合掌顶礼慕日估牟！
>
> 祈祷至尊的长生天，
> 为孩儿多子多福，
> 赐给终身康健，
> 敬酒油脂慕日估牟！

拜完天地，沙恩吐由伴娘收起。而后，男方司仪带路，步行来到婚礼正厅。

新郎满都鲁抢先一步进入婚礼大厅。大厅门两侧各站一童男童女，似把门两只虎。新娘满都海刚要进大厅，童男童女拦住："未敬门神，安得擅入？"

女方祝颂人致祝词，男方祝颂人在门里对答，又是一场围绕主题的论辩舌战。而后，女方祝颂人，将预先准备好的荷包，赠给门两旁的童男童女各一个，这才准进门。

进婚礼大厅门后，首先，在男方婚事主管指挥下，向灶神（火盆，火盆中的火撑子）三拜九叩。

男方婚事总管高呼："新娘向灶神爷慕日估牟，行三拜九叩礼！"蒙古民族崇敬火，因此非常重视祭拜灶神。灶神代表这一户人家的香火延续和繁荣。

新娘满都海在伴娘陪伴下，象征性地，行三拜九叩礼。跪下点三下头，起来再跪下，点三下头，如此三次。

女方祝颂人致《祭灶词》：

> 传说灶神爷无心不记善恶，
> 我愿灶神爷有心记住良莠。
> 上天多言牧民的喜忧哀乐，
> 下界关心牧民的衣食住行！
> 惩恶扬善济贫救困做好事，
> 草原牧民都念灶神爷隆恩。
> 多烧香多磕头日日保平安，
> 保佑父母健康长命百岁出头！

祭灶后，按规矩，新娘向婆母磕头，再向主婚人磕头，并赠送礼品。主婚人为成吉思汗二弟哈萨尔后裔科尔沁孛罗乃诺延，50多岁。

男方司仪高呼："新郎高堂已仙逝，新娘拜见主婚人，向叔公科尔沁诺延、婶婆母诺延夫人慕日估牟。"

新娘满都海先施单膝下蹲屈膝礼，而后双膝跪倒，伴娘按头点头代表磕头。

主婚人科尔沁孛罗乃诺延致《伊勒日》（祝颂词的一种，是长辈祝愿晚辈的）：

> 美丽的侄媳妇：
> 祝你如荷花般婀娜！
> 祝你如山丹花般妖娆！
> 祝你们俩口鸾凤和鸣，
> 祝你们夫妻白头到老。
> 祝你们如山中松柏般常青，
> 祝你们如天上明星般闪耀。
> 祝你们如祥云般翻卷升腾，
> 祝你永葆美丽青春！

新娘满都海点头说："博勒哥！"

男方司仪高呼："新娘拜见主婚人，向婶婆母、科尔沁诺延夫人慕日估牟。"

新娘满都海同样向婶婆母跪拜。

婶婆母孛罗乃诺延夫人代表婆母，用弯弓揭去盖头巾。满都海现出本来面目，光彩照人。孛罗乃诺延夫人称赞道："靓丽的侄媳妇，你长得可太漂亮了！我老太婆从来没见过你这么漂亮的女孩！我老太婆祝你永似鲜花一朵，祝你永葆青春常在！初次相见，我们老两口儿送您一张中原汉人的一张画，做个见面礼，你看看，喜欢吗？"把画递过来，伴娘接过，递给满都海。

新娘满都海打开一看："哎呀，阿巴嘎、婶母，这是元代汉人大画家赵孟頫画的《浴马图》，是一张非常珍贵的名画。谢谢阿巴嘎、婶母！"又一次磕头，而后伴娘拿画，新娘退出。

拜完公婆，满都海被领进新房，新房即新搭建的毡房。进新房后，头发由原来的姑娘发型改梳已婚夫人发型顾姑冠。顾姑冠，高约2尺多（最高的有3尺多的），宝塔形，四周缀以各种珠宝饰品，非常华丽，上插有彩色羽翎，甚是好看。

新娘换上贵妇人头饰后，与新郎正式见面了。

新郎满都鲁台吉似老相识很久没见似的亲切地问："你这一向可好吗？"

新娘满都海回答："托长生天的福，很好。这一向您也好吗？"

满都鲁台吉以心里一块石头落地一样的心情说："咱终于成一家人了！"上前亲切地抱了一下，满都海甜蜜地笑着。

酒席上，女方祝颂人站起来高声说："各位亲友，各位来宾，按咱蒙古族的规矩，我宣读一下新娘的阿爸、媒母陪送的嫁妆清单：一、怀孕母绵羊九只；二、产奶母牛九头；三、红骟马九匹；四、骆驼九峰；五、勒勒车九辆；六、金、银、铜装饰马鞍具九套；七、毡房九座；八、南朝钧窑产细瓷茶碗六个、盛术兀思汤碗两个、肉盘一个计九件；九、红木床一个、红木炕桌一个、红木椅子四把、红木梳妆柜一个、樟木衣箱两个计九件。共是九类各九件九九八十一件。"

参加宴会的人们都鼓掌叫好，妇女们羡慕地发出啧啧赞叹声！

女方祝颂人宣读完陪送物品清单后，男方司仪宣布："东家赏女方祝颂人蓝绸衣料一表里。"

新郎新娘以夫妻身份正式见面了，而后双双同时向新亲、嘉宾敬茶、敬酒。新郎手执银壶，新娘手捧银盘，上面放着两只银碗。此时，双方男女青年人兴奋地即兴唱酒歌。

男方男宾客唱起了祝酒歌：

> 吉木森（水果）生吃甜脆香，
> 吉木森浆汁酿成酒更浓香。
> 向着福寿双全的嘉宾，
> 敬上头碗吉木森酒哟，请品尝！
> 杰嘿朱嗨杰嘿朱嗨，杰朱嗨
> 让我们大家团聚一堂畅饮吧，呼咿！

> 乌吉门（葡萄）生吃粒粒都香甜。
> 乌吉门浆汁酿成酒更浓香。
> 向着长命有鸿福的贵人，
> 敬上乌吉门酒哟，请品尝！
> 杰嘿朱嗨杰嘿朱嗨，杰朱嗨
> 让我们大家团聚一堂畅饮吧，呼咿！

男方宾客又唱一首祝酒歌：

鸣声婉转动听的黄莺，
它在草原上空飞鸣。
来自远方的新亲们哪，
歌曲一首向您敬奉。
啊哈嗬嗬咿！

叫声悠扬似歌的黄莺，
它在毡房上空飞鸣。
来自外地的新亲们哪，
颂词一首向您敬奉。
啊哈嗬嗬咿！

又有一宾客唱祝酒歌：

像蓝天上的白云一样美丽，
像雄鹰展翅飞翔一样高傲，
祝新郎新娘互敬互爱，
美满幸福长命百年！

在新亲酒要喝足时，上五叉。在木制方盘内，摆上五叉，旁边放一把刀，由两个青年人端着来到女方主婚亲家席前。这时，双方祝颂人致祝颂词。

男方祝颂人祝颂：

有阿勒泰山般鸿福的，
尊敬的胡达亲家公；
有达赉诺尔般涵养的，
尊敬的额吉亲家婆；
有如白莲花般纯洁的，
称为"阿巴亥"的姑娘们；
举碗敬酒表的是：
新郎满都鲁台吉的心意；
以上各位尊亲来到此，
按咱蒙古族古来的规矩，
选定吉日送来了亲生娇娥，
乐坏了新郎和所有亲朋；

备名茶，选美酒，
诚心诚意奉上座；
外人招待怕出错，
样样都要亲手做；
事事都按规矩办，
献上五叉报上座；
长尾的有站牛五叉，
宽尾的有绵羊五叉；
岭南产的干鲜果品，
岭北产的山珍野味；
全部端来献给新亲，
以表亲家一片心情；
请尊贵的新亲们赏光，
开启金唇玉齿品尝。

女方祝颂人致答辞：

斟上的马奶酒香气盈盈，
犹如那圣水般甘美纯净；
在这民族友好的气氛中，
结亲的新人其乐融融；
祝阿尔泰山一样坚贞的爱，
祝达赉诺尔一样深厚的情；
祝相依相偎如同衣襟衣袖，
互陪互衬好似马鞍脚蹬；
祝愿体魄康健安宁，
祝愿欢乐幸福永生！

新人到内亲宴席上祝酒。宴席上以牛、羊布呼力为主，还有手扒肉、清蒸羊、马奶酒等。此时，婚礼进入高潮，人们围着火堆跳起了舞蹈。

新郎新娘给男方亲友满酒。当满酒到男女青年人那时，一女青年站起来说："我提议，请新娘子给大家唱支歌，欢迎不欢迎？"

众男女青年一声雷地表示欢迎，而后噼里啪啦，鼓起了掌声。

新娘满都海很大度地说："好，我给大家唱一首。"而后引吭高歌，一些青年人拍击手掌打着拍子。

阳光普照金灿灿，

> 万里草原绿盈盈，
> 风调雨顺好放牧，
> 牛羊肥壮好收成，
> 和睦相处无战事，
> 蒙古人民享太平！

众男女青年热烈鼓掌，齐声喊好！方才提议的女青年发动群众："新娘唱得这么好，再唱一个要不要啊？"众男女青年一声雷似的喊："要！"并热烈鼓掌。

新娘满都海说："我们还要到那边满酒，这歌我先欠着，有机会我一定给大家唱。"而后高举酒壶说，"来，大家喝酒，好不好？"众男女青年一声雷似的喊："好！"

新娘托盘，新郎倒酒；而后递给一青年人。该青年人很激动，接过敬的酒碗，一饮而尽。另一青年人不乐意了："哎伊，大伙说，他喝酒没留福根，把福根都喝了，违反了咱蒙古人喝酒规矩，该不该罚他呀？"同桌另几个青年人起哄："该罚，该罚。""我喝的是新郎新娘敬的喜酒，不是平时喝酒，不一样，不该罚！"该青年为自己辩护着。说该罚的青年人不饶："蒙古人喝酒规矩，就是留福根，没说新郎新娘敬的喜酒例外，可以喝干。违反祖宗规矩，就应该受罚。"拿起酒碗逼着他喝。该青年人瞅瞅大伙儿，看大伙儿无人想饶他，便无可奈何地喝了，大家一阵高兴。新郎新娘微笑着看着。

参加婚礼的人们，喝着、吃着、唱着、跳着，吃饱喝足了再唱再跳，唱累了跳累了再吃再喝。喜庆活动是漫长的，直到吃得打起了饱嗝，喝得烂醉如泥，歌也唱不成调了，舞也跳不稳步了，才算结束。

太阳看着人们喝酒吃肉那个豪气场面也觉累了，慢慢躲入山后。天黑了，婚事总管让伴娘将新郎新娘送入洞房，安排休息。新毡房格尔中，靠哈纳（毡房四面围墙的称呼）放着一床被、一个长枕头。

婚事总管大管家苏和安排女服务人员给新郎新娘安排夜宵："新郎新娘白天没吃好，去，给他们送一个羊五叉，让他俩吃个安静的和气饭。告诉他俩，不许剩。"嘱咐，"挑个小点的，别吃不了。"服务女孩刚走几步，婚事总管招呼，"回来回来，别忘了，告诉他俩，今天晚上要点'长明灯（长命灯）'。"

结婚第二天清晨，男方婚事总管在一对新人未起来之前，先牵一匹白公马，拴在新房东边；再牵一匹白母马，拴在新房西边。又吩咐几个劳忙青年："去，你们几个，在台吉新房门前摆上'白马宴'。"

"怎么摆呀，我们也不会呀？"劳忙青年问。

大管家告诉他们："在台吉新房门前，铺上白毡子，放上桌子，上面摆上'珠拉玛术兀思（全羊）'，再放上砖茶、白布。会了没有？"几个青年人分头去做。

大管家自己到白马那儿，将白马抹画一番，画成五色马。

太阳升起一丈高，阳光灿烂，在满都鲁台吉大毡房伊克格尔门前草地上，举行送行宴。

婚事总管指挥青年和姑娘们，在草地上放桌子，桌上摆着奶茶、奶皮、奶饼、奶豆腐、黄油、炒米、马奶酒等，两边铺上白毡子，旁边桌子上摆上象征性的45件礼品。

新亲们一个个地来了，婚事总管接连说："请请请，尊贵的新亲们，请喝茶。"

新亲们坐下喝茶。

新郎满都鲁台吉来到，招呼宾客，向主婚亲家施礼请安："赛音拜诺？"

新郎新娘夫妇向大家客套一番："大家为我们辛苦了！大家为我们受累了！"而后双双施礼，礼后站立新亲前面。新亲们照旧吃喝。

男方祝颂人祝颂：

> 今日阳光格外灿烂，
> 象征前途无限光明；
> 在这龙凤呈祥的地方，
> 欢送来自远方的贵宾；
> 婚宴已经圆满结束，
> 天下没有不散的筵席；
> 盛情来的台吉巴特尔，
> 圣洁似玉的娇贵千金；
> 肥美的羊背子摆在桌上，
> 请容我把最后的礼节启禀。

祝颂完毕，主家把热气腾腾、香气扑鼻的羊背子端上来。羊背子分羊头、羊身、肩骨、四条腿共七件。之后，又端上来全羊汤米粥，在新亲们吃喝期间，分发回赠礼品：老人回赠一包茶，姑娘回赠头巾，小伙子回赠香荷包，小孩回赠手戴铃铛。

男方祝颂人致祝词：

> 梅雨连绵且有开晴之时，
> 酒席盛宴岂能常设不散？
> 儿女婚事已经成就，
> 新亲将要回归家园；
> 斟满香甜的美酒，
> 高举手中的酒觞；
> 临别饯别众位新亲，
> 共同表达美好祝愿；
> 永生万物的是大地，
> 永降甘露的是长生天；
> 永远奔流的是江河，
> 永远耸立的是高山；

祝愿联姻的两家，
　　在这草原茂盛之地，
　　如同日月升腾，
　　康乐幸福无边！

女方祝颂人致答词：

　　纯洁珍贵的礼品将永志不忘，
　　珠圆玉润的赞辞会万古流芳！
　　吉祥幸福的婚姻要时刻珍惜，
　　美满幸福的婚姻能地久天长！

女方领队的胡达道声："谢谢亲家的盛情款待。"而后分别骑上马，主家敬上马酒，双方寒暄后上路了。

新郎新娘招手："请慢走！请再来呀！"目送送亲队伍直到看不到才返回。

结婚第三天，蒙古族的规矩，娘家和近亲属要对姑娘"额日哥诺"。满都海的嬷母格根塔娜夫人和几位近亲属，按习俗带着食品等礼品来到满都鲁台吉家，女婿家照例是热情羊酒招待，而后接回姑娘满都海回娘家。蒙古族习俗，接新婚姑娘回娘家时连同姑爷一起接回来。

第六节　嘎拉喀占卜满都海生男却生女

1463年春的一天，满都海寝帐格尔内，满都鲁台吉发现满都海已怀孕，高兴地与满都海亲密地坐在一起，闲谈孩子性别问题。

满都鲁台吉称赞说："满都海，咱结婚这才几个月，你就有了身孕，你可真好！"

满都海比姬说："这有什么好的，当年媳妇当年孩，哪个女人不生孩子？"

满都鲁台吉吐露不满："你还别说，我那大鼻子中宫，到我这儿十多年了，始终就没怀过孕！"

满都海比姬很实在地说："那她可能有病，您给她看过病吗？"

满都鲁台吉以商量的口吻说："能不看吗？咱不说她，你给我生个儿子吧，啊？我求你了。"

满都海比姬笑着说："生儿子、生姑娘，我自己能说了算嘛！若我自己说了算，您想要几个儿子我就给您生几个儿子。"

满都鲁台吉也笑了，说："那倒是。不过，咱可预测一下，你看好吗？"

满都海比姬问："那咋预测呀？"

满都鲁台吉说："我有法子。"说完起身，到抽屉里拿来四个羊嘎拉喀，因经常玩，凸面涂成红色，凹面涂成蓝色。

满都海抱着怀疑的态度问:"这咋测?能准吗?"

满都鲁台吉说:"别人的都准。我给你做个样子你看看。"而后,把四个嘎拉喀握两个手心中,摇晃起来,摇了十几下后,往床上一泼,然后解释,"如果三个或四个是立着的,而且鼓肚的红面朝上,那就是男孩;不立着都躺着,或者是立着,但朝上的面蓝色凹的多,那就是女孩。就这么简单。"

满都海比姬觉着挺新奇的,就说:"那就试一下呗!"

满都鲁台吉收起嘎拉喀,而后洗手更衣,非常认真地曲腿端坐,虔诚地摇晃起来,而后就像决定男女一样的抱着忐忑心情像请示样地向满都海说:"我泼了?"

满都海比姬却轻松地回答:"泼吧!"

满都鲁台吉泼在床上,一看,四个红凸面朝上立着,这把满都鲁台吉高兴坏了:"满都海,你看这满山红,啊,满山红,看着没,第一把就满山红,保证是男孩!"

满都海比姬也被渲染了,定睛细看,也高兴得笑了。

满都鲁台吉高兴地把满都海抱起来。满都海喊:"哎哟哟,肚子啊!"满都鲁赶紧放下问:"挤着孩子没?"

满都海比姬无奈地笑着:"我听人们说,女人怀孕后发懒的女孩多。我怀上这个孩子后,总发懒,什么活儿都不想干,台吉,你别高兴太早了。"

满都鲁台吉蛮有信心地说:"长生天给我预兆,保证是男孩,要不怎么第一把就满山红呢?"

第五章 弑君乱政

第一节 第五次战乱——毛里孩袭杀佞臣孛赉

公元 1465 年的一天。

满都鲁台吉伊克格尔大帐内，正中坐北朝南一个大椅子，比较豪华，是台吉的座位。两位夫人梳顾姑冠，贵妇人穿戴，第一比姬大鼻子中宫坐左边，第二比姬满都海坐右边。帐外有卫兵守卫。营中立有哈日苏勒德和陪纛，其上的飘带、布幡、五色旗随风飘着。

探马施礼报告台吉："听哈剌和林那边过来的人说，孛赉太师率 6 万骑兵去征伐瓦剌，只同扯之八打一仗，未见胜负，便匆忙撤兵回师，到哈剌和林就把乌珂克图汗杀害了。"

满都鲁台吉很惊奇地问："怎么？孛赉这瘸子把乌珂克图汗杀害了？！"满都鲁因自己没有儿子，自己侄子未成年就被杀，痛苦地呜呜直哭，"我可怜的侄子啊，你才 15 草青呀！你还没成年就被害死了！你死得屈呀！你死得惨哪！这瘸子可真心狠哪！"

满都海比姬问探马："听说因为啥杀害乌珂克图汗了吗？"

探马回答："听说是因为萨穆尔太后责备他借可汗名义敛财，乌珂克图汗管他了。"

满都海比姬说："知道了。"对探马，"你受累了，下去休息吧。"

探马答应："加。"退下去了！

满都海比姬劝满都鲁："台吉，节哀吧！小心伤心过重，伤了身体呀！"

满都鲁台吉狠狠地说："这些王八羔子们，汗廷的权利都让他们拿去了，还不知足，还今天杀明天砍的，不知道他们到底想干啥？非把咱北元整黄了不可！"

满都海比姬感慨地说："咱们祖宗撤回老家塞北之后，可不像当初那时候了，人心都变了。尤其是这几十年，权奸当道，个个是野心家，他们的势力太大了，光骂他们没用，咱们得积蓄力量，等待时机呀！"

满都鲁台吉咳一声说："那得等到什么时候啊？"

满都鲁台吉两个哥哥被害不久，如今侄子又被害，情绪比较低落。

蒙古·翁牛特部（又译作翁流·翁里郭特等）属成吉思汗三弟哈赤温受封之子按赤台王后裔部落（也有说成吉思汗幼弟斡赤斤后裔部落或成吉思汗同父异母弟别勒古台后裔部落的，总之都属东道诸王部落）。这个时期的部落首领为毛里孩，驻牧地为黄河西套和亦集乃（今内蒙古阿拉善盟额济纳旗）一带。

翁牛特部首领毛里孩诺延，伊克格尔大帐设置与帖木尔大帐大同小异。

毛里孩诺延，以孛赉叛逆弑君为由，欲起兵袭杀孛赉，在诺延大帐，给手下将领们开会。

毛里孩诺延说："大家听仔细了。据探马报告：孛赉叛逆，杀害了乌珂克图汗，犯下弑君滔天大罪。我决定，咱翁牛特部出兵讨伐逆贼孛赉。"

部下一位将军提出："诺延，咱一个爱玛克出兵讨伐孛赉可万万使不得，孛赉有数万精兵，掌控汗廷十年，收敛了全蒙古的贡赋，人多财大，就咱一个爱玛克出兵讨伐孛赛，怕是以卵击石，后果不堪设想啊！最好多联系几个部落，联合讨伐才比较稳妥。请诺延三思。"

毛里孩诺延惋惜地说："你们哪，做蒙古人不研究蒙古。咱蒙古的国情，与明朝汉人的国情完全不同，他们有坚固的城池，有坚城可守，城中驻守军队，随时可以调动参战。咱蒙古呢，没有能够阻挡军队的城墙，无坚可守。更主要的是咱蒙古没有常规军，所谓的军队呢，平时分散于各部落中，而且咱蒙古的军队，是亦兵亦民，不打仗时，兵士都回去放马牧羊去了。你们想过没有？孛赛是有数万军队，可不打仗时，他身边能有多少兵呢？我估计他身边的怯薛军，几千人到头。咱们一万多人马，对他几千怯薛军发动突然袭击，你说他会怎么样吧？再说，他瘸子怎么也想不到咱们长途跋涉去袭击他。明白了吧？"大家这才豁然开朗。

部下将军们，有的夸还是诺延想得周到；有的伸大拇指，称赞诺延英明。毛里孩告诫大家："从今天起，你们做好随时长途出击的准备。"

漠北蒙古镇海地区孛赛太师伊克格尔大帐内，孛赛正在喝酒，两边有年轻侍女侍候着，帐内一群姑娘正在唱歌跳舞，侧方有乐队伴奏。孛赛太师洋洋自得地、笑眯眯地、兴致勃勃地观看着。

镇海，是以人名命名的城市，又称称海，蒙古语称八剌哈孙，在今蒙古国科布多之东。镇海，在成吉思汗统一漠北、征金、征西夏战争中有功。1219 年，成吉思汗西征花剌子模，命他留守后方，总领所俘汉民万人，辟地屯田，筑城阿不罕山北，因此该城以其名命名。

阿哈剌忽知院轻手轻脚地进帐，也看了那么一小会儿歌舞，见孛赛太师未察觉，怕影响诺延看舞蹈的兴致，轻声叫一声："太师诺延。"

孛赛太师似乎听有人招呼，抬头一看，是阿哈剌忽，便招手："进来进来。"阿哈剌忽走到近前躬身施礼，挤鼓眼睛示意，口中轻呼一声"太师"。孛赛知其意，摆手："去、去，都下去吧。"歌舞人员、乐师、侍女全都下去了。

阿哈剌忽还怕泄密，贴近些说："太师诺延，乌珂克图汗死了，现在能即汗位的，只有脱脱不花汗遗弃的阿勒塔噶勒沁哈屯带走的儿子摩仑了。听说摩仑，在他姥爷沙不丹诺延死后，沦落到郭尔罗斯部一个牧民家里。我的意见，咱出兵郭尔罗斯部，设法将摩仑骗出来整死。到那时候，孛儿只斤氏没人即汗位了，什么黄金家族还是白银家族都没用，谁有权有势力谁当大汗。诺延您即位当大汗，不就顺理成章了。"

孛赛太师听了这话舒服极了，说："阿哈剌忽，我没白提拔你当知院，你和我想到一块去了。这事儿就这么定了，你亲自带兵去。"

翁牛特部首领毛里孩诺延，在大帐布置攻杀孛赛军事行动："各位将军，探马已探听到孛赛正在镇海城南驻牧。咱今天就出发，每人带两匹备马，歇马不歇人，带五天的干肉，去掉所有能发出响声的东西，轻装上阵，深夜赶到镇海南孛赛大营，对孛赛进行长途突袭。"

孛赛太师养尊处优，坐在太师大椅子上，唇动嘴不动地问："阿哈剌忽知院，东征郭尔罗斯的军队部署好没有？"

阿哈剌忽知院回答："太师诺延，安排了两万人马，都落实了。但是他们说，刚从瓦剌出征回来，多数战士探亲还未回来，要求等几天出兵。"

孛赉太师提醒说："兵贵神速。定了，就出兵，有多少就去多少呗，等几天干什么？"

阿哈剌忽回答："太师诺延，我考虑，各部诺延对咱有点看法，去的兵马多点儿，保险性就多点儿，防备点万一嘛。"

孛赉太师肯定他的想法说："嗯，有点儿道理，那就抓点儿紧，催着点儿。"

阿哈剌忽："加。"

翁牛特部首领毛里孩奇袭孛赉的人马，白天在树林中休息吃干粮。

一位将军靠树根仰卧，边嚼干牛肉边与诺延聊："诺延，这里离镇海城还挺远呢，今晚再不到，弟兄们的牛肉干可就没了。"

毛里孩也靠树根仰卧，啃着肉干："没事，让弟兄们好好睡一觉，今个晚上，提前一个时辰动身，下半夜赶到地方，堵瘸子被窝。"指挥勤务兵，"去，告诉大伙儿，吃完了好好睡一觉，天黑前出发。"

孛赉太师大营里，孛赉正在伊克格尔大帐内睡觉。毛里孩诺延率领的长途奇袭军队杀进大营，喊杀声震天，火光熊熊。孛赉听到喊杀声赶紧起来，见形势不妙，骑马便逃。毛里孩诺延率兵直奔孛赉大帐，见有人骑马逃跑。

毛里孩诺延喊："别让瘸子跑了。"边追边一箭射去，手下将军也射箭，孛赉的坐骑在乱箭中中箭。毛里孩手下兵士打马冲上前按住、捆上。

毛里孩手下兵士："报告诺延，孛赉押到。"将孛赉推到毛里孩面前。

毛里孩诺延恶狠狠地说："瘸子太师，你好大的胆子，杀了大汗，不怕全国人讨伐你吗？"

孛赉太师很爷们："别废话，要杀要剐，随你便。"

毛里孩诺延说："好，是条蒙古汉子，推出去，砍了。脑袋砍下来，悬挂营门示众！"回头进入孛赉大帐，坐在孛赉太师位置上，上下左右打量着。

这时，手下将军进帐报告："报告诺延，孛赉大营全部清点完毕，击毙312人，余者全部潜逃。我军无一伤亡。"

毛里孩诺延："好，你马上带2000人马，速到郭尔罗斯部，迎接摩仑台吉到这即大汗位，路上要保证安全。"

手下将军："加。"

满都鲁台吉大帐内，第一比姬大鼻子中宫、第二比姬满都海各坐一边。

探马进帐施礼："报告台吉，听镇海那边过来的人说，翁牛特部首领毛里孩诺延长途跋涉，奇袭孛赉成功，杀死叛贼孛赉，拥立脱脱不花汗的儿子摩仑台吉即汗位，称摩仑汗，毛里孩自任太师，执掌汗廷大权。"

满都鲁台吉听后："咳！"自言自语地说，"谁知道这是好消息呀，还是坏消息呀？"探马见此景悄悄退下。

满都海比姬说："我算计着，摩仑这孩子今年17草青了吧？他媪母被汗兄遗弃后，一直跟他嫂母在郭尔罗斯爱玛克生活，没有管理汗廷的经验，更没有群众基础，就一个毛里孩辅佐他。就看毛里孩这人人品怎么样了！"

满都鲁台吉说："这些年来，咱北元大汗跟前怎么就没有既有能力又忠心耿耿的大臣辅佐呢？像当年辅佐太祖成吉思汗那样的木华黎呀、速不台呀、博尔术那样的大将，有几位就行。"

满都海比姬解释说："没有梧桐树，怎么引得凤凰来？要想英雄辈出，首先得有雄才大略的大汗。汉人中流传一个说法，叫'盖有非常之功，必待有非常之人'。眼下汗廷中没有'非常之人'，乌珂克图汗即位时7岁，是刚脱掉活单裤的孩子；摩仑17岁了，但是从小在郭尔罗斯一个小部落里长大，比山沟里的孩子强不了多少，都不是'非常之人'，哪有'非常之功'啊！治国，人才是第一的。没人才，不行啊，等着吧！"

满都鲁台吉称赞满都海比姬说："夫人说的有理。夫人若是男的，我敢说，肯定是个辅佐大汗、稳定乾坤、使民众安居乐业的的最好将军或丞相！"

满都海比姬说："知我者，台吉也！我现在是英雄无用武之地啊！我想，有机会时，我一定会做到的！我敢说，我若辅佐大汗，决不会像窝阔台汗哈屯乃马真氏、贵由汗哈屯斡兀立海迷失那样做对不起蒙古人的事情，要做流芳千古的事。"满都海比姬借满都鲁台吉话题表白了自己的意愿和志向。满都鲁台吉和大鼻子中宫用崇拜、羡慕、欣赏的眼光，笑眯眯地看着满都海比姬。

第二节　第六次战乱——摩仑汗糊涂出兵阵亡

1466年的一天，摩仑汗金帐附近一个草地上，鄂尔多斯人蒙哥、哈答不花两人在闲聊。

蒙哥说："哈答不花，你说摩仑，什么能力也没有，当上大汗了，安排了那么多大臣，他就没给咱哥俩弄个一官半职的。"

哈答不花说："那是他没看到咱们，不知道有咱俩。咱俩给他整点事，让他以后也注意点儿咱俩。"

蒙哥问："整点儿啥事呢？"

哈答不花说："整事就整大点儿的，整小的他还是拿咱不当回事儿。"

蒙哥问："整大点儿的事，你说啥样的事算大呢？"

哈答不花反问："你看这事算不算大事？"

蒙哥好信的："你说说看？"

哈答不花说："毛里孩太师与其夫人正在那边练兵，咱就打小报告，说他蓄谋造反，让大汗小心点儿。大汗一听，保证惊讶，保证今后拿咱俩当亲信，肯定会封咱官职的。"

蒙哥惊讶："哈答不花，亏你想出这馊点子。整出这么大、这么严重的事，他若不信，那咱俩可要玩完。"

哈答不花不以为然地说："没事儿，他一个山沟来的孩子，单纯，没那些弯弯道。再说，你想当官，就得豁出去，'不入虎穴，焉得虎子'嘛？"

蒙哥疑惑："我看没那么简单吧？"

哈答不花拿这样的政治大事当玩笑，仍不以为然地说："那你说整大事整啥吧？没事儿，走吧，跟我去见大汗。"

摩仑汗和蒙古彻尔哈屯正在帐内说话。金帐设置与其它金帐大致相同，只是规模小些、豪华程度差些。

哈答不花、蒙哥两个奸佞小人，只想给大汗整点儿事，也没前后考虑周全，便满怀信心地进帐跪倒磕头："报告大汗，大事不好，毛里孩太师与其萨满岱夫人正在操练军队，准备进攻您。"

摩仑汗很惊讶："彼既助我矣，今安加害耶？"

哈答不花说："我俩刚从那边过来，听喊杀声震天，大汗不信，可派人去查看。"

摩仑汗说："知道了，下去吧。"

蒙古彻尔哈屯提醒大汗："大汗，这是不可能的事儿，毛里孩太师既然从郭尔罗斯接您到这当大汗，才一年多，不可能有这么大变化，要进攻您。"

摩仑汗反问："那他俩怎说要进攻我呢？"

蒙古彻尔哈屯怀疑举报人及其举报的信息："这俩瘪小子，平时咱也不了解他们，谁知道他俩搞什么名堂。"

摩仑汗却相信："没这事儿，人家能随便说嘛。"

蒙古彻尔哈屯提醒："他俩若与毛里孩太师有私仇陷害呢？"

摩仑汗的心眼实在到了愚昧程度，说："人家好心跟你报告怀疑信息，看你把人家说得一钱不值。这么不信任人，以后谁还靠近你呀！"

蒙古彻尔哈屯也坚持自己的看法："总之这事有点不贴谱，您可得考虑得稳妥些。"

摩仑汗听哈屯多次提出不同意见，便说："那朕派人去看个究竟，到底怎回事。来人。"

侍卫进帐施礼："大汗有何吩咐？"

摩仑汗吩咐："你去找勾考（监察）诺延，让他去看看毛里孩练兵是怎么回事。"

侍卫："加！"出去了。

毛里孩太师确实在其驻营地附近，操练兵马，喊杀声震天，尘土飞扬。

摩仑汗派去的勾考，站在附近高处，看到此景、听到此声，赶紧打马回去报告："报告大汗，蒙哥、哈答不花两人说的情况属实，毛里孩太师与其萨满岱夫人正在操练兵马。"

摩仑汗问："无战事，操练兵马为何？"

勾考诺延不负责任地说："这个，在下不知，也许他俩说得有道理。"

摩仑汗自作聪明地说："操练兵马，必有所图；坐以待毙，不如先下手为强，出兵。"

蒙古彻尔哈屯焦急地劝说："大汗，不能盲目出兵。出兵可不是一般事儿，万一错了，后果严重，请大汗三思啊！"

摩仑汗站起来，瞪了哈屯一眼，拿刀出帐，愤怒地喊："秃阿赤，集合人马，出发！"

毛里孩太师正在驻地操练人马。奸佞之人哈答不花和蒙哥二人骑马到来，见到毛里孩太师，下马跪倒，报告太师："摩仑汗欲杀汝，取汝国，已起兵来矣！"

毛里孩太师很生气地说:"你两个狗奴才,活够了吧,编这样的谣言来骗我?"

哈答不花辩解说:"太师,这是真的呀!您若不信,可派人到前方去哨探哪。"

毛里孩太师胸有成竹地说:"我曾助彼称汗,未尝加害于他,彼安得伐我?"

蒙哥见毛里孩太师还是不信,怕事情败露,赶紧帮腔说:"太师,摩仑汗为何兴兵讨伐您,小人不知,也许是奸佞之人挑拨大汗兴兵,眼下是大汗的人马马上就到了,您得赶紧做准备呀,否则来不及了!"

哈答不花又进一步进谗言:"小人就是怕太师吃亏,才冒险来送信的呀,太师。您若不信我俩的话,您可以亲自到高处看看。"

毛里孩听他俩说得恳切,便策马跑上高处向大汗来的方向瞭望,果然看见尘土飞扬。两个佞人在旁鼓动:"太师,我们没说谎吧?"

在这种情况下,尽管毛里孩太师对个中有一百个怀疑,也不能不做出应战的准备,回头招呼二弟:"你哥仨带人马迎过去,看看怎么回事。"

毛里孩太师错就错在派人马迎上去,使摩仑汗的错误认识更加错误,从而酿成历史的遗憾。

毛里孩的三个弟弟率兵迎上去,这更引起摩仑汗的疑心,他坚定地认为哈答不花他们汇报的情况是属实的,便不冷静地当面质问和对话,向军队发出攻击的命令,双方激战,结果摩仑汗在战斗中阵亡。

毛里孩太师乘胜率部到摩仑汗营地,见摩仑汗哈屯蒙古彻尔痛不欲生地恸哭惜乎!惜乎!

毛里孩太师问哈屯"惜乎"原委,蒙古彻尔哈屯详细告知哈答不花、蒙哥两人挑唆汇报之事。毛里孩太师对摩仑汗轻信谗言、轻率动兵行为甚感惋惜,命将哈答不花、蒙哥两人断其舌而杀之。

第三节　满都海施展才华机遇已见端倪

满都鲁台吉大帐内,第一比姬大鼻子中宫,约40来岁,坐在左边;第二比姬满都海已19岁,坐右边。

探马进帐施礼:"报告台吉,摩仑汗轻信佞臣谗言挑拨,轻率发兵征伐毛里孩太师,结果战败,被毛里孩太师的军队杀死了。"

满都鲁台吉听了,惊愕地说:"这是怎么的了,竟杀大汗?"情不自禁地又一次呜呜哭起来,"我可怜的侄子啊,才当一年大汗,才18草青,又被害死了!这挑拨离间、搬弄是非之人太可恶了!"

满都海比姬非常严肃地说:"这奸臣贼子是太可恶了!他们在汗廷,权重的,专横跋扈,为所欲为,无视君权,甚至弑君;权小的,也不老实,挑拨离间,制造事端,破坏君臣团结,扰乱社会安宁,都是十恶不赦。"接着气愤地说,"我想,有那么一天,对他们一定赶尽杀绝,绝不手软!"过一会儿,忽然,眼睛一亮,很高兴地说,"哎,台吉。"

满都鲁台吉抬眼看着满都海。

满都海比姬说:"我忽然想起一件大事。"

满都鲁台吉问："啥事儿？这么大惊小怪的。"

满都海比姬说："这事儿，可不一般。您猜猜。"

满都鲁台吉人憨厚，照实说："我猜不着。你说吧。"

满都海比姬故作玄虚："我说了，您可别睡不着觉。"

满都鲁台吉不以为然："有那么严重吗？"

满都海比姬强调重要性："当然了。"

满都鲁台吉被满都海比姬神乎其神的信息弄糊涂了："那我等不及了，你快点说吧。"

满都海比姬这才说："我跟您说呀，刚才只顾为您侄子摩仑汗被害难受了。冷静下来后，我发现一个问题。"

满都鲁台吉听到与摩仑汗被害有关，急于听结果，便不耐烦地说："绕来绕去，你还和我捉迷藏哪，到底啥事啊？"

满都海比姬这才说："听我慢慢给您说呀。您大哥岱宗汗被也先打败后，逃到郭尔罗斯，被彻不登害死了。大哥他三个儿子，老大也先猛可，在其阿爸岱宗汗与其舅舅也先太师太子之争中自尽了；老三马古可儿吉思，当了几年大汗，最后被孛赉害死了；这老二摩仑，最近又被毛里孩害死了。都死了，您大哥那股没人了，对吧？"

满都鲁台吉答应："对。"

满都海继续说："您二哥阿噶巴尔济济农，被也先摆鸿门宴害死了。他儿子哈尔古楚克死活没消息，对吧？"

满都鲁台吉答应："不错。"

满都海问："现在当大汗是不是没人了？"

满都鲁感到愕然！

满都海很兴奋地问："这大汗，是不是轮到您头上，该由您当大汗了？"

满都鲁台吉听到此处露出欣喜的笑容："夫人，可真有你的，你不说，我还真没想到。"

大鼻子中宫也为有可能当可汗哈屯而高兴，夸赞道："妹妹这头脑，可真行，不仅看得远、想得还周到。哪天台吉当大汗，咱俩都能沾光啊！"

满都海说："是啊姐姐，咱人马太少了，如果咱有个一两万人马，现在台吉就可以宣布称大汗。不过，从今天开始，您得有个当大汗的思想准备。"满都海提醒一句。

满都鲁台吉坐在那儿，陷入甜蜜、幸福的幻想之中。

第六章 群雄聚套

第一节　群雄汇聚宝日陶亥

1470年，正统蒙古部（《明史》称鞑靼）满都鲁台吉，为了到水草更好的地方放牧生活，和大鼻子中宫、满都海两位比姬带领人马迁徙移营。一部分人马开路，后面跟着很多勒勒车，上面是老人、孩子、生活用品；成年人赶着成群的牛羊，还有少数骆驼，随着队伍行进，来到了一处水草丰美的仙境哈拉乌素。

哈拉乌素，像一块碧蓝的宝石镶嵌在土默川草原中。湖底的水草随着波浪摇曳，碧色更浓；水天之间，一片金黄，耀人眼目。水上浮萍、花朵间，有无数雪白色鸥鸟，还有野鸭，景色优美，宜人宜牧。

满都鲁台吉东瞧西看说："夫人你看，这地方多好啊！这草原像地毯一样，掉块肉连土都沾不上。看那边，那个湖泊多美！"

满都海比姬说："这还用说嘛！我小时候就在这一带长大的。我们几个女孩练骑马射箭，经常跑到这里。这块地方是我阿爸的管辖区。"而后用手指着，"北边远处那个山，叫哈剌兀那山，中原汉人叫青山。咱脚下这块地啊，叫土默川平原。这西面，还有比这平原更大的宝日陶亥（汉译为河套）平原，是哈屯河（蒙古人对黄河的称呼）几千年来冲刷淤积形成的，因为这个，汉人叫河套平原，那平原老大了，方圆数千里。那个湖泊，叫哈拉乌素（黑水），因水色碧蓝，中原汉人管它叫黑湖，是内陆湖泊。这地方，是咱蒙古最美的地方了。几百年来流传着一个歌谣，歌颂这个地方。这个歌谣，据说是早年敕勒蒙古人占据这个地方的时候，一个将军唱的。一直沿唱到现在。我给您唱一段您听听。"

　　敕勒川，阴山下，天似穹庐，笼盖四野。
　　天苍苍，野茫茫，风吹草低见牛羊。

满都鲁台吉等在跟前的人们都齐声叫喊："好！好！"

敕勒蒙古人乘坐的勒勒车，轮子较大，因此中原汉人称他们为高车人，称其国为高车国。

满都海比姬说："台吉，我看咱们就在这扎营吧！"

满都鲁台吉说："咱从哈剌兀那山北边迁徙到这儿，也没走出多远，来到你老家附近。既然你与生身地感情深，愿意在这扎营，那就在这扎营！"说着下马。扎营的口令，从前边往后传递着。命令一下，大伙儿纷纷自找地方卸车，搭建毡房格尔。

科尔沁部左翼首领孛罗乃诺延带领一部分人马开路，后面是绵延数里的勒勒车，上面是老人、孩子、生活用品；成年人赶着成群的牛羊，还有少数骆驼，随着队伍行进，来到一处水草丰盛的地方。

孛罗乃诺延问身边人员："这里怎么样？水草行吧？你们看，中间有河，两岸为草地，你看那草长得多好！"

身边随行将军说："齐王，这里是宝日陶亥地界了。"

齐王孛罗乃诺延说："咱找的就是宝日陶亥，这里水草茂盛，一望无际，在这放牧几年没问题，咱们就在这扎营。"

孛罗乃是成吉思汗的二弟哈萨尔后裔，其先辈在元朝时被封为齐王，因此在北元时人们对其仍以齐王称呼。

孛罗乃诺延表态："好！传令下去，就在这儿扎营。"

牧民们开始卸勒勒车上的东西。孛罗乃下马，仆人拿来毡子铺地上，放个小木桌，孛罗乃诺延坐在小木桌旁边喝奶茶边说："以后，这儿就是咱科尔沁蒙古人的家了！"

正统蒙古部巴延蒙克台吉，是岱宗汗弟弟的儿子哈尔古楚克与也先汗女儿齐齐格公主所生，已18岁，中等个，因缺乏营养，身体瘦弱；其比姬锡吉尔，苗条淑女；乌格岱太保等四位将军，都已50来岁，共同开路，后面是途中慕名来投靠的牧民的勒勒车，上面是老人、孩子、生活用品；成年人赶着成群的牛羊，随着队伍行进。队伍不大，只百十人，他们是边放牧边寻根访祖来到宝日陶亥。

巴延蒙克台吉说："各位恩师，我看这地方水草挺好，咱们暂时在这驻扎一段，歇歇脚，再慢慢寻找我叔爷满都鲁台吉吧！"

乌格岱太保环顾一下另几位将军，见没反对，便说："按台吉的意见办。"向后面喊话，"扎营喽！"

瓦剌·哈剌辉部乩加思兰诺延率领着庞大的队伍，进入河套平原，人欢马叫，绵延几十里，其气势与众不同。

乩加思兰诺延喜笑颜开："哈哈哈哈，咱们终于来到这盼望已久的宝日陶亥了。这儿，比咱老家哈密那儿可强多了。水也肥，草也壮。哈哈哈哈！"

乩加思兰50来岁，膀大腰圆，宽腭凸腮，络腮胡子，猿睛鹰嘴，给人以狡黠与阴险感觉，说话粗声粗气，土里土气，但心细好疑。

猛可将军问："诺延，咱们在哪儿扎营？"

乩加思兰答复："就在这儿、就在这儿，哈哈，不走了，这地方真好，哈哈！"

由于也先汗的大儿子阿失帖木尔的大将拜亦撒哈平章哗变，率四万人投靠乩加思兰，因此河套地区几个蒙古部中以乩加思兰的势力最大。

宝日陶亥，汉文史料所称的河套地区，即现在的鄂尔多斯地区，自古以来始终是蒙古地区。蒙古人在自己土地上放牧不应该有问题，但是，宝日陶亥邻近明朝军事重镇延绥。宝日陶亥进入几股蒙古部落，延绥总兵向朝廷告急。

明宪宗皇帝朱见深上朝议事。明朝太监怀抱拂尘，用他那公鸭嗓宣布："皇上有旨，有本奏本，无本散朝。"

明朝兵部尚书白圭出班，面向皇帝毕恭毕敬地说："启奏皇上，边外河套地区，近期先后进驻几股北房部落，总数达数万人之多。北房所有的牧民，他们都会骑马射箭。平时他们为了生存放牧畜群，是牧民；需要打仗时，不用征召，跨上马背，抽出弯刀就是战士。因此，北房驻牧河套，随时有入边的可能，这严重威胁着我朝边境安全。而我朝延绥巡抚王锐、镇守太监秦刚、总兵官房能，都不能御敌于河套之外，他们'偷肆宜治'。臣意见，朝廷选派几位大将军，分几路大军，分别到河套地区搜查北房部落，凡发现，务将其逐出河套。"

明帝朱见深问："爱卿，你说派谁去合适哪？"

兵部尚书白圭答曰："臣以为，抚宁侯朱永、武境侯赵辅、晋宁伯刘聚，可当此任。"

明帝朱见深问："诸位爱卿，还有什么良策吗？"见无人吱声，便挨个叫名，"抚宁侯朱永、武境侯赵辅、晋宁伯刘聚，朕命你们为驱房大将军，大同巡抚王越督师，各率二万精兵，即日起程，分三路进剿河套，务将鞑靼部落驱出河套。"

明朝抚宁侯朱永对所率明军人马，到双山堡后对正在放牧的蒙古牧民乱杀乱砍，蒙古牧民哭爹叫娘、东跑西窜、乱成一团。明军将截住的很多牛羊赶回明境。明将晋宁伯刘聚率一队人马，在草原上转一圈，就回去了。明延绥总兵官房能率兵同样在开荒川袭击河套蒙古人，造成一片混乱。

第二节　汗裔 18 年苦寻终归宗

明朝军队的袭击，没有动摇北元巴延蒙克、孛罗乃、乩加思兰几个部落在宝日陶亥驻牧的决心，他们各部仍占据宝日陶亥活动。

一天，一牧民向巴延蒙克报告："台吉诺延，明军袭击咱们时，我骑马逃跑，我跑到那边又遇一伙明军追杀，我不要命地拐弯往前跑，一直跑到认为安全的地方我才放慢速度。这时我发现前面有一骑马人，我想找他要点吃的便追上他。我和他一聊，才知道他是追马追到这边来的，他说那边还有很多蒙古人，他说他们的首领也是台吉。"

巴延蒙克台吉顿时兴奋起来说："各位恩师，你们听到了吧，这是好消息呀。你们帮我找我叔爷满都鲁，找了 18 年了，几乎找遍了蒙古高原的全部鄂托克、阿寅勒，都没有找到，把你们几位恩师都累垮了、累老了。古语说：'精诚所至，金石为开。'我看哪，就你们这几位将军 18 年如一日，不气馁、不弃不舍的精神，感动了天地，长生天要让我与我叔爷团聚了。我有个直觉，那位台吉，就是我的叔爷满都鲁。走，立即拔营找叔爷去。"

全体人员，听台吉这么一说，都兴奋了，开始动手拆卸毡房格尔。蒙古人的毡房，把上面的圆顶天窗"套脑"和套脑上的伞骨一样辐射下来的细木"乌尼"以及下面一扇一扇组成的网格状支架"哈纳"拆卸捆扎起来装勒勒车上，就可以人走家搬了。搬家的勒勒车一辆跟着一辆向满都鲁台吉驻帐方向驶去。

满都鲁台吉的营地，大小毡房错落有致，形成较大的阿寅勒，村中人员流动井然有序。满都鲁台吉伊克格尔大帐内，两个 5-7 岁的女孩围着满都鲁和满都海戏耍着，这是满都海与满都鲁生下的两个女儿。满都鲁用嘎拉喀占卜得满地红，以为生儿子，没承想连续生了两个女儿。尽管是女儿，不能生孩子的大鼻子中宫还是在一旁羡慕地看着。

探马进帐施礼："报告台吉，那边来了一哨人马，都是蒙古人，拖家带口的，赶着牛羊，走得很慢，像是投奔咱们来的。"

满都海比姬说："出去看看，若是投奔咱们来的，咱就夹道欢迎一下，表示热情。"格尔内人员全都跟了出来，附近格尔内的人员，看见满都海他们都往外走，也都跟着来到阿寅勒门前。

巴延蒙克台吉骑马走在队伍前面，用手半遮眼睛，往前看，看到有人迎出来，非常高兴，情不自禁地说："恩师们，你们看，都迎出来了，肯定是，快走啊！"给马加了一鞭。后面的人，也都加快了速度，后面赶着牛羊、勒勒车的，也都"驾、驾"地吆喝着。

按蒙古人的规矩，巴延蒙克到了距迎接人群几十丈远的地方跳下马来，亟不可待地上前，施礼打听："请问长者可是满都鲁台吉？"

满都鲁台吉答复："正是。壮士何人？"

巴延蒙克台吉立即跪在满都鲁台吉面前，口呼："爷爷、爷爷。"多年的渴望倾泻而发，鼻涕一把泪一把地抱着他的大腿大声痛哭起来，"您让我找得好苦啊！爷爷、爷爷呀！我们找您 18 年了啊！爷爷，找您 18 年了，18 年哪！爷爷、爷爷！"都快背过气去了。在跟前一起去的几位护送他的恩师，听到这样的哭声，也伤感地眼含热泪。

满都鲁台吉莫名其妙，说："我怎么不认识你呀，起来起来，有话慢慢说。"把巴延蒙克扶起来，"走，到格尔内说话。"

巴延蒙克和几位护送将军，随同满都鲁台吉进入伊克格尔大帐。其他人员暂时在阿寅勒门前就地休息，但似乎也看到了希望，面上都有了笑容。

宾主落座后，上奶茶，看来者冷静后，满都鲁台吉开口问："壮士，你细说说，到底怎么回事？"

巴延蒙克说："爷爷，我是您哥哥阿噶巴尔济的孙子巴延蒙克呀！"

满都鲁非常惊奇地："什么？你是我哥哥阿噶巴尔济的孙子？"

"是啊，爷爷，我是您哥哥阿噶巴尔济的孙子巴延蒙克，是我爷爷被害那一年生的；我父亲名字叫哈尔古楚克，我母亲名字叫齐齐格，是贼人也先的女儿，我今年 18 草青了！"巴延蒙克细说身份。

满都鲁听到这里，已完全明白，感情油然而生，大声哭起来："哎呀，我侄孙都 18 草青了。巴延蒙克，你好命苦啊！你受尽人间苦难了！爷爷没能关照你呀！爷爷对不住你呀！"哭声十分凄惨。

满都海比姬见此老少同哭的情景，劝道："台吉，你冷静些，这祖孙相逢是好事，应该高兴才对呀，怎么哭起来了？"

大鼻子中宫也劝："台吉，妹妹说得对，应该高兴才对呀。"

满都鲁台吉若有醒悟："对、对，应该高兴、应该高兴！"擦着眼泪说，"应该高兴！你看我这是怎么的了。"而后，向着巴延蒙克问，"这几位将军是……"

巴延蒙克介绍："爷爷，这几位将军，挨个都是我的恩人，是他们既当额吉又当阿爸，把我拉扯大，将我抚养成人。我姑太奶萨穆尔公主将我交给这几位将军时，我还没出满月哪，就这大点，"用手比画着，"我能活下来，全仗这几位将军了。我小时候，他们轮流把我包在怀里，用体温给我取暖。我能活到今天，18年哪，爷爷，都是这几位将军像我亲生父母一样侍候的。爷爷，这几位将军，是我的再生父母啊！"

满都鲁台吉很受感动，说："几位将军，对我们孛儿只斤氏家族恩重如山，是大功臣哪。几位将军请上座，受我一拜！"

几位将军都站起来忙说："不敢、不敢！是小人应该做的！"

几位将军虽然谦逊地这么说，满都鲁台吉还是向他们深深地鞠了一躬。几位将军回礼坐下。

满都鲁台吉问："那你额吉呢？"

巴延蒙克介绍说："我额吉齐齐格公主，背着她父亲也先汗，抱着我，跟着这几位将军偷跑出来，也先汗发觉后派一队人马来追，幸遇好心的那哈出将军，把我交给这几位恩人，将我额吉带回去交给其父亲也先汗交令。若碰到别的将军追击，我们都会被杀死在那里的。"

满都鲁台吉深情地表示："太感谢那哈出将军了！"忽然想起来什么似的，"哎呀，那些牧民是不是还在阿寅勒门外呀？来人。"

仆人进帐施礼："台吉诺延，有什么吩咐？"

满都鲁台吉吩咐："赶紧让那些牧民进爱寅勒，赶紧赶紧，好生安置。另外，吩咐嘎拉图（厨房），多给几头牛羊除魂，大摆宴席，庆祝我孙子巴延蒙克归宗，庆祝我们祖孙团聚；同时给这几位劳苦功高的将军接风洗尘，还要犒劳那些归顺巴延蒙克的牧民们。"

第三节　第七次战乱——满都鲁老营被明朝毁灭

满都鲁台吉、巴延蒙克台吉爷孙会合后，人马比以前多了，为了寻找更好的草场，迁徙到宝日陶亥的一个湖泊红盐池附近驻牧（此地处于今陕、甘、宁、蒙四省区交界处）。红盐池军事地位非常重要，古有"平固门户，环庆襟喉"之称，其势可"羽翼陕北，控扼朔方"，因而历来为兵家必争之地。

满都鲁台吉、巴延蒙克台吉爷孙俩，为解决其部属所需粮食，率领帖木热哈达克、纳贺措、伊内难、乌格岱太保、巴延台墨尔根、博赉太师、额则雷太傅等将军共同进犯韦州（秦州、安定）。明朝大同巡抚王越侦知满都鲁、巴延蒙克倾巢出行，营地只有老弱病残妇幼，便乘机偷袭。

公元1473年（明成化9年）9月12日，明朝大同巡抚王越，在大同城外校场点将："游击将军许宁、游击将军周玉。"二将大声答应走上前，站在其前面。王越下达偷袭命令，"据探马侦查得知，河套虏酋（当时明朝官场这么称呼）满都鲁和巴延蒙克，已率部倾巢出行，现营地空虚。我命令你们，各率4600轻骑兵，轻装出袭，昼夜疾驰，前后夹击，彻底捣毁他们红盐池营地，鸡犬不留。出发！"

明朝军队快马加鞭，向红盐池进军，两昼夜疾驰800里，夜间到达。

明朝骑兵当夜奇袭红盐池大营。明军喊杀声此起彼伏，刀光剑影。一串串火光，腾空而起，火光冲天。营中，蒙古人孩子哭老婆叫，东窜西跑，哭爹喊娘；牛羊鸣叫，乱跑乱窜。明军横冲直撞，见人就砍，烧杀到满都鲁大帐，大鼻子中宫从大帐左侧格尔拿几件衣物刚逃出大帐，被明朝将军许宁一刀砍死在其格尔门前，衣服被抢走了；满都海比姬从大帐右侧格尔中出来，挥刀与许宁格斗，边斗边撤，到拴马桩前，抽空一刀砍断马缰绳，而后跳上马，腿一夹，那马就窜出去了。飞马杀出一条血路逃出，许宁分析是满都鲁小夫人，便带领几个明军追击，追一段，没追上，便回去了。

明朝军队斩杀满都鲁营地老弱病残及妇女儿童355人，获驼马牛羊器械物资无数，把搬不走的各种物资如毡帐房屋等一把火烧了个精光，而后在一片胜利后的嬉笑中离去。满都鲁台吉红盐池营地火光映红了半片天。

明朝游击将军许宁与周玉，怀着胜利后的喜悦和遗憾，悠闲地并马走着，一边走一边聊着贴心话。后面是长长的赶着牛羊、驾驭勒勒车的队伍，车上满载战利品。

"周将军，你说王越这将令下得有多损，非得鸡犬不留。那蒙古小妞，长得都挺俊的，挑好的咱掳两个回去玩玩、尝尝鲜多好！这可倒好，都白瞎了！"许宁首先发出这胜利后的遗憾。

明朝游击将军周玉也无奈地发出感慨："那有啥办法，军令如山倒嘛。他让你杀，你杀多些都没事，你带回去一个小妞儿，抓住可不得了。"

许宁很不服气地说："哼，他们官大的，哪个不藏藏掖掖地整几个回去，他们哪个不吃腥啊！玩腻了，不是卖了就是送人了，有的还杀了，蒙古姑娘死活的事谁管哪？杀了就杀了，卖了就卖了！"

周玉受到一点感触："哎，你还别说，我看杀了挺可惜的，今天我还真给留了几个活的。"

许宁调侃道："老周啊，还真有你的，下回再来，那几个蒙古小妞会感谢你不杀之恩，会拽你上床的，哈哈哈！"

周玉反唇相讥："除了你敢，我是不敢。"

许宁感到很大遗憾地说："哎，老周，我跟你说真格的呀，今天我杀到房酋满都鲁大帐时，跑出来一个中年妇女，抱着几件衣服，长得也挺好看的，我一刀把她宰了；随后又出来一个小媳妇。这小媳妇持刀出来的，那刀啊，玩得才叫绝哪。火光下我抽空看那小媳妇好几眼，那小媳妇脸蛋那个美呀，火光一照，红朴朴的，那个好看劲儿没法形容，我这么多年没看见过。我当时都有点呆了，都不知道怎么使刀了！这要杀错手杀死了多可惜呀！可是那小媳妇，那个麻溜劲儿，一刀，就把拴着的马缰绳砍断了，完了一下子就跳上那光腚子马，飞似的跑走了。道上，还连劈了咱几个想拦她的士兵。"

周玉揶揄说："那你是不是手软，故意把她放跑了？"

许宁不吐不快地说实话："放她跑那我干嘛追，我就随后追，追出去老远老远。我一边追，一边心里就琢磨，一定得想法把她抓住。抓住后我就驮在马上，顺便我就回家了，让她给我做媳妇。不干这窝囊受气，还不知哪一天死的破差事。你们回去，看没有我，报我一个阵亡，也就完事，我老娘还能得俩血金钱。我做着美梦，在后面紧追！打了好几十鞭子，马都要累死了，就是追不上，白追半天。人家骑光腚子马，比咱骑有鞍子嚼的马还得劲儿哪。回来的道上，我心里就琢磨，那小媳妇才叫绝代佳人哪，跟她过上一天，死了都不屈疼！可惜咱这命不行，碰上好机会了，也摊不上好事！"

周玉说风凉话："那你没逮住啊？窝囊废！连个小媳妇都抓不住，砢碜死了，赶明个可别提这事了，叫人笑掉大牙。"

许宁不服气地说："你还别取笑我，那小媳妇那个厉害劲儿，咱还真不行。你没赶上，你要赶上，你比我还得佩服她，你呀，就别说风凉话了！"

明军在嬉笑中离去，红盐池的火光还未熄灭，冒着黑烟，烧焦的死难者尸体味和毡房羊毛味等混合难闻的气味随风阵阵飘散开来。

满都鲁台吉、巴延蒙克台吉率部队归来，见营地变成一片废墟，妻孥皆丧亡，相顾悲哭。

满都鲁台吉见他大比姬在其格尔门前血肉模糊，悲痛已极："夫人、夫人哪！"哭叫好几声，突然想起满都海，大帐附近左右找，在帐前大声呼喊，"满都海！满都海！"无人应声。又看看整个营地情况，庐帐全被烧尽，牲畜全被赶走。

"完了！完了！全完了！""嗨呀，以后可怎么办哪！"一脸颓废的样子，坐在地上哭泣着，"巴延蒙克呀，这地方恐怕咱是呆不了啦，咱们是不是考虑转场啊？"满都鲁绝望地对巴延蒙克说。

满都海这时骑马回来了，安然无恙。满都鲁台吉转悲为喜，像小孩似的立刻起身迎上前，焦急地问："夫人，你可回来了！你没怎么样吧？你是怎么逃出去的呀？"

满都海不直接回答问话，而是接着聊转场的事。

"我刚才听你们说商量转场的事了。我认为，不能转场。这次被袭击遭到毁损事件，虽然是明朝皇帝'捣巢''烧荒''赶马'可恶民族政策造成的，但是，我们自己也有严重失误。首先，是我们首领们思想上太大意了，忘了'螳螂捕蝉，黄雀在后'这个最浅显的道理，没有留出足以保卫老小安全的军事力量；二是我们探马打探的深度、广度不够，信息不灵通，如果能提前探得信息，提前转营不会有如此严重损失；三是我们老营夜间的警戒也不到位；四是我们军事行动的保密工作做得也不够。这次的严重损失，给我们上了一堂严肃的军事课，我们应该吸取这血的教训。"

巴延蒙克台吉说："叔奶说得有道理。这次我们是有重大失误，我们确实应该吸取这次血的教训。"

满都海说："我在逃跑中发现，我们的四周，都有我们蒙古部落，我们应当与他们联合。联合了，力量就大了，明朝再来'捣巢''烧荒''赶马'，也不会那么容易了，也会收敛的。"

"巴延蒙克，你明天就开始四处去联系，尽量把周围的各部落都联合到咱这边来。"满都海布置着任务。

巴延蒙克台吉表示："叔奶，我明白了！"

第四节　形势迫使群雄联合

巴延蒙克台吉带了几个人，骑马四处奔走联络，先到科尔沁部落，这是科尔沁部在宝日陶亥地区的一支。

巴延蒙克台吉拜访科尔沁部首领孛罗乃："孛罗乃诺延，赛音拜诺？"恭敬地献上折叠整齐的白色手帕。

孛罗乃诺延道："赛音拜诺！您是哪个爱玛克的？"

巴延蒙克台吉自我介绍："我是岱宗汗脱脱不花的侄孙巴延蒙克。现在和我叔爷满都鲁台吉在一起，在离这不太远的地方驻牧。"

孛罗乃诺延惊讶地表示："哎呀，巴延蒙克台吉，这些年好吧？您叔爷满都鲁台吉也好吧？"

"谢谢诺延的问候，我和我叔爷都好。但是最近我们碰到了一件大事，我今天特意来与您商量这件事。"巴延蒙克回道。

孛罗乃诺延很直爽，说："啥事您就不客气地说吧，能办的一定办。"

巴延蒙克说明来意："这一时期，明朝对咱蒙古人施行'捣巢''烧荒''赶马'政策。前些天趁我们不在家，明军夜间出动好几支军队，前后夹击，袭击我们营地，把留守营地的老弱病残人员和妇女儿童都给杀死了，庐帐车马物资一把火都给烧了，牲畜牛羊都被赶走了，我们这亏可吃大了。"

孛罗乃诺延说："前天探马回来说这事，但不知是哪个爱玛克，原来是你们哪。"

巴延蒙克台吉说："通过这次被毁事件，我们总结了教训，咱们以单个部落活动，人少力量小，今后肯定还得吃明朝军队的亏。后来才听说，您也在宝日陶亥地区，我就打听着过来了，想与您商量一下，就是商量咱们蒙古部落联合的事。"

孛罗乃诺延说："巴延蒙克台吉，这事您办得太对了，我双手赞成，我不知道孛儿只斤氏满都鲁台吉和您巴延蒙克台吉健在。若早知道你们也在宝日陶亥驻牧，我早就带领科尔沁部众去投奔你们了。这么着，今天先休息，明天早晨天亮就开拔，全体移营到你们那边去。"

巴延蒙克台吉带着几个人，又到瓦剌·哈剌辉部乩加思兰诺延处。

巴延蒙克台吉拜访瓦剌·哈剌辉部乩加思兰："乩加思兰诺延，赛音拜诺？"恭敬地献上折叠整齐的白色手帕。

乩加思兰答应："赛音拜诺！你是那个爱玛克的？"

巴延蒙克台吉自我介绍："我是脱脱不花岱宗汗的侄孙巴延蒙克。我现在和我叔爷满都鲁台吉在一起，在离这不太远的地方驻牧。"

乩加思兰表示惊讶："哎呀！您是黄金家族的台吉呀，您怎么有时间上我这串门啊？"

巴延蒙克说："诺延，我不是来闲串门的，我有重要事情想与您商议。"

乩加思兰见有事求他，便挺傲慢地说："说吧，啥事？"

巴延蒙克介绍情况："这一段时间，明朝对咱北元蒙古人施行'捣巢''烧荒''赶马'政策，这对咱们蒙古人的生存和生活构成严重的威胁。我想，如果咱们不联合起来，单独活动，明朝会利用他们国大人多的优势，集中优势兵力各个击破咱们。那时，咱们蒙古人不仅不可能繁荣兴盛，连生存都不可能了。我们已经吃一次亏了，满都鲁台吉的大比姬，前几天就被明军袭击时杀死了。我想，不能让咱们蒙古部落再吃明朝的亏了。所以，我亲自前来拜见您，与您商量联合之事。"

乩加思兰对联合有疑问："联合？联合？"又思考一小会儿，猛醒，"好、好，联合。不过，怎么个联法呢？"

巴延蒙克说："怎么个联法，还得大家共同商量。"

乩加思兰当即表示："好，大家共同商量好、大家共同商量这办法好！哈哈！"

他有发言权,可以争取权力,所以他欣赏大家共同商量这办法。

乩加思兰伊克格尔大帐内,乩加思兰吃饱喝足后,与夫人、儿子闲谈,女儿伊克哈巴尔图没事儿也凑了过去。

乩加思兰儿子诺谟库问:"阿爸,您答应与巴延蒙克他们联合了?"

乩加思兰答复:"答应了。"

乩加思兰儿子诺谟库提出不同意见:"阿爸,我听说巴延蒙克他们人马不多,都是被咱瓦剌英雄也先汗杀剩下逃出来的,他们加一起也不到几千人。咱们几万人马,凭什么跟他们联合?咱们太吃亏了!阿爸!咱们不能和他们联合,咱们想办法吃掉他们!"

乩加思兰斥责道:"你懂什么?竟瞎掺合!"忽然发现儿子有了进步,"哎呀,别说这臭小子什么不懂,野心倒不小,想吃掉他们,是你阿爸的种。阿爸告诉你,阿爸不是真心和他们联合,阿爸是想利用它们,借他们的光,办自己的事儿!"

乩加思兰儿子诺谟库问:"阿爸,他们那几头烂蒜,有什么光可借的?我怎么没看出来?"

乩加思兰鄙视地看着他:"你个牛脑袋!你没看看他们都是谁!"

诺谟库嘟哝着说:"不就什么满都鲁、巴延蒙克那几个人嘛!"

乩加思兰启发儿子说:"我说你牛脑袋,你真是个牛脑袋,你没看看人家家庭出身吗?人和人一样吗?你现在看,什么满都鲁、巴延蒙克,他们啥也不是,不如咱。可是你知道吗?人家是黄金家族,出大汗,蒙古人都信这个,都崇拜黄金家族,都拥护他们。现在黄金家族活着的爷们,能当大汗的,就两位,都在那儿哪。跟他们联合,他们那光啊,可大了去了!"

乩加思兰儿子诺谟库新奇地问:"怎么个大法?"

乩加思兰继续给其讲解:"你想想,咱让他当大汗,咱能不借光?咱借他们的大车,运咱自己的私货。"压低声音,"到一定时候,那大汗,咱爷们不行也试试吧!"

伊克哈巴尔图坐在她额吉跟前,听阿爸一席话,推了推她额吉说:"额吉,您看阿爸,跟人家办事儿,没等办,就先算计人家,将来非把自己算计进去不可。"

乩加思兰夫人和乩加思兰共同生活多年,早已成为乩加思兰的忠实拥护者,推开其女儿:"别打岔,听你阿爸说。"

乩加思兰得意地说:"臭小子,你说你阿爸与他们联合这着棋,对不对?"

乩加思兰儿子诺谟库傻眼了,做着鬼脸:"阿爸,真有你的。"

乩加思兰夫人对儿子诺谟库说:"跟你阿爸好好学着点。"

乩加思兰最后提醒:"记住,刚才这些话,出去可不能乱说。"

第五节　达延汗巴图蒙克诞生

也先汗的奶奶萨穆尔公主和也先汗的女儿齐齐格公主,让齐齐格公主与黄金家族后裔哈尔古楚克所生的唯一骨血巴延蒙克投亲归宗。在寻亲归宗途中,遇鄂罗忽特爱玛克之斡罗出少师,其女锡吉尔与巴延蒙克台吉幼年结识，两小无猜，产生感情，后在斡罗出提议下，结成夫妻。

1474年，锡吉尔比姬在宝日陶亥，生下了男孩巴图蒙克，即后来的北元大汗达延汗（大元汗）。

因此时已有相对稳定的政治环境和生活条件，其太爷满都鲁台吉和太奶满都海比姬，为其曾孙巴图蒙克的出生，按照蒙古风俗，办了隆重的百日起名宴、周岁"那孙拜亦日"宴等喜庆活动。

在巴图蒙克幼年时期，因为满都鲁台吉和满都海比姬没有儿子，因此对巴图蒙克倾注了格外多的爱。每当巴延蒙克台吉或其锡吉尔比姬领巴图蒙克到太爷格尔时，满都海比姬抱着巴图蒙克都爱不释手，给他这个吃，给他那个玩。因为叔太奶稀罕他，巴图蒙克也愿意找太奶满都海，几天不见，即吵吵闹闹地要求其额吉带他去见太奶。

第六节　满都鲁被侄孙力举当大汗

公元1474年，蒙古满都鲁台吉、巴延蒙克台吉，科尔沁部首领孛罗乃诺延，瓦剌部乩加思兰，蒙郭勒津部首领脱罗干诺延五人喝置金酒结盟。

首先举行结盟仪式。在满都鲁台吉伊克格尔大帐前平地上，摆上香案。案上，中间供上香炉，香炉前置一大碗酒，酒内置放金锭；香炉两边摆青牛头、白马头；案前铺上毡子，盟誓人各占香一支，站在案前，一齐上下摆动几次香，而后按满都鲁、巴延蒙克、孛罗乃、乩加思兰、脱罗干顺序插到香炉里。

满都鲁、巴延蒙克、孛罗乃、乩加思兰、脱罗干都跪在案前，满都鲁、巴延蒙克在中间，孛罗乃、乩加思兰、脱罗干在两边，面向太阳方向，向前上方伸出双手掌，一起朗诵《誓词》对长生天发誓：

"我们（五人各念自己名字）联合，为北元兴旺，愿同心同德，共同努力，有难同当，有福同享，如有异志，愿受长生天惩罚！"

后面站着诸位将军和看热闹的家属和牧民。

誓后起身，五人到案前，将置金酒分为五碗，然后共同举碗，共同一口喝干，之后会心地哈哈大笑。

满都鲁台吉回到伊克格尔，满都海比姬赶紧迎过去。

满都鲁台吉向满都海介绍结拜情况："夫人，今天我们几个爱玛克首领结拜了，都表示为北元事业，愿同心同德，有难同当，有福同享，下一步该推举大汗了。"

满都海比姬说："我都看见了。我原来不是对您说过嘛，该轮到您当大汗了，这不机遇来了。"

满都鲁台吉却说："在不知巴延蒙克消息时，我可以当大汗。现在巴延蒙克来到咱这了，我怎么能和孩子争这汗位呢？"

满都海比姬订正说："台吉，您这话就不对了。汗位、汗权是不分爷孙的，该谁即汗位就谁即汗位。巴延蒙克也不是岱宗汗嫡长子长孙，是您二哥的孙子，论血统，还没有您纯您近哪。我告诉您，这当大汗的机遇，长生天是送给您的，若不为啥在这宝日陶亥结盟呢？我警告您，这汗位，您不能给我整没了。"

满都鲁台吉有顾虑:"那巴延蒙克跟我争怎么办?"

满都海比姬说出自己的看法:"自打他到这以后,我一直在观察这孩子,他脾气是倔点儿,但老实厚道,他绝不是争权夺利那种人,他不会跟您争的。"

满都鲁台吉说:"那我就试试看吧。"

满都海比姬纠正说:"我告诉您,不是试试看,一定要成功。"

巴延蒙克台吉回到伊克格尔大帐,锡吉尔比姬为了自己能当上哈屯,也在鼓动劝说巴延蒙克争汗位。

巴延蒙克台吉与比姬谈近日跑联合的情况:"夫人,这些日子我东跑西颠的,总算没白忙活,这几个爱玛克首领,今天终于结拜了,都表示愿意为北元事业,同心同德,有难同当,有福同享,下一步该推举大汗了。"

锡吉尔比姬高兴地说:"台吉,这回该轮到您当大汗了。"

巴延蒙克台吉不假思索地说:"有我叔爷,怎么能轮到我哪?"

"他都七老八十的人了,还跟您争这汗位啊?"锡吉尔比姬极其不满地说。

巴延蒙克台吉开导比姬说:"不是争不争的事,我内心还真就不怎么愿意当这大汗。"

锡吉尔比姬疑惑地问:"那为啥呢?"

巴延蒙克台吉说出自己内心的真实想法:"你没看我大爷爷脱脱不花当大汗,不仅自己被人害死了,三个儿子也一个没剩;我爷爷阿嘎巴尔济,想当大汗,还没等当上,就被也先太师设鸿门宴整死了。你说当那大汗有啥意思?"

锡吉尔比姬不服这个解释:"那是那个时候,那时能和现在比呀?人们不是常说'此一时彼一时'吗?"

巴延蒙克继续解释:"夫人,现在比那时强不了多少,仍然是乱世。我没有管理国家的经验,当大汗,我没兴趣。"

锡吉尔比姬提醒说:"当大汗都得有经验哪?那不是全靠诺延们辅佐吗?治国良策,都是诺延们为表示自己有才干,争取大汗的信任和重用主动提出来的,您捡其中您认为好的采用就行了,当大汗是不用经验的。"

巴延蒙克台吉反问:"你说的也是理,那咱有忠心耿耿又有能力的诺延辅佐吗?"

锡吉尔比姬提出:"护送您18年,一直把您送到您叔爷这儿的那几位将军不忠心耿耿吗?"

巴延蒙克台吉说:"那几位将军,对我忠心耿耿是绝对没问题的,但他们没有治国的能力,那不等于没有吗?"

锡吉尔比姬又提出:"你们结拜的那个乩加思兰,不保你呀?"

巴图蒙克台吉有点不耐烦地说:"我说夫人,你在家,外面的事情你不知道,那个乩加思兰,和我谈判的时候,那个阴阳怪气,皮笑肉不笑的,谁知道他是抱啥心眼跟咱联合的!"

锡吉尔比姬最后说:"那您是真心不当大汗了呗?"

巴图蒙克台吉答复:"反正我不与我叔爷争。"

锡吉尔比姬鄙夷地说:"没出息!"

结盟后便开始推举大汗，地点选在满都鲁台吉伊克格尔大帐，参加人员有满都鲁台吉、巴延蒙克台吉、瓦剌乱加思兰诺延、科尔沁部首领孛罗乃、蒙郭勒津部首领脱罗干诺延、永谢布部亦思马因诺延以及察哈尔部将领帖木热哈达克、纳贺措、伊内难和巴延蒙克的四位将领乌格岱太保、巴延台墨尔根、博赉太师、额则雷太傅等，会议由满都鲁台吉主持。

满都鲁台吉唱开场白说："我是长辈，今天的会议，就由我来主持吧。蒙古大元朝，败退回到咱老祖宗留给咱们的地方后，外部，是明朝多次进攻，咱蒙古死伤很多人；内部，在明朝'以夷制夷'政策挑拨下，互相剪除残杀，而后又是争权夺位，多次互相残杀，弄得君臣离心离德，国家不像个国家。这几十年，脱脱不花汗、乌珂克图汗、摩仑汗相继被害。现在，咱北元没有大汗已经八年了，没有人去统辖咱蒙古各部落。今天，咱们联合了，人数达几万人，有了去统辖蒙古高原各部落的基本力量了。但是，人无头不走，鸟无头不飞，羊群得有头羊领着，咱们得推举一位首领，做咱们的大汗，带领大家再次统一蒙古高原。你们看谁合适？"

科尔沁部首领孛罗乃首先发言指出推举方向："咱蒙古人的大汗，几百年来都是由乞颜部孛儿只斤氏的男性担任，现在，咱这儿就有乞颜部孛儿只斤氏两位后裔，满都鲁台吉和巴延蒙克台吉，他们二位都有资格当大汗。咱们在他们二位台吉中选一位做大汗就行了。"

乱加思兰胸有成竹地说："我认为巴延蒙克台吉当大汗比较合适。"

巴延蒙克台吉赶紧推辞："不行不行，我太年轻，没有经验，更没见过复杂的世面，可别耽误了咱统一蒙古的事业！你们还是拥立我叔爷满都鲁台吉当吧。"

满都鲁台吉假意推辞一下："巴延蒙克年轻，还是巴延蒙克即大汗位合适。"

乱加思兰再次表态："我认为巴延蒙克台吉即汗位，是再合适不过了。一是他年轻，才23岁，年富力强，没有经验，可以积累嘛，时间长了，不就有经验了吗？二是他辈分比较合适，他是乌珂克图汗、摩仑汗的晚辈，这是顺位即汗位。若是满都鲁台吉即汗位，资格、经验都没有问题。问题是，乌珂克图汗、摩仑汗是满都鲁台吉的晚辈，他们被害后，由长辈继承晚辈的汗位，我认为：一是这么做没有先例；二是有点倒反纲常。如果没有乌珂克图汗、摩仑汗的晚辈继承人，满都鲁台吉即汗位也是可以的。既然有晚辈继承人，我还是坚持由晚辈继承人巴延蒙克台吉即汗位。"

巴延蒙克继续推辞："乱加思兰诺延，我的能力我自己知道，我属实当不了大汗。为了咱蒙古统一事业，我求求您了，您还是推举我叔爷满都鲁台吉吧。"

科尔沁部孛罗乃诺延倾向于满都鲁台吉即汗位，便说："巴延蒙克台吉推辞得这么恳切，我看就尊重他的意见，推举满都鲁台吉即汗位吧。乱加思兰诺延，您看，怎么样啊？"

乱加思兰诺延看孛罗乃诺延商请他改变人选，顺应形势说："巴延蒙克台吉推辞，坚决不即汗位，那就拥立满都鲁台吉即北元大汗位吧。"

蒙郭勒津部脱罗干诺延表态："我拥护满都鲁台吉即汗位。"

永谢布部亦思马因诺延表态："我也拥护满都鲁台吉即汗位。"

察哈尔部将领帖木热哈达克、纳贺措、伊内难，当然愿意自己的首领当大汗，都表态拥护满都鲁台吉即大汗位。乌格岱太保、巴延台墨尔根、博赉太师、额则雷太傅四位将军，见其保护的汗裔巴延蒙克台吉自己坚决推辞不当大汗，有劲儿使不上，只好互相递眼色会意顺其形势，异口同声表态说："我们同意巴延蒙克台吉的意见，拥护满都鲁台吉即汗位。"

巴延蒙克台吉总结性发言："那就这样定了，由成吉思汗第 12 代孙、我叔爷满都鲁台吉即北元大汗位，择良辰吉日举行即位庆典。"

满都鲁台吉坦然接受："那我就谢谢大家的信任了。咱们目前还比较困难，象征性地搞一个典礼就行了。"

乩加思兰诺延赶紧溜须说："满都鲁汗，小女伊克哈巴尔图今年芳龄 15 草青，虽然不是闭月羞花之貌、沉鱼落雁之容，但是从小长在老臣身边，很懂得三从四德女儿经的，臣愿将小女献与大汗，早晚服侍大汗，务请大汗笑纳！"

满都鲁台吉听说才 15 草青，比满都海比姬还年轻 10 多草青，便动春心答应说："乩加思兰诺延有这样的心思，那恭敬不如从命了。登基即位那天送过来，一并加封就是了！"

伊克哈巴尔图见其阿爸很兴奋地回来，便迎上去："回来了，阿爸。"

乩加思兰很开心，刚坐下，就招呼："巴尔图，你过来，阿爸跟你说件事。"

伊克哈巴尔图疑惑地问："啥事？阿爸，这么着急。"过来到阿爸跟前站立。

乩加思兰拉过女儿手，隐瞒当大汗老丈人的喜悦，假装愧对女儿的样子说："姑娘，阿爸对不住你了。"

伊克哈巴尔图更加疑惑地问："怎么了？阿爸，啥事，您说吧！"

乩加思兰细说原委："原来阿爸打算，推举巴延蒙克当大汗，然后阿爸把你献给大汗做哈屯。他年轻，你们俩般配。没承想，这巴延蒙克不识抬举，坚决不当大汗，非把大汗让给他叔爷满都鲁当不可。嗨，这一来，你就受委屈了。"

伊克哈巴尔图已知她阿爸要说啥："阿爸，那您就把我当礼物献给那老头了，对不？"

乩加思兰解释其用意："阿爸不是考虑你能荣华富贵嘛，再者那不是一般老头，是大汗，你做大汗哈屯，阿爸也借点姑娘光啊。"

伊克哈巴尔图有点不高兴："我看您就是拿我送礼，自己想享受荣华富贵。"

乩加思兰道出内心秘密："你得理解阿爸，人们都传说'伴君如伴虎'，以前咱也没伴过君，也不知这虎啥样。这回阿爸给大汗当太师，那不是如同伴虎嘛。姑娘，你当哈屯，给大汗伴驾，放耳朵听着点，汗廷有啥对阿爸不利的事，给阿爸捎个信儿，阿爸也防着点儿，免得吃'伴虎'的亏。"

第七章 英才初绽

第一节　满都鲁登基为北元大汗

公元1474年，满都鲁台吉在"哈撒阑台山坡（又译为'哈萨哩答山梁''哈忒呼兰太山'）"即汗位。

满都鲁台吉属下人员，听说自己的首领当大汗都很高兴，都很积极地在选择的吉祥之地哈撒阑台山坡搭建举办即汗位仪式的伊克大帐，柱子等裸露地方都用黄绸子包上，变成了昔剌斡耳朵金帐。金帐正中悬挂成吉思汗画像，四角立有类似哈日苏勒德的4个陪纛。金帐前，竖立着9杆查干苏勒德，中间的最高，上边都有多条飘带。金帐外，有很多拴马桩。

乩加思兰诺延在大汗即位典礼前，将女儿伊克哈巴尔图送到大汗处。其女儿，因遗传因素，只是年轻，长得并不漂亮，一般长相。

典礼，简单但不失隆重。鼓乐齐鸣，看热闹的人很多。汗廷人员，在龙时（9点）纷纷入帐，各找相应位置落座。

礼宾官宣布："鼓乐停。"

满都鲁汗进入金帐，群臣起立。满都鲁汗坐到事先准备好的雕刻细致的精美大椅子上，坐北朝南，左右椅子闲着。群臣分立两旁，右侧有巴延蒙克、科尔沁诺延孛罗乃、蒙郭勒津诺延脱罗干、永谢布诺延亦思马因、瓦剌诺延猛可以及护送济农归宗的瓦剌乌格岱诺延、撒尔塔郭勒巴延台诺延、喀喇沁博赛诺延、洪吉喇额则雷诺四位将军；左侧有瓦剌乩加思兰、猛可以及斡罗出、阿尔斯楞、帖木热哈达克、纳贺措、伊内难五位将军。满都海和巴尔图，在下面候封，非常庄严。金帐外，四名战士分两边持刀站岗，显得威严。帐内帐外，鸦雀无声。

礼宾官宣布："今天，北元第19任大汗，满都鲁汗登基即位。现在，典礼开始！庆典第一项：百官朝贺！"

群臣都跪倒，满都海和巴尔图台下也跪倒，齐声高呼："祝大汗万岁、万岁、万万岁！"

蒙古原来没有宗亲长辈以及各部首领见可汗行跪拜礼仪。窝阔台汗即大蒙古国汗位后，契丹人耶律楚材帮助创制朝仪，规定了皇族诸宗王以及各部首领见大汗时的跪拜礼仪，此后才有了见可汗山呼万岁的跪拜礼节并一直延续执行着。

满都鲁汗笑容满面地说："众爱卿平身。"

满都鲁汗发表登基后的演讲："众爱卿，朕是忽必烈汗后裔，继承的是忽必烈汗建立的大元帝国北撤后的基业，我为北元可汗，汝等为北元臣辅。北元因为内乱，汗位空悬八年，今天，大家共推朕为可汗，愿我等上下齐心，共同努力，把北元事业发展壮大！"

礼宾官宣布："庆典第二项：大汗封臣！"

满都鲁汗："众爱卿听封。"众诺延重新跪倒听封。

"封巴延蒙克台吉为孛罗忽济农；

"封科尔沁诺延孛罗乃为齐王、中书省左丞相；

"封瓦剌诺延乩加思兰为太师，兼中书省右丞相；

"封瓦剌诺延猛可为枢密院知院；

"封蒙郭勒津诺延脱罗干为枢密院同知；

"封土默特部恩古特鄂托克帖木尔诺延，为国丈、平章政事；

"封永谢布部亦思马因诺延，瓦剌乌格岱诺延、撒尔塔郭勒巴延台诺延、喀喇沁博赉诺延、洪吉喇额则雷诺延五人，为平章政事；

"封幹罗出、阿尔斯楞、帖木热哈达克、伊内难、纳贺措五人为将军。"

众人齐声："谢大汗恩典。"磕头后，站立两旁。

满都鲁汗点名："满都海、伊克哈巴尔图听封。"满都海、伊克哈巴尔图赶紧跪下。

"册封满都海为彻辰哈屯(汉译为娘娘)、伊克哈巴尔图为巴嘎哈屯(小哈屯，汉译为侧妃)。"

满都海、巴尔图二人磕头谢恩，磕头后到台上就座，满都海坐左座，巴尔图坐右座。

满都鲁汗点名："乩加思兰太师！"

乩加思兰太师答应："臣在。"出班站中间面朝大汗听旨。

满都鲁汗开始布置任务："咱北元，汗廷机构已正式恢复，你马上写国书，照会明朝、高丽、蒙兀儿斯坦、萨马尔罕等周边国家；照会女贞、海西等部落；同时，通知土默特、鄂尔多斯、兀良哈、喀尔喀、科尔沁、瓦剌各部各爱玛克，今后要按老规矩，定期朝觐大汗并向汗廷缴纳贡物，听从本可汗军事调动。"

乩加思兰太师答应："加。"

礼官宣布："进行第三项：庆祝活动开始。"鼓乐响起来，大家都拥向外面，参加庆典文化娱乐及赛马、摔跤等活动。

在满都鲁汗即位典礼散去的路上，牧民边走边议论。

约40岁的一位大嫂评论说："哎，大姐，你看那小哈屯长得也不漂亮啊！大汗怎么相中她了呢？"

比她大几岁一位大嫂议论说："人家有好阿爸，听说满都鲁汗当大汗，全仗着她阿爸的势力。"

第一位大嫂继续发表议论："我觉着吧，她阿爸没势力，就她这长相，大汗能要她？"

比她们年轻一点的大嫂谈自己的看法："那也不一定，人家占一条，年轻，才十五草青。"

一位年轻姑娘忍不住插嘴说："老牛吃嫩草，谁不得意呀？"

那几位大嫂听了年轻姑娘的话，有了取笑的话料，说："哎呀，咱几个光顾聊，没看见咱这妹子，脸蛋长得俊还年轻，比那巴嘎哈屯强多了，哪天让大汗也到这儿吃嫩草吧。"

年轻姑娘说了自己的看法竟被取笑，生气地说："你真坏！"说着追打，一跑一追。

第二节　满都海酝酿扩土增实力

满都鲁汗金帐里，满都海哈屯进帐施礼："大汗。"满都鲁汗说："来、来，坐下、坐下。"

满都海哈屯不慌不忙地走上去坐左边，说："这些天，我没看见哪个兀鲁思、哪个爱玛克诺延来朝见您。今天在格尔内没事，过来瞧瞧。这两天，哪个部落哪个爱玛克，来朝见您呀？"

满都鲁汗无可奈何地说："是啊，我也在琢磨这事。前几天，我还问秃阿赤，汗廷给各部落、各爱玛克的通知发下去没有？他说都发下去了，一个没落。你说这是怎么回事呢？他们到现在还没来人朝见我这个大汗，他们是不是不想承认我这个大汗哪？"

满都海哈屯发表自己的看法："大汗，您称汗已经两个月了，这通知发下去也两个月了，到现在为止，没人来朝见大汗，这其中肯定有不想承认您这个大汗的成分，但我想，更主要的是，他们不想汗廷管他们，想当逍遥自在王。这些年，他们自在惯了！"

满都鲁汗问："那怎么办呢？咱不能老是这点阿拉巴图（蒙古语：部众、百姓、纳税人），这一块地方啊！"

满都海哈屯开始与大汗商量扩大领地和部众之事，感慨地说："我总想统一蒙古，可就这点儿人马，怎么统一全蒙古啊？真犯愁。"

满都鲁汗大胆说出自己的想法："何不派兵征伐，逼他们归顺？"

"派兵征伐，逼其归顺，是个路子，但没几万人马不行。这几万人马咱能组织起来了吗？"满都海哈屯问。

满都鲁汗说："乩加思兰太师那有三万人马，再加咱察哈尔的和蒙郭勒津的人马，兵力我看没问题。"

满都海哈屯指出："乩加思兰号称有四万人马，但多数都在哈密北山那块，在宝日陶亥这儿的我看也就万八千人，能凑足几万人马吗？"

满都鲁汗满有信心地说："让乩加思兰把人马都调这边来，三万来人马能凑上。"

满都海又问："带兵的统帅很重要，派谁去呀？"

满都鲁汗问："你说，派乩加思兰率兵出征怎样？"

满都海说："乩加思兰的部众都调过来，有四万多人，比咱的部众多几倍，可以组织三万军队。可是，您想过没有，乩加思兰虽然与您联合了，推举您为大汗，但没弄清他与您联合的真正目的和用意之前，对他得提防着点儿。"

满都鲁汗又没招了，问："那你说怎么办？"

满都海说出自己的顾虑："您没看嘛，属于咱自己的军队少，尤其是带兵的统帅，咱没有既是心腹又有能力的人。在这乱世之时，让一个不是心腹的将军，带领几万人马出征，他要是杀回来，那咱这来之不易的大汗，不得白送给他人吗？咱北元还能存在吗？"

满都鲁汗没有这方面的知识，很不以为然地说："这能吗？"

满都海哈屯告诉满都鲁汗："这有啥不能？中原就有这样的例子。我的汉人巴克什给我讲过，宋朝开国皇帝赵匡胤，就是这么取得的江山。他当后周大臣的时候，谎报北汉与辽会师要南下，后周小皇帝交给赵匡胤军权，派他率兵从大梁（今开封）带兵去防御；赵匡胤出大梁几十里地到陈桥驿（今开封北），便自称皇帝，指挥军队杀回来，逼迫后周小皇帝下诏书禅让皇位，就这样自己当了皇帝，改国号为宋，成了宋朝开国皇帝。这个教训，咱不能不引以为戒。再说，乩加思兰的人马能交给咱指挥吗？"

满都鲁汗说："没试过，反正这个人就一根筋。"

满都海哈屯分析："据目前形势，我的意见，还是派使臣多联系，就像这次巴延蒙克联络科尔沁孛罗乃、瓦剌乩加思兰等联合一样，多做统一好的宣传工作，尽量使其幡然醒悟，主动投靠汗廷。"

满都鲁汗说："赛音哈屯，凭你的才华，有什么高招妙计改变现在的局面呢？"

满都海哈屯说："大汗，这国家的事情，不像个人家过日子，多付点辛苦就能解决困难。这国家的事情，没有实力，那是逼巧妇做无米之炊，难哪！咱自己，哪怕有一万兵马，我都敢试一试，可惜咱自己连一万兵马也没有啊！"

"照你这么一说，现在只有维持现状了？"满都鲁汗有点绝望地说。

满都海哈屯解释说："不，我的意见，分文武两手准备：文的这一边派人到各部落、各爱玛克去宣传统一与分散的利弊，尽力争取他们主动来归顺。在他们主动归顺之前，先维持现状，看看下步形势再说，不能轻谈出兵征服。武的那一边咱多搞几次练兵，重点放在骑马舞刀、骑马射箭，提高人员军事素质，以备一旦出征，战则能胜。但对外不能说练兵，只能多搞几次围猎，以及摔跤射箭比赛就可以，以免邻近部落，尤其是土默特部落起疑心。"

满都鲁汗自己没办法，只有同意："那就这么办吧。"

满都海哈屯见大汗同意自己的意见，便布置进行："笔且齐（书记官）。"

笔且齐进帐施礼："请彻辰哈屯吩咐。"

满都海哈屯吩咐："以汗廷名义，向各爱玛克、各鄂托克发出通知，告诉他们，汗廷搞摔跤、赛马、射箭、撒布鲁竞赛，要求他们训练年轻牧民摔跤、赛马、练射箭、撒布鲁，并选出优胜者参加汗廷选拔大赛。"

第三节　首战七土默特获胜

满都鲁汗金帐里，满都鲁汗、满都海哈屯二人在秘密议事。

满都海哈屯说："大汗，我现在有一个想法，向您汇报一下。"

满都鲁汗问："什么想法？说吧。"

满都海哈屯汇报："经过这段时间的训练，咱察哈尔的人马，军事素质有了明显提高。我想带他们出去试一把，锻炼锻炼，这是咱察哈尔将来的骨干。"

满都鲁汗问："怎么个试法？"

满都海哈屯说："七土默特诺延哈齐金爱玛克的多郭朗那瘸子，不是个好东西，倚仗权势，为非作歹，我阿爸在他手下，受了不少窝囊气，敢怒不敢言。我想从他那开刀。"

满都鲁汗提醒："那可是你老家呀。"

满都海哈屯说："那也没办法，咱总得走出宝日陶亥这地方啊，不能老待在这一块地方！咱得发展！可往哪个方向发展呢？您看南面是明朝，咱不能动；西面呢，过哈屯河不远就到阿拉善大沙漠了，缺水少草，不是咱游牧民族发展方向，不能去；北面呢，山多，哈剌兀那山等好几座大山，都方圆几百里，也不是发展方向；只有向东面，向土默川方向发展，那里水草丰美，适宜放牧，进而可以再向东发展，这是形势所迫呀，没别的路可走。"

满都鲁汗说:"第一次用兵,你就用到老家去,肯定有人会议论你的。"

满都海哈屯表白心迹:"统一蒙古,总得找个地方下手,这是搞政治,顾不了那么多。只要蒙古能统一,爱怎么议论就怎么议论!"

满都鲁汗问:"那你想出多少人马?"

满都海哈屯说出打算:"咱察哈尔的人马,再加上脱罗干的蒙郭勒津的人马就够了,孛罗乃丞相和乱加思兰太师那儿再出点儿人马更好。"

满都鲁汗问:"你想自己率兵出征?"

满都海哈屯否定:"不,由大汗您亲自率兵,我给您当参谋。"

满都鲁汗看有表现自己之处,马上答应:"好,就这么定了,明天召开汗廷会议部署一下。"

满都海哈屯劝止:"别慌,我建议,先派人与七土默特脑颜宝力德少师诺延联系,他与哈齐金多郭朗诺延有矛盾,争取和他联兵,内外夹击多郭朗,可以取得事半功倍的战果,最低也要脑颜宝力德少师诺延,在咱们进攻多郭朗时保持中立。"

满都鲁汗表示:"这意见好,马上派人,传秃鲁黑(汉译为近侍、亲信、心腹)。"

秃鲁黑进帐施礼:"请大汗吩咐。"

满都鲁汗吩咐:"秃鲁黑,七土默特脑颜宝力德少师诺延与哈齐金多郭朗诺延有矛盾,你多带些礼品,少带几个人,秘密到七土默特找脑颜宝力德少师联系,争取和他联兵,内外夹击多郭朗,最低也要脑颜宝力德少师在咱们进攻多郭朗时保持中立。"

秃鲁黑答应:"加。"施礼,倒退二步,转身出去了。

满都鲁汗金帐内,满都鲁汗和满都海哈屯坐上座,召集汗廷诺延们开会,各位诺延分坐两廊。

满都鲁汗说:"各位诺延,今天的会议,一个议题,就是研究出兵征伐七土默特多郭朗问题,如何攻取,请大家发言、各抒己见。"

孛罗乃丞相第一个发言:"咱不能老守着这宝日陶亥一块地方,现在咱也具备了一定实力,应该走出去,扩大领地。七土默特多郭朗占有着土默川平原,那里水草丰盛,是发展方向。大汗即位已好几个月了,七土默特离这么近,多郭朗也不来觐见大汗,应该征伐。"

脱罗干知院补充说:"我听说孛赉太师弑杀乌珂克图汗时,七土默特多郭朗也参与了,他俩是狼狈为奸、一丘之貉。七土默特应该征伐,应该击杀多郭朗,为乌珂克图汗报仇。我同意出兵七土默特。"

联合的几个部,就乱加思兰太师的人马多。他担心让他多出兵,赶紧表态:"我也同意出兵征伐七土默特,但不能由我们一家出兵。"

猛可知院表态:"没意见。"

满都鲁汗总结发言:"既然汗廷几位主要诺延都同意出兵征伐七土默特,这事儿就定了。下面朕做具体兵力安排:蒙郭勒津出人马3000,由脱罗干诺延带队;瓦剌出人马3000,由乱加思兰诺延带队;科尔沁出人马3000,由孛罗乃诺延带队;其余所需人马,都由察哈尔爱玛克承担。怎么样,乱加思兰太师?"

乱加思兰见自己人马虽多,但汗廷安排出兵并不多,与别的部一样,公平合理,便说:"这样出兵合理,但不知统兵元帅安排哪位诺延哪?"他问的意思是想当总指挥。

满都鲁汗未直接回答乩加思兰的问题，问："对兵力安排，其他诺延有意见没有？"

其他诺延共同回答："没意见。"

满都鲁汗宣布："征伐军队，朕自己指挥，满都海哈屯当参谋。征伐的战术，实行包围战。蒙郭勒津部脱罗干诺延对土默川地区比较熟悉，科尔沁部孛罗乃诺延从东边迁徙过来时，对土默川地区也有一定了解，你们两位诺延各自带领你们的人马，提前出发，迂回到七土默特哈齐金鄂托克后方，从其后方进行攻击。朕和乩加思兰诺延带领察哈尔和瓦剌人马，从正面进行攻击。来个东西夹击，争取一次战斗解决问题。对这种战术安排，有意见没有？"

各位诺延："没有。"

满都鲁汗说："如没意见，各部回去后抓紧准备。孛罗忽济农。"

孛罗忽济农起立应答："臣在。"

满都鲁汗命令："你率你的人马，留守宝日陶亥大营。"

孛罗忽济农答应："加。"

满都鲁汗问："赛音哈屯有什么补充的没有？"

满都海哈屯答："我补充两条。"

"第一件事：征伐七土默特，攻击重点是袭杀其首领多郭朗，而多郭朗是哈齐金爱玛克人，因此重点是攻击哈齐金鄂托克，咱出兵后集中兵力直奔哈齐金鄂托克；

"第二件事：各部留守人员，统一由孛罗忽济农指挥，一定要注意防范明朝乘机偷袭捣巢，一定要杜绝红盐池捣巢事件重演。"

满都鲁汗强调："赛音哈屯补充的这两条很重要，请大家认真落实。另外，朕已派秃鲁黑作为使臣，去与七土默特脑颜宝力德少师诺延联系，争取他与咱们联合共同攻击多郭朗，最低在咱们攻击多郭朗时保持中立，免得咱腹背受敌。秃鲁黑回来，咱就出兵偷袭多郭朗这瘸子，散会。"

秃鲁黑进帐施礼报告："报告大汗，七土默特脑颜宝力德少师诺延同意与咱联兵共同攻击多郭朗，但有个条件，问能不能考虑。"

满都海哈屯问："什么条件？"

秃鲁黑汇报说："他说杀死多郭朗，七土默特没有了首领，问问能否让他接任七土默特首领。"

满都海哈屯反问："你怎么答复他的？"

秃鲁黑说："我跟他讲，你要尽快来朝见大汗，归附汗廷，取得大汗的信任，汗廷会考虑的。"

满都鲁汗问："他怎么说？"

秃鲁黑答复："他说杀掉哈齐金多郭朗后，立即来朝见大汗。"

满都海哈屯向大汗说了自己的看法："大汗，脑颜宝力德少师未同秃鲁黑一起来朝见大汗，说明他还想观望形势，看咱们能不能战胜七土默特多郭朗。"

满都鲁汗肯定满都海哈屯的分析："赛音哈屯说得对，这一仗非打胜不可。秃鲁黑。"

秃鲁黑起立："请大汗吩咐。"

满都鲁汗吩咐："你明天再去找脑颜宝力德少师诺延，告诉他答应他的条件，让他准备好人马，从明天算起，第五天牛日太阳两丈高时，向多郭朗发起攻击。"

秃鲁黑答应："加。"施礼，后退两步，转身走了。

满都鲁汗招呼："秃阿赤。"

秃阿赤进金帐施礼："请大汗吩咐。"

满都鲁汗下达攻击命令："你去蒙郭勒津部、科尔沁部、瓦剌部，通知他们：从明天算起，第五天牛日太阳两丈高时，向多郭朗发起攻击，让他们安排途中时间择日启程。"

征伐七土默特，是满都鲁汗即汗位后的第一场战争，满都鲁汗亲自率领察哈尔的人马向七土默特哈齐金鄂托克跑马进军。

多郭朗正与几个诺延在自己的好如嘎大毡帐内喝酒，下面有几个年轻姑娘在跳舞、唱歌，后面有乐队伴奏。

多郭朗诺延有点半醉，端起酒碗："来，喝酒。"其他人都端起了酒碗。

多郭朗诺延的墨日根想起自己的担心，便端着酒碗，侧身探向多郭朗小声说："伊金（蒙古语：主人）诺延，满都鲁称汗已经有好几个月了，咱们离这么近，始终未去朝见，他肯定对咱们有想法。"

多郭朗诺延借着酒劲儿，大声说："有想法又怎样？谁怕他！"一同喝酒的人，一听这话都放下手中酒，听多郭朗发议论。

墨日根婉转解释："伊金诺延您别生气，我说的意思不是怕他。我是说，咱土默特驻牧地与他们最近，这里水草又好，适宜发展畜牧业。他满都鲁即位当大汗，肯定想扩大地盘。扩大地盘，首选目标肯定是咱们。"

多郭朗诺延还是满不在乎："他满都鲁那两下子，我见识过，他没那个魄力。当年也先太师与他哥哥岱宗汗作战，他满都鲁一仗没打就领他那伙人跑了，就那么个胆。让他来吧，我让他有来无回。"

墨日根提醒："伊金诺延，听说满都鲁娶的那个小媳妇满都海挺厉害。"

多郭朗诺延更是不在乎："什么满都海？满都海我还不知道她嘛！她是咱七土默特·恩古特爱玛克斋桑恩衮·绰罗斯拜·帖木尔的丫头，打小我就认识她，男孩子似的，疯疯颠颠的，她能成什么气候？"

墨日根不死心，仍然提醒："伊金诺延，此一时彼一时，满都海长大了，现在可不能小看了满都海。"

多郭朗诺延生气地说："小看怎样？大看又怎样？墨日根，你今天怎么了？喝个酒你也不让喝个消停！"

墨日根说出自己的担心："伊金诺延，自打满都海当上哈屯之后，我总有一种不祥的预感。"

多郭朗生气了，把酒碗往桌子上使劲一放，不喝了，站起来，摆手："去、去！"将歌舞乐队都撵下去了。喝酒的诺延们也很扫兴，都默默地起来退出大帐。多郭朗诺延自己一人闷坐在那里，生着闷气，大帐里静悄悄的。

探马老远边跑边喊的"报！"声音传进大帐。

多郭朗诺延一怔："怎么回事？"瞬间，探马气喘吁吁进帐、施礼："报告诺延，从宝日陶亥方向过来很多人马。"

多郭朗听这消息，酒醒了一半，忙问："有多少人马？"

探马报告说："尘土飞扬，遮天盖日，看不清楚，最少也有几万吧。"

多郭朗诺延再问："还有多远？"

探马说:"他们都是跑马前进,也就半日程吧。"

多郭朗大惊失色:"赶紧集合人马。"外面响起了急促的牛角号声,各个毡房内的男人们都跃起身,开始披挂起来,奔向诺延大帐,但集合来的都是哈齐金鄂托克的人马。

多郭朗诺延坐立不安,走出大帐,又听一探马喊"报",便站那等待报告。

探马气喘吁吁跑到跟前下马,施单膝跪礼:"报告诺延,从大同方向过来很多人马。"

多郭朗诺延问:"是蒙古兵还是汉家兵?"

探马分析着报告:"看样子可能是蒙古兵。"

多郭朗诺延又问:"约有多少人马?"

探马答:"最少几万。"

"还有多远?"

探马说:"他们都是跑马前进,很快就到。"

多郭朗诺延急得像热锅上的蚂蚁,下着命令:"赶紧集合人马!"外面响起了急促的牛角号声,男人们三五成群地手持刀骑马或牵马,奔向诺延大帐。

多郭朗心急如焚地等待着兵力集结,自言自语道:"一点儿准备都没有,一下子来这么多人马,这不要命吗?!得罪谁了?"抓耳挠腮思索着,明白了。

"对,帖木尔那疯丫头满都海,保证是她,早就听说她野心大,要统一蒙古,这是拿我开刀哇。"

手下将军近前报告:"报告伊金诺延,队伍集结完毕,请吩咐。"

多郭朗诺延听说队伍集结完毕好像打了一针强心剂:"好!"正要做战前动员报告,又听一探马喊着"报"跑过来,单膝跪倒:"报告诺延,西边来了一队人马。"

多郭朗诺延疑惑地问:"哪儿的人马?"

探马分析说:"看样子像咱的人马。"

多郭朗诺延问:"有多少?"

探马答:"有两三千人的样子。"

墨日根在其跟前进言:"可能是脑颜宝力德少师的兵马。"

多郭朗诺延疑问:"他出兵干什么?"

墨日根说:"脑颜宝力德少师平时与您不睦,在这个时候,他带兵出现,我看凶多吉少!"

多郭朗诺延沮丧地说:"他跟着凑热闹,真他妈的要命。"说完,站到一个勒勒车上,一看队伍也就几千人,心就凉了多半截,强作镇静做战前动员报告,"勇士们,今天,长生天给咱七土默特部降下了大灾难,从前后几个方向来了攻击咱的军队,为摆脱这灾难,咱们和他们拼了。"

人马不情愿地混乱地移动,人群中有人发牢骚说:"就这几千人和人家几万人马斗,那不是拿鸡蛋往石头上磕,找死吗?"

说时迟那时快,攻击人马先头部队喊着杀声来到。

攻击人马喊着杀声,从前、后、左三个方面冲进哈齐金鄂托克多郭朗驻帐地,双方展开激烈战斗。多郭朗见只集结几千人马,知败绩难免,乘混乱之机自己一人骑马逃走。其左右人员见主帅逃走,也纷纷效仿逃走。

哈齐金鄂托克的老百姓对多郭朗平时作威作福行为早生不满,恨不得这次他被歼灭,见其逃跑,一士兵高喊:"多郭朗诺延逃跑了!"

满都鲁汗听到多郭朗跑了，便搭话问："往哪儿跑了？"

土默特士兵回话："往北跑了，手下人都跟着跑了。"

满都鲁汗在马上下令："勇士们，追杀多郭朗，一定要活着见人死了见尸。追呀！"率领队伍追杀多郭朗去了。

哈齐金鄂托克百姓不知来兵目的，为了逃命，无目的地东跑西窜。

满都海哈屯见此情景便大声呼喊："哈齐金鄂托克的乡亲们，土默特乡亲们，不要乱跑，我是恩古特的满都海，我们只追杀多郭朗一人，其他人不反抗的一律不杀，你们都到我这边来集合。"

汗廷士兵们也跟着喊："你们不要乱跑，满都海哈屯说了，我们只追杀多郭朗一人，其他人不反抗的一律不杀，你们都到满都海哈屯那集合。"

哈齐金鄂托克的男女老幼都到满都海这集合，人山人海。

满都海哈屯当众宣布："哈齐金鄂托克的父老兄弟姐妹乡亲们，咱北元汗廷成立了，成吉思汗第13代孙、岱宗汗三弟满都鲁台吉即汗位。你们的诺延多郭朗不承认汗廷，不去朝见大汗，搞分裂；另外，多郭朗还参与了孛赉谋害乌珂克图汗的活动，罪在不赦，我们出兵是专门来制裁他的，与你们老百姓毫无关系。从今天起，你们是汗廷属下的阿拉巴图，以后，由脑颜宝力德少师诺延管你们。你们回去照常放牧，照常过你们的日子。听明白了吗？"

众百姓七嘴八舌地说："听明白了！"

众百姓露出笑容，扶老携幼着往回返："一下子来这么多兵，不知道怎么回事，弄懵了。早知道这事，老实在家呆着就好了。"又一个说："可不是嘛，好险没听多郭朗的话参加战斗，若参加战斗，就没命了！"又一个说："丢了命，没地方诉冤去。"

满都鲁汗带着众诺延和部队回来，人们都喜形于色，聚集在满都海哈屯周围。脱罗干诺延和宝力德诺延一起骑马过来，二人向满都鲁汗汇报。

脱罗干："报告大汗，我率部追杀多郭朗。脑颜宝力德诺延地形熟，他在多郭朗逃跑的方向堵截，我们前后夹击，将多郭朗当场击毙，特向您禀报。"

满都鲁汗兴高采烈地表示："好！你们击毙多郭朗，为乌珂克图汗报了仇，也削平了一座搞分裂的山头，我们也多了块地盘。"接着对下属说，"脱罗干诺延、脑颜宝力德诺延、孛罗乃诺延、乩加思兰诺延，你们为这次胜利都做出了贡献，对缴获的多郭朗的马、牛、羊以及其他财产，你们派人分战利品，分四份，你们各取一份。"而后对大众宣布，"勇士们，这次战役，是汗廷建立后的首次战役，首战告捷，你们都有贡献，回去后要隆重庆祝。现在我宣布，凯旋回师。"

蒙古人有喜则高歌的习惯，行军队伍中有人边走边编歌欢唱：

> 多郭朗诺延坏透顶，
> 胆大竟敢杀可汗。
> 满都海一仗要他命，
> 恶有恶报大开心！

满都鲁汗在满都海哈屯安排下，首先出兵征伐七土默特多郭朗获胜，很是兴奋。

满都鲁汗说："赛音哈屯，击毙多郭朗战役取得胜利，全靠你的谋划，你是首功。朕当初爱慕你的才华娶你,看来是百分之百的正确。"

满都海哈屯谦虚地说:"大汗,说那些干啥?"

满都鲁汗在兴头上,接着说:"朕得说,朕的事业得到了发展,朕能不说吗?击杀多郭朗,一是为朕侄子乌珂克图汗报了仇;二是削平了一座搞分裂的山头;而更主要的是,还得到了七土默特的地盘和阿拉巴图。朕的部众多了,地盘扩大了,这是多么好的事情。这都是你帮朕策划的,朕能不说吗?"

满都海哈屯谦逊而又实事求是地说:"大汗,这才刚刚开始,统一蒙古的事业才迈出了第一步,以后的事情还多着哪!"

满都鲁汗尝到了甜头,依赖地说:"赛音哈屯,你随时替朕想着,为朕谋划着,谋划好了就提出来,咱共同商量。"

满都海哈屯说出想法:"我在想,谋害大汗的叛臣贼子,不论他隐藏多久,逃避多少年,必须千方百计绳之以法,不能让其逍遥法外,这样才能对那些危害汗廷的野心家、阴谋家产生震慑作用,才能避免这类人再次图谋颠覆汗廷。"

满都鲁汗说:"赛音哈屯,我明白你说的是啥意思了。"

满都海哈屯说:"好啊,那您说说,我说的是啥意思?"

满都鲁汗说:"杀害乌珂克图汗的罪魁祸首孛赉,被毛里孩兴兵杀死了;参与孛赉杀害乌珂克图汗罪恶活动的多郭朗,被咱出兵杀死了。现在还有杀害摩仑汗的逆臣毛里孩,仍然逍遥法外,你的意思是不是想追杀毛里孩,为摩仑汗报仇啊?"

满都海哈屯予以肯定:"您猜得非常正确。对这类人绝对不能手软,他犯的是灭九族大罪,只要有那个能力,就一定要将他们消灭干净。"

满都鲁汗问:"赛音哈屯,你说咱有那个能力吗?"

满都海哈屯答复:"毛里孩不比多郭朗,多郭朗就管七土默特,而且他的七土默特里,还有不与他一条心的诺延。而毛里孩就不同了,他掌握着全蒙古的权力,从他袭杀孛赉太师来看,他很奸猾,有计谋,不好对付。"

满都鲁汗问:"那怎么办?"

满都海哈屯说:"回去后慢慢琢磨吧。"说完和满都鲁汗打马加速回营去了。

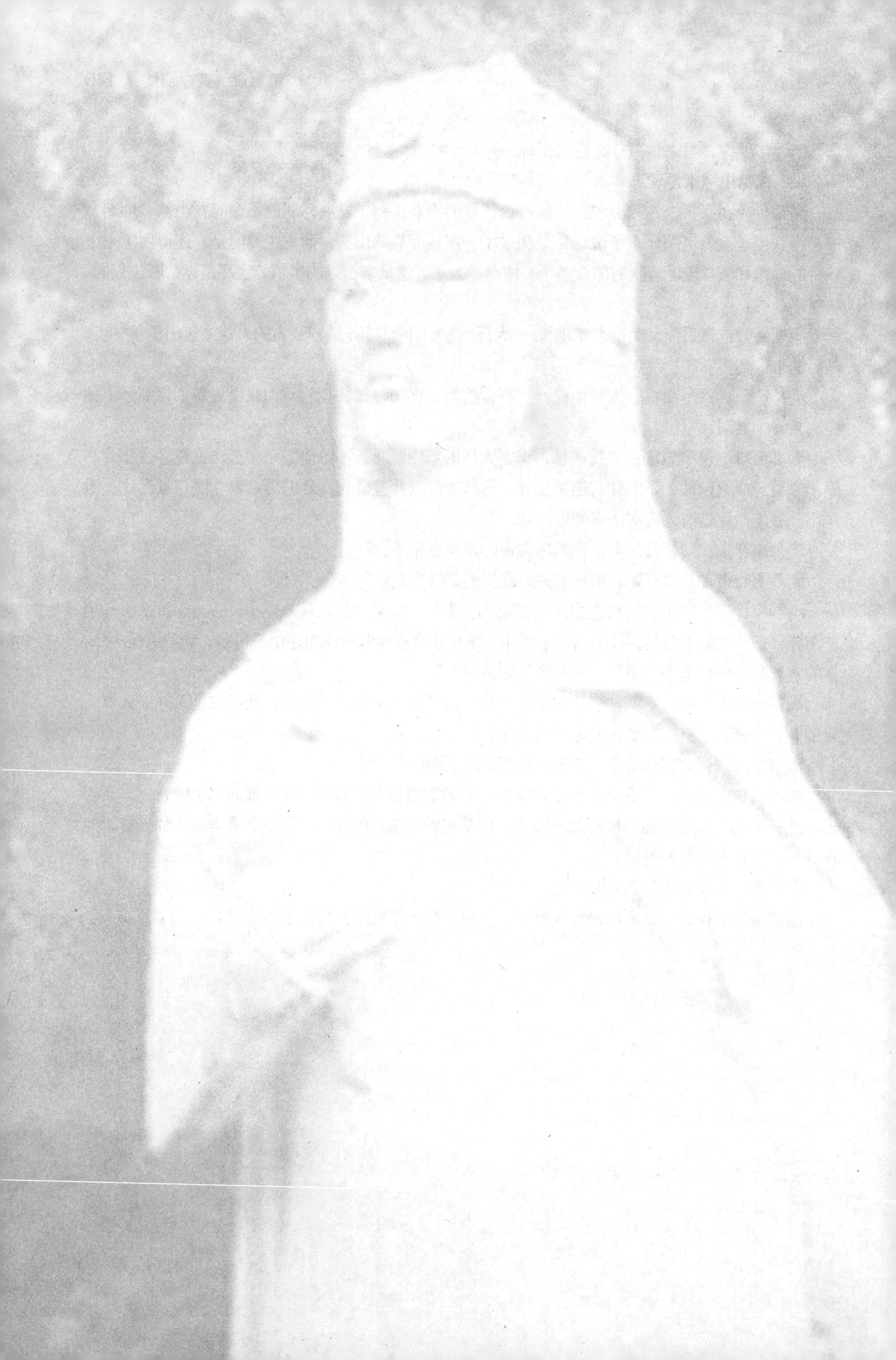

第八章 智除枭雄

第一节　满都海运筹铲除枭雄毛里孩计谋

满都鲁汗金帐里，满都海哈屯向满都鲁汗提出迁徙汗廷驻帐的问题。

满都海哈屯提出："大汗，宝日陶亥红盐池这个地方，作为放牧的草场是个好地方。但是，咱的汗廷设在这里，临时过渡一下还可以，作为长期的汗廷驻地就太不合适了。最不合适的第一个原因，就是距离明朝军事重镇延绥太近，延绥作为明朝军事重镇，那里养着几万人马，汗廷随时有受到他们奇袭捣毁的危险，明朝军队奇袭给咱造成惨痛损失的教训您还记得吧？"

满都鲁汗说："那还能忘得了吗？"

满都海哈屯继续说："正因为有那次的教训，在征伐多郭朗时我留有余地，没有安排更多的人马前去。好在明朝军队没有得到我们出征的情报，我们的汗廷没有被袭击，可是下一次出征就不一定了，这是我要迁徙汗廷的第一个考虑。第二个迁徙汗廷的原因，是宝日陶亥这个地方太小，不利于咱北元今后的发展，咱不能就这么几个部落几万部众呀！"

满都鲁汗听到这，已明白了迁徙汗廷的重要性和必要性，没等满都海哈屯说完，就截断她的话说："往下你就别说了，我明白了你的担心，这汗廷是非迁不可了。你说往哪儿迁吧？"

满都海哈屯说："我建议，第一步迁到哈剌兀那山一带。哈剌兀那山可使明军望而却步，还有哈屯河作为一道天然屏障，使明军不敢妄动，能保障咱汗廷的安全。第二步，根据发展情况再定。"

满都鲁汗说："我看可以，召开汗廷会议商议一下。"

满都海哈屯说："没这个必要，您大汗做个决定，通知他们知道就可以了。汗廷迁徙完后，咱好无后顾之忧地安排下一步军事行动。"

汗廷按照满都海哈屯的安排，迁到了哈剌兀那山一带水草丰盛，可向四处通行的一个地方。

一天，满都海对大汗说："大汗，击杀毛里孩，为摩仑汗报仇问题，从七土默特回来路上咱俩谈了一半。这些天，我一直在琢磨这个问题，怎样才能击杀毛里孩。我的汉人巴克什给我讲过，中原汉人大军事家写的《孙子兵法》说，'知己知彼，百战不殆。'他说的意思是打仗必须知己知彼，而知己知彼的重点在'知彼'。不知彼，盲目出兵，弄不好就会弄个自己有去无回，全军覆没，而现在恰恰咱们是只知己而不知彼，这是战争之大忌。因此，我的意见，先派探马，将毛里孩现在的情况探清楚，以便咱们商量下步怎么对付他。"

满都鲁汗说："你说的有道理，马上就派人去探明。"

满都鲁汗派遣几路探马，在毛里孩诺延驻牧地今蒙古国境内乌里雅苏台地区控奎（即空归河）·扎巴罕（扎布嘎河）附近地区，侦查刺探情报。

其中一探马牧人打扮，正行进间，跑马过来两个人，问："哎，老弟，上哪儿去呀？"

探马回答："去我姐姐家，我额吉想我姐姐了。"

那两个人继续盘问："你姐姐叫啥名啊？"探马编个假名应付说："我姐姐叫阿如娜。"

路查二人继续问："我们怎没听说过阿如娜，你姐夫叫啥名啊？"探马又编个假名应付说："我姐夫叫庆格尔泰。"路查人员说："小伙子，你姐、你姐夫的名，我们都没听说过，你在撒谎吧？"探马狡辩："我去我姐姐家串门，撒谎干啥？再说，咱蒙古人也不会撒谎啊。"路查人员说："去姐姐家串门，很正常，我们哥俩也不愿意查这玩意儿，诺延让查也没法。你要找的人，名字对不上，按诺延的规定，得将你送到诺延那里，查清核实后再放你走。今天你碰到我们哥俩不愿惹事生非的人，就不送你到诺延那去了。你赶紧走吧，别说在这碰见过我们。"

探马道声"谢谢"，赶紧加鞭赶路，到前面一牧民格尔前下马，问："有人吗？"

一女牧民出格尔问："找谁家呀？"

探马很有礼貌地赶紧问安："大姐，赛音拜诺？"

女牧民见面生，说："没见过，不是我们这边的吧？"

探马答道："大姐，我从这路过，渴了，想要点奶茶喝。"

"那怎么不行呢！谁出门也不能带着奶桶走啊，你等着，我去给你取奶茶。"进格尔端来一碗奶茶，"喝吧，不够还有！"女牧民热情而且慷慨。

探马一边喝奶茶，一边闲聊说："大姐，你家马多吧？"

女牧民反问："就几匹马，你怎么看出我家马多呢？"

探马抱歉说："不怕大姐你见怪，不是看出来的，是因为你家我大哥不在家，我猜大哥去放马了。"

女牧民有点怨气地说："我们哪有那个福气呀？自己家的牛羊都顾不过来，叫人白使唤去了！"

探马已猜到一半原因，但故意问道："谁那么欺负人、白使唤人？"

女牧民见有同情者，便倒出苦水："哎，还能有谁，诺延呗！有气也不敢大声哼一声，扔下自家的日子不过，上外头受罪去了。我看你是外地人，才敢跟你说几句真话。"说着进格尔又端了一碗奶茶。

探马明知故问："哪个诺延这么不讲理？"

女牧民回答："还能有谁？毛里孩呗。自从那一年杀死摩仑汗之后，总怕有哪个部落来讨伐他，总抽调一些牧民轮班站岗放哨，来保护他的安全。"

探马又细问："你家我大哥在他那儿做什么呢？"

女牧民的怨气还没出完，继续述说："他能做什么，在外面放哨呗。毛里孩自打听说南边成立了汗廷，总怕汗廷派兵讨伐他，在这边放了很多放哨的，他就在那里头。俩人一班，带上几块干肉，就在外边瞎转悠，渴了就喝河套的水，饿了就啃几口干肉，晚上也不准睡觉，俩人轮班随便找个背风地方坐着打个盹儿，老遭罪了。"

探马为博得女牧民的信任，也顺话茬安慰说："大姐，我也干过那活，真是太受罪了，可有啥法呢，咱这阿拉巴图，就得听人家摆弄啊。忍忍吧，总有一天会出头的。"将奶碗递给女牧民，"谢谢大姐，我走了。"

这一日，满都鲁汗问："探听毛里孩消息的探马该回来了吧？"

满都海哈屯说："该回来了，不碰到意外，也就这两天吧。"

卫兵进帐施礼报告："启禀大汗、彻辰哈屯，探马求见。"

满都鲁汗说："让他进来。"

探马自动交马刀，进帐施礼："报告大汗、彻辰哈屯，卑职奉旨去探听毛里孩有关情况，据毛里孩属下牧民说，毛里孩听说这边汗廷建立，您即汗位后，忧心忡忡，成天担心哪天会发兵讨伐他，因此戒备森严，在咱这个方向，放出很多哨探，我在路上就遇到一拨，被我骗过了。毛里孩又抽调很多人马，有战斗准备。"几路探马先后都回来了，侦查得到的情况都证明毛里孩已有准备。

满都海哈屯说："你们探听到的情况很好，你们受累了，下去休息吧。"

探马们答应一声："加。"施礼，退两步，转身走出。

满都鲁汗见探马退出，便问："赛音哈屯，你看这种情况怎么办？"

满都海哈屯答复："毛里孩在咱这边放了很多哨探，咱一动，他就会得到消息，不等咱们攻击他，他都可能先发制人，先向咱们发起攻击。这种情况下，咱胜算少，即使战胜毛里孩，伤亡也会很大。我想，这场战争，得智取。"

满都鲁汗急着想听："怎么智取？你说说看。"

满都海哈屯说出自己的想法："从正面硬攻，伤亡太大，不足取；咱来个正面佯攻，且战且退，把毛里孩人马吸引到这边来，而后从侧面偷袭，以快、奇、袭击取胜。"

正在此时，伊克哈巴尔图进帐："大汗，赛音拜诺？"施女式蹲式礼，"哈屯大姐，赛音拜诺？"施礼后大大方方地走上右侧哈屯位置坐下。

满都鲁汗对伊克巴尔图到来不以为然，继续问："那正面佯攻，谁攻？侧面偷袭，谁袭？"

满都海哈屯感到很为难，军事部署计划，在实施前怎么能泄密呢？她斜眼看看伊克哈巴尔图，忽然计上心来，说："正面佯攻，虚张声势，许败不胜，步步退却，唯一目的就是将毛里孩的人马引过来。这个任务，既不损失什么，又有战功可得，是个名利双收的活儿，我看委派老太师乩加思兰率领瓦剌人马前去。我想，老太师乩加思兰会乐意领这名利双收的任务的。"用眼睛瞟了伊克哈巴尔图一眼，故意卖一个人情给伊克巴尔图，"是吧，妹子？"

伊克巴尔图"嗯，是、是的"答应着。

满都海哈屯接着说："至于侧面偷袭派谁去，我还没琢磨好人选，选好了，我再向您禀报吧。"

满都鲁汗很正常地说："也好。"

满都海哈屯从金帐回自己的寝帐格尔后，伊克哈巴尔图也立即回到自己的寝帐格尔，一进格尔，见侍女沙琳娜正在收拾。沙琳娜回头见女主人回来，赶紧施礼叫一声"小姐"。

伊克哈巴尔图盼咐侍女："你去告诉我阿爸，大汗要派他去攻打毛里孩，请他心里有数。"沙琳娜答应："加。"立即出去通报。

满都海哈屯回到寝帐格尔，坐好，招呼其大女儿："博若克沁。"

博若克沁答应着跑过来叫一声："嬷母。"因为满都海称呼其额吉为嬷母，其女儿也称呼其嬷母。

满都海哈屯告诉她："你去把你阿爸找到这来，就说我请他。"

博若克沁答应一声："加。"

满都鲁汗随着博若克沁，父女俩手拉手进帐。满都海哈屯赶紧起立让座说："大汗，在您金帐谈偷袭毛里孩的军事机密不太方便，因此把您请到我这儿来。"

满都鲁汗大大咧咧地说："伊克哈巴尔图也不是外人。"

满都海哈屯很认真地说："是的，她确实不是外人。可是大汗，您想过没有，若干时间后才能实施的军事行动计划，让一位不懂军事策略的人听了去，闲聊时当作茶余饭后的故事和别人讲了，俗话说'话'没'腿'跑得快，万一叫毛里孩的人听了去，到时会怎么样？谁能保证咱这里没有与毛里孩关系好的人吗？咱的计划泄露，毛里孩做了准备，咱能打赢毛里孩吗？弄不好弄个有去尢回。"

满都鲁汗才警醒："这么说，朕疏忽了。"

满都海哈屯说："疏忽不疏忽，暂且不谈。我的意见还是先避开一点嫌疑好，防备万一。您把孛罗乃诺延宣到这来，我跟他谈。"

满都鲁汗："传孛罗乃诺延。"

不一会儿，孛罗乃来到。

孛罗乃诺延进帐施礼问安："大汗、彻辰哈屯，赛音拜诺？"

满都鲁汗说："请坐。"

孛罗乃诺延坐下后，问："大汗宣臣有何吩咐？"

满都海哈屯接过来说："叔王，是我找您，是关于征伐毛里孩的事。"

北元大汗都是忽必烈后裔，而孛罗乃诺延是成吉思汗弟弟哈萨尔后裔，因此满都海称呼孛罗乃为叔王。

孛罗乃诺延问："征伐毛里孩是应该，不知怎么个征法？"

满都海哈屯讲她的安排："已经派探马对毛里孩的情况做过侦查，毛里孩对咱们有戒备，已经做了战争准备。咱这边大兵一动，他便知道，这种情况下征伐毛里孩只能硬打硬拼，伤亡肯定小不了，咱人马又没有毛里孩多，胜算小，咱新建的汗廷不能承受那么大的打击。因此，我想智取，这边出兵佯攻，把毛里孩翁牛特的主力吸引出来；另外安排一支人马偷袭，乘毛里孩主力迎战我军机会，偷袭人马直逼毛里孩老巢，将其击杀。"

孛罗乃立即表示："我看这个办法可行，不知您具体怎么安排的？

满都海哈屯说："征伐毛里孩，正面佯攻事，和大汗商量，想安排乩加思兰诺延率领瓦剌人马进行；侧面偷袭，我想让一个毛里孩意料不到的人进行。这个人，得叔王您出面做工作。"

孛罗乃诺延作为汗族近亲，也愿意击杀叛臣逆贼毛里孩，同时也愿意为此做点贡献，因此很痛快地问："彻辰哈屯，您说谁吧？"

满都海哈屯这才直说："您在东蒙古的弟弟乌纳博罗特。乌纳博罗特诺延有相当大的实力，在东蒙古地方驻牧，自从摩仑汗被毛里孩害死后，这八年多光景，没对毛里孩动过刀兵，毛里孩怎么也不会想到乌纳博罗特诺延会偷袭他。我想，利用毛里孩对乌纳博罗特诺延的麻痹心理，让乌纳博罗特诺延袭击他，保证以最小的代价，获取最大的胜利。"

孛罗乃诺延表示："分析得有道理，我亲自去和他说。"

满都海哈屯接着说："谢谢叔王。我相信叔王出面一定能成功，我也相信，令弟乌纳博罗特诺延也一定会出兵,因此,进兵的日子,安排在这个月月末的白天。俗话说'风高月黑夜,杀人放火时',咱偷袭的时间,就安排在当天深夜夜黑时进行。偷袭,就是袭击的行动隐蔽秘密进行,因此具体偷袭事宜,请叔王与令弟乌纳博罗特诺延安排好,保证万无一失。去时,多带些礼品。送别的礼品,令弟是位雄霸一方的伊克诺延(大诺延),他不一定收。咱蒙古铁器紧张,就给他带一些刀箭,就算补充他战争损耗吧。"

孛罗乃诺延表态:"请大汗、彻辰哈屯放心,臣一定做好这项工作。"

孛罗乃诺延领受任务后,即率百多人的随从,奔赴科尔沁草原。科尔沁草原绿草茵茵,草原上处处是成群的牛羊吃草、嬉闹。

科尔沁首领锡古苏台巴图尔之子、孛罗乃诺延同父异母弟弟乌纳博罗特诺延兀鲁灰河(在今锡林郭勒市乌珠穆沁左旗)客里也伊克格尔大帐内,乌纳博罗特诺延正与其额吉在伊克格尔内闲聊。

锡古苏台少夫人忽然想起其诺延的长子,便问:"乌纳博罗特,你大哥孛罗乃他们迁徙到宝日陶亥,有好几年了吧?"

乌纳博罗特诺延掐手指算算说:"额吉,整整四年了。"

少夫人没忘过去的老事儿,又关心地问:"那个满都海姑娘,后来嫁个什么样的人,听说没?"

乌纳博罗特如实告诉其额吉:"我去求婚的第二年,她就嫁给岱宗汗三弟满都鲁台吉,听说现在有了两个女孩。"

少夫人听说满都海已结婚生了两个孩子,很不愉快,说:"博罗特,她结婚、生孩子这事,我怎么没听你向我提起过?这事儿你瞒着我,额吉可生气了。"

乌纳博罗特也不高兴地说:"我不想提这事儿。"

少夫人生气地说:"你不想提这旧事儿可以,可是人家都结婚生孩子了,咱也不能就这么傻等下去呀!"

乌纳博罗特解释说:"额吉,没有像她那样的,我不想结婚。"

少夫人拿儿子没办法,叹了一口气说:"哎,我怎么养你这么个犟种,真没法子,你阿爸若活着,绝对不会让你这么任性。"

这时卫兵进帐,施礼报告:"报告夫人、少爷,大少爷孛罗乃诺延从宝日陶亥回来了。"

乌纳博罗特听说大哥回来了,兴奋地站起来问:"他们在哪儿?"

卫兵答道:"正在前面搭建毡房。"

乌纳博罗特请示额吉:"额吉,我去把他们迎到这边来。"

少夫人答应:"去吧。"

孛罗乃诺延指挥百来名随从正搭建毡房,乌纳博罗特带几个人步行来到,老远就喊:"阿嘎(蒙古语:大哥)、阿嘎。"

孛罗乃诺延正忙着,听到有人叫他,回头看了看,高兴地喊:"博罗特!"而后跑过去,乌纳博罗特也跑过前来。哥俩相视一下,眼中沁出激动的泪花,紧紧地拥抱在一起。

拥抱了好一会儿,博罗特正式向哥哥施礼问安:"阿嘎,赛音拜诺?"

孛罗乃将博罗特扶起:"好,姨娘身体好吧?"

博罗特:"阿嘎,上那边一起住吧。"

孛罗乃说:"本来我想明天再过去看望姨娘,既然兄弟今天过来相请,那就不等明天了。"回头招呼,"札里赤(蒙古语:秘书)!"

札里赤从忙活的人群中走出来问:"诺延有何吩咐?"

孛罗乃说:"把我给姨娘预备的礼品带上,跟我去拜见姨娘。"札里赤招呼几个人,从勒勒车上拿下几个箱子抬着跟在后面。

锡古苏台诺延少夫人正在乌纳博罗特好如嘎大帐中等待孛罗乃的到来。

乌纳博罗特先进格尔说:"额吉,阿嘎拜见您来了。"随后孛罗乃诺延进格尔,口称:"姨娘,赛音拜诺?"说着跪倒。

少夫人年龄与孛罗乃差不多,赶紧伸出手相扶:"好了好了,这么大岁数了,不要行此大礼了。远道而来,一定累了!博罗特,快扶你阿嘎坐下。"

博罗特伸手扶起孛罗乃,到夫人左侧一个位置上坐下。侍女倒上奶茶。

孛罗乃诺延招呼一声:"把礼品抬进来。"几个人抬进礼品,而后给夫人施鞠躬礼请安。札里赤打开礼品箱,把各种绫罗绸缎一件一件摆到夫人面前,退下。

孛罗乃见摆好礼品,便说道:"姨娘,这次来得匆忙,未来得及准备让您满意的礼品,这几件不成敬意,请您老笑纳。"

少夫人很兴奋,说:"哎呀,他阿嘎,你拿这么多礼品,太破费了。"

孛罗乃诺延见礼到人情到,便说离开的话:"姨娘,看见您老人家身体好、精神好,我很高兴。我那还有一百多人马,人多事多,我得回去照看一下。您老先休息,我明天专门来看望您。"

少夫人却热情地说:"博罗特,不能让你阿嘎走,赶紧安排嘎勒图给羊除魂,招待你阿嘎。"

孛罗乃也实在地说:"姨娘,我们哥俩也很久没在一起喝酒了,我也正想与我弟弟好好喝一顿,可今天日头不早了,来不及了,改明天吧。"

少夫人表示:"那也好。"

孛罗乃告辞:"姨娘,那我走了。"

少夫人指示:"博罗特,送送你阿嘎。"二人走出大帐,乌纳博罗特送到大帐外,说:"阿嘎,待会儿我去看你。"

第二节 满都海借科尔沁刀袭杀枭雄毛里孩

孛罗乃诺延临时毡帐内,孛罗乃饭后与札里赤等几个主要随从在帐内闲话。乌纳博罗特带两名侍卫步行来到。

卫兵按同级或上级来访时报消息的规矩,报声:"少爷乌纳博罗特到。"孛罗乃诺延听到通报,赶紧出帐迎接。

乌纳博罗特诺延施蒙古族鞠躬礼，叫声："阿嘎。"

孛罗乃诺延说："来得正好，快请进。"双方坐好，喝上奶茶。

乌纳博罗特诺延发问："阿嘎，听说满都鲁汗封您为汗廷左丞相，您是汗廷重臣，今天您轻骑简从百十人回到科尔沁，想必有重要公务吧？"

孛罗乃诺延照实说："兄弟不愧为大诺延，一下子就看出大哥为重要公务而来，是的，确为重要公务而来。"

乌纳博罗特诺延又问："什么重要公务，有劳当朝丞相亲自前来？"

孛罗乃诺延开始叙事了："兄弟可能听说了，前些天，我们出兵杀死了多郭朗，为乌珂克图汗报了仇，还征服了七土默特，扩大了地盘。"

乌纳博罗特诺延表示："这我听说了。"

孛罗乃诺延问："你知道这场战役是谁策划的吗？"

乌纳博罗特诺延怀疑地答复："满都鲁汗？"

孛罗乃诺延拉长声否定："不是。"

博罗特诺延感到诧异："莫非是满都海哈屯？"

孛罗乃诺延肯定地说："正是。"

博罗特诺延欣赏地赞叹："满都海还有这两下子？"

孛罗乃诺延这才将话题引入正题："满都海哈屯策划的下一个战役，就是要杀掉毛里孩这奸臣贼子，为民除害，为摩仑汗报仇。"

博罗特诺延担心地说："阿嘎，毛里孩的势力可不得了，不能与多郭朗相比呀！他是当代枭雄，势力大呀。"

孛罗乃诺延说："满都海哈屯正是考虑到这一点，才派我到你这来求援的。"

"汗廷的人马，加上我的人马，硬拼，也不一定能战胜毛里孩。"博罗特诺延分析说。

孛罗乃诺延告诉他："你的观点与满都海哈屯的观点相同。"

博罗特诺延听说自己的观点与满都海观点相同，很惬意："是吗？"

孛罗乃诺延接着说："满都海哈屯说，你在这边势力很大，但这么多年没动过毛里孩，毛里孩应该对你放松了戒备。因此她计划，汗廷派出人马从正面进攻他，把他的主力引到南面，请你率人马从侧面偷袭他，将他杀死。满都海哈屯说，她相信你一定会出兵相助。"

博罗特诺延见他心目中昼夜思念的人安排了如此周密的计划，又这样相信他，便吐出真言："毛里孩这小兔崽子，杀害摩仑汗，真是胆大包天，咱科尔沁人是成吉思汗二弟哈萨尔后裔，怎能容得了他这种叛逆行为，我早就想出兵收拾他，只是顾忌他的实力大，怕逮不住狐狸惹一身骚，一直忍着没动他。既然满都海哈屯要我配合汗廷行动，杀死毛里孩，我一定全力配合。知道毛里孩现在具体在哪儿吗？"

孛罗乃诺延告诉他："据探马侦查，毛里孩人马现在在控奎河、扎巴罕河一带驻牧，毛里孩好如嘎大帐在扎巴罕河畔。你攻击的主要目标，是扎巴罕。"

博罗特诺延表示："这路程可不近哪。"

孛罗乃诺延说："满都海哈屯，还让我给你带来点礼品。"

博罗特诺延急了："阿嘎，这礼品我不能收，汗廷这不是把我当外人了吗？"

孛罗乃诺延解释说:"满都海哈屯说,她了解你的为人,她说你虽然没过去朝见大汗,但肯定能配合汗廷击杀毛里孩。她说,别的东西,你这儿也不缺,送给你,你也不一定收。她说咱蒙古铁器困难,让我给你带来五百把马刀、一万只箭簇,在外面车上装着哪,她让你一定收下,她说就算补充你战争损耗。方才在你那儿,因姨娘在场,我怕姨娘为你担心,故意没说这事儿。"

博罗特诺延说:"满都海哈屯真会做事,想得周到。那好,我收下。"

乌纳博罗特回到额吉大帐格尔。

小夫人问:"你阿嘎那边都安排好了?"

博罗特诺延答:"都安排好了。"

小夫人因为是当年科尔沁锡古苏台巴特尔大诺延的夫人,不是一般女人,非常精明,猜出孛罗乃回科尔沁必有要事,便问:"你阿嘎在汗廷当丞相,公事那么多,哪有时间来看望你我,肯定还有其他事儿吧?"

博罗特诺延心知瞒不了额吉,便如实说:"是有其他事儿,不过这事儿我都能办,额吉就别操这个心了。"

小夫人也有她的看法:"你阿嘎在我这一字未露,我估计可能与那个满都海有关。博罗特,我可把话说在前头,那个满都海姑娘没把咱放在眼里,把咱砢碜够呛,满都海的事咱贵贱不能帮。"

博罗特诺延说:"额吉,您说哪儿去了。人家满都海现在是大汗的哈屯,能有啥事儿求咱办呢,是汗廷的事儿,与满都海无关。您放心吧,这事儿我懂。"

满都鲁汗在哈剌兀那山一带的金帐与满都海哈屯议事。

卫兵进帐施礼:"报告大汗、彻辰哈屯,孛罗乃诺延的使臣秃阿赤求见。"

满都海哈屯对满都鲁汗说:"一定是偷袭毛里孩的事儿安排好了,来报信来了。让他进来。"

孛罗乃诺延使臣秃阿赤自动交出马刀,进帐跪倒:"大汗、彻辰哈屯,赛音拜诺?"

满都海哈屯说:"起来吧。孛罗乃诺延有什么重要信息要报告?"

秃阿赤报告说:"孛罗乃诺延就告诉卑职一句话,向彻辰哈屯报告,就说一切都安排好了,按原计划行事。"

满都海哈屯表扬:"你完成得很好,下去休息吧。"秃阿赤磕头,起身,后退二步,转身出金帐。

满都海哈屯告诉大汗:"大汗,孛罗乃诺延亲自回到科尔沁,与其弟弟乌纳博罗特说好了,配合咱们攻杀毛里孩。那边都安排好了,咱们该安排这边的了。"

满都鲁汗授权:"你接着安排吧。"

满都海哈屯:"那您传乱加思兰诺延、脱罗干诺延来汗廷。"

满都鲁汗按满都海哈屯的意见传来了乱加思兰诺延、脱罗干诺延。两位诺延进帐施礼,给大汗、彻辰哈屯请安。

满都鲁汗说:"请坐。"两个诺延坐下后,满都鲁汗发话授权,"二位诺延,朕派给你们两个军事任务,具体安排由满都海哈屯给您们下达。"

满都海哈屯下达命令:"太师诺延,知院诺延,大汗决定要攻杀毛里孩,为摩仑汗报仇,希望由你们率领人马进行。"

乩加思兰看看脱罗干，提出异议："大汗、彻辰哈屯，毛里孩势力强大，兵马多，我们两部的人马怕是打不过毛里孩大军，是不是各部人马都参战？请大汗考虑。"

满都海哈屯反问他："乩加思兰太师，您太急性子了，我的话还没说完，你知道我让你们怎么攻击毛里孩吗？"

乩加思兰抢着提异议，原想的是怕自己吃亏，没承想被满都海反问，弄得很尴尬："不、不知道。"

满都海哈屯接着安排军事部署："那你们听我接着说任务：你们两个部，从正面、侧面两个方向佯攻毛里孩。注意，是佯攻，把毛里孩的人马调出来，不与其打硬仗，接上头就撤退，他不追就掉头攻击，他攻击咱就撤退，就是要达到调虎离山目的，给偷袭其老巢的人马创造偷袭机会。"

乩加思兰一看这活儿太好了，赶紧表态："好，我明白了，我接受任务。"

脱罗干问："安排什么时间偷袭？"

满都海哈屯告诉他们："偷袭时间已定，时间为月末那天深夜，因此，你们攻击毛里孩的时间，定在月末那天下午。你们把毛里孩人马引开后，偷袭人马就到，趁当天夜里月黑星稀，袭杀毛里孩。"

脱罗干问："毛里孩现在具体在哪儿知道吗？"

满都海哈屯告诉他们："据探马侦查，毛里孩人马现在在控奎河、扎巴罕河一带驻牧，毛里孩好如嘎大帐在扎巴干山脚下扎巴罕河畔。毛里孩的探哨放得很远，你们一出兵，毛里孩就会得到报告，你们要防备控奎河的人马从你们身后夹击你们。"

脱罗干说："扎巴干山脚下、扎巴罕河畔这地方，我们提前7天出兵就赶趟。"

乩加思兰说："那就这么定吧，脱罗干诺延我俩分两路直奔扎巴干山。我从西侧进兵，脱罗干诺延从东侧进兵，撤退方向都是宝日陶亥。"

满都海哈屯说："我和大汗，带领察哈尔人马接应你们。"

另一边，乌纳博罗特诺延向各部首领发布战斗动员："各位将军，毛里孩杀死了摩仑汗，是叛臣逆贼，是咱全体蒙古人的公敌。作为哈萨尔的后裔，我不能容忍毛里孩的叛逆行为。过去我想出兵讨伐他，怕逮不住狐狸弄一身骚，一直假装糊涂无任何行动。前些天，满都鲁汗委派其丞相、我大哥孛罗乃亲自前来商谈联合讨伐击杀毛里孩的事，商定由他们出兵将毛里孩主要兵力引到他们那，由咱科尔沁部出兵偷袭他老巢，杀死毛里孩，为摩仑汗报仇。"

众将领群情激奋，呼喊"杀死毛里孩，为摩仑汗报仇"。

孛罗特诺延见众将领杀敌气氛如此高涨，很欣慰，马上做具体部署："各位将军，静一静。征讨毛里孩的方法，是以其人之道还治其人之身。毛里孩用长途奇袭的方法，杀死了叛臣逆贼孛赉，咱们也用此法，袭杀毛里孩。每人带两匹从马，歇马不歇人，带足干肉，一路不生火不冒烟，昼宿夜行，两天后出兵，直奔毛里孩扎巴干山脚下扎巴罕河畔大帐。"

毛里孩太师扎巴罕好如嘎大帐设在扎巴干山脚下，前面是扎巴罕河，大帐四周全是毡房，形成一个古列延。这一天，毛里孩父子兄弟、萨满岱夫人以及众将领，在大帐议事。

毛里孩诺延："今天咱开个会，商量一下下步工作，大家说说。"

额儿德木图首先发言："太师诺延，岱宗汗三弟满都鲁，在宝日陶亥即位称汗，他是摩仑汗的亲叔叔，这对咱可不利呀，我想他迟早会对咱动兵，为摩仑汗报仇，咱要早做准备才是啊。"

谋士墨日根接着也说这件事："太师诺延，我的意见，与额儿德木图一样，满都鲁称汗有几个月了，他们正在养精蓄锐，等待时机。前些天，他们突然分兵几路，突袭包围七土默特多郭朗诺延，多郭朗诺延无备被杀，七土默特被满都鲁收服。我估计，满都鲁的下一个攻击目标，就是咱们了，咱得做些准备。"

萨满岱夫人也不是一般妇女，她也有自己的政见，说："诺延，他们两个说得对，咱是应该做些必要的准备。"

毛里孩胸有成竹、自作聪明地说："两位谋士，诸位将军，你们的担心和顾虑是有道理的。但你们不要怕，我毛里孩不是多郭朗，我掌握着全蒙古的精兵，我派出的哨探，遍布全蒙古，他们哪块有动静，我都能掌握，只要发现他有动作，立即发兵歼灭他们，不要多虑。"

底下的人们小声议论着，左边的一个说："人家攻击你，往往是偷袭，你知道从哪儿偷袭，啥时偷袭呀，不干挨打吗？防得了吗？"中间的一个说："那可不，凡是人家要攻击你，都是做好准备的，你是防不胜防的，没招。"右边的一个说："若偷袭，谁也防不了。早先那时候，孛赉那实力比咱现在大得多，咱偷袭孛赉，不也把孛赉拿下了吗？"

毛里孩看他们几个交头接耳的，便制止道："别嘀嘀咕咕的，有意见大声说，让大家都听听。"那几个嘀咕的人，互相瞅瞅，都不吱声了。

这时，探马进帐施礼报告："报告太师诺延，宝日陶亥方向发现大队人马。"

毛里孩不以为然地说："说来真来，有多少？"

探马答："可能有一两万。"

毛里孩太师点名："额儿德木图。"

额儿德木图起立，面朝毛里孩站立，说："请太师吩咐。"

毛里孩太师下命令："你带两万兵马前去，一定要歼灭他们。"

额儿德木图答应："加。"施礼，转身，一挥手，其手下将领都跟他出去了，帐内人员少了一小半。

毛里孩说："咱接着开会。"

又一探马进帐施礼报告："报告太师诺延，土默川方向来一队兵马。"

毛里孩开始有点紧张了，不像刚才那样镇定了，自言自语地说："看样子满都鲁真要与我斗斗了。招呼墨日根。"

墨日根起立，面向毛里孩站立："请太师吩咐。"

毛里孩太师命令他："你带两万兵马前往迎敌，一定要将他们消灭在那里。"

墨日根答应："加。"施礼后转身，一挥手，归其管的一些将领随他出帐，帐内只剩几个人。

毛里孩有点打趣地说："来了两路兵马，我看满都鲁的人马估计都来了。"

萨满岱夫人心情比较沉重，她随毛里孩的话头说："诺延，这就是说，人家豁出血本来要你命来了，可是你把手头的人马都派出去了，谁来保卫您的安全？"

毛里孩向其夫人摊牌说："夫人，不派出去不行啊，人家来了几万兵马，去少了不白送死吗？

一两万兵马可能都派少了。"

毛里孩弟弟赶紧提出要求："阿嘎，赶紧把控奎河那里的兵马调这来吧。"毛里孩无奈地说："现在调兵来不及了，远水不解近渴啊。"

毛里孩弟弟心存侥幸地说："他们进军慢，咱援兵来得快，也许来得及呢？调兵吧。"

毛里孩认为这也是没办法中的办法，便招呼传令兵："秃阿赤。"

秃阿赤进帐施礼："请诺延吩咐。"

毛里孩太师命令："拿我的金令牌，到控奎河，将那里的人马都调这边来，快去。"

秃阿赤："加。"施礼走了。

额儿德木图站在中间，领着手下将领集合兵员，牛角号吹得呜呜山响。将领们扯着嗓子喊着："满都鲁的军队入侵了，集合了、集合了，去迎击满都鲁入侵军队了，快点快点。"

男人们持刀从格尔内出来拉马去集合。老额吉一边给儿子拉扯着衣甲，嘴里一边叨咕着："儿子，小心点，别傻呼呼地往前冲给毛里孩卖命。毛里孩杀了大汗，长生天不会饶过他的。"儿子反过来安慰着老额吉："额吉，这里是毛里孩老窝，满都鲁的兵马肯定要来这里，刀箭没有眼睛，您还是到别处先躲躲吧。"老额吉无奈地说："我这大岁数，上哪儿去躲呀，你回来还没处去找我，听长生天的安排吧，我就在这儿等你回来。"儿子含着眼泪："额吉，您保重。"母子俩依依惜别。

墨日根那边也是同一番情景，年轻媳妇一边帮丈夫穿着衣甲一边劝丈夫："长点儿心眼，毛里孩杀了满都鲁的侄子，满都鲁当大汗了，能不给他侄子报仇吗？这事和咱老百姓没关系，咱可别为他们狗咬狗的战争搭上命。"丈夫说："我知道，我会注意的，这块是毛里孩老窝，满都鲁的兵马肯定要来这里，兵荒马乱的不安全，你还是先到别处躲躲吧，要保护好肚子里的孩子。"妻子无奈地哭着。

毛里孩太师营地一片惊慌景象，很多牧民因要发生战争，在诺延们大声吆喝制止甚至用马鞭抽打的情况下，仍有人扶老携幼开始向外迁徙，古列延内一片混乱。

乩加思兰率领瓦剌兵马，脱罗干率领蒙郭勒津兵马，同时向毛里孩驻帐地扎巴罕行进着。乌纳博罗特率领科尔沁兵马，白天在森林中藏匿着。

额儿德木图率领毛里孩的兵马迎向乩加思兰兵马，墨日根率领毛里孩的兵马迎向脱罗干兵马。

乩加思兰率领瓦剌兵马，见到额儿德木图率领的毛里孩兵马进到一箭之地，双方列阵，统兵者骑马站在前面。

乩加思兰太师立马横刀，向对方喊话："让毛里孩出来受死。"

额儿德木图也立马横刀，反问："你是何人？敢到这撒野。"

乩加思兰告诉他："我乃满都鲁汗汗廷太师乩加思兰，奉满都鲁汗之命，前来取叛臣逆贼毛里孩的首级。"

额儿德木图也不客气，与其叫号："乩加思兰，你听着，我奉毛里孩太师之命，来取你首级。"

乩加思兰厉声训斥："别废话，快快回去，让毛里孩出来受死。"

额儿德木图刀一挥："冲啊！"士兵们打马加鞭喊着杀声挥刀冲杀过来。

乩加思兰太师喊声："撤！"调转马头就往回跑。士兵们见主帅往回跑都拨马往回跑。

额儿德木图下令："给我追！"率兵追去，追出不远，摆手，"停。"

手下将军问："诺延，趁他们退却，应该追杀呀！"

额儿德木图说："未及交锋，无严重伤亡便退兵，这是诱兵之计，不能上他当，一旦进入他们设下的包围圈，就插翅难飞了，就地列阵等待。"

乩加思兰率兵退了几里地，见追击已停，便摆手叫停。乩加思兰的墨日根说："太师，毛里孩的军队识破咱调虎离山计了吧?！"

乩加思兰说："没关系，虎已经离山了，只是离得不远，继续调虎离山行动。"下令，"向毛里孩大军冲锋。"瓦剌大军大声喊着："冲啊！"气势汹汹地回马向前冲去。

毛里孩大军全部上马，剑拔弩张，做出作战姿态。瓦剌大军到距一箭之地，乩加思兰摆手，又都停下。

额儿德木图骑马上前问："乩加思兰诺延，既然逃跑，为何又回来？不怕我的军队歼灭你们吗？"

乩加思兰说："毛里孩杀害摩仑汗，我们出兵是专门来找毛里孩算账，为摩仑汗报仇的。我们不想伤害无辜，不想杀死你们，请你们闪开，让毛里孩出来受死。"

额儿德木图说："乩加思兰诺延，你说话好没道理，毛里孩是我们的首领，我们能让你杀害他吗？毛里孩诺延让我歼灭你们，勇士们，冲啊！"毛里孩军队又冲上来。

瓦剌军队拨马便逃。毛里孩军队追了一程，也就十里八里，额儿德木图勒住马："停。"

脱罗干率领的蒙郭勒津兵马，与墨日根率领的毛里孩兵马，其冲锋、追击、撤退情况与乩加思兰率领的瓦剌军队的进退情况大致相同。

双方军队几次冲锋、几次撤退、几次追击不交手战斗，毛里孩方主帅发现这是诱兵之计，不能再追了，而汗廷军队主帅认为："只要他们不回去，就达到了调虎离山的目的。"尽管每次追击撤退只十里八里，但几次累计已超二三十里，就算他们发现扎巴干山脚下毛里孩大营有战事，回师救援未必来得及，何况汗廷这两支人马也不会让他回师。

本来是下午进击，这一冲一追一撤，弄几个来回，天色已晚了。乩加思兰太师和脱罗干知院都下令向毛里孩军队靠近，进到距毛里孩军队一箭之地，两军剑拔弩张，互相对峙，都怕对方突然发起攻击自己吃亏。双方指挥官都向自己的部下下令："谁也不能睡觉，时刻保持警惕，防止趁咱们麻痹，袭击咱们。"双方在高度戒备的情况下互相对峙着。

乌纳博罗特诺延率领的科尔沁军队，夜行昼宿几天。这天在树林中藏了一天，见太阳要落山了，将士们一个个从树林中钻出来，都集聚在乌纳博罗特面前，乌纳博罗特向部队做了最后的战斗动员："勇士们，今天夜里，我们就到毛里孩驻帐地扎巴干了。大家骑备马行进，到扎巴干附近甩掉备马换正马冲锋。我再重申一下，咱的中心任务就是要击杀毛里孩，其他人只要不袭击攻击咱们都可不问，明白没有？"

众将士众口答："明白了。"

乌纳博罗特诺延下令："出发。"人马在夜色中奔跑前进。

毛里孩父子兄弟及其夫人萨满岱在毛里孩好如嘎大帐中，忐忑不安地在那坐着，未出征的将军们瞪着眼睛看着毛里孩。

萨满岱夫人急不可耐地自言自语道："派出去的两路大军，一个战报也没有。派人去调集控奎河的兵马来支援，也没见一个人马到来。"

毛里孩也无可奈何地说："是啊，我也正愁这事儿呢。"

萨满岱夫人不无担心又有点预感地说："听说满都鲁的小老婆满都海挺厉害，别是用两拨兵马把咱兵马都调出去，再来一拨兵马偷袭咱古列延，那个时候咱就惨了。"

毛里孩安慰夫人说："满都鲁即位称汗，就凑合那么几个部、几万部众，没多少人马，来了两拨人马，基本是倾巢出动，全都来了，再没有人马派了，放心吧夫人。"

毛里孩二弟提醒毛里孩："阿嘎，嫂夫人的担心有道理，偷袭用不了多少人马，有几千就够。那年咱偷袭孛赉，不也是只用几千人马吗？我看，还是把咱古列延中现有的人马组织起来，布置在古列延四周埋伏、守卫，做些防备偷袭的准备。"

正在这时，听到外面有人喊："报。"

喊报的人进帐施礼："报告太师诺延，额儿德木图诺延派我来向您报告，宝日陶亥方向来的人马是满都鲁汗廷的太师乩加思兰，他领的兵，未交战就往回跑。额儿德木图诺延怀疑是诈兵，追了一段就停止追击了，他们见咱停止追击，便又攻击过来，但也不真正攻击，如此反复，现在在那对峙着，额儿德木图诺延让小的请示太师诺延，下步如何进行？"

毛里孩问在座的各位："诸位诺延，你们说该怎么办？"

将军们各抒己见，有的说："与他决战，决出胜负。"马上遭到反驳："人家不与你决战，你决出胜负了吗？"有的提出："穷追，追到他老巢。"又马上遭到反驳："既然他不与你战，说明其后面有埋伏，他是想引你入瓮，他们巴不得你穷追，追进包围圈，这两万人马就交代了。诺延，这当咱不能上，不能穷追。"没有一个人提出可行的意见。

这时外面又有人高喊："报。"

喊报的人进帐施礼："报告太师诺延，墨日根诺延派小的来向您报告，土默川方向来的兵马是满都鲁汗廷枢密院知院脱罗干，他们见到咱军队后只列阵不冲锋。咱们发起冲锋，他们掉头就往回跑，墨日根诺延怀疑退兵有诈，追了一段便停止追击，他们一见停止追击便又冲过来，已如此几次。小的来时，双方正在那对峙着。墨日根诺延请示太师诺延，下一步怎么办？"

毛里孩二弟表态说："阿嘎，这满都鲁派的两路兵马，都是这一招，我看大嫂分析得有道理，他们玩的是调虎离山计，咱得防备其第三路大军偷袭大营啊。"

毛里孩顿感束手无策，说："大家出出主意，怎么办好？"

毛里孩二弟提议："阿嘎，咱手头只剩几千人马，我看首先部署在咱古列延周围，刚才我的提议没人反对，那我安排去了。"因是毛里海的亲弟弟，说完未等毛里孩点头便安排防偷袭人马去了。

毛里孩大儿子斡赤来提议说："阿爸，我看连夜再向控奎河派一个使臣，让他们连夜出兵支援这边。"

毛里孩已感到威胁，立即同意："可以，你拿我金令牌去安排秃阿赤，让他马上启程去调兵，让他们立即派援兵，就说我说的。"

幹赤来答应："加。"施礼出去了。

萨满岱夫人说声："我出去有点事儿。"说完起身随幹赤来出去了。

毛里孩小儿子没什么经验，提议说："阿爸，派出去的兵马那么多，反正他们那儿也不打仗，先调回来点保卫大营不行吗？"

毛里孩笑着说："你年龄小，没经验，不能那么办。兵马一动，人心就散，阵势就乱，敌兵就会乘机进攻，那必败无疑。"毛里孩回首问，"各位诺延，有什么妙计没有？"

诺延们都不吱声。毛里孩最后自己决策了："告诉额儿德木图诺延、墨日根诺延，一定不能让满都鲁的兵马过来。为避免进入伏击圈套，不能长途追击。"

二探马施礼，退出。

萨满岱夫人出帐后，见幹赤来匆匆去找秃阿赤，萨满岱夫人赶忙叫住幹赤来："幹赤来。"幹赤来回头一看是额吉，便叫一声"额吉"，停住了。

萨满岱夫人到幹赤来跟前，小声对他说："幹赤来，自打你阿爸他们杀害了摩仑汗以后，你额吉一直提心吊胆，今天果然有两路军队来讨伐，说不定还有第三路讨伐军队。你额吉有预感，灾星今天可能要来到咱家。控奎河的兵马，远水解不了近渴，你不要去调兵了。"

幹赤来疑惑不解地问："那怎么办？不能等死啊！"

萨满岱夫人说："额吉告诉你，你阿爸不是给你金牌了嘛！你拿这金牌，说你阿爸将驻牧控奎河一带部众的指挥权交给了你，你就在那儿称王，不要回来了。"

幹赤来要求说："额吉，如果是那样，咱俩一起走吧。"

萨满岱夫人坚定地说："不，我和你阿爸夫妻多年，我要和你阿爸同生死，我不能离开他。"

幹赤来恳切地要求："额吉，一起走吧。"

萨满岱夫人不容分说推开幹赤来："你赶紧走，走晚了就走不成了。"

幹赤来见事已至此，无可挽回，便趴地上磕个头："额吉，保重。"拉过一匹马，骑上一溜烟跑了。

萨满岱夫人见儿子走了，心里安定了许多，总算保住了一条根，不至于让满都鲁灭满门，而后迈着沉重的脚步回到大帐，见人们都走了，大帐内只剩毛里孩一个人。

毛里孩太师抬头看看她，无精打采地问："你上哪儿去了？这么半天！"

萨满岱夫人说："今天不知怎么了，心里总是七上八下的，我出去散散心。外面的夜色，黑得吓人。"说出自己不安的心情，却把最重要的安排后事的事隐瞒未说。

毛里孩太师心情更为沉重，但安慰夫人说："那是心情不好影响的，月末的夜，不都那样吗？来，到这打个盹吧。"

萨满岱夫人还是放心不下，说："四万兵马都派出去了，身边没有多少兵马，没安全感，能睡得着吗？"

毛里孩抱着侥幸心理说："再有两个时辰天就亮了，天亮了就好了。"两个人默默地坐在那里，谁也不言语了。

月末的夜晚，没有月光，伸手不见五指，夜静得很。没有月色的夜晚，星星也黯然失色。守卫在古列延周围的兵士们互相瞅着，小声嘀咕着，发着牢骚。

一个战士说："你说咱诺延，若不是气性大，杀了恩将仇报的摩仑汗，能有今天的事吗？让咱们替他受这洋罪。"

"那可不，若不是杀了摩仑汗，人家满都鲁汗能兴兵来报仇吗？"又一个战士也发表着自己的观点。

"别替诺延吃后悔药了，来不及了。今儿个天特黑，小心点吧，别在咱这出了漏洞，到时挨治！"说话间惊讶地发现大地在颤动，赶忙制止大伙，"别吱声，别吱声，你们听听是不是大地在震动？"

几个战士都用耳朵贴近地面仔细听："唉呀妈呀，大地是在震动，看这大地震动的劲儿，袭击人马离这不远了，人数也不少。快去报个信。"

正在几个小兵议论之间，科尔沁袭击军队前头人马已来到附近，黑乎乎一片似墙一样压过来，马蹄声清晰可听。

一个士兵说："豁出去了，我去报信。"说着抬腿就往回跑，嘴里不要命地喊着，"来袭营的了！来袭营的了！"

声音在夜空中传得很远，毛里孩在大帐中坐着打盹，朦胧中觉着有喊声，睁开眼睛后使劲晃了晃脑袋，细心听一下，听到："来袭营的了！来袭营的了！"喊声使毛里孩立即神经质："不好。"抄起马刀起身，招呼萨满岱，"来袭营的了！"而后出帐。

科尔沁骑兵在古列延东边与守卫步兵厮杀，科尔沁骑兵人多来势猛，守卫士兵都被杀，科尔沁骑兵杀入古列延，直奔毛里孩好如嘎大帐。

毛里孩骑马提刀，在大帐前呼喊："秃阿赤、秃阿赤，赶紧吹号、赶紧吹号。"

秃阿赤吹起牛角号，"呜、呜、呜、呜"响起来。

毛里孩兄弟和儿子，还有一些追随者集合过来，毛里孩下令："把他们顶住，进来一个杀死一个。"

毛里孩防守的几千人马因不知从哪袭击，兵力部署面宽、不集中，而乌纳博罗特诺延率领的科尔沁骑兵来势凶猛，集中突击像锥子一样，防守兵力根本不能阻挡，很快便杀到毛里孩大帐前。

乌纳博罗特诺延率领骑兵来到毛里孩马前，立马横刀："逆贼毛里孩，下马受死。"

毛里孩说："你我多年相安无犯，今日何来兵戈？"说着冷不防用刀向乌纳博罗特砍来，乌纳博罗特用刀架开，回手砍向毛里孩颈部，两个人厮杀起来。

科尔沁将领们在毛里孩大帐前，与毛里孩兄弟儿子及诸将领们纷纷厮杀起来，马刀碰撞声叮当响个不停。

乌纳博罗特诺延因讨伐逆贼，正气压倒毛里孩，越战越强；毛里孩做贼心虚，越来越不支，瞅个机会撒马就跑。毛里孩兄弟、儿子及诸将领们见毛里孩跑了，都不恋战，也撒马逃跑。

乌纳博罗特诺延下令："伊克明安，追杀毛里孩，活要见人、死要见尸。"

科尔沁伊克明安部骑兵紧跟在毛里孩后面追击下去了。

乌纳博罗特见伊克明安部骑兵追下去了，心里有把握了，便下马，手提着刀，迈步进入毛里孩好如嘎大帐。

萨满岱夫人稳稳地坐在那儿，一动不动，也未抬眼看看进来的是什么人。

乌纳博罗特见无抵抗之人，将马刀入鞘，倒背着手问："你是什么人？"

萨满岱夫人冷冰冰地不卑不亢地回答:"我是毛里孩的夫人萨满岱。"

乌纳博罗特诺延问:"我问你,摩仑汗的玉玺放哪了?"

萨满岱夫人不紧不慢地回答:"这得问毛里孩。"

乌纳博罗特诺延告诉她:"你交出玉玺,可以免死。"

萨满岱夫人仍不动声色地回答:"我不知道在哪,怎么交?"

乌纳博罗特诺延威胁她说:"那你是真不想活了?"

萨满岱夫人坦然地说:"自从摩仑汗一死,我就知道早晚有这一天。"

乌纳博罗特诺延看与她说没用,下令:"给我搜。"上来很多士兵,挨个翻,大帐翻个底朝上,也没有找到玉玺。

兵头报告:"报告诺延,玉玺没找到。"

乌纳博罗特出帐,下令:"点火。"兵士们将毛里孩大帐点燃,火光顿时冲天,火光中可看到萨满岱夫人还坐在那未动。

乌纳博罗特诺延下令:"走,追毛里孩去。"骑上直耳兔鹘马率兵加鞭前行。

脱罗干诺延与毛里孩大将墨日根对峙中,脱罗干诺延命令士兵到阵前喊话,命令他们一替一地喊:"墨日根诺延,你的首领毛里孩已经死了,你率部投降吧。"

几个士兵到接近敌营最近处喊:"墨日根诺延,你的首领毛里孩已经死了,你率部投降吧。墨日根诺延,你的首领毛里孩已经死了,你率部投降吧。"

这时,毛里孩阵中士兵听到喊话,开始嘀嘀咕咕,接着,三三两两开小差。

墨日根正在军中打盹,朦胧中被喊声吵醒,坐起仔细听,听到:"墨日根诺延,你的首领毛里孩已经死了,你率部投降吧。"便问:"怎么回事?"

侍卫兵告知:"墨日根诺延,北边远处火光照亮了半边天,毛里孩诺延可能战败了。他们已经喊老半天了。"墨日根听到此,站起来往北观看,看见燃烧的火光,不由叹口气。

正在焦急不知如何是好的时候,派去请示汇报的使臣回来了。墨日根迫不及待地问:"大营发生了什么事?"

使臣汇报:"我去请示汇报,毛里孩诺延也没有妙计,只是让咱们不要让满都鲁的军队杀过去,也不要长途追击。当我离开大营不久,我就隐隐地听到喊杀声,回头看,就看到火光冲天。我看,咱肯定中计了,毛里孩诺延肯定凶多吉少。"

墨日根说:"悔不该当初不听我言哪!事已至此,为保全大家性命,归顺汗廷吧。"

乩加思兰太师与毛里孩大臣额儿德木图对峙中,乩加思兰太师见北方远处火起,知偷袭已经成功,便命令士兵到阵前喊话:"额儿德木图诺延,你的首领毛里孩已经被杀死了,你率部投降吧。"毛里孩阵中士兵,开始三三两两、偷偷摸摸地往外走。

额儿德木图听到此,站起来往北观看,看见燃烧的火光,也是一声叹气:"这仗输得真是稀里糊涂!我这么多年,还是头一回。"

焦急之时,派去请示汇报的使臣回来了。未等他坐下喘口气,额儿德木图急忙问:"大营发生了什么事?"使臣气喘吁吁地汇报:"当我离开大营不久,我就隐隐地听到喊杀声,回头看,就看到火光冲天。我就知道咱肯定中计了，毛里孩诺延肯定好不了。"

额儿德木图："毛里孩诺延太刚愎自用，别人的意见听不进去，后悔去吧！后悔药上哪儿买去呀！事已至此，为保大家活命，只有投降满都鲁汗廷了。"

天已蒙蒙亮，科尔沁伊克明安骑兵追击毛里孩，追到扎巴干山，眼看着毛里孩父子兄弟七人钻进山里。

伊克明安斋桑命令秃阿赤："你回去向诺延报告，毛里孩父子兄弟七人钻进扎巴干山。"又命令副将，"你带300人马，到前面封锁所有能进出的山口，必须赶在他们出去之前封锁，不准任何人出入。其他人，跟我守住这山口。"

乌纳博罗特诺延一行追击途中，遇报信的秃阿赤。秃阿赤在马上施礼报告："报告诺延，跟随毛里孩逃跑的六人，是其兄弟和儿子，他们一共七人，向西逃进扎巴干山，斋桑诺延已封锁各进出口。"

乌纳博罗特诺延说："好，奔扎巴干山，带路。"人马齐奔扎巴干山，到扎巴干山口下马，与在那守卫的部下会和。

伊克明安斋桑请示："诺延，毛里孩父子兄弟七人钻进这山里不出来，怎么办？"

乌纳博罗特诺延指示："守住各出入山口，派人进山拉网式搜山，用尽一切方法一定要杀死他们。"

伊克明安斋桑按指示将队伍分两队，一队搜一边，告诫要仔细搜查，注意能藏人的山洞。兵马分两队从两边牵马步行爬山搜捕。

此时太阳已高高升起，科尔沁兵马在扎巴干山搜捕毛里孩。扎巴干山，山势险峻，树高草密。搜捕兵马一字型排在山坡上，往前拉网式搜索前进。

走到最高处的一士兵高喊："哎，我看见前面沟里有烟了。"一兵头向那山沟探望："在哪儿？我怎么没看见？"高处士兵告诉他："你站到我这看。"兵头站到他跟前，问："在哪儿？"高处士兵指着告诉他："在那儿。"兵头看后说："是烟。有烟，人肯定就在其附近。好，好消息。我去报告诺延。"跑下山，诺延看有人来，翘首等着他到来。兵头到诺延跟前，单膝跪，"报告诺延，前面沟里发现有烟。"

诺延表示："好消息，有烟，人肯定就远不了。"向两边扇形队伍喊话下令，"抓紧向前推进。"搜捕人员从两面山上，像扇子一样，向毛里孩七人横扫过去。

毛里孩正在草地上有气无力地躺着休息，马在旁边吃草。另几个人正在一个洼凹里吃烤兔子肉。毛里孩小儿子放哨，突然发现两面山上的人，惊叫："阿爸，后面山上都是人。"

毛里孩听到都是人，立即坐起："在哪儿？"站起来一望，毛骨悚然，"快走！"赶紧去拉自己的马。洼凹里吃兔肉的几人，边往嘴里塞着兔肉，边往马那跑。七人骑上马顺山路往山的深处跑。

追击人马呼喊："毛里孩跑了，追呀。"在山下的追击人员，骑上马，顺沟里的道，往里追去。山上的人员，也跑下山，骑马跟随追击。

毛里孩见逃不过，便占领有利地形负隅顽抗，当追击人接近时，射出罪恶的箭。

乌纳博罗特诺延站在这边喊话："哎，毛里孩，你没几只箭，你逃不过今天，过来受死吧，我保你个全尸。"

毛里孩回喊："乌纳博罗特诺延，我没得罪过您，您为啥非逼我到绝路啊？"

乌纳博罗特诺延宣判式她答复他："你杀害了摩仑汗，就得罪了全体蒙古人，死罪难免，别废话，出来受死！"

毛里孩悲愤地、痛心地放声大哭，哭着说："摩仑汗哪摩仑汗，你把我可坑苦了，你当大汗是我拥立的呀，才一年哪，你听信谗言兴兵攻击我，你是在战场上被杀的呀，可不是我毛里孩故意要杀害你呀，我冤死了！我屈死了！长生天怎么这么对待我呀！我冤死了！屈死了！"

乌纳博罗特诺延见如此情景，命令："上，抓活的。"兵士们有的持刀、有的端着搭上箭只的弓，步步紧逼，毛里孩兄弟儿子要动手拼命，刚举起刀，被几只箭射中，倒在那里。

毛里孩见科尔沁兵围了他一圈，他看看周围，拿起自己的马刀，哭着要自刎。

乌纳博罗特诺延到跟前看看，验明是毛里孩，便下令："搜。"卫士搜到毛里孩蒙古袍胸口处，搜出玉玺，高兴地喊："诺延，玉玺！"呈给乌纳博罗特。

乌纳博罗特诺延看了看，是玉玺，便揣在怀里，对手下将军说："你带几个人，将毛里孩尸体，快马送到满都鲁汗廷。"而后对大伙下令，"回家。"

第三节　毛里孩儿子被迫率余部归降汗廷

毛里孩控奎河大营正在集结兵马，毛里孩的儿子斡赤来到来。

控奎河诺延忙向少爷请安："少爷，赛音拜诺？"

毛里孩之子斡赤来责怪："你们集结人马也太慢了，八九个时辰了，还没出发，等你们支援救急，能来得及吗？"

控奎河诺延辩解："少爷，您是知道的，牧民驻地分散，不提前通知，紧急召集，只能这样。我们也是非常着急，可有什么办法呢！"

斡赤来端起主人架子，说："算了。招呼诺延们进帐，先开个会。"

控奎河诺延招呼："诺延们都进帐了，少爷给咱们开会了。"千户长、百户长等都进帐，坐下。

斡赤来向大家宣布："大家听仔细了，我阿爸、毛里孩太师命我到这来主持工作。"说到这儿，拿出金牌，向大家展示，"今后，这里的事情全部由我来决定。听清楚没有？"

众诺延答："听清了。"

斡赤来继续宣布："支援扎巴干可能来不及了，不去支援了。集结的兵马，原地待命，准备应付来侵之敌。散会。"人们散去，斡赤来与几个主要诺延在帐内，控奎河诺延问："少爷，扎巴干那里的战事怎么样？"

斡赤来说："咱蒙古地方，不像明朝有御林军、有城墙，敌兵来袭，御林军可以据城坚守，等待援军。咱蒙古，没有城墙，无坚可守，一旦奇袭，十有九败。我阿爸、毛里孩太师估计到这一点，命我到这来主持工作，是想保住这块地方，保住这部分部众。"

控奎河诺延若有所思地问："啊，是这意思，明白了。少爷，那咱下一步怎么办呢？"斡赤来含糊其辞地说："看看形势再说吧。"

满都鲁汗金帐内，满都鲁汗、满都海哈屯在座。

宿卫进帐施礼："报告大汗、彻辰哈屯，出征的乩加思兰太师、脱罗干知院凯旋回朝。"

满都鲁汗指示："鼓乐出迎。"锣鼓和乐器吹打起来。大汗、哈屯在鼓乐声中在金帐门口迎接。

乩加思兰、脱罗干二人平行走上前，施礼："大汗、彻辰哈屯，赛音拜诺？"

满都鲁汗："二位爱卿免礼！"君前臣后顺序进金帐，落座。

乩加思兰起立，面向大汗说："臣奉命前去佯攻毛里孩，长生天保佑，未伤亡一兵一卒，收降毛里孩大将额儿德木图及其两万人马。"

脱罗干诺延起立，面向大汗说："臣按彻辰哈屯的安排前去佯攻毛里孩，未伤亡一兵一卒，迫使毛里孩大将墨日根及其两万人马归顺汗廷。"

满都鲁汗表扬："二位爱卿劳苦功高。毛里孩的两位大将如今在哪里？"

乩加思兰、脱罗干答："在金帐外候旨。"

满都鲁汗："让二位将军进来。"

宿卫："传额儿德木图、墨日根二位将军觐见。"

额儿德木图、墨日根二人进金帐跪倒，山呼："祝大汗万岁、万岁、万万岁！祝彻辰哈屯千岁、千岁、千千岁！"行三跪九拜礼。

满都鲁汗："二位将军平身。"

额儿德木图、墨日根："谢大汗。"磕头起立。

满都鲁汗评价成绩："二位将军，临阵不滥用兵，保全了双方将士免受不必要的伤亡，有功于汗廷。朕封额儿德木图为必勒格巴特尔（汉译为大智将军），仍统领原有人马；封墨日根为斯琴巴特尔（汉译为大贤将军），仍统领原有人马。"

额儿德木图、墨日根再次下跪："谢大汗恩典。"磕头，起立。

额儿德木图起立后施鞠躬礼说："大汗，毛里孩控奎河大营还有若干人马，臣请大汗派使臣到控奎河大营，招抚那里的人马。"

满都鲁汗："好！朕任命你为汗廷招抚钦差诺延，带些慰问牛羊，前去招抚。"

额儿德木图："谢大汗信任。"施鞠躬礼，退回原座。

斡赤来控奎河大营内，斡赤来与控奎河诺延等在座。卫兵进帐施礼："报告诺延，额儿德木图诺延来了，要求见您。"

斡赤来惊愕地问："他不是投降满都鲁了吗？"

控奎河诺延问："带多少人？"

卫兵："就带几个人。"

控奎河诺延说："让他进来吧。"

斡赤来阻止："慢，帐后安排好刀斧手，他若不怀好意，就宰了他。"

控奎河诺延比斡赤来干练，说："用不着，咱这些人，还怕他一个人不成。让他进来。"

卫兵出帐后对额儿德木图说："让你进去哪。"

额儿德木图诺延自动交出马刀，缓步走进大帐鞠躬施礼："浩赛音拜诺（汉译大家都好吗）？"

斡赤来立眉瞪眼地问："你来干什么？"

额儿德木图反击："少爷，我是你阿爸的老臣，你不应该这样和我说话。"

斡赤来仇恨地说："你率兵投降了满都鲁，还有什么资格跟我摆老架子？"

额儿德木图理直气壮地回复："我今天是以汗廷钦差诺延的身份，来给你指路的。"

斡赤来敌对情绪被压了下来，但他还是硬撑着说："我不需要谁给我指路，我自己会走。"

额儿德木图忍着性子继续做说服工作："少爷，我听说你在这儿，我是考虑与你阿爸多年交情，才主动请领这个任务到这儿来的，我来这儿是为了救你命的。"

斡赤来继续逞能："我活得很结实，用不着你救我命。"

额儿德木图仁至义尽地解释："少爷，当年你阿爸杀害了摩仑汗，犯下了灭门的大罪。现在满都鲁当了大汗，他是摩仑汗的亲叔叔，他能不报这个仇吗？前些天，满都鲁汗出几万兵马，就是为了杀你们全家。你在这儿，满都鲁汗他现在不知道，他要知道你家还有男人活着，肯定派兵来征讨，就汗廷现在的兵力，你抵挡得了吗？你阿爸已被满都鲁汗的兵马杀死，树倒猢狲散，其它地方的人马你就不要再指望了，也就控奎河这万八千人马你可以指挥，但这万八千人马能敌得过满都鲁汗的大军吗？"

斡赤来在严重形势下终于软下来了，问："那我该怎么办？"

额儿德木图指明出路："你是成吉思汗三弟哈赤温后裔（有说成吉思汗幼弟斡赤斤后裔、同父异母弟别勒古台后裔的），有黄金家族血统。因此，我的意见是，你主动率部属去投诚。满都鲁即位称汗不久，现在正是扩大地盘、扩充部众、起步发展时期，他会不计前嫌接纳你的。"

斡赤来还有疑问："您刚才不是说他要杀我们全家吗？"

额儿德木图进一步解释说："郭尔罗斯部沙不丹杀害了满都鲁亲哥哥岱宗汗脱脱不花，可满都鲁汗并未出兵征讨，因此，他报仇之说是次要的，而主要目的是通过这样一个行动扩大自己的声誉和影响。而且，你不是杀害摩仑汗的凶手，他对你的仇恨不是很大。你主动去投降归附，他已达到了其目的，再杀害你就没必要了。信叔叔话，率部去投诚吧。"

斡赤来看着控奎河诺延，似乎在征求意见，控奎河诺延知其意，鼓励："去吧，照你额儿德木图叔叔说的做吧，不会错的。"

斡赤来下定决心："那明天就起程。"

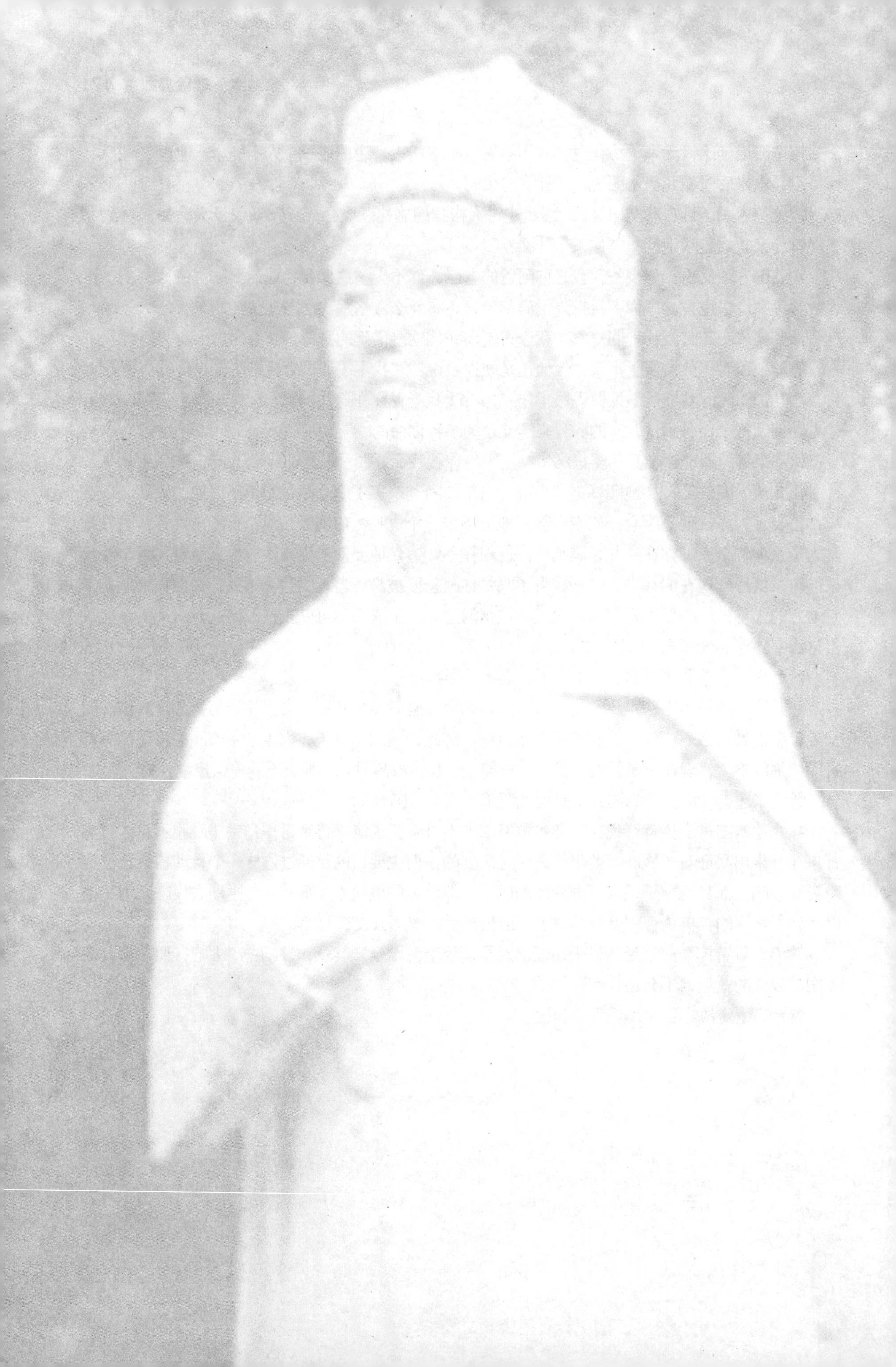

第九章 佞臣政变

第一节　乩加思兰目无大汗擅自出兵兀良哈

公元 1476 年，北元太师乩加思兰，倚仗自己兵多势大，不请示大汗，不与群臣商议，为了树立自己威信，企图扩充自己的势力，擅自出兵兀良哈三卫并擅自封官。

乩加思兰太师伊克格尔大帐内，乩加思兰坐大帐正中，与左右议事："诸位谋士、诸位将军，咱与满都鲁联合，推举他为大汗，已经两年了，除了按满都海哈屯的计谋征服了七土默特、击杀了毛里孩外，没看见哪个部落、哪个爱玛克来归顺大汗，咱们的队伍也未扩大。你们说说看，咱们怎么能壮大队伍？"

谋士墨日根说："太师，满都鲁称大汗没人来归顺，这说明满都鲁威信不高，这正好是咱们借机发展自己的大好时机。"

乩加思兰说："那好，咱趁这个时机，到蓟辽地区去发展兀良哈三卫。"

墨日根："您带兵出去，满都鲁汗不同意怎么办？"

乩加思兰："这事我不和他说。"

墨日根捧场："这是好主意。跟他说，他不同意，您还走不了。不理他，您带兵出征，看看大汗啥态度。"

乩加思兰："对，就这么办，可以趁机试探大汗的能力和威严。别人还有什么高见？"见无人吱声，便说，"那就这么定了，几天后出兵。"

乩加思兰身穿一品官 5 寸直径独棵花蒙古袍，骑高头大马走在前头，几个将军前后护卫，后面一队战士举着各色旗幡，刀形旗上有象征"日月"的图案，后面跟着长长的队伍，浩浩荡荡地向驻牧在蓟辽地区（今天津、承德、赤峰、锦州一带）的兀良哈三卫蒙古部进发。

满都鲁汗金帐内，左丞相孛罗乃施男式礼："启奏大汗，乩加思兰太师率领三万人马去兀良哈三卫了。"

满都鲁汗听此信息，非常惊讶："他带兵出征，和谁商量了？"

左丞相孛罗乃："臣是一概不知。"

满都鲁汗："擅自动用军队，这还了得？派人把他追回来。"

左丞相孛罗乃："大汗息怒，乩加思兰作为太师，既然擅自领兵去兀良哈三卫，他是考虑成熟才走的。他主意拿定了，派人去追，是追不回来的。追急了，倒起反作用。既然已经出兵了，那就看看他玩什么把戏再说吧。"

满都鲁汗无可奈何地同意看看再说。

兀良哈三卫蒙古部即泰宁卫、朵颜卫、福余卫三卫，人们习惯上称为兀良哈三卫（或朵颜三卫）。北元第 20 年（公元 1387 年），北元太尉纳哈出统帅 20 万兵马，未与明军进行一次军事较量便投降明朝，将北元所辖今辽宁、吉林以及黑龙江地区全部拱手送给明朝。兀良哈三卫地区的蒙古部，无力抗击明军，在纳哈出投降后也归附了明朝，明开国皇帝朱元璋在其地设卫的一级行政机构对他们进行管辖。说管辖，明朝只是封个空头职衔而已，他们仍然是自己管自己，仍然放牧牛羊。明军动不动还对其出兵杀戮，尤其是永乐帝朱棣后几次亲征北元无功而返便在归途中杀戮兀良哈三卫蒙古人泄愤出气，因此兀良哈三卫蒙古人内心倾向北元，愿意接受北元的管辖。

兀良哈三卫诺延大帐，大帐形制与其他诺延大帐基本相同。探马进帐施礼："报告诺延，西边来了大队人马，距这里只有百多里了。"

兀良哈三卫首领阿儿乞蛮问："哪儿的人马，大约有多少？"

探马答："是咱蒙古人马，少说也有几万。"

兀良哈三卫首领阿儿乞蛮说："这是因为咱没去朝见大汗，汗廷派兵向咱们示威来了。来人，传我的命令，马上组织欢迎队伍，敲锣打鼓，载歌载舞前去迎接；这边，赶紧给牛羊除魂，准备接待。"

兀良哈三卫军民，敲锣打鼓，载歌载舞，夹道迎接汗廷队伍。乩加思兰太师被兀良哈三卫首领簇拥着进入招待大帐。

乩加思兰太师坐正中席位上，两位美丽的年轻姑娘站立左右轮番把酒，前面，年轻貌美的舞女跳舞唱歌。乩加思兰十分得意，酒过三巡，略有醉意，向大伙儿说："老夫这次远道到你们泰宁、朵颜、福余三卫来，就是想看看各位诺延。今天，看到各位诺延对老夫这么热烈迎接，老夫非常满意，大伙儿设宴盛情款待，老夫有点儿过意不去了。阿哈，过意不去呀，哈哈哈。"笑得非常惬意。

朵颜卫诺延："太师说哪里话呀，太师您老人家不远千里，亲自到我们偏僻的兀良哈三卫来，实为我们兀良哈三卫之幸事。来，老太师，我再敬您老人家一碗！"

兀良哈三卫诺延们都举碗，齐声："老太师，再喝一碗！"

乩加思兰酒喝得有点多了："来，喝！"借酒力的昏昏然，开始封臣，"泰宁、朵颜、福余三卫诺延，老夫封你们为丞相，怎么样？"

泰宁卫诺延认为他喝多了："老太师，卑职斗胆问一句，您封的是兀良哈三卫的丞相啊，还是汗廷的丞相啊？不会是酒话吧？"

乩加思兰："嗯！"拉长声，"哪个与你们开玩笑，当然是汗廷的丞相！"

泰宁卫诺延："老太师，您封的汗廷丞相，满都鲁汗不承认怎么办？"

乩加思兰："你们真是见识短，你们没看见汗廷的军队，百分之八十都是我老夫的人马嘛，我这次带几万人马到你们这来，跟大汗连招呼都没打，他不干瞅着吗？他能把我怎么样？我、我告诉你们，汗廷上我说啥是啥，满都鲁汗他不敢不承认！"

兀良哈三卫诺延们都很惊愕："如此，我们谢老太师提拔了。老太师提拔之恩，永世不忘。"

乩加思兰："哈哈哈，这就对了，哈哈哈！"

满都鲁汗金帐里，孛罗忽济农起立施礼："大汗，兀良哈三卫阿儿乞蛮诺延派人前来紧急报告，说乩加思兰太师赐封他们兀良哈三卫三位诺延为汗廷丞相，问大汗是否承认？"

满都鲁汗惊讶地说："怎么？他封丞相？他不成了大汗了吗？"拍案几，"真是岂有此理！

派人给我抓回来。"

孛罗忽济农说："大汗，先消消气，感情用事不行。乱加思兰太师手中握有重兵，现在他手下就带着三万兵马。派人去抓，不仅抓不回来，倒把他逼反了，适得其反。"

满都鲁汗气未消，问："那怎么办？"

孛罗忽济农说："咱们手中自己的军队少，没办法，先忍一忍吧。"

满都鲁汗："哎！"

乱加思兰太师志满意得地从兀良哈三卫率兵回来，洋洋得意地骑在高头大马上，前呼后拥地回到宝日陶亥驻地。

乱加思兰女儿、满都鲁汗小哈屯伊克哈巴尔图对两名侍女吩咐："听说我阿爸从兀良哈回来了，你俩赶紧去一趟，面见他老人家，就说我说的，朝中有人反映他目中无君王，让他心里有数。"

两侍女："加。"走了。

伊克哈巴尔图侍女来到乱加思兰太师伊克格尔大帐，施半蹲女式礼："参见太师诺延。"

乱加思兰问："你家小姐近日可好？"

伊克哈巴尔图侍女："小姐一切都好。小姐特意安排我们回来，让我们转告您老人家，朝中有人反映您老人家目中无君王，让您以后谨慎点。"

乱加思兰问："说是谁反映的了吗？"

巴尔图侍女："没说。但那天我看到找小姐那个人，和小姐说话中，我听着有孛罗忽济农的名，我估计是不是孛罗忽济农。"

乱加思兰继续问："你听清楚孛罗忽济农名了？"

巴尔图侍女说："奴才不敢撒谎。"

乱加思兰表扬："好，这丫头懂事，赏她们每人一件花绸袍子。"

乱加思兰太师像没事似的去见大汗："大汗，赛音拜诺？"随便行了一个简单礼，便在右丞相座位上坐下来。满都鲁汗见他如此目无君长，白了他一眼，没吱声。

乱加思兰太师向大汗炫耀似的汇报兀良哈之行："大汗，前些天，臣去兀良哈跑了一趟。那里的民众，对咱们是特别的热情，臣到那时，他们夹道欢迎，锣鼓喧天，鼓乐齐鸣，载歌载舞，真是热情极了！"

满都鲁汗冷冷地说："就因为这个，你高兴了，就封了好几个丞相，是不是啊太师？"

乱加思兰太师惊愕大汗知道了此事，辩解："那是臣替大汗您封的。"

满都鲁汗压抑着气愤和怒气说："乱加思兰太师，你作为汗廷第三位的领导，你应当知道哪些事你该做、哪些事你不该做。你带三万兵马去兀良哈，这么大的行动，就算你太师有这个权力，告诉朕一声，总可以吧？朕作为大汗，连汗廷的总管、丞相诺延哪去了都不知道！连个招呼都不打，一走几个月，你眼中还有我这个大汗吗？"把乱加思兰丞相数落得直翻愣眼珠子，"到那后又封了好几个丞相，这封丞相的权力，是丞相的吗？此事若放在明朝汉人朝廷，是要按谋逆罪砍脑袋的！"乩加思兰太师打个寒战，满都鲁汗接着说，"你我结拜盟誓，是要统一蒙古，这才刚刚开始，咱们的事业还远未成功。朕不多说了，你仔细琢磨琢磨吧。"

乩加思兰满身不自在，但还是强词夺理地说："臣这都是为咱北元的事业，只是方法简单了点呗！"

满都鲁汗有点不耐烦："好了好了，咱不争讲这个了，朕也没说你什么，下不为例，下不为例，好吧？回去休息吧。"

乩加思兰满脸不高兴，简单稽个首，默默走了。

大汗批评了他，当然也就得罪了他。

孛罗忽济农比姬锡吉尔抱儿子巴图蒙克去满都海哈屯寝帐格尔请安。

锡吉尔："叔奶，赛音拜诺？"

满都海哈屯："快坐下，快坐下。"

锡吉尔教儿子："巴图蒙克，给太奶磕头问安。"

巴图蒙克这也不是第一次了，他学会了这宫廷礼节，很顺从地叫道："太奶，赛音拜诺？"而后跪下，磕头。

满都海哈屯自己没有儿子，见了巴图蒙克，格外高兴："来，到太奶这儿来。"

巴图蒙克笑呵呵的，颠颠跑上去，站在满都海跟前。

满都海哈屯抱起巴图蒙克，放在腿上，同时称赞："哎呦，你看我这曾孙，长得肥头大耳的，多招人稀罕哪！"说着，亲额头一下，"告诉太奶，想太奶了吗？"

巴图蒙克说："想了！"

满都海哈屯问："哪儿想了？"

巴图蒙克用小手指着胸脯说："这儿想了！"

满都海哈屯很高兴："哎呦，你看这孩子，越来越乖了！"回头想起还有站着的人，便对锡吉尔说，"你坐、坐呀！"

锡吉尔坐下后解释："叔奶，巴图蒙克总吵吵要找太奶，我怕打搅您，不敢来。今天，他哭着喊着非要找太奶不可，我这才抱着他来的，顺便我来给您请安。"

满都海哈屯说："没关系，没关系，我再忙，也得抽空稀罕稀罕孙子不是，你们有空尽管来这玩。伊喇姑。"

伊喇姑进帐施礼："彻辰哈屯有何吩咐？"

满都海哈屯吩咐："给巴图蒙克拿点糖果来。"

伊喇姑答应一声"加"，出去不大一会儿，拿来一盘糖果，交给满都海哈屯。

满都海哈屯端着一盘糖果说："巴图蒙克，你查盘子里有多少块糖果，太奶就给你多少块糖果，好吗？"

巴图蒙克从满都海哈屯腿上下来，在桌子上扒拉着数糖果："一个、两个、三个、四个……十五个。"还有一半没数，嬉皮笑脸地瞅着满都海。

满都海哈屯问："那些个怎么不查呀？"巴图蒙克不好意思地低下了头，满都海哈屯说，"不会查了吧？没关系，拿家去让你额吉教你查。"说完，都收在一起，装在巴图蒙克蒙古袍怀里。

"太奶还有事，改天再来，啊。"

巴图蒙克答应："哎。"站起来想走。

满都海哈屯说："不给太奶搂个脖，就走啊？"

巴图蒙克不好意思地说："忘了。"而后张开小臂膀，去搂满都海哈屯脖子。满都海哈屯又向前挺了挺下巴，示意贴脸，巴图蒙克又贴了个脸。这时满都海哈屯才说："跟太奶再见。"

巴图蒙克摆着小手，说声："再见！"跑到额吉那里。

锡吉尔："给太奶磕头再见。"巴图蒙克磕头。

锡吉尔施礼后，领儿子走了。

第二节　佞臣受大汗批评生怨造谣挑拨君杀孙

乩加思兰太师擅自出兵兀良哈三卫并封官，受到大汗善意批评。但佞臣本性决定，乩加思兰太师以错为对，不听劝戒，不收敛，尤其对"此事若放在明朝汉人朝廷，是要按谋逆砍脑袋的"甚是反感，回营地途中，越想越觉得别扭，他要报复大汗。

乩加思兰太师在大帐内自言自语："这个老家伙，抬举他几天，还跟我端上大汗架子了。我带我自己的军队出去，怎么了？也没动他的军队，什么谋逆？"

"谋逆？谋逆又怎么样！也没看看自己那几个虾兵蟹将！哼！"思考一会儿，有了报复大汗的方法了，便招呼，"来人。"

一个男仆人进帐施礼："诺延，有什么昐咐？"

乩加思兰："你到孛罗呼济农家奴鸿郭赉那，让他到我这儿来一趟，别让孛罗呼济农看到。"

男仆人答应："加！"过了一会儿，男仆领鸿郭赉来了，"诺延，他来了。"

乩加思兰："你们都出去吧。"仆人、侍从都施礼退出去了。鸿郭赉老老实实在门口那站着。

"你是后到孛罗忽济农那儿的，是吧？"乩加思兰问。

孛罗呼济农家奴答："是。"

乩加思兰问："你是专门给济农喂养猎鹰的，是吧？"

济农家奴说："是。"

乩加思兰又问："我听说你把孛罗忽济农心爱的猎鹰喂死了，孛罗忽济农严厉地惩罚了你，好悬把你打死，有没有这事儿啊？"

济农家奴说："有。"

乩加思兰开始蛊惑："孛罗忽济农为了一只猎鹰，好悬把你打死。你的命，在孛罗忽济农眼里是不是不如一只猎鹰重要啊？"

济农家奴不语。

乩加思兰："我问你，让你干一件不利孛罗忽济农的事儿，你干不干？"

济农家奴不知啥事，眼睛盯着太师，不语。

乩加思兰拿出一个大银元宝，用手掂量着说："你去找大汗，就说'孛罗呼济农欲加害大汗，以娶年轻的小哈屯伊克哈巴尔图'，会说吗？"

济农家奴不语。

"你要会说这话，这个大元宝归你了。"乩加思兰诱惑着。济农家奴是贪财不怕丢命的小人，看见大银元宝便垂涎三尺，小声说："会说。"战战兢兢地走过去。乩加斯兰见他过来，便像给狗喂食那样把大元宝扔地下，济农家奴像狗抢食一样立即把元宝捡起来揣在怀里。

乩加思兰见他上套，又鼓励说："事成之后再给你赏赐。"马上又恶狠狠地威胁说，"可我告诉你，你若走漏风声，我要你的狗命！"

济农家奴："不敢。"揣起大元宝，忐忑不安地退出去了，到帐外，赶紧从怀里掏出来，欣赏一下，还用牙咬咬，用手掂一下，贼眉鼠眼地四周看看，笑眯眯地揣起来走了。

奸佞小人鸿郭赍来到汗廷大帐前。

金帐警卫人员左右两人拿刀一横："干什么的？"

佞人鸿郭赍："我是孛罗忽济农家奴，我有非常要紧的事，要报告大汗。"

金帐警卫人员进帐施礼："报告大汗，有一个人，自称是孛罗忽济农家奴，说有非常重要的事，要报告大汗。"蒙古社会的自然环境决定，普通百姓求见大汗不像中原社会普通百姓求见皇帝那样艰难。

满都鲁汗："放他进来。"

金帐警卫人员搜身后放行："进去吧。"

佞人鸿郭赍进帐赶紧跪倒，磕了三个响头，说："报告大汗，孛罗呼济农欲加害大汗，以娶年轻的小哈屯伊克哈巴尔图。"

满都鲁汗问："你怎么知道的？"

佞人鸿郭赍解释说："奴才是孛罗呼济农专门喂养猎鹰的家奴，大汗是见过奴才的，那些话，奴才是无意中听到的。"

满都鲁汗追问信息来源："朕问你，你是怎么无意中听到的，给朕详细说说。"

佞人鸿郭赍懵了："我，我。"支支吾吾说不上来。

满都鲁汗"啪"一拍桌子："狗奴才，这是根本不可能的事！来人！"几个侍卫进帐。

大汗下令："把这'捏造事实、告黑状、诬陷主人，挑拨长幼之间关系'的败类，拉到古列延门前，割掉舌头，而后砍了。"

佞人鸿郭赍哭叫："饶命啊、饶命啊。"拼命地喊饶命。

侍卫们像拖死羊一样，拖着大喊饶命的佞人鸿郭赍出帐。

乩加思兰太师见鸿郭赍挑拨离间未见效果，便把主意打在其族弟亦思马因身上。

亦思马因伊克格尔大帐是永谢布诺延级的大帐，帐外有苏勒德等，与其他诺延大帐基本相同，但比较豪华。

乩加思兰太师只带四名随从来到亦思马因驻地阿寅勒，来到亦思马因帐前下马。

乩加思兰太师随从上前打招呼："亦思马因将军在家吗？"

卫兵："您是何人？"

乩加思兰太师随从："他是本朝乩加思兰太师，亲访亦思马因将军。"

亦思马因将军在帐内听到太师来访，赶紧整理衣帽，出帐迎接："哎呀，是太师大哥啊！太师驾到，有失远迎，还请赎罪。"单膝跪倒参拜。

乩加思兰大大咧咧地说："大哥给你找个升迁的机会，为此专程而来。"

亦思马因："请太师大哥进格尔指教。"随之进入格尔内，吩咐侍女们，"你们几个都退下！"，而后用衣袖擦抹座椅。

"太师大哥请坐。"而后亲自倒奶茶送到太师面前，"请用茶。"

乩加思兰问："亦思马因哪，孛罗忽济农家奴鸿郭赉被杀的事听说了吧？"

亦思马因答："不是被割舌头后砍了吗？"

乩加思兰装作很正义地说："是啊，他死得屈呀。亦思马因将军，孛罗忽济农家奴鸿郭赉，日前对老夫说'孛罗呼济农欲加害大汗，以娶年轻的小哈屯伊克哈巴尔图'。老夫告诉鸿郭赉，伊克哈巴尔图虽系我小女，但更重要的，她是大汗的小哈屯。这么重要的情况，你要直接向大汗禀报。可是，大汗为了自己的面子，遮掩家丑，以诬陷挑拨为由，把鸿郭赉杀死了。死个奴才鸿郭赉是小事，汗廷中有这样的济农，能行吗？"

亦思马因问："太师大哥诺延，那这事我能管了吗？"

乩加思兰说："这你不懂。伊克哈巴尔图是我女儿，我说，好像公报私仇。我想让你去说这事。"

亦思马因问："太师大哥，这事与我升迁有什么关系呢？请太师大哥指点迷津。"

乩加思兰解释说："你是永谢布首领，是有地位而且有实力的诺延，护送孛罗忽济农的那几个武夫是无法与你比的。可是，满都鲁汗才封你个平章政事，与那几个武夫一样，这不纯粹砢碜你吗？"

亦思马因反问："以您之见，我应该封什么职务合适呢？"

乩加思兰答复："最低应该封你为兵马大元帅。之所以没封你为兵马大元帅，都是孛罗忽济农那小子在背后鼓捣的，人家与大汗是爷们嘛！"

亦思马因疑问："我没得罪过他呀？"

乩加思兰以教训的口吻说："你年轻，这事你就不懂了，这是一个人的品质决定的。你说，满都鲁汗是他叔爷，又封他当济农，地位仅次于大汗，他不也要杀他叔爷吗？我跟你说，鸿郭赉说的那事，肯定属实，句句是真，不然以他一个奴才，吓死他，他也不敢向大汗汇报。"

亦思马因还是弄不懂，问："这事与我有什么关系呢？"

乩加思兰瞎编吓唬："关系大了！孛罗忽济农不倒，你就甭想有出头之日。"

亦思马因有顾虑："太师大哥，您刚才不说了嘛，他们是爷们，我整倒了吗？"

乩加思兰给他鼓劲："俗话说'假话说十遍，就能变成真话'！那真话，你再去说一遍，还怕大汗不信吗？"

亦思马因怕遭遇鸿郭赉的下场，问："大汗杀我怎么办？"

乩加思兰见其族弟心眼活了便赶紧继续鼓劲："不可能，你的身份是永谢布首领，是汗廷平章，是不能轻易杀的。再者，事在人为嘛！一样的话，有几种说法，你去说，大汗保证相信。你要是像鸿郭赉那奴才那水平，那我可不敢保你。你若想当兵马大元帅，就得多活动活动你的心眼，好好用用你嘴里的三寸不烂之舌，懂了吗？"

亦思马因的贼胆终于被煽动起来，说："谢太师大哥指点，那我试试。"

乩加思兰高兴地说："老夫祝你成功！"

亦思马因为一己私利，听从其族兄乩加思兰太师煽动蛊惑，来到大汗金帐。

亦思马因向警卫说："我有要事向大汗禀报。"

金帐警卫进帐施礼："大汗，亦思马因将军说有要事禀报。"

满都鲁汗："让他进来。"

金帐警卫把亦思马因的佩刀留下："进去吧。"

亦思马因进帐，施礼："大汗，赛音拜诺？"

满都鲁汗问："亦思马因将军，有何要事禀报？"

亦思马因扑通跪倒："大汗，小臣听人们传说'武死战、文死谏'。臣是武将，不是文臣，但今天来冒死相谏。"

满都鲁汗满脸不高兴地问："哪个忠良提建议，朕把它杀了？你来冒死相谏，你这话是何用意呀？"

亦思马因知道方才说的话有毛病，便赶紧磕头解释："大汗息怒，小臣不是那个意思。大汗在昔剌斡耳朵金帐里，有些事听不到。'孛罗呼济农欲加害大汗，以娶年轻的小哈屯伊克哈巴尔图'的话，在古列延中传得沸沸扬扬。这世上的流言，是无风不起浪的，宁可信其有，不可信其无，否则届时晚矣！孛罗呼济农的家奴鸿郭赉对大汗忠心耿耿，来汇报孛罗呼济农不轨图谋，却被大汗割了舌头砍了头。臣再来向大汗禀报此事，这不是来冒死相谏吗？"

满都鲁汗一本正经地问："亦思马因将军，你说，'在古列延中传得沸沸扬扬'，怎么你俩之外，诺延们却没有一个人向朕禀报此事啊？"

亦思马因见大汗没有责怪意思，便胆大起来："大汗，依我看，那些诺延们存有私心，怕自己说不清楚，就多一事不如少一事了。小臣是为大汗的安危着想，冒死禀报此事。大汗不信，可立即传召孛罗呼济农到汗廷，他心中有鬼，肯定不敢来。"

满都鲁汗沉思一小会儿说："你先下去吧。"

第三节　济农受诬陷因性格倔犟失礼丧失自救机会

满都鲁汗打发亦思马因走后陷入沉思，在金帐中踱步，自言自语："人变得能这么快吗？信吧，不靠谱；不信吧，有两个人来禀报此事，说得有鼻子有眼的。"晃荡几下脑袋，表示不理解。

无风不起浪这话是真理吗？又晃荡几下脑袋，表示不一定是真理。不可能、不可能，否定后，懒洋洋地躺下了，脑海中却总闪现"届时晚矣、届时晚矣"的话。想着想着，满都鲁汗迷迷糊糊地睡着了，做了一个梦：

自己在大汗金帐，陪着年轻的小哈屯伊克哈巴尔图坐着，小哈屯伊克哈巴尔图向自己撒着娇，忽然看见孛罗呼济农手持大刀，带领一伙人，瞪着眼睛，对自己呼喊着："我要娶小哈屯伊克哈巴尔图为妻，我要娶小哈屯伊克哈巴尔图为妻，你给不给？你给不给？不给，你'届时晚矣'！"而后一刀砍下去。自己想喊救命，喊不出声来，想逃跑，被脚下东西绊倒了，孛罗呼济农的大刀砍下发出'铛'一声。

风吹掉外面的一个奶桶发出响声，惊醒，原来是一场梦。

满都鲁汗坐起来，沉思一会儿，想着梦境，对，就用亦思马因说的方法试探一下，于是吩咐"来人！"

侍从卫士进帐施礼："大汗，有何吩咐？"

满都鲁汗吩咐："通知勾考诺延（蒙元朝廷称监察御史为勾考）来一趟。"

侍从卫士："加！"

勾考御史被召见，赶紧进帐，施礼："大汗，赛音拜诺？"

满都鲁汗说："勾考诺延，这几天，除了鸿郭赉之外，又有人找朕禀报孛罗呼济农图谋不轨，你带个人到孛罗呼济农那察看一下。"

勾考诺延："加！"退出。

亦思马因从大汗处出来后，快马直奔孛罗呼济农阿寅勒。

孛罗呼济农伊克格尔大帐比较豪华，仅次于大汗金帐。孛罗呼济农与比姬锡吉尔在帐中，四岁男孩巴图蒙克在跟前玩耍。

孛罗呼济农问："锡吉尔，我怎么今天眼睛总跳？"

锡吉尔比姬答："人们传说，男人左眼跳财，右眼跳祸。您哪个眼睛跳啊？"

孛罗呼济农说："我正是右眼跳。这就怪了，我有什么祸可跳的呢？"

锡吉尔怀疑："是不是狗奴才鸿郭赉咬你的事，还纠缠你呢？"

孛罗呼济农表白自己说："锡吉尔，咱俩从小在一起，你知道我，根本不可能的事。这哪跟哪啊？"此时听见外面有人说话。

亦思马因将军问卫兵："孛罗呼济农诺延在家吗？"

卫兵通报："济农诺延，亦思马因将军说找您有事。"

孛罗呼济农自言自语："他找我有啥事？"夫妻俩对视，犯寻思，"让他进来！"

亦思马因进帐，施礼："济农诺延，赛音拜诺？"

孛罗呼济农示意请坐，问亦思马因将军："有事吗？"

亦思马因说："紧急向您报告一个信息，大汗已相信鸿郭赉给您造的谣言，要加害于您。"

孛罗忽济农信奉"身正不怕影子斜"，因此，听了亦思马因传的话，气不打一处来，愤怒地说："纯粹胡诌的事，无影无踪，无证无据，大汗怎么听风是雨，相信这种不贴边的说言呢？我不信！"

亦思马因说："我是好心给您送信，您不信拉倒，反正调查您的勾考诺延不久就到，我告辞了！"说完就走了。

孛罗呼济农在亦思马因走后，对锡吉尔比姬说："古人云'贼咬一口，入骨三分'，这话可真不假。鸿郭赉这狗奴才不知吃了谁喂的骨头，这么咬我一口，大汗居然就相信了？"

锡吉尔安慰丈夫："济农您放心，大汗不会相信的。"

孛罗呼济农说："刚才亦思马因来报信，不是说大汗已经相信了吗？"

锡吉尔还是给丈夫吃宽心丸："他知道啥呀，大汗相信不相信，能跟他说吗？"

济农诺延说："可是，他怎么知道勾考诺延要来审查我呢？"

锡吉尔坚持自己的观点，说："根本没有的事，谁来能怎么的！不理他。"

济农诺延正在纳闷、思考、议论时，卫兵来报："报告济农诺延，汗廷来了两位诺延要见您。"

济农疑惑："真来人啦啊？"见应验了亦思马因的话，便没好气地说，"让他们进来。"连"请"字都没用。

卫兵："济农诺延让你们进去呢。"

勾考御史听了卫兵的话，连一个"请"字都没听着，心里也是老大不舒服，便问："小伙子，济农诺延说'请'字没有？"

卫兵如实答复："我没听着。"

勾考御史怀着不愉快的心情进帐、施礼、问安："济农诺延，赛音拜诺？"

济农用眼角一看是勾考御史，特别反感，认为大汗真要查他，便并未招待勾考御史。锡吉尔比姬也未与来人客气两句，领着孩子扭头出去了。

勾考御史问："济农诺延，大汗派我们来问问您，大汗什么地方得罪了您，您要像鸿郭赉说的那样要加害大汗？"

济农诺延在气头上，白了他一眼，未答话，更未说明情况澄清事实，只是气得呼呼地喘着粗气。

勾考御史见济农不答话，沉默了一小会儿，又说："济农诺延，我们是奉大汗旨意来问话的，我看您还是说说为好，以便我们回去禀报大汗。"

济农回头看了他们一眼，仍未语。

又过一小会儿，济农仍不理他们，勾考御史无可奈何地走了，走时说："济农诺延，我们告退了！"济农仍未理，也未送。

孛罗呼济农在礼节上的失误，促成了大祸临头。

回到满都鲁汗金帐，勾考御史汇报调查谈话情况。

满都鲁汗问："你们去一趟，了解的情况怎么样？"

勾考御史汇报："禀报大汗，臣问济农：'大汗什么地方得罪了您，您要像鸿郭赉说的那样要加害大汗？'"

满都鲁汗迫不急待地往前探着身子问："他怎么说？"

勾考御史答："孛罗呼济农无言以对！"

满都鲁汗气急败坏地说："这混小子怎么变成这样？朕就博若克沁、伊锡格二女，并无子嗣，北元天下不久即为彼所有，为何心急如此不可待也？"气愤已极地说，"真气死朕了！去，把亦思马因将军叫来！"卫士跑下找亦思马因。

亦思马因跑进帐，施礼："大汗，有何吩咐？"

满都鲁汗下令："你带一队人马，把孛罗呼济农抓来见朕！快去，别放跑了。"

亦思马因答应："加。"而后施礼，后退两步，转身出去。亦思马因出汗廷后，马上率兵去捉拿孛罗呼济农问罪。

第四节　满都海听说后识破佞臣奸计但为时已晚

满都海哈屯寝帐格尔内，卧室摆设豪华。满都海自己在格尔内仰卧着看书。满都鲁汗耷拉着脸，怒气冲冲地回到格尔。

满都海哈屯赶紧起来，迎上去，施女式礼："大汗回来了！"

满都鲁汗没答理，把皇冠往床上一摔，气哼哼地说："你说，人怎么变得这么快呢？"

满都海哈屯招呼："来人，给大汗倒茶。"

看侍女倒上奶茶后，满都海哈屯亲自端给大汗，慢声轻语地对大汗说："大汗，您先消消气。气大伤身，得保重您金体呀。来，坐下歇一会儿，消消气。"把大汗扶到座椅上，大汗仍气得不行，满都海坐他跟前，"什么事把您气成这样？别把金体气坏了！"

满都鲁汗气愤地说："你说巴延蒙克这孩子，来这儿，这才几年哪？他怎么变这样哪！啊？"

满都海哈屯为了压住大汗的火气，笑呵呵地问："变啥样了？"

满都鲁汗气冲冲地说："我对他不薄啊！我即位称汗，就封他为济农，仅次于我大汗，这还不行吗？还让我怎么办？"

满都海哈屯笑呵呵地问："到底啥事啊？生这么大气。"

满都鲁汗说："我觉着，我对得起他！对得起他爹！也对得起老祖宗！"

满都海哈屯劝着："大汗，您先消消气！您看您，生这么大的气，说了这么多气话，还没说因为啥气成这样？"

满都鲁汗拉满都海坐在自己跟前说："赛音哈屯，不是我愿意生气，这事放在谁身上，谁都得生气。"

满都海哈屯像哄小孩一样，拉着大汗的手说："大汗，您是一国之君，肚量要大。人们常说，宰相肚里能撑船。您是大汗，您的肚量应该比宰相的肚量还要大才对，是不是啊大汗？不管啥事，您都得沉得住气。"

满都鲁汗拉着满都海小手，有点委屈地说："赛音哈屯，你不知道，不是我肚量小，这事若出在别人身上，我都能沉住气，可这是出在自家孩子身上，我能受得了吗？"

满都海哈屯问："大汗，到底出了啥事啊？"

满都鲁汗这才说："巴延蒙克看上了他小奶伊克哈巴尔图，为了娶她，要杀了我。你说这事，啊？这是啥事，听了能不生气吗？"

满都海愕然："怎么还有这事？"陷入沉思，而后慢慢站起来，在帐内慢慢踱了几步，突然，回头问，"大汗，您听谁说的？"

满都鲁汗说："巴延蒙克的家奴鸿郭赉来说过一次，我没信。我治了他诬陷主人、挑拨长幼关系的罪，割掉他舌头，然后把他砍了。"

满都海："噢，那天侍女回来，说古列延门前砍了一个奴才，说是割完舌头后砍的。因砍的是奴才，您回来时我也没问，原来是因为这事。这事不是已经过去了嘛，还生啥气呀？"

满都鲁汗说："赛音哈屯，你不知道，这是又一次。今天，亦思马因将军也来禀报这事，说这事在古列延里传得沸沸扬扬。你说这事多砢碜？还要杀我，我能不生气吗？"

满都海哈屯怀疑地说："在古列延里传得沸沸扬扬？我怎么一点儿也没听到呢？来人。"

女侍从进帐施礼："彻辰哈屯有什么吩咐？"

满都海下令："去，把你们几个姐妹都找来。"

女侍从："加。"施礼，退出去了，不一会儿女侍从们都来了，一共八名，进帐后集体给大汗和哈屯请安。

满都海问她们："我问你们，有人告诉大汗，说孛罗忽济农为了娶伊克哈巴尔图哈屯，要杀了大汗，说这事在咱古列延里传得沸沸扬扬，你们谁听到过？"

女侍从们都很惊讶，异口同声地说："没听到过。"

满都海解释说："你们不要害怕，这事与你们无关。我给你们做主，大汗不会怪罪你们。你们如实说，听到过就是听到过，没听到就是没听到。说吧。"

女侍从们："回禀彻辰哈屯，这样的闲话，我们属实没听到过！"

满都海说："好了，下去吧。"侍女们施礼下去了，满都海回头对大汗说，"大汗，听到没？这些个孩子，成天在古列延里转，和那些诺延、牧民都混得很熟，什么消息都瞒不了她们。如果像亦思马因说的那样传得沸沸扬扬，那她们早就禀报我了。她们谁也没听说过，那这事就没有！"

满都鲁汗有疑问："那为何鸿郭赉来说，被砍头后，亦思马因还来说呢？"

满都海哈屯开始分析此事："大汗，我分析，这事的背后肯定有最阴险、最狡诈的人在挑拨、搞鬼。这个人，是想挑拨你们君臣关系，坐山观虎斗，欲取渔翁之利！您想想，为什么是鸿郭赉、亦思马因二人来禀报，而那么多诺延没禀报？您想过没有？鸿郭赉是什么人？是奴才，是不安分的奴才！因为它不忠于职责，把济农心爱的猎鹰养死，被济农狠狠地惩罚过，因此对济农怀恨于心；而亦思马因，是永谢布诺延，您封他个平章，他认为官小不解渴，是低看了他，所以对您有意见。您看他，平时跟乩加思兰鬼鬼祟祟、嘀嘀咕咕的，一看就不像耿直正派人。这么两个人，有人一煽动、一挑拨，什么事干不出来？"

满都鲁汗有点警醒："赛音哈屯，照你这么说，这事，是没有的事？"

满都海哈屯继续他分析："大汗，您说这事怎么能有呢？第一，论长相，小哈屯伊克哈巴尔图并不是数一数二的，并不比济农现在的比姬锡吉尔好看；第二，小哈屯是叔爷爷的媳妇，叔爷爷健在，巴延蒙克娶伊克哈巴尔图是要挨万人唾骂的；第三，巴尔图是当朝现任大汗的哈屯，娶她，要冒生命危险。如果事不成，那是要砍头的；第四，伊克哈巴尔图哈屯是已经结过婚的女人。咱蒙古年轻、漂亮姑娘多的是，凭济农的身份、财产、长相，向哪一个诺延家的小姐求亲，能不答应？就这么几条，您分析，巴延蒙克有什么必要杀叔爷娶叔爷的哈屯呢？"

满都鲁汗听满都海哈屯分析得头头是道，在事实与道理面前只得承认："赛音哈屯，照你这么一分析，那我是冤枉巴延蒙克了？！"

满都海哈屯斩钉截铁地说："没错！大汗，这事您要信以为真，您就冤枉巴延蒙克了！"

满都鲁汗："那，快，快救巴延蒙克！来、来人。"进来好几个男卫兵。

男卫兵施礼："大汗有什么吩咐？"

满都鲁汗拿金令牌给卫兵："拿我金令牌，你们马上快马赶到孛罗忽济农那去，调亦思马因将军回来，告诉他冤枉济农了。"男卫兵们拿着金令牌骑马而去。满都鲁汗忐忑不安地坐下。

满都海哈屯问："大汗，怎么，您已经发兵去征讨了？"

满都鲁汗说："我只是下令把他抓来见我，听你一说亦思马因的为人，我怕他把事做绝了。"

满都海哈屯埋怨大汗说："大汗，这么大的事，您怎么没和我商量一下呢？哎，您看着吧，您撤兵的命令肯定晚了，您得吃后悔药了！"

孛罗呼济农爱寅勒一片安详景象，牧民有挤奶的、有熬茶的，还有侍弄羊羔的，孩子们奔跑追打，老人自在逍遥。

孛罗呼济农阿寅勒大营，高台上的侦察兵发现一队人马向这里杀来，便紧急报告济农。

侦察兵边喊边跑到济农大帐："济农诺延、济农诺延，有一队人马杀来了、有一队人马杀来了！"

孛罗呼济农听到喊声，立即拿刀出帐上马，下令："赶紧上马，跟他们拼了！赶紧上马，跟他们拼了！"

亦思马因因有大汗的指令，要以拒捕为由，杀掉济农，以报己仇。他率领的军队在大营门口遇阻，便厮杀起来，杀几个卫兵后杀进爱寅勒。孛罗呼济农组织军队抵抗已来不及了，便落荒而逃。

孛罗呼济农的人马，自发地起来与亦思马因的军队在爱寅勒内厮杀。

亦思马因向混乱的群众喊："大家不要乱，大家不要乱！孛罗呼济农犯谋反罪，大汗命我捉拿归案，与大家无关，大家回去照常放牧！"

亦思马因带人进孛罗呼济农大帐，见孛罗呼济农比姬锡吉尔蜷缩在济农大帐一个角落里，吓得直哆嗦，一个三四岁的小男孩躲在其身后。亦思马因过去用手捏着锡吉尔下巴，细细端详了一下，看到锡吉尔生得年轻秀美，马上有了笑容，嘿嘿地奸笑了两声，比画着刀威胁说："你男人犯叛逆大罪，已经畏罪逃跑了，用不了两天就会死在外边，你是愿意死在这，给你爷们殉葬呢，还是跟我走给我做老婆享福呢？"

锡吉尔哆哆嗦嗦地站起来，轻声轻语地说："那，跟你走。"

锡吉尔站起身要走，后面小男孩扯着她衣服要跟着。亦思马因过去一脚把那小男孩踹倒，还从刀鞘里抽出弯刀。

孩子连疼带吓大哭起来。锡吉尔当即跪倒，抱住亦思马因大腿，苦苦哀求亦思马因："求诺延发发善心，别害他，给他留条小命！"亦思马因这才答应一声："好吧。"将弯刀插入鞘中。锡吉尔深深地倒吸口凉气。

亦思马因借满都鲁汗让其逮捕孛罗忽济农机会，报了乱加思兰太师为其编造的仇恨，血洗了孛罗忽济农爱寅勒，带着从孛罗忽济农那里掳获的牲畜和财产以及孛罗忽济农的妻子锡吉尔回驻地。

锡吉尔头上梳约一尺高的顾姑冠，骑马紧随亦思马因前行。四岁的幼年达延汗巴图蒙克，坐在离前车很远的后面拉货的勒勒车上，几天没洗脸的样子，头发蓬松着，晃晃荡荡地坐在车上没人管。

亦思马因诺延在马上，傲慢地对锡吉尔说："你知道吗？你男人罗忽呼企图谋杀大汗，犯了灭九族的谋逆大罪。你是孛罗忽的老婆，应该一刀把你脑袋砍下来，向大汗请功。因为你长得漂亮，诺延我看见你，就稀罕上你了，这才起了怜悯之心，留你一条性命。你要知道，你的命是我给你的，你要好好地感谢我。你跟我回去，好好给我做老婆，好好侍候我。侍候好了，我没准让你做我第二夫人。"

锡吉尔为了活命，强打精神赔着笑脸说："我知道，您已说了好几次了，我感谢诺延不杀之恩！我一定好好侍候诺延，让诺延高兴。"

亦思马因："锡吉尔，算你聪明，你这么做就对了。"

二马并行，亦思马因说："你这样的美人，嗯！"侧着腰伸手掐了一下锡吉尔脸蛋，"我能亏得了你吗？"而后很得意地笑着。

锡吉尔趁亦思马因高兴之际，问："诺延，那我的儿子……"

未等锡吉尔把话说完，亦思马因马上翻脸变成另一个人，恶狠狠地说："什么你的儿子？那是孛罗忽的儿子！看你的面子，不是给他留了一条命了嘛，还想怎么的，把他供起来呀？"气鼓鼓地，"真是的！"

锡吉尔赔笑解释："诺延别生气。我的意思是……。"

亦思马因恶狠狠地打断："行了，别说了。"锡吉尔不敢再言语了，默默地跟着。

亦思马因洗劫孛罗呼济农爱寅勒，毡房多处燃烧，冒着黑烟，散发着羊毛燃烧的臭味。反抗的牧民被杀，横尸遍地，失去牧民的亲人们坐在那里哭嚎着，孛罗呼济农爱寅勒一片惨状。

在熊熊火光燃烧的一个阴暗角落，五名亡命徒正在窃窃私语。

克里叶·察干说："哈喇班第，孛罗忽济农这么多财产，都让亦思马因诺延自己捞了，你看咱捞点啥？"

哈喇班第说："孛罗忽济农没准备，他若有准备，咱得捞个挨砍头。"

帖木尔蒙克插嘴说："你还别说，我倒看出一个捞的方向。"克里叶·察干催促："快说。"帖木尔蒙克说："孛罗忽济农不是跑了吗？"克里叶·察干说："对呀。"帖木尔蒙克说："亦思马因诺延没追，咱追。"克里叶·察干问："追一个光杆济农，有啥意思？"

帖木尔蒙克提醒："你没看见他扎的金腰带吗？"四人眼睛都亮了："对呀！"

帖木尔蒙克说："那是纯金的，有2斤重，得值多少钱哪！"

克里叶·察干决定："那咱几个一起追，走。"

哈喇班第临出发前提醒说："抢着金腰带，可别让亦思马因诺延知道。"

五匹马向孛罗忽济农逃跑的方向全速飞驰过去，其结果当然是一场生死搏斗，最终孛罗忽济农寡不敌众，被杀身亡。几个亡命徒得到金腰带，一片欢喜。

满都鲁汗和满都海哈屯在金帐内，焦急地等待两个方面的信息。大汗卫兵回来报告："报告大汗，小人没到济农阿寅勒时，远远就听见喊杀声。等我进阿寅勒时，仗已打完，亦思马因将军正领着济农诺延的锡吉尔比姬往回走呢。"

满都鲁汗忐忑不安地问："看见济农没有？"

卫兵答："没看见。亦思马因将军说他跑了。"

满都鲁汗问卫兵："这么说，巴延蒙克没死？"

卫兵严谨地回答："亦思马因将军说是跑了。"

满都鲁汗抱着侥幸心理说："谢天谢地，巴延蒙克跑了，长生天保佑他安全吧！"

满都海哈屯问："看见济农诺延的孩子没有？"

卫兵："没看见。"

满都海哈屯："你们回来时，亦思马因在干什么？"

卫兵："我们回来时，亦思马因正在收拢济农诺延的财产呢！"

亦思马因带着胜利的喜悦，回来向大汗报告："报告大汗，孛罗呼济农畏罪潜逃！臣未能抓获！"

满都鲁汗不高兴地说：知道了，下去吧。"

然而，由于满都鲁汗的轻率决定，满都海哈屯拯救孛罗忽济农的计划已经来不及了。

第五节　二佞臣乩加思兰和亦思马因产生矛盾

亦思马因诺延带着孛罗忽济农的妻子锡吉尔率领队伍回到了宝日陶亥驻牧地，伊克格尔大帐很快就支架起来，帐前苏勒德也竖立起来，一切转入正常。亦思马因又开始了奢侈生活，坐在正中大肆宴饮，两边两位貌美的年轻女子陪饮，一个是正妻郭罗泰纳由欢，梳一个比锡吉尔档次稍高一些的顾姑冠，另一个就是锡吉尔，另有两名梳 20 多条小辫的年轻侍女服侍着。下面有 8 名包着头巾、穿着艳丽的蒙古袍的漂亮的女郎跳着舞蹈，乐队在一边伴奏着乐曲。

亦思马因喝得差不多了，张口说着粗话："我说两位老婆。你们知道吗？我第一步成功了！马上我就升官了！要当朝廷的大官了！哈哈哈哈！"

正妻郭罗泰纳由欢蔑视地："就你这德性，谁能提拔你呀？"

亦思马因醉醺醺地说："乩加思兰太师是朝廷的重臣，大汗都听他的，他说提拔谁就会提拔谁。他说提拔我当兵马大元帅，我们都说好了！事成之后，他让大汗提拔我。现在事情成了，我不该当大官了吗？嗯？"

郭罗泰纳由欢很不满意地瞪了一眼，说："乩加思兰是你族兄，他是啥人你不了解呀？那人，还能当大树靠啊？他的所作所为，恐怕自身都难保，他哪有能耐提拔你呀？诺延，你喝多了！"

亦思马因立眉瞪眼："谁说我喝多了？没多，来，倒酒！"

锡吉尔顺着他说："没喝多。来，诺延，妾给斟酒。"

亦思马因陷害并血洗孛罗忽济农艾寅勒后，乩加思兰迟迟不提提拔之事，亦思马因忍不住到乩加思兰伊克格尔大帐向他汇报，实为要官。

亦思马因说："太师大哥，按您的意见，我去向满都鲁汗密告孛罗忽济农，凭我三寸不烂之舌，使大汗相信了。大汗派我去逮捕孛罗忽济农，我趁机血洗孛罗忽济农的爱寅勒。孛罗忽只身逃跑，逃跑途中，被我们永谢布的克里叶·察干等五人杀死了。"

乩加思兰表扬："好，这事干得好！"

亦思马因接着说："孛罗忽济农除掉了，太师大哥，我那兵马大元帅呢？"

乩加思兰慷慨地回答："没问题。"

亦思马因问："太师大哥，您啥时向大汗提议呢？"

乩加思兰搪塞："嗯，别着急，找个机会，啊，找个机会。"

亦思马因听他族兄搪塞他，只好道出了着急的心情："太师大哥，我这是冒着被杀头的危险干的。不抓紧任命，万一满都鲁汗哪一天寻思过味来，不仅大元帅任命不了，恐怕连命都怕保不了！"

乩加思兰套近乎说："亦思马因兄弟，你也太急了点吧？总得让大哥找个机会呀！"

亦思马因还是心急催促："太师大哥，您别生气，不是我性子急，您是许诺事成封我大元帅的。为了大元帅这个职务，我才舍命干的。我刚才说了，万一满都鲁汗哪一天寻思过味来，恐怕我连命都怕保不了。现在事已办成了，您得抓紧提议任命啊。"

乩加思兰说："我可以提议封你大元帅，万一满都鲁汗不采纳怎么办？"

亦思马因用他说过的话揭穿他："您曾对我说，您说话，大汗不敢不听嘛。怎么您提议，大汗不采纳呢？"

乩加思兰只好耍赖："亦思马因将军，你这不是逼我吧？"

亦思马因还是继续催促："老太师，借我个胆也不敢逼您。我只是想，请老太师尽快兑现许诺，封我为兵马大元帅。"

亦思马因与乩加思兰谈得很不愉快，回来后始终闷闷不乐，一日酒后与两位夫人闲聊。

亦思马因掳去的济农夫人锡吉尔挑起话："诺延，你不是说乩加思兰太师许诺提拔你为兵马大元帅嘛，怎么这么长时间了，还没提拔呀？"

郭罗泰纳由欢夫人不屑地说："我当时就说过，你那个族兄乩加思兰的话听不得，怎么样，叫人给玩了吧？白给他卖命了吧？"

亦思马因一肚子的火被激发了，狠狠地说："老家伙，十年河东，十年河西。如长生天不绝我，我会报这个仇的。"

第六节　野心家斡赤来积极配合乩加思兰政变

公元1477年农历4月1日，宁夏银川发生6.5级地震，地震波及到河套地区和土默特地区驻牧的蒙古各部落。

乩加思兰太师大帐内，小物件晃动着，有的晃掉地上。乩加思兰与几个臣僚出大帐，问："墨日根，大地为何震动？"

墨日根不懂装懂："老太师，大地震动，可能是长生天生气了！"

乩加思兰问："长生天生谁的气了？"

墨日根答复："待我夜里看看天象。"

满都鲁汗在大帐内，感到大地在震动，急忙同满都海哈屯以及侍女们跑出大帐。

满都鲁汗出帐看看天，四处张望着，看见附近各毡房的人们都出来了，问："怎么长生天震怒了？"

满都海哈屯借话音，变相指责大汗："可能是您冤枉了对您忠心耿耿的孛罗呼济农，放纵了奸雄逆臣乩加思兰，长生天对大汗您这'天子'的管理不满意了吧！"

满都鲁汗感到有愧，赶紧向太阳方向跪下，满都海以及侍女们，都跟着跪下。满都鲁汗祈祷："请长生天息怒，请长生天息怒，臣是受人欺骗，不是故意惩罚忠良；臣是念及旧日友好，不是故意放纵奸雄逆臣。求长生天饶恕您的儿子，今后一定褒奖忠良，惩治奸邪，一定按时祭祀。"而后向太阳方向磕头。

一个牧民家，主妇正在往碗里倒奶茶，地震晃动，热茶撒手上，烫得把奶碗扔地上，惊叫："哎呀，地震了！"和家人一同跑出格尔。

附近格尔的人也都跑出来，牧民们互相招呼着、打听着，小孩子们不知所以然地在门口迷惑站着，老人们双手胸前合十，默默地祈祷着："长生天哪，求您别生气了，老百姓是无辜的，老百姓过日子可不容易呀，求求您，千万别给老百姓降灾呀！"有的老年人，干脆跪下向太阳磕头。

谋士墨日根向乩加思兰汇报："老太师，昨天整个兀鲁思的大地都震动了，这是长生天不满意满都鲁汗的一个征兆。昨天夜里我观天象，看见天上有一颗亮晶晶的星星忽然变得灰暗，而后划一道光，向西方滑落消失了，这是个好兆头。"

乩加思兰提出："既然长生天不满意满都鲁汗，现在孛罗呼济农已死，满都鲁汗已孤立。咱们是否废掉满都鲁汗，另立大汗？"

谋士墨日根提出疑问："黄金家族的爷们，就剩他一个了，哪里还有当大汗的人选哪？"

乩加思兰胸有成竹地说："咱想让谁当，谁就有呗。"

墨日根说："太师，不是那个血统，蒙古人都不服啊！"

乩加思兰提出自己的见解："成吉思汗三弟哈赤温和成吉思汗一样也是也速该的后代，那也叫黄金家族。咱让哈赤温后裔毛里孩之子斡赤来当大汗，我看没问题。你们说，行不行？"

众诺延们都惧其淫威，只好违心地顺从说："行。"

墨日根是典型的溜须拍马者，接着表态："既然长生天发出信号，咱就应该适时顺天时而动，太师提出此事正是时候。"

乩加思兰当即拍板："既然长生天示意，时机成熟了，那咱就行动。墨日根你亲自去翁牛特，和斡赤来商议此事。"

乩加思兰谋士墨日根来到翁牛特部首领斡赤来诺延大帐前，向卫兵说："请通报一声，就说太师派使臣要见诺延。"

卫兵进帐施礼："报告诺延，太师使臣要见您。"

斡赤来诺延："让他进来！"

乩加思兰谋士墨日根："斡赤来诺延，赛音拜诺？"

斡赤来诺延正常待客："请坐，乩加思兰太师派您前来，有何见教？"

乩加思兰谋士诡秘地说："诺延，有重大事项向你禀报。"

斡赤来不冷不热地说："说吧。"乩加思兰谋士环顾斡赤来左右，斡赤来会意，"你们都下去吧！"等服侍人员全部出去了，"说吧。"

乩加思兰谋士："斡赤来诺延，您没发现前些天，长生天发怒，地动山摇吗？"

斡赤来不知其真实来意，阴阳怪气地回答："发现了，怎么了？"

乩加思兰谋士："那地动山摇，是长生天对满都鲁汗表示的不满。我夜观天象，发现满都鲁汗的那颗星星，灰涩暗淡，摇摇欲坠。满都鲁汗没有儿子，无人即汗位；整个忽必烈系，也无人即位了。因此，我家太师想到了您，想扶立您当大汗。"

斡赤来听到要扶立他为大汗，心跳加快，赶紧说："墨日根诺延，这话可不能乱说，这是要掉脑袋的事。"

乩加思兰谋士："斡赤来诺延，难道您不想当大汗？怎么一提当大汗您就想到要掉脑袋？"

斡赤来明白了来人的意思，便放出点信号："在心里头，不想当大汗的人，世上哪有？"

墨日根诺延问："那您是啥意思呢？"

斡赤来说："万一失败，您说能不掉脑袋吗？"

墨日根诺延说："有啥当不成的？诺延您是成吉思汗三弟哈赤温后裔，也是黄金家族，您若真有心想当大汗，我家太师扶立您当大汗，不就成了嘛！这是太师给您的信。"

斡赤来看信上写："有要事，派墨日根与你面谈。"便提出疑问："太师没说扶立我当大汗哪？"

墨日根诺延强调："太师不是让我与你面谈嘛。"

斡赤来："是说了，那满都鲁汗正在当政，他能自动让位吗？"

墨日根诺延："他不让位，我家太师可以动用武力将他废掉。"

斡赤来疑虑重重地问："动用武力，有把握吗？"

墨日根蛮有把握地告诉斡赤来："现在汗廷军队，十之七八是太师的人马，太师想推翻满都鲁汗那不是手到擒来的事吗？"

斡赤来的野心被鼓动起来了，表示："如果是那样，我愿意当大汗。请转告老太师，如事成，愿共享天下。"

乩加思兰谋士说："太师给您写了信，您也给太师写个回信吧。"

斡赤来不假思索地说："好。"提笔写就，交给墨日根，叮嘱路上要格外小心！

第七节　忠臣乌格岱办忠心事搜出佞臣反叛罪证

乌格岱将军带一巡逻队在营地四周巡逻，随从一兵士报告："将军，您看，那边有一匹马飞跑。"

乌格岱将军说："我也看见了，马上好像有人。走，往前迎迎他。"加鞭，快马迎去，快接近的时候，那个马拐弯朝别的方向跑去。

随从兵士："将军，他往别的方向跑了。"

乌格岱："可能这家伙有问题，追！"全速追赶，近前才看出是乩加思兰的谋士墨日根诺延，"唉！你跑什么呀？"

墨日根支支吾吾地说："我上那、那边打猎，丢、丢了一匹马，我去、去找马。"

乌格岱将军揭短说："拉倒吧，你堂堂墨日根诺延，今天你舌头打卷，支支吾吾的连一句话都说不成句，肯定不是那么回事。"严肃地指出，"你今天必须说清楚，到底干什么去了？"

墨日根："乌格岱将军，我确实是找马去了，不信，您问问我家太师。"

乌格岱："就你那样，也不像找马的。找马，见我们躲啥？"

墨日根："将军，我从不撒谎。我要撒谎，我就……"

乌格岱将军指挥随从："给我搜！"墨日根推推拉拉不让搜，几个随从硬是把他按倒在地，从他怀里搜出一封信。

随从士兵："将军，搜出一封信。"

乌格岱："走，把他押到汗廷去，交给大汗。"

乩加思兰女儿、满都鲁汗小哈屯伊克哈巴尔图正从金帐出来想回寝帐，正面遇见乌格岱将军正押着其父亲谋士墨日根去汗廷。墨日根与小哈屯都自然停住脚步，小哈屯脸色突变，忐忑不安，墨日根怔一下，欲言又止，双方互通眼神。

乌格岱将军："走！"兵士们推搡着墨日根押向可汗金帐。

小哈屯看着押走的背影，回身小跑回到自己格尔，立即安排侍女给其父送信："你立即骑马给我阿爸送个信，告诉他墨日根大叔被抓到大汗金帐。别从正门走，绕过去，尽量别让人知道。懂了吗？"

侍女："懂了。"

小哈屯嘱咐："快去快回。"

侍女："加。"

乌格岱将军进满都鲁汗金帐施礼："报告大汗，臣在山后巡逻，有个人看见我们就躲避逃跑。臣分析这人可能有鬼就追他，原来是乩加思兰太师的手下。臣问他看见我们跑什么，他支支吾吾，这更证明他行动有鬼，臣便让士兵搜身，从他身上搜出一封信。"说完把信呈给大汗。

满都鲁汗看信上写："来信收悉，承蒙抬爱，立我为汗，当共享天下！斡赤来。"看着看着脸就阴沉下来，下令："把这吃里扒外的东西带进来。"

乌格岱将军亲到金帐门口，喊一声："带进来！"士兵把墨日根带进金帐，墨日根赶紧跪在地上。

满都鲁汗非常生气，手都气哆嗦了，指着信："你老实说，这是怎么回事？有藏着掖着的，要你狗命！"

乩加思兰谋士墨日根诺延赶紧磕头："大汗饶命，大汗饶命！奴才只是给乩加思兰太师到翁牛特跑腿送信，翁牛特诺延斡赤来让奴才把这信亲手交给乩加思兰太师。信上写的啥，奴才属实不知道。奴才就知道这些。大汗饶命！乩加思兰太师的事，和奴才毫不相干哪！大汗，饶命啊！"

满都鲁汗下令："把他押下去！"随后给乌格岱将军下达任务，"你亲自去传乩加思兰，让他立即到汗廷来一趟。"

乌格岱将军："加！"领命走了。

乩加思兰伊克格尔大帐内，小哈屯侍女正在向乩加思兰汇报。乩加思兰问："你们小姐还说什么了？"

侍女："小姐遇见墨日根大叔时，我们在小姐后边，看见墨日根大叔像有话与小姐说似的。"

乩加思兰："嗯，我知道了。"

乌格岱将军来到乩加思兰大帐，未进帐，骑马在外喊："乩加思兰太师，乩加思兰太师，大汗请你立即去一趟。"而后不屑一顾地打马走了。

乩加思兰因事先得到情报，正做安排："儿子，你妹妹派人来送信，墨日根被他们抓住了，大汗传我去，可能是墨日根的事，估计今天是凶多吉少。如果阿爸天黑回不来，你就带兵去救阿爸。"

乩加思兰儿子说："阿爸，干脆我带兵同您一起去，保你万无一失。"

乩加思兰告诉儿子："稳住点，估计那老家伙不能把你阿爸怎么样？"

第八节　大汗重情义糊涂处理谋反政治事件

满都鲁汗金帐内，乩加思兰太师施礼："大汗找臣有事？"

满都鲁汗叫了一声："乩加思兰太师。"抖落着斡赤来的信说，"你看看这是什么？你是不是把事做得太绝了？啊？你想废掉朕，另立斡赤来为大汗，'共享天下'？你是不是看朕太好欺负了？啊？"气得够呛，但未下令把乩加思兰抓起来，显得非常优柔寡断，可以说是昏庸到家。

乩加思兰太师继续辩解："大汗，您对我这么好，我怎么能那么办呢？臣绝对没有那个想法。那都是斡赤来这贼小子，因您派兵袭杀了他阿爸，他想报仇，所以离间您我君臣关系，加害于我！"

满都鲁汗听了辩解后说："真也罢，假也罢，我念及咱结拜盟誓的情谊，对你不做处理了。为啥这信在你墨日根身上？为啥斡赤来不给别的诺延写这样的信？你自己反省反省吧。"

乩加思兰看大汗这么好对付便继续编假话欺骗大汗："大汗，我派墨日根到翁牛特去不假，谁想到斡赤来这小子竟这么整我，我和他没完！"

满都鲁汗也跟着说："朕待斡赤来不薄，他阿爸毛里孩弑君杀害了摩仑汗，犯下灭九族的罪状，斡赤来走投无路时来找朕投降，朕念及家族亲情，没追究其罪行还命他仍当翁牛特部首领。斡赤来既然这样无情无义，朕就命令你，把斡赤来抓来交给我！"

乩加思兰听到这么处治真是意料之外，为了尽快离开这险境赶紧说："大汗，我这就带兵去抓斡赤来。"说完就走，借机赶紧脱身，出古列延，快马加鞭飞快向自己营地跑了。

第九节　满都鲁汗放恶虎归山政变命丧马克温都儿

满都鲁汗打发走乩加思兰后，闷闷不乐地回到寝帐。满都海哈屯见大汗气色不对，问："大汗，您又生气了吧？"

满都鲁汗仍然不愉快地答复一声："你看出来了？"

满都海哈屯说："您脸上都写着哪，谁看不出来。"满都鲁汗抬手摸摸脸。

满都海哈哈大笑，笑着把大汗按坐在座位上，大汗满脸诧异。满都海哈屯说："我是说您脸上的表情，告诉我您在生气。"这一来，格尔内严肃气氛松快了不少。

满都鲁汗说："方才，乌格岱将军巡逻，见远处一骑马的向这个方向急驰而来，看见这边有人，便转弯向别处跑去。乌格岱将军心生疑窦，便快马追赶，原来是乩加思兰太师的墨日根，在他身上搜出一封信。你看看！"把信递给满都海哈屯，"你说他这么干，能叫人不生气吗？"

满都海哈屯看完信后，脸色立即严肃起来："大汗，您是怎处理的？"

满都鲁汗满不在乎地说："我把他找来，训了他一顿！他也认错了。我命令他交出斡赤来，他去抓斡赤来去了。"

满都海哈屯预感大事不好，严肃地向大汗提出："大汗，这话不应该由我说，但事已至此，我不能不说了。我看，您今天是被气糊涂了！这事能这么处理吗？他犯的不是一般错误，犯的是满门抄斩的叛逆大罪，应该立即逮捕他，交给札鲁呼赤（大法官）审理，揪出同谋，一网打尽！现在，您竟然放恶虎归山，您说这事您办得糊涂不糊涂？"

满都鲁汗表白："朕一是考虑我们结拜之交，二是考虑他人马比咱多，认为训他几句，让他自己知过改过就行了。"

满都海哈屯说："我说您糊涂了没说错，那要看啥事，人家要废掉您这个大汗，连接替您当大汗的人都找好了，您还讲义气，轻描淡写地说他几句完事，这不是明摆着让他害自己吗？"

满都鲁汗被说得服服帖帖，承认："当时我没想到那么严重。"

满都海哈屯说："我不会屈说您的，大汗，乩加思兰的行为，已证明他是只豺狼，他一定会来咬您的。我建议，马上做防备乩加思兰来进攻的准备。"

满都鲁汗泄气地交权："赛音哈屯，那就按你说的办，由你安排防御的事吧！"

这时，天空雷鸣电闪，满都海哈屯和满都鲁汗不约而同地出帐看天，只见黑云滚滚。满都海哈屯感慨地说了声："要变天了！"

乩加思兰见阴谋败露，便图穷匕首见，要与大汗刀兵相见，回营后迫不急待地招呼："儿子、儿子！"

乩加思兰儿子诺谟库："阿爸，出什么事了？怎么这么慌慌张张的？"

乩加思兰："满都鲁这老家伙，今天犯糊涂，等满都海知道此事，那咱就晚了，咱得先下手。

立即集合人马，越快越好。"天空仍在电闪雷鸣。营区立即响起了牛角号声音，一拨一拨的骑马持刀兵士，向这里拢来。

乩加思兰骑在马上，站在高处，做紧急战斗动员，喊："勇士们、弟兄们，满都鲁汗容不了咱们瓦剌蒙古人，咱们也不要这个大汗。咱们今天就进攻满都鲁汗古列延，能杀就杀，能抓就抓。出发！"

天上乌云滚滚，伴着轰隆隆雷声，掉着豆粒大的雨点，瓦剌兵士们不情愿地跟着乩加思兰出兵了。

古列延瞭望塔上的侦察兵在黑蒙蒙乌云下，借闪电光亮发现大队人马奔来，惊叫大喊："快去报告大汗，有大队人马杀来了！快去报告大汗，有大队人马杀来了！"

塔下的侦察兵边跑边喊："大汗，有大队兵马杀来了；大汗，有大队兵马杀来了！"

满都鲁汗金帐卫兵听到喊声，进帐："报告大汗，门岗发现有大队兵马，向这里杀来了！"

满都鲁汗下令："赶紧吹号，组织人马，一定要把他们压下去！"

传令兵出帐后，立即吹起牛角号，顿时，全古列延内到处是牛角号声。满都鲁汗赶紧穿戴披挂，持刀出帐，骑上马，准备战斗。

满都海哈屯布置的一梯队守卫人马从坐着躺着的状态进入战斗状态，二、三梯队人马从毡房格尔内跑步进入防御阵地。此时，乩加思兰率兵已经来到。古列延守卫兵士用箭射击，射杀了一些人。乩加思兰军队进攻受挫。

乩加思兰发疯似的叫喊着在后面指挥："勇士们，从一个地方往里冲，冲出一个口子，冲进古列延！"骑兵往里冲，开始均被守军射中落马。后边继续往里冲，又都被射死在那里。进犯军队在乩加思兰监督下不管死多少，前仆后继，一个劲儿地从一个地方往里冲，终于找着空隙冲进大门，在守军背后与守军厮杀起来。守军防线被搅乱，不能阻挡向营区中心冲锋的兵马，叛军陆续冲进古列延，进入营区腹地与营中将士展开厮杀。乩加思兰率军直奔满都鲁汗的金帐，满都鲁汗亲自与其厮杀，刀来刀往，战了几个回合，援兵未至，满都鲁汗知恋战不能胜，便调转马头逃走。

满都鲁汗边跑边喊："乩加思兰反了，乩加思兰反了！"期望得到路过地方人们的支持，截杀乩加思兰。

乩加思兰则喊："追呀，别让满都鲁跑了！"

满都鲁汗在前面逃跑，乩加思兰率军在后紧追。跑了一阵，满都鲁汗听追兵马蹄声不那么剧烈了，偷偷回头看，见乩加思兰一人独骑在前追赶，便稍微放下一点心，暗暗抽出一支箭，向追上来的乩加思兰射去。乩加思兰听到风声，急闪身，箭穿透衣服未伤及身体。乩加思兰再也不敢自己一人追赶，停住了，等后面的军队赶上来。

乩加思兰眼看一时追不上满都鲁汗，便调转马头带领部属往回走，走着走着，突然悟到什么，喊："停！"部队全停下来，他向部队下令，"我们退兵，满都鲁都看见了，他一定以为我们回去了。我要杀他个回马枪。"

手下一位部将问："怎么个杀法？"

乩加思兰问："你们说，这老家伙现在上哪儿去？"那部将晃着脑袋："那，不知道。"

乩加思兰接着问："你们说，这老家伙现在敢回去吗？"又一部将发言："我估计他不敢回去，我觉得，他怎么也得弄清他大营的情况后，才敢回去。"

乩加思兰接着问："那我问你们，他不敢回去，上哪儿去才安全？"

部将们明白了，七嘴八舌地说："他得躲起来。"

"这一马平川的草原，他上哪儿躲呀？"乩加思兰继续启发。

一部将首先发言："我猜到了，他得上马克温都儿山躲。"

乩加思兰予以肯定："对。咱先到那里守株待兔，跟我走。"调转马头，带领部属，立即策马从返回的道路，又向前追去。

乩加思兰率部追到马克温都儿山停下来，领大伙上山，吩咐诸将："都找个容易藏身的地方埋伏好，咱们今天来个守株待兔，等他自投罗网。"

一部将抱着怀疑态度问："太师，他能到这来吗？"

乩加思兰训斥他一顿："没见识。我问你，满都鲁他现在有家敢回吗？"

那个将军答复："我估计，他不敢回去。"

乩加思兰胸有成竹地说："他一定得在外边躲一阵子，等他认为没事了才敢回去。那你说，他在哪儿猫着？附近几百里地方，就马克温都儿这块地方草深林密，便于躲藏。"

另一部将也跟着训斥他："敢怀疑太师的军事安排，你小子是不是欠揍啊？"

乩加思兰自豪地说："别争执了，我告诉你们，咱是先来了，他若是先来，藏在哪块，咱还找不到呢！去、去，都埋伏好，等他到这儿，咱就来个万箭齐射，不怕他不死。"

马克温都儿是一个绵延数百里的丘陵，最上边岩石裸露，坡上灌木丛生，地上长满了野草，中间一条崎岖的小路，只能并排走两匹马。满都鲁汗慌不择路走了这个方向，现在无处可去，信马由缰，无意中进入马克温都儿山涧。此处，正是乩加思兰布置的埋伏圈。

满都鲁汗又渴又饿又累，晃晃荡荡地骑马，无目标地往前走着。

瓦剌兵士们看见满都鲁进入伏击圈，兴奋地七嘴八舌："来了，来了！"

乩加思兰下令："隐蔽好！"

满都鲁汗在马上四外张望着，看没什么可疑迹象，便找了一块平坦的地方下马，放马吃草，自己疲惫地躺下。休息一会儿，坐起来，拿帽子扇着风，叹着气，懒洋洋地从马褡裢中取出一块干肉，放在嘴里嚼着，向四周望着，马边吃边走，走到离他几十米的地方。

乩加思兰站起来，用手势指挥埋伏的将士，从四面悄悄地向满都鲁围拢过来。

满都鲁汗猛抬头，看见前面围过来一群持弓箭的兵士，惊愕地急转头向四周观看，见四周都是瓦剌军队，本能地抄起马刀，站起来准备反击自卫。

满都鲁汗看见乩加思兰，用刀指着，气得哆哆嗦嗦地骂："乩加思兰，你不是人！你的良心让狼吃了！你狼心狗肺，你连狗都不如！"

乩加思兰嘿嘿笑着说："你骂吧，骂够了，我马上送你回姥姥家！放箭！"乩加思兰一声令下，箭像雨点般射向满都鲁汗，满都鲁汗瞬间被射成了刺猬！躺倒不动了，眼睛瞪得老大。

叛军将士们看满都鲁一动不动了，高兴地乱叫："大汗被打死了！大汗被打死了！"

乩加思兰喊："弟兄们，满都鲁死了，现在没大汗了！山中无老虎，老子又可以称大王了！走啊，回去喝庆功酒啊！"

第十章 执掌国柄

第一节　满都海哈屯挽救政变败局

满都鲁汗古列延，经过乩加思兰政变军队的冲击，尸横遍地，毡房格尔倒塌的、燃烧的，一片狼藉，满眼战争创伤。

满都鲁汗昔剌斡耳朵金帐也有被战争损坏的痕迹。金帐内，满都海彻辰哈屯严肃而紧张地部署着非常时期的各项工作，身边分立着八名女侍卫，两侧分立着众将。帐外门口，分立着四名全副武装男警卫，营区内三人一组、五人一队的兵士在巡逻。

满都海哈屯命令几个女侍卫："你们几个，去把那小奸人伊克哈巴尔图给我抓来。"

侍卫们抓捕时，小哈屯拼命喊叫反抗："我是大汗哈屯，你们没权力碰我。"女侍卫们愤怒地告诉她："小奸人，有理和满都海彻辰哈屯说去，走！"推推搡搡地把她推进金帐。

伊克哈巴尔图跪下，往前爬几步，哭着："哈屯大姐，我冤枉啊，我什么都不知道啊，求哈屯大姐饶命啊！"

满都海哈屯看着她那狼狈相，说："先把她押起来。"

满都海哈屯开始布置迎战反击工作："各位诺延、各位将军，乩加思兰反叛，袭击大汗，大汗现在下落不明。乩加思兰追杀大汗，无论追上追不上，他都要杀回来。咱们要在水未来前先叠坝，充分做好迎战准备工作。现在是非常时期，请大家听我命令：乌格岱将军、帖木热哈达克将军。"

乌格岱、帖木热哈达克二位将军出班，施礼："请彻辰哈屯盼咐。"

满都海哈屯下令："你俩负责把乩加思兰打乱的人马，按原来的指挥系统，重新组织起来。而后，马上进入古列延外围守卫阵地，昼夜守卫，随时准备击退叛军进攻。叛军杀来时，由乌格岱将军指挥，以放箭射杀为主，不能让他们靠近，务必击退。"

乌格岱、帖木热哈达克二位将军："加。"施礼，退回。

满都海哈屯："巴延台将军、纳贺措将军。"

巴延台、纳贺措二位将军出班，施礼："请彻辰哈屯盼咐。"

满都海哈屯下令："你俩负责把成年男女牧民全部动员起来，把所有能阻挡人马行进的，能做障碍物的勒勒车、车辖辘、大奶桶等废旧物品，全部摆到古列延边沿能通行人马的地方，主要地方多砸些木桩子，一定要保证乩加思兰的人马冲不进来。"

巴延台、纳贺措二位将军："加。"施礼、回班。

满都海哈屯："博赉将军、伊内难将军。"

博赉、伊内难二将位军出班，施礼："请彻辰哈屯盼咐。"

满都海哈屯下令："你俩带些人负责供应乌格岱将军他们使用的弓箭，把咱仓库中的弓箭，统统搬到古列延各个哨位。弓箭不足时，到各个牧民家搜集，将所有弓箭都集中送到守卫战士手中，一定要保证他们有足够射杀敌人的弓箭。"

博赉、伊内难二位将军："加。"施礼，退回。

满都海哈屯："额则雷将军。"

额则雷将军出班，施礼："请彻辰哈屯吩咐！"

满都海哈屯下令："你带一些人打扫清理古列延，掩埋死亡将士百姓，那些毡房被损坏、牛羊被抢走的牧民，你负责给他们调剂住处和解决吃的，做好死难家属安抚工作。"

额则雷将军："加。"施礼，回班。

满都海哈屯："阿尔斯楞将军。"

阿尔斯楞将军出班，施礼："请彻辰哈屯吩咐！"

满都海哈屯下令："你负责情报信息收集工作，多安排一些探马，探得远一些，放得密一些，要保证及时得到乩加思兰活动信息。营区外围加强巡逻，营区内轮班守卫古列延。"

阿尔斯楞："加。"施礼，回班。

"各位将军，以上各项工作，都必须马上开始行动，必须赶在乩加思兰杀回来之前完成。去执行吧。"满都海哈屯最后限定完成准备工作时间，五位将军施礼退出。

满都海哈屯问大汗侍卫："你们谁看见大汗往哪个方向跑的？"

大汗侍卫出班，施礼："回彻辰哈屯的话，乩加思兰是从古列延南大门冲杀进来的，大汗是奔后门跑的。"

满都海哈屯下令："你们两个，每人带上几个人，备上几天吃的，分两路，从北门往北找。大汗有可能受了伤，在哪个沟坎里藏着躲着。你们细心点，一定找到大汗再回来。"

大汗侍卫："加。"施礼，走了。

第二节　满都海重用对乩加思兰有成见的诺延

满都海哈屯认为，汗廷建立不久尚未稳固，太师右丞相就发动政变，已使整个北元社会出现严重不安定的局面，如再发生动乱事件则年轻的汗廷将不堪重负，将有倾倒的危险，为此必须未雨绸缪防患于未然。亦思马因为人阴险狡诈，与乩加思兰是亲属关系且接触频繁，制造动乱添麻烦的可能性最大。为了稳定政局不使事态扩大，必须按住亦思马因不乱动，而按住亦思马因不乱动的方法，满都海哈屯认为对他这样"官"迷的人只能用"高官"职位来解决。满都海哈屯为了度过这特殊时期，决定冒险走这步棋。

于是，满都海哈屯指令女侍从："你们两个，马上骑快马到亦思马因将军营帐，就说我请他马上到我这来一趟。快去快回！"

女侍从："加。"施礼，走了。不一会儿，哈屯女侍卫回来进帐，施礼，"报告彻辰哈屯，亦思马因将军请到。"

亦思马因将军进金帐施礼："彻辰哈屯，赛音拜诺？"

满都海哈屯客气地说："亦思马因将军，请坐。给亦思马因将军上茶。"

亦思马因有点诧异，说声："谢座。"坐下了，而后问，"彻辰哈屯有什么吩咐？"

"亦思马因将军，汗廷发生变故，我想你已经知道了。我今天请你来，就是与你商量一下汗廷下一步的事，同时，汗廷有一件特别重大的事，想委托你办，你看行吗？"满都海哈屯问。

亦思马因有点丈二和尚摸不着头脑，只能硬着头皮表态："有什么事儿，彻辰哈屯尽管吩咐就是。"

满都海哈屯说："如果这样，我就不客气了。亦思马因将军，你知道，大汗与乩加思兰太师，是结拜过的。你们和乩加思兰太师共同把满都鲁汗推上大汗的位子上，这才几年，说翻脸就翻脸！因为不大个小事，乩加思兰太师就跟大汗动起了刀兵，要杀大汗，造成现在这样的局面！现在，还不知道大汗死活。"亦思马因不知啥意思，静静地听着。

"你说，咬主人的狗，咱蒙古人还有继续养的吗？"满都海哈屯问。

满都海哈屯继续说："我的意思，太师这个职位，得换人了。我与你商量一下，你看换谁合适？"

亦思马因受宠若惊，心怦怦跳得厉害，便壮着胆问："彻辰哈屯，您将这么重大的事情与我这个小小的平章商量，属实使我受宠若惊。但不知，彻辰哈屯的候选人是谁呢？"

满都海哈屯说："大汗封臣时，没与我商量，因为当时我也是受封的人，这你是知道的。通过这几年的观察，我认为有几个人有能力，可以担任太师这个职位，这几个人中就包括将军你。我今天第一个想到的就是你，因此第一个找你来谈谈，想听听你的意见。"满都海哈屯的策略是对官迷先用官职迷住，免得他再乱上添乱。

亦思马因听了满都海哈屯的话赶紧表忠心说："彻辰哈屯，您认为我有当太师的能力，我实在是高兴之极！哈屯殿下，您当我的伯乐，让我当太师，我定当肝脑涂地，效忠哈屯殿下！"

满都海哈屯得到了亦思马因的保证，便说："亦思马因将军，就凭你这句话，我认为我今天找你找对了！不过，我再问你一个事儿，乩加思兰太师追击大汗还没有回来。假如，乩加思兰太师回师攻打我们，他是你族兄，你怎么办呢？"

亦思马因下保证："我一定率领我们永谢布那一万多人马，与我那族兄乩加思兰决一死战，誓死保卫彻辰哈屯您的安全！"

满都海哈屯继续给他使劲："亦思马因将军，你这一席话，使我很受感动。我现在就觉着有安全感了！不过，你那一万多人马能打得过乩加思兰几万人马吗？"

亦思马因说："蒙郭勒津部脱罗干诺延与我交好，他那也有一万多人马，我们联合起来，共同对付乩加思兰，我看没问题。"

满都海哈屯肯定地说："你的安排很好。大汗回来，我一定向他保举你当太师，我这人一向是说话算数的。"

亦思马因一听让他当太师，受宠若惊，马上起立，向满都海磕头谢恩："谢彻辰哈屯殿下提拔！"

满都海哈屯继续说："亦思马因将军，咱蒙古人有一个规矩，那是从母系社会遗留下来的，就是男人当政，女人参与；男人不在家，女人说了算。今天我说了算，这太师职位，你今天就上任，现在就可以行使太师职权。你看怎么样？"

亦思马因高兴得有点魂不附体了，连忙说："彻辰哈屯，您这么信任我，我还有什么说的哪。彻辰哈屯，您就直接了当地说吧，眼下急需我做哪些事？"

满都海轻松地说："那我就不客气地给您这位太师大人布置任务了。"

亦思马因兴奋地以太师身份接受任务："请吩咐。"

满都海哈屯说："目前刻不容缓的紧急任务就是做好军事防御工作，随时准备击退乩加思兰的袭击，这需要马上开始行动。为完成这一紧急任务，你必须马上把你们永谢布的人马调过来，在古列延外围北线、西线一带，做好一切迎击乩加思兰进攻的准备工作。至于蒙郭勒津脱罗干诺延，我请他来，让他协助您。必要时，你们可以主动出击乩加思兰。"

亦思马因表态："请彻辰哈屯放心！我一定把您交给我的任务办好！我这就回去安排。"说完施礼出去了。

满都鲁汗昔刺斡耳朵金帐内，满都海哈屯正与蒙郭勒津脱罗干诺延在谈话。

满都海哈屯说："脱罗干诺延，乩加思兰反叛、追杀大汗的事，我想你肯定听说了。乩加思兰无论杀得了杀不了大汗，他都可能带兵回来攻击汗廷。今天请你来，就是为这件事。我已经和亦思马因将军谈过了，任命他为太师，带领他们永谢布的人马，在北线、西线防御乩加思兰的进攻。今天，我当家，任命你为枢密院知院，正一品。请你带领蒙郭勒津人马，在汗廷东线、南线外围布防，防备乩加思兰进攻汗廷。你看行吗？"

脱罗干知院表示："彻辰哈屯，保卫汗廷安全，是臣应做的事情。今天彻辰哈屯又给臣晋级，臣哪有不卖力之理？请彻辰哈屯放心，臣一定协同亦思马因太师，保卫好汗廷安全！"

满都海哈屯说："那就请脱罗干知院马上开始动作吧！一切反击准备工作，都要做到乩加思兰叛军到来之前。"

脱罗干知院："那臣就告辞了！"

大汗金帐内在谈话。金帐外，各位将军们正在按满都海哈屯的部署，抓紧落实积极忙活着。乌格岱将军带领人马在古列延边沿，分段部署着防御责任；巴延台将军带领牧民，往古列延通道等地人力搬送、车辆运送破旧勒勒车、车轱辘、大奶桶等障碍物，堵塞叛贼乩加思兰回师进军的道路；额则雷将军带领一些牧民清理战场，搬抬被害牧民尸体，帮助修复毡房、救助伤员等工作。

第三节　汗廷有备叛军进攻死伤一片

叛贼乩加思兰趾高气扬地率领人马回驻地。途中，有部属提议："太师诺延，满都鲁汗死了，咱们是否杀回汗廷，把那小寡妇满都海接到咱那儿，给您做小夫人哪？"

乩加思兰说："那可是扎手的刺梅呀！"

部将："太师，凭您的权势，只要把她掳回来，在咱那儿，她敢扎刺吗？"

乩加思兰说："可不要小瞧这个女人，她可不一般。她文武双全的名声，十几年前就在蒙古高原闻名了。"

部将："那都是虚名。太师，只要您同意，您给我2000兵马，我把她抓来给您就是。"

乩加思兰："好吧。"

叛军部将率领一支数千人的人马杀来，进军到营区边上一箭之地，看见能通行的地方都砸着木桩子，摆放着勒勒车、车轱辘、大奶桶等障碍物，骑马不能通行，正在犹豫着。

乌格岱将军站起来，下令："放箭！"

障碍物后面站起防御战士，三批战士轮番射箭，箭支像雨点般飞过去，前面的人马纷纷落马，死伤一片。

乩加思兰部将本想立功，却死了这么多人，红了眼，喊着："冲啊。"带头催马冲过来，又是一阵箭雨，又是死伤一片。乩加思兰部将冲在前面，用马刀玩着花刀拨拉掉飞来的箭支，马上就要跨过障碍物。

乌格岱将军见他要过来，以静制动，冷静地搭弓瞄准，一箭射在乩加思兰部将马头上。马一痛，跳起来，该部将连人带马摔倒在障碍物上。

守军几个人用几个钩子抢着钩这个人，钩到里面后，一刀砍死。后面的人，见主将已死，纷纷逃命去了。

乩加思兰见到稀稀拉拉逃回的败军，后悔地感叹："嘿！我就说是带刺的玫瑰嘛！偏不信，白死这些人。"

第四节　满都海为丈夫满都鲁汗办丧礼

大汗金帐内，满都海哈屯正在焦急地等待大汗的消息，两边站着八名女侍卫，门口站着四名持刀男侍卫，古列延内有战士巡逻。

男侍卫进帐跪倒，哭诉："报告彻辰哈屯，大汗已经晏驾了！"

满都海哈屯十分惊讶："什么？！"

男侍卫："大汗已经晏驾了！"

满都海哈屯听此噩耗后，头晕目眩，不由自主地摸着脑袋坐倒在椅子上，几个女侍卫一齐上去扶她，口中呼喊着："彻辰哈屯、彻辰哈屯、彻辰哈屯。"

满都海哈屯慢慢地冷静过来，停顿几秒钟，又慢慢地站起身，眼中沁出泪珠，但没有哭，低沉而有力地说："这是优柔寡断，放虎归山，反受其害的结果！"而后坚强地说，"走，看看去！"在几个女侍卫的搀扶下，走到帐外，见到大汗那凄惨的尸体，怔了一下，突然扑上去，趴在大汗身上哭嚎起来，"大汗哪，您死得太冤了，您以诚待人，以德处事，反被奸贼所算，您死得太惨了！您死得太冤了！"

女侍卫们："彻辰哈屯、彻辰哈屯，节哀吧，您保重身体呀！"

侍卫们把满都海哈屯硬是拉离满都鲁汗灵体，坐在一旁椅子上。满都海冷静地坐了一会，突然，擦干了眼泪，站起身，狠狠地说："冤有头，债有主，血债血偿！安排丧事！"女侍卫将她扶进金帐。

大汗昔剌斡耳朵金帐内，满都海身穿一件黑蒙古袍，披散着头发，强忍悲痛并含恨安排丧事。八名女侍卫，也都穿着黑色蒙古袍服侍左右，四名穿黑袍男侍卫持刀把门。近臣和有关人员身穿素服，戴着无帽缨的帽子在门外等待吩咐。

满都海哈屯吩咐女侍卫："让他们都进来！"众诺延和有关人员进帐后，按秩位分立两旁，静听吩咐。

满都海哈屯悲痛地向大家宣布："大汗已经晏驾了，我很悲痛！人死了，不能复活！现在，我安排一下治丧的事。

"巴延台墨尔根将军，你马上派人分头骑快马，到蒙郭勒津、土默特、喀尔喀、兀良哈、瓦剌、翁牛特各部报丧，通知他们的诺延立即到汗廷参加吊唁活动。"

巴延台墨尔根："加，我这就去安排。"施礼，走了。

"其他人员，全力以赴，搭建灵堂，准备接待吊唁人员。时间紧迫，抓紧干，去吧。"各人都各自领命退下。

"乌格岱将军、阿尔斯楞将军留下。"满都海哈屯单独交待一些事。

"乌格岱将军，你立即起身，亲自到科尔沁，面见孛罗乃丞相，告诉他大汗晏驾的消息，请他火速带5000精兵来汗廷，越快越好。"

乌格岱答应："加！"施礼，走了。

满都海哈屯接着给其哥哥安排任务："哥哥，我要利用追悼大汗的机会，宣布一个重大决定，成败在此一举。"阿尔斯楞瞪大眼睛看着她，满都海哈屯接着说，"你挑选500名精明强干的巴特尔做战斗准备，吊唁的诺延们来后，你派人昼夜在金帐前后、灵堂前后巡逻，尤其要注意夜间巡逻，时刻监视他们的动态，他们的任何风吹草动都要掌握，一定要保卫好治丧诸事顺利进行，凡有趁机滋事生非、扰乱吊唁的，就地处治。追悼大会那一天，全部人马都安排在灵堂附近，做好战斗准备，随时参加战斗。听明白了吗？"

阿尔斯楞将军："听明白了。"

满都海哈屯强调说："哥哥，你的责任非常重，我再嘱咐你一句，一定要保证吊唁期间不能出现任何疏漏。你现在就开始做你的事，直到我通知你停止为止。去吧！"

第五节　分裂分子预谋追悼会上对满都海发难

乩加思兰伊克格尔大帐内，翁牛特部诺延斡赤来率小队人马造访。

斡赤来诺延弯腰、施礼、献手帕："太师诺延，赛音拜诺？"

乩加思兰太师说："说曹操，曹操就到。我正想派人去找你哪，来得正好，来来来，坐坐。"

斡赤来诺延坐下，仆人上茶。

乩加思兰对仆人："你们都下去吧。"

斡赤来诺延兴奋地说："听说满都鲁汗死了！"

乩加思兰自豪地说："那能有假？"往前探着身子，小声地说，"都成了刺猬了！"说完得意地哈哈大笑，前仰后合，而后又小声说，"当时就没气了。"高兴地张大嘴巴，倾着身子，接着笑，"你没看见小寡妇满都海，正在里外忙着治丧呢！"

斡赤来赞扬："老太师，您可真行。"

乩加思兰胸有成竹地、解恨地说："满都鲁那两下子跟我绷劲，行吗？哼，就是这下场！"

斡赤来提出他担心的问题："老太师，满都鲁没有儿子，您看咱们原定计划能实施不？"

乩加思兰挺直腰板，很肯定地说："能，怎么不能？"

斡赤来焦急地问："那您看下步怎么进行？"

乩加思兰提出意见："满都海召开追悼会时，你搅她一下子！"

斡赤来问："怎么搅？"

乩加思兰教他："你提出满都海最棘手的问题，就是满都鲁汗没儿子，问谁继承汗位？在众多诺延在场时，你当众明确提出，汗位继承人应按祖宗留下的规矩，由呼里勒台会议多数推举产生；你再提出，你是成吉思汗三弟哈赤温后裔，有资格做候选人，你要竞选大汗，并且要求召开呼里勒台会议。"

斡赤来问："我一个人要求召开呼里勒台会议，能行吗？"

乩加思兰告诉他："多带一些人进去，给你助威。为了实现你的称汗计划，你赶紧派人回去，调你的全部兵马前来，在附近驻扎，对他们施加兵临城下的压力。必要时，动用武力抢权，把那帮诺延都收拾了！"

斡赤来洗耳恭听，但听完后，提出他最担心的事来："老太师，动起兵来，我那几千人马能行吗？"

乩加思兰说："兵贵在勇，不在多。你把联络信号准备好，这边一给信号，那边就立即发起突袭，见着就砍，谁也跑不了！再说，满都海身边没有多少人马。"

斡赤来还是疑惑："老太师，这纸上谈兵容易，具体办起来，可不这么简单！"

乩加思兰给他鼓劲："看你，没等办就吓回来了。胆小能办大事吗？想当大汗，必须有不成功便成仁的勇气。你寻思争大汗容易哪？你没寻思寻思，早先年，阿里不哥后裔、窝阔台后裔、合撒儿后裔为争大汗职位，哪个不是打个你死我活？斡赤来诺延，你要想当大汗，就得豁出死活来。"

斡赤来感到乩加思兰在玩心眼，心生不满，便说："老太师，江山咱俩坐，却让我自己拼杀，那不行啊！您也得出面哪！"

乩加思兰生气地说："你这是什么话？我不出面，那满都鲁怎么死的？那老家伙不死，你能做当大汗的梦吗？真是的！"

斡赤来看太师生气，赶紧圆场："老太师，您老人家别生气，我不是那个意思。我这话没说好，我是说，您那几万人马，怎么帮我登上汗位？"

乩加思兰给他讲自己的安排："我的人马，分几个梯队。第一梯队50人，挑选不怕死的巴特尔，在追悼会那天，偷偷地混进他们古列延，在灵堂附近埋伏，听到灵堂内动静异常，马上杀进会场，帮你制服与你对立的人；第二梯队500人，这是马队，在古列延外树林中埋伏，见第一梯队出击，随即冲进古列延，向灵堂、金帐发起攻击。这些人马保证比你那人马先到；第三梯队，我自己带队，需多少人马我带多少人马，逼着他们推举你当大汗！就这么说吧，他们如果不同意召开呼里勒台会议推选你当大汗，各部诺延不都来了嘛，正好，咱就给他们来个一窝端。你就甭回去了，直接在那当大汗就行了！"

乩加思兰知己不知彼的单方作战计划,给斡赤来鼓了勇气。这一场空洞论战,使斡赤来很兴奋,称赞乩加思兰说:"老太师,没看出来,还真有您的!"

乩加思兰得意地说:"别拿豆包不当干粮!没有运筹帷幄的水平,能当太师吗?"

斡赤来:"那当然,那当然!那我就按老太师意见办。"

第六节　追悼会上满都海斩佞臣夺皇权大显身手

吊唁满都鲁汗的灵堂,是临时搭建的"阿勒坦帖儿篾"临时金帐。满都鲁汗遗体穿戴着貂皮帽、貂皮小袄、"纳石失(波斯金丝锦缎)"金丝锦缎蒙古袍、"哈石不薛"玉带、鹿皮靴,白色纳石失覆盖灵身。

灵堂正中悬挂着满都鲁汗的画像,前面是满都鲁的遗体,四周放着苍松翠柏,头前放着灵桌,桌上摆放着9盘各种供果,点着酥油灯,还放着一碗立插着筷子的米饭。两旁各站一名穿戴黑帽、黑袍、黑腰带的蒙古勇士。

灵堂外,三人一组、五人一队地在巡逻。阿尔斯楞的指挥部就设在灵堂跟前格尔内,门前有传令兵随时调兵。

翁牛特部的吊唁大汗代表团,应该说是翁牛特部支持斡赤来夺权的人马,住在古列延外,形成一个兵营,据占地面积看,人数最少也得几千人。

乩加思兰的队伍也在满都鲁汗古列延西部扎营,占地一大片,约有十多里地,人马不下万人。

探马进帐施礼:"报告阿尔斯楞将军,翁牛特部来了很多人马,在古列延外驻帐,占地很大,形成一个兵营,最少也得几千人,来意可疑。"

阿尔斯楞将军:"再仔细打探。"

另一探马进帐,施礼:"报告阿尔斯楞将军,古列延西部来了很多人马,扎营十多里地,可能是乩加思兰的人马,人数超过万人,有东西夹击古列延之势。"

阿尔斯楞将军:"情报很好,再去仔细打探。"

各爱玛克、鄂托克的吊唁人员陆续到来,分别吊唁。吊唁人员不戴孝、无黑纱、无白花,穿素色蒙古袍,帽子无顶子,进去吊唁时摘下帽子,而后被分别安排在四周临时毡房内休息。

科尔沁部吊唁人员被安排在古列延东面的临时营地里。夜深时,满都海彻辰哈屯在夜幕掩护下,在八名女侍卫保护下来到孛罗乃丞相处。

满都海彻辰哈屯在大营门前:"请通报孛罗乃丞相,说满都海看他来了。"卫兵赶紧通报。

孛罗乃丞相亲自迎接:"彻辰哈屯,赛音拜诺?"

满都海哈屯:"叔王,赛音拜诺?"

孛罗乃丞相说:"彻辰哈屯,我们刚到,还没来得及过去给您请安哪。您怎么亲自过来了?有什么盼咐,打发一个人告诉一声不就行了!"

满都海哈屯边走边说:"叔王,我有紧要公事与您商量,等不及呀!"

卫兵掀起行军帐左帐帘，诺延用手让满都海："快请进帐。"八位女侍从在门外分列两旁当警卫。

满都海哈屯就座后，未再寒暄，直抒来意："叔王，你们科尔沁爱玛克，从太祖成吉思汗那时开始，200多年来，始终是蒙古汗廷的中流砥柱。有战争时，科尔沁爱玛克总是冲在最前边；汗族内部争夺汗位时，科尔沁爱玛克始终忠心不渝地拥戴支持着薛禅汗忽必烈系后裔为大汗，使忽必烈系保持汗位这么多年。科尔沁是黄金家族最可信赖的爱玛克，因此我今天特意来与您商议下步重大事项的安排。"

孛罗乃丞相谦逊地说："那都是我们科尔沁人应该做的。彻辰哈屯，有什么事您就直说吧，我一定尽力就是了。"

满都海哈屯说："满都鲁汗没有儿子，他驾崩后汗位继承人就出现了问题。孛罗忽济农有一个儿子巴图蒙克，他是薛禅汗的后裔，可以继承汗位。这孩子现在才四岁，但孩子没在咱这儿，死活还不知道。"

孛罗乃丞相担心地问："孩子现在在哪儿？有消息吗？"

满都海哈屯说："亦思马因抢走孛罗呼济农的比姬，估计巴图蒙克可能跟他额吉被掳到了亦思马因那儿。亦思马因这人野心勃勃，不是个好东西，前段时间一直跟着乩加思兰，估计汗廷发生的变故，也有亦思马因的分儿。"

孛罗乃诺延问："那您想怎么办？"

满都海哈屯说："在这种形势下，我先不提巴图蒙克即汗位的问题。若提巴图蒙克即汗位，那亦思马因就会以继父名义执掌汗廷大权，那咱北元国家，就又陷入政治混乱、社会动荡的局面。"

孛罗乃诺延问："您的意思是……"

"我的意思，在巴图蒙克离开亦思马因控制之前，由我先代理大汗，行使大汗职权，绝不能让这大汗位落在旁系手里。这一想法，我想得到叔王您的支持！叔王，您看这一着棋这么走行吗？"满都海哈屯问。

孛罗乃诺延不无担心地说："彻辰哈屯，说良心话，听说满都鲁汗驾崩之后，我也一直在考虑由谁即位这事。咱俩想到一块去了，行，这法儿行，我全力支持您的安排。您说吧，怎么个支持法？"

满都海高兴地说："真是英雄所见略同啊！我相信您肯定能支持，所以让您带5000精兵前来。"

孛罗乃诺延说："乌格岱将军传达彻辰哈屯懿旨，让我带5000精兵来，我就觉得必有重大事项发生！我相信彻辰哈屯的才能，我是一个不少地带来5000精兵听您调用，原来您是防备万一。行，彻辰哈屯考虑得周到！"

满都海哈屯继续说："具体做法呢，我想在大汗灵堂，在吊唁结束前，趁各部诺延都在时宣布这一决定。"

孛罗乃诺延提出担心："乩加思兰的亲信们、斡赤来他们，跳出来反对怎么办？"

满都海哈屯解释说："我想到这点了。灵堂内的，我安排阿尔斯楞率领巴特尔们当场擒拿。乩加思兰若从外部进攻我们，有您5000人马作后盾，我想万无一失。"

孛罗乃诺延表示："这没问题，我那5000精兵，都是挑了又挑，选了又选，全是最精干的巴特尔，一个人能顶他十个。"

满都海哈屯继续讲下一步的想法："当追悼会会场平静时，趁各部诺延都在，宣布新的组阁名单。"

孛罗乃诺延听后予以肯定："彻辰哈屯，您安排的这方案无懈可击，就这么办吧！"

满都海哈屯还有顾虑："叔王，我有个预感，这事可能不会这么简单。"

孛罗乃诺延说："您说说，我心里也有个准备。"

满都海哈屯说："您看，乩加思兰的主力部队，至今没杀回来。大汗虽然被他杀死了，但汗位他还没有得到，政变他才完成一半，只是前几天派一小股部队来骚扰。我怀疑，是不是正在外边酝酿什么更大的阴谋诡计呢？据探马报告，乩加思兰率领他的军队，在古列延西部扎营，人马在万人以上。而翁牛特的人马，在古列延东扎营，大有东西夹击之势。"

孛罗乃诺延问："您是怎么估计的？"

满都海哈屯说："我估计，他可能支持斡赤来出面争汗位，而他在外面做军事后盾。斡赤来争汗位如果争不到，那么，乩加思兰就会武装夺取政权。叔王，可能要有一场争夺汗位的恶战哪！"

孛罗乃诺延也讲了自己的对策："彻辰哈屯分析得有道理，请彻辰哈屯放心！到那天，吊唁人员到齐之后，我把科尔沁5000精兵侧重部署在古列延东西两侧，每边1500精兵，多备弓箭；南北两侧，各部署500精兵；另1000精兵，做预备队，哪儿吃紧支援哪儿。我坐镇指挥，保证来的不法之徒，来一个死一个，来两个死一对。保证您的计划顺利成功！"

满都海哈屯的安排、计划都得到支持，吃了定心丸，说："那太好了！叔王，我真谢谢您了！那我告退了。"

孛罗乃丞相命令侍从们："你们护送彻辰哈屯回古列延。"

正式吊唁开始。吊唁满都鲁汗的灵堂门口，四名穿黑色蒙古袍的持刀卫兵分立两侧，哀乐声声奏着。各爱玛克、各鄂托克诺延们，开始缓缓步入悼念大帐大厅，都穿素服，用手托着帽子，帽子上都没有帽缨。

此时，古列延外，科尔沁5000精兵分别迅速策马进入防御作战阵地，在古列延四周埋伏。

哀乐，继续吹打着。各部诺延，继续缓缓步入追悼会大厅。孛罗乃、亦思马因、脱罗干3位诺延将人马安排好后，也来参加追悼会。灵堂附近，三人一组、五人一队的勇士在巡逻，气氛异常严肃。吊唁人员进入灵堂时，灵前有萨满正在跳萨满舞。

进入灵堂的诺延们，都穿素色蒙古袍，未戴帽子，未扎腰带，面带忧容，面朝灵位，躬立在大帐大厅内。有的诺延则贼眉贼眼地观望着。

汗廷礼部诺延先制止萨满舞，而后宣布："北元第19任大汗、满都鲁汗吊唁仪式开始。"

吊唁仪式第一项："向北元第19任大汗满都鲁汗跪哀！"

哀乐声起，全体悼念人员跪倒，默哀！

汗廷礼部诺延宣布："跪哀毕。"礼部诺延见跪哀人员都起立站好了，便宣布进行吊唁仪式第二项，"由左丞相、科尔沁诺延孛罗乃致悼词。"

左丞相孛罗乃站在最前面，面向满都鲁汗灵，背向悼念人员宣读悼词："尊敬的满都鲁汗，是圣祖成吉思汗第12代孙，是岱宗汗脱脱不花的亲弟弟，1426年生，1474年即位，在位4年，享年52岁。满都鲁汗，在岱宗汗时任汗廷平章政事，曾经帮助脱脱不花汗稳定了北元社会。后来，在也先太师篡权称汗后，来到宝日陶亥地区隐居，后来被众诺延共同推举为大汗。在任大汗期间，团结诸位诺延，致力于蒙古的统一事业……"

追悼会会场外边，巡逻队巡逻中，发现灵堂外围毡房有鬼鬼祟祟探头探脑的可疑人员。巡逻队员迅速追进毡房，进行一番搏斗后，将其逮捕捆绑，命令其："不许吱声，吱声砍了你。"而后用其袍子大襟蒙其头，推推搡搡地把他带到阿尔斯楞办公处。

吊唁满都鲁汗的灵堂内，吊唁活动仍在正常进行着。

汗廷礼部官员宣布："进行吊唁仪式第三项，满都鲁汗的女儿、博若克沁公主和伊锡格公主，敬献祭品。"

博若克沁、伊锡格二位公主的祭奠果品盛在银盘里，放在盖着白绫子的木盘中，二人含着眼泪各端一头抬着慢慢走上前，恭恭敬敬地将以前放的祭品拿下来，把她们的五盘祭品摆上去，又点燃两盏长明灯，而后，恭恭敬敬地伏地磕头后，回到原地后再也按耐不住痛苦的心情哭倒在地。

朝廷礼部官员宣布："进行吊唁仪式第四项，各位诺延的祭奠开始。"

诺延们按秩位高低顺序进行祭奠，各自带着各种祭品，分别敬献，而后毕恭毕敬地跪下、磕头。

阿尔斯楞正在指挥部紧急审讯抓获的奸细："说，你们是哪儿的？来这儿干什么？不说实话，宰了你！"手下人用刀搭在其脖子上。

奸细："我说我说，诺延饶命。我是乩加思兰太师派来破坏悼念活动的，目的是帮助斡赤来争汗位。全是真话，无半句假话，请诺延饶命啊！"

阿尔斯楞讯问："来多少人？"

奸细答："我们这一批是50人。"

继续讯问："那第二批多少人？"

奸细："求诺延饶命，那我属实不知道。"

阿尔斯楞下令："押下去！"

阿尔斯楞对部属下令："还有49个，大家分头到周围各个角落去搜索，发现一个逮捕一个。拒捕的，格杀勿论。"巴特尔们争先恐后夺门而出，搜索奸细去了，不一会儿49人全部抓到。

吊唁还在继续。

汗廷礼部官员宣布："悼念仪式进行第五项，由满都海彻辰哈屯致悼词。"

满都海彻辰哈屯披散着头发，穿黑色蒙古袍，无首饰，未化妆，慢步走到前面，沉痛地、一字一句地说："各部诺延，我怀着无比沉痛的心情，参加今天在这里举行的满都鲁汗追悼大会。满都鲁汗即位只有短短的四年，也像他的哥哥脱脱不花汗，他的侄子乌珂克图汗、摩仑汗，做了短命大汗。大汗接二连三被弑，是咱们蒙古人的耻辱！是咱们北元的悲哀！是咱们民族的不幸！"

而后，满都海语气转强，铿锵有力地说："这种状况一定要扭转！"

顿一下，满都海用眼睛扫了全场的人员，再加重语气说："一日不扭转，咱北元社会就一日不得安宁！"再顿一下，观察一下会场说，"这种状况不扭转，咱蒙古民族，就没有振兴之日！"

最后，满都海严肃、凝重地宣布："为扭转咱北元危险的政治局势，今天，我郑重地宣布：在新大汗即位之前，我代理大汗职务，代行大汗职权！国家一切重大事项，由我决定！"

这时，会场内严肃、宁静、肃穆、沉闷的气氛一扫而光，拥护满都海掌权以便实现自己利益的如亦思马因等人高兴地忘了这是什么场合，竟带头鼓掌和欢呼，但同时也出现"不同意"的起哄喊声。

满都海哈屯问："是谁喊不同意的？请到前边来，把你不同意的理由，和在场的全体诺延说说。"

斡赤来诺延自逞好汉："是我喊的！"边说边用手推开他前面的人群，站到众人前面，"我不同意，是我喊的，怎么的？"他手下几个人，也跟着扒拉着人群走到台前位置。

满都海哈屯平心静气地说："不怎么的。我是请你到前边来，把你不同意的理由，和各位诺延详细说说。"

大家惊奇地等待着即将发生的事情。

那边，乩加思兰很不耐烦地、焦急地在等待着，不时地看着天窗射进来的阳光，说："你看看，这都蛇时（10-11点）了，怎么还没动静？"来回踱步，而后，嘴中骂着侍从，"都是没用的东西，什么信息也打听不到。去，看看怎么回事？"侍从们无可奈何地出去了。

然而此时，古列延四周，科尔沁军队剑拔弩张，等待来犯之敌。

满都鲁汗祭奠吊唁灵堂里，斡赤来诺延站到台上说："那我就说说我不同意的理由。"面对大伙，号召性地喊，"各位诺延，我认为：满都海哈屯不能代行大汗职权，因为她是哈屯，咱蒙古没有哈屯代理大汗的先例！"

斡赤来手下那些头目们跟着起哄："对，没先例，我们不同意。"

斡赤来继续煽动："大汗驾崩，应该由太子即位。满都鲁汗没儿子，按祖制，应召开呼里勒台会议，由诸王推举产生大汗。"斡赤来手下几个头目跟着说："对，大汗要推举产生。"

与会人们愕然，互相瞅着。

斡赤来继续说："我是成吉思汗三弟哈赤温后裔，也是黄金家族，我有资格当大汗，我要竞选大汗。"斡赤来手下台前那几个头目跟着："我们拥护斡赤来诺延当大汗。"

其他诺延们感到诧异、惊奇，你瞅我、我瞅你，全都不知所措。

斡赤来唯恐众诺延们听不到他的话，声嘶力竭地喊着说："你自己任命自己不行！我们不同意！"斡赤来手下几个头目随声附和，跟着喊："对，自己任命自己不行！我们不同意！"

满都海哈屯平心静气地问："斡赤来诺延，你不同意的意见说完没有？"

斡赤来诺延傲慢地回答："说完了。"

满都海哈屯说："那好，你说完了，现在该我说了。"而后铿锵有力地说，"斡赤来诺延，你听好了。刚才，我没说不召开呼里勒台会议，也没说不推举产生大汗。对吧？"

斡赤来："对。"

满都海质问："我问你，召开会议，推举大汗，是不是有个程序？是不是有个时间问题？"

斡赤来："有。"

满都海再质问："我再问你，在推举产生大汗之前，国家的事，是否应该有人管？汗廷的事，是否应该有人做？"

斡赤来："嗯。"

满都海哈屯步步紧逼："斡赤来诺延，你听清楚了！我向你再重复宣布一下：在新大汗即位之前，我代理大汗职务，代行大汗职权！这话有毛病吗？"

斡赤来梗着脖子，不语。

满都海哈屯开始进攻："我再问你，作为已故大汗的哈屯，在新大汗即位之前，管理朝廷的事，这有什么不对？"满都海口气越来越硬，脸色也变得非常严肃，继续质问，"你口口声声'祖制无先例'。那你说说，先朝窝阔台汗晏驾，贵由太子在战场，不能及时即汗位，脱列哥那乃马真哈屯执掌朝政，这是不是先例？还有，贵由汗驾崩，两个儿子既年少又无能，不能即位，斡兀立海迷失哈屯执掌汗权，这是不是先例？"满都海非常气愤地责骂，"你斡赤来不学无术，什么都不懂也配到这地方发言？来人！"

阿尔斯楞和几个卫士持刀跑上，抓住斡赤来就按倒，开捆。

斡赤来挣扎着，叫喊着："我是来讲理的，是你让讲的，你为什么捆我？你这不是一言堂吗？"

阿尔斯楞和几个卫士不由分说，硬把斡赤来捆好按跪在满都海旁边，面向众诺延们。

斡赤来挣扎，喊叫："放开我、放开我，我是黄金家族后裔，你们这么对待我，要对你们的行为负责，放开我！"

这时，斡赤来手下站在台前的五六个头目，一使眼色，突然全蹿上台，瞬间拔出靴掖子，奔向满都海，企图对满都海下手。阿尔斯楞眼疾手快，一步跳过去挡在满都海前面，用刀猛砍头前那个帮凶，那人尖叫一声，靴掖子落地，在台上的巴特尔与上来的几个帮凶厮杀起来，有一帮凶趁此机会用靴掖子割断斡赤来的绑绳，斡赤来爬起来刚要跑，阿尔斯楞的巴特尔们随即上来一大帮，将斡赤来与那几个帮凶全部按倒捆上。

斡赤来仍然叫唤不停："满都海，你这叫什么追悼会？你这叫整人会！我跟你没完。"

阿尔斯楞踹了他一脚，威胁斡赤来："再叫唤，把你舌头割下来。"

在会场后部的斡赤来手下头目，趁乱偷偷地往外窜，到门口便突如其来地冲过门卫往外跑，守门卫士未拦住。他迅速跑进东边不远处一个毡房背后，扯了蒙古袍的衣襟，击打火镰点着，扔到毡房顶上，而后拉过一匹马，骑上就往外跑。毡房顿时燃烧起来。

巡逻士兵喊话："站住、站住！"他仍飞马逃跑。巡逻兵射箭，未射中。

古列延守门士兵射箭，射中他的肩膀，但仍伏鞍加鞭跑出营门。

古列延外斡赤来营地，几千人马全副武装正在待命出击。

一个头目："将军，古列延冒烟了，给信号了，冲吧。"斡赤来部下将军："再等一会儿，稳妥一点，看看到底是什么烟？"

满都鲁汗吊唁灵堂内，仪式照常，但灵堂变得杀气腾腾，灵台前跪着一排被捆绑着的斡赤来反叛分子，每个由两名巴特尔持刀押着。

满都海哈屯宣布："大家静一下。反叛分裂分子自己跳出来了，咱不能不处理。我今天在满都鲁汗灵前，当众诺延面，宣布斡赤来四条罪状：

"斡赤来，你听仔细了。

"第1条罪状：几天前，你与乩加思兰秘密勾结，阴谋废掉满都鲁汗，而后你当大汗。你犯了十恶不赦之阴谋颠覆政权的叛逆大罪。可惜，长生天不庇佑你，你们密谋信件被乌格岱将军截获。满都鲁汗念旧日结拜之情，只批评乩加思兰了事，没追究你们两个的谋叛罪行。

"第2条罪状：今天，你以莫须有的所谓理由，蛊惑人心，煽动不满，制造混乱。你今天的行为，是你与乩加思兰继续实施篡权阴谋计划的现场表演。

"第3条罪状：你们谋反，派来50名搞暗杀、破坏的人员，都被我们活捉。活的罪证，现在都在外面拴马桩上捆着哪。你若不服，马上带进来，让你看看。

"第4条罪状：你和乩加思兰预谋，如果你搅不黄我今天代理大汗的决定，便武力夺权汗权，把我和到会的各位诺延们全部杀死在这里。

"你带来的夺权军队，现在正在外面等待你进攻的信息。但我告诉你斡赤来，孛罗乃诺延带来的精兵，已给你的军队布下了天罗地网，保证让你翁牛特人马有来无回。"

斡赤来歪头斜眼看看满都海，知道彻底输了，便深深低下头颅。

满都海接着严肃地宣布："斡赤来，这四条，足以证明你已犯了灭九族、十恶不赦的叛逆罪！阿尔斯楞，立即执行斡赤来死刑！"

阿尔斯楞一闪身，另一卫士抡起大刀，"唰"的一声，把跪着的斡赤来的头颅砍落下来，人头瞬间落地，在场人员都胆战心惊！

古列延外，斡赤来驻营地内，斡赤来帮凶逃出古列延，带箭跑到驻营地，便滚下马来。

正在待命进攻的将军们围上来，问："怎么样了？"从古列延逃跑出来的随从上气不接下气地说："完了，完了，全完了，诺延被抓起来了。"

待命将士："那咱怎么办？"

跑出来的随从说："战也死，不战也亡，干脆来个一不做二不休，拼个鱼死网破。"

待命将军："那咱就冲。"上马，大喊一声，"冲啊！"带头冲出去了。后面的军队，不知怎么回事，也跟着冲，一齐喊着："冲啊。"当冲到古列延边界时，突然站出来许多官兵，向他们雨点般射箭，他们纷纷倒下，冲上一拨，倒下一拨，最后是遍地尸体。

吊唁灵堂内，隐隐听到外面喊杀声。

吊唁灵堂内，仪式照常进行着。

满都海用手指着台上被捆绑的翁牛特起哄人员，大声下令："这几个跟着斡赤来起哄的，都是斡赤来谋逆罪同案犯，斩立决。"

阿尔斯楞和其手下人员，按满都海命令，用刀押着，将那几个人拖到外面。会场内一片寂静，能听到外面"跪好了"的喝斥声和"啊"的绝命叫声。阿尔斯楞等人完成死刑执行任务后进灵堂。

满都海哈屯接着宣布："这些人的家属子女，对他们的叛逆行为不一定知情，有的知情但不一定参与决策，因此我决定：一律赦免，不予追究！"

正在这时，古列延东部科尔沁防御部队将军急匆匆进帐，单腿下跪："报告哈屯殿下，斡赤来属下部将率翁牛特部几千人马进攻古列延，现场战斗激烈。翁牛特人马已死伤近半，是否发起反击，予以全歼，请代可汗示下。"

满都海代可汗下旨："不必了。首恶斡赤来及其骨干分子已经惩办，其下随从者一律不追究。告诉他们，让他们回去正常放牧。你赶紧回去，向他们喊话，尽量少死人。"

科尔沁将军："加。"

科尔沁将军急速回到古列延东侧阵地，科尔沁士兵们与叛军们正进行着激战。

科尔沁将军喊话："同胞们，代可汗满都海宣布，首恶必办，胁从不问。你们的诺延斡赤来已经被惩办了，别人一律不追究了，你们回去正常放牧吧。"

冲上来的兵士，听到喊话，都勒住了马缰绳细听。

科尔沁将军指挥士兵们，放开嗓子一起喊："代可汗赦免你们了，你们回去吧，不要无辜送死了！"这一决定，对翁牛特部准备拼死进攻的将士们来说，对其军心的瓦解作用是巨大的！翁牛特将士们七嘴八舌地说："斡赤来诺延都死了，咱们给谁去卖命啊？人家满都海哈屯宽宏大量，代表大汗对赦免了咱们，咱还去攻打人家，这不是去找死吗？对，这是去找死。"不一会儿，翁牛特部的兵士们就全退了。

满都鲁汗追悼大会会场内，满都海哈屯问："还有有意见的没有？"无人言语，鸦雀无声，静得掉根针都能听见。满都海向着众诺延，"我再问一声，我代理大汗，行使大汗职权，还有有意见的没有？"问三遍，仍无人吱声。

满都海哈屯宣布："大家没有意见，从现在开始，我就代理大汗，行使大汗职权，诸位诺延要听从我的指示、号令。不服从者，我要利用代可汗职权，用《大札撒》予以责罚！"

众诺延们纷纷下跪，齐声："祝代可汗万福金安！"而后磕头。

代可汗满都海和蔼可亲地说："诸位请起，诸位请起。"转身，一脸严肃，"阿尔斯楞，把小奸人伊克哈巴尔图带上来。"

阿尔斯楞向卫兵一使眼色，两名卫兵将满都鲁汗小哈屯、乩加思兰女儿伊克哈巴尔图带上吊唁灵堂。两名卫兵一撒手，小哈屯摔倒在灵前。小哈屯一脸颓废，披散着头发。

代可汗满都海一半挖苦一半泄愤地说："伊克哈巴尔图，你阿爸送大汗去天堂了，他一个人去太孤单。你是大汗的小哈屯，是大汗的爱妾，你陪大汗一起去，好不好啊？"

伊克哈巴尔苦苦地恳求："他们的事我啥都不知道，我冤枉，求大妃姐姐饶了我吧。"

代可汗满都海说："这个样子陪大汗去天堂，太丢咱蒙古人的面子了。来人，给她打扮一下。"几个女兵把她搀扶下去，再送回来时，已变得美丽娇娆，穿戴打扮都变成了贵妇人模样。

代可汗满都海下令："送她与大汗一同上路。"

卫士扔给她一条白绢带和一把吃肉的割肉刀，让她自杀。小哈屯抓住白绢子，哭泣："阿爸，我才19岁呀，是您害了我呀！阿爸，是您害了我呀！阿爸，是您害了我呀！"哭着哭着昏厥过去。上来两名巴特尔，用白绫子往她脖子上系扣，在两边一拽，伊克哈巴尔图立即挣扎着滚动身体，只几分钟，便不动了，舌头和眼睛都凸出来了。

乩加思兰在大帐内等得不耐烦了，要亲自去探听消息。

乩加思兰在帐内发脾气："一帮没用的东西，什么消息也打听不来，白养活你们了。去，快给我备马！"

侍从兵士说："诺延，马一直备着哪。"

乩加思兰说："看把我气得，走。"出帐后，跟帐外待命的战士们说了一声，"跟上！"第三梯队的将士们都骑马跟着前进。

吊唁灵堂内，汗廷礼部诺延大声宣布："给满都鲁汗送行！奏哀乐。"

各部各爱玛克的诺延们，在灵堂大帐内分跪两旁。在哀乐声中，四名穿黑色蒙古袍卫士抬着满都鲁灵体，从中间慢慢走过。灵体前，萨满跳萨满舞为其领魂。灵体过去后，跪着的人们起立，跟在抬灵体卫士之后，走出灵堂。这时，黄色绢布装饰过的舆车，正停在那儿。车上，放着一个独根木头凿制成的棺木。棺木中间，凿制出人形沟槽，长短宽窄凹凸，正好与满都鲁汗身体相符。萨满指挥，脚朝前、头朝后安放灵身。放好后，萨满又指挥放金壶瓶一个、金盏一个、金碗碟匙筋各一个。装殓完毕，萨满指挥，盖棺盖，而后用三条金箍，前、后、中捆扎。黄色纳石失盖灵身布，盖在棺椁上。舆车，用青边白毡篷。女萨满穿黑色新衣骑黑马领路，舆车套两匹金灵马即黄金饰鞍辔随后。灵车启动，送灵人员跪倒磕头。

满都鲁的两个女儿放声痛哭。

满都海强忍悲痛，在八名女侍从陪护下，跪送大汗。

灵车前，女萨满骑黑马引路，接着是护灵护卫马队，全副武装，九人一组总共八十一人跟在后面，而后是灵车，灵车后又是八十一人马队，向陵地进发。后面牵着骆驼母子，最后是一个小车，拉着芦席成殓的小哈屯殉葬。

满都鲁女儿哭着掘地为坎，在"坎"中烧饭致祭，即像灶台一样掘地，其中烧一堆火，往火里放肉、油脂、酒、茶叶等。其他很多亲友以及拥戴的人们，也在路旁烧饭，灵车走后，可见多处烧饭火光。

蒙古族风俗，祭奠死人，烧一堆火，往火里放肉、油脂、酒、茶叶等及其生前爱吃的食品，称"图勒西"，汉译为烧饭，不烧纸，不穿孝服，不戴黑纱，路上也不撒纸钱。祭祀用食品剩下的，由参祭人分享。

送行的人们，目送到看不见了，才纷纷起立，悲痛地回去了。

满都海目送告别，起立后，吩咐女侍从："召集诺延们继续开会。"

女侍从当众喊："各位诺延，请到大汗金帐，代可汗有话与大家讲。"诺延们纷纷进帐。

古列延外，乩加思兰率领军队来到，科尔沁2000伏兵一跃而起，向来犯者射出雨点般的要命箭。冲在前面的来犯者，全部中箭落下马来。

乩加思兰组织第二次冲锋，声嘶力竭地喊："冲进去，冲进去，冲进去就是胜利。抓住满都海有重赏！"冲上来的人马，又都中箭摔下马来。

科尔沁诺延孛罗乃，调东部防线1000精兵和预备队1000人，先后来到西部防线支援。

科尔沁士兵大声喊着："乩加思兰，你冲啊，你冲啊。你来一个死一个，来两个死一对，你冲啊。

看看你的人马有没有我们的箭多！"乩加思兰看到满都海有准备，援兵一批批到来，知不能胜，便大喊："撤、撤！"带头拨马率兵逃跑了，一直逃到了塔斯·博尔图（可能是今新疆博尔塔拉地方）的老巢。

科尔沁人马看乩加思兰率兵逃跑，立即上马要追，科尔沁将军因为只有守卫任务，没有追击任务，便下令："不要追了。"鸣金收兵。士兵们欢呼："乌瑞！乌瑞！"庆祝胜利！

送丧队伍，在萨满指挥下，将满都鲁汗灵骨运到一山阳坡，送丧人员挖开草皮像植草一样好好地放在一旁，而后深挖土坑，多人抬着棺木不接触地面直接放入墓穴，脚朝前。满都鲁汗棺木外右侧放置了小哈屯尸体，而后填平土，盖上草皮，踩踏结实。最后，在埋葬地当母骆驼面杀死子骆驼，方便以后牵母骆驼来识别埋葬地。

在坟地又烧饭，留士兵看守。

送丧人员回来，从立有长矛的并用绳子连在一起的两个火堆中间穿过后进阿寅勒，最后回到自己家。

第七节　满都海重新组阁并严明法纪

在昔刺斡耳朵大汗金帐，满都海坐在大汗座位上。

代可汗满都海给大家开会："各位诺延，不远千里，昼夜兼程，来吊唁满都鲁汗，我作为满都鲁汗的哈屯，向各位诺延表示衷心的感谢！"手掌捂胸给大家鞠躬，"斡赤来的事情，惊扰了大家，我向大家道歉。"手掌捂胸再次给大家鞠躬！

"趁大家都在的机会，作为代可汗，我宣布几项决定：

"首先，我宣布几项任命：

"一、任命左丞相、科尔沁诺延孛罗乃为齐王，袭继先辈爵位，负责汗廷全面工作；

"二、提任永谢布诺延亦思马因为汗廷太师，驻帐永谢布；

"三、提任蒙郭勒津诺延脱落干为汗廷枢密院知院，驻帐蒙郭勒津；

"四、将满都鲁汗女儿伊锡格公主，赐予脱落干知院的公子火筛为妻，择吉日迎娶。今后称火筛塔布囊；

"五、任命伊喇姑为代可汗秘书札里赤；

"其他人员职务，暂不变动。

"满都鲁汗被害，乩加思兰反叛，全因满都鲁汗施政过于仁慈，发现乩加思兰动乱苗头，甚至掌握了乩加思兰的反叛的证据，未及时按《大札撒》严肃处理，放虎归山造成的。

"国家必须有严格的法纪。法纪，是国家之纲纪，是立国之本，是维系国家安定所必须的，不能懈怠。鉴于满都鲁汗时期施政的教训，我宣布两项纪律：

"一、不经过我批准，各兀鲁思、各爱玛克、各鄂托克诺延，不得率领百人以上军队，进入他人驻牧区。如有违者，予以制裁。

"二、汗廷如果有战争事项，各部必须服从汗廷调遣，提供战时需要的人马和物资。不服从调遣、不提供人马物资者，予以制裁。

"其他事项，均按原来的规定执行。"

满都海执掌汗廷权利后，北元社会安宁，牧民自由自在地放牧，不再担心随时被征调去打仗。牧民心情愉快了，便放开了嗓子，引吭高歌，唱起了满都海的功绩：

> 天上有个北斗星，
> 指引迷途行路人。
> 蒙古有了满都海，
> 险恶形势扭过来。
> 立斩乱世奸雄祸首，
> 挽狂澜，
> 救危亡，
> 危急关头最果断，
> 军政大权握在手，
> 统一重担挑在肩。

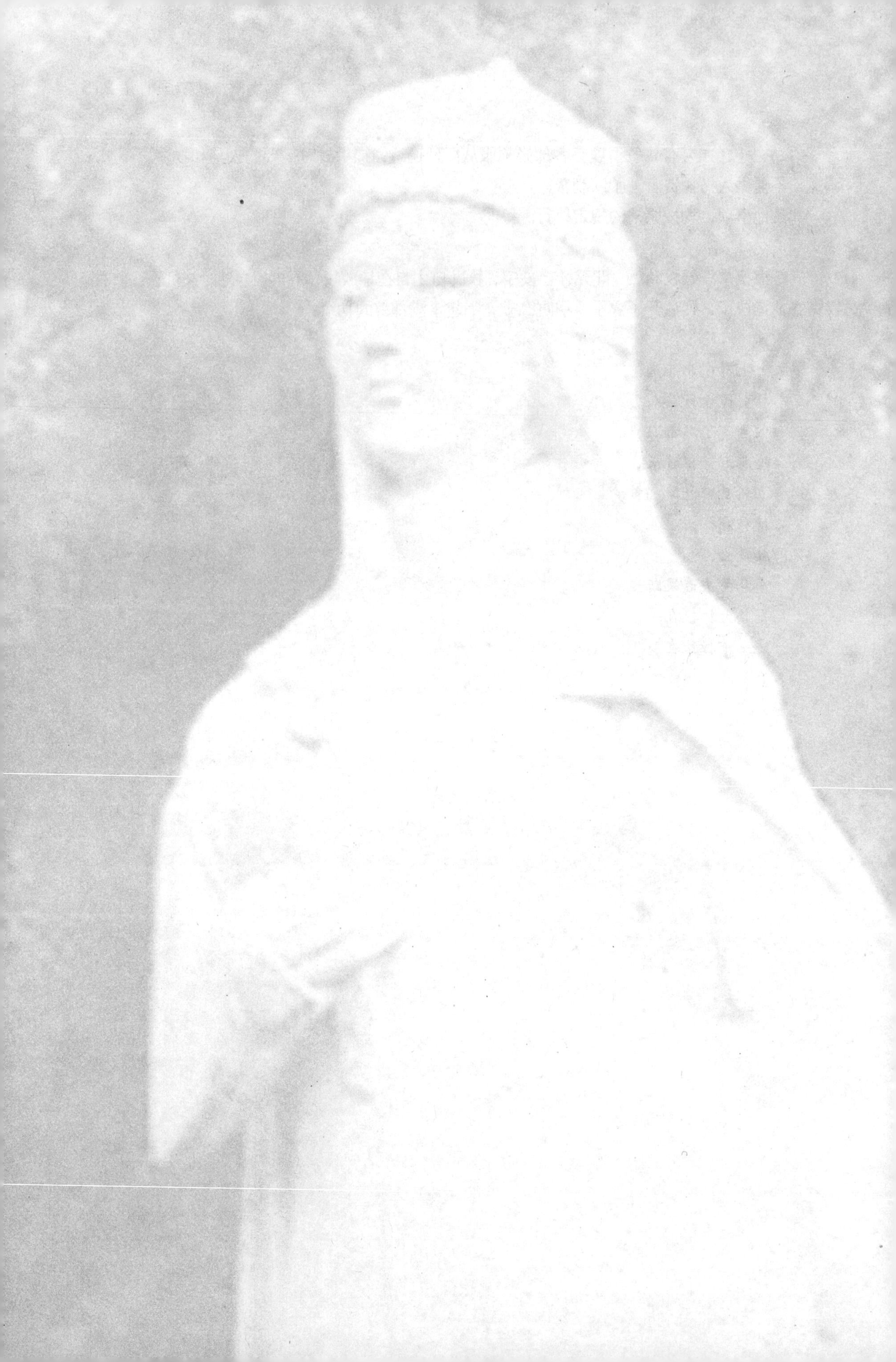

第十一章 苦难童年

第一节　亦思马因遗弃锡吉尔儿子童年达延汗

亦思马因率领队伍回到了宝日陶亥驻牧地。侍从从勒勒车上拿来毡子，铺在草地上，上面放着约二尺长的长方形红木桌。亦思马因坐在小桌子旁，把马鞭子扔在身旁。锡吉尔赶紧过去，跪姿给倒奶茶。亦思马因用眼睛盯着这全部动作，觉得还算满意，就指对面："坐下吧。"

队伍扎营占地面积很大，人们都在自己选定的位置卸东西，卸下毡房开始支架，都很忙碌，原来的一字长蛇队形已被打乱。小达延汗巴图蒙克从勒勒车上溜下来，在忙碌的人群中，这块看看，那块瞅瞅，寻找着自己的额吉。

在乱套的人群中，幼年达延汗已迷失方向，问一个老妇人："老奶奶，您看见我额吉了吗？"

老奶奶："你是谁家孩子？你额吉是谁呀？"

幼年达延汗巴图蒙克："我阿爸是孛罗忽济农，我额吉叫锡吉尔。"

老奶奶小声地说："哎呀，是个小台吉呀！我告诉你呀，你可别大声吵吵啊！这营里，都传说你阿爸要杀大汗，犯了叛逆罪，要杀满门的。听说你额吉被我们诺延收留了，你到那边伊克格尔找找。"

巴图蒙克转身走了。老奶奶小声嘀咕："唉！多可怜的孩子！"想起什么，"孩子，回来回来！"

巴图蒙克转回来，困惑地瞅着老奶奶。老奶奶问："孩子，你吃饭没？"巴图蒙克无奈地摇摇头，束手在那站着。

老奶奶说："你等着！"赶紧回格尔内，从锅内拿出一块带骨头羊肉交给巴图蒙克，"孩子，你饿坏了吧？给，赶紧吃，吃完了再去找你额吉。"

巴图蒙克看看老奶奶，站在那狼吞虎咽地吃起来，吃完，说了声："谢谢奶奶！"施了鞠躬礼，这是上层社会重礼仪教育出来的。随后，走了很久，在多人的指点下终于找到了亦思马因新搭建的伊克格尔大帐。

支架毡帐格尔是蒙古人的拿手活。诺延大帐比牧民毡帐费点事，经过手下人一阵忙碌，亦思马因伊克格尔大帐已支架起来，帐前苏勒德也已竖立起来，一切转入正常。

亦思马因坐在正中开始宴饮，两边两位貌美的女子陪饮，一位是正妻郭罗泰纳由欢，梳一个比锡吉尔档次稍高一些的顾姑冠，另一位就是锡吉尔，还有两位梳20多条小辫的年轻侍女服侍着。

亦思马因喝得差不多了，张口说着粗话。郭罗泰纳由欢很不满意地瞪了一眼，说："诺延，你喝多了！"

亦思马因立眉瞪眼："谁说我喝多了？没多，来，倒酒！"锡吉尔因身份问题始终顺情说话："没喝多。来，诺延，妾给斟酒。"

锡吉尔手拿银酒壶过去，跪坐在亦思马因身旁。亦思马因醉眼迷离地端着酒碗瞅着锡吉尔，突然，亦思马因醉朦朦的眼睛一亮，看见毡房门口站着一个衣衫肮脏的小男孩，不觉眼睛都直了。

锡吉尔看见亦思马因这神态，扭头看了一眼，一惊，不觉"啊"了一声，银酒壶随即不知不觉掉在桌子上，发出响亮的声音。这声音把亦思马因从惊愕中惊醒。

亦思马因推开锡吉尔，坐直身子看着这一切。壶中酒在毡子上流淌着。

巴图蒙克看清是他额吉，便呼喊着："额吉、额吉。"伸开双手，哭着往上跑，边跑边哭。

锡吉尔听到儿子叫额吉声，母性顿时唤醒，喊着："巴图蒙克！"也往下跑。

巴图蒙克跑急了，没跑几步，摔倒了。

这时，亦思马因厉声喊："你给我站住！"锡吉尔像军人听到"立定"口令一样停那了。

亦思马因眼珠一转："来人。"

两名卫兵近前，施礼："诺延有什么吩咐？"

亦思马因手指巴图蒙克："把那小崽子给我拽出去摔死。"

巴图蒙克爬起来，继续往上跑，嘴里喊着："额吉、额吉！"

两名卫兵几步追上："小叛逆崽子，哪儿跑？"上前像老鹰抓小鸡一样，抓起来，扔在地上。孩子号啕大哭起来。

锡吉尔急忙跑回亦思马因面前，跪倒，磕头："诺延，我求求您了，给他留条命吧！诺延，我求求您了，求求您了，给他留条命吧！"

亦思马因看到锡吉尔连连磕头的样子，便说："锡吉尔，我告诉你，我再给你一次面子，留他一条命。"又恶狠狠地说，"但有一条，以后不准他来找你，也不准你亲近他。你只能给我生儿子，侍候我的儿子，听懂没有？"

亦思马因既然收留锡吉尔做妻子，就应当收留未成年就丧父的锡吉尔的儿子巴图蒙克做继子，不应当遗弃他。

锡吉尔战战兢兢地答应："懂了。"磕头起立，回到亦思马因跟前。

亦思马因对卫兵下令："去，找个有那么大孩子的牧民来。"

卫兵："加。"施礼出去了，到门口，对另一卫兵说，"这个活，是挨累、搭钱、不讨好、没油水赚的活，你说咱找谁呀？"

另一卫兵说："那天，我从巴海家门前过，看见巴海正扒羊皮。这小子抠得都没让我喝一口术兀思，我看这倒霉活儿就给巴海，让他抠去吧。"

卫兵："对，就找巴海。走。"不一会儿到了，喊："巴海，诺延让你去一趟。"

巴海有点畏惧地问："诺延找我啥事呢？"

卫兵答复："你去了就知道了。"

巴海："哎，我这就去。"随卫兵去了。

巴海进帐施跪拜礼："诺延有什么吩咐？"

亦思马因问："巴海，你是不是有个小儿子？"

巴海答："有。"

亦思马因问："几岁了？"

巴海答："5岁了。"

亦思马因说："那正好，和这个孩子一般大。今天，我把孛罗忽的儿子巴图蒙克交给你，你一起看，他俩还有个伴。但有一条，我告诉你，不行整死，不行整丢。孩子出了问题，拿你是问。"

巴海只得硬着头皮答应："加。"

亦思马因指着巴图蒙克说："孩子在那儿，领走吧。"

巴海去拉巴图蒙克手，巴图蒙克未拉其手，回头深深地看了其额吉几眼，很懂事地跟着巴海走了。

"锡吉尔，你看怎么样？你都亲眼看见了。今后你就不要担心他了！一个心眼侍候我就行了。"亦思马因给锡吉尔定着规矩。锡吉尔感激地说："一定听诺延吩咐。"

巴海格尔是一个普通牧民毡房，家中有巴海媳妇达姑剌（汉译为招弟），头顶上盘圆髻，戴一些简单首饰，还插有野花；儿子毛诺海（汉译为狗剩），头顶前后左右四撮毛。达姑剌正在煮牛奶，看见巴海领一个小孩回来了。

达姑剌问："巴海，这是谁家孩子？"达姑剌瞧不起巴海，总是违反蒙古族规矩直呼其丈夫名。

巴海答："这孩子，搁过去，可是了不起的人物，你见他得赶紧磕头；可现在，连咱孩子都不抵了。"

达姑剌说："你这人啥时候学的说话这么别扭。谁家孩子，直接说不就完了。"

巴海说："是当朝第二号人物孛罗忽济农的儿子。"

达姑剌惊讶："哎呀妈呀！当朝第二号人物济农的儿子，怎么跑咱家来了？"

巴海告诉她："不是现在当朝第二号人物，已经垮了！不行了！死了！"

达姑剌说："我说么，穿得这么破破烂烂的。"忽然像想起什么似的，"哎，我说巴海，你脑袋叫驴踢了？都倒台了，啥光借不上，你领家来干啥？本来咱家就不富裕，这又多一张嘴。你，你赶紧给我送回去。"达姑剌给巴海下着命令。

巴海问："我往那儿送啊？"

达姑剌说："这不太简单了嘛！从哪儿领来的，往哪儿送呗！"

巴海说："我可不敢。要送你去送。"

达姑剌不知怎么回事，说："那好，我去送。这一家人过日子多难哪！吃的、穿的，多一口人，多多少少事啊。"拉着巴图蒙克的手，"走，孩子，我送你回去。"忙忙活活出门，才知不知往哪儿送，"哎，巴海，从哪儿领来的呀？"

巴海告诉她："亦思马因诺延那块儿。"

达姑剌一听这名："哎呀妈呀！从亦思马因诺延那领来的呀！那我也不送了。养着吧。"

巴海说："你寻思啥哪，我也是捏着鼻子领回来的。"

第二节　代养人巴海家虐待童年达延汗

幼年达延汗巴图蒙克被迫在牧民巴海家生活。

一天，巴海有点饿了，就喊："达姑剌，羊排煮好没有？"

达姑剌进格尔内，对巴海指责说："你吵吵啥呀？煮好我能不给你拿吗？一会儿就好了。你别吵吵，等我把巴图蒙克哄出去玩以后，我就给你端上来。"

"巴图蒙克、巴图蒙克！"达姑剌在门口招呼。巴图蒙克从格尔后跑着过来："大妈，我在这哪。"

达姑剌说："巴图蒙克、毛诺海，你俩到那边去玩，那里有好多花，可好玩了！啊！去吧。"巴图蒙克答应："唉！"毛诺海却说："我不，我都闻到肉味了。等我喝完术兀思，我再玩去。"

达姑剌骗他们："我给你们留着，先去玩吧。"一边说一边和毛诺海直挤鼓眼睛。毛诺海年龄小，不领会，还是不走，达姑剌来气了，"你们玩不玩去？嗯？"举起巴掌要打的样子。两个孩子不情愿地离开了，过了一会儿，两个孩子又回来了。

毛诺海："额吉，我要喝术兀思。"

达姑剌："好，你等着，我给拿术兀思。"给毛诺海拿一根带肉的大骨头，给巴图蒙克拿一根没肉只剩点筋头巴脑的骨头。毛诺海还能吃到肉，巴图蒙克干啃，啃不下肉来，骨头都精光了，还舍不得扔掉。

有一天，牧民帖木尔·哈达克到巴海家串门，一到巴海格尔外，就按蒙古人习惯喊："巴海大哥在家吗？"边喊边栓马。

巴海在格尔内应声："谁呀？"

帖木尔·哈达克回答："是我呀，巴海大哥。"

巴海："是帖木尔兄弟呀，请进请进。"

帖木尔·哈达克整理衣帽，进格尔，一眼就看见巴海正在大碗喝酒，老婆孩子正在吃手把肉，一家三口其乐融融。

"巴海大哥，我真有口福啊，正赶上你喝酒，好像给我预备似的。"帖木尔说着拉近感情的话。

巴海也顺情说："帖木尔兄弟，来得正好，来来，喝酒。"帖木尔按蒙古族风俗很不客气地上桌喝酒。上桌后，巴海叫儿子毛诺海跟客人问好。

毛诺海正忙着啃肉，嘴里嚼着肉说："帖木尔叔叔好！"

帖木尔·哈达克按照人们正常习惯，夸他的儿子："好、好。巴海大哥，你这儿子越长越乖了。"

上桌后，巴海让他坐对面。这时帖木尔发现门后面站着一个小男孩。小男孩眼睛直直地看着巴海老婆孩子吃手把肉，馋得直咽唾沫，小手指放在嘴里。帖木尔便一边喝酒一边说话："巴海大哥，那个孩子是谁家的？"

毛诺海抢着说："是大坏蛋的孩子！"

巴海训斥毛诺海："大人聊天，小孩不许插嘴。"对帖木尔说，"是这么回事。孛罗呼济农要谋杀满都鲁汗，满都鲁汗派亦思马因诺延去逮捕他。孛罗呼济农跑了，亦思马因诺延就把他夫人锡吉尔抢来做老婆，带来这么个孩子。"

帖木尔·哈达克："那是好事啊！亦思马因诺延多了个儿子，好事啊！"

巴海："亦思马因诺延可不是那么想的，嫌他碍事，不让他在他额吉身边。他知道我有同样大的孩子，就安排我这儿了，让我代养。"

帖木尔："巴海大哥，你好福气呀，他是黄金家族的后裔，你养好了，将来有一天你能一步登天哪。"

巴海："我可不敢想那美事，我就知道把我这三口人，吃饱了不饿着就行了。"

帖木尔："巴海大哥，汗廷近期出了这么多乱事啊！我一点儿也不知道。"

巴海："这事是真是假，我也整不清楚，我们都是听亦思马因诺延说的。咱一个老百姓懂啥，人云亦云呗！"

帖木尔："这个孩子叫啥名？"

巴海："叫巴图蒙克。"

帖木尔对着巴图蒙克，说："巴图蒙克，那些事都是大人们的事，你这么点大孩子，因为这事不吃不喝的，那怎么能行呢？来来，喝术兀思。"

孩子一动不动，只是用眼睛盯着巴海，有时转眼瞅瞅巴海老婆达姑刺。

帖木尔又一次招呼："来呀，来吃点东西，人是铁饭是钢，不吃东西，小小年龄会饿坏的！"孩子仍然一动不动，不时用眼睛盯着巴海，或转眼瞅瞅达姑刺。

帖木尔有点明白了，但假装不明白，对巴海："巴海大哥，这孩子是不是有病啊？"

巴海很惊讶地问："怎么，你发现他有病了？诺延有交待，死了不行，没了不行。可别死我这儿，我可承担不起这责任。兄弟，你看出他有啥病？告诉我，我好向诺延打招呼。"

帖木尔："巴海大哥，你当他真有病哪？他的病，是惧你的病。"

巴海："这话怎么说呢？"

帖木尔："是不是你把他打酥骨了？"

巴海："小孩子不听话，拍两下子不正常嘛。能打酥骨吗？"

帖木尔："我说这话，大哥你别不爱听。看他那眼神，一直在瞅着你。我叫几声，连地方都没动。你呀，大哥，没打酥骨，打得也不轻。"

巴海："帖木尔兄弟，就凭这个，就说得了惧我的病？这话，不爱听。"

帖木尔："巴海大哥，你别生气。我说句不怕你生气的话，你看你，一家三口，喝酒吃术兀思，别提多香。你看那巴图蒙克，可怜巴巴地在那站着，眼睛盯着你手中的手把肉，馋得直流口水，直咽唾沫。我叫他上来，他瞅瞅我，又瞅瞅你，看你没吱声，连地方都没敢动。这不是惧你，是啥呀？"

巴海："我就是在他不听话时，搧他几撇子，能成什么病吗？"

帖木尔："巴海大哥，可能我这是多管闲事。你知道我，我就是这么个脾气，见了歪的邪的，我就忍不住。依我看，这个孩子，你不单是打他几撇子的事，我看哪，保准你是不给人家吃饱肚子。"

巴海放下手中的酒碗，有点生气地说："兄弟，你看看，你把我说成什么人了。我既然领回来了，我怎能不给吃饱呢？"

帖木尔："大哥，你看那孩子眼神，可怜巴巴地瞅着你们手中的手把肉。你给他吃饱了，他能那样吗？"

巴海："兄弟，你这么说，大哥可真生气了。大哥敢向长生天说话，天地良心，肯定给他吃饱了。"

帖木尔："大哥，我也说句到家的话，从今天的情况分析，你是用你们三口吃剩的东西给他吃饱的。"

巴海："兄弟，这也是没有办法的办法。你知道，我是个普通牧民，就那么几头牛、几只羊。

好的都给他吃了，我吃啥？我的毛诺海吃啥？再说，这孩子是叛臣逆贼的'贼子'，不知哪一天，亦思马因诺延不高兴，就一刀把他宰了，我把好东西都给他吃了，值吗？兄弟，你也得替我想想啊，你不能因为一个素不相识的孩子，把大哥说得一分不值啊。"

帖木尔："我和你想的就不一样。叛臣是孛罗忽，什么罪都应由孛罗忽自己承担。巴图蒙克才几岁，没车轮高，他懂什么？他是无辜的。巴海大哥，你看这样好不好，你把这孩子交给我抚养。你替亦思马因代养，我再替你代养。好不好？"

巴海："那怎么行呢？不行不行。亦思马因诺延会怪罪我的。"

帖木尔："这事，咱哥俩先聊到这儿。大哥，看我的面子，今天这顿手把肉，得叫巴图蒙克吃个饱吧？！"

巴海再没有虐待的借口，招呼："巴图蒙克，来，到这儿来。"巴图蒙克战战兢兢地走到桌前，巴海媳妇达姑剌不情愿地在肉锅中捞了几下，捞了一根有些肉的骨头给了巴图蒙克。巴图蒙克看了一眼帖木尔，又看了一眼巴海，再看了一眼达姑剌，阴郁的脸色才一扫而空，高兴地吃起肉来。

帖木尔因路远住在巴海家。晚上，帖木尔和巴图蒙克住在旁边一个存放东西的小毡房格尔内，睡觉的地方很小。巴图蒙克睡在地上，铺得很薄，只一张老羊皮，地很潮湿。小油灯下，帖木尔和巴图蒙克聊起了家常。

幼年达延汗巴图蒙克："伯父，你的心眼可真好！你是世上最好的人！"

帖木尔哈达克："你别这么说，咱蒙古人都这样。"

巴图蒙克："那巴海不是蒙古人，他总让我吃他们吃剩的东西。"

帖木尔："不，他也是蒙古人，他有他的难处。"

巴图蒙克："你带我走吧。你走后，巴海他们还让我吃他们吃剩的东西。"

帖木尔："孩子，你别忙，这事他说了不算。过些日子，我找个机会，接你过去。你底下潮吗？"

巴图蒙克："潮，早晨起来，湿漉漉的。还有不少虫子，净咬人。"

帖木尔："来我看看。"在油灯下，看见巴图蒙克一身小红疙瘩，诧异地问，"怎么咬这样！"告诫巴图蒙克，"可别挠破了。挠破了化脓，变成疮就不好办了。"继续察看，还真有化脓的地方。

巴图蒙克："不挠，刺挠得睡不着觉。"

帖木尔："巴图蒙克，伯父一定想法子接你过去。你忍耐些日子，等伯父来接你。睡觉吧，啊。"

第二天起来，巴海和帖木尔在格尔外对话。

巴海问："晚上做的梦好吗？"这是正常的问候话。

帖木尔因对巴海的做法不满，便说："托你的福，大哥，我真做个好梦。我梦里看了'白蛇传'，看见白娘子水漫金山，淹法海老和尚；白娘子又发动虾兵蟹将，攻打法海的老巢金山寺。看得真过瘾，等我醒来，这才发现，水漫金山，把我和巴图蒙克羊皮褥子淹湿了；那一帮虾兵蟹将们，不听白娘子指挥，没咬法海老和尚，净咬细皮嫩肉的巴图蒙克了，咬得巴图蒙克浑身红疙瘩，还咬了我好几个大包。"

巴海："兄弟这次来，净跟我开玩笑。"

帖木尔："大哥，说正事，昨天商量的拿骆驼换马的事，就按咱商量的办法办，你多问几家。过些日子，我来听结果。我这就走了。"

巴海:"喝完早茶再走吧。"
帖木尔:"不了,我忙着赶路,哪饿哪说吧。"说完,骑上马,加一鞭,"走了。"巴图蒙克站在那看着。
巴海摆手:"我等你信啊。"

半个月后的一天,达姑刺坐在一个旧奶桶上正在聚精会神地挤牛奶。两个孩子在附近拿木棍当马骑,来回跑着玩耍,跑得挺高兴。
这时,巴海从外面骑马回来,招呼一声达姑刺,下马。达姑刺迎上去:"你回来了?"
巴海答应一声:"嗯。"正牵马往栓马桩拴马,毛诺海扔了木棍迎过来:"阿爸,我要骑马。"
巴海:"好,骑马。"说着就把毛诺海抱起来,放在马背上,没放稳,孩子也没坐稳,没经验也没抓住鞍子,巴海一撒手,马一动,毛诺海"啊!"一声,滑下来了。巴海尚未离开,一把把孩子抱住,但是,毛诺海还是哭个不止。"别哭了,这不没摔着嘛,哭啥呀?"巴海劝着,孩子还是哭。
达姑刺看见孩子哭,过来了,训她男人说:"看你那笨样,教孩子骑马,有你那么教的吗?你得扶着孩子,你把孩子像扔死羊似的往上一放,他能不滚下来吗?这是活物,你看把孩子吓得,赶明个不敢骑马,就找你算账。"
巴海被老婆训得习惯了,不以为然,说:"来儿子,阿爸再给你试一把!"又把孩子抱起来,往马身上放。孩子屁股一沾马背,就像扎刺一样又叫了起来。
达姑刺更有理了:"你看,我说啥来着,你非把孩子整病了不可。起来!"把孩子拉到自己那边,"走,儿子,咱不骑他那破玩意,咱骑听话的'小马'。"把刚才骑着玩的木棍,捡起来递给他,"给。"
毛诺海不接,晃着身子:"这不是马,我不要。"
帖木尔·哈达克这时来到巴海家。巴海家正玩得来劲,谁也没发现。帖木尔静静地站在一旁看着。
达姑刺生气地说:"你不要这马,你要什么马?那马你骑得了吗?"
毛诺海撒娇:"不,我要骑马、我要骑马。"还是晃着身子,坐在地上,硬挤着眼泪哭闹。在旁看着的巴海想出了主意。
巴海:"儿子,别哭,来,阿爸让你骑特殊马。"
毛诺海:"我不骑特殊马,我要骑大马。"
巴海哄他儿子:"来、来,这特殊马比大马好,你没骑过,你骑上就知道了,特好玩。阿爸保证你高兴。"毛诺海听说保证让高兴,便停止哭闹,半信半疑地慢慢走过来。
巴海招呼巴图蒙克:"来、来,你也过来。"巴图蒙克不知怎么回事,过去了。到巴海跟前时,巴海吩咐巴图蒙克,"你猫腰。"巴图蒙克瞅一眼巴海,不知啥意思,照做了。巴海继续指挥,"两手扗地。"巴图蒙克仍不知啥意思,又照做了,手和脚四个"腿"都着地了。这时,巴海抱起毛诺海,放在巴图蒙克后背上。毛诺海破涕为笑,咯咯笑起来。巴图蒙克抬头歪脖子看看巴海,巴海就地捡一根小树枝交给毛诺海。
毛诺海接过小树枝,会意地挥着小树枝,洋洋自得地喊着:"驾、驾!"巴图蒙克不动地方。

巴海看巴图蒙克不动地方，便告诉他："巴图蒙克，往前爬，往前爬！"巴图蒙克不情愿地爬了几步。这时，毛诺海高兴得忘乎所以，在巴图蒙克后背上上下跳动起来。幼年达延汗巴图蒙克怎么经受得了比自己大的孩子在背上这么折腾，"哎哟"一声，躺倒在那儿了。

帖木尔·哈达克看在眼里，气不打一处来，几步窜到巴海跟前，大喊一声："巴海！你是人吗？你怎么干这种缺德事？让你大孩子骑人家小孩子。原来我以为你是个人，我看错了，你是牲口！"扬起鞭子要打巴海。

巴海不知帖木尔到来，被帖木尔这一喊一骂，很不是滋味，架住帖木尔胳膊，强词夺理地说："帖木尔，你跟我喊啥，我怎么不是人？你没听毛诺海说嘛，他是大坏蛋的孩子。好人家的孩子，骑一下大坏蛋的孩子，你说说，怎么就不是人？上次来家，你就说些不三不四的话，我作为大哥，我都忍了。今天，你还要打我，放下手，你打吧，我看你把我怎么样？"

帖木尔也放下手："那么着吧，一句话，骆驼换马的交易不做了。我把孩子带走。"

巴海："不做就不做，可带走孩子不行。"

帖木尔狠狠地看了巴海一眼，一声没吱，骑上马加鞭走了。

第三节 正义牧民抢养汗裔巴图蒙克

帖木尔·哈达克家，一个普通牧民家的毡房格尔，大致与巴海家一样。帖木尔妻子鄂云达尔，头顶上盘圆髻，戴一些简单首饰，还插上一朵山野花，在家煮奶子；有个五六岁的男孩德勒格尔，头顶四角留四撮毛。

帖木尔·哈达克骑马气冲冲地回家。

鄂云达尔："孩子阿爸，这么快就回来了，你没上巴海大哥家去吗？"

帖木尔一边拴马一边说："去了，巴海不是人。我看错人了。呸，原来他是个势利小人。"

鄂云达尔："啥事把你气成这样？"

帖木尔："多年朋友了，他办的那损事，原来我都没对你说。你说他办的事，是咱蒙古人办的事吗？日久见人心，这话真不假，我现在才真正认识他。"

鄂云达尔："到底啥事啊？这么墨迹。"

帖木尔："孛罗忽济农的儿子，亦思马因诺延交给他代养。一个四岁的孩子能吃多少？他也有个一般大的孩子，一块玩，还有伴，也不用太费事。几年一晃就过去，几年就成人。你猜他怎么养的？"

鄂云达尔："他怎么养的？你不说，我能知道吗？"

帖木尔："就这么几个月，把人家孩子养得满身疮，不给人家孩子吃饱饭，我每次去，都能碰见这样的事。你说，才四岁的孩子，不给吃饱能行吗？"

鄂云达尔听了，也跟着埋怨："巴海大哥怎么能这样呢！"

帖木尔："这还不算完哪，这回我去，正好碰见巴海让人家孩子当马，巴海扶着他儿子骑在后背上。我还亲眼看见巴海给他儿子捡个树枝，他儿子挥动着树枝，'驾驾'地喊着。我的肺好悬没气炸了！我忍不住了，我骂他了，我俩掰了。"

鄂云达尔："这样人，不可交，掰了也不可惜！"

帖木尔："骆驼换马的事也吹了！"

鄂云达尔支持丈夫的做法："吹就吹呗。他那儿吹了，咱上别的地方换去，有骆驼还怕换不着马呀？"

帖木尔："只是……"

鄂云达尔："只是啥？怎么说半道，卡壳了呢？"

帖木尔："我在想，巴图蒙克太可怜了。"

鄂云达尔："孩子阿爸，你不是可怜巴图蒙克嘛，我听了也觉得可怜，那么点大孩子。一个羊也赶，两个羊也放。我看那么着，你把巴图蒙克接咱这来，我一起侍候。我绝对不能像巴海媳妇那样不是人。我敢保证，我吃啥，让孩子吃啥，只能比我吃得好，不能比我吃得差。让他跟咱家德勒格尔一起玩。"

帖木尔："哎呀老婆，你可真好，真是我好老婆！因为咱家也不富裕，我寻思多少日子了，很怕你不同意，我都没敢说。"

鄂云达尔："人家说知妻莫如夫，你可好，连我是啥人都不知道。"

帖木尔："老婆，请你原谅，我不是考虑你怕咱家困难嘛！"

鄂云达尔："行了吧，赶紧接去吧。"

帖木尔："不行。"

鄂云达尔："都同意了，怎么又不行了呢？"

帖木尔："不差咱这儿，是差他那儿，人家不给。"

鄂云达尔："他不愿意养，咱愿意养，这不正好吗？怎么能不同意呢？"

帖木尔："事情没那么简单，亦思马因诺延交给他代养时说了，不准整死了、整丢了。他给了咱家，亦思马因找他要孩子，他交不出来，不要他命，也得收拾他半死，他敢给吗？"

鄂云达尔："那就眼瞅着让孩子在那活受罪呗！"

帖木尔："得想个法子。"

鄂云达尔："想吧，想个两全其美的法子！"

帖木尔坐在那儿，想一会儿，晃晃脑袋，否了，又想了一会儿："对，就这么办。哎，鄂云达尔！"

鄂云达尔赶忙凑过来问："想起啥法子了？"

铁木尔说："咱去抢。孩子被人抢走了，巴海向诺延也好交待了。"

鄂云达尔："那巴海报官说咱抢的，那亦思马因诺延不找咱算账吗？"

帖木尔："顾不了那么多啦。前怕狼后怕虎，什么事都干不成。说干就干，今天就去。"

鄂云达尔："你自己去行吗？"

帖木尔："巴海那小子，有点牛劲。我自己去，肯定整不了。为了救孩子，别再把孩子伤着。"

鄂云达尔："那这犯法的事，你找谁呀？"

帖木尔："古语说得好，上阵亲兄弟，打仗父子兵，只有找我兄弟帮忙。"

鄂云达尔："要是出事，你不是连累全家跟着遭殃吗？"

帖木尔："为了救巴图蒙克，没有别的办法了，做得谨慎点，尽量别露马脚。愿长生天保佑吧！"

鄂云达尔："巴图蒙克是成吉思汗后裔，长生天会保佑的！"

当天夜里，帖木尔·哈达克同哥哥、弟弟计七人，来到巴海家附近。小弟留下看马，其他六人悄悄来到巴海毡房跟前，留五人看住巴海住的格尔门。帖木尔自己来到巴图蒙克住的小毡房跟前。

帖木尔轻轻地招呼："巴图蒙克、巴图蒙克。"

巴图蒙克在格尔内，听到亲切的呼唤声，睁开眼睛，起身坐下细听。

帖木尔："巴图蒙克，是我，是你帖木尔伯父，我来接你来了。"巴图蒙克高兴地喊出声来："帖木尔伯父。"

巴海听到院内有动静，咳嗽一声，点亮小油灯，起身穿衣。帖木尔等人看见格尔内出现灯光，立即紧张起来。

帖木尔立即进格尔内，说："巴海醒了，来不及穿衣服了，赶紧走。"说着，抱起巴图蒙克，抓起衣服，出格尔就跑。监督巴海的几人，见帖木尔抱孩子走了，也都撤离。撤离的动静有点大，巴海警觉起来，手持蒙古弯刀出格尔，四处察看。

帖木尔抱着巴图蒙克，连衣服都未穿，将巴图蒙克放在马背上，自己随后跳上马赶紧跑，飞马疾驰。监督巴海的几个人，被巴海发现。

巴海喊："有盗贼了，抓盗贼呀。"持刀跟踪过去，见是六个人，就站在那喊，"抓盗贼呀！抓盗贼呀！"

帖木尔的哥哥在地上随手捡起一个木棍，向巴海抛去："谁是盗贼？滚回去！"而后骑马追帖木尔去了。

巴海吓一大跳，琢磨着，嘴里嘀咕着："什么都不偷不抢，来好几个人，干啥来了呢？我也没得罪谁呀？"慢慢往回走着，边走边想，快进格尔时，突然醒悟，"与巴图蒙克有关！"赶紧走两步，到巴图蒙克住的小格尔前，掀门一看，傻了，巴图蒙克没了。

"达姑剌、达姑剌，你快出来，巴图蒙克没了！"

达姑剌在格尔内，睡得迷迷瞪瞪，听到喊声，不满地说："啥大不了的，深更半夜的，你吵吵啥呀。可能出去拉屎了，你找找。"

巴海："什么出去拉屎，我看见刚才来几个人。"

达姑剌听说来几个人，神经紧张起来，赶紧穿衣服出来："怎么回事？"

巴海："我听到院里有动静，我壮着胆出来，看见那边有几个人，看见我出来，骑上马都跑了。我觉着这里有事儿，到巴图蒙克那一看，人没了。"

达姑剌："看清谁了吗？"

巴海："没看清，反正好几个人。"

达姑剌："你不说巴图蒙克是济农诺延的儿子嘛，汗廷中那些伊克诺延中，肯定有人家亲信，兴许是那些人来接这个孩子。那些人，是有来头的，咱可惹不起。你没跟他们动刀子吧？"

巴海："我哪是人家对手，我敢吗？"

达姑剌："那就好。"

巴海："好啥好，人丢了，诺延要人怎么办？"

达姑剌："这好办，咱这就去向诺延报案，就说汗廷来一队人马，把巴图蒙克抢走了。"

巴海："诺延不信怎么办？"

达姑剌："我把你打一顿，打出点伤来，诺延不就信了嘛！"

巴海："那不行。"

达姑剌："什么行不行，这叫苦肉计，要不就等着挨诺延收拾！"说着拿起一根木棍，劈头盖脸地打起巴海来。

巴海："哎呀妈呀，哎呀妈呀，太痛了，别打了。"

达姑剌："不打出伤来，诺延能相信吗？现在痛点，比诺延要你命强。"又打几下，才把棒子扔了。

巴海痛得直叫："哎哟！哎哟！"

达姑剌："走吧，赶紧报官去。"

巴海夫妇连夜去报案，临近亦思马因大帐，便大声喊叫："诺延哪，可了不得了，汗廷派人来抢巴图蒙克来了，把小人都打伤了，好险把小人打死了。"边走边"哼哟、哼哟"地直哼哼，还一瘸一拐的。

卫士喊："谁？站住！"

巴海夫妇："别射箭，我是巴海。"

卫士横刀拦住，蛮横地问："这么晚了，到这儿干什么？"

巴海夫妇："请通报一下，我们有重要紧急情况向诺延禀报。"

亦思马因被巴海哭喊声和卫兵吆喝声早已惊醒了，听说有重要紧急情况禀报，便在帐内问："谁呀？"

巴海："诺延，我是巴海呀，我有重要紧急情况向您禀报啊，诺延。"

亦思马因在格尔内问："什么重要紧急情况啊？"

巴海夫妇在帐外恭恭敬敬地回报："诺延，刚才汗廷来了一队人马，强行把巴图蒙克抢走了。"

亦思马因："有多少人哪？"

巴海："黑压压一片，看不清楚，估计有一二百人吧。"

亦思马因："巴图蒙克被抢走了？"

巴海："抢走了。我抵抗，他们好悬把我打死。"

亦思马因："来一二百人，你敢抵抗，你表现不错呀！"

巴海："真的呀诺延，打得我都起不来了，我老婆扶我来的。"

亦思马因："还有别的情况吗？"

巴海夫妇一起回答："没有了。"

亦思马因说："没打死你，算你捡条命，回去吃喜去吧。我明天派人把他抓回来。"

巴海夫妇离开诺延大帐。道上，夫妻俩打开了嘴仗。

巴海："就你那臭点子，什么苦肉计，诺延连看都没看一眼，我白挨你一顿打。"

达姑剌："诺延不表扬你了嘛，说你表现不错呀！"

巴海带不满地说："什么表扬，不痛不痒的！"

达姑刺："行了，诺延说'你表现不错'就不简单了。起码，诺延头脑中有你巴海表现不错的印象了不是？这还不值吗？你看你屈得，挨几下打，这个抱委屈。"

帖木尔·哈达克一行几人到家，鄂云达尔开始忙碌。

帖木尔的小弟弟，边拴马，边喊叫："嫂子，我们回来了。"鄂云达尔和孩子迎出去。

鄂云达尔："回来得这么快呀，顺利吗？"

帖木尔："没等巴海明白过来，我们已经完事了。"

鄂云达尔走上前去，迎接巴图蒙克："哎哟，这是小台吉吧？！"在额头上亲一下，领进格尔内。

帖木尔让他几个兄弟，都进格尔歇一会。大家进格尔，分别坐下。帖木尔把巴图蒙克抱起来放一个地方坐下。

鄂云达尔给大家倒奶茶，把炒米、奶油、奶酪、奶豆腐等食品放在一旁，说："你们受累了，别客气，自己得意啥添啥。"

帖木尔的小弟弟："嫂子，你别忙活了，我们自己来。"自己去端奶茶，而后给各位哥哥碗里添加炒米、奶油等。

鄂云达尔："你们先喝着，我去烧点热水，给孩子洗个澡，换个干净衣服。"

帖木尔的哥哥："帖木尔，你看这孩子怎么回事，怎么坐着不老实，总晃肩膀子？"

帖木尔到巴图蒙克面前："巴图蒙克，告诉叔叔，你哪儿疼啊？"

巴图蒙克："哪儿也不疼。"

帖木尔："那你动弹啥？"

巴图蒙克："我身上刺挠。"

帖木尔："把衣服脱下来，给叔看看。"脱下衣服，帖木尔在巴图蒙克身上看了又看，"这啥也没有啊！"

帖木尔的哥哥："要不你看看，是不是招虱子了？"

帖木尔拽过一个单子，给巴图蒙克披上，而后翻看巴图蒙克衣服，刚翻两下，惊讶地说："哎哟，这大虱子，有黑豆粒那么大！"给大伙看，而后用两只手手指甲挤死，"哎哟，这边还一个，比那个还肥！"帖木尔用手指甲挤死，"这边又一个，又一个！得了，这袍子里虱子太多了。拉倒吧，我可不再挤虱子了。别抖落我身上，整我一身虱子。干脆，把这衣服一把火烧了。"

帖木尔的哥哥："不用烧，那不浪费一件衣服嘛，用开水煮煮就行。"帖木尔把衣服扔在格尔外。

鄂云达尔端进一大木盆热水，一边给巴图蒙克洗澡，一边嘀咕："你看这身上脏的。"

巴图蒙克光着屁股坐进大木盆里。这时，鄂云达尔惊奇地发现："哎呀，这满身蚊虫咬的，都变成疮啦。这巴海两口子，真不是人哪，好悬把孩子糟尽了。人不能作损哪，作损，长生天早晚会报应他们的。"

"孩子阿爸，你把德勒格尔去年的衣服拿来。"帖木尔不声不响地送来衣服，两口子将自己儿子的旧衣服给巴图蒙克穿上。

鄂云达尔说："你还别说，这衣服穿着正好。"

帖木尔补充一句："就是旧点。"

鄂云达尔说:"先穿几天,过几天大妈就给你做新的。"洗完澡,穿完衣服,端详一下巴图蒙克,而后亲了一下额头。

"德勒格尔,来,跟小弟玩。"鄂云达尔给儿子下着命令。德勒格尔很听话,马上过来,领巴图蒙克出去玩了。

鄂云达尔说:"孩子阿爸,孩子这满身疮不治可不行啊!"

帖木尔:"谁说不是呢?可咱又不是额穆齐(蒙古语:大夫),可怎么治啊?"

鄂云达尔:"你去请个额穆齐来吧。"

帖木尔:"这有名气的额穆齐,咱请不起,这么远,人家也不能来呀。这近点的吧,治骑马打仗造成的跌打损伤,那是拿手;治头疼脑热的,还将就。这长的疖子啊、疮啊的这类病,没听说他治过,会治不会治,还不好说呀。"

鄂云达尔:"不管怎么的,人家干那个的,总比咱们强。你去请他来就是。"

帖木尔:"那好,我这就去。"

第四节　好心人共同治好童年达延汗痞疾

帖木尔·哈达克请来了蒙古额穆齐,到格尔跟前就喊:"鄂云达尔,额穆齐来了。"

鄂云达尔迎出门,施礼问好:"赛音拜诺?"

蒙古大夫:"塔顿好赛音拜诺(你们都好吗)?"

鄂云达尔礼貌地接过额穆齐从马上拿下来的装药的褡裢,右手掀开格尔门帘,让额穆齐先进:"额穆齐,又给您添麻烦了。"

蒙古大夫60来岁,穿蒙古袍,戴礼帽,很绅士地回应:"这是哪的话呢,我们干这个的,还能叫麻烦嘛。"说着坐在桌子旁,打开褡裢,拿出个扁平白布包,在桌子上铺开白布包,里面露出装有各种药的长条小皮口袋,摆开看病下药的架子,而后问,"孩子呢?"

鄂云达尔出格尔,喊:"巴图蒙克!"

蒙古大夫:"我记得,你儿子好像不叫这个名啊。"

鄂云达尔:"实不相瞒,这不是我儿子,是我们替人家代养的孩子。"这时巴图蒙克和德勒格尔都进格尔了,鄂云达尔说,"你俩,来,给额穆齐问安。"两个孩子施礼,小声:"赛音拜诺?"。

蒙古大夫很亲昵地问:"你俩谁看病啊?"

鄂云达尔拉巴图蒙克过来:"给他看病",而后,帮助巴图蒙克脱下衣服,向大夫介绍情况,守在身旁。

蒙古大夫仔细查看病情,说:"这是身体受到长期潮湿的侵袭,肾寒阴湿虚热,以致内毒外反;蚊虫叮咬后,挠破感染,外毒又向内攻。这两种毒,同时起作用,在皮肤上形成,属皮肤病,叫痞疾。"

大夫看完病情,纳闷地说:"咱蒙古地区雨水少,比较干燥,很少有得这种病的。这么点大孩子,怎么得这种皮肤病?我行医这么多年,第一次见这种病。"

鄂云达尔说:"实不相瞒,这孩子到我们这以前,长时间直接睡在地上,铺得又少,受到寒湿,这是肯定的。"

蒙古大夫奇怪地问:"咱蒙古人家,羊皮羊毛多的是,为啥不多铺一些哪?"

鄂云达尔:"他家不是没有,是不给他铺。"

蒙古大夫:"蒙古人这种人太少了,既然养他了,为啥不好好养呢?"

鄂云达尔:"不是有那么一句话吗,叫'隔层肚皮隔层山'嘛,这孩子不是她亲生的。"

蒙古大夫:"这我就弄不明白了,你不愿意养,就别抱养哇!这不把孩子坑了吗?"

鄂云达尔:"额穆齐,您不是外人,我才跟您说呀。这孩子也不是人家抱养的,是诺延摊派人家养的。人家不愿意,能好好养吗?"

蒙古大夫:"那他是谁家孩子呢?"

鄂云达尔:"这是汗廷第二号人物、孛罗忽济农的儿子。"

蒙古大夫:"我听说孛罗忽济农死了。"

鄂云达尔:"正因为他死了,他儿子才落到这境况了嘛!"

蒙古大夫:"咳,这孩子真挺可怜,你们好心收养他,我也做点贡献,把我巴克什传给我的秘方拿出来,不让你们花一分钱,将这孩子病治好。"

鄂云达尔:"那我们可碰到贵人了。"

蒙古大夫:"不能么说。没有他的先人成吉思汗统一蒙古,咱蒙古这几百年不知乱成什么样子了,我们能过上现在的消停日子吗?黄金家族的孩子,我们都得好好照顾一下,才能对得起圣祖成吉思汗。我给你们留一个行之有效的偏方,保证好使。用九头初产驼羔的母乳涂抹患处,而后用银杯盛满骆驼奶,每天在患处不停地按摩。照我说的方法,坚持按摩,保证不出九日,痂落病除。"

鄂云达尔:"那可太好了。谢谢额穆齐。"

额穆齐送走了,帖木尔·哈达克夫妻商量给巴图蒙克治病。

鄂云达尔说:"孩子阿爸,咱家没银杯,是你去借呀还是我去借呀?"

帖木尔说:"鄂云达尔,你嘴比我巧,你会说,还是你去借吧。"

鄂云达尔:"那这几头初产驼羔的骆驼奶,该你去要了吧?"

帖木尔:"这要奶的活最繁琐,最艰苦,漫山遍野地跑,那当然是我去要。"

鄂云达尔:"我可告诉你,每天要一回,每次是九头初产驼羔的母骆驼奶,不能差样,直到治好为止。可不能偷懒,在一个骆驼那挤一大碗回来!"

帖木尔:"看你说的,我是那种好偷懒的人吗?"

鄂云达尔:"因为这是做药使,不比别的,我强调一下,差样了,怕不好使!"

帖木尔:"你放心吧!"

帖木尔·哈达克每天一大早就拿个小皮壶,骑马到各山坡骆驼群去要奶。

那些牧马放骆驼的兄弟和伯伯叔叔们听说是给孩子治病都非常支持,让帖木尔自己去挤奶。如此这样,帖木尔每天走七八个山坡和沟沿,挤九头初产驼羔骆驼的奶液,供应鄂云达尔使用。

鄂云达尔给巴图蒙克治病，可谓实心实意，和自己的亲生儿子不差分毫。每天在格尔里，将巴图蒙克抱在怀里或者躺在大腿上，在其患处涂抹上初产羔的骆驼奶，用装满驼奶的银杯，在患处反反复复地按摩，奶浆磨没了再涂一层。右手累了，换成左手。除了吃饭时间外，都在按摩，每个疮，挨个按摩。为了消除寂寞，按摩时，鄂云达尔自编自唱着催眠曲。

我的心肝好宝宝，
快快闭眼睡大觉。
按摩患处要痒痛，
这是为了治好病。
良药苦口利于病，
你要忍耐痒和痛。
蒙古大夫心肠好，
搭工受累不要钱。
蒙古偏方真是好，
小方能够治大病。
巴海小人势利眼，
虐待无知小孩童。
恶人自有天报应，
进入地府也难逃。
劝人莫做亏心事，
堂堂正正站得直。
夜宿不怕鬼叫门，
出门不怕贼拦路。
天神地神都保佑，
活得康健有福禄。

唱着，按摩着；按摩着，唱着……巴图蒙克安静地睡着了。

鄂云达尔艰苦地、持之以恒地给巴图蒙克按摩，慢慢地，巴图蒙克痂皮一片一片掉落，露出鲜红的新皮。巴图蒙克痞疾痊愈后，高高兴兴地同其他孩子玩耍着。

帖木尔高兴地说："鄂云达尔，你看巴图蒙克和德勒格尔玩耍的高兴样子，和来时相比，简直是两个孩子。"

鄂云达尔："这不全靠蒙古额穆齐给的偏方嘛！"

帖木尔："这偏方虽好，可是没有你鄂云达尔不辞劳苦、天天不停地辛勤按摩，也是治不好的。"

鄂云达尔："还是人家那个偏方功劳大。这个偏方，可不是一般的偏方，那是多少代蒙古额穆齐根据蒙古地区的特点，多少年来苦心研究积累，就地取材，行之有效的验方，是可以入蒙药药典的方子。若不是蒙古额穆齐的偏方灵验，我拿别的东西再按摩，累死我，也治不好痧疾的。功劳应该是蒙古额穆齐的！"

帖木尔："巴图蒙克的病，验证了蒙古额穆齐看病真行！这还是咱民间蒙古额穆齐，若是大汗跟前的蒙古额穆齐，那一定更神！"

鄂云达尔："蒙古额穆齐不但医术好，医德更好。你看人家蒙古额穆齐这么老远来了，出了方子，没收钱，连顿术兀思都没喝，可以说是'德医双馨'的额穆齐！"

巴图蒙克的病好后，饭量也增加了，能大口吃肉了。巴图蒙克胖了，脸色红润了，能与德勒格尔一起嬉笑蹦跳。

一个雨后的晴朗的上午，空气特别新鲜，百花格外鲜艳，绿草也格外清新。德勒格尔招呼："巴图蒙克，咱到郊外去玩，去吗？"

巴图蒙克："哪个郊外？"

德勒格尔："到呼鲁胡尔河，在河里抓鱼，可好玩了。"

巴图蒙克："那就去吧。"两个孩子连跑带颠地不一会儿就到了河边，一看雨后的河水非常浑浊，根本看不到鱼。

德勒格尔一看河水就傻了："哎呀，雨后的河水变得这么大呀？"

巴图蒙克："这怎么抓鱼呀？"

德勒格尔："咱不抓鱼了。"这时看见蝴蝶飞舞着过来，小心眼一动说，"咱抓蝴蝶。"说着在地上捡一个小树枝。

巴图蒙克学德勒格尔也捡个小树枝。

德勒格尔拿着一个小树枝，追着一只蝴蝶，在前面跑。巴图蒙克也拿个小树枝，在后面紧跟着追。不料，雨后的河岸，土质松软，他俩眼睛只盯着天空的蝴蝶，没留意脚下的河岸正在坍塌，一不小心，掉进河里。

德勒格尔和巴图蒙克在河水中挣扎。

河水湍急，德勒格尔被河水推到下游几十米处，才挣扎着得以上岸。然而，巴图蒙克由于体力不及德勒格尔，被河水冲得更远，人头忽隐忽现的，生命垂危。

德勒格尔上岸后，站在岸上用胳膊比画着大喊救命。

这时正在远处山坡上放马的安扎特穆尔，隐隐约约好像听到有人喊，便侧耳细听，四处观察，发现远处河岸上有一小孩用手直比画，知道出事了，便抓住一匹放养吃草的无鞍无嚼的散马，抓着马鬃毛骑上，用脚拍打马身体，跑到河边，跳下马，边走边脱蒙古袍，未及脱其他衣服，便跳进湍急的河水里，向巴图蒙克游去。

在牧民安扎特穆尔的舍命救助下，巴图蒙克被救上岸来。

巴图蒙克已不能站立，大口大口地吐着水，哭着。

安扎特穆尔帮着巴图蒙克控水，安慰着。安扎特穆尔自己也喝了不少水，精疲力尽，大口大口喘着气。这时，德勒格尔来到身旁。

德勒格尔："叔叔，没有你，我们今天就回不去家了。"

安扎特穆尔："你们是哪儿的？"

德勒格尔用手指着:"就是那个阿寅勒的。"

安扎特穆尔:"你叫啥名?"

德勒格尔:"我叫德勒格尔,他叫巴图蒙克。"

安扎特穆尔:"看你俩,也就是五六岁吧,怎么胆这么大,跑到这么远的河边来玩耍?多危险哪!要不是我及时赶到,能出来吗?哎,行了,我送你们回去。"

安扎特穆尔把上衣脱下来,拧了一下,重新穿上,把巴图蒙克的衣服也拧干水,帮他重新穿上。然后,他用自己未湿的蒙古袍,把巴图蒙克连穿带包,背起巴图蒙克,自己穿着湿漉漉的衣服,扔下山坡上的马群,领着德勒格尔,向阿寅勒走去。

一个普通蒙古牧民见义勇为、抢救落水儿童的义举,拯救了北元一个有作为的中兴可汗的生命,间接地为蒙古社会百年稳定做出了重大贡献!

第五节 护送巴图蒙克投亲途遇贼兵

巴图蒙克到帖木尔家后,在他们如亲生父母一样体贴关爱的情况下,病治好了,精神愉快了,因此饭量猛增,短期内就见胖了、脸色红润了,每天与德勒格尔嬉笑蹦跳玩耍。

一天,帖木尔从外面骑马回来,一边拴马一边说:"鄂云达尔,我跟你商量个事啊。"

鄂云达尔头上包着头巾,腰扎丝绸腰带,正在煮奶:"啥事?"看帖木尔进格尔,放下手中活也进格尔了。

帖木尔说:"鄂云达尔,这两天我就琢磨,咱得把巴图蒙克送走。"

鄂云达尔一听,脸色立即晴转阴,一脸的不高兴,质问道:"你怎么琢磨这事呢?咱既然接来了,那就不能半途而废,那不是咱家干的事。你说,这孩子阿爸死了,额吉又叫亦思马因诺延霸占着,往哪儿送啊?你莫不是送进亦思马因虎口不成?"

帖木尔申辩:"你把我看成什么人了!若那样,我救他干啥?"

鄂云达尔紧逼一句:"那你说,往哪儿送?"

帖木尔:"这不是跟你商量呢吗?自从那天,牧马人安扎特穆尔在呼鲁胡尔河救了巴图蒙克以后,这几天我一直在考虑这个事。巴图蒙克不是一般孩子,是黄金家族唯一的一条根,可含糊不得。假如,巴图蒙克在咱这儿出了事,那咱咋交待?咱不仅没功,还要成为不可饶恕的历史罪人了。"

鄂云达尔也担心地问:"那你说咋办?"

帖木尔说:"这几天,我琢磨出道来了。满都鲁汗死了,满都鲁汗的哈屯满都海还活着,听说可年轻了。黄金家族就剩这一根独苗,给她送去,我估计她肯定能留下。"

鄂云达尔:"哎呀,别说,这招还真行。跟孩子再商量商量!"

帖木尔:"我招呼他。"到格尔外招呼,"巴图蒙克、巴图蒙克!"

幼年达延汗跑跑颠颠地回来了:"伯父,干啥呀?"

帖木尔:"巴图蒙克,我问你,满都海哈屯,你认识吗?"

幼年达延汗童声童气地回答："认识，她是我太奶，她可喜欢我了，一有空就抱我。"

帖木尔："巴图蒙克，我跟你商量个事。我们家是个普通牧民，我和你伯母每天都得和牛羊打交道，不这样就得饿肚子。你小哥还小，不懂事，照顾不了你。"巴图蒙克不知伯父说这事啥意思，只能听着，帖木尔接着说，"前几天德勒格尔领你到河边玩那事儿，吓死人了。直到今天想起来，我的心都哆嗦。我们家没有专门的人侍候你，为了你的安全，为了你能更好地成长，我们想把你送到满都海哈屯那块。你同意吗？"

幼年达延汗虽年幼但很会说话："你们对我好，我不愿意离开你们。"

帖木尔："我们也舍不得离开你，咱们一起去好吗？"

幼年达延汗发自内心地笑了："好！"竟然拍着小巴掌，蹦跳起来。

帖木尔："那咱明天就走。"

帖木尔·哈达克骑着马，妻子鄂云达尔赶着三辆勒勒车，后车的牛拴在前车后面。第一个车上坐着两个孩子，后两辆车拉着毡帐及生活用品，往北行进。勒勒车，在荒漠渺无人烟的路上，慢腾腾地走着。

帖木尔："巴图蒙克，你以前在家坐过这种勒勒车吗？"

幼年达延汗："没坐过。"

帖木尔："这勒勒车，是咱蒙古人的祖先发明的呢。传说，一千多年以前，在咱这北方草原上有个称为'敕勒'的蒙古部落，他们出门坐一种大轱辘的勒勒车。因为车轱辘大，车体抬高了，人们习惯上叫它高车，敕勒人也被中原人称为高车人。后来，这北方草原被咱蒙古人占了，咱蒙古人把它那大轱辘改成小轱辘，就是现在这个样子，变成了咱蒙古人的勒勒车了。"

鄂云达尔："孩子阿爸，你净给孩子们讲那七百年谷子八百年糠的过期的事。光顾着讲故事，别把道走错了，你看这个道对吗？"

帖木尔："错不了。"

鄂云达尔："你总说错不了，这么长时间，怎么没见到过往行人呢？"

帖木尔："这是背道，不常走人，人少点。"

鄂云达尔："你这人，不走帖里干大道（车道），走纳怜小道（马道），这遇上贼人怎办？"

帖木尔："我是专门选的这纳怜小道，人少肃静，少说项。遇贼人，咱啥也没有，又能怎样。"

说着说着，远处出现几匹马，朝他们方向奔来。

帖木尔嘱咐："德勒格尔、巴图蒙克，你俩听着，我告诉你们，这一道，有人问你们，你们就说是亲哥俩。巴图蒙克，当别人面，你别叫我伯父，要叫我阿爸，叫你伯母为额吉。记住了？"

幼年达延汗答应："记住了。"

勒勒车仍然前进着。远处的几匹马，越来越近，已看清是几位巡逻的军人。

巡逻军人拉长声："站住！站住！"勒勒车未理他们，照常前进。巡逻军人纵马来到跟前，蛮横地质问，"喊你们站住，你们为什么不站住？"

鄂云达尔不卑不亢地回答："军爷，我们光顾走路，没听着。"

巡逻军人："你们是哪儿的？这是上哪去？"

帖木尔假报地址和理由说："军爷，我们是土默特牧民，家太困难了，想到孩子他姥姥家那块儿，换换环境。"

巡逻军人到勒勒车跟前，看看俩孩子，问："这俩孩子，都是你的吗？"

鄂云达尔："军爷，看你这话说的，我们这岁数，俩孩子还多吗？再说，穷苦牧民，拐卖人口拐卖得起吗？"

巡逻军人："嗯！"用马刀指着巴图蒙克问，"你叫啥名？"

幼年达延汗："巴图蒙克。"

巡逻军人："什么？"很惊讶地说，"巴图蒙克！我真有运气，这么容易就碰到了。来，把他带走。"上来好几个巡逻兵，来拉巴图蒙克。

帖木尔赶紧到巴图蒙克车边，用手拦住巡逻兵："干什么、干什么！"

鄂云达尔哭着拽着巡逻兵的袖子："军爷，你不能带走我儿子啊！你没理由带走我儿子啊！"

帖木尔："你要带走我儿子，我跟你们拼了。"抽出马刀，要和巡逻兵动刀。蒙古族男人都随身带着马刀，这一来呢，是蒙古族亦兵亦民政策造成的，这是主要原因；二来呢，蒙古地域广大，人烟稀少，在外放牧常遇到野狼需要防御。

鄂云达尔既挡着自己男人，又拉住巡逻兵，防止他们打起来。

巡逻军人："这孩子不是你儿子。"

帖木尔气鼓鼓地和巡逻兵对峙着，随时可能发生流血事件："你凭什么说不是我儿子？"

巡逻军人："他叫巴图蒙克。"

帖木尔："咱蒙古人，叫巴图蒙克的多的是！叫巴图蒙克，犯什么法？你怎么知道我儿子是你找的那个巴图蒙克？"双方僵持着，剑拔弩张。

鄂云达尔仍然拽着巡逻兵的袖子，求他："军爷，光我们说不行，你问问俩孩子，童言无忌，小孩子不会说假话，问他管我们叫啥？"

巡逻军人："我问你，他是你什么人？"指着帖木尔问。

幼年达延汗："是我阿爸。"

巡逻军人又指鄂云达尔问："她是你什么人？"

幼年达延汗："是我额吉。"

鄂云达尔："军爷，孩子小，求你小声点，可别把孩子吓着。"

另一巡逻军人过去，小声说："可能不是，这小的没问出来，那大的更问不出来了，咱走吧。"

巡逻军人："这要查不出来，亦思马因诺延肯定饶不了咱，咱几个可要遭殃的！不行，得仔细查。"问帖木尔，"我问你，为啥帖里干大道不走，走纳怜小路？"

帖木尔："军爷，你这越发不讲理了！我没听说过咱蒙古有禁止走纳怜小道的规定。我愿意走什么道就走什么道。您是找茬刁难我们，想榨出点油水？我告诉你，我们是穷苦牧民，榨不出油水。"

巡逻军人恶狠狠地持刀奔向帖木尔，被另一个巡逻兵拦住。

帖木尔："军爷，刚才我听你说，找不着一个孩子，你怕遭殃。我是给亦思马因诺延缴纳贡赋的土默特的阿拉巴图，你平白无故砍死人，亦思马因诺延能饶了你吗？再说，咱蒙古人是亦民亦兵，你要砍我，你得问问我这马刀，能不能让你砍。哼，说不定谁砍死谁！"

另一巡逻军人："算了算了。"过去拉开那个巡逻军人，"走，咱走，走吧。"巡逻军人"哼"

一声，歪着脖子走了。

帖木尔随后冲他们吐了一口："呸！这帮狗，跑这老远来咬人，狗日的。"

鄂云达尔说："算了，咱在这休息一会儿吧，吃点东西，让孩子也活动活动胳膊腿。"

帖木尔："那就下车。"到勒勒车那抱下两个孩子。孩子在草地上蹦跳。

帖木尔从拉货勒勒车上拽下一个毡子，铺在草地上。而后，帖木尔去拣些干树枝、干草、干牛粪，支起火撑子，用铁锅烧水。鄂云达尔拿出羊皮袋装的干肉、奶酪放在毡子上，四个人吃起来。巴图蒙克用小牙啃着干肉，俩大人边吃边聊，牛马在旁边吃草。

鄂云达尔："孩子阿爸，你听没？听他那话，可能他们闻到什么味了。"

帖木尔："我听着了，他们说找一个孩子，肯定是咱抢走巴图蒙克后，巴海为了逃避责任，报官了。他们找的孩子，我估计就是找的巴图蒙克。没看刚才那小子一听巴图蒙克这名字就激灵一下，而后就要带走嘛。"

鄂云达尔："咱可真得小心点了。"

帖木尔："他存心跟你找茬，你光小心没用。"

鄂云达尔："那总得想个法，对付他们哪。"

帖木尔："听他们的话，我听出点门道。巴海是报官了，但是呢，可能他没说具体抢的人，因为这个，他们才大海捞针，到处找呢嘛。哎，有了。我看这么着，咱也跟他玩儿个心眼儿，给巴图蒙克临时起个假名，用假名唬他。"

鄂云达尔："我看这招中，那起个啥名呢？"

帖木尔："反正是假的，起个啥名不行啊。我看就叫'查格德尔'。"

巴图蒙克，在旁听着，眼睛来回瞅着帖木尔夫妇。帖木尔郑重地对巴图蒙克说："巴图蒙克，你看见没，刚才那一伙人，就是找你回去的。把你抓回去后，还交给巴海那样的人家养你，你还得受那个罪。"

没等帖木尔说完，巴图蒙克接话："伯父，我害怕。"

帖木尔："别怕，伯父告诉你，别人问你叫啥名，你就说叫查格德尔。吓唬你、打你，你也别说叫巴图蒙克。听明白了吗？"

幼年达延汗会意地点点头。

安排停当，收拾好东西，帖木尔用锹撮土熄灭火种，又在荒野继续前进。

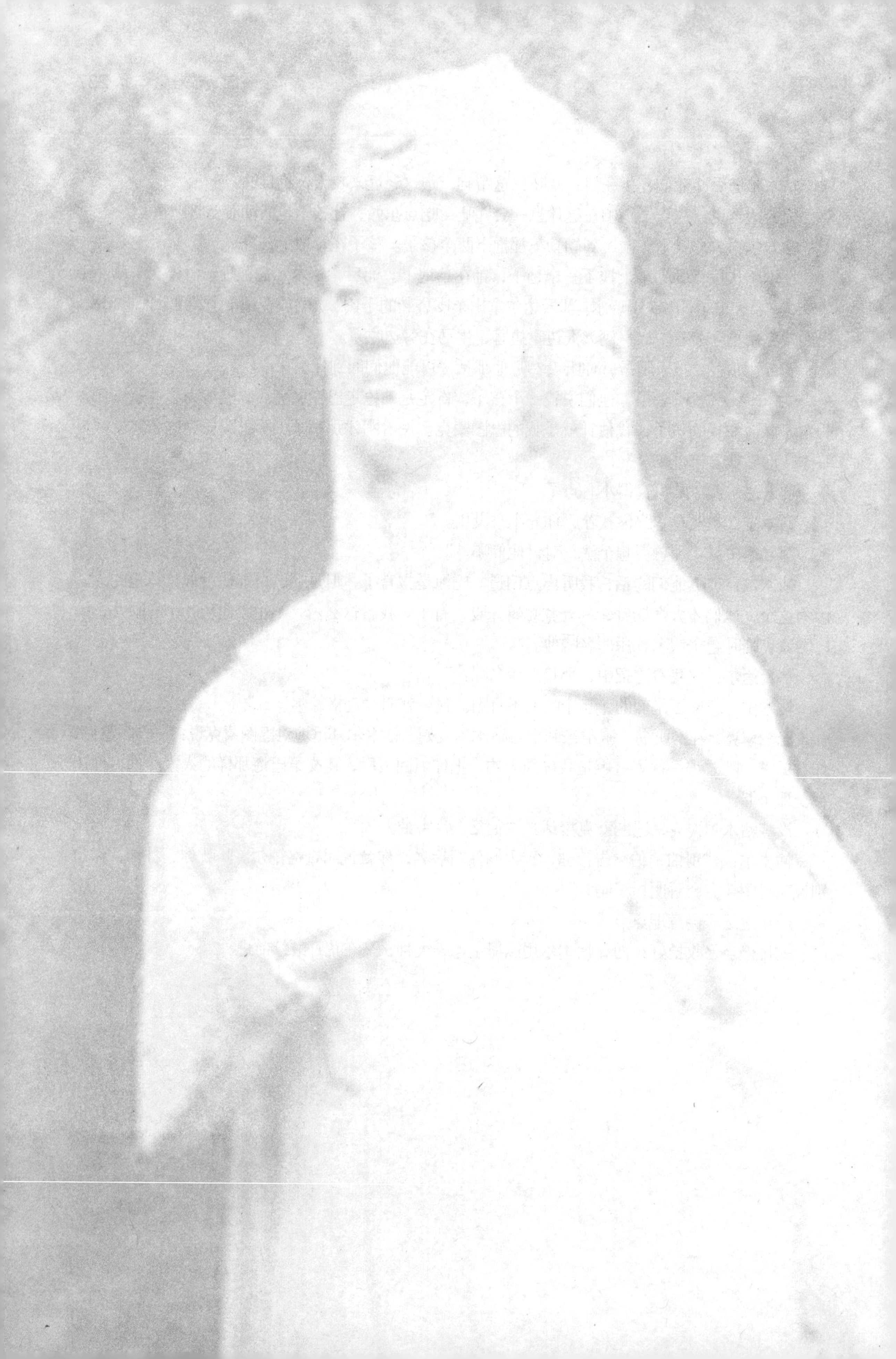

第十二章 争抚汗裔

第一节　满都海寻抚汗裔为实现宏伟目标做准备

1477年的一天，代可汗满都海带领八名戎装打扮女侍卫从外面骑马匆匆回来。

满都海代可汗到金帐前，疲惫地下马，口中嘀咕：" 可到家了。" 一个女侍卫接过马拴上，一个女侍卫接过马鞭子，扶代可汗进帐休息，并关心地问：" 累坏了吧？"

满都海说：" 可别说了！" 进格尔后，满都海解下腰带，说，" 可得歇一会儿了。" 一女侍卫接过腰带，扶满都海代可汗坐椅子上，浸湿擦脸长条白绸巾为满都海擦脸擦手，而后扶其躺到床上，又给脱掉靴子，盖上被单，掖好。

代可汗满都海躺不大一会儿就睡着了，天黑都没醒。

此时满都海的女侍卫，老的只有伊剌姑一人了，她被代可汗任命为扎里赤，虽未明确兼任侍卫长，但由于她从小和满都海一起长大，始终未离开过满都海，因此她还是侍卫长，年轻的女侍卫什么事都得问她。

女侍卫乌云在金帐门口用手势打招呼，伊剌姑出门。

" 伊剌姑姐，你看代可汗回来，没吃东西就睡着了。这天黑了，你看是不是叫醒她吃点东西呀？" 乌云担心代可汗饿着。

伊剌姑：" 不用了。代可汗太累了，让她好好休息休息吧。叫醒她，会影响她休息的。这么着吧，你们都去休息，我在这守着，啥时醒了我啥时侍候她。" 伊剌姑多年来始终如一地这样服侍满都海。

女侍卫乌云：" 代可汗醒了，你可得叫我。"

伊剌姑：" 嗯，你去休息吧。"

夜空满天星星，古列延一片寂静。金帐内，满都海睡觉，做了一个梦：亦思马因率领兵将在孛罗忽济农爱寅勒乱杀滥砍，一边下令将士们赶尽杀绝！孛罗忽营中鸡飞狗跳，男女老幼人们乱跑乱窜，呼爹叫娘。士兵们按亦思马因的命令放火烧孛罗忽济农大营，顿时火光冲天。大火中跑出一个小男孩，鼻涕一把泪一把地哭喊着：" 太奶、太奶。" 满都海听到呼喊太奶，答应" 太奶在这儿、太奶在这儿"，伸手跑过去营救，可就是跑不动。这时亦思马因追过来，瞪圆眼睛，举着刀恶狠狠地说：" 小兔崽子，你哪儿跑？"，一刀砍下去，巴图蒙克" 啊" 地喊了一声，倒在血泊中。满都海痛苦地呼喊：" 孩子、孩子！"，扑过去，摔倒了。摔倒了，也惊醒了，出了一身冷汗，心脏还在猛烈上下起伏，" 扑通、扑通" 地跳着，脸色煞白。

" 伊剌姑，伊剌姑！" 满都海习惯地招呼着。

伊剌姑：" 代可汗，我在这儿，我在这儿。" 赶忙到满都海身边问，" 代可汗，怎么了？"

满都海坐起来，还有点心惊肉跳：" 我做了一个梦。"

伊剌姑：" 代可汗，您脸煞白，出了冷汗，您肯定是做了噩梦！" 拿白绢子条巾给满都海擦着脸上沁出的冷汗。

满都海：" 伊剌姑，可不得了啦，巴图蒙克被亦思马因杀了。"

伊剌姑："代可汗，那是梦，不是真的，这是您日夜思虑过度造成的。"

满都海："那场景太吓人了。"满都海睡意全消，穿衣服要起来，伊剌姑赶紧点亮多处宫灯，室内顿时明亮，"现在什么时辰了？"

伊剌姑："现在是三更。"

满都海："伊剌姑，人们都说三更做的梦最灵。"

伊剌姑："都说灵，可没听说谁家的梦灵验过，都是瞎传。那年有一天，我做梦，梦见我家马圈里，那膘肥体壮的马挤得满满的，站不开躺不下的，乱咬滥叫。我没好气地跟我阿爸说：'阿爸，你把马圈整这么大一点，马挤不下，咬坏了几匹看你怎办？'我阿爸说：'你个丫头片子管到阿爸头上来了！'一巴掌打在我腮帮子上，把我疼醒了。醒了以后，老惦记这事，半宿没睡。第二天早晨天蒙蒙亮我就起来，到马圈去看马，还是那几匹马，一个也没多。"

满都海："不管怎么说，这梦给我提了醒，我得赶紧把巴图蒙克接到我这儿来。天亮，你去找乌格岱将军到我这儿来一趟。"

太阳从东方地平线下爬出来了，不一会儿，火红的圆太阳升高了，到处都是金光闪闪。

满都海代可汗金帐内，满都海戴华丽的顾姑冠，坐在大汗座位上，女侍从在旁侍候。满都海正在等待乌格岱将军，派他去寻找巴图蒙克。

女侍从施礼："代可汗，乌格岱将军来了。"

乌格岱将军进帐施礼："代可汗，赛音拜诺？"

满都海代可汗："乌格岱将军，请坐。看茶。"女侍从倒茶。

"乌格岱将军，今天请你来，真是有点儿不好意思。巴延台你们四位将军，千辛万苦把孛罗忽济农培养成人，又辗转万里，找到他叔爷。该过上安稳消停日子了，但这汗廷里又闹出这么几档子事来。你都亲眼看见了，我就不多说了。你们几位含辛茹苦侍候大的巴延蒙克年纪轻轻的就被害了，太惋惜了。"用手帕擦下眼睛。

乌格岱痛心地说："这是谁也没法预料的事，代可汗不要为此自责。"

满都海："现在，孛儿只斤氏家族即汗位唯一的人，就是巴延蒙克的儿子巴图蒙克。可是，这孩子又被亦思马因掳走了。"

乌格岱口称："代可汗，亦思马因那人，绝对不会善待巴图蒙克，更不会培养巴图蒙克。"

满都海："是啊，据我得到的消息，亦思马因嫌巴图蒙克在身边碍事，把巴图蒙克交给一个叫巴海的牧民代养。我想把他接回来。"

乌格岱："代可汗，既然巴图蒙克不在亦思马因控制下，咱接巴图蒙克就方便多了。抓紧把他接回来吧。"

满都海："这接大汗继承人的事，可是头等重要的大事。找谁去呢？我思前想后，总觉得你们四位将军的一位去比较合适，因为你们与巴延蒙克之间有父子般的情谊，与巴延蒙克的儿子，那感情会更深一层。这事我想托你办。"

乌格岱："代可汗，这事您说到我心里了，孛罗呼济农与我们几个，感情属实胜过父子。现在汗位无人继承，我们也巴不得将孛罗忽济农的小台吉巴图蒙克接回来。可是怎么个接法，我们这些武夫就没招了。代可汗，接小台吉这活，不论有多大难处，我都愿意干。但不知怎么个接法？"

满都海代可汗："明接，亦思马因肯定不能给，只有暗接。你化装成买卖牛马的阔商人，带一些随从，以经商名义，到宝日陶亥找到巴海，顺藤摸瓜，就打听到巴图蒙克的下落了。打听到消息，能用商量的办法接回来最好。提出条件要钱的，尽量满足他。必要时，可以用武力劫持回来。但有一条，可别伤着巴图蒙克。"

乌格岱："我一定按代可汗的旨意去做。"

满都海："乌格岱将军，我再跟你说一件事，这次你到宝日陶亥去，万一遇到亦思马因，他有可能用太师职务压你。我告诉你一个底，我虽然任命他为太师，那是我当时没有能力同时对付乩加思兰和亦思马因的情况下，采取的缓兵权宜之计。这事，你一个人知道就行了。他若找你麻烦，你该怎么对付他就怎么对付他，不要有顾虑。明白我意思吗？"

乌格岱："明白。"

代可汗："伊剌姑，拿酒来。"

伊剌姑用盘子端来一碗酒，满都海接过酒碗说："乌格岱将军，接汗位继承人，责任重大，临行我敬你一碗酒，祝你一路顺利！"

乌格岱："有代可汗吉言，一定顺利！"而后，将马奶酒一口干掉，用袖子抹一下嘴，施礼，后退两步，走了。

第二节 叛贼企图控制汗裔以便下步控制汗廷

叛贼乩加思兰正在塔斯·博尔图地方设古列延驻牧。其大帐设在古列延中间，大帐形制与其他诺延大帐相似，大一些，豪华一些。一日，乩加思兰正在饮奶茶，幕僚进帐。

幕僚进帐施礼："太师，赛音拜诺？"

乩加思兰问："墨日根，打听到孛罗忽小儿子的下落没有？"

幕僚："托太师的福，打听到了，听说孛罗忽的儿子巴图蒙克，现在落到一个叫巴海的牧民家。"

乩加思兰："怎么，黄金家族唯一可以即汗位的男孩，亦思马因这小子没控制他？"

幕僚："听说亦思马因收他额吉做小老婆，嫌他碍事。"

乩加思兰鄙视地说："如果真是这样，那亦思马因这小子真是鼠目寸光，见识短。"

幕僚献媚地提议："太师，那咱把他接来，您看如何？"

乩加思兰："好，和我想到一块儿了，这事就交给你办。你无论如何，千方百计把他接来，立他为大汗，那咱就可以在蒙古高原学中原汉人曹操那样，也来个'挟天子以令诸侯'，当个不是大汗的大汗。"

幕僚顺话又恭维一句："太师英明。"

第三节　护送巴图蒙克投亲途遇群狼

帖木尔·哈达克一家护送巴图蒙克投亲，在荒野中行进。车行速度，实在叫人不敢恭维。

幼年达延汗巴图蒙克坐在勒勒车上，实在是苦闷得不得了，便问帖木尔妻子："伯母，啥时能到我太奶格尔啊？"

帖木尔妻子鄂云达尔哄着说："快了，别着急，你看前边是不是有个大山？"

巴图蒙克："嗯，有。"

鄂云达尔："对了，过了前面那个大山就到了。"

巴图蒙克焦急地自言自语："那大山啥时候到啊？"枯燥地坐在车上晃悠着，牛拉勒勒车，不紧不慢地向前滚动着，不知不觉又往前走了几里路，来到了一个小山包。这个小山包，是其北面大山的一个小分支，山沟里流淌着泉水，山坡上长满了野草和灌木丛，还能捡到干树枝烧开水。

鄂云达尔坐在车上，一边行进一边观察着地形地貌，发现这块是个理想的宿营地，便招呼丈夫："孩子阿爸，太阳快下山了，咱也颠簸一天了，都累了。这地方挺合适，在这地方休息吧。"

帖木尔："好，在这儿休息。"把车赶到山坡背风平坦处，卸车，放牛马吃草，夫妻共同支架毡房。两个孩子满山坡跑着拣干树枝，一人拣一个老鸹（乌鸦）窝那么大捆的干树枝跑回来。

德勒格尔："额吉，我拣这么多！"

巴图蒙克："伯母，给你。"

鄂云达尔夸奖两个孩子拣得多。

帖木尔检查着毡房是否结实，照顾着马牛吃草喝水；鄂云达尔烧火煮肉，吃野餐。因为饿了，他们吃得是那么的香甜，连术兀思都喝了，而后安排孩子们入睡，夫妻俩也早早休息。

两个孩子躺下就睡着了，他们累得无心欣赏这静谧的夜空下山野的蛐蛐叫声；鄂云达尔躺下后，来回翻身，自己嘀咕："孩子阿爸，这身子各骨节都像散了架子一样！"

帖木尔答复："啥法，为了小台吉投亲，忍着吧！"

深夜，月牙高照，昏昏暗暗，死一样的寂静，不时有蛐蛐叫声，附近有狼嚎声，后来狼跑到毡房跟前嚎叫。

巴图蒙克听到狼嚎声醒了，紧往帖木尔那儿靠："伯父，我害怕。"帖木尔紧紧搂着巴图蒙克："别怕，伯父在这。"

开始只是一只狼嚎叫，后来好几只狼来到毡房周围，嚎声更加慎人。牛、马都在躁动，马儿感到威胁嘶叫刨蹄；牛企图拉断绳索躲避野狼，喘着粗气，闷闷叫着。

鄂云达尔吓得声音有些颤抖，也顾不得蒙古风俗，直呼其丈夫名字："帖木尔，听动静，这狼就在咱帐房跟前，听嚎叫声还不像一只。听老人们说，狼是越嚎越多，咱不能让这野狼在这起堆，这对咱安全很不利，必须想法把它轰走。"

帖木尔："这狼是冲着咱的牛来的。开始，是一只狼，发现咱这有三头牛，便嚎叫，勾来这几只狼。这几只狼，吃三头牛还费劲，还想再勾来几只狼。因为这个，这狼还在不停地嚎叫。"

鄂云达尔吓得声音更加颤抖："行、行了，可别说了，吓死我了，这不掉、掉狼窝了吗？可别、别让它再嚎叫了。照你这、这么说，再嚎叫，不定来、来多少狼呢，赶紧想、想法，把狼、轰走。"

帖木尔："轰走狼，我一个人怕不行。人们传说狼怕火，你也起来帮我忙，使劲敲铜盆，我左手举火把，右手拿大刀，狼要是过来，我抡大刀，砍哪算哪。"

鄂云达尔："就这么办，咱先在毡房内敲响铜盆，使劲敲。狼听到这动静，不知怎么回事，肯定往后退，然后点燃火把，拿着大刀出去，能安全点。"

帖木尔："就按你说的，准备好。"两人准备当火把用的细树枝和干草，绑成束，上面抹上黄油，取来铜盆、大刀放在手边。而后告诉两个孩子捂上耳朵，夫妻俩就站在帐房门口那块，使劲敲起铜盆。

"当、当、当、当、当、当、当！"一阵铜盆声。帐房外的狼群，突如其来地听到这响声，都惊退十几二十丈远了。

鄂云达尔击打火镰想点火把，点了几次才点着，在帖木尔手持大刀保护下出毡房，哆哆嗦嗦地同帖木尔围帐房转一圈，见没事。

鄂云达尔："这一闹腾，还睡啥觉了，进格尔还挺害怕的。我看在这点一堆篝火吧，篝火烧起来，野狼肯定躲远远的。"

两人从格尔内拿出剩的柴草，点着，趁火光又捡些树枝、干牛粪扔在火堆上，火光熊熊燃起，野狼都吓跑了。

帖木尔感慨地说："这么多年在草原放牧，近距离遇到狼群，这还是头一次。真有点胆突的。"

鄂云达尔："可吓死我了，现在心还怦怦跳哪！"

第四节　正邪两方各为己利争寻汗裔巴图蒙克

北元汗廷寻找汗裔巴图蒙克的使臣乌格岱将军一行，在宝日陶亥地区寻访，得知巴图蒙克的抚养人将其送往满都海处，但因种种原因，阴差阳错地在路上未遇上，便把最后的希望，寄托在宝日陶亥去往汗廷唯一通道哈剌兀那山蜈蚣坝哨卡。

早年，这里是汪古蒙古人驻地，"蜈蚣坝"之"蜈蚣"是由"汪古"变音而来。这里是当年哈剌兀那山的唯一通道。

乌格岱将军说："咱们在宝日陶亥寻访，搞清了因巴海一家虐待，巴图蒙克被帖木尔兄弟七人强抢去抚养，今帖木尔一家护送小台吉去找代可汗，可总是阴差阳错遇不上他们。现在，是最后的机会了，宝日陶亥去往汗廷驻帐地唯一通道是哈剌兀那山蜈蚣坝哨卡这，若再遇不上小台吉，我就没法向代可汗复命了。"

说完，乌格岱将军部署下一步做的事：

"赛印捷日棱,你到哈剌兀那山深处侦查一下通道,重点是侦查小台吉巴图蒙克他们是否通过。"

副将赛印捷日棱："加！"施礼，走了。

"恩斯道日吉，你在咱来的路往回侦查，看看小台吉他们一行是否落在咱后边，离咱这儿还有多远？"

恩斯道日吉："加！"施礼，走了。

叛贼乩加思兰幕僚领一队人马在荒野中赶路，企图在巴图蒙克他们到达哈刺兀那山以前截获他们。

幕僚催促随从们："跟上，别让满都海的人把孛罗忽儿子接走。"

随从："亦思马因诺延不是说他已经派人去堵截了吗？"

幕僚："咱截住是咱的，他截住是他的。"

随从："亦思马因诺延不是已经答应，截住后给咱吗？"

幕僚："他截住后给咱？哼，想美事去吧。他现在已经醒悟到这孩子的价值了，他不会给咱的。"

随从："这孩子有什么价值啊？"

幕僚鄙视地说："你什么都不懂。他是谁？他是咱蒙古唯一能当大汗的人了。咱蒙古人崇拜黄金家族，他是黄金家族唯一男性。谁有了他，谁就可以立他为大汗，谁就可以'挟天子以令诸侯'，谁就可以在蒙古高原发号施令，称王称霸。"

随从："我的娘，有这么厉害！我说嘛，咱抠门的太师爷怎么给亦思马因拿那些珍宝呢！"

幕僚："少废话，跟上。"

帖木尔家和巴图蒙克一行四人乘勒勒车在山涧中行进，这日来到哈刺兀那山隘口蜈蚣坝检查站。

四个检查站守卫用刀一横："站住，检查。"

帖木尔向其说明情况："军爷，我们是串亲戚的。"

检查站守卫蛮横地说："不管你去干啥，停车检查。"帖木尔被迫接受检查。

守卫兵士过去查问两个孩子："你叫什么名？"

德勒格尔："我叫德勒格尔。"

检查站守卫问另一个孩子："你叫什么名？"

巴图蒙克按帖木尔告诉的假名说："我叫查格德尔。"

检查站守卫问："你多大了？"

巴图蒙克答："5草青。"

守卫兵士见无懈可击，跑到山坡上，向领导汇报："头儿，过来三辆勒勒车，上面有两个孩子。"

头儿正在哨卡帐幕内仰着休息，口中哼着听不懂的小调，一听来了孩子，顿时来了精神劲儿，坐起来，急不可待地问："孩子在哪？"

守卫兵士："在隘口。"

检查站头目立即起身："走，看看去。"头目带领五名士兵来到车跟前，仔细端详着两个孩子，围着车转了两圈，突然，用手托住幼年达延汗巴图蒙克的下巴。幼年达延汗吓哭了。

"你叫啥名？"那个小头目问。幼年达延汗光哭不说话。

检查站头目狠狠地说："你说，你叫啥名？"

鄂云达尔在一旁赶紧搪塞："军爷，别吓着孩子。"

检查站头目瞪了帖木尔妻子一眼，继续讯问："你说，你叫啥名？"

幼年达延汗哭着说："查、查格、德尔。"

检查站头目气急败坏地喊："不对，你叫巴图蒙克。"

鄂云达尔扑上去："军爷，他属实叫查格德尔，他是我儿子，他可不叫巴图蒙克呀！军爷，你可不能拿我儿子充数啊！"

检查站头目奸诈地说："哼！起来。"一把把鄂云达尔推到一边，险些摔倒，"拿你儿子充数，这种事老子从来没干过。我告诉你，我在亦思马因诺延那见过巴图蒙克，我认出来了，不会认错的。嗯！老子升官发财的机会来了。"下令："来呀，把这两口子给我捆起来！"士兵们分两伙把帖木尔夫妇抓起来，手向后捆起来。

两个孩子吓得直哭，从车上连滚带爬下来，奔向帖木尔夫妇，"阿爸、额吉"地哭叫着。

检查站头目下令："把这俩崽子给我拴车上，别让他们瞎跑。"士兵把这俩孩子拴车压箱上。俩孩子"阿爸、额吉"地直喊叫、直哭，但没有引起检查站头目丝毫怜悯之心。

乌格岱将军的副将向北侦查，来到检查站附近，赶紧下马隐蔽观察，看见三辆勒勒车和几个人被截住，几个持刀军人指手画脚。被截住的人中有小孩，他料定这两个小孩之一可能是巴图蒙克，赶紧快马加鞭回去报告。

哈剌兀那山隘口蜈蚣坝检查站那儿，一守卫兵士爬上山坡，喊："哎，我们头儿叫你们都下山哪！"那伙士兵听到喊声都下山来了。

检查站头目手里拿着象征权力的银牌说："你们听着，我们今天查到亦思马因诺延要抓的要犯，按诺延的命令，必须立即押送给诺延处理。我们来这儿的任务完成了，现在就回去了。隘口检查站的任务，从现在起，仍由你们负责。"回头对自己那一伙人下令，"让他们都坐车上，走！上马往回行进。"

乌格岱将军的副将赛印捷日棱快马跑回驻地，下马，气喘吁吁地向将军汇报："报告将军，哈剌兀那山蜈蚣坝检查站劫住三辆勒勒车，跟前有两个小孩，他们一帮人围着那个车。我估计那小孩就是咱要找的巴图蒙克。"

乌格岱将军："你看清楚有小孩了？"

赛印捷日棱："看清楚了，不是一个小孩，是两个小孩。"

乌格岱将军："两个小孩正常，人家自己不得有个孩子嘛！没错，紧急集合。"100 名随从人员列队站在将军面前。

乌格岱将军："弟兄们，咱们辛苦多日的任务，马上就要完成了。哈剌兀那山蜈蚣坝检查站截获了小台吉，马上就会押解回去。我们在哈剌兀那山山涧中设下埋伏，把他们统统消灭在这山沟里，救出小台吉。"上马，骑马向哈剌兀那山奔跑。

亦思马因诺延缉捕巴图蒙克的人员，骑马前后护着巴图蒙克勒勒车，在山涧中缓慢行进。帖木尔夫妇眼含热泪，无助失望地看着两个孩子，顿时消瘦了许多；两个孩子也感到了厄运在等待着他们，用惊恐无助的眼神瞅着帖木尔夫妇。

第五节　天助人愿汗裔巴图蒙克幸到满都海处

哈剌兀那山南出口，乌格岱将军率部属来到一处地势险要的山涧，开始布置埋伏阵："赛印捷日棱，你带40人，埋伏在右侧；恩斯道日吉，你带40人，埋伏在左侧；其他20人，做预备队，听我指挥。有一条，大家要千万注意，不要伤到他们一家人。"

领命后，大家埋绊马索，隐蔽马匹，忙了一阵，在岩石后、草丛中埋伏下来，守株待兔，等待敌人入瓮。

亦思马因缉捕巴图蒙克的人员押解着幼年达延汗正在山涧中徐徐行进，最前面四个人做前导，中间两台坐人的勒勒车前后各六个人，最后面四个人殿后，共二十人，东张西望地渐渐走近。

乌格岱将军："注意隐蔽！"

押解人马进入埋伏地点，绊马索一拉，前导和殿后的人都人仰马翻。押解头目滚到地上，知遇伏兵，一个鲤鱼打挺立即站起来，想组织反击，被一箭射倒。随从人员刚爬起来，也一个个被射倒在地。前导和殿后的人都中箭倒下。

"冲啊！"八十名战士喊着，冲下山坡，从两面夹击那剩余的人。剩余那几个人见冲下来那么多人，知打不过，便拉过一匹马，骑上不要命地四散逃跑。

乌格岱将军急忙大声喊："别追了，跑就跑吧。他们的脑袋，留着让亦思马因去处理吧。赶紧去救小台吉。"

乌格岱将军领着人马急忙赶到勒勒车跟前。幼年达延汗见到乌格岱将军，哭喊："爷爷，爷爷。"

乌格岱将军三步并作两步，赶紧奔到车前，用刀切断绳索，把巴图蒙克抱在怀中，用老脸贴在小脸上："孩子，爷爷来晚了，你受委屈了！"随从人员解开帖木尔·哈达克几人的绳索。

乌格岱将军抱着巴图蒙克，转过身来，对帖木尔夫妇说："你们受委屈了！你们是巴图蒙克的恩人，我代表满都海代可汗谢谢你们！"

帖木尔夫妇弯腰下拜："感谢诺延救了我们一家人。"

乌格岱将军："好了，抓紧时间过隘口检查站，在亦思马因人马追上来之前，我们要通过检查站。过了检查站，亦思马因就没办法了。"

乌格岱将军对帖木尔说："我们慢点走，你们尽量跟上点。"对部队下令，"到隘口后，赛印捷日棱，你领一队40人马迅速从这边包围过去；恩斯道日吉，你领一队40人马迅速从他们后边包围过去。两队人马把检查站人员全部包围起来。如果不让我们通过，就地解决他们，强行通过。"

乌格岱将军部署好后，一行人马来到哈剌兀那山隘口蜈蚣坝检查站。检查站卫兵拦住："站住！"

乌格岱将军："小战士，我是汗廷派到宝日陶亥办事的将军。事儿办完了，我要回去了，通过你这不行吗？"

乌格岱将军与士兵对话间，队伍分成两队打马上山坡，形成对检查站的包围。检查站另一兵士看这架势，赶紧跑上山坡，向帐幕中的头目报告。乌格岱将军的兵士让开路，未阻拦。

检查站士兵："您有汗廷金牌，可以通过。"

乌格岱将军："当然有了。给汗廷办事，能没有金牌嘛！"骑在马上，从怀里掏出金牌，向士兵比画。

检查站士兵看见金晃晃的牌子在老将军手中晃着："我看不着字。请您老人家等一会儿，我们头儿马上就下来。"

检查站头目出帐幕一看，已被包围，心里就明白了，强打精神说话："这位诺延，您的金牌，我不验看了，那肯定是真的。您可以领您的队伍过卡，只是勒勒车上这牧民和孩子，你们不能带他们过卡。"

乌格岱将军："为什么？"

检查站头目："请诺延原谅，我不是故意与您老人家过不去。如果我没记错的话，那两个孩子，就是刚才被亦思马因诺延派的稽查队抓回去的那两个孩子。我今天如果放那两个孩子过卡，诺延您替我想想，亦思马因诺延能饶过我吗？我脑袋肯定得搬家。"

乌格岱将军："小伙子，我跟你也说实话，这孩子，我是百分之百地要带回去，这是代可汗满都海哈屯的命令。我不执行，我也要受到处罚。今天这个架势你也看到了，你这几个人强行阻挡我们，你们肯定得不到便宜。你死了，你老阿爸、你老额吉、你老婆孩子谁管哪？你们今天碰到我，也算你们有福气。我给你们每人几两银子，你们逃命去吧，别干这个了。"对哨卡众士兵们大声喊，"小伙子们，你们大伙儿商量商量，按我的意见办吧。"

在哈剌兀那山南出口山涧逃出去的几个稽查队兵士，正好迎面遇见乩加思兰的人马。

乩加思兰太师的人马问："你们是哪部分的？"

逃出去的稽查队兵士："我们是亦思马因诺延稽查队的，你们是哪部分的？"

乩加思兰太师的人马："我们是乩加思兰太师寻访团的，按亦思马因诺延意见，来蜈蚣坝哨卡堵截巴图蒙克的。"

逃出去的稽查队兵士："那你们赶紧去吧，巴图蒙克已被人劫走了，去晚了可赶不上了。"

乩加思兰太师的人马问："谁劫走了？"

逃出去的稽查队兵士："我们也不知道，反正我们的人被他们整死好几个，巴图蒙克被他们劫走了。"

乩加思兰太师的人马："谢谢了。驾！"打马跑起来。

哈剌兀那山隘口蜈蚣坝检查站，守卡兵士们七嘴八舌议论说："人家那么多人，把我们都包围了，和他们打，肯定是找死，我看死得不值。"

"我可不能死，我额吉有病，我儿子还小，我死了，他们非饿死不可。"

"我媳妇怀孕，快生了，我死了，我儿子连他阿爸长啥样都没见过，太可怜了，我可不想死。"

"那位诺延不说了嘛，要给咱们每人几两银子，让咱们逃命去嘛。我看，拿银子逃命，比挨刀强。"

众兵士纷纷跪倒求他们的头目："头儿，咱们领银子逃命吧。"

那个小头目也算聪明，领着大伙儿跪在山坡上，向乌格岱将军磕头："诺延，我们愿意按您老人家的意见办，求您老人家大发慈悲，多给我们几两银子吧。"

乩加思兰的人马从沟口那边快马奔驰而来。

乌格岱将军："好，算你们聪明，每人给二十两。"哨卡头目见那边进来一伙人马，给手下人使眼色，欲反抗。

乌格岱将军非常严厉地大喝一声："不许动，老实点！"随从副官立即用箭将其射倒。哨卡众士兵眼见其头目被射倒死亡，吓得哆哆嗦嗦地说："我们不反抗、我们不反抗。"

乌格岱将军命令："赶紧给他们发银子。把弓箭、马刀收上来。勒勒车，赶紧通过。"帖木尔给老牛狠狠地加了几鞭子，老牛疯也似的拉着勒勒车过了蜈蚣坝。

乩加思兰追赶的人马，也近在咫尺了。

乌格岱将军一挥手，人马怀着胜利的喜悦心情，簇拥着勒勒车，向汗廷驻帐地进发了。

叛贼乩加思兰幕僚率领队伍赶到蜈蚣坝哨卡，见到哨卡众哨兵如鸟兽散，不知去向；裸露的岩石上躺着不知趣的小头目，尸体周围绿豆蝇子在嗡嗡叫着上下飞舞。乩加思兰幕僚看着人马远去的背影，遗憾地说："嘿！又晚了一步！"

满都海代可汗在哈剌兀那山北的金帐里，焦急地闷闷不乐地坐在那里。

札里赤伊剌姑用银盘托着一个高脚小碗，给满都海送上银耳羹："代可汗，喝碗银耳羹，补补身子吧，您已两天都没吃东西了。"

满都海："伊剌姑，你说，巴图蒙克能接回来不？"

伊剌姑："能！"

满都海："乌格岱将军去了这么多日子，怎么一点儿动静都没有哇？"

伊剌姑："这么老远的路，路又不好走，哪有那么快的。代可汗，您是等得心急了，两个月还不到哪！"

满都海："是吗？我觉着快半年了似的。这当大汗的人要是接不回来，我这不是白费心机了嘛！"叹了一口气。

伊剌姑："不会的，代可汗，乌格岱将军肯定能接回来的。这才两个月，还不到回来的时候哪，您不要操心过度，累坏了您的金体。"说着，把银耳羹端起来放在满都海手上，"您少吃点儿吧，您金体累坏了，那事情就更不好办了。"

说来事又凑巧，这一天，乌格岱将军正好回来。

乌格岱将军领着巴图蒙克，到金帐前，对卫兵说："请通报一下，说乌格岱接回巴图蒙克，请求接见。"

满都海："不用通报了，我都听见了，快请进来吧。"

乌格岱领孩子进帐，施礼："代可汗，赛音拜诺？"

巴图蒙克见到满都海，喊一声"太奶"，就奔满都海跑过去。

满都海盼巴图蒙克已多日，都快要盼出病来了，今日看见巴图蒙克奔跑过来，也情不自禁地起身迎过去，抱起来，嘴中自言自语地嘀咕着："哎呀，我的孩子，你可回来了！"亲亲额头，"你可受苦了！"紧紧地搂在怀里，"太奶可真想你呀！"忽然想起，忽略了接回巴图蒙克的有功之臣，便抱着巴图蒙克坐在代可汗座位上说，"乌格岱将军，你安全接回巴图蒙克，你为咱北元立了大功一件！我要给你摆庆功宴！"

乌格岱却答非所问："代可汗，我给您领来两个人。"

满都海惊异地问："什么人？"

乌格岱回答："小台吉的恩人，他们是唐古拉特牧民。帖木尔·哈达克是巴海朋友，当他看到小台吉在巴海家受虐待，身上长满痦疾后，几次要求代养，巴海始终不肯。为此，帖木尔冒着砍头、坐牢风险，兄弟七人出动，夜间强行把小台吉偷抢回家抚养；帖木尔的妻子鄂云达尔，用九头初产驼崽之驼乳，盛于银碗内，夜以继日地在患处抚摩，磨穿了银碗，才治好了小台吉在巴海家得的痦疾。"

巴图蒙克也情不自禁地说："太奶，他们对我可好哪！他们送我来找您，道上，好险被狼群吃了！可吓人了！"

满都海惊喜地问："他们在哪儿？"

乌格岱："就在金帐外面。"

满都海："快请、快请。"

帖木尔哈达克夫妇进帐，施跪拜礼："拜见代可汗陛下。"

满都海："免礼。"

帖木尔夫妻："谢代可汗！"磕头起立。

巴图蒙克离开满都海，到帖木尔跟前，拉着他们夫妻手，往金殿上拽："伯父，伯母，上我太奶这儿来。"他俩不敢去。

满都海："帖木尔·哈达克，你们夫妻俩是巴图蒙克的恩人，你们为咱北元保护了唯一的汗位继承人，你们是咱蒙古的功臣。"

帖木尔夫妇："谢代可汗夸奖。"

满都海："伊刺姑，你告诉内务府总管诺延，在金帐附近，给他们一家安排一个格尔，衣食住行，从汗廷府库从优拨付。"

伊刺姑："加。"

叛贼乩加思兰塔斯·博尔图大帐内，幕僚进帐，施礼。

乩加思兰见他一人回来，问："你怎么一个人回来？"

幕僚惋惜地说："太师，咱们下手晚了。"

乩加思兰："怎么，难道又被满都海那小寡妇抢先了？"

幕僚："亦思马因诺延派人堵劫，死了十多个人，也没劫住。"

乩加思兰叹口气，大巴掌拍在案子上："嘿，真是错失良机呀！"晃晃脑袋，"以后的动静，你们听着点儿。"

第十三章 如母抚育

第一节　满都海从生活细节开始教巴图蒙克

代可汗满都海的寝帐在昔喇斡耳朵旁边。满都海三十岁刚过，为了教育好大汗接班人、5岁的巴图蒙克，不用仆人服侍巴图蒙克，而是放在自己身边，亲自随时随地教育巴图蒙克。

巴图蒙克，按蒙古人的规矩，当时还留着满头的胎毛。

代可汗满都海像母亲一样，起床后，侍候巴图蒙克穿衣服，一边给穿衣服，一边给讲解怎么穿："穿袍子之前，两手齐抓袍子的俩肩头处，袍子前襟对着自己，轻轻抖动几下，而后先将右手套进右边袖子，然后从身后把袍子绕过来，再穿左袖子。"

侍女用铜盆送进洗脸水。满都海亲自给巴图蒙克洗脸，而后自己对着铜镜梳头。

侍女送进奶茶，屈一下腿，施蒙古族女式礼："请代可汗喝奶茶！"而后放在茶桌上。

满都海招呼："巴图蒙克，来，喝奶茶。"巴图蒙克过来，到满都海跟前，满都海抱起来放在椅子上。坐好后，满都海先端起一碗奶茶，向天地、山水、火神泼洒德吉后喝了一小口放下，巴图蒙克看着。

巴图蒙克："太奶，为啥你每次喝奶茶，都要泼洒一点？"

满都海告诉巴图蒙克："咱蒙古人认为，是天地、山河、火神滋养着咱蒙古人。因为这个，咱蒙古人流传下来的规矩，凡是喝新熬的奶茶，必须先向天地、山河、火神敬献德吉，表示先让他们品尝。将最好东西的第一份敬献，蒙语称为德吉。"

巴图蒙克不解地问："我帖木尔伯父家，天天喝奶茶，为啥有时献德吉，有时不献德吉？"

满都海告诉他："你帖木尔伯父家是普通牧民，他们忙，没有时间一日三餐都熬新奶茶。咱是蒙古最高贵的人家，每次喝的奶茶都是新熬的，每次都得先敬天地、山河、火神。赶紧喝，凉了。"

巴图蒙克乖巧地喝着奶茶。

满都海提醒："光喝奶茶，待会儿肚子会饿的。奶茶里要放一点炒米。"用手一摸，奶茶有点凉了，招呼侍女，"给巴图蒙克换热奶茶。"

侍女给换热奶茶。

满都海边说边示范："一碗奶茶，放一小把炒米就够。有勺子就用勺子放，没勺子时要用手抓。今天咱练习用手抓。

"要趁奶茶热时放，奶茶凉了炒米泡不开，吃起来口感不好。放完炒米，再放一点黄油。黄油更不能放太多，放一小块就行。来，拿你自己的碗，你自己试试。"

巴图蒙克像玩似的，用小手抓炒米，往碗里放，洒洒落落，碗里的没有外边洒的多，没放进多少。满都海说："再抓。"巴图蒙克看了看满都海，又抓一小把，又洒落不少。

满都海："加黄油。"

巴图蒙克用黄油坛里的工具，挖了一下子，挖出挺大一块。

满都海赶紧说："不行不行，太多，这么多你肚子是消化不了的！"说完把多出的黄油放回去，把工具交给巴图蒙克。

"插得浅一点，"满都海做着示范，"使小点儿劲，挖的黄油就少了。看见没？"

而后一起喝奶茶，满都海告诉巴图蒙克："一边喝，得一边搅合着。"做着示范，"这样，炒米才能吃到嘴里。"

巴图蒙克学着搅和炒米，一边喝奶茶。

满都海在一旁看着他吃完，问："吃饱了吗？"

巴图蒙克："吃饱了。"满都海给擦了嘴巴。

满都海："来，扎上腰带。"巴图蒙克站在满都海面前，等着扎腰带。

满都海一边给扎，一边给讲解："咱蒙古人不论男女老少，都扎腰带。扎腰带，有很多好处。人骑在马背上，马跑起来人体颠簸。"做颠簸动作给巴图蒙克看，巴图蒙克笑了。满都海接着讲解，"系紧腰带，能减轻颠簸对人体的心、肝、肠、肚的伤害，知道吗？这块是心、这块是肝、这块是肠、这块是肚，知道了？这心、肝、肠、肚，对人可重要了，缺哪个都不行。"

巴图蒙克看到满都海指着自己的心、肝、肠、肚解释，更觉得可笑，因为，帖木尔伯父家从来都不给讲解啥意思。

满都海看到巴图蒙克心情好，更增加了她教育的兴致，继续讲解："腰部是人体上下通气的区域，扎上腰带，寒冷的天气里挡风保暖，天气再冷，你身上也不冷了！"拿自己袍子大襟做示范，"你看，不扎腰带，这大襟是不是不停地往里灌风？"

巴图蒙克看着笑了。

满都海："还有个好处，需要使力气时，腰带保护腰部，一下子就使上劲了。听明白了吗？"

巴图蒙克："听明白了。"

满都海："扎腰带还有个规矩，男人的腰带，腰带头要掖在腰带里头，不能留出腰带头在外面当啷着，要不人家会笑话你'肠子露在外面了'。"

巴图蒙克听到"肠子露在外面了"，咯咯笑起来！

满都海给扎完后，亲一下脑门："去玩儿吧，消消食。玩一会儿就回来，咱学习蒙古文字母。"

侍女乌云领着巴图蒙克玩去了。出金帐后，侍女领着走一段路，领到平坦草场处练习跑。

侍女乌云："小台吉，咱俩赛跑怎样？"

巴图蒙克："好。"

乌云："你跑我追。"巴图蒙克说完就开始跑，侍女在后面假装紧追，"小台吉，快跑，我快抓住你了。抓住，我就胳肢你！"

巴图蒙克跑得气喘吁吁。

乌云："好了，咱回去学习去。"

巴图蒙克说句"我累了"，就坐那了。

乌云说："到学习时间了，赶紧回去。晚了，代可汗要训斥我的。"

巴图蒙克仍然坐着不动。

乌云没办法，只好说："小台吉，我背你回去吧。"蹲下，背起小台吉往回走。

代可汗满都海在闲暇时间教授巴图蒙克蒙古文字母，巴图蒙克有时坐在满都海大腿上，有时伏在其身上学习。

巴图蒙克一进帐："太奶，我刚才跑好远哪！"

满都海一边给擦汗，一边夸他："好，以后要天天练跑，把身体练得棒棒的。来，咱开始学文化。"

巴图蒙克想偷懒："太奶，我跑累了，想歇会儿。"

满都海严肃地说："不行，咱玩的时候玩，学习的时间必须学习，养成好习惯，懂吗？"

巴图蒙克不情愿地坐在满都海跟前。

满都海拿着写有蒙古文字母的羊皮片，一个字母一个字母地教，巴图蒙克一个字母一个字母地跟着学。

乩加思兰塔斯·博尔图大帐内，探马进帐施礼："报告太师，我打听好几个人，他们都说，孛罗忽的儿子巴图蒙克由满都海亲自抚养，很少看见他自己玩。具体情况他们也说不清楚。"

乩加思兰："继续打探，有情况马上报告。"

太阳出来了，新的一天又开始了，外面开始喧闹起来。

代可汗寝帐里，代可汗满都海像母亲一样，正在搂着巴图蒙克睡觉。外面的喧嚣声，使满都海睁开眼，见天已大亮，自己穿衣服，同时叫醒巴图蒙克："巴图蒙克，起床了。"

巴图蒙克醒了，眼皮直动，但假装未醒未动。

满都海稍大声："巴图蒙克，起床了。"

巴图蒙克转转眼珠，仍假装未醒，未动。

满都海胳肢巴图蒙克。巴图蒙克突然把满都海抱住，满都海未防这一招，两人嘻嘻哈哈滚在一起，笑了一阵。

巴图蒙克笑嘻嘻地站起来说："太奶，给我穿衣服。"

满都海说他："巴图蒙克，不能总让别人穿衣服。自己会穿衣服了，就必须自己穿衣服。"

巴图蒙克撒娇，晃荡着身子："不嘛，我愿意让太奶给我穿衣服。"

满都海一本正经地说："不行。巴图蒙克，太奶已经教给你好几次了，必须自己穿衣服。"

巴图蒙克玩赖："那我不起来！"又躺倒那了。

满都海："不起来不行，不自己穿衣服也不行。"

巴图蒙克蹬着腿，撒娇。

满都海很严肃地说："我告诉你，巴图蒙克，必须从小养成按时起床的良好习惯。自己能干的事，必须自己干。起来，自己穿衣服。"等了一小会儿，见还未动，很生气地说，"你起来不起来？"又等了一小会儿，见仍未动，吓唬他，"我可要打屁股了！

巴图蒙克懒洋洋地起来。

满都海给其讲解道理："巴图蒙克，将来你要当大汗，管好多多蒙古人。管别人的人，必须先管好自己。你这样懒洋洋的，养成习惯，那能行吗？必须养成说干就干的习惯。给！自己穿衣服。"

巴图蒙克只好自己穿衣服。满都海看着、指点着巴图蒙克，而后，巴图蒙克看看满都海，自己乖乖地去洗脸。

满都海看着巴图蒙克的一系列动作，会心地笑了！

第二节　叛贼乩加思兰派人偷抢巴图蒙克

乩加思兰塔斯·博尔图大帐内，探马进帐施礼：“报告太师，最近看见满都海的侍女，领着巴图蒙克在草地上跑着玩。”

乩加思兰："有没有保镖人员？"

探马："没看见。"

乩加思兰："好，这是个好机会。"

一天，在代可汗金帐不远处，侍女正领着巴图蒙克在草场上一前一后跑着玩，忽然跑过来一匹发疯似的骏马，马上骑着彪形大汉，直奔巴图蒙克。

侍女乌云惊叫："小台吉！"并赶紧猛追上去拉住巴图蒙克。

骑马大汉冲到跟前，一鞭子没头没脑地把侍女乌云打倒在地，而后勒住马从马上弯腰伸手把巴图蒙克拽上马，抱着飞也似的跑走。

侍女乌云躺在草地上，脸上流着血，发现小台吉没了！立即咬牙爬起来，拼命跑拼命喊："有人抢小台吉了、有人抢小台吉了、有人抢小台吉了……"

代可汗金帐里，满都海正在听取考察牧草生长情况的汇报。正在此时，远处隐隐传来"有人抢小台吉"的喊声。

满都海摆手制止发言，侧耳细听，"有人抢小台吉了"的声音更清晰了。"不好！"立即起身出门，问，"怎么回事？"那几个诺延也跟出来，其他格尔内还出来一些人。

这时侍女乌云气喘吁吁来到，上气不接下气地说："一个人、一个人，把小台吉抢走了。"脸上还流着血。

满都海："往哪个方向跑的？"

乌云用手指着："那个方向！"而后瘫倒地上。

满都海说声："追！"骑上自己的马，飞也似的追过去。那几个诺延和其他格尔出来的一伙人，都骑马跟着追过去，不断地给马加鞭，不一会儿便发现前面一匹马在飞跑，估计那人就是贼人，便再给快马加鞭，前后的距离在慢慢地拉近。

偷抢巴图蒙克的贼人在前面跑，满都海等人在后面紧追。巴图蒙克在马上不停地挣扎，企图挣脱，贼人根本不敢全速逃跑。

"放开我、放开我！"巴图蒙克乱蹬腿。

贼人抱住不放并威胁："你别动，再动我打你。"追赶的人拼命追赶，距离越来越近。

巴图蒙克："放开我，放开我！"继续乱蹬腿。贼人抱住不放，警告他说："别动，别动，我告诉你别动，再动我真打你了。"

满都海先出发，马又好，一马独秀，追在最前面，边追边喊："放下孩子……放下孩子……"

小台吉听到太奶的喊声，在马上更是前后蹬腿挺腰。贼人怕到手的宝贝丢掉，抱得紧紧的，不得施展，不时回头偷看一眼，见后面陆陆续续来了很多人马，心里发慌，用脚使劲拍打马腹，想逃脱追赶。

满都海追到射程之内，看清小台吉在贼人前面，跑马射飞雁的神箭手便搭弓射箭。贼人乘骑臀部中箭，马一疼，一抖，贼人抱着小台吉滚下马来。

满都海到跟前，勒住马，马绕着贼人直转："你是什么人？为啥要抢孩子？"

贼人贼眼乱转，见后面的人陆续来到，便把孩子放在前面，一手拿刀，一手拢着孩子，做对抗状。

小台吉哭叫："太奶、太奶。"贼人用手捂住嘴。追赶的人已将其围成一圈。

贼人把孩子放在身前，一手拿刀，一手拢着孩子，转圈观察着包围的人，嘴中嘀咕着："我没想害孩子，我没想害孩子。"孩子总想挣脱，咬他手，他疼得抖落着手，还嘀咕着，"我没想害孩子。"

群众七嘴八舌喊："整死这小子，整死这小子。"

贼人："别、别，我没想害这孩子，我没想害这孩子。"转着圈，眼珠乱转盯着大家，忽然急中生智说，"让我死，我先宰了他！"把刀刃朝向小台吉。

满都海见此状，怕亡命徒下毒手撕票，命令："放下孩子，饶你不死。"

贼人看了四周一眼，将信将疑地问："真的？"

诺延之一人说："代可汗说话，怎能有戏言？"

贼人："您是满都海？"赶紧跪下求饶，"代可汗饶命，代可汗饶命。"小台吉乘机跑向满都海。

满都海下马，抱起小台吉，抚慰着："吓坏了吧？"

小台吉抽泣着："吓——死——我——了！"

满都海抚摸着巴图蒙克头部："巴图蒙克伊热—伊热！巴图蒙克伊热—伊热！"给他叫着魂。

侍女托娅过来说："把小台吉给我吧！"接过小台吉抱着。

满都海面对贼人下令："你说清楚，你抢孩子要干啥？"

贼人："代可汗，我真不是要加害小台吉。"

满都海严厉地问："那你说，抢孩子啥目的？"

贼人："是乩加思兰太师让抢的，他说抢到小台吉，赏我100匹好马。"

满都海："告诉你抢小台吉干什么了吗？"

贼人："没告诉，我听到他手下人们议论过，说太师要抢小台吉，学汉人曹操'挟天子令诸侯'，当不是大汗的大汗。"

满都海有所悟："嗯！"

贼人往前跪爬着："代可汗，我说的句句是实话呀。代可汗，小人贪图赏赐，干了这缺德的事，今后再也不敢了，求代可汗饶命啊。"

满都海厌恶地一摆手："你走吧。"而后自己骑上马，往回转，随从人们也跟着回转。

贼人见不杀他，骑上受伤的马，刚要走，被满都海手下诺延一箭射死，落下马来。那位诺延转身跟上人群回去了，旷野中躺着一个做贼的恶鬼！

乩加思兰塔斯·博尔图大帐里，乩加思兰问："派去偷抢孛罗忽儿子的怎么还没回来？"

谋士汇报："听说被满都海抓住杀了。"

乩加思兰说："接着派，多给赏，重赏之下必有勇夫，一定要把这孩子弄到咱这来，达到目的为止。"

谋士："加。"

第三节　按蒙古风俗给巴图蒙克举行"乌日波"剃发仪式

蒙古风俗，男人在3、5、7、9草青时，择吉日举行"乌日波"剃发仪式。

满都海代可汗在寝帐与萨满对话。萨满穿白袍扎橘黄腰带。

满都海："伊都干，你是知道的。咱蒙古男人的脑袋是最尊贵的，谁也碰不得。因为脑袋尊贵，脑袋上的头发也跟着尊贵了。因此咱老祖宗留下规矩，第一次剃掉头颅上的头发，要举行乌日波剃发仪式。"

女萨满伊都干："对，是这规矩。"

满都海："巴图蒙克已经5草青了。今年我想给他剃发，你给看看，哪天是举行乌日波剃发仪式的吉日。"

女萨满伊都干："代可汗，你要近期的日子呢，还是要远点的日子呢？"

满都海："近期的吧。"

伊都干掐指头算了几遍说："近期的吉日，后天就是，后天就可以举行乌日波剃发仪式。"

满都海："那就定后天，你得参加主持啊。"

伊都干："那是当然。"

满都海："孛儿只斤氏家族已无老辈人给巴图蒙克主持乌日波仪式了。孛罗乃丞相是圣祖弟哈萨尔后裔，也算族中长辈，又是全人。伊剌姑，你去请孛罗乃丞相和夫人，后天来当首席贵宾，给主持乌日波仪式；再请桑海·乌尔鲁克诺延和夫人扎罕·阿噶；回来时到收生老人兀都干那，让她来给剃发。"

伊剌姑："加。"

满都海招呼正在玩耍的巴图蒙克："巴图蒙克，来，我跟你商量个事。"

巴图蒙克来到满都海跟前。满都海给他擦汗，抚摸着他头发说："你今年5草青了，我想给你剃发，你看行吗？"

巴图蒙克："太奶，剃发疼吗？"

满都海告诉他："不疼。"

巴图蒙克："那就剃吧。"

满都海："咱蒙古男人，第一次剃头是有规矩的，必须搞一个仪式，咱后天就搞。后天让您干啥你就干啥。"巴图蒙克点头未语。

清晨代可汗满都海寝帐内，女侍卫象征性地大搞清洁卫生，把格尔内收拾得利利索索、干干净净、亮亮堂堂的。长条桌上，摆放盛着枣饼、馓子、黄油、奶酪、炒米、核桃等食品的盘子。

格尔中间有一红木高桌，俩正面有金色圆形雕刻花纹。后面摆一精致大椅子，两边两个圆板镶心弧形腿精致凳子。

满都海："来，巴图蒙克，换上这件新袍子，穿上这新花靴子。"

巴图蒙克："太奶，我穿的这双未脏，我不换。"要跑出去玩。

满都海赶紧拽住："不行，这是规矩，举行乌日波剃发仪式，要穿新袍、穿花靴。"巴图蒙克这才换上。

门口卫兵大声报着动静："邻里姐妹们到。"

邻居妇女小婶、大嫂们进格尔问："有什么活儿吗，要我们帮您干？"

满都海："欢迎欢迎，里面坐。"

门口卫兵又报动静："收生老人兀都干到。"

满都海："走，接恩人！"拉着巴图蒙克接到拴马桩那，"收生老人兀都干，赛音拜诺？"让巴图蒙克施礼。

收生老人兀都干："可不敢当！可不敢当！扶起来。代可汗，赛音拜诺？"而后共同进格尔。

门口卫兵又报："孛罗乃丞相驾到！"满都海领着巴图蒙克、桑海·乌尔鲁克夫妇、收生老人、萨满、邻里姐妹等共同出迎。

孛罗乃丞相穿有直径5寸大独棵花的一品官蒙古袍，整理完衣帽，给代可汗满都海请安："代可汗，赛音拜诺？"施君臣礼。

满都海："叔王、婶夫人，赛音拜诺？"施长幼礼。

出迎众人共同施礼，同声问安："给丞相诺延、夫人请安！"各施各礼。

孛罗乃丞相："免了免了。"

满都海："叔王、婶夫人，请进。"一同进帐，用手指着说，"请叔王上座。"

孛罗乃丞相："有代可汗在，臣怎能上座？请代可汗上座。"

满都海："叔王，今天给巴图蒙克举行乌日波剃发仪式，我的身份是家长。您为主持，理应上座。"

孛罗乃丞相："既然如此，那就不客气了！"坐到主持位置上。

主持位置前，摆有精雕细刻的红木高桌。

满都海："桑海·乌尔鲁克诺延和夫人、萨满、兀都干，请上座。"

兀都干："折煞我了，我一介草民，怎么敢与丞相诺延并坐？不行不行，我就坐这边吧。"看准旁边的凳子自己坐下。

满都海："老人家，今天您的身份不比往日，您是受尊重的人，应该上座。"指着主持座位右侧一椅子，"来吧，请到这边坐。"

兀都干一边走一边嘀咕："在代可汗家，坐在丞相诺延跟前，可别折我阳寿啊。"侍女们偷偷地笑。女萨满默默地过去坐在左侧椅子上，其他人坐在对面。

客人就座后，侍女在每个客人面前都摆上茶点。随后，满都海亲自给客人上茶，上茶后坐在主持人对面，巴图蒙克站在她前腿旁。

来的客人，诺延的夫人，给主人送礼有绸缎、砖茶、玩具、奶酪等。

满都海在砖茶、奶酪上象征性地取一点，放进准备好的斟有奶子的酒杯里，拿到帐外向天地抛洒。

抛洒完回来后，主持人孛罗乃丞相说："开始吧？"满都海点头。

孛罗乃丞相郑重其事地宣布："巴图蒙克5草青剃发乌日波仪式开始。摆香案。"

女萨满伊都干起立，向主持人施鞠躬礼，而后指挥侍女们在主持人桌前另摆一个香案，香案上放一蓝色带双耳三脚钧窑香炉，然后自己净手，烧一炷香，恭恭敬敬地插在香炉里，而后站立一旁。

孛罗乃丞相："供奉金剪子、银剃刀。"

兀都干起立，向主持人和香案施鞠躬礼，然后，拿过银盘，撒上一层炒米、奶食，再盖上红绸布，从白布包里拿出剪子、剃刀，放在银盘里的红绸布上，而后恭恭敬敬地将银盘放在香案前，站立一旁。

伊都干过来，点燃第2炷香，用香火在剪子、剃刀上画圈，从左向右画9圈，而后插在香炉里，退立一旁。

满都海抱着巴图蒙克，到主持人前，以恳求的语气说："请大人赐下十指之恩，五指之艺，为黄金家族孛儿只斤氏香火延续者巴图蒙克开剪剃发吧！"

主持人孛罗乃丞相，用左手无名指从盛奶的杯子里沾点儿奶，抹在巴图蒙克额头上，右手拿起剪子，便祝颂起来：

　　按你出生日子落地时辰
　　天干地支生辰八字推算，
　　你是出类拔萃的巴特尔；
　　从你天庭饱满地阁方圆
　　金木水火土五行相面，
　　你是洪福齐天的大福大贵之人！

　　你陶老盖（蒙语：脑袋）上的头发，
　　是你父母骨血的延续孳生，
　　它受日月精华而永恒生长，
　　那是根根不断的金丝银线，
　　它象征人类生生不息！
　　永续生长永远平安健康！

　　按老祖宗留下的规矩，
　　今日张开金质的剪刀，
　　剪掉你珍贵的胎毛，
　　蓄起祖传的呼和勒（蒙语：发式）。
　　祝福巴图蒙克命长寿高！
　　像头发一样永生不息！

祝颂完毕，象征性地剪一剪子，而后主持人给巴图蒙克品尝鲜奶。

满都海抱巴图蒙克回到座位上。

收生老人兀都干起立，到香案前，恭恭敬敬地向香案鞠躬，接着点燃一炷香，持香火从左向右绕巴图蒙克一周，站到原来位置后，用香火在巴图蒙克头上画圈，从左到右、从右到左，画了几圈，而后把香插香炉里；再点一炷香，在自己左右手上下左右各划了三圈，插到香炉里。

随后，收生老人兀都干又拿出一条手帕，四四方方叠起来，形成方巾，放在香案上，而后挽起右袖子，拿起剃刀开始剃头，先剃左边，后剃右边，头上留出前、后、左、右四小块头发。每剃下一小点头发，收生老人都小心翼翼地收起来，放在手帕上。

而后，到场的每个人都象征性地剪一剪子，收生老人把全部头发包起来放在香案上。

女萨满伊都干把香案上剪下的头发，用香火从左至右画圈熏过，很郑重地双手呈给主持人。主持人接过，沾点酥油揉成一个小团，而后很郑重地双手交给萨满。萨满再沾点酥油再揉，而后交给每个到场的人都揉几下，最后用两枚带孔钱币夹在中间，用红线钉上，线上串上珍珠、箭头、银铃、小海螺等。

"代可汗，这个'避邪链'，它能避恶驱邪。按老祖宗留下的规矩，请您缝在巴图蒙克衣服后背上，它会保佑巴图蒙克健康成长。"伊都干将避邪链交给满都海。

满都海起立，恭恭敬敬地双手接过，当时就缝在巴图蒙克衣服后背上，然后告诉巴图蒙克："你说谢谢主持人。"

巴图蒙克："谢谢主持人。"

孛罗乃丞相："巴图蒙克乌日波剃发仪式结束。"

满都海："请叔王、婶夫人，桑海·乌日鲁克诺延和夫人，几位老人，喝巴图蒙克乌日波喜酒。"

第四节　满都海训练巴图蒙克骑马摔跤

1478年，巴图蒙克稍大些了，快6草青了。满都海让其练习骑马，锻炼其胆量。为了引起巴图蒙克对骑马的兴趣，满都海与其哥哥阿尔斯楞商量，安排了一个小型赛马竞赛。

阿尔斯楞组织10几草青的牧民小青年们骑马赛跑，一个赛一个，一圈又一圈。

满都海骑马带上巴图蒙克，到那去看赛马，巴图蒙克看得聚精会神。满都海："巴图蒙克，你看骑马好玩吗？"

巴图蒙克看得聚精会神，没听到，看着看着，看见有一小青年摔下马来，巴图蒙克不由得一激灵。

满都海："巴图蒙克，你都快6草青了，该练习自己骑马了。"

巴图蒙克："太奶，我害怕，我和你骑一匹马。"

满都海："巴图蒙克，你现在小，和我骑一匹马。你长大了，成大小伙子了，和我骑一匹马，那马跑得动吗？你看那一帮小青年，多英勇。你现在应该开始练习了。"

巴图蒙克："我怕摔下来。"

满都海："身体越受摔打越结实，不摔几回，是练不出好骑手来的。伊剌姑，去，找一匹温顺点的小马来。"

伊剌姑拉过来一匹骑乘过的、性情较温顺的、个头较矮的马，满都海把巴图蒙克抱上小马。巴图蒙克战战兢兢地骑着，满都海在一旁陪着走，走了一圈后，交给女侍卫陪着练，又走两圈后，满都海将女侍卫拽过来。巴图蒙克在无人保护的情况下自己一人骑小马走，又走一圈，转到满都海跟前时，发现才自己一人，不由感到后怕，惊叫一声："太奶！"从马上滑落下来。

满都海和女侍卫赶紧过去，一看，没事。满都海为缓和气氛，打趣说："巴图蒙克真结实，就蹾一下屁股，没事。来，再来，"又把他抱上马身。

巴图蒙克："我害怕！"抱住满都海脖子不放。

满都海："巴图蒙克，害怕也得练。咱蒙古人的巴特尔，就是在千百次摔打中练成的。你才摔一次，这哪到哪啊！来。我陪你练。"满都海自己骑马陪着他。走了两圈，满都海在巴图蒙克小马臀部轻轻拍了一下，马小跑起来。

巴图蒙克直喊："我害怕、我害怕！太奶、太奶，我害怕！"

满都海安慰他："别怕，习惯了就好了，别怕。"继续让马小跑着。

巴图蒙克身在马上，眼睛直勾勾地盯着满都海："太奶，我害怕！"因眼睛一直往满都海这使劲，体重有些倾斜，在马的颠簸下，第二次摔下马来，直哭。满都海重新把他抱上马背。巴图蒙克蹬着腿哭着不骑。满都海鼓励巴图蒙克："巴图蒙克，你想不想当蒙古人的巴特尔？"

巴图蒙克揉着眼睛，小声说："想。"

满都海提出："这点小声，当巴特尔的勇气不足啊！巴图蒙克，大点声，到底想不想当蒙古人的巴特尔？"

巴图蒙克擦干眼泪，比刚才声音稍大些："想。"

满都海："我问你，蒙古人有不会骑马的吗？"

巴图蒙克："没有。"

满都海："我问你，蒙古人的巴特尔，有不会骑马的吗？"

巴图蒙克："没有。"

满都海："这就对了。太奶告诉你，蒙古人必须会骑马。不仅会骑马，还得能摔跤。蒙古人，不会骑马，不能摔跤，就不能成为巴特尔。你将来要当大汗，要比巴特尔还要厉害。"

巴图蒙克用眼睛偷偷看看满都海，默默地低下头，不好意思地听着。满都海继续鼓励他："你下边的人，都骑骏马驰骋，你骑牛或是坐勒勒车慢腾腾地在后面，能行吗？平时掉队在后面，会被手下的人看不起；打仗的时候掉队在后面，是要被敌人抓俘虏或砍脑袋的。这道理，你听明白了没有？"

巴图蒙克一字一顿地回答："明白了。"

满都海："这才像我的巴图蒙克。"亲昵地抱起来，亲了额头一下，放在马背上，"必须学会骑马、骑快马，跑在队伍最前面。"拍一下马，马又慢跑起来，转两圈。

满都海："休息。"侍女领着巴图蒙克过来。满都海拉过巴图蒙克，给擦擦汗，哄着说："就这样练，多练几次就习惯了，习惯成自然，熟能生巧，啊！"

巴图蒙克："嗯！"点点头。

满都海找来几个同龄的小男孩，看着巴图蒙克与他们练摔跤。

满都海："巴图蒙克，你与这几个小伙伴练摔跤玩，练力气、练灵敏、练耐力，反复练，看谁赢的时候多。"

巴图蒙克不太高兴地答应："嗯。"

满都海对那几个男孩说："你们几个小伙子不要怕巴图蒙克，互相摔，行吗？"

几个小男孩："加。"

满都海："开始吧。"

巴音说："阿来夫，你先摔。"

阿来夫学大人摔跤入场的姿势，来到巴图蒙克身边。

巴图蒙克被迫接着，二人摔起来，几下子，巴图蒙克便被摔倒在地，而后被阿来夫拉起来。

满都海招手："来来，小巴特尔。"阿来夫听到叫小巴特尔，高兴地小跑来到满都海跟前。满都海给予表扬："你有力气、有技巧，奖励你一碗奶茶。"

阿来夫得到代可汗的赏赐，向同伴做着鬼脸，美滋滋喝着奶茶。

巴音很羡慕，等不及招呼，自告奋勇："我也比。"

满都海鼓励说："巴图蒙克，壮起胆子，跟他比一下。"

巴图蒙克受到激励，真的壮起胆子主动出击，与其搏斗，咬牙与对方搏斗几个回合，最终还是被摔倒在地。

巴音站在原地瞅着满都海，等着奖励。

满都海招手："来来，小巴特尔。"巴音用向同伴们炫耀似的步伐，走到满都海跟前，满都海给予评价，"你也有力气、也有技巧，你的力气和技巧不如阿来夫，但你毕竟摔倒了巴图蒙克，也是小巴特尔，奖励你一碗奶茶。"

巴音有点不服气："阿来夫，你过来，咱俩比个高低。"

阿来夫："比就比。"他俩摔起来。

这时附近有闲人在游逛。

伊剌姑很警觉："代可汗，那边有几个人，没事儿干，总在那游逛，不像好人。"

满都海："你过去看看。"

伊剌姑说声："走！"带两位姑娘骑马佩刀奔过去，那几个人见有人骑马过来，骑上马，离开了。见走了，伊剌姑未追，回到满都海跟前汇报，"代可汗，那几个人见我们过去了，走了。肯定不是好人。"

满都海说："也许啊！俗话不是说'官大有险'嘛，这儿有代可汗，又有将来的大汗，有贼心的人能不惦记吗？走，回去。"

第五节　满都海请忠臣传品德教武艺并兼侍卫长

满都海在代可汗金帐内请乌格岱任巴图蒙克的巴克什。

乌格岱将军60来岁，进帐，施手掌捂胸鞠躬礼："代可汗，赛音拜诺？"

巴图蒙克跑过去，抱住乌格岱大腿："爷爷、爷爷，我想你了！"

乌格岱抱起巴图蒙克，贴脸："爷爷也想你呀！"又贴一回脸，瞬间想起由自己抚养成人的其阿爸孛罗忽济农死得太惨，热泪便滚落下来。

代可汗满都海："老将军请坐。"

乌格岱："谢代可汗。"抱着巴图蒙克坐下。

满都海："给老将军上茶。"

乌格岱："代可汗找老臣，有什么吩咐？"

满都海："老将军，真不好意思，您这么大岁数了，还想给您安排点儿事情。"

乌格岱："代可汗不要客气，您这样高看我，我实在是承受不起呀。只要老臣能干得了的事，您尽管吩咐，老臣定当竭诚效力，肝脑涂地，在所不辞。"不时地亲一下巴图蒙克。

满都海："老将军，巴图蒙克6草青了，该开始学习武艺、练点儿刀箭了，得有个好人专门教他呀。我没有那么多时间，专门教巴图蒙克的巴克什，我想请老将军您担当。"

乌格岱将军："哎呀，代可汗，我的武艺一般，文化更一般，当未来大汗的巴克什，我可不敢当！这当一国之君的巴克什，可不是闹着玩的。我这水平？不行不行。"

巴图蒙克听到此话，抱住乌格岱的脖子，撒娇地说："爷爷，你当我的巴克什吧，我愿意跟你学。"

满都海："老将军，让您教巴图蒙克，我是深思熟虑后决定的，您不要推辞了。"

乌格岱将军："代可汗，教巴图蒙克，我是责无旁贷的。只要我会的，我是绝对毫无保留！骑马舞刀、射箭，还将就。别的，我就不知都教什么，不行不行！"

满都海："首先必须教他做人的道理，只有先做好了人，然后才能做个好可汗；学会骑马舞刀射箭，才能够带兵打仗；学会关心牧民疾苦，才能得到牧民的拥护；学会正确处理与明朝的关系，才能使咱北元国家安全、民众生活稳定。总之，大道理，小道理，都教。"

乌格岱将军："代可汗，这治国的道理我哪懂啊？这教巴图蒙克，关系到咱蒙古今后的千秋大业，责任重大，不行不行！代可汗还是另选高明吧。"

满都海："老将军，您对巴图蒙克的阿爸巴延蒙克的忠诚，充分证明您的人品高尚，您是为人师表的样板；您带巴延蒙克逃过也先汗追捕的计谋，接回巴图蒙克的策略，说明您足智多谋；您的年龄、您的阅历，是蒙古社会沧桑变迁的见证，您有资格向巴图蒙克讲授蒙古兴衰的经验教训。您和巴图蒙克之间的感情，决定了您当巴图蒙克巴克什的资格。您是巴图蒙克巴克什的最佳人选，教巴图蒙克，非您莫属了。老将军，不要顾虑了！您协助我，咱俩共同把巴图蒙克培养成对蒙古民族、对北元社会有作为的大汗。"

乌格岱将军："代可汗，承蒙您如此信任，老臣定当全心全意效劳！为教好巴图蒙克，为使巴图蒙克成为一代杰出帝王，老臣愿意鞠躬尽瘁，死而后已。"

满都海高兴地："老将军，这就对了！"

"鉴于巴图蒙克身份，鉴于您和巴图蒙克的特殊关系，有一点，我必须事先提醒您，就是，您必须把巴图蒙克当学生看待，不能迁就他，不能放任他，必须对他严要求。"

乌格岱将军："老臣记住了。"

满都海："巴图蒙克，你下来。"巴图蒙克从乌格岱腿上下来。

满都海问："刚才我和你巴克什爷爷说的话，你都听见了？"

巴图蒙克："听见了。"

满都海下令："那，你先拜见你的巴克什。"

巴图蒙克跪下叫："爷爷！"磕头。

满都海给予纠正："私下里，你可以称爷爷；上课时，你必须称呼巴克什。师徒如父子。你必须以师生名分，拜见你的巴克什。"

乌格岱："行了，行了。"

满都海："你看你看，我还没说完，现在就开始迁就了不是？"

乌格岱将军不好意思地笑了，不好意思地搓搓手。

满都海："老将军，你头脑中要随时想着他是你的学生。你总想着他是未来的大汗，那就麻烦了，那肯定教不好。"

乌格岱："老臣明白了。"

满都海重新下令："巴图蒙克，拜见你巴克什。"

巴图蒙克跪下："巴克什！"磕头，乌格岱赶紧去扶。

满都海看此情景，微笑着，而后接着说："老将军，现在是乱世，为了咱将来大汗的安全，要组织一个大汗保镖卫队，人数由您定，人员由您挑。巴图蒙克离开金帐，都要带上他们。这样一来，老将军不仅是巴图蒙克的巴克什，还是巴图蒙克的卫队长了。"说到这，笑了，"您老担子可不轻啊！"

乌格岱将军也笑呵呵地说："我一定保证巴图蒙克安全地继承汗位。"

乌格岱将军教授巴图蒙克射箭。射箭场地在开阔的草场，约百步远的地方，分别在两头立了两个草人，还立着类似现在环靶的红心外带白、蓝、黄、黑五色的"皮圈"。

乌格岱将军讲："我先给你讲讲射箭的要领。"边讲边示范，"左手握弓背，箭搭在弓背中间，箭杆顶在弓弦上。闭上左眼，用右眼，顺着右手、箭杆、箭头方向往前看，瞄准你要射的目标。右手使劲拉箭杆和弓弦，瞄准后，撒右手，箭就射出去了。看清没？"

巴图蒙克答："看清了。"

乌格岱将军："来，你做一下。"小达延汗学射箭的动作，乌格岱从旁纠正。

乌格岱将军指挥他："使劲拉。"看见巴图蒙克也使足了劲，便下令，"射。"箭落在三四丈远，巴图蒙克自己也乐了。

巴克什问:"巴图蒙克,你看你的箭,能射杀敌人吗?"

巴图蒙克羞愧地摇头。

巴克什告诉他:"箭射得远近,全靠臂力。臂力越大,箭射得就越远。在战场上,箭射得越远,对敌人威慑力就越大,敌人对自己的威胁就越小。要想箭射得远,就得练臂力。练臂力,没有捷径,只能一次一次地拉弓,一次一次地射箭,反反复复地练。天长日久,才能练出臂力。我给你做个示范,你看我拉弓的的架势、拉弓的气力,这弓和弦,都成了圆的了。古语'弓拉如满月'就是指着这个说的,你看像不像圆圆的月亮?"

巴图蒙克很羡慕地答复:"像!"

乌格岱将军:"你看着,我射那个树。""飕"的一声,箭钉在那棵树上。

巴图蒙克跑过去,到树上拔箭,拔不下来,便喊:"爷爷,不,巴克什,拔不下来。"

乌格岱将军慢步走过去,轻轻一下就拿下来了,对巴图蒙克说:"你明白没有,这就是气力。咱蒙古人,如果没有气力,做个牧民,拽不住马;作为战士,敌人的刀砍过来,你的气力抵不住人家,不能把敌人的刀砍过去,那只有让敌人把你砍下马来。"

巴图蒙克问:"那怎么办呀?"

乌格岱:"这里没有窍门,只有反反复复地练。我看着你,你自己练。从东边,往西边那个草人上部射箭;再从西边往东边靶中心射箭。你自己捡箭,还能锻炼身体。累了,你吱一声,咱就歇一会儿。"

乌格岱坐在一边,在阳光下暴晒着。巴图蒙克向东向西射着箭,又来回跑着捡箭,气喘吁吁。

"巴图蒙克,累了吧?"

巴图蒙克:"嗯,累了。"

乌格岱走过来,给他擦着汗:"好,累了,那咱今天就练到这儿。不过爷爷告诉你,巴图蒙克,神箭手,不仅指哪射哪,百发百中,还能在两匹战马交会的瞬间,向对方射出三支箭。"

巴图蒙克问:"爷爷,你能吗?"

乌格岱说:"爷爷不能。爷爷不能,不等于你们年轻人不能啊!青出于蓝而胜于蓝,我们老一辈不能的事情,你们年轻人应该办到。"

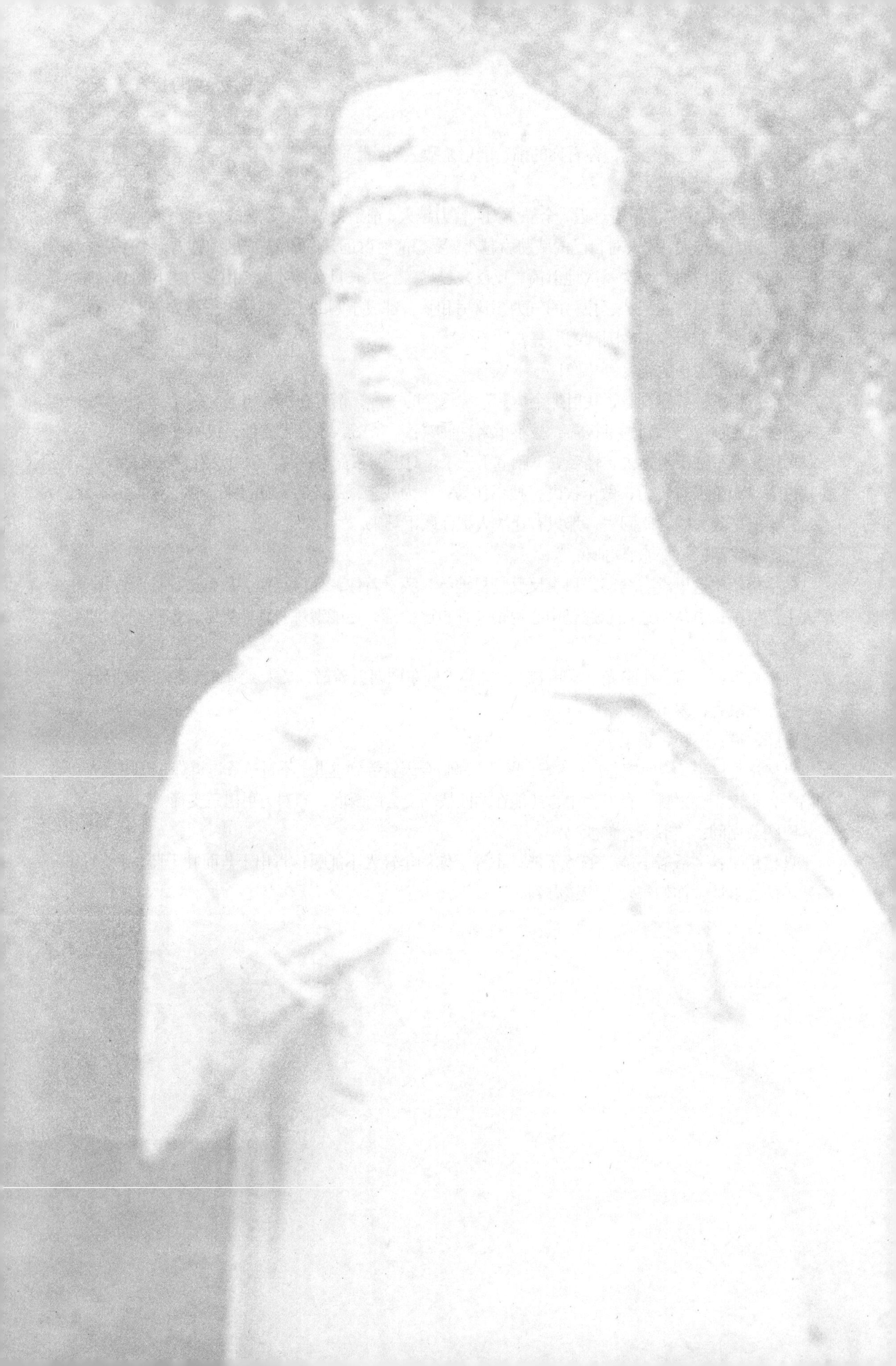

第十四章 成陵迁套

第一节　满都海为政治需要从漠北迁圣祖灵到宝日陶亥

一日，满都海与贵戚兼重臣科尔沁孛罗乃诺延议事。

满都海代可汗："请叔王千里远道前来，是有一件特别重要的事情，要与叔王商量，请叔王帮我参谋参谋，拿一个主意。"

科尔沁诺延孛罗乃："侄媳既为代可汗，国家的事情您做主就是，我们科尔沁没有不支持、不执行的道理！您今天特别强调说有特别重要的事，不知是什么特别重要的事呢？"

代可汗满都海详细解释道："叔王，您知道，咱蒙古人是非常崇拜成吉思汗的，每位大汗即位，都要到圣主灵寝'绰木朝克'（成吉思汗灵寝在漠北时的叫法）宫帐举行祭祀仪式，祭奠叩拜后，才能即位。祭奠叩拜过成吉思汗，祭祀绰木朝克宫帐的大汗，才能被各部、各爱玛克、各鄂托克诺延以及广大民众接受公认，这虽然在《大札撒》中未明文规定，但已成为咱蒙古族约定俗成且不可逾越的规矩。圣主灵寝绰木朝克成为汗位继承人合法性的标志和象征。而太祖的苏勒德，是长生天赐予的神物，代表苍天的意愿，是对皇权的认可。如果在咱这地方竖起哈日苏勒德，就标志着咱这地方，是奉天承运的皇帝所在地，这对咱将来的小可汗巴图蒙克即位掌权，在政治上是莫大的支持和帮助，我想把圣祖成吉思汗灵寝绰木朝克请到宝日陶亥来。但是这请太祖绰木朝克灵寝的事不同寻常，牵扯蒙古族的各部、各爱玛克和方方面面人士，弄不好便弄巧成拙、适得其反，甚至可能会造成蒙古高原全面动乱，因此是属于特别重大、需要特别慎重的特大事项。这样的事，侄媳怎敢擅自做主啊。您是左丞相，是汗廷的顶梁柱，因此请叔王前来帮助敲定，帮助拿拿主意！"

孛罗乃丞相听后说："代可汗，这事您想得挺周全。我考虑过，在军事上如何保证汗权平稳过渡给小巴图蒙克，但没想过怎样在政治上帮助汗权平稳过渡给小巴图蒙克！代可汗，别看您年轻，您比我想得更周到，比我想得更深远，您可比我这老头子高一筹啊！行！"

代可汗满都海："叔王，您别忙夸奖，您看这请灵寝绰木朝克之事可行吗？"

孛罗乃诺延也详细讲了自己同意迁灵的意见："可行、可行！我看可行！成吉思汗灵寝绰木朝克，现在所在的哈剌和林那个地方，风沙太大，路途又太远，每去拜祭一次太祖，都相当不容易。这宝日陶亥地方，水草丰美，花鹿出没，是块风水宝地，是帝王陵寝之最佳归宿地。何况咱迁的太祖灵寝绰木朝克是衣冠冢，以前也迁移过。建元后第一次迁移，是100多年前元惠宗北迁时，左丞相失列门令太常寺礼仪院阿鲁浑诺延奉太祖灵寝到上都开平；第二次迁移是10年后明朝军队攻陷上都开平时，太祖灵寝又迁移到应昌；第三次迁移是10年后应昌城被明军攻陷，太祖灵寝绰木朝克又迁移到哈剌和林；第四次是明军紧接着进攻哈剌和林，圣祖的绰木朝克又被迫迁到鄂尔浑；第五次是明军追杀咱蒙古人到达不儿罕山一带，不儿罕山附近守护大禁地的乌梁罕蒙古人携圣祖绰木朝克向西迁移到额尔齐斯河流域的布伦托海附近。现在圣祖灵寝绰木朝克在哈剌和林，这是打败明军（1400年）后迁回的，前后已经迁移了好几次了，我想这次迁灵也不会引起太大的政治风波。我赞成这个方案！我的意见，既然想干，那就雷厉风行，说干就干，快刀斩乱麻。趁现在蒙古社会正混乱，谁都想说了算的时候，咱们先说了算，把太祖灵寝绰木朝克请过来。咱先请过来，咱先占据有利的政治地位和政治环境。有谁过不去，想找事，我们科尔沁对付他。不过，这请灵的具体礼仪，可一点儿也不能含糊，一点儿也不能走样，一点儿也不能叫人挑出毛病来！"

满都海："叔王，听您这种态度，我看这件事就这么定吧，请灵这件事，您给我撑腰，我就不与其他任何诺延商量了，更不提交汗廷众诺延们廷议了。至于如何请、何时请，咱俩再商量。"

孛罗乃："行！我全力支持代可汗。"

满都海："叔王，这么办行不行？这事全由您主办，我今天就任命您为请灵总管诺延，兼国家启灵主祭人！"

孛罗乃："谢谢代可汗陛下，将这样特别重大、特别严肃、在历史上有特别重要意义的迁移圣主灵寝绰木朝克的重任交给我，我感到特别荣幸！我保证千方百计圆满完成！"

满都海："叔王，有几个具体事项，我把我的意见说一下，供您参考：

"一、向乌梁罕宣诏：请圣祖灵寝的决定，由您宣诏给哈剌和林伊克霍日克（汉译为'大墓地'）大禁地（成吉思汗的墓地，不准无关人员出入，故称其为'大禁地'）守灵的乌梁罕济农。您是太祖弟齐王哈萨尔后裔，乌梁罕济农是太祖那可鲁王木华黎后裔。他有什么想不通的地方，您开导开导他，如有抗旨不遵之事，您可随机处治。

"二、安陵具体地点：定在宝日陶亥的北部，哈屯河南岸（其地在今鄂尔多斯市达拉特旗境内），那里一马平川的草原上突兀隆起一道20里长的高岗，迤逦如巨龙飞腾之状，人们称它为卧龙岗。龙头向东，龙尾西甩，我们在那龙头上修建与漠北绰木朝克相同的灵寝宫殿'伊金霍洛'。

"三、行走路线：我建议走先祖创建的木邻驿道（走马的驿道）。这个道，是先朝使用多年的官府驿道，近几十年走的人少了。具体行走路线，还是由您根据具体情况决定，但要小心，不要因为过山隘、江河，惊扰了圣灵。

"四、沿途护送：由你们科尔沁选派精锐军队跟随护送。需多少人马，由您决定，但必须保证万无一失，保证安全护送到哈屯河南岸卧龙岗的伊金霍洛。

"五、沿途路祭问题：蒙古各爱玛克的诺延和牧民，听到圣主灵寝绰木朝克经过的消息，途中肯定有迎接拜祭的，都要尽力满足其祭奠要求，不要让其失望。

"六、安灵仪式：我亲自主持。

"七、护陵：由鄂尔多斯部选调500名精干青年组成达尔扈特负责。

"叔王，这样安排您看行吗？"

孛罗乃诺延对这样详细的安排能说什么呢？只能说："行、行，我看没问题。"

满都海代可汗说："您准备好后，择一吉日启程。您一启程，我这边便派使臣，向全蒙古各部、各爱玛克、各鄂托克发布通告，告知这一决定。"

孛罗乃："代可汗陛下，你安排得真细致。我去执行就是了！至于行走路线，我肯定走木邻驿道。这走过多年的路都不好走，没走过的地方，那风险不更大了吗？迎请圣祖灵寝绰木朝克的事，可是个了不起的大事，我老头可不冒那个险，万一出点儿差错，留下千古骂名。至于启程时间，我得仔细计算一下，去时旱路好办，回来时必须过哈屯河，我们科尔沁人都是旱鸭子，不懂水，保证圣祖绰木朝克和我们几千人马安全过哈屯河是件很困难的事。因此我想等哈屯河结冰以后过河，这启程时间我得算计算计。"

满都海："叔王，您老真是思虑周到！总之，可不能有半点马虎大意啊！"

孛罗乃："请代可汗陛下放心！"

孛罗乃诺延离开汗廷后，按哈屯河结冰后回到岸边所需时间择选吉日，率2000名科尔沁军队启程，去迎请成吉思汗灵寝绰木朝克，行军在风沙弥漫的蒙古高原上。

第二节　孛罗乃说服大禁地官民同意迁成灵

哈剌和林是成吉思汗大蒙古国首都（其地理位置位于今蒙古国境内前杭爱省西北角，今蒙古国首都乌兰巴托西约400公里处），被明军焚毁，此时已是一片废墟瓦砾。哈剌和林伊克霍日克大禁地在哈剌和林以北很远的地方，因此未被明军发现破坏。

哈剌和林伊克霍日克大禁地，乌梁罕部济农大帐前，竖立着白苏勒德，上有飘带，顶部是一个两面有刃的钢质矛，矛长一尺多，矛头下部安装了木柄。柄外与矛头垂直处有一个用白银制成的圆盘，盘四周边缘有81个小孔，其中栽有马鬃毛，外部用皮条缠绕。木柄全长1丈3尺5寸。陪纛形状相似，全长9尺，杆头挂黑布或白布幡。白苏勒德有陪纛8个，全用皮绳连起来，上面挂着红、黄、绿、蓝、白五彩旗。

乌梁罕探马进帐，施单膝跪礼："报告济农诺延，南边来一哨人马，有千余人，打着旌旗，走得稳稳当当的，向这里走来。"

乌梁罕部济农问："像哪儿的人马？"

探马："我看像汗廷人马，不像是来打仗的。"

济农诺延："再探。"

探马："加！"施礼，退出。

济农诺延："来人。"

传令者秃阿赤进帐施礼："济农诺延有什么盼咐？"

济农："传我的命令，做好战斗准备！"因当时代可汗的谕旨还未到，济农不知来的人马何意，在蒙古尚未统一还在分裂之时，各部互相抢夺属民以及牲畜的事时有发生，因此做一些必要的防备是无可厚非的。

牛角号响起来，人们赶紧披衣挂甲带着刀箭，紧急集合起来。

科尔沁的军队正常行军来到这里。

乌梁罕部济农诺延见无军情，便率众迎接，在古列延门口，施鞠躬礼问安："孛罗乃丞相，赛音拜诺？"

汗廷丞相孛罗乃诺延手持代可汗满都海金牌，说："乌梁罕济农诺延接旨。"

乌梁罕济农诺延说："乌梁罕济农听旨！"赶忙双膝跪倒，双手扶膝低头听旨。

孛罗乃诺延宣旨："代可汗满都海陛下圣谕：全蒙古的总神祇、圣主成吉思汗灵寝绰木朝克，在这一年中有半年风沙弥漫的地方，圣灵不得安息，官民不便祭祀。今决定请到风水宝地宝日陶亥，请圣祖的苏勒德随同南行，择吉日启灵南行，望乌梁罕济农协同请灵总管诺延孛罗乃做好启灵南行工作。钦此！"

乌梁罕济农诺延："遵旨！"叩首，起立，而后，有点不太情愿地施礼，"请请灵总管诺延进好如嘎赐教！"

乌梁罕济农请请灵总管诺延上座。孛罗乃诺延是汗廷丞相，理所当然地坐正座，毫不客气地坐下。

乌梁罕济农诺延在旁座坐下，指挥侍女给老丞相上茶。

上茶后，乌梁罕济农面对丞相问："老丞相不辞万里，鞍马劳顿，亲自来迎请太祖灵寝绰木朝克，可见代可汗对迎请圣祖绰木朝克是十分重视的。敢问老丞相，代可汗对我们乌梁罕人有什么安排吗？"

孛罗乃诺延说："全部照旧，一切职级、待遇不变。守护哈剌和林伊克霍日克大禁地的崇高使命，仍由你们乌梁罕部担任。只是管理圣主绰木朝克祭祀的牙门图德（祭祀成吉思汗灵寝官员的职务名，分八种）们，要随着圣主绰木朝克到新灵寝地宝日陶亥去。他们将来愿意回来还可以回来。"

乌梁罕济农诺延："代可汗陛下安排得很周到，已经替我们乌梁罕人想到了。老丞相，旅途风尘仆仆，不得休息，下步还有重任在肩。在下备了美酒佳肴，给您接风洗尘。"

孛罗乃诺延："好！"

第二天上午，在乌梁罕济农诺延好如嘎内，请灵总管诺延、乌梁罕济农、太师牙门图德三人，正在商量启灵具体程序、礼仪时，忽然吵吵嚷嚷上来一群人。

卫兵上前阻拦："乡亲们，你们有什么事？好好说，不要吵吵。"

群众七嘴八舌地说："我们要找汗廷来的诺延，问问为啥要把圣主灵寝绰木朝克请走？"

请灵总管诺延孛罗乃听到外面群众嚷嚷声，知道是对请灵南行不理解或不满的群众来闹事，赶紧说："走，看看去。"

群众看到穿有直径5寸独棵大花官服的汗廷大官出来了，便又七嘴八舌地吵吵起来。

孛罗乃诺延摆着手："乡亲们，静一静，静一静，有话慢慢说，有话慢慢说。"这时群众情绪慢慢平复下来。

一老年男牧民激动地问："这位诺延，我们不明白，我们乌梁罕人守卫成吉思汗陵已经200多年了，我都是第10代守陵人了。我们乌梁罕人守陵没出过任何差错，我们弄不明白，现在为什么要迁走？"群众七嘴八舌地附和帮腔："对，我们弄不明白！"

请灵总管诺延孛罗乃说："乡亲们，静一静，听我给大家解释清楚。乌梁罕人守卫成吉思汗灵寝这200多年来，属实很好，属实没出现过任何差错，这是有目共睹的！汗廷对此点是肯定的！"

群众七嘴八舌地插嘴，质问："那为什么要迁走？"

孛罗乃诺延接着说服他们："乡亲们，听我给大家解释。请灵，只是请走圣主灵寝绰木朝克，别的什么也不动。成吉思汗灵体真身不动，这里仍然是伊克霍日克大禁地，守护伊克霍日克的崇高使命,仍由你们乌梁罕人担任,全部照旧,一切职级、生活待遇不变。只是圣主绰木朝克祭祀的管理人员牙门图德,现在要随着圣主绰木朝克到新灵寝地宝日陶亥去,他们愿意回来的还可以回来。"

一部分群众听说他们的任务没变,生活待遇也不变,情绪就小了不少,便问:"那汗廷请灵的目的是什么?"

请灵总管诺延孛罗乃继续解释:"新灵寝地选在宝日陶亥北部、哈屯河南岸草原上的卧龙岗的龙头上。那个地方,是个极有风水的宝地,东和南两面之丘壑长满森林,幽深宁静,郁郁葱葱,是天然屏障,会像蓝色大海一样将圣主绰木朝克护托。那里气候好,风沙小,水草丰盛,花鹿出没,是人杰地灵、藏龙卧虎之地。圣祖成吉思汗当年征西夏时路过此地,曾称赞过这个地方,说这地方'头枕哈屯河,身卧平原,手握天柄,眼望苍天,真是景色美丽的风水宝地'。

"这个地方是代可汗满都海陛下与我们共同勘查确定的,为此,代可汗满都海哈屯还特意下一道圣谕。太祖灵寝绰木朝克安放在那儿,比在这儿强多了。如果乡亲们以后发现那里哪块不如这儿,你们可以去找我算账!"

一个群众关心守护问题,问:"到那里,谁守护圣主绰木朝克呢?"

孛罗乃诺延告诉他:"汗廷要在那里建比现在还要好的圣主绰木朝克,安排比现在还要多的人守护。具体守护工作由现在在那驻牧的鄂尔多斯部抽调500名精明强干的青年组成达尔扈特承担,还要按现在的祭祀礼仪,一年四季360天昼夜祭祀,只能比现在好,不能比现在差!对此汗廷研究过了,请乡亲们放心!"群众听到汗廷主祭诺延的话,自言自语地说:"如此我们就放心了!"

事实上,蒙古民族也确实做到了对其崇拜的民族英雄成吉思汗一年四季360天昼夜祭祀,近800年岁月长河中神灯长明,香火不断,这是中国历朝历代君王以及各民族历代首领乃至世界各国历代君主、法老,都无法比拟的。

第三节　成吉思汗灵寝绰木朝克启灵仪式

乌梁罕部首领同意了,群众也没意见了,汗廷请灵总管诺延孛罗乃开始了启灵工作。

本书称为成吉思汗"灵寝"而不称为"陵",是因为该灵寝银柜中只有附着在一团驼绒上的成吉思汗临终前呼出的最后一口气,蒙古人认为那一口气就是成吉思汗的灵魂、神灵,因此称为"灵寝"较为准确、恰当。而所谓"陵",一般是指"陵墓",是其灵体所在之处。请灵,就是把成吉思汗"神灵"请回来。

在哈剌和林伊克霍日克大禁地,成吉思汗灵寝绰木朝克,由八顶白色毡子搭建的宫车组成,天长日久,风吹日晒,白色毡子都已成为灰色。

八顶白色毡子搭建的宫车,分别供奉着:

(1) 成吉思汗和孛儿帖格勒真哈屯银棺灵帐;

(2) 忽兰哈屯灵帐;

(3) 古日勃勒真高娃哈屯(也遂、也速干)灵帐,又称准噶尔伊金灵帐;

（4）溜圆白骏（白马），眼睛乌亮，蹄子漆黑，全身毛银白色，无杂毛，无伤疤；

（5）宝日温都尔"圣奶桶"宫帐车。圣奶桶由檀香木制作，高3尺，外有3道银箍，两边有两个兽头银环；

（6）胡日萨德格"弓箭"宫帐车。帐车中有鹿角制弦长5尺7尺弓各1，箭簇为铁质，箭柄为红柳条木，箭尾沾有雕翎；

（7）吉劳"鞍缰"宫帐车。吉劳白宫包括：白檀香木雕刻而成的镀金马鞍，镀金的铁纽串连而成的嚼子和扯手，还有肚带、扯肚、压扣等整套骑马用的用具，另有祭祀用银灯杯、大银酒杯等器皿；

（8）商更斡尔阁"珍藏"宫帐车，其中珍藏各种金银器皿、珠宝玉器。

启灵时，由乐队奏乐。乐队是以约一丈长的声音低沉洪亮的"布日耶"洪钟大号为主的鼓乐队，乐声低沉、压抑，但粗壮、浑厚有力。

汗廷孛罗乃丞相和乌梁罕济农，身着整齐的白色绸缎缝制的质孙服蒙古袍，腰系橘黄色绸带，带领启灵人员，携带启灵祭品，来到"绰木朝克"所在地。

"绰木朝克"祭奠工作总负责人、太师牙门图德带领众牙门图德，迎接汗廷请灵总管诺延孛罗乃诺延，鞠躬施礼，问："请灵总管诺延，济农诺延，赛音拜诺？"

请灵总管诺延孛罗乃问："都准备好了吗？"

"绰木朝克"祭礼安排筹备者太保牙门图德，施用右手掌捂胸鞠躬礼："报告请灵总管诺延，都准备好了。"

请灵总管诺延孛罗乃问："时辰到了吗？"负责祭奠程序的哈萨牙门图德施鞠躬礼："报告请灵总管诺延，龙时开始，还有半炷香功夫。"

乌梁罕济农诺延大声喊："各位诺延、牧民同跑们，神圣的启灵大祭马上要开始了，请各自找好自己的位置，不要喧哗。"

负责祭奠程序的哈萨牙门图德："报告请灵总管诺延、济农诺延，时辰到！"

孛罗乃丞相和乌梁罕济农在乐声中共同来到群众前面。

乌梁罕济农诺延："现在，我宣布，英明圣主成吉思汗灵寝绰木朝克，南迁启灵大祭开始！"而后，面向绰木朝克双膝跪倒。

参加启灵仪式的和看热闹的全部人员，在绰木朝克前面空地以及四面八方的位置上，纷纷跪倒。

哈萨牙门图德宣布："奏乐！"洪晋牙门图德指挥其乐队，演奏悲壮、低沉、哀婉的万马奔腾、嘶叫的马头琴音乐。

乐声停，乌梁罕济农起立，宣布："进行启灵大祭第一项：由主祭人、北元右丞相、请灵总管诺延及科尔沁部首领孛罗乃诺延，代表满都海代可汗致《伊克乌其克》。"

主祭人、孛罗乃诺延起立走上前，向八个宫帐车施鞠躬礼，而后诵读《伊克乌其克》（汉译为《大祭祠》）：

维北元朝一百一十一年之际，北元左丞相孛罗乃，代表北元朝代可汗满都海陛下，代表北元汗廷，代表蒙古高原各兀鲁思、各爱马克，代表蒙古地区东、西、南、北、中都沁·都尔本44个部族，代表官民各界，代表40万老、少、男、女蒙古牧民，特意专程前来。恭请法天启运圣武皇帝始可汗大元汗国太祖铁木真成吉思汗、孛儿帖格勒真哈屯、忽兰哈屯、也遂哈屯、也速干哈屯，到气候温和、水草丰美、花鹿出没的风水宝地，宝日陶亥北部哈屯河南岸草原上之卧龙岗的伊金霍洛安息！

    英明圣主成吉思汗，
    您是察干·速勒达下凡，
    您奉天命创大蒙古国伟业，
    您是法天启运圣武始可汗。

    帝国元勋圣祖成吉思汗，
    您是孛儿只斤氏血统；
    俺巴孩汗基因传给您！
    不屈不挠精神在您血中流淌！

    您在战火纷争中诞生，
    战火锻就您钢铁般意志，
    战火造就了您英雄虎胆！
    战火使您成为世界最大的英雄！

    您在艰难困苦中成长，
    艰难磨炼成您坚强性格，
    困苦培养成您必胜的信心，
    不懈奋斗使您威震亚欧大陆！

    您忍屈受辱抗世俗偏见迫害，
    您不拘一格选人才良将云集，
    您不计前仇旧恶搞联合团结，
    使乞颜部从弱到强最终统一高原！

    您恩仇必报精神感动了苍天，
    长生天赐予您哈日苏勒德神器！
    苏勒德帮您征服四十个强大国家，
    它是应受到祭奉的战神不虚此美名！

    您对朋友是推心置腹赤诚一片，
    您对人才爱之又爱不论出身。

有了文字蒙古的文明跃进一大步，
您是世界风流人物排行榜首第一名！

虽有文字写不完您的光辉业绩！
虽有文字书不尽您的功勋美名！
您创立的基业太大太大太大大！
您的成就在人类史上空前绝后第一人！

英明圣武可汗太祖成吉思汗、美丽贤惠的孛儿帖格勒真哈屯、忽兰哈屯、也遂哈屯、也速干哈屯，请你们理解晚辈的心情，请老人家屈尊到风水宝地宝日陶亥北部哈屯河南岸之卧龙岗的伊金霍洛去安息吧！

祝颂祭文时，跪着的人们，都自然向前平伸手掌，像接东西状。

孛罗乃诺延祝颂毕，磕了三个头后，起立！在场人员同样磕头、起立。

洪晋牙门图德指挥演奏音乐，乐声又起。

乌梁罕济农宣布："进行启灵大祭第二项：由主祭人、北元右丞相、请灵总管诺延及科尔沁部首领孛罗乃诺延，敬献手帕。"音乐奏起。

主祭人孛罗乃诺延亲自向绰木朝克八个宫帐逐一敬献白手帕：成吉思汗和孛儿帖格勒真哈屯、呼兰哈屯、也遂哈屯、也速干哈屯、弓箭、溜圆白骏、马奶桶、衣物珍宝白宫，每到一宫帐车前，将白色手帕折口朝对方恭恭敬敬地高举过头，鞠躬献上，而后磕头起立，音乐停。

主祭人献手帕同时，格赫牙门图德说唱祝颂《手帕伊若勒》（"伊若勒"汉译为祝颂）之歌：

加，
圣明伊金成吉思汗，
圣洁母后哈屯诸位神灵，
象征吉祥万福圣洁的，
洁白的手帕虔诚地献上，
是春蚕吐出的洁白蚕丝织成，
圣洁的手帕举过头顶，
它表示子孙们缅怀的心情，
子孙敬仰之心如洁白手帕，
蒙古统一是圣祖血汗铸成。
子孙们幸福不忘圣祖恩德，
请圣祖赐福禄予您的子民。
为民族兴旺国家发达目的，
请恩赐那永久的幸福安康！

祝颂词《手帕伊若勒》是伴随"查尔给（马头响板）"的打击声说唱的。祝颂时，跪着的人们，都自然向前平伸手掌，像接东西状。

乌梁罕济农："进行起灵大祭第三项：由主祭人敬献香烛、长明灯，由格赫牙门图德诵读祭词《伊金桑》（汉译为《圣主颂》或《领袖颂》）。"音乐奏起。

主祭人孛罗乃诺延亲自上香，亲自击打火镰，将成吉思汗绰木朝克供桌上的长明灯点燃，图利牙门图德手持香和酥油壶跟随侍候并负责长明灯斟满酥油，而后鞠躬、跪下、磕头、起立，逐一进行。

绰木朝克祭奠中祭词诵读人格赫牙门图德颂读：

加，
英明圣祖成吉思汗，
受长生天之命诞生，
苦难与战火锤炼成长，
以民族壮大统一为己任，
建立也克·蒙豁勒·兀鲁思，
赫赫大名天下传扬。

千载无双是伟人，
慧眼识时局善抓机遇，
天时人和为根本，
目标雄伟魄力大，
尽夺天下四十国之大权，
英明伟大的成吉思汗！

军事奇才真英雄，
亦兵亦民铁骑兵，
所向无敌八方惧，
征服疆土千万里，
统天下国家之人君，
应天命而生的成吉思汗！

统帅黄白皮肤各种人，
征服成群结伙分裂者，
剿灭不共戴天之敌人，
赢得威震四海英雄名，
首建日不落之政权，
千年第一人成吉思汗。

用永不熄灭的神灯祭奠您，
圣主成吉思汗及诸位神明，
神灯照耀蒙古前进的路，
神灯为子孙事业指引航程，
神灯象征您的伟大业绩永放光辉！
伟大神明的圣祖成吉思汗！

祝颂时，跪着的人们，都自然向前平伸手掌，像接东西状。

乌梁罕济农宣布："进行启灵大祭第四项：敬献全羊。"

图利牙门图德们将火撑子、木柴、酥油与肥绵羊同时抬上去，在绰木朝克前面广场上，支上火撑子，点燃木柴火，上面浇酥油。火旺时，用一根木叉，叉起一个绵羊肥尾巴，凑近火撑子上烤炙。与此同时，格赫牙门图德颂读《圣主祝颂词之祭灶词：金殿香烟小祭》：

加，
蒙古人本尊天地火三位神灵，
成吉思汗是蒙古人的第四位神灵！
八个白色宫帐车供奉的都是神灵，
祭奠神灵、祖先是蒙古人的本分。
绰木朝克是蒙古人的总神祇，
幸福安康全靠神灵保佑恩赐。

在这启灵南请祭祀的祭坛上，
呈献我们圣洁、虔诚祭祀的心，
敬献蒙古最佳食品肥美羔羊，
敬献蒙古最佳饮品奶浆马湩，
是您使蒙古民族发展壮大，
您是蒙古最伟大英明的伊金！

祝颂时，跪着的人们，都自然向前平伸手掌，像接东西状。

《金殿香烟小祭》颂读完，把切好的羊尾巴肉分给参加祭奠的每一个人，让他们一个接一个地严肃虔诚地接着把羊尾巴肉投入火中，带着亲自祭奠的满足感离开祭坛。

乌梁罕济农宣布："进行起灵大祭第五项：祭祀圣祖哈日苏勒德，请请灵总管诺延和众诺延去请苏勒德。"音乐奏起。

请灵总管诺延和乌梁罕济农带领众诺延步行到绰木朝克右边哈日苏勒德祭奉处。

哈日苏勒德高1丈3尺5，插在用石头雕刻成的大金龟背上的中间孔内。希利波柏木杆1丈2，外穿黄色绸缎的"衣服"，上钉1000个纽扣，象征1000只慧眼。为了加固哈日苏勒德的希利波，在其背后还有1根希利波，同样穿衣服。四周有4个高9尺的陪苏勒德，插在大金龟背上四周的孔内。

4个陪苏勒德与主苏勒德用呼和纳楚格皮绳连着。哈日苏勒德顶端是长1尺的一尖两刃的矛头。按柄处，有一银制圆盘查尔，转圈有81个眼，用来固定缨子。缨子用枣红公马的黑鬃，缨子长3拃4指。苏勒德前面有祭坛，是高1尺的平台，周围用木板竖立围成围栏。祭祀时，用黄色布料或绸缎将围栏罩上或包上，因此习惯称希拉库列（黄色围栏）。祭坛上有一小铜庙，其内珍藏苏勒德矛头，点祭祀灯。附近有供奉人员达尔扈特的9个贺希格的格尔。

乌梁罕济农宣布："请国家主祭人、请灵总管孛罗乃诺延，向圣祖哈日苏勒德致《伊克乌其克》。"

请灵总管诺延孛罗乃在音乐声中走向苏勒德祭坛，恭恭敬敬地向哈日苏勒德先施手掌捂胸鞠躬礼，而后跪下：

"神圣的哈日苏勒德神祇，微臣奉北元代可汗满都海陛下之命，专程前来迎请您，请您随圣祖成吉思汗'绰木朝克'同行，到风水宝地宝日陶亥北部哈屯河南岸的卧龙岗，为小可汗巴图蒙克统一蒙古助威。"

而后深情地铿锵有力地朗诵《圣主苏勒德桑》（苏勒德颂词）：

　　加，
　　向圣主的战神苏勒德顶礼膜拜，
　　您面生洞察一切千只慧眼，
　　您具有无比力量每战必克，
　　您诛杀任何抗拒之顽敌恶人，
　　您能战胜所有来犯之敌，
　　应颂扬的战神哈日苏勒德！

　　向圣主的战神苏勒德顶礼膜拜，
　　因为有形形色色的顽敌作乱，
　　才请您降下无与伦比的法力，
　　无情斩杀那带头作乱的首领，
　　降服其众多跟随作乱之众，
　　应歌颂的战神哈日苏勒德！

　　向圣主的战神苏勒德顶礼膜拜，
　　你用千只慧眼怒目而视，
　　顽敌首领吓得连滚带爬，
　　您毫不留情地将他们斩杀，
　　震慑为非作歹者再不敢作祟，
　　应赞颂的战神哈日苏勒德！

　　向圣主的战神苏勒德顶礼膜拜，

您帮助圣明君主成吉思汗，
成为世界之国的君主！
您是安邦治国的总神祇，
天下人间最应崇奉的神明，
功勋卓著的战神哈日苏勒德！

主祭人跪下时，其他诺延们都跪下。主祭人诵读《圣主苏勒德桑》时，跪着的人们，都自然向前平伸手掌，像接东西状。

乌梁罕济农："请主祭人、请灵总管幸罗乃诺延，向圣祖哈日苏勒德敬献手帕、敬献祭品。"

主祭人、请灵总管幸罗乃，恭恭敬敬地将白色手帕高举过头，向哈日苏勒德鞠躬献上。然后，在祭坛上摆上供品，跪下磕头，三拜九叩后，起立。

在主祭人祭拜献手帕、神灯、贡品时，格赫牙门图德诵读《手帕伊若勒》。祝颂时，跪着的人们，都自然向前平伸手掌，像接东西状。

加，
圣明的阿勒坦苏勒德明鉴，
洁白的手帕虔诚地敬献，
洁白代表蒙古人的心地，
洁白代表蒙古人的赤诚！
祝祷宝贵的生命延长，
祈祷赐给福寿于黎民，
让一切请求之事都成功，
将那可怕的病魔瘟疫，
抛到十万八千里之外，
不再危害百姓与牲畜！

圣明的哈日苏勒德明鉴，
洁白的手帕虔诚地敬献，
洁白代表蒙古人的心地，
洁白代表蒙古人的赤诚！
赐福天下风调雨顺无灾害，
祈望牧草旺盛牛羊满坡，
成吉思汗创建的伟大事业中，
哈日苏勒德立下赫赫战功！
用千人万马来请您，
请您护佑圣祖江山永远昌盛！

哈萨牙门图德到孛罗乃诺延跟前施双手捂胸鞠躬礼："报告请灵总管诺延，祭奠仪式已完毕！"

请灵总管诺延宣布："现在，我代表北元代可汗满都海陛下，请神圣的'绰木朝克'的圣明君主成吉思汗圣灵、孛儿帖格勒真大哈屯圣灵、忽兰哈屯圣灵、也遂哈屯圣灵、也速干哈屯圣灵，哈日苏勒德圣灵，各位神器神物，起身南行。"拉长声喊，"启灵！"乐队开始奏乐。

达尔扈特们身穿洁白的蒙古袍，腰扎金黄色的腰带，手戴红手套，全身从上到下都用香火熏过，而后，他们再用香火从上到下、从里到外，一处不落地熏待用的新宫帐车、骆驼等物。然后，他们先向成吉思汗宫帐跪下磕头，而后毕恭毕敬地从双帐中将存有成吉思汗和孛儿帖格勒真大哈屯灵柩的银棺从旧宫帐车中请出来，从跪拜的人群头顶上敬抬而过，放在准备好的新的特制的黄色绸缎装饰过的大宫帐车上。大车套三峰白骆驼，全都戴白脑门、白布包裹的脖套、大铃铛白穗子。集聚在这里的人们，都向成吉思汗宫帐车跪倒磕头膜拜，老头老太太哭声不断。

如上程序，众人将呼兰哈屯从其白宫帐中请出来，安放在黄色绸缎所罩的新宫帐中；也遂、也速干两位哈屯的宫帐略小，新宫帐外用红绸缎所罩。宫帐，都架在车子上。车子套白马，白马戴白脑门、白布包裹的脖套。集聚在这里的人们，都先后向哈屯宫帐车跪倒膜拜。接着，由达尔扈特请出银制弓箭，圣奶桶，鞍缰，珍藏，都放在车上的新白宫帐里。达尔扈特牵着成吉思汗溜圆白骏吉劳银河马、两匹哈屯的马，此马终生不准乘骑。

白骆驼宫帐车后，手举可汗黄绸伞、敬举带飘带牙边三角旗和长条幡的请灵科尔沁勇士相随而行。乌梁罕部的达尔扈特已完成历史使命。

成灵白宫向南一启动，顿时，与会蒙古族男女老少们，忍不住放声大哭，哭声惊天地，泣鬼神！

请灵队伍由请灵总管诺延在前面带路，成吉思汗宫帐车以及呼兰哈屯、也遂、也速干，弓箭、溜圆白骏、马奶桶、衣物宫帐车依序在其后跟随。各宫帐车后，都有举着旗帜、对幡的科尔沁骑士相随。举旗、举幡的科尔沁骑士，从成吉思汗宫车往后递减。宫帐车行走时，在成吉思汗后面每隔一定距离有一个哈屯宫帐车，最后是大队护送人马。

左右两侧有众多崇拜群众随之出动，送出很远，有的边送边磕头，全都恋恋不舍，甚至有昏倒的。

请灵队伍护卫着灵寝宫帐车从大禁地出发，行走在漠北草原上。

第四节　喀尔喀民众追祭成吉思汗灵

请灵队伍行进途中，后方有一哨人马追来，约有几百人。护送军队最后部的小头目快马赶到前面，向其头目报告："报告将军，后面有一哨人马追来。"

带队的巴图将军一边往后看一边问："还有多远？"护送军队最后部的小头目报告："在那边高地露头时看见的，离这最多十里，大约半柱香时间就可过来。"

巴图将军对副将和来报告的小头目分析说："这来的人，不外两种可能：第一个可能，是不同意迁陵，是来劫持圣主绰木朝克的；第二个可能，是来给成吉思汗灵寝送行的。"对副将说，"你到前面向诺延汇报。我在这儿安排。"副将说声："加！"打马走了。

巴图将军在弄清来意之前，按第一个可能做好战斗准备，吩咐："这以后的人马，列成东西一字长蛇阵，截住赶来的人马。如果弄清楚他们是来拜祭送别的，那咱就赶紧变成欢迎队伍，对他们以礼相待，满足他们祭奠的要求。如果他们是来劫持圣主绰木朝克的，先向他们讲明道理，说服他们回去。如果他们不听劝阻，那就与他们厮杀，把他们杀退！这以前的人马在宫帐车北边布成扇形阵不准他们一兵一卒靠近宫帐车；如果他们突破第一线防御杀进来，那么我们的队形，立即变成圆形阵，把八台宫帐车和诺延等所有人员，保护在咱的阵里。一定要保证圣灵不受惊扰，保证诺延等人不受伤害！听清了吗？"

人们齐声："听清楚了。"

士兵们按部署开始行动，形成一字长蛇阵、扇形阵。

追赶请灵队伍的人马越来越近，先头人马不一会儿已到第一防线。

追赶队伍领队在马上，双掌在胸前合一，这是施礼的一种："将军，赛音拜诺？"

巴图将军也双掌在胸前合一表示还礼："其赛音拜诺（你也好吗）？请问你们是那个部分的，追我们干什么？"

追赶队伍领队："我们是靠近乌梁罕部最近的喀尔喀邻居，听说汗廷要把圣祖成吉思汗绰木朝克迁到南方去，我们特意前去祭奠、送别，没承想去晚了！知道你们没走多远，怕以后远隔万里祭奠困难，便紧追你们而来！对不起，将军，让你们受惊了！"

巴图将军："如此说来，我们误会了！我带你去见汗廷请灵总管诺延。"

追赶队伍领队："谢谢将军！"共同到了前面，看见八个白宫帐车，便立即下马，从怀中掏出洁白的手帕，高高举过头，鞠躬，而后跪下虔诚地磕头，然后起立，被引见请灵总管诺延。

巴图将军施右手掌捂胸鞠躬礼："总管诺延，这是特意千里追赶我们，想给圣祖成吉思汗祭奠、送行的喀尔喀民众代表。"

追赶队伍领队立即跪下，磕头："诺延，我们今天赶来的是一小部分，比我们年纪大一点的在后边，他们带着祭品，年纪再大一点的就没让来。听到消息太晚了，那些老人们，对没能为圣祖成吉思汗送行拜别，惋惜地都泣不成声！他们说，这是他们有生之年的最后一次了！他们哭着说：'你们一定得追上，追几千里也得追上！追上后，向成吉思汗圣灵，替我们多嗑一个头！'"

请灵总管李罗乃诺延听到此赞扬说："难得你们喀尔喀民众对圣祖的这一片崇敬心意！好！在这落帐，休息两天，等待来拜谒成吉思汗灵寝绰木朝克的喀尔喀老年民众。"

第三天，拜谒成吉思汗灵寝绰木朝克的喀尔喀老年群众都已赶到。在这荒野草地上，进行了一次别开声面的祭祀拜谒活动。

八个宫帐车摆放位置为：成吉思汗和孛儿帖格勒真哈屯宫帐车在最中间，成吉思汗宫帐车左侧是呼兰哈屯宫帐车，右侧第一是也遂哈屯，第二是也速干哈屯宫帐车。在宫帐西北6沙径（1沙径2.134米）是成吉思汗使用过的弓箭，后面摆放弓箭宫帐车和白骆驼。此后东北近处安放仓廪白宫（灶火）珍藏宫帐车。由这里东南方向100沙径处，拴马的吉拉（绳索）延伸，这里立着溜圆白骏的桩子。溜圆白骏的桩子和吉拉以北，是马奶桶宫帐车。全部宫帐车门都朝南方。

祭祀活动开始，负责祭祀程序的哈萨牙门图德宣布："喀尔喀蒙古民众拜送成吉思汗灵寝绰木朝克南迁祭奠仪式开始，敬献手帕，奏乐。"

乐声起，全体来送别的喀尔喀人，双手高举手帕跪倒，其中，领队的九人双手高举手帕起立，走向成吉思汗宫帐车，恭恭敬敬地将手帕挂在宫帐前面，而后跪倒磕头，起身回来跪在原处。第一拨回来，第二拨九人又去，敬献手帕，磕头后，回到原处跪倒；第三拨再去……祭祀人群频频磕头，有抹眼泪的，有揉眼睛的，也有失声痛哭的，口中念着："圣主啊，您走了，去的地方太远了，我们再拜谒您太困难了！"

请灵队伍继续行进，进入南戈壁地区。孛罗乃诺延发现沙漠上风沙一阵强过一阵地刮，刮得宫帐车忽悠忽悠地有要被刮倒的架式。孛罗乃诺延赶紧招呼："巴图将军，这一阵旋风刮得太厉害了，小心宫帐车被刮倒。你去安排一下，每个宫帐车下风一侧，多放几个人，都下马步行。万一宫帐车被风刮得要倒时，把它扛住，绝对不能让宫帐车倾倒。"

巴图将军："加！"跑着去安排。

请灵队伍行至戈壁阿尔泰山东段。山中有一条元代留下的木邻驿道、痕迹，最多只能两匹马并行，无车道。有的地方得搬石填土现开道。队伍在山涧中艰难地走着。

前方护卫灵车的战士喊："报告诺延，灵车过不去了！"

请灵总管孛罗乃诺延立即打马过去："怎么回事？"

护卫灵车的战士："这路太窄，这儿还有块大石头，过不去。"

孛罗乃诺延下令："来几个人，把这石头搬开，那边再往宽开点。"几个战士喊"一二三"往外滚石头，滚不动，又增加几个人，一堆人"一二三"再推，这才好不容易把大石头推开。孛罗乃诺延看了看说，"好了，能过去啦。"灵寝宫帐车继续前行，诺延骑马在后跟随。

队伍继续在山涧中行进，行至一个两面山坡稍微平缓一点的山涧，路也稍微宽些好走些了，这里路两边的草长得一簇一簇的。灵寝宫帐车走着走着，突然从左边一簇草丛中窜出一只兔子，把首车成吉思汗宫帐车套左边的骆驼吓一大跳。这个骆驼受惊吓神经质地窜跳了一下，这使拉车的力量严重失衡，最大的圣祖灵寝宫帐车向右后方瞬间倾倒过去，车右的两名战士都被压在车下，在右后方护卫的战士受伤最严重，骆驼还往前拉了一步，这使其受到又一次伤害。

右方护卫的战士："哎哟！哎哟！"直哼叫。

请灵总管孛罗乃诺延是跟在这个宫帐车后面的，见车倾倒便赶紧过去，见砸伤了人便喊："快来人，救人要紧！"后面上来十多个士兵，共同把灵车扶正，而后分别去抢救被压的士兵，被压最重的已经不会动了。大家呼唤着他的名字："哈斯朝劳（汉译为玉石）、哈斯朝劳，你醒醒！"

哈斯朝劳奄奄一息，睁不开眼睛。当人用手去拉他时，他用微弱的声音说："别管我，快去看看'汗伊金（汉译为圣祖）'受到惊吓没有？我没做好护卫的事！汗伊金一定受到惊吓了！"

孛罗乃诺延安慰说："小伙子，你做得很好！汗伊金灵柩安康，没受到惊吓。我代表代可汗满都海哈屯向你表示慰问！"

哈斯朝劳听了诺延的解释，断断续续地说："那我就放心了。"忍痛艰苦地睁开眼，看见成吉思汗灵寝宫帐车立在自己眼前，脸上露出欣慰的微笑，而后永远地闭上了双眼。同伴们将他埋在了路旁山坡上，坟堆上插上几枝野花。

请灵总管孛罗乃诺延当即摘下帽子，很严肃地对在场的人们宣布："哈斯朝劳是个非常好的蒙古青年，临终还不忘自己护卫圣祖成吉思汗灵寝的神圣职责，视圣祖灵寝的安全重于自己的生命。我们蒙古人有这样的好青年，还怕不兴旺嘛！我们要记住哈斯朝劳这个名字！"回身对随从说，"替我想着点儿，回去后要给他父母很好的抚恤！"而后下令，"队伍继续行进！"

成吉思汗灵寝绰木朝克宫帐车行进的途中，附近牧民听说成吉思汗灵寝要路过该地，便三五成群，携家带口，在路边迎接。几十里地络绎不绝，有骑马来的、有坐勒勒车来的，见到宫帐车队伍过来，远远便匍匐在地叩拜。有的老人，在宫车路过他眼前时，壮着胆起身，在宫帐车车辕上、车尾板上磕头，宫帐车过去后，在后面，仍面向宫帐车磕头，一直将队伍目送很远。

请灵队伍来到卧龙岗对面的哈屯河北岸岸边（大致在今包头市土默特右旗美岱召一带），看到哈屯河已结成亮晶晶的冰面，不再是黄色浪涛滚滚的情形，孛罗乃诺延甚是高兴，他算计的时间很准确。他安排人向代可汗满都海汇报情况后，在河边站着指挥过河："过去几个人，看看冰冻结实没有？"

科尔沁士兵有十来个人骑马过冰。马不愿走冰，打着走，走不远都摔倒了，人仰马翻。岸上人笑得前仰后合。

请灵总管诺延："再过去几个，下马牵着走。"科尔沁士兵又过去十来个人，牵着马，小心翼翼地在冰上走着。可由于冰面太滑，人和马都站立不住，纷纷滑倒。冰上士兵喊："不行啊，诺延！这么走都摔坏了！得想办法啊，诺延！"

虽然摔了几个人几匹马，但是冰冻结的坚实度及承载力却被探明了。

请灵总管诺延孛罗乃："往后传我的命令，护送部队，全体出动，不论用什么办法，往冰上送沙土垫上。"

命令下去后，后面2000人的部队乱营了。每十人带一把备用铁锹，多数人没有铁锹，有把马鞍下皮垫拿下来撮沙土的，有的用喝术兀思的木碗装土往冰上送。冰天雪地没有浮土，只能用手刮地面上的那么一点点马蹄踏出来的土，用蒙古袍的衣襟装运，这运土场面甚是壮观。

牙门图德们也要去运土，刚一行动，被诺延制止："牙门图德，你们不要动，那活儿太脏。你们要保持衣冠整洁，你们把衣服弄脏了，不体面了，怎么给太祖上香啊？"

牙门图德们："谢谢诺延关照！"

2000余士兵赛跑着运沙土。因河面宽，运砂土工具太原始，因冰冻能挖的沙土又少，整整运了大半天才在冰面上铺出一条薄薄一层的防滑沙土道来。队伍恢复了平静，都下马牵着慢慢往前挪动。为了保证灵寝宫帐车不滑倒，每边都用四个小伙子扶着，谨慎艰难地过哈屯河。

第五节　成吉思汗灵寝入卧龙岗八白宫

请灵队伍过哈屯河后，来到卧龙岗龙头新伊金霍洛。勒勒车慢慢行走也有两个日程了，孛罗乃诺延想到马上就要安全完成请灵任务了，心情也不那么紧张了，悠哉悠哉地领着队伍慢慢向目的地走着。

满都海代可汗这边，自从接到请圣祖灵寝队伍安全请回的消息时，便开始忙碌起来。代可汗满都海换上礼仪服装质孙蒙古袍，骑雪里白追风马，带领汗廷众多诺延迎接圣祖灵寝，来到卧龙岗龙头特意新修建的"八白宫－伊金霍洛"西坡约九里处，点燃两堆篝火，迎接圣主灵寝绰木朝克。

孛罗乃诺延带领队伍开过来，到近处，见到代可汗迎接，赶紧下马，施手掌捂胸鞠躬礼："代可汗陛下，奉您谕旨，前往漠北哈剌和林迎请圣主灵寝'绰木朝克'，已圆满安全返回，请圣谕示下。"

满都海代可汗："叔王辛苦了！明天辰时准时举行圣祖、圣母灵寝入宫仪式。"而后，从怀中掏出雪白的手帕，高举过头，在圣祖宫帐车前单腿跪倒，随从众诺延们双膝跪倒，说，"请圣祖、圣母，到新建的八白宫安歇！"而后点头到膝盖上，等磕头。随从众诺延伏地磕头，然后起立，将手帕挂在成吉思汗宫帐车上，闪过一边让路。请灵队伍在两堆篝火中通过，而后在附近扎营。

请灵总管孛罗乃诺延向护灵队伍下令："我们的神圣使命即将完成。今天在此扎营，大家早些休息。明天早起，牙门图德要沐浴净身，其他人要换干净衣服。卯时出发，辰时准时步行到达伊金霍洛。"

满都海代可汗在卧龙岗龙头地方举行了盛大的成吉思汗灵寝入宫祭祀仪式暨八白宫－伊金霍洛落成竣工典礼（现今伊金霍洛旗甘德利草原上的"成吉思汗陵"是清初迁去的）。

卧龙岗，是在哈屯河南岸一马平川河滩草原上突兀隆起的一道20里长的高岗，迤逦如巨龙飞腾之状，所以，人们称它为卧龙岗。满都海代可汗将圣祖的灵寝安在哈屯河南岸卧龙岗上，这表达了满都海向北发展统一蒙古的雄心。

八白宫－伊金霍洛建在卧龙岗龙头高岗处，这里有几棵树，树中间有新建的八个白色毡帐八白宫，右前方建有供奉哈日苏勒德的祭坛。各白宫中烧着香点着长明灯，四周遍插天蓝色长条旗，并有兵士把守，不让人们靠近。新建八白宫前面是广场，虽然天气寒冷，但广场上人山人海，四周到处都是马、骆驼、牛、勒勒车、远道来的搭建的毡房。

仪式开始前，主席台旁边广场上铺着大白毡，毡上放着紫檀木方木桌。满都海代可汗和几位重要诺延在桌子旁坐着喝茶闲谈，外围站立着很多诺延，一律穿着礼仪服装质孙蒙古袍。四周，牧民们尤其是年岁大的冻得缩着脖子围坐在一起，更多看热闹的人缩着脖子在外圈站着。

卯时，远处草原上出现了黄、绿、白各色车马旗幡。

群众中这时有人大声说着:"来了来了,看见了看见了。"

满都海代可汗听了便站起来,跟前的和四周的人们都站起来。人们都举目眺望着,请灵队伍浩浩荡荡向这里走来。

最外圈接近请灵队伍的人们,见成吉思汗灵寝绰木朝克大宫帐车过来,就地跪倒匍匐在地,磕头。

请灵队伍由请灵总管诺延孛罗乃在前引路,紧接着就是成吉思汗宫帐车,后有八个举旗幡的科尔沁士兵;接着是忽兰哈屯宫帐车,后有六个举旗幡的科尔沁士兵;再后也遂、也速干哈屯宫帐车,各有六个举旗幡的;接着是几个神物神器宫帐车;最后是大队人马。

圣祖宫帐车进入伊金霍洛广场,而后按次序在新建八白宫前面停放。圣祖和孛儿帖哈屯宫帐车居中;哈屯们的宫帐车从成吉思汗宫帐车后面绕过左侧,第一是呼兰哈屯,第二是也遂哈屯,第三是也速干哈屯宫帐车;在宫帐后面摆放弓箭宫帐、溜圆白骏、马奶桶。全部宫帐门都朝南。

礼部诺延宣布:"圣祖成吉思汗和圣母孛儿帖格勒真哈屯灵寝、忽兰哈屯灵寝、也遂哈屯灵寝、也速干哈屯灵寝入宫安歇仪式,暨新八白宫落成典礼,现在开始。全体起立,放礼炮。"

全体起立都肃穆站立。此时礼炮响起9响。

礼部诺延宣布:"进行仪式第一项:全体,向圣祖成吉思汗、圣母孛尔帖哈屯、呼兰哈屯、也遂哈屯、也速干哈屯,神圣的哈日苏勒德、圣物神器弓箭、鞍疆、白马、圣奶桶、珍藏奉祀之神,行三跪九拜礼。"

到场的人们都跪下磕头,磕头的动作不统一,上下浮动,就像平静的湖水被微风吹动而形成的波浪一样。

礼部诺延宣布:"进行仪式第二项:代可汗满都海陛下向圣祖、圣母及神物神器献手帕。"音乐声起。

代可汗满都海高举雪白的手帕,走上前,鞠躬,献手帕,再鞠躬;第二个、第三个,逐一进行。后边跟着一个礼仪人员,用银盘端着手帕侍候着。献完手帕,音乐停。

礼部诺延宣布:"进行仪式第三项:代可汗满都海陛下向圣祖、圣母及神物神器上香。"音乐声起。

代可汗满都海走上前,后边礼仪人员用银盘端着香侍候着。满都海向圣祖、圣母、哈日苏勒德、神物神器,按顺序,逐一鞠躬,上香,施礼,上香毕,音乐停。

礼部诺延宣布:"进行仪式第四项:由代可汗满都海陛下致祭词。"

代可汗满都海颂读祭文:

圣祖成吉思汗,
是蒙古人崇拜的神仙!
他是蒙古族的民族英雄,
他是各国历史上
从未出现过的
最杰出的帝王!
他把分散在蒙古草原上

各个独立纷争的游牧部落
统一团结在一起,
形成伟大的蒙古民族,
建立了大蒙古汗国
"也克·蒙豁勒·兀鲁思",
使蒙古地区的经济、政治、文化
得到了很大发展。
他是知人善任
雄才大略的政治家,
他是用兵如神
战无不胜的军事家。
正因如此,
他挥雄师南下,
报了全国对蒙古人
多年残酷减丁残杀的仇恨,
并占有了中原国土!
他挥军西进,
统一了中国历史上
从未统一过的民族和国家!
他征服了亚欧大陆,
为中华民族的
广袤疆域版图
做出了巨大贡献!
成吉思汗,
是一代天骄,
是蒙古民族的骄傲,
是世界千年风云人物第一名!

代可汗颂读祭文时,跪着的人们,都自然向前平伸手掌,像接东西状。

礼部诺延宣布:"进行仪式第五项:由代可汗满都海陛下恭请圣祖、圣母、神物神器入宫。"

代可汗满都海下令:"牙门图德,沐浴净身;达尔扈特,更衣。"

请灵总管诺延右手掌捂胸鞠躬:"启禀代可汗陛下,牙门图德已沐浴净身;达尔扈特已更衣。"

代可汗满都海:"请圣祖成吉思汗、圣母孛尔帖哈屯、呼兰哈屯、也遂哈屯、也速干哈屯,进宫安歇!"乐声响起。圣祖由四个童男四个童女左右服侍,圣母每位由四个童男四个童女服侍,由牙门图德们共同抬着走向新建八白宫。

"请神圣的哈日苏勒德、弓箭奉祀之神、鞍疆奉祀之神、白马奉祀之神、圣奶棒奉祀之神、珍藏奉祀之神，进宫安歇！"由牙门图德、达尔扈特共同抬着走向新建八白宫。

到八白宫后，牙门图德先用香火熏白宫里外，而后将白宫神主请进白宫。牙门图德和童男童女分立两旁。音乐停。

礼部诺延宣布："进行仪式第六项：由代可汗满都海陛下敬献神灯。"乐声响起。

满都海走上前，后边礼仪人员用银盘端着灯碗侍候着。满都海从银盘里拿出灯碗，牙门图德倒上酥油，满都海放在神位前然后点燃，随后满都海手掌捂胸鞠躬，如此向圣祖、圣母、哈日苏勒德、神物神器，按顺序，逐一进行。上神灯毕，音乐停。

礼部诺延宣布："进行仪式第七项：由代可汗满都海陛下敬献供品。"乐声响起。

由达尔扈特抬上八个全羊馐斯，由牙门图德接过逐一放在白宫供桌上，而后满都海手掌捂胸鞠躬结束。乐声停。

礼部诺延宣布："进行仪式第八项：代可汗满都海陛下致词。"

代可汗满都海："诸位诺延、父老乡亲们：中原汉人朝廷有太庙，咱们蒙古汗国汗廷没有太庙。但是，咱们蒙古人建的八白宫，相当于中原汉人朝廷的太庙，而且高于汉人朝廷的太庙。汉人朝廷的太庙，朝代更迭，便断绝了香火，有的甚至变成废墟。而咱们蒙古人建的八白宫，自圣祖1227年7月12日仙逝至今已252年，咱蒙古人祖祖辈辈、子子孙孙，一直在奉祀着。圣祖白宫的神灯，沿历史长河的轨迹，一直在闪烁着北斗星般的光明，为咱蒙古人指引着航程。

"北元汗廷，今将圣祖、圣母、神器神物请到这新建的八白宫，使圣祖、圣母、神器神物受到更好的供奉，也使圣祖圣母对子孙后裔有更好的关照。

"愿蒙古民族在其伟大领袖圣祖成吉思汗神灯的光辉照耀下，阔步向历史纵深前进吧！"

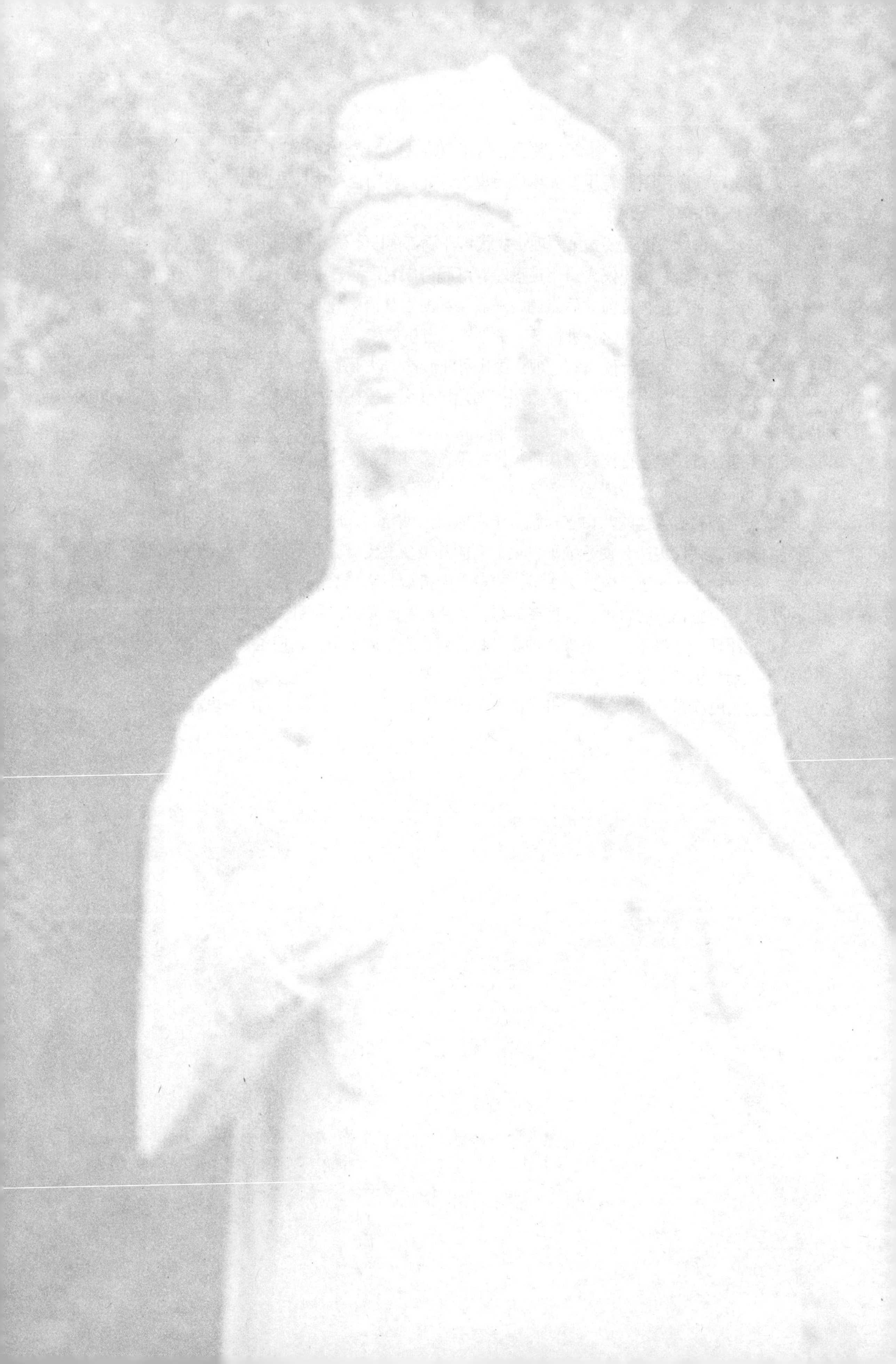

第十五章 千古奇婚

第一节　满都海寡居科尔沁首领求婚未允

1478年，满都海代可汗已寡居一年多了。

科尔沁乌纳博罗特诺延，当年慕名向满都海求婚未允，曾向满都海表示要等她，遵守诺言一直未婚，当然这其中也包括始终未遇到像满都海那样可心的姑娘的原因。

一日，乌纳博罗特诺延在大帐内仰着休息，冥思苦想得几乎入神。

幕僚墨日根进帐，招呼："诺延，赛音拜诺？"乌纳博罗特都未听到，幕僚墨日根于是又上前几步，"诺延，琢磨啥哪？"

乌纳博罗特诺延从沉思中被惊醒，很愕然地说："我能琢磨啥？来，坐下。"

幕僚墨日根坐在诺延跟前说："诺延，您都入神了，说啥也没琢磨？我不信。要不我猜猜？"

乌纳博罗特说："那好，我今天有空，你猜吧。"

幕僚墨日根："我要猜中了，您怎么赏我？"

乌纳博罗特："我赏你好马。"

墨日根："赏多少？"

乌纳博罗特："赏一匹。"

墨日根："诺延太抠门了，最少50匹。"

乌纳博罗特："你要猜不中呢？"

墨日根："打屁股板子。"

乌纳博罗特："打几下？"

墨日根："打一下。"

乌纳博罗特："打一下屁股板子顶50匹马，你这屁股也太值钱了。"

墨日根："诺延怕输，我还是别猜了。"

乌纳博罗特："你把我看成小气鬼了？依你，猜吧。"

墨日根："我猜着了，您可不行玩赖。"

乌纳博罗特："阎王爷跟小鬼玩赖？笑话！我看你这么啰啰嗦嗦，墨墨迹迹，我看你是猜不着。得了，去吧去吧，别在这费嘴皮子了。"

墨日根很诡秘地，一字一顿地说："我真猜了？"

乌纳博罗特："嗯。"

墨日根："我猜着，您可别不好意思。"

乌纳博罗特诺延假装生气："猜，再不猜我叫卫兵把你打出去。"

墨日根一字一板地说："您在想女人。"

乌纳博罗特诺延不以为然地说："你这扯不扯，我要像你们那样，早就娶媳妇，孩子都老大了。你猜错了，我没想女人。过来，我要打你屁股。"

第十五章 千古奇婚

墨日根:"诺延,我猜得不错,您在想女人,想的还不是一般的女人。"

乌纳博罗特诺延:"谁?"

墨日根一字一板地回答:"当朝代可汗满都海!"

乌纳博罗特诺延惊奇地坐起来问:"你怎么猜到的?"

墨日根很有成就感地告诉他:"这道理太简单了。您作为男人,不是不想女人,只是不想一般的女人。对那些出类拔萃的女人,您会想得几天几夜睡不着觉。正因为这些年,您没遇到您钟情的女人,您才等到现在没结婚。"

乌纳博罗特:"那你怎么说我想的是满都海呢?"

墨日根:"那也很简单。自打满都鲁汗晏驾,这一年多来,我观察您,您一有闲工夫,就陷入沉思,有时茶饭不思。这一阵子,您想得比以前更厉害了,您身体日渐消瘦就可证明这一点。您要承认我猜得对,我再继续跟您说。"

乌纳博罗特:"你非得要我口供怎么的?"

墨日根嬉皮笑脸地说:"不是那个意思,诺延,您得承认我墨日根灵不灵?"

乌纳博罗特:"真拿你没法。"语气很肯定地说,"灵、灵,你属实猜到我心里去了,你不愧'墨日根'绰号。我输你50匹马就是了,多给你点,你接着说。"

墨日根:"代可汗满都海,让您朝思暮想。"

乌纳博罗特:"你详细说说为什么。"

墨日根:"首先,满都海那婀娜多姿身段,天上难找,地上难寻,是全蒙古最标准的女性,是您多年来一直未遇到过的女性。当年您向她求婚,她心高未允;现在她成了寡妇,您又有了机会,能不想吗?"看到诺延听得津津有味,便小声问,"诺延,我问您,每当您躺在床上,闭上眼睛想休息的时候,是不是满都海就会出现在您眼前?"

乌纳博罗特笑眯眯地看着墨日根说:"你这人,啥都知道。"

墨日跟看诺延那样子,知道说到心里去了,就接着滔滔不绝地讲起来:"嗯,还有,现在的满都海不是以前那个小姑娘了,这尤其让您垂涎的,是满都海掌握着满都鲁大汗的巨额财产,如果您娶了这样的媳妇,再加上您的财产,您肯定会成为全蒙古的首富,这是第二。"

"这第三嘛!"墨日根卖弄一下,看看诺延脸色,"我想,这第三,您想起来就会心跳。根据满都海现在是代可汗的地位,如果您能与她结婚,无疑您就成为北元事实上的大汗。想起当大汗那威严、那风光、那美不可耐的得意劲儿,您能睡得着吗?"

乌纳博罗特听了墨日根切中要害的分析,紧张地思索着,脸色急剧地变化着,嘴上说:"你小子可真能分析!"

墨日根对诺延的话不以为然,反问:"诺延,您说我说的有道理吗?"

乌纳博罗特往上挺一挺腰板,假装没事似的:"那你说,有这些好事,为什么睡不好、吃不香?"

墨日根:"诺延,您想想,您反反复复思考其中的利,也反反复复考虑您的条件,同时您也反反复复考虑会产生的弊,您能睡得好吃得香吗?您认为您是科尔沁首领,权大财壮人多,年龄好,未婚,身体魁梧,长得英俊,条件能配得上满都海了。可是,诺延,您有个致命弱点,就是自尊心太强,太看重面子,总是害怕万一求婚不成,会被别人耻笑,丢了诺延面子。因此,您每次想到这事，您既想入非非，精神兴奋，同时您也思想矛盾，精神压力很大，当然也就吃不下饭，睡不着觉。诺延，我说得不错吧？"

乌纳博罗特见他说到心窝里，也真心地说："不错不错，你这个墨日根够格。那你说说，我该怎么办？"

墨日根很干脆："一句话，向她求婚。"

乌纳博罗特连连摆手："不行不行！"

墨日根煞有介事地说："诺延，您想想看，满都海哈屯三十刚过，正当年，是过来人，经历过男女间的事情。"看看诺延表情后又说，"您去求婚，一保准成。"

乌纳博罗特晃脑袋，拉长声挤出个："不一定。"

墨日根像好哥儿们一样地对诺延说："我问您，听说过'女人三十如狼四十如虎'的话吗？这是说这个年龄段的这种情况的女人，没男人不行。您去求婚，保证行。"

乌纳博罗特："满都海现在是代可汗，她的地位，她的身份，她的富有，能看上我吗？"

墨日根："诺延，您35岁，年龄正合适；体格魁梧，人长得又帅；您未婚，无夫人，不存在当大当小的问题；您也是乞颜家族后裔，并且是威震一方的科尔沁的诺延；您还是腰缠万贯、牛马遍野的巨富。您的条件，全蒙古无人敢与您比。我认为能配上了，她肯定能看上您。"

乌纳博罗特："咱是有地位、有面子的人，万一不行，即使代可汗不怪罪，也砢磣不起呀！"

墨日根："您向满都海求婚，知道的也就几个人。满都海能向别人说这事吗？砢磣不了。再说，能与满都海结婚，您就成了北元事实上的大汗了，这太有诱惑力了。很多人为了汗位，不惜身败名裂，动用武力，杀得你死我活。和他们比，砢磣算什么？诺延，您现在遇到这千载难逢的机会，万一坐失良机，后悔药可没处买呀？"

乌纳博罗特带着疑问："你说能行？"

墨日根："诺延，您应该鼓起勇气，向满都海求婚。万一能行呢？"

乌纳博罗特："对，鼓起勇气，向满都海代可汗求婚。你说得对！"想到这儿，心里美滋滋的，自言自语，"万一能行呢！"

墨日根给他鼓劲："鼓足勇气！"

乌纳博罗特诺延还是底气不足，说："墨日根，我总觉着心里没底，还是你帮我跑一趟吧。"

墨日根："在下愿意帮这个忙。"

乌纳博罗特："如果事成，有朝一日我掌了大汗权限，我一定封你为丞相。"

墨日根却说："诺延，您别忙封官许愿，您先亲笔写一封求婚信。"

乌纳博罗特："对，先给她写一封求婚信！"展开白绢布，用竹削笔沾墨汁在上写信，写半道，招呼，"墨日根。"

墨日根："诺延，又有什么心事了？"

乌纳博罗特："这封信，你最好当面呈交给代可汗满都海。如果代可汗脸色不悦，你随机替我美言圆场。"

墨日根："诺延都许我当丞相了，我能不尽力吗？我明天就起身。"说完施礼走了。

乌纳博罗特美滋滋地看着墨日根离去的背影。

满都海代可汗金帐内，正北面悬挂着成吉思汗画像，两侧摆放着成吉思汗时期八十八名功臣画像的屏风。金帐四角竖立有四个苏勒德，外面立有哈日苏勒德和八个陪纛。满都海代可汗头梳顾姑冠，坐在宝榻上。

金帐卫士："站住，干什么的？"

科尔沁墨日根施鞠躬礼，自我介绍说："我是科尔沁乌纳博罗特诺延幕僚墨日根，我们诺延派我给代可汗呈送一封信。"

金帐卫士："靠后站。"墨日根很顺从地往后退了几步。

卫士进帐请示，施男式礼："代可汗，科尔沁有一信使求见。"

代可汗满都海："让他进来。"

科尔沁墨日根进帐双膝跪倒，口称："叩见代可汗！"磕头，"科尔沁乌纳博罗特诺延派我呈送这封信给代可汗。"而后双手高举呈交。

女侍卫接过信，放在代可汗案几上。

满都海代可汗看着信，信是用1尺宽2尺长白绸布写的，上写：

尊敬的满都海代可汗陛下：

您麾下科尔沁诺延乌纳博罗特顿首。满都鲁大汗仙逝后，您一直寡居，恐因无人与您相匹也。在下哈萨尔齐王后裔，当年先妣曾派人向您求亲未允，一直为履行诺言在等您，未婚，今35草青，体魄魁梧，英俊。今虎胆毛遂自荐，向您求婚。

科尔沁·乌纳博罗特顿首

满都海代可汗看过信，微笑一下，把信轻轻放在金案上，站起来，漫步着，思考着，最后缓缓地说："请你转告乌纳博罗特诺延，信我收到了，就说我谢谢他。你回去吧。"

科尔沁诺延乌纳博罗特大帐里，自墨日根走后，乌纳博罗特诺延心情忐忑地、焦急不安地、时刻等待着听到好消息，简直度日如年。

一天，墨日根回来了。看他脸上并无喜笑颜开的光辉，乌纳博罗特就觉着不妙，急不可待地问："快说，怎么样？有希望没有？"

墨日根一路劳顿，饥渴难耐，找口奶茶喝后，才慢腾腾地说："代可汗让我转告您，说'信我收到了，就说我谢谢他'。"

乌纳博罗特："还说啥了？"

墨日根："还说'你回去吧'。"

乌纳博罗特："你看见代可汗脸色啥样？是喜还是恼？"

墨日根："我在门口那儿跪着，我不敢抬头细看。我仗着胆偷着看几回，代可汗长得属实漂亮，但脸色、表情看不清楚。"

乌纳博罗特："你光顾欣赏代可汗长得漂亮，哪有心思替我揣摩代可汗心情。"

墨日根："反正代可汗没恼。代可汗那么高的身份，能当即表态吗？说'谢谢你'，我看还有希望。"

乌纳博罗特："但愿如此吧。"

第二节　满都海再婚出现截然不同意见

满都海代可汗金帐内，满都海代可汗这日无事，与郭尔罗斯爱玛克萨岱诺延、桑海·乌尔鲁克夫人扎罕·阿噶闲聊。

满都海代可汗说："萨岱诺延、扎罕·阿噶夫人，你们二位在这儿。今天没有紧急公事要处理，我有一事，想听听你们的意见。"

萨岱诺延："老臣愚昧，但能做到知无不言。请问代可汗，不知何事？"

满都海："先大汗晏驾后，我曾有言，接孛儿只斤氏后裔巴图蒙克即汗位。然而日前，科尔沁乌纳博罗特诺延曾向我求婚。而现在，汗裔巴图蒙克又由帖木尔·哈达克送到我这儿。你们说说，这两个人，我应该选择谁？"

萨岱诺延很直率地说："依老臣之见，与其等待幼小的巴图蒙克台吉，不如选择壮年的乌纳博罗特诺延。这样，于兀鲁思、于您个人，都有益。"

满都海问："扎罕·阿噶夫人，你说说你的看法，我选择谁合适？"

扎罕·阿噶夫人说："代可汗陛下，我的意见正好与萨岱诺延意见相反。不知当说不当说？"

满都海："但说无妨。"

扎罕·阿噶："科尔沁乌纳博罗特诺延是哈萨尔王后裔。若是哈萨尔之裔，是将国主可汗位拱手奉送。举国之众将疏远您，您将失去赛音哈屯之名！百年后难对圣祖列宗，您将受到谴责并留身后骂名，若是黄金家族之后裔，将获长生天之护佑，得举国之众拥护，将扬汝赛音哈屯之盛名！"

满都海听此言，觉得很有道理，与自己最初的想法相吻合，转身对萨岱诺延说道："萨岱诺延，你听听阿噶夫人怎么说的？你作为汗廷诺延，岂可不提汗位旁移，原则大事不论，而只就事论事！只看见可汗后裔年幼，只论及哈萨尔后裔年富。以个人婚姻小事，动摇黄金家族汗位传承！你是欺负可汗年幼后裔，你是欺我哈屯之身为孤孀，你欲陷我不忠不义不仁之地，我自信任你而向你问计！"越说越气愤，随手将一杯热茶，泼在了萨岱诺延脸上。

扎罕·阿噶夫人的一席话，最后坚定了满都海代可汗嫁巴图蒙克的决心，主意一定，遂派使臣召见科尔沁乌纳博罗特诺延，回复其求婚请求。

伊剌姑在金帐门口高宣："满都海代可汗，召见科尔沁乌纳博罗特诺延。"

科尔沁乌纳博罗特诺延进金帐，施叩拜礼："参见代可汗陛下，祝代可汗青春永驻，福寿绵长。"

满都海代可汗说："乌纳博罗特诺延，你对我一片爱慕之心，我深表欣赏。然而，若夫主上之嗣已尽绝无继，汝亦主上之族当然可以。但共主之裔巴图蒙克健在，帖木尔·哈达克已护送来朝。为共主之业的继续，你我应共同维系。若我不绝望于彼，则我不宜适汝也。"

科尔沁乌纳博罗特听了这样的答复，当即表示："代可汗陛下，您将个人婚姻之事与蒙古黄金家族的汗位接续联系起来考虑并处理。舍弃个人幸福，而成就黄金家族汗位继承之大业，真乃君王之虑。臣出于对您的崇敬爱慕心情，一时糊涂，做出莽撞之举，祈望代可汗能原谅。"

满都海："乌纳博罗特诺延，我不是已经说了嘛，若夫主上之嗣已尽绝无继，汝亦主上之族当然可以，这不怨你，你不要自责了。"

乌纳博罗特："代可汗从政权高度考虑得甚为全面、周到，臣心服口服。臣将对您的佩服、对您的爱慕，化作一股力量，今后愿在您的麾下，为北元事业尽心竭力。"

代可汗满都海要嫁7岁的曾侄孙巴图蒙克的消息，不胫而走。

一天，郭尔罗斯部萨岱诺延遇脱罗干知院诺延，萨岱诺延提起满都海代可汗要嫁七岁的巴图蒙克，并问："你说这合适吗？"

脱罗干诺延沉思一下说："黄金家族没有年龄合适的，那也是没办法的事。"

萨岱诺延接着发表自己的观点："黄金家族是没有年龄合适的，可那科尔沁乌纳博罗特诺延，年龄合适，又是哈萨尔后裔，人家主动来求婚，她拒绝了。你说这、这……"

脱罗干诺延冷静地说："这事你不用这、这的了，这事很简单，就是满都海要永远掌握汗权。我问你，嫁乌纳博罗特，还能掌握汗权吗？"

萨岱诺延："那恐怕做不到。"

脱罗干诺延："你知道不？就是这个理。"

萨岱诺延："可是，这太奶和曾侄孙结婚，辈分可差太远了！违背伦理呀！"

脱罗干诺延："咱蒙古族有'父死可妻其后母'的风俗习惯，妻后母可以，妻太奶有何不可？"

萨岱诺延："正因为妻太奶，辈分差得多，才叫违背伦理嘛！"

脱罗干诺延："萨岱诺延，你别瞎操这个心了，你别看满都海比你我都年轻，可她那心眼，比咱俩心眼加一起都多。你这理由，她要听说，会以辈分差得越大，血缘关系越远，越合适为由驳你。"

萨岱："可是，咱蒙古，有大男人娶小媳妇的，没听说有大媳妇嫁小男人的。"

脱罗干："你没听说女大抱金砖吗？"

萨岱："那是指女大一两岁的，她这大多少，大26草青，比他亲额吉还大好几草青！你说这、这，这叫啥事啊？"

脱罗干："萨岱诺延，你真是看古书掉眼泪，替古人担忧啊！"

萨岱："差这么多，你说这两口子的事，可怎么办哪？"

脱罗干："萨岱诺延，你这不是管得太宽了吗？人家巴图蒙克愿意，你这不是瞎操心嘛！"

萨岱诺延："她是把巴图蒙克给唬住了。"

脱罗干："我的观点和你不一样，别看巴图蒙克才7草青，可他知道与满都海定为夫妻的好处，他是从内心愿意的。这个小孩，可不能等闲视之！"

萨岱："她当代可汗，愿嫁谁嫁谁呗。那天，她装模作样向我征求意见，我真是一片好心，说选科尔沁乌纳博罗特诺延合适。你说怎样？她泼了我一脸热茶，好险把脸烫坏了，哪有这么征求意见的！"

脱罗干："没烫坏，你偷着乐去吧。哪有不顺着可汗心思说话的！这么多年，你还没长这个经验教训哪？你今天的话，叫她听去，哪天还得泼你两杯热茶。少评论几句吧，萨岱诺延。"

萨岱诺延梗着脖子，不服气又无奈地叹口气："嘿！"

代可汗满都海在金帐召开汗廷主要诺延会议。

满都海代可汗："各位诺延，最近社会上出现一些舆论，是针对巴图蒙克即汗位尤其是我做巴图蒙克哈屯的问题，今天请你们几位汗廷主要诺延来，就这两件大事，想听一下你们的看法。第一件是巴图蒙克即汗位问题。巴图蒙克是成吉思汗第16世孙，现已7草青，拟于今年拥立他为大汗，为咱全体蒙古人的伊金，这是我最初计划中之事；第二件是我做巴图蒙克的哈屯问题。请大家各抒己见，谈谈看法。"

孛罗乃丞相："代可汗，我先说说我的看法。咱们的'也克·蒙豁勒·兀鲁思'大蒙古国，是成吉思汗多年奋斗建立的，没有成吉思汗就没有大蒙古国，成吉思汗理应是大蒙古国的伊金，咱们全体蒙古人都是成吉思汗的子民；咱们现在的北元，是成吉思汗之孙忽必烈汗所建大元帝国的延续，因此咱们仍然是成吉思汗的子民，理所当然地要拥立成吉思汗的后裔当伊金，即大汗位。现在，成吉思汗的后裔，只有巴图蒙克了，当然要拥立巴图蒙克为大汗，我没意见。"

脱罗干知院："除了成吉思汗伊金及其后裔，任何人都没有资格统治蒙古。只有成吉思汗的子孙为大汗，才对蒙古有维系力、有凝聚力，才能给咱草原带来安宁与幸福，我同意拥立巴图蒙克为大汗。"

满都海代可汗："我做巴图蒙克的哈屯问题，你们两位大员都没谈，不要顾忌我的面子，怎么想的就怎么说。"

孛罗乃："还我先说，您做巴图蒙克哈屯的问题，我也听到一些舆论，那都是些庸人无稽之谈，不足为虑。

"首先，这是一桩非常有意义的政治婚姻，在汗裔孤悬一线之时，您挺身而出，抚养教育其成人并扶立其即汗位，延续了成吉思汗的汗统，是一件了不起的事情；

"二来巴图蒙克年仅七草青，幼弱无援，您以满都鲁汗遗孀之威势，做巴图蒙克的哈屯，可以很好地将巴图蒙克扶上马，送一程，对他日后亲政是非常有益的；

"三是咱蒙古族自古有收继婚的风俗习惯，巴图蒙克既然即汗位，当然有权收继满都鲁汗的哈屯，您做巴图蒙克的哈屯，自然是顺理成章的事；

"再说，巴图蒙克即汗位后，册封您为哈屯，这是大汗的决定，谁能左右得了、管得了啊。我的看法，您不要听闲言，一定要按原计划，做巴图蒙克的哈屯，辅佐巴图蒙克将北元的事情办好，做蒙古中兴之母。"

脱罗干："代可汗做巴图蒙克哈屯的问题，我也听到反对的声音，但那都是拿不是当理说的一些个别人，在背后瞎哄哄而已，他们不敢拿到桌面上来，代可汗完全可以不介意。代可汗为延续成吉思汗汗统，牺牲自己个人青春和幸福，抚养教育汗裔孤儿并等待其长大成人，这个精神之伟大，这个行为之高尚，绝不是哪一个人能否定了的，也绝不是哪一个人能办得出来的，请代可汗按您原计划实施。"

满都海："丞相、知院是兀鲁思的两个顶梁柱。你们两位顶梁柱的看法，可以代表多数蒙古人的意愿，那我就听你们的，照原计划继续进行这两件重大事项。好了，散会吧。"

永谢布首领亦思马因好如嘎大帐内，亦思马因的夫人郭罗泰纳由欢、小夫人锡吉尔在帐内闲谈。

亦思马因的夫人郭罗泰纳由欢很诡秘地问："妹子，你儿子巴图蒙克的事，最近你听说没？"

锡吉尔："没听说，啥事啊？大姐。"

郭罗泰纳由欢："没听说就算了。"

锡吉尔："自打那年被巴海领走，我怕诺延生气，始终没敢提巴图蒙克，人们也有意对我隐瞒巴图蒙克的消息。我是聋子耳朵，啥也听不到啊！好姐姐，告诉我吧。"

郭罗泰纳由欢："咱都是女人，谁不惦记自己生养的骨肉，我估算你心里肯定惦记着，这是咱女人的天性。不过，我可告诉你，你只能存在心里头，可别露出来。诺延若是知道是我告诉你的，会跟我发脾气。他那臭脾气，我也惧。"

锡吉尔："长生天在这儿，我发誓，保证藏在心里不露。告诉我吧，好姐姐。"

郭罗泰纳由欢小声说："我也是昨天才听人说的，你儿子巴图蒙克，要当大汗了！"

锡吉尔高兴得不由自主地喊出声："哎呀妈呀！我儿子要当大汗了！"

亦思马因正好此时进帐，听到话边，追问："谁要当大汗了？"锡吉尔不敢言语，郭罗泰纳由欢也不吱声。

亦思马因坐到诺延位置上，厉声问："谁要当大汗？"

锡吉尔看瞒不住，只好承认："是我儿子巴图蒙克。"

亦思马因感到惊讶："巴图蒙克？是他？"

郭罗泰纳由欢和锡吉尔都默不作声。

亦思马因又问："听谁说的？"

锡吉尔看一眼郭罗泰纳由欢，没吱声。郭罗泰纳由欢："是我们姐俩说着玩的。"

亦思马因左右看着两位夫人，觉得奇怪，怎么竟然瞒着自己，大发雷霆："听谁说的？"

郭罗泰纳由欢："是我听下人说的，因怕不准确，没敢向你禀报。"

亦思马因："哪个下人？竟敢背着我传闲话！"

郭罗泰纳由欢："人家说是听旁人说的，特意跟我说不一定准确，不要告诉别人。你责罚他也没用。"

第三节　满都海嫁小女婿前防变心要其立誓

1480年，满都海代可汗为了黄金家族多年传承下来的汗位能够延续，决定嫁给七岁的巴图蒙克，并扶立其为大汗。这是一桩政治婚姻。

满都海代可汗昔剌斡耳朵金帐外，巴图蒙克在玩耍。满都海招呼："巴图蒙克，你过来。"

巴图蒙克扔下玩具，跑到满都海跟前。

满都海拉过小巴图蒙克手说："巴图蒙克，我跟你说个大事。"

巴图蒙克惊讶地问："啥事啊？太奶！"

满都海："我想扶立你当大汗，你高兴吗？"

巴图蒙克虽然不知当大汗啥滋味，但他知道大汗是蒙古最大的诺延，便激动地说："高兴！"

满都海问："那你说说，为啥高兴？"

巴图蒙克："因为当大汗，是咱蒙古最大的诺延。"

满都海问："你知道哈屯是什么吗？"

巴图蒙克："知道。"

满都海问："那你说说，哈屯是怎么回事？"

巴图蒙克："哈屯就是大汗的媳妇。"

满都海问："巴图蒙克，你知道媳妇是啥意思吗？"

巴图蒙克："媳妇就是陪着睡觉的。"

满都海问："哈屯陪着大汗睡觉外，还干啥？"

巴图蒙克："给大汗生孩子。"

满都海高兴地抚摸着巴图蒙克的头说："哎哟，小小的孩子什么都知道。那我问你，你当大汗，我给你当哈屯行吗？"

巴图蒙克忙说："我愿意！"随后便扑到满都海怀里。

满都海将巴图蒙克推离开怀，告诉巴图蒙克："我可比你大呀！"

巴图蒙克："太奶，我不嫌你大！"

满都海："我比你大，可不是一般的大，可大不少啊，比你嫫母年龄还大点儿呢，你可要考虑好了啊！"

巴图蒙克："太奶，只要你不嫌我小，不管你比我大多少，我都愿意。"

满都海："你长大了，嫌我大怎么办？"

巴图蒙克："不会的，太奶。我当大汗，就让你给我做哈屯。"

满都海："巴图蒙克，当大汗有实权，你长大后，看人家姑娘长得漂亮，再纳小哈屯，你还会记着我这年龄大的哈屯吗？"

巴图蒙克："太奶对我好，我不要别的哈屯，我就守着太奶，我就和太奶好。"

满都海："你要当大汗了，大汗说话是金口玉言，吐口唾沫都是个钉，说话要算数的。"

巴图蒙克："太奶，你对我好，我就是要和你在一起，我是真心的。"

满都海指着巴图蒙克胸脯："是从这里说的吗？"

巴图蒙克："是。"

满都海："那你敢向长生天发誓吗？"

巴图蒙克："敢。"

满都海："巴图蒙克，我告诉你，向长生天发誓是灵验的。要是违背了誓言，长生天是要惩罚的，你发誓要考虑好了。"

巴图蒙克："我说到做到，长生天还会惩罚吗？"

满都海："说到做到，长生天当然是不惩罚了。"

巴图蒙克："那我发誓！"说着跪下。

满都海将巴图蒙克拽起来，说："起来起来，先别发誓，明天咱俩一起到圣祖八白宫去，你在圣祖成吉思汗灵前向长生天发誓。"

八白宫由八顶白色毡房组成，主殿中供奉着成吉思汗与孛尔帖哈屯，东殿供奉着成吉思汗第四子托雷与其哈屯忽必烈汗之母亲唆鲁和帖尼。

代可汗满都海头梳顾姑冠，穿粉红色蒙古袍，腰系草绿色绸带，骑一匹雪里白追风马。巴图蒙克头上，前后左右各留一小撮头发，后面和左右两边的梳着小辫，穿橘红色蒙古袍，坐在一个有篷子的车上。诺延们穿象征官阶的各种花的蒙古袍。他们一行到哈屯河南岸卧龙岗八白宫拜谒成吉思汗灵和忽必烈汗母亲也失哈屯灵，祭奠、祈祷、发誓。

接近卧龙岗八白宫后，女侍卫门扶满都海下马，抱巴图蒙克下车。满都海携着巴图蒙克的手，在众人前面走。众人在后面跟。八白宫管理人员牙门图德们迎出来。

牙门图德们施手掌捂胸的鞠躬礼："参见代可汗陛下。"

满都海代可汗摆手："免礼。"

牙门图德们施手掌捂胸的鞠躬礼："参见台吉殿下。"

巴图蒙克瞅瞅满都海，学着满都海的样子摆手，说："免礼。"

牙门图德们向众诺延施手掌捂胸的鞠躬礼："欢迎各位诺延莅临圣地祭奠。"而后鞠躬姿势默立两旁。众诺延徐徐入内。满都海携巴图蒙克在前，首先进入成吉思汗白宫。

满都海领着巴图蒙克走过来，牙门图德赶紧把两个垫子放在应跪的位置。满都海从怀里拿出白手帕，双手高举白手帕说："参拜圣祖成吉思汗、参拜圣母孛尔帖哈屯！"施跪拜礼，而后将白手帕献给圣祖白宫。

满都海说："巴图蒙克，在圣祖面前，你向长生天发誓。"向前上方伸出双手，掌心朝上，"我说一句，你复述一句。"

"长生天在上，我太奶满都海要扶立我为大汗。我当大汗后，封我太奶满都海为哈屯，一直到老。长大后我若忘恩负义，再纳别的哈屯，忘了太奶满都海，请长生天严厉惩罚我。设誓人：巴图蒙克。"

发完誓后，满都海将巴图蒙克搂在怀里。

出了成吉思汗灵白宫正殿，满都海又领巴图蒙克到拖雷哈屯忽必烈之母唆鲁和帖尼宫帐处，牙门图德赶紧把两个垫子放在应跪的位置。

满都海施女式礼，参拜圣母也失哈屯，而后将白手帕高举过头，献给也失哈屯，然后屈双膝笔直跪在垫上，向也失哈屯祈祷：

　　在这黑白难辨的时候，
　　孛儿只斤氏后裔细弱也，
　　牙裔乌纳博罗特求婚，
　　是我来到天后母宫的原因。

> 您的嫡系子嗣年龄幼小，
> 乞我天后母佑我们姻缘也。
> 若夫践我诚心奏后母之言，
> 而守候君之弱嗣巴图蒙克，
> 则乞赐七男于我内襟中乎，
> 则乞赐独女于我外襟中乎！
> 将名之以七博罗特，
> 将奉主君之香火乎！

祈祷完毕，满都海磕头起立，随后领巴图蒙克献香、献神灯，札里赤伊剌姑等四人在旁侍候。

八白宫围墙外正南百步远有一柱，满都海代可汗携巴图蒙克，按规矩，很严肃地漫步绕柱三圈。诺延们在后面按职务大小跟着。

绕完柱后，在距柱81弓处向外撒奶酒。随后，再绕，在柱子旁拴着的大马及其马驹旁边用小木勺掬奶酒撒扬之。再由牙门图德以奶盛于银碗中扣在马背上，碗掉下来必须碗口朝上，否则重来。

再后向八白宫献酒，满都海和巴图蒙克跪于殿外，由牙门图德从她们献的酒壶中取酒倒入酒碗中。满都海用银方盘捧入灵殿，由牙门图德接过，置于殿堂上。满都海和巴图蒙克行礼，退出跪于原处。然后另一牙门图德取酒盘，进灵殿时口中喊着"哦、哦、哦"将酒取出，倒入一大盂中，再换新酒让满都海捧入，此时殿外有两个牙门图德念念有词，谁也听不懂，称为天语。

献酒后，献苏格点心、献羊，由札里赤伊剌姑等四人在旁侍候。两人抬着。献毕，下拜磕头。

祭祀场景很肃穆，无人嘈杂，都默默地跟随祈祷、叩拜。

第四节　佞臣亦思马因兴兵逼宫要官

祭祀完毕回去后，正值春暖花开，草绿花红季节，在代可汗昔剌斡耳朵金帐，满都海正召开准备盛大双庆大典的筹备会议。

满都海将扶立巴图蒙克为大汗以及于何时举行仪式的决定，派秃阿赤向各部各爱玛克下通知。这一天，秃阿赤到永谢布部通知亦思马因。

卫兵进帐施礼："报告诺延，汗廷秃阿赤到。"

亦思马因因有太师头衔未出迎，只说了声："请。"

秃阿赤进帐，见亦思马因拿太师架子坐在那儿没动地方，只好施鞠躬礼问安："太师诺延，赛音拜诺？"

亦思马因很高傲地说："秃阿赤，汗廷有什么新指示啊？"

秃阿赤说："代可汗派我来通知您，参加新可汗即位仪式。"

亦思马因一惊，忙问："新大汗是谁？"

秃阿赤因亦思马因不以礼接待汗廷使臣,有意不告诉他:"请太师原谅,代可汗只派小臣通知太师您参加即位仪式,没告诉谁即位,小臣也不知道。"

亦思马因:"是不是巴图蒙克?"

秃阿赤答复:"这是汗廷头等重要大事,恕小臣不敢妄加议论!"亦思马因看看秃阿赤,无可奈何地说:"好吧。"

秃阿赤:"小臣告辞。"

亦思马因见秃阿赤走了,消息准确了,回头对锡吉尔厉声说:"锡吉尔,我告诉你,就是你儿子巴图蒙克真当大汗,你也别想离开我这儿。你得好好侍候我,侍候那俩儿子长大。你要存有离开我的心,别说我对你不客气。"

锡吉尔:"诺延放心,巴图蒙克当大汗,我也不离开您。"

亦思马因:"这就对了。"

汗廷内务府总管为了保证双庆大典服务工作不出漏洞,组织几十名妙龄女孩进行训练:"过几天,汗廷要召开新大汗登基即位庆典,举行盛大国宴,抽调你们这些人,为大会服务。你们也懂一定的蒙古礼仪、规矩、习俗,但你们在家里娇生惯养,做得不规范。这次是宫廷宴会,不比一般,不能走样。为了严肃宫廷礼仪,必须整齐划一,为此,我今天给大家讲解服务规范和服务纪律:

"首先,必须穿汗廷发的质孙服新蒙古袍,做到衣着整洁,净面,包好头巾。进会场上茶、斟酒、上菜时,口鼻必须用白丝绸罩上,丝巾在脖子后打花结,花结打成如盛开的白莲花。

"第二,要全面、仔细检查酒觞、茶杯、汤碗,不能有一件有裂纹豁口的,否则不吉利、不礼貌。

"第三,第一次倒奶茶、斟酒,必须向客人施屈膝礼问好。倒完后,施屈膝礼离开。

"第四,必须按咱蒙古人习惯做到满杯酒、满碗茶。酒要满但不能洒;满碗茶,倒到离碗边一指左右为宜。太满了,手指容易伸进茶水里,烫自己手指好办,烫着诺延们的手指,会给宴会带来不愉快的事情,再者不文雅、不卫生;另外,大家切记不要将大拇指竖起在碗边、杯边。

"第五,斟酒、倒奶茶,咱蒙古人是有规矩的,必须按从尊到卑、从老到壮、从长到幼的顺序,不能违反。违反了,要惹出大麻烦。再者,给尊者、老者、长者续奶茶,一定要将茶碗接过来在自己手中续满,不能让他们端着碗,你直接倒在递过来的碗里。碗里剩的奶根茶根,不能顺手随便泼在地上,更不能从大帐门口泼出去。这里有很多忌讳。

"第六,向金帐内的诺延敬酒、敬茶时,必须举杯齐眉,跪献;向其他诺延、老人、长者,要弯腰低头敬献。"

因礼仪好坏将直接影响汗廷形象及庆典效果,内务府诺延讲解后,让这一群女孩子们进行了实际操作,尤其对用白丝绸巾捂口鼻在脖后打花结进行了反复练习,做到万无一失。

礼部诺延对汗廷歌舞队进行了培训,对参加演出的歌、舞、杂技等节目进行排练、熟悉;还对摔跤手、参加赛马的青年进行了选拔,并进行了热身赛。

按蒙古族历代规矩,新可汗登基要搭建新昔剌斡耳朵黄金宫殿,庆典在新昔剌斡耳朵举行,还要搭建帖儿篾格尔（族帐幕）以及接待宾客的临时毡帐格尔。牧民们在汗廷工部以及内务府、礼部等几个部门诺延们的指挥及监督下，搭建并装饰新的昔刺斡耳朵黄金宫殿、帖儿篾格尔以及临时毡帐格尔。

亦思马因诺延好如嘎大帐内，亦思马因与墨日根在密谋。

亦思马因："墨日根，汗廷来通知，说召开新可汗即位仪式，你猜谁即位？"

墨日根："汗廷来的秃阿赤没告诉您吗？"

亦思马因："那小子是个犊子，我问他两次，他都没说。"

墨日根："那叫我猜，我猜准保是巴图蒙克。"

亦思马因："怎么是他？"

墨日根："您忘了？太师诺延！那年，满都海派人接走巴图蒙克，那就是为了今日即位。"

亦思马因："是有这么回事。"

墨日根："太师诺延，您这么健忘呢，您族兄乩加思兰不也为了接走巴图蒙克，派人带厚礼找过您吗？"

亦思马因："对对，是有这事。这么说，当年咱没把巴图蒙克当回事，失策了？"

墨日根："是这样，太师诺延。"

亦思马因："事到如今，有什么补救良策吗？"

墨日根："有。"

亦思马因："快说，什么办法？"

墨日根："巴图蒙克生母锡吉尔不还在您这儿嘛，巴图蒙克的生母是您的夫人，您是他的继父，您可以要求当太上皇啊！"

亦思马因："哎呀，你一句话提醒我了，你可真是墨日根哪！我要重重地赏你，重重地赏你。"

墨日根："谢谢太师诺延。"

亦思马因："我派你做我的使臣去汗廷，向代可汗提出册封我的事，即日起程。"

一日，满都海代可汗正在忙碌筹备新可汗即位仪式时，亦思马因的使臣到来，给满都海增添了烦恼。

金帐外，卫兵拦住一个人问："干什么的？"

那个人赶忙施礼说："我是亦思马因太师使臣墨日根，有重要情况向代可汗禀报，请通报一下。"

卫兵很威严地说："往下站！"墨日根后退几步，卫兵进帐请示后说，"进去吧！"并收缴了佩刀。

亦思马因的墨日根进帐，施双膝跪拜礼："叩见代可汗，我是亦思马因太师的墨日根，太师派我前来，问一下即位大汗是谁？册封他什么官职？"

代可汗满都海很不满意地说："这些事，亦思马因太师来参加仪式，就全知道了。送客！"

亦思马因的墨日根无奈，只得忍气吞声地说："谢代可汗！"磕头，起立，后退两步，转身出去了。

墨日根回到亦思马因大帐。亦思马因问:"代可汗怎么说?"

墨日根:"她说,您一去就什么都知道了。"

亦思马因:"还说什么了?"

墨日根:"完了就说'送客',我被撵出来了。"

亦思马因陷入沉思,忽然灵机一动:"对,我是得自己去一趟。"

亦思马因率领一队2000人马的队伍,急匆匆奔向汗廷,在距汗廷十几里的地方安营下寨。汗廷探马发现后,赶紧飞马回去汇报此消息。

汗廷昔剌斡耳朵里,代可汗满都海正在听几位诺延汇报即位仪式筹备工作进展情况。巴图蒙克在一旁玩耍,几位诺延在两侧就座。

刚开始汇报,探马进金帐施跪拜礼说:"报告代可汗,亦思马因太师带一支几千人马的队伍,在距古列延十几里的地方安营扎寨了。"

满都海说:"知道了,下去吧。"探马起立,施鞠躬礼,退两步,转身,走了。

满都海发表看法:"这是亦思马因想利用新大汗即位机会,谋取更大的官职,兴兵逼宫来了。"

礼部诺延不解地问:"亦思马因现在是太师了,是咱北元最大的诺延了,还要谋求什么官职?"

满都海说:"老祖宗总结的'人心不足蛇吞象'这句话,是对人心的最高度的概括。我猜测,亦思马因听说巴图蒙克要即汗位,他琢磨巴图蒙克的额吉在他那儿,他就想入非非,想当太上皇了。前些天,他派人来打听封他什么官,我就觉着这里有问题,我没告诉他。这次他亲自带兵前来,还能有啥别的目的?"

礼部诺延:"代可汗,咱得做些防备工作呀。"

满都海:"对这种人,是得做两手准备。阿尔斯愣。"

阿尔斯愣:"臣在。"

满都海:"集合你的巴特尔们,随时待命。亦思马因进入金帐后,你在金帐周围埋伏些人员,必要时逮捕法办。"

阿尔斯愣:"加。"出去准备去了。

满都海:"咱继续开会。继续汇报。"

礼部诺延说:"我说说……"未等正式汇报,外面传来卫兵大声报告:"亦思马因太师到。"

亦思马因以太师身份径直入金帐,施跪拜礼:"代可汗,赛音拜诺?"

满都海赐坐,然后不满意地说:"太师诺延未经传召,紧急来到汗廷,有重要公务吧?"

巴图蒙克见亦思马因到来,吓得脸煞白,赶紧躲到满都海身后说:"我害怕。"

满都海说"别怕",同时将巴图蒙克拉过来,让他站在自己前面。

亦思马因说:"汗廷通知臣参加大汗即位仪式,臣想知道即位的大汗是谁,封臣什么职务,特意前来。"

满都海蔑视地说:"太师诺延,放下百忙的公务,不远千里来到汗廷,我寻思有什么紧急重要公务哪,原来就为这事啊?"

亦思马因脸臊通红,憋了半天才说:"这事儿放臣身上,很重要。"

满都海:"那我告诉你,要即位的大汗在这儿。"指着巴图蒙克,"至于职务问题,你过虑了,我答应过你,封你为太师,我不会食言的。"

亦思马因:"代可汗,臣的意思是,这次大汗即位,臣的官职能不能……"

满都海立即接话说:"太师职务,在咱北元汗廷,已经到顶了,还能什么?"

亦思马因:"代可汗,即位大汗是巴图蒙克,巴图蒙克额吉是我小夫人,我是巴图蒙克……"

满都海听到这儿,全明白了,一拍案几,狠狠地说:"放肆!"

亦思马因一激灵。

满都海说:"我嫁巴图蒙克,你就想当我的公爹,管我,对不对?"

亦思马因怔住了,无言以对。

满都海又拍一下案几,气愤地喊:"无耻!你得寸进尺,太贪得无厌了。我问你,你有什么资格提出这非分之想?孛罗忽济农的夫人,在你那儿不假,但是是你抢掳去的,不是按咱蒙古族娶亲风俗明媒正娶娶过去的,那能叫夫人吗?巴图蒙克随额吉到你那儿,你是怎么对待巴图蒙克的?你给过巴图蒙克喝过一碗奶,还是给他吃过一次术兀思?巴图蒙克长一身痦疾,你请额穆齐治过没有?咱蒙古人,有这么对待继子的吗?你拍拍良心,你配继父这个称呼吗?今天你在这儿提出这要求,你不觉得惭愧吗?亏你想得出!我派人接巴图蒙克时,你设卡堵截,让你族兄乱加思兰的人马追赶;你把事做绝了!做这些不法行为时,你没想过他是唯一能即汗位的汗裔吗?巴图蒙克一见你来,为什么吓得直往我身后躲,这是为啥?是不是你对巴图蒙克的手段太阴毒了?听说你还带了不少兵来,啥意思?是不是兴兵逼宫啊?"

八名女侍卫听此言,几个箭步一齐蹿上去,用刀指着亦思马因问:"啥意思?你说!是不是兴兵逼宫?"

亦思马因听到满都海数落他,句句在情在理,觉得自己提出这要求确实唐突,又见侍卫们咄咄逼人那气势,便扑通跪下:"代可汗,我错了,我利欲熏心,我鬼迷心窍,一时糊涂,提出这非分要求,我认错,请求代可汗处罚我吧。"

满都海一看亦思马因服软了,现在正是用人之际,不宜把他激怒,推到自己的对立面,便适可而止,向侍卫们一使眼色,侍卫们都收刀回自己岗位了。满都海赶紧把话拉回来说:"亦思马因太师,你既然认识到自己的错误,改了就好。我这人用人,是以大局为重,不会纠缠枝节问题。在对待叛贼乱加思兰问题上,你能以北元汗廷事业为重,与族兄乱加思兰划清界限,保证了汗廷的安全,这大局观是应该肯定的。你的太师职务,不会有变化,起来吧!"

亦思马因吓出一身冷汗,说:"谢代可汗!"磕头起立,而后说,"代可汗,臣回去了。"退两步,转身,走了。

这件事情弄得满都海心情很不愉快,便说:"会今天不开了。"

第五节 大汗即位大典（仪式）

新昔剌斡耳朵金帐已建成，内可容纳数百人，其顶棚用织金料子，上下都用织金白毡为衣，中间为柳编窗眼，用千余条绳索拽住，门槛和柱子等可视物都用金包裹，显得金碧辉煌。门前整齐服装的卫士列队，威严热烈。

各部、各鄂托克、各爱玛克的诺延、济农、太师、丞相、塔布囊、达尔罕以及勋贵、千户长、百户长等人，都带着夫人、孩子，来参加这一历史性盛典。因此，可汗金帐附近，车水马龙，人头攒动，热闹非凡，轿车、勒勒车、马、骆驼等到处都是。满都海安排了接待人员，搭建了贵族帐幕帖儿篾格尔接待。

苏勒德都换上新旗幡，陪纛间的拉绳上换了新的五色彩旗，附近毡房顶上都加了云形花纹装饰。过往人员的通道两旁，遍插五色旗。

新大汗新昔剌斡耳朵金帐坐北朝南，装饰豪华，摆设讲究。金帐内，四角立有四个苏勒德，最北正中是大汗宝座"齐宝云龙御榻"，比椅子宽大，后面有靠背，左右有扶手，左侧是哈屯座位，两边是群臣位置。大汗宝座后面，中间悬挂成吉思汗画像，两边各竖立一杆象征火焰的"日、月、山、水"的旗帜，再两边，各立着四扇屏风，上画有成吉思汗兄弟、子女、那可等八十八位功臣画像。大臣位置的高度，与大汗脚的水平线平，群臣依职务高低顺序，从里往外就坐。

双庆大典开始前，巴图蒙克和代可汗满都海在代可汗金帐内等候。

满都海很怕出错，叮嘱巴图蒙克："巴图蒙克，我教给你的话，你记住了吗？"

巴图蒙克："记住了。"

满都海："你给我学学。"

巴图蒙克："我封满都海做我的哈屯。"

满都海笑了："别说'我封'，说'朕封'。当大汗了，说自己都用'朕'字，不用'我'这个字。记住了，一会儿人多，一紧张，别忘了。"

巴图蒙克说："朕封，记住了，忘不了！"

新大汗即位受朝仪，在新建昔剌斡耳朵金帐举行。

巴图蒙克头戴的质孙帽是前圆后方的金顶子银鼠皮暖帽，身穿右衽、大袖、盘领、下长过膝的天蓝色质孙袍，腰系橘黄色腰带，脚穿鹿蹄皮做的忽都速（靴子）。代可汗为了让巴图蒙克身体能显得高一些，在忽都速底下加了两寸高的木垫，为了走路能平稳还特意练了好几天。

满都海头梳顾姑冠，高两尺多，上用大珍珠串结成龙凤楼台的样子，又插上花色羽翎、鲜花，最上面安翎筒内戴矢鸡尾？身穿纳石失天蓝色蒙古长袍，脖子上戴着速不都（项链），一身豪华宝器，显得高雅尊贵。

庆典金帐前设宣诏使，宣诏使穿五品官 3 寸直径小花蒙古质孙袍。

庆典昔剌斡耳朵大金帐前，两侧有八名卫兵全副武装庄严地肃立两旁。人群间，有三人一队持械巡逻人员维持治安。

宣诏使宣布："全体换质孙朝服。"

来的诺延们鱼贯进入一个毡房格尔内，那里发放朝会质孙服，全是清一色天蓝色质孙服，镶橘黄色边，橘黄色腰带，蒙古袍上，有标志官阶高低的花。

龙时，宣诏使大声慢读，拉长声宣布："新大汗即位仪式，时辰到。参加新大汗即位受朝仪仪式的各位诺延，请进新昔剌斡耳朵，各就起居位。乐队乐作（即乐队演奏）燕乐。"

各位诺延按职阶大小顺序徐徐入内，各按自己职位就坐，等待新大汗升殿。

侍仪使穿五品三寸直径小花蒙古袍官服引导仪仗队和护卫，至代可汗金帐前，侍仪使捧牙牌，跪报外办守卫门官："恭请新大汗升殿。"

外办守卫门官穿八品1寸5直径小杂花蒙古袍官服，进帐禀报："报告代可汗，侍仪使在帐外，恭请新大汗升殿。"帐内侍卫大声，拉长声，高喊传旨："新大汗曰：'可'，侍仪使免伏兴。"即不再伏地磕头了。

此时，帐外鸣响鞭三声。

小可汗巴图蒙克，在满都海带领下走出代可汗金帐。满都海的蒙古袍袍襟很长，两名侍女在后面拽着下摆不使其拖地。在侍仪使前导下，后跟四位持特大斧子的劈正斧护卫，一名侍女用金盘捧着诏书，两名侍女在左右护卫；一名侍女用金盘捧着大札撒，两名侍女在左右护卫，跟在劈正斧之后，最后是四个劈正斧护卫。在悦耳、轻松、欢快的燕乐声中，步行至新建的昔剌斡耳朵金帐。劈正斧护卫分立两旁，金帐内侍女高高掀帘，不使大汗、哈屯弯腰。新大汗进金帐，两旁大臣们面朝大汗过道站立。新大汗在满都海代可汗带领下，左顾右盼，带着十足的新鲜感直奔大汗御榻，至大汗御榻前，面对百官站立。两旁站立的诺延们都转过身，改朝北站立。音乐声停。

侍仪使："新大汗即位仪式开始。仪式第一项：按圣祖成吉思汗的新大汗即位前宣读'也克·蒙豁勒·兀鲁思'《大札撒》的遗训，由左丞相、齐王孛罗乃诺延，宣读'也克·蒙豁勒·兀鲁思'《大札撒》。"

老丞相孛罗乃穿一品5寸直径独颗花蒙古袍质孙服上台。侍女将用金盘盛的《大札撒》送至跟前，侍候宣读。孛罗乃拿起《大札撒》宣读："法天启运圣武皇帝太祖铁木真成吉思汗，于1206年建立'也克·蒙豁勒·兀鲁思'时告诫说：作为国家，不能没有法律。在蒙古多年一直执行的民族风俗习惯法'约孙'的基础上，制定了《大札撒》，经过呼里勒台会议通过，颁布施行，望全体民众一体遵行。

《大札撒》说：'凡是一个民族，子不遵父教，弟不聆兄言，夫不信妻贞，妻不顺夫意，公公不赞许儿媳，儿媳不尊敬公公，长者不保护幼者，幼者不接受长者的教训，大人物信用奴仆而疏远周围亲信以外的人，富有者不救济国内人民，轻视约孙和札撒，不通情达理，以致成为国者之敌。'这样的民族，窃贼、撒谎者、敌人和各种骗子将遮住他们营地上的太阳，这也就是说，他们将遭到抢劫，他们的马和马群得不到安宁……"

侍仪使："新大汗即位仪式第二项：由代可汗满都海宣布《新大汗即位决定》。"

代可汗满都海走至中央，侍女将用金盘盛的决定书送至跟前，侍候宣读。满都海拿起决定书宣读："圣祖成吉思汗第14代孙孛勒乎济农巴延蒙克的儿子巴图蒙克，洪福齐天。在外流浪，有善良牧民帖木儿·哈达克夫妇相救并治好其痞疾；无意中掉进呼鲁胡儿河洪流，又由素昧平生的放马牧民安扎特穆尔舍身相救。大难不死，是长生天保佑，这证明他有厚福。巴图蒙克到汗廷已两年多，学了很多知识。现已7草青，可以即大汗位。我做代可汗已3年，已完成代理的历史使命。现在，我要把大汗宝座，交还给成吉思汗的后裔。我宣布：圣祖成吉思汗第15代孙巴图蒙克登基即汗位，为北元第20任大汗，称'达延汗'！"

全体与会人员欢呼："达延汗、达延汗、达延汗。"高兴地脱掉帽子，解下系腰，挂在脖子上或搭在肩上，兴高采烈地欢呼，"达延汗万岁、达延汗万岁、达延汗万岁！"

侍仪使宣布："新大汗即位仪式第三项：给新大汗达延汗加冕。"

满都海在音乐声中走上前，跟上四对八名侍女，第一对侍女拽着袍襟；第二对侍女托着金盘，上放着大汗金冠、前圆后方的金顶子银鼠皮质孙帽；第三对侍女托着的金盘上，放一件饰以生色销金绣的日1、月1、星1、升龙4、山38、火48、华虫48的右衽、大袖、盘领、下长过膝的天蓝色质孙袍，这是多日忙活在前一天才完工的衣服；第四对侍女的金盘上，放一条哈石不薛（玉带）。满都海亲自将象征日月星辰山河水土的金袍穿在达延汗的身上，而后将玉带围在达延汗腰上，最后将金冠端端正正给达延汗戴在头上。音乐停，下面一片鼓掌声。

侍仪使宣布："新大汗即位仪式第四项：新大汗'登宝'；放礼炮；乐作《登歌乐》。"

昔剌斡耳朵金帐外，鸣9声礼炮。随后，《登歌乐》美妙欢快的乐曲在金帐内外回响。乐声中，满都海在左边拉着小可汗左手，老丞相孛罗乃脱下帽子，解下系腰挂在脖子上，在右边扶着小可汗右手，将小可汗扶上可汗座椅"七宝云龙御榻"。八位穿质孙服的淑女，站在可汗后边，两边各站立四名，侍女手持象征威仪的长把宫扇，这是在中原掌权时学习的汉人皇帝习俗；而后，满都海和孛罗乃，退到朝臣位置上。

满都海和老丞相孛罗乃，带领群臣跪倒，齐唱呼："祝达延汗登基国家繁荣昌盛！祝达延汗登基国富民强！"

第六节　新大汗即位向成吉思汗灵宣誓

侍仪使宣布："进行即位仪式第五项：按蒙古族大汗即位习惯，新大汗达延汗向圣祖成吉思汗灵宣誓。"全体向八白宫进发。

达延汗穿着加冕冠服，在满都海带领下，在众诺延簇拥下，走下台，来到昔剌斡耳朵门前，被扶上装饰豪华的马车。引导官前行引路，后随持劈正斧的护卫九人；满都海、孛罗乃和其他诺延们骑装饰过的马，跟在车后；再后是一队数百人的佩弓挎刀的护卫军，浩浩荡荡奔向八白宫。

马鼓敲击着，乐队在马上奏着乐曲一同前进。

当祭拜队伍到达八白宫时，牙门图德们在八白宫外跪地列队迎接。

祭拜队伍到八白宫附近下马，女侍卫们将小可汗扶下车。

达延汗在太师牙门图德和引导官的引导下，在满都海陪同下，进入八白宫。在圣祖成吉思汗灵前跪下，众诺延在其身后以职务高低顺序列队站立。满都海递给达延汗白手帕，他将白手帕高高举过头。

满都海告诉达延汗："下边，你向圣祖宣誓。"满都海拿着誓词说，"我念一句你复述一句。"

"圣祖成吉思汗在上，您第15代孙巴图蒙克，在您圣灵光照下，在您福荫庇佑下，在满都海哈屯培养教育辅佐下，在众诺延协力拥戴下，今日即北元第20任大汗。今向您宣誓：不忘圣祖遗训，立志统一蒙古，努力增强国力，改善社会环境，提高牧民生活，搞好邻国关系，誓做人民爱戴的大汗，请圣祖明察！立誓人巴图蒙克。"献上手帕，磕头起立。

侍仪使："即位仪式第六项：新大汗即位，将给北元带来新气象，全体诺延代表都沁·都尔本蒙古人，拜谢长生天、拜谢八白宫。乐作《燕乐》。"

全体随行诺延们面向南站立，在侍仪使一跪拜、二跪拜、三跪拜指挥下，首先向天空太阳方向进行三次跪拜，后又向八白宫成吉思汗灵寝，进行三次跪拜。

侍仪使宣布："全体回昔剌斡耳朵。"

第七节　大汗即位献宝玺献贺礼

侍仪使宣布："进行即位仪式第七项：科尔沁·乌纳博罗特诺延向新大汗献'宝玺'。乐作《大成乐》。"

科尔沁乌纳博罗特诺延穿三品三寸直径独颗花蒙古袍官服走上台，向大汗施礼，站到中间一摆手，从金帐外进来双手托着金盘的金童玉女二人，金盘上放着红木匣，后跟着四个膀大腰圆的持劈山大斧护卫武士，来到诺延身旁。诺延接过金盘，大大方方地将金盘递给接礼品侍女。侍女托着金盘站在一旁，诺延从红木匣中取出红绸小包，打开几层，露出一方大印，向下边晃了几下，而后高举过头，说："这枚乌哈嘎图汗从中原北撤时带过来的和氏璧制作的传国宝玺，历经劫难，最后落入窃国大盗翁牛特首领毛里孩手中。臣三年前在控奎·扎巴军山区击杀毛里孩父子兄弟七人时得到的，一直等到新大汗登基这一天。今天，我怀着非常激动的心情，郑重地将传国宝玺，献给达延汗。祝愿达延汗的基业与宝玺一样，永世长存！"

下边一片欢呼声！

满都海站起来，摆摆手让大伙儿安静，而后接过金盘，拿起宝玺，高举过头："今天巴图蒙克登基称汗，得宝玺，真可谓是'皇天授命'啊！"

下面又是一片欢呼声！

满都海翻转着宝玺让大家看,讲解着:"宝玺,颜色混青绿而玄,光彩照人,背面是盘着的无角龙螭,四周刻有虫、鸟、鱼、龙之状,印面刻有象形文'受命于天 既寿永昌'八个汉字。"接着很感慨地说,"为了这个大印,一千多年来,中原不知有多少英雄豪杰,仁人志士,死于非命。200年前,薛禅汗忽必烈,使它固定在咱蒙古人手中。大元朝北迁后,为争夺掌握这个大印的权力,圣祖后裔们互相争斗杀戮,现在正统汗位即位人,只有巴图蒙克了。它,象征皇权天授!达延汗有了它,咱北元江山一定稳如哈剌兀那山!"而后将宝玺放在大汗面前的金案上。小达延汗拿起来左右翻看。

下面一片欢呼声!

侍仪使:"新大汗即位仪式第八项:新大汗册封哈屯。乐作《大成乐》。"

达延汗站起来,童声童气地、一本正经地大声说:"朕,封满都海做我的哈屯。"坐下后又笑嘻嘻地、童真地小声说:"给我做媳妇!"嘿嘿笑了。

全体与会人员开始显得有些惊讶,后忍俊不禁一阵哈哈大笑起来。

满都海走上前,向小可汗双膝跪倒:"谢大汗赐封哈屯!"而后起立,坐在大汗左边哈屯位置上。

全体与会人员大笑后,冷静下来,跪下,口呼:"祝满都海哈屯千岁、千岁、千千岁!"磕头起立。

侍仪使:"新大汗即位仪式第九项:由老丞相齐王孛罗乃致贺词。"

老丞相孛罗乃诺延出班,祝颂道:"溥天率土,祈天地之洪福,功德兼隆,显崇徽号,永膺福寿,率突通函。同上可汗、哈屯,亿万岁寿。"转身向可汗、哈屯施礼后,退回原位。

侍仪使高声:"如所祝。"宣,"有制。"

宣赞使穿五品3寸直径小花蒙古袍官服唱:"拜。"

通赞使曰:"鞠躬,"众诺延下跪。

曰:"拜!"众诺延磕头。

曰:"兴!"众诺延抬头。

曰:"拜!"众诺延磕头。

曰:"兴!"众诺延抬头。

曰:"平身!"众诺延起立。

宣赞使曰:"班首稍前。"

典引使引班首左丞相孛罗乃至香案前。

通赞使曰:"殿上下侍立臣僚皆跪,左丞相孛罗乃跪倒在香案前。"

曰:"皆跪!"参加庆典的全部诺延们都跪倒。

赞曰:"上香!"左丞相孛罗乃起立上香,点燃的香插香案上的香炉中。

曰:"再上香!"左丞相孛罗乃再次起立上香。

曰:"三上香!"左丞相孛罗乃第三次起立上香。

曰:"就拜!"诺延们都匍匐在地磕头。

曰："兴！"匍匐在地磕头的诺延们才抬头。

曰："复位！"诺延们起立，而后坐回原位。

侍仪使："新大汗即位仪式第十项：各位诺延向新大汗献贺礼。"

帖木尔诺延端着银礼盘第一个上台，盘子上盖着红绸布，上立着一匹前蹄腾跳欲飞的白马，恭恭敬敬地放在台前礼品案几上，而后向台上施鞠躬礼退下。

宣赞使唱道："老国丈、满都海哈屯的令尊、土默特·恩古特鄂托克斋桑帖木尔诺延献贺礼，献玉雕腾飞白马一匹，象征达延汗事业，像骏马一样腾跳欲飞。"底下一片掌声。

接着孛罗乃诺延端稍大些银盘上台，上有带角扬头怒目玉雕公羊一只，恭恭敬敬地放在台前礼品案几上，而后向台上施鞠躬礼退下。

宣赞使唱道："汗廷老丞相、齐王孛罗乃诺延献贺礼，献玉雕公羊一只，象征咱北元牧业经济兴旺发达。"底下一片掌声。

亦思马因诺延托着银盘走上台，盘中红绸上，写献贺礼白马99匹、黄牛99头，恭恭敬敬地放在台前礼品案几上，而后向台上施鞠躬礼退下。

宣赞使唱道："汗廷太师亦思马因诺延献贺礼白马99匹、黄牛99头，象征咱北元牧业经济全面发展，牛马兴旺。"底下一片掌声。

脱罗干诺延端着银礼盘上台，盘子上盖着白绸布，上立着一头昂头翘尾的黄色犍牛，恭恭敬敬地放在台前礼品案几上，而后向台上施鞠躬礼退下。

宣赞使唱道："枢密院知院、蒙郭勒津脱罗干诺延献贺礼，献纯金铸犍牛一头，象征达延汗的事业，像犍牛一样雄壮、有力。"底下一片掌声。

乌纳博罗特诺延端着银礼盘上台，盘子上盖着白绸布，上放着一颗咧开嘴的石榴，呈橘黄带红色，绿叶相配，露出百籽，恭恭敬敬地放在台前礼品案几上，而后向台上施鞠躬礼退下。

宣赞使唱道："科尔沁乌纳博罗特诺延献贺礼，献最珍贵的传国宝玺礼品外，又献翡翠雕刻石榴一颗，象征达延汗、满都海哈屯子孙满堂、多子多福。"底下掌声非常热烈。

宣赞使宣布："因时间关系，贺礼不在仪式上一一进奉了，下面念一下礼单……"

侍仪使："新大汗即位仪式第十一项：新大汗任命摄政王。"

达延汗在满都海陪同下走到台中央说："朕现在年龄尚小，目前不能亲理朝政。朕宣布：在朕亲政前，由满都海哈屯做摄政王，执掌朝政。"

全体与会人员欢欣跳跃，高呼"摄政王、摄政王"。

第八节 摄政王满都海赏赐并发布大赦令

侍仪使："新大汗即位仪式第十二项：摄政王宣布重要决定。"

摄政王满都海哈屯站起来走到中央，说："我宣布两个重要决定：第一个决定：新大汗登基，举国大庆，免牧民一年赋税。第二个决定：赦免土木堡战役等历次与明朝军事磨擦中俘获的明朝汉人一切罪行，给予他们与咱蒙古人同等的国民身份。今后，全体蒙古人要尊重他们生活权利，不得歧视。他们愿回老家与其亲人团聚的，准予回家并资助路费。"

全体与会人员欢呼："摄政王、摄政王！"满都海归位坐下。

侍仪使宣布："金殿上下，侍立臣僚皆再拜！"

通赞使曰："鞠躬！"诺延们施右掌捂胸鞠躬礼。

曰："三舞蹈。"

曰："跪左膝，三叩头！"诺延们跪左膝磕三个头。

曰："山呼！"诺延们喊"万岁"。

曰："再山呼！"诺延们喊"万岁"。

曰："三山呼！"诺延们喊"万万岁"。

曰："平立！"诺延们起立后，坐原座位上。

侍仪使宣布："新大汗即位仪式第十三项：新大汗、摄政王赏赐。"

摄政王满都海："各位诺延，各位夫人，各位将士，牧民同胞们，你们好！"大家热烈鼓掌。

"你们，为北元的事业，都付出了很多辛苦，都做出了不同的贡献。今天，又不远千里，携家带口，风餐露宿，来参加达延汗即位仪式，为达延汗登基祝贺。因此，我借达延汗登基之机，代表达延汗，对各位诺延，进行赏赐，表示一下谢意！"会场气氛顿时欢快起来。

"汗廷三品以上诺延、各部的首领，每人彩缎20匹，明朝瓷器5套；其夫人，金银首饰各5件；"众人热烈鼓掌。

"汗廷四、五、六、七品诺延，各鄂托克斋桑，每人彩缎15匹，明朝瓷器3套；其夫人，金银首饰各3件；"众人热烈鼓掌。

"其他诺延、将军，每人彩缎10匹，明朝瓷器1套；其夫人，金首饰1件；"众人热烈鼓掌。

"赏品，庆典后由伊剌姑签发领单，到内务府大库领取。凡来参加庆典的战士、牧民，不论大人小孩，每人发布帛1表里（做一件蒙古袍的里和面的布），白米1升。赏品，庆典后到内务府大库领取。"士兵、牧民，也都喜笑颜开。

"今天，汗廷拿出千头牛、万只羊，摆蒙古最隆重的宫廷宴席珠玛宴（汉译为诈马宴，像汉人杀猪一样用开水把牛或羊的毛煺干净而后烤熟，即烤全牛或烤全羊的宴席），欢庆三天。请全体与会诺延和夫人以及将士和牧民，尽情餐饮、一醉方休！"

第九节　双庆御宴及庆祝活动

侍仪使宣布："新大汗即位仪式第十四项：达延汗即汗位、满都海被册封哈屯，双庆御宴开始。乐队乐作。"会场马上热闹、沸腾起来。

双庆御宴开始。工作人员忙忙碌碌地摆上御宴。金帐内的诺延，每两人一桌，桌上摆着蒙古八珍和一个高个银酒壶。御宴服务姑娘们，出出进进御宴场所，全部用白丝绸纱巾，将嘴和鼻子遮住，脖子上绽开一朵"白莲花"。各级诺延们，坐在桌子后面，前面留出唱歌、跳舞的地方。

御宴上，设执酒觞一人，立于右阶；设执柏板一人，立于左阶。可汗桌前，立一大酒海，大酒海为木制银箍漆瓮，上有金云龙蛇腾飞纹，高一丈余。宴会开始，蒙古八珍上齐后，侍仪使宣布："向大汗祝酒。"欢快的音乐声起。

斡脱忽赤，国宴酒官，穿八品1寸5直径小杂花蒙古袍质孙服。分执觞者和执板者。执觞者负责给可汗斟酒，执板者抑扬其声大声唱道："斡脱（蒙古语：请喝、请用）！"

小达延汗接过酒觞（形状很古怪的古代酒杯），学着大人样子，先以小指蘸一点奶弹向天空，表示先敬天；再蘸一点奶弹向地，表示敬地；再蘸一点奶弹向前方，表示敬火；而后举起杯。音乐停。

蒙古人喝酒先向天、地、火敬酒，连大汗登基的喜庆酒都不能例外。

"祝全体诺延、全体民众，幸福安康！"而后喝奶一样地一口饮尽，后用袖子抹抹嘴巴上的奶。因大汗年龄小，给他喝的的确是奶而不是酒。

执觞者如执板者其声和之，大声唱到："打弼！"

执板者击一下板，执觞者半跪将酒奉给达延汗后，后退三步跪下，所有在场的人员都同样匍伏在地上。这时，乐队奏乐，鼓乐齐鸣，全场人员脱掉帽子，将系腰或腰带扔向肩后，口呼万岁，进行三次跪拜。

在帖儿篾格尔饮宴的级别低的官员，也脱掉帽子，将系腰或腰带扔向肩后，口呼万岁，进行三次跪拜。

在金帐之外的随从、战士及其他人员，向太阳三次跪拜。

起立，鼓乐停。

侍仪使："摄政王向大汗敬酒。"

摄政王满都海哈屯站起来，下令："给大汗斟一酒觞马湩代酒。"乐声起。执觞者给满都海斟酒，给大汗斟一酒觞马湩。

执板者击一下板，于是鼓乐齐奏。执觞者半跪将马湩奉给达延汗后，后退三步跪下，所有在场的人员都同样匍伏在地上，这时满都海自己举酒觞，乐声停说："祝达延汗登基，国家繁荣昌盛！百姓安康！"斡脱忽赤执板者抑扬其声大声唱道："斡脱。"斡脱忽赤执觞者如其声和之大声唱道："打弼！"大汗、满都海哈屯喝酒。乐声停，所有人员恢复正常。

侍仪使："左丞相孛罗乃诺延向大汗敬酒。"

同样的流程进行着。

侍仪使："太师亦思马因诺延向大汗敬酒。"进行的也是同样的程序。

出席宴会的人员，不论其官职高低，饮酒时，首先都把酒觞高高举过头，然后按达延汗的动作，敬完天、地、火后，按酒官的号令饮用。

如此程序饮酒已四次了，君臣上下都已折腾够呛了。摄政王满都海哈屯考虑到这典礼、程序是为了使众诺延臣服的，不是为了让其受罪。如此反复跪下、匍匐在地、起来，诺延们仍是满脸喜悦，这说明已达目的，于是站起来说话了："侍仪官，简化程序，不要受仪式拘束了，让大家随便喝，喝个痛快！"

随后，摄政王满都海哈屯为笼络人心，拉近与臣属们的距离，自己手拿酒觞，走下哈屯座位，达延汗跟随下来，到金帐中间的大厅，很亲切地对在座的诺延们说："各位诺延，今天招待大家，我把老底都掏净了。这'蒙古八珍'，是我几年来一直舍不得吃、积攒下来的。今天巴图蒙克即汗位，举行国宴，我把家底拿出来，作为御宴，让大家尝尝鲜。这是咱蒙古人的最高级食品，平时，我也很少吃到这些食品。这东西太少了，平时的宴会是品尝不到的。今天，我是豁出来了。可是啊，有点美中不足啊，只是在金帐内的诺延、勋贵、斋桑们能品尝到，其他大帐的诺延们就品尝不到了，太抱歉了。"

蒙古八珍包括（1）醍醐——是牛乳中反复提炼出来的精华；（2）麈——麋之幼羔，麋为獐的古称，獐肉鲜美，麈肉更为鲜美，为高级野味；（3）沆、野驼蹄——富有营养的佳肴，与熊掌齐名；（4）鹿唇——又称犴达犴唇，珍奇野味；（5）驼乳——养身补品，亦为治疗痔疾的良药；（6）糜——驼乳糜，用驼乳调和的米粥；（7）天鹅炙——烤天鹅；（8）紫玉浆——玄玉浆，马奶子提炼的精品。

满都海哈屯边说，边和座位中的诺延碰杯，最后停在中间处，向大家招呼："来，一起喝一碗！大伙都喝了。"满都海又接着说，"咱蒙古男人爱喝酒。过去的宴席，是我预备什么酒，你们就喝什么酒；今天，是咱新大汗即位日子。为了大家在这次国宴上，能喝得遂心，喝得痛快，我把各种酒都备全了。有阿剌吉（阿拉伯语，一种烧酒）、答剌速（米酒、白酒）、孛尔（红葡萄酒，作为宫廷饮膳，称法酒）、忽迷思（马奶酒）、哈喇忽迷思（黑马奶酒）、泥头酒（用泥巴封口的坛酒）。你们愿意喝什么酒，就喝什么酒。按自己的需要和口味，各取所需。桌子上没有的酒，让姑娘们给你们拿。各位诺延们，畅快地喝吧！来，大家举碗，为咱新大汗登基，为咱北元事业的发展，喝！"

众诺延们对汗廷的招待非常满意，异口同声地："谢谢摄政王恩典！"

满都海："你们随意喝，不喝倒谁也不准离开酒席。"

侍仪使："请歌舞队上场，为诺延们喝酒助兴！"

歌舞队领队领着一群穿戴打扮得很迷人的美女以及持古琴、古筝、马头琴、二胡、三弦、笙、管、笛、箫、锣鼓等的歌舞队进入金帐大厅。领队代表歌舞队祝大汗万寿无疆！祝摄政王满都海哈屯永远健康！领全体人员向大汗、哈屯以及诸位诺延施礼，说："首先，为新登基的洪福齐天的大汗、为尊敬的满都海哈屯，也为诸位诺延的身体健康，以及双庆的喜悦心情，用古老的乐器冒顿朝尔（胡笳）演奏一首《双庆颂》。"众人热烈鼓掌，表示欢迎。

男演员演奏《胡笳十八拍》曲调，几位歌女唱：

大汗洪福兮天神恩赐，

逢凶遇险兮神差化解；

受苦受难兮又受侮辱，

好人搭救兮脱离困境；

迎接回来兮遇狼遇卡，

巧妙接回兮换了天地；

德才兼备兮哈屯严教，

>　哈屯扶立兮登上汗位；
>　如母哈屯兮恩重如山，
>　如此婚姻兮举世无双。

演奏完毕，众人又热烈鼓掌。

歌舞队领队："下面，跳《手帕舞（多年后演变为〈哈达舞〉）》；唱蒙古民歌《手帕颂》！"

>　洁白的手帕，
>　是虔诚心灵的象征；
>　奉献洁白的手帕，
>　表达纯洁诚挚的心灵。
>　天蓝色的手帕，
>　是天人一体的象征；
>　这是蒙古人法定礼仪，
>　代表蒙古人最高的祝福！

演奏完毕，众人又热烈鼓掌。

歌舞队领队："为了双庆大典的各位诺延们喝酒助兴，下面，唱一首民歌《祝酒歌》。"

>　金杯里的美酒啊，
>　芳香漫溢，
>　献给尊贵的大汗哈屯，
>　您是蒙古前进的领路人。
>　银杯里的美酒啊，
>　清香漫溢，
>　献给尊贵的诺延们，
>　你们是蒙古的功臣！
>　金杯银杯都斟满美酒，
>　芳香清香飘向远方，
>　请你们多饮一杯美酒，
>　民族兴旺需要你们！

　　喝酒的诺延们，酒正酣，看到优美的舞姿，听到悦耳的歌声，兴高采烈，又是拍手又是欢呼；有的顺手拿起筷子敲起碗碟，给歌曲增加了拍节，给舞蹈增加了节奏。
　　蒙古族风俗忌讳敲击碗筷，但人们喝酒高兴之余，忘乎所以，敲击碗筷为歌舞伴奏，日久天长，就逐步形成了《筷子舞》《盘子舞》《顶碗舞》。
　　舞女们跳着《圣主的双骏》蹈；歌手唱着《成吉思汗两匹马》民歌：

阿尔泰山脉
是大地之高，
奔驰的骏马
是苍天之驹，
圣主的骏马哟，
有两匹白神骏！

金帐大厅里，动人心弦的美妙歌声与美酒的香气一起弥漫着，美丽的舞女在歌声音乐声中舞动腰肢上下翻飞着，诺延们被酒精刺激发出豪爽的笑声，混合成文雅与俗气不协调的一个热闹景观。满都海哈屯看到这对大家说："我到帖儿篦格尔，去看看那里的诺延和乡亲们。"而后离开金帐。达延汗似小孩离不开妈妈一样，跟在满都海身后。

摄政王满都海领着小可汗，走出金帐宴会大厅去帖儿篦格尔的途中，路过露天饮宴的士兵百姓席时，那些士兵百姓马上放下碗筷，趴地上磕头。露天地饮宴，地上铺着白毡子。他们的宴席上以烤鹿肉、黄羊肉、兔肉、山鸡、野鸭、河鱼等一般山珍野味为主，以牛、羊肉补充，各种肉品、奶品应有尽有。摄政王满都海亲切地说："大家免礼，大家免礼。"弯腰扶起跟前的一个老汉，而后喊，"大家都请起来，大家都请起来！"

那些士兵百姓起身，但仍然不敢入席，只是看着满都海。满都海招呼大家："大家都请坐，大家都请坐！"多数都坐下了，只有少数人还不敢坐。满都海在就近的桌子上拿起一个酒坛，倒满自己的碗，而后举起酒碗，说，"乡亲们，今天是个大喜大庆的日子，咱北元能有今天，大家都有功劳和苦劳，我敬大家一碗！"那些士兵百姓，都举起酒碗，满都海说，"祝大家身体健康，阖家幸福，牛羊兴旺！"而后自己先喝了！大家也都喝了，与大汗和哈屯一起喝酒，那心情是说不出来的高兴！

级别低一些的诺延和家属，在帖儿篦格尔饮宴。他们的宴席上以牛、羊肉为主，以烤鹿肉、黄羊肉、兔肉、山鸡、野鸭、河鱼等一般山珍野味为补充。

摄政王满都海领着达延汗，到帖儿篦格尔看望他们，帖儿篦格尔的人们感到非常意外，全都站起来，又都忙着跪下。

满都海说："我是来看望大家的，没有这个机会，大家也很难见到大汗、哈屯。大家都请起来，都坐好。"满都海抱起达延汗，让大家看，"这是新即位的大汗达延汗巴图蒙克，今年7岁，大家认识一下！"达延汗在满都海身上笑嘻嘻地拍着小巴掌。

帖儿篦格尔的人们又都赶紧跪下，口呼："祝大汗万岁！"

满都海："大家不要行此大礼了。我是来看望大家的。来，咱们共同喝酒！"说着在附近桌上拿酒倒上，帖儿篦格尔的人们都举起酒碗。

满都海说："我，满都海，还有咱的大汗，祝大家五畜发展，牛羊肥壮，身体健康，阖家幸福！"带头喝下，大家也都喝下。

满都海领着小可汗转回庆典主会场，那里的诺延们喝得已经过量，有的已坐不正了，有的光着膀子，下面还在跳舞唱歌。见到摄政王领着小可汗回来，歌舞都停了。那些诺延们想站起来，已经站不直了，东倒西歪地都跪坐那了。满都海见这景象，笑个不停。

满都海捧腹笑着说："侍仪官，我看诺延们，这酒是喝得差不多了。没喝够没关系，明天接着喝。咱们去看看那达慕吧。"

侍仪官宣布："新大汗即位仪式第十五项：观看那达慕。"

诺延们纷纷起身，东倒西歪地，走路像扭秧歌似的，奔那达慕会场。

那达慕大会在宽敞的草滩上召开，有赛马，摔跤，射箭，歌舞，杂技表演。

那达慕大会的大会主席团，由各爱玛克主要首领担任，坐在临时搭建的观礼台一排桌子后，桌子上摆着茶具、酒具，几个姑娘在服侍。观礼台桌子两侧，席地坐着几排看热闹的诺延们，普通观众在周围围坐几圈，人山人海。

主持人宣布："那达慕大会，现在开始。"

一队年轻漂亮的姑娘们，跳着欢快的舞步进入会场，舞向观礼台，在观礼台前表演各种舞蹈；而后依次是演唱长调蒙古民歌，马头琴等弦乐演奏，蒙古族说书艺人胡日钦演唱好来宝。舞蹈、歌曲的间歇，杂技演员翻筋斗、抖空竹、转碟、蹬缸、空手变花等；武术演员表演九曲棍，观众不时拍掌叫好。

与此同时，主持赛马的诺延也在组织赛马。

赛马的骑手都由十几岁男孩担当。马的脑门上、马尾巴上，都拴挂五颜六色的布条，马脖子上挂着一串响铃，从看台这儿起跑，跑一大圈十多里后往回向看台这里跑，每一组十匹马，赛到接近终点时，骑手们高声欢呼。达延汗的小朋友阿来夫、巴音都参加了赛马，都取得了好成绩。通过赛马，不仅选出优胜的骑手，还要选出飞驰马、碎步小跑马、快颠步马、侧步小走马、走马五级优秀的马匹。每次赛马，得奖的马匹，要选为优良品种做种马，为牧业发展做基础。

主持摔跤的诺延，赛马开始同时，在场地中央组织摔跤。摔跤手，都是各爱玛克、各鄂托克推荐的，几乎都是膀大腰圆的蒙古汉子，看上去个个能顶千斤重。

蒙古男子以摔跤得胜为荣。摔跤手进场时像虎一样跳跃着，像狮子一样舞动着膀子，双手像凤凰展翅一样摆动着，两条腿高高地抬起重重地落地，显示着力量。主持摔跤的诺延宣布摔跤的规则：不准打脸、不准突然从背后下手把人拉到、不准触及眼睛和耳朵、不许拽头发、不准踢肚子及膝盖以上任何部分；可以抱好后下绊子，用力摔倒、搬倒、翻倒、蹲倒，主要是体现力量和技巧的较量。摔跤，在裁判监督下，以淘汰赛形式进行。竞赛，分出一、二、三等；奖品以九计算，最高奖为九九即九样物品每样九件，以下为五九、二九、一九。

主持射箭的诺延，在会场一个场地组织射箭比赛。

几项比赛结束，奖品由大会主席团领导当众当场颁发。本次竞赛，因是为大汗即位庆典举行，都取最高奖标准。

主持人宣布："几项比赛结束，天气已晚，大家进行短暂休息，而后举行篝火晚会。"

篝火晚会是那达慕大会的最高潮阶段。

草原上燃起多处篝火，每处篝火旁，积聚了很多欢乐的人们。参加篝火晚会的人们，自带马头琴、笛子、古琴、古筝、二胡、三弦、笙、管、笛、箫、锣鼓等民间乐器，围着篝火，弹、拉、吹起各种乐器，用各种腔调唱歌，用各种姿势跳舞，有翩翩起舞的，也有笨拙地跟着晃荡肩膀的。歌曲与舞蹈，有与专业档次媲美的，更多的是业余水平。牧民们自拉自唱，伴着呼麦，自娱自乐，体现了游牧民族的乐观向上的精神。

诺延们和牧民们一样，坐在中心篝火外围第一圈的地上，地上铺着白毡，前面有小木方桌，桌上摆有酒、食品、奶茶。而更多的牧民是直接坐在草地上。

男女群众围着篝火跳起了安代舞，甩彩巾踏步，跷彩巾踏步，拍手叉腰，翻转跳跃，左右旋转，双臂抡绸带……舞姿潇洒优美。安代舞是蒙古民族古老的舞蹈种类，这个时期已开始传播普及，其起源有自娱自乐说等，都是民间传说。总之，它在历史上曾为蒙古族文化的传播与发展起到了应有作用。

全体与会诺延、民众都参与这场晚会，能歌善舞的姑娘、小伙子、老人、孩子都参加其中，充分表现出蒙古族歌舞民族的风貌，表现出蒙古民族之歌舞民族原生态、真实状态的水平。

双庆大典举行三天，在篝火晚会中结束。

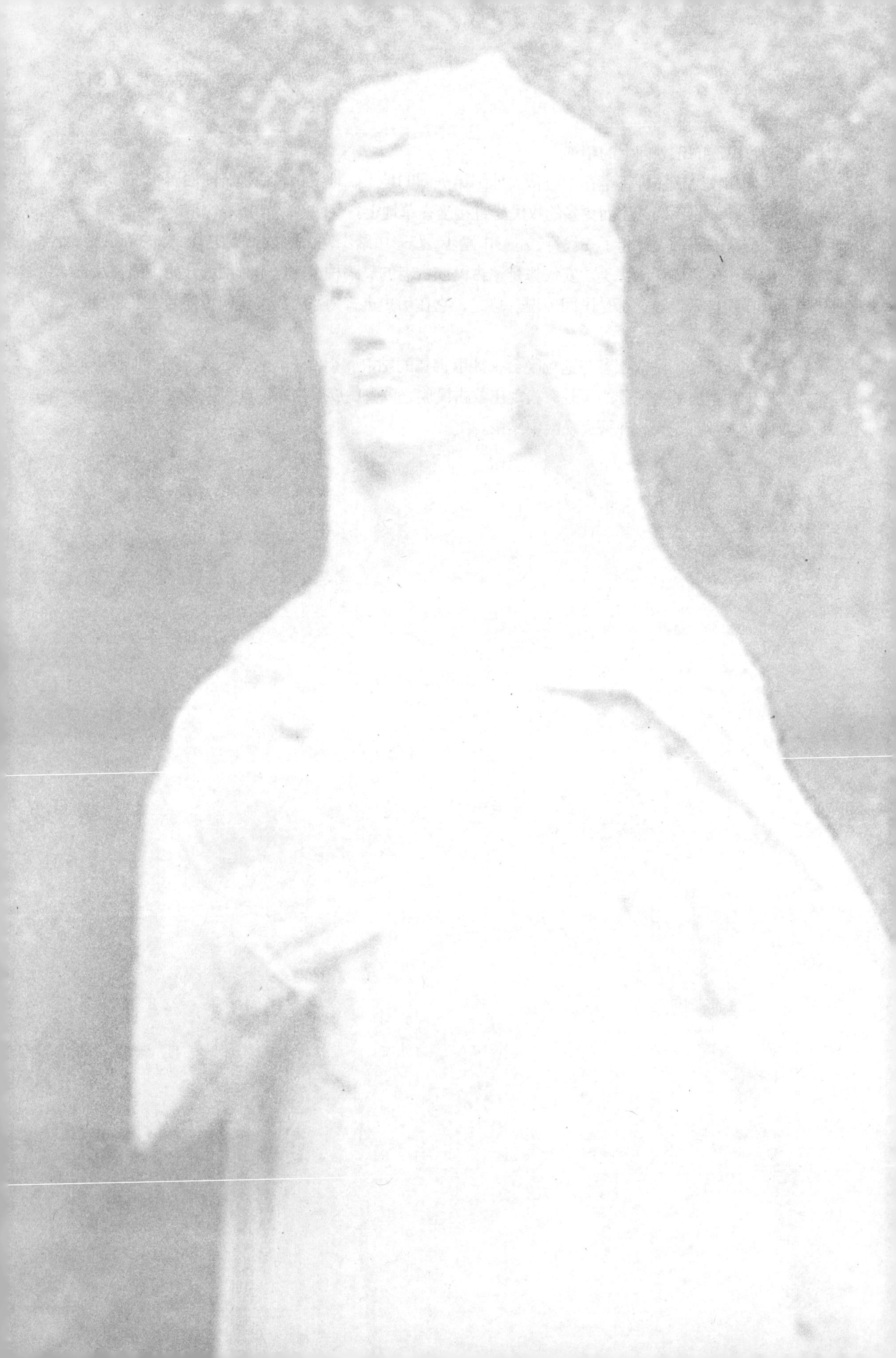

第十六章 统军西征

第一节　瓦剌蒙古的作为迫使满都海必须征伐

1480年春，满都海扶立达延汗登基即大汗位，加之她初战七土默特多郭朗即获胜及设计袭杀枭雄毛里孩的指挥能力，很多过去对归附汗廷态度不明朗而游离于汗廷管辖之外的部落，大的部如乌纳博罗特诺延统领的科尔沁右翼克里叶特、伊克明安、萨阿赤惕、主亦惕、噶滚贺什格、吐亦别滚6个部以及克什克腾部（成吉思汗时期是怯薛军名称，此时已演变成蒙古部落名）、郭尔罗斯部、浩齐特部等部，小的部如阿尔鲁特部、锡格沁塔塔尔部、喀木齐固特部、郭尔罗特部、塔喇沁部、博尔布格部、阿哈特穆尔部、萨尔呼特部等部，接到汗廷要求参加汗廷新大汗即位典礼的通知后，都乘此时机来祝贺，以表明自己正式归附汗廷。这一来，满都海管辖的领地扩展到中部蒙古地区，管辖的属民增加了一倍多。根据形势的变化，摄政王满都海将汗廷驻帐地迁徙到直属的察哈尔部驻牧地可可的里速一带。

西南有青山，附近有查干淖尔。查干淖尔是内蒙古四大淡水湖之一，从春到秋，这里都是水鸟的天堂。

满都海哈屯扶立达延汗即位后，在可汗金帐开会研究下步工作。小达延汗坐大汗座位，满都海哈屯坐大汗左侧哈屯座位上，诺延们按秩位分坐两厢。

摄政王满都海问："大汗即位典礼，各部、各爱玛克都通知到了。可是，瓦剌四部、兀良哈三卫、漠北喀尔喀部却没来祝贺。各位诺延，你们接待过他们的代表或者收到过他们的书信没有？"

众诺延都表示没有。

摄政王满都海下结论说："他们至今连个态度都没有，这表明他们有分裂咱蒙古的迹象或至少有不服管辖的意思。"而后点汗廷使臣，"秃阿赤。"

秃阿赤起立，面朝大汗施礼："请摄政王吩咐。"

满都海下令："你做汗廷特派专使，以我的名义，去通知瓦剌四部诺延，立即随你前来汗廷觐见大汗，承认达延汗为宗主大汗，接受管辖。"

秃阿赤："加。"施鞠躬礼，退两步，转身出去了。

满都海接着说："各位诺延，如果他们不来朝见大汗，咱就发兵征讨，迫使其臣服，请大家思想上有个准备。"

瓦剌四部较大的部有绰罗斯部、土尔扈特部、和硕特部、杜尔伯特部、辉特部五个部，还有较小的乜克力部等。瓦剌是明代人对成吉思汗收服的八河地区斡亦剌惕蒙古部名称的不准确汉译，称厄鲁特、卫拉特也不准确，之所以称瓦剌四部，因为当时是个部落集团。

瓦剌联盟首领克舍太师正在其伊克格尔大帐与各部首领商议是否归附汗廷问题。克舍太师说明会议主题："诸位诺延，汗廷特派专使昨日到咱瓦剌，代表摄政王满都海发出旨令，要求咱们立即去朝见大汗，并向汗廷表明态度，承认达延汗为全蒙古的大汗，接受汗廷管辖。今天开个各爱玛克首领楚固刺联席会议，讨论一下对汗廷的态度问题。大家说说，这事儿咋办？"

阿沙嗣丞相首先提出反对意见："克舍太师，咱瓦剌蒙古，哪点儿比他们差？总归孛儿只斤氏管。从也先汗开始，咱瓦剌蒙古已经不归孛儿只斤家族管了，这已经都好几十年了。她满都海派个人来通知一下，咱就主动去归她管，那显得咱瓦剌蒙古也太孬种了吧？"

克舍太师追问一句："阿沙嗣丞相，那你的意见是不承认达延汗的汗廷？"

阿沙嗣丞相表明态度："不理她。"

克舍太师再问另一首领："养罕太师，你的意见呢？"

养罕太师有顾虑："汗廷特使在咱这儿等消息，咱要不去朝见，下步肯定要大军征伐，刀兵相加。那时怎么办？"

阿沙嗣丞相接过话，态度很坚决地表示："打就打呗，咱这好几万人马，怕她咋的！"

克舍太师问："其他诺延，都说说自己意见。"

无人发言，会议没有结果。

瓦剌四部联盟首领克舍太师大帐内，汗廷特使催问答复意见："太师诺延，本特使已在贵处等待多日了，该回去复命了，您告诉我，你们何时启程去朝见达延汗？"

克舍太师请求宽限时日："特使诺延，能否宽限些日子，我们再议一下。"

汗廷特使："宽限一天，就一天，明天太阳下山前答复，就这么定了，本特使不能再等了。"

克舍太师起身相送："特使诺延慢走。"看特使走远了，便招呼传令兵，"来人。"

传令兵进帐施礼："请诺延吩咐。"

克舍太师："请阿沙嗣丞相到我这来一趟。"传令兵："加！"施礼走了。

不一会儿，阿沙嗣丞相来了，问："太师找我有事？"

克舍太师："坐坐，还是朝拜大汗的事。"

阿沙嗣："我不已经表态了嘛，我不同意朝拜孛儿只斤氏的大汗。"

克舍太师："汗廷特使已经不满意了，他要回去了。照现在这情况，他回去后，汗廷征伐大军随后就会来的。"

阿沙嗣："我不说了嘛，来了咱就和他打，怕啥？"

克舍太师："你有把握，咱一定能打胜汗廷军队吗？"

阿沙嗣："有什么打不赢的？"

克舍太师："打败了，那时咱更惨了。"

阿沙嗣："反正我不服，我要和他们斗一把。"

克舍太师："你这样坚持己见，我没法回复汗廷特使。瓦剌四部联盟是个联合机构，凡重大事项都要共同商议决定，四部中哪一个部的首领都不能自己决定四部的事。"

阿沙嗣："干脆把他干掉，省得他催命似的成天催。"

克舍太师："别、别，可别把事做绝。"

达延汗金帐内，汗廷督促瓦剌部来朝觐见达延汗的特使返回，复命："报告大汗、摄政王，臣从瓦剌四部返回。"

满都海问："怎么没见他们随你来朝觐见大汗？"

特使秃阿赤："他们没来。"

满都海问："他们对达延汗即位是什么态度？"

特使答："瓦剌四部联盟克舍太师召集瓦剌4个爱玛克首领开会研究，未让臣参加，内情臣不得而知。"

满都海："你催问过没有？"

特使答："臣催问克舍太师几次，他都支支吾吾、遮遮掩掩，始终未明确表明态度。臣分析，它们内部可能分歧意见很大，克舍太师不便言明。臣等了几天，看仍无动静，就自己先回来了。"

满都海："你下去休息吧。"

特使："加。"施礼，退两步，转身，走出金帐。

第二节　摄政王满都海筹备西征瓦剌

草原民族的领袖，草原民众历来看重的是他的武功，不论男女，只要在军事上表现出才能就会受到拥戴。满都海初战七土默特多郭朗即获胜表现出她有胆有识，借科尔沁刀袭杀枭雄毛里孩表现出她的聪明才智，在满都鲁汗追悼会上立斩分裂分子斡赤来表现出处事果断干练。现在，小可汗已即位，但年少，因此觊觎可汗位的野心家在身边隐蔽着。她为统一蒙古，为下步小可汗亲政铺平道路，必须以武力征服等严厉手段，使桀骜不驯的瓦剌四部接受管辖并进而震慑各部，她要率军亲征再立武功。

满都海在可汗金帐向巫师萨满咨询出征吉凶以及选择出师吉日。

萨满巫师伊都干进帐，跪下施礼："参见大汗、参见摄政王。"

摄政王满都海："免礼。"萨满磕头起立，满都海接着问，"巫师伊都干，瓦剌四部至今不来朝觐大汗，派使臣去通知朝觐，也不见人影，看来不出兵征讨是不行了。你给看看，出兵能不能取胜？哪天是发兵的吉日？"

女萨满巫师伊都干："加。"而后穿上萨满衣服，到金帐门前空地上，烧起篝火，围着篝火跳起萨满舞来，嘴里叽里咕噜嘀咕着，而后将几块羊掀子骨分几次扔进篝火中，又蹦蹦跶跶地跳了一阵。随后她从篝火中抓出羊掀子骨，拿着羊掀子骨又蹦跶一阵，擦净上面的灰渣，细细察看上面的裂纹，说："摄政王，这骨篆上纹理都是顺的、直的，这是长生天预示，摄政王出兵西征乃人心所向，一切顺利，可以马到成功。"

火烧骨头占卜，是萨满教占卜术，汉译为"烧琵琶"，类似中原早年"钻龟"。

摄政王满都海说："那你再给我看看，什么时候出兵吉利？"

萨满伊都干掐手指算，嘴里嘀咕着："五月庚午，九星七赤，太岁谢寿，春中月（即5月）壬午辰正（即13日9时），准时出兵吉利。"

满都海："赏萨满伊都干20两银子。"

天空中雄鹰在翱翔。满都海在大汗金帐召开汗廷会议。

大汗昔刺幹耳朵金帐内，小达延汗坐正中，其雕刻精致的座椅上铺着绣金龙的花缎坐褥；左边是满都海，其座椅上铺着绣金凤凰的花缎坐褥。

满都海出征前，在大汗金帐召开汗廷诺延和各部诺延、将军参加的军事会议，部署西征准备事宜，参加人员有直属察哈尔部的乌格岱将军、博赉将军、巴延台将军、额则雷将军、帖木热哈达克将军、纳贺措将军、伊内难将军等，土默特部的绰罗斯拜·帖木尔国丈、阿尔斯楞将军、宝路德少师等，克什克腾部的阿来通将军等，科尔沁部的孛罗乃丞相、乌纳博罗特将军等，蒙郭勒津部的脱罗干知院、火筛将军等，郭尔罗斯部的托郭齐将军等，永谢布部的亦思马因太师。会议由摄政王满都海主持。

满都海哈屯戴顾姑冠，两鬓垂着珍贵的珍珠翡翠制作的饰物，穿天蓝色天鹅绒的质孙服蒙古袍，腰系粉红色腰带。达延汗戴金锦暖帽，穿天蓝色天鹅绒的小质孙服蒙古袍，腰扎红色腰带。

诺延和将军们齐集大汗金帐，分两班落座。两班离大汗最近座位左是孛罗乃，右是亦思马因。诺延们戴栖鹰冠，穿着各色蒙古袍，袍上有标志其官阶大小的大小独棵花、散答花。诺延们开会时帽子都摘下，放在大腿上。

摄政王满都海哈屯做出兵西征动员报告："各位诺延，今天请各位诺延不远千里来到汗廷，开一个高级军事会议，研究部署征伐瓦剌四部的问题。咱北元汗廷，近几十年来，多次被瓦剌四部颠覆。第一次是1399年，瓦剌四部首领乌格齐·哈什阿出兵袭杀了额勒伯克汗；第二次是1410年，瓦剌四部首领马哈木出兵袭杀了本雅失里汗；第三次是1438年，瓦剌四部首领脱欢太师击杀了阿岱汗；第四次是1451年，瓦剌四部首领也先太师，使岱宗汗脱脱不花被害，自己篡权做了大汗；第五次也是最近的一次，是瓦剌部出身的太师乩加思兰反叛攻打汗廷，使满都鲁汗遇害。这五次事件，都是触目惊心的，都是非常严重的政治事件。而这五次事件，都是瓦剌部造成的。不制服瓦剌四部，咱们的北元政权就不稳固，社会就不安宁。达延汗登基即汗位通知了他们，他们不来参加登基庆典，不来祝贺，派特使专程去通知其来朝觐大汗至今仍未来，他们是存心不服管辖搞分裂。现在，乩加思兰反叛分裂势力逃回老窝，正在养精蓄锐。他若不被消灭，用不了多久，就会卷土重来，给咱们制造祸患。我的意见，必须防患于未然，不给乩加思兰反叛分裂割据势力喘息机会，先下手，出兵将乩加思兰分裂势力歼灭，将瓦剌四部征服，让他们诚心臣服，为咱们的小可汗亲政扫平道路。这就是说，为了咱蒙古将来的统一、和平、安定，现在必须进行这场战争。各位诺延，你们看，我的意见如何？"

左丞相齐王孛罗乃诺延，穿一品官5寸直径大独棵花蒙古袍，首先发言："摄政王对前一个时期政治情况的分析，对下一步政治形势的估计，都是很正确的。我认为，摄政王防患于未然，不给喘息机会，先下手为强的观点和策略都是正确的。我同意出兵征伐瓦剌。"

蒙郭勒津火筛诺延，大脸盘，红脸膛儿，大嗓门，留两端上翘的上唇胡须，穿三品官2寸直径散答花蒙古袍，他第二个发言："我同意摄政王和齐王孛罗乃诺延的意见，同意及早出兵征伐瓦剌。"

郭尔罗斯部托郭齐少师诺延，穿四品官1寸5直径小杂花蒙古袍，他说："我也同意摄政王和孛罗乃诺延的意见，同意及早出兵征伐瓦剌。"

克什克腾部阿来通将军，穿四品官1寸5直径小杂花蒙古袍，也发言说："我赞成摄政王和科尔沁诺延的的意见,同意及早出兵征伐瓦剌。"

摄政王满都海哈屯问:"有不同意见没有?"

众诺延异口同声地说:"没有。"

摄政王满都海哈屯总结说:"那好。既然各位诺延都没有意见,这征伐瓦剌的事,就这么定了。下面,按《大札撒》规定的每逢出征必须宣读《大札撒》的规定,由亦思马因太师宣读《大札撒》规定的军纪。"

亦思马因太师宣读:"也克·蒙豁勒·兀鲁思《大札撒》规定:各级诺延和所属阿拉巴图,平时对可汗要像牛犊般地温顺;投入战斗时,要像扑向野禽的饿鹰那般凶狠。咱们蒙古骑兵,应视战斗之日如新婚之夜;杀敌立功者,奴仆可变为自由民;战士可分得财产和奴婢;诺延可晋级并分给美姬、好马。抗命不出征者,对于其本人和他的直接指挥者都处以极刑;各部诺延,不能统帅其下属作战者,撤职后连同其妻子、儿子一并定罪,另选他人为长。作战临阵先逃先退者处死;作战时,一队十人中如有一两人逃走,他人不能制止者,全队都处死;一队中如有数人英勇率先出击,其余不跟进出击者处死;一队中如有人被俘,他人不能将其抢回者,皆处死。出军不得妄杀。在敌人投降以前,不得媾和。对主动来降之敌将、敌兵,要宽赦。战争中,鸣号收阵以前,擅自偃旗收兵者处死。"

摄政王满都海继续做军事部署:"亦思马因太师宣读了《大札撒》规定的军纪和赏罚规定。下面,对此次西征,我做具体部署:西征全军最高统帅由我担任。各部人马,都要听从我的指挥、调遣。小可汗巴图蒙克随军出征,让他从小经受战火的锻炼和考验。进军路线,大家都注意听一下,是走先朝居延(蒙古族先人匈奴语言,汉译为弱水流沙)大道,也是驿站的纳邻驿道(是蒙元时期建的西行交通路线)。"

随后,满都海打开一张地图,招呼大家都过来,各位诺延们都围着那张地图。满都海指着一张比较简略粗糙的地理概图上画的线条,讲解具体行军路线:"经东胜州(遗址在今呼和浩特市托克托县境内),第二站到宁夏路(今银川),再往西奔甘肃(今之张掖、酒泉地区)纳邻驿,再往西奔亦集乃路(在今内蒙古最西部的额济纳旗)。亦集乃路,是中原通往漠北的纳邻驿道的交通枢纽。由此往西南,进入瓦剌人居住地区忒思布尔都,在那儿进行短暂休整,而后,像尖刀一样直插乩加思兰老巢塔斯·博尔图。"

"克什克腾诺延阿来通将军!"满都海点名要具体部署任务。

阿来通将军起立,施右手掌捂胸鞠躬礼:"请摄政王吩咐。"

"这次西征,任命你为开路先行官。你带领你们克什克腾部人马,提前十天启程。你们的任务,就是给大军开道,逢山开路,遇水搭桥。你们就顺着刚才我说的地图上的这一条路线开道,随时保持与统帅部的联系,有情况及时禀报。"

阿来通将军:"加。"施鞠躬礼,坐下。

摄政王满都海继续下令:"各位诺延,这次西征,定于5月11日报到集结,5月12日祭敖包,5月13日辰正时分准时发兵。还有一个多月准备时间,回去后抓紧组织人员,所需物资准备足。长途行军,意外情况多,要多带一些绳子、大斧子、铁锹、铁锯。这次出征的塔斯·博尔图,离这儿大约有5千里地,路又不好走,得走一个多月。布置各出征士兵家庭,用柞木火多烤一些干肉做军粮,每人带2升干肉粉和2升炒米,再带一些楚拉,准备长途行军。有件事我明确一下,这次出征就不要带火炮了，一来太笨重过沙地沙漠不方便，二来它杀伤力太大，咱出兵目的是迫使瓦剌臣服不是歼灭。都是蒙古人，少伤亡一些人为好。最后我再强调一下，5月11日在这儿集中，而后一起出发。大家抓紧回去准备，散会。"

1480年5月11日，阳光明媚，绿草萌生，各部军队约4万人马纷纷赶到这哈剌兀那山北边的汗廷驻牧地集中。白色行军简易毡帐，分布方圆数十里，各处冒着烤羊肉篝火的烟火。毡帐之间，骑马人员来往穿梭着。

各部诺延纷纷到满都海统帅部大帐附近笔且齐毡帐报到，都戴盔着甲，显得威风凛凛。

各部诺延向笔且齐报告来的人马数和战将数。笔且齐汇总后，向摄政王报告："报告摄政王，现在报到32000人马，战将66员。"

满都海问："怎么没到预定4万人数？"

笔且齐："报告摄政王，各部兵马都已按时报到，但永谢布人马未报到，我一直等到现在。"

满都海感到意外："怎么，太师领导的永谢布部没到？"

第三节　满都海按蒙古族传统习惯出征前血祭敖包

1480年5月12日，摄政王满都海按蒙古族传统习惯，出征前举行祭祀敖包仪式。

蒙古人祭祀敖包习俗来源于远古对大自然的崇拜。成吉思汗时代，每逢征战，必亲自到神山下虔诚祈祷。蒙古人祭祀敖包活动，久而久之，演化成祭祀天神、地神、祖先的活动。

敖包，金字塔式的石碓，上尖下宽，基础宽厚扎实，顶上竖起一类似铁矛的高杆玛尼杆，杆顶安嘎如迪（即凤鸟）。玛尼杆铁矛下有一铁盘，盘上缀有类似苏勒德的马鬃。敖包四角各竖一个一丈高三刃钢叉，从敖包顶部到钢叉顶部，用一根根彩带绳子连着，绳子上挂有五颜六色的长方形或三角形的绸缎旗幡，旗幡分别刻有日、月、云图案。敖包的南面，安放着一把巨大的、明晃晃的钢刀，用马鬃和绸缎做成的缨穗随风飘舞，用各种色彩绸缎制作的禄马风旗迎风招展，敖包显出一派生机盎然。敖包南面有石制的祭台。

卜教大萨满巫师戴白色帽，穿白色蒙古袍，腰系橘黄色腰带，骑着白马跟随在西征大元帅满都海之后。

满都海头戴有两根矢鸡翎的银盔，身穿银白色的甲胄相连的劳布吉盔甲，腰系带环扣的皮腰带，左侧挎着佩刀，斜着挎着弯弓，背上佩带箭壶，骑一匹雪里白追风马，手持蛇杆长枪，带领众将领和千军万马，到敖包，召开向瓦剌进军誓师大会。

将军们都身穿牛皮铠甲，头戴银盔，盔上插有鹰隼猛禽羽毛，腰佩马刀，斜背装满箭的箭壶和弯弓。

领头的军队，打着成吉思汗象征军神的哈日苏勒德军徽，同时还打着天蓝色旗面上绣着一匹奔腾如飞的黑骏马的军旗和绿色旗面上绣着带飞翼的白天马的象征满都海军威的军旗。行军队伍中，打着带三角牙边的黄色三角刀形旗，旗中心有红日，红日下有白色弯月，象征日月天地。

满都海率领众诺延,到敖包附近下马。摄政王满都海手牵小可汗巴图蒙克并带领众将军们,步行到敖包前。小可汗也似战将,腰佩一把小马刀。小达延汗和满都海之后,乌格岱将军等警卫保镖人员紧跟着。

满都海带领大家,从南绕西边、北边、东边之顺时针方向绕敖包三圈,边绕边将带来的石头扔在敖包上,将绿色军旗插在敖包南面敖包坡上,将带来的旗幡等挂在彩带上。敖包顿时被装饰得更加焕然一新。

摄政王满都海站在敖包前,小达延汗站在跟前,面对大家,大声宣布:"北元西征瓦剌四部,出兵祭祀敖包仪式,现在开始!"

群情激奋,放礼炮9响。敖包跟前的人们右手掌捂胸稍低头默默站立。

男大萨满叫孛在敖包前点燃篝火,而后当场横劈牛面,血淋淋地杀了一头纯黑色公牛,鲜血喷涌,冲血为祭;又杀了一只纯白色公羊。随后,将公牛、公羊的血,撒在哈日苏勒德的旗杆上用以祭旗,在敖包上再撒一些血,血祭敖包。接着,男大萨满叫孛砍下牛头、羊头又掏出牛心、羊心,摆在祭台上致祭。

蒙古人以畜牧为生,与牛羊产生了感情。大萨满叫孛按照蒙古人的开膛宰法,使其四腿朝上仰面朝天开膛杀羊,一能减少羊的痛苦,二是让羊死时两眼仰望苍天,其灵魂可以升入天堂。这是典型的亲畜感情,是蒙古人独特的文化心理的体现。

男大萨满叫孛再剥被宰杀的公牛、公羊的皮,做成皮筋,缠绕敖包,然后把黑公牛、白公羊肉体,作为牺牲品,摆在敖包前致祭。

男大萨满叫孛不时往篝火中添加黑公牛肉、白公羊肉;其他萨满们穿着萨满服饰,围绕着敖包蹦蹦跳跳、口中念念有词;附近人员,随时往篝火中添加有香味的松柏树枝。

进行前述祭祀时,管号齐鸣,特别是其中丈余长的吹奏乐器洪声烈性大红号布日耶的"贲、贲"的声音,最能表现这一祭祀的惨烈特点。

女大萨满巫师伊都干,穿各色布条做成的萨满服,萨满服挂有小铃铛,前后胸有铜镜,戴上奇特的奥日贵(萨满帽),脚穿绣有蟠龙纹的鹅顶靴,拿着铁圆筒蒙羊皮的萨满法鼓,鼓上固定的九个环上拴有九个小铃铛,曲拐鼓木槌法杖,领着女萨满四人在敖包前跳萨满舞,唱萨满歌,击打羊皮半鼓,法器铿锵撞击声伴奏着。

男大萨满致《敖包祭祀桑》:

> 檀木桌子已摆好,
> 九株香烛已点燃,
> 雪白的手帕已敬献,
> 敬请天神地母下凡尘!
>
> 敬神的旗幡已换新,
> 青牛白羊已牺牲!
> 新鲜的血浆已献上,
> 热乎的祭品已供奉!

上敬九十九尊天神腾格里，
下敬七十七尊地母额都根！
同敬战神哈日苏勒德，
保佑西征首战旗开得胜！

祈祷的事情已表达，
请求的事情请保佑，
满都海祈求祭祀供奉，
得胜凯旋再隆重孝敬！

统兵大元帅满都海双手高举雪白的手帕，向敖包先施鞠躬礼，将手帕敬献给敖包，而后回到敖包前跪下，右手掌捂胸祈祷："为了北元的统一，为了蒙古社会的安宁，我出兵征讨搞分裂的瓦剌四部和搞政变杀害大汗的叛逆分裂分子乩加思兰。祈求长生天99位尊神，祈求大地77位尊神，祈求圣祖的战神哈日苏勒德，保佑我此次出兵，一切顺利，旗开得胜，马到成功！"而后磕头地点三次头，起立。

蒙古人认为，长生天腾格里有99位天神，各司其职，各管一片；地母额都根·额客有77位土地神，各司其职，各管一地。

小可汗和众将军们右手掌捂胸鞠躬后跪下磕头。

各部诺延在祭拜的同时，也向敖包敬献了奶酪、黄油、奶饼、圣饼、奶豆腐、马奶酒、白酒、茶砖等供品。

而后，众人敞开大襟，向敖包磕头，起立后，围绕敖包顺时针转三圈，顺手往篝火中添加一点随身带的食品或酒。

当人们绕敖包时，汗廷官员将祭祀敖包的供品，分给每人一点。分给每人的那一点点供品，蒙古人非常珍惜，称为贺喜格即福分，是吉祥物。能分到贺喜格，即意味着分到了福分，蒙古人是很高兴的。

第四节　满都海亲率雄兵4万踏上艰险征程

1480年5月13日卯（兔）时点兵。漫山遍野的骑兵，很快集结出发。

保驾将军乌格岱穿三品官两寸直径散答花蒙古袍，将七岁的达延汗抱上马背上的皮橐内坐下。

摄政王满都海骑在马上，大声喊话，做战前动员："各位将军，各位勇士们，四瓦剌，曾经多次颠覆汗廷，曾多次给咱蒙古带来战争，多次给咱蒙古社会造成了混乱和灾难。而今，汗廷太师乩加思兰，竟然又搞分裂，突然率兵攻打大汗，害死了满都鲁汗。现在，乩加思兰正在老窝养精蓄锐作威作福，准备再次危害汗廷，再次分裂咱蒙古。咱们能允许乩加思兰分裂危害蒙古吗？"

下面千军万马齐呼："不能！"

摄政王满都海："对，咱们不能允许乩加思兰分裂危害咱蒙古！咱们要在他打来之前，先歼灭他。今天，咱们就出兵西征，歼灭乩加思兰，征服四瓦剌。"

下面千军万马群情奔腾，大声叫着："征服、征服！歼灭、歼灭！"

满都海继续讲："祭敖包，已向99尊天神、77尊地母请求保佑，天神地母都答应保佑咱们这次出兵获胜。咱们这次出兵，一定会旗开得胜，马到成功，胜利凯旋！"

下面千军万马又是一阵举刀齐呼："奋勇向前，战胜敌人，马到成功。"

在孛罗乃丞相再次宣读完《大札撒》规定的军纪后，满都海强调说："军令如山，一定赏罚分明。"

男大萨满叫孛："报告大元帅，辰正时辰已到。"

大元帅满都海发布出征命令："辰正时辰已到，出发！"火铜炮"咚、咚"响了九声。

炮声过后，举着战神标志物哈日苏勒德的马队在前，大元帅满都海骑马在战神哈日苏勒德下出发，走在最前面；小可汗和卫队跟着；其后火筛等四人率中路军跟着。左路军在左边出发，右路军在右边出发，形成三路长蛇阵纵队向蒙古高原西部进军。队伍中有很多马拉勒勒车，上有行军毡帐、战鼓及铁制工具绳索等物。

西征大军一出发，送行歌舞队舞动起来，乐队吹打起来。来送行的老额吉们，拎着奶桶，在各自站立位置，用木勺子，向前进方向，扬洒着鲜奶，预祝胜利，直到看不见为止。

西征大军从汗廷新驻地大沙窝誓师出发不久，就到了居延大道第一站东胜州草原上。草原绿草茵茵，野花点点，极目望去，一望无际大草原，微风徐徐吹着，散发着青草鲜花的芳香，沁人肺腑。满都海带队在最前面，小达延汗坐在马上用牛皮制做的皮橐里，旌旗招展，甚是美丽壮观。将士们挎马刀外，每人都斜背2~3张弓和2~3个装满箭的箭桶，气宇轩昂，有说有笑，满面春风，似乎不是去厮杀，而是去旅游。

在大元帅满都海中军这块行军的人们中，也是边走边议论着。女侍卫向满都海说："摄政王，这里气候好，风沙小，水草丰盛，比咱那的草场好多了。"

满都海深有感触地说："是比那儿好啊，这里是闻名遐迩的土默川平原嘛，这里与宝日陶亥平原隔河相望。这地区，几千年来养育了匈奴、东胡、尼伦、敕勒（高车）、突厥、回鹘等诸多彪悍的蒙古民族先民，是个好地方啊，有'北方游牧民族摇篮'的美誉。我出生地离这儿不远。"

女侍卫："摄政王，您说的东胡，是咱蒙古人的祖先吧？"

满都海说："是有说咱蒙古人是东胡人后裔的，也有说咱蒙古人是猃狁蒙古人后裔的。成吉思汗建大蒙古国以前，咱蒙古人没有文字，祖先是谁，都是老一辈给下一辈讲故事讲的。老一辈人的故事，因咱蒙古各爱玛克驻牧地不在一起，平时相互间联系也不多，尤其是老祖宗的故事，没有人归纳统一，因此各爱玛克传下来的说法也不完全一样。我的祖先传给我的说法，蒙古人的祖先是比东胡更早的猃狁蒙古氏族。"

女侍卫发表感想："圣祖成吉思汗让畏兀儿人塔塔统阿给咱蒙古人创制文字，打那时就有文字记载了。成吉思汗为咱蒙古的发展，可做了大贡献了。"

满都海提醒她说："现在使用的蒙文，不是塔塔统阿创制的'畏兀字书'蒙文了，忽必烈汗执政时，让其聘任的国师吐蕃（西藏）红教喇嘛八思巴完善蒙文。八思巴以藏文为基础创制了一种方块体横写蒙文，忽必烈汗用皇权推行'八思巴蒙文'，终因那个方形蒙文不适宜蒙古语言特点，后来被废弃了。这个期间，有人利用回鹘文完善了畏兀字书，就是咱现在使用的蒙文。"

女侍卫："摄政王，您知道的事情可真多。"

行军中的士兵，也是精神饱满，斗志旺盛，互相说笑着。

士兵们骑马并排走着，其中一个看着周围，发起了议论："这草场太好了。打完仗，我要带着我的老婆孩子，赶着我的牛羊群，到这儿放牧。"

另一个士兵打趣地反驳他："做梦娶媳妇，净想美事，这地方属于土默川平原，人家招你吗？"

那个士兵说出内心的想法："那我给我儿子说个土默特姑娘，我儿子来个倒插门，我们老两口儿投奔儿子到土默特，他不招我，我儿子留我，他没辙了吧！"

又一个士兵很惊叹："嘿，你这招，真挺绝！"

第二个提出反驳观点的士兵抬杠说："绝啥呀？绝命吧。咱蒙古《大札撒》有规定，不准随意脱离自己的爱玛克到别的爱玛克去，违者要砍头的。想得美，在梦里瞎琢磨琢磨吧。"

西征大军来到居延大道第二站宁夏路附近桌子山。

满都海指着前面的山问左右："前面那平顶的大山叫什么山？"

脱罗干知院打马凑上前解释："摄政王，那山叫乌仁图什山。这个山很特殊，山顶是平平的，方方正正的，没有峰峦，两边山石陡立，上窄下宽，远看像个大铁砧子，当年成吉思汗远征西夏路过此山，给起的这个名。成吉思汗上山后，看到这个山的石头和别的山的石头不一样，特别沉，知是炼铁的石头，便命令一个会炼铁的铁匠，在山上就地取材炼起铁来，做成很多上好的马刀，为征服西夏帮了不少忙。后来，成吉思汗把这块地方封给那个铁匠的儿子海若布，后来人们称这个地区为海若布陶亥。老百姓看这山的形状像桌子，干脆就叫他桌子山。"

满都海说："据你这么一说，这山不仅有来历，还有贡献。那咱再忙，也得上山看看，长长见识。"打马带头跑向桌子山。满都海大元帅和脱罗干知院在上桌子山途中，脱罗干知院向摄政王介绍说："这条沟叫召烧沟，您看那岩壁上那些岩画，有人形的、有奔马形的、有动物形的、有象征太阳的。但这些岩画，可不是成吉思汗令人凿刻的。"

满都海问："那你听说是谁凿刻的吗？"

脱罗干知院说："据说，这岩画已有好几千年了。这岩画，有狩猎、有迁徙、有聚会、有舞蹈，还有祭祀，绝对是咱蒙古民族的先民、咱老祖宗凿刻的。"

满都海表扬脱罗干："你还挺能分析的。脱罗干知院，山沟、山沟，是山不能一个沟，此沟之外，还有哪个沟有岩画？"

脱罗干知院："那边苏白沟、摩尔沟还有，没这沟多。"

满都海："看了岩画，增长了不少知识。"随后艰难地上山，到山顶上，在平平整整的山顶上，放眼眺望，又发了一顿感慨，"哎呀，这眼界太宽阔了，看见哈屯河就像在脚底下一样。"

下桌子山不远，便已接近哈屯河。先锋官阿来通飞驰跑来，下马，施半跪礼："报告大元帅，前面就是哈屯河了。但卑职失职，沿河找好几天也未找到渡河大船。想在河上架桥，但这岸边近处没有树木，桥也未架成。影响大军进程，请大元帅处罚。"

满都海一看哈屯河，正值枯水期，河道两边露出很宽的沙滩或岩石，但有水的河道仍然很宽并且翻滚着黄色浪涛，没看见有渡口。先锋官又没找到渡河大船，四万大军和马匹车辆没法过河，便决定改道直奔甘肃。

手下将军提醒："大元帅，没有道怕走不过去呀。"

满都海说："世上本来就没有道，有人经常走就走出道来了。咱四万人马肯定能够再走出一条驿道来。"便打马带头向甘肃折转走去。

第五节 西征途中见千般景受万般苦

西征大军，行进到居延大道第三站甘肃，后到居延大道第四站亦集乃路沙漠中，干渴难耐，掘沙地数尺取水，得到的是泥浆水，泥浆水也供不应求。满都海带队在最前面，小达延汗坐在马上用牛皮制做的皮橐里。风沙中，将士们睁不开眼睛，个个满脸灰土，眼角一个个黑土疙瘩，嘴唇干裂着，但士气很高涨。

战士们在沙漠中行进着，风沙一刮，遮天蔽日。一个士兵说："这亦集乃路鬼地方，风也太厉害了。小沙粒刮到脸上，像一个小箭头打在脸上一样，挺疼啊。"

另一个士兵摸摸脸说："我看像蜂子蜇一下一样。"

又一个士兵说："我是亦集乃人，经常骑骆驼从这地方来回过，我的脸都锻炼出来了，没你们那些感觉。"

说着说着，突然刮来一阵狂风，几个人一低头，狂风把几个人的帽盔刮掉了，像球一样叽里咕噜向前滚。几个士兵策马追，到跟前下马刚要捡起，又来阵风刮跑，几个士兵徒步追帽子，帽子滚到小沙包前停住。

一个士兵感到很惊奇："哎呀，这里还有带腿的小长虫哪。"

亦集乃籍的士兵给纠正："那不是带腿小长虫，那叫沙蜥。"

那个士兵问："那小玩意眼睛倒是挺亮的，在这漫漫黄沙中来回跑，饿了它可吃啥呀？"

亦集乃籍的士兵告诉他："它吃几个小虫子什么的就够了，不像咱们，喝术兀思得喝好几碗。"

正说话间，远处沙漠上出现几只黄羊向对面跑去。

"哎，你们看，那边跑过几只黄羊。"士兵们都亲眼看着黄羊跑过。

"这千里沙漠中还有黄羊哪？你说它成天在沙漠上活蹦乱跳的，你说它们都吃啥吧？这沙漠中没草没水的，黄羊怎么养活老婆孩子呢？"那个士兵担着心。

另一个士兵说："别操这个心了，长生天造就万物，各有各的生存繁衍之道，万物都活着还都生儿育女繁衍着，这就是长生天的伟大神奇之处，为啥人们都向长生天磕头哪。"

几个战士一边说话，一边轻轻把帽子托起，吹掉粘的沙土，而后亲吻一下帽子，然后戴到头上。这个动作，是蒙古人的习俗。捡回帽盔，在风沙中，几个战士又打闹、嬉笑着。

这个战士说："这风爷爷只把咱帽盔刮掉，没把咱帽盔刮跑，没用沙子埋上，还挺照顾咱啊。没帽盔，光着陶劳盖（脑袋）怎么打仗啊！"

另一个士兵打趣说："借个头巾包上脑袋，男扮女装，装女兵呗。"

又一个士兵说笑话也是能手："想得美，这地方，你想吃点沙土，不用你猫腰，就会往你嘴里吹。你借头巾，上哪儿借去呀。你捡不回帽盔呀，你光着陶劳盖上阵吧。说不准，乩加思兰认为来了光头铁罗汉，兴许吓跑了那老兄就是大功臣。咱大元帅会重重赏你哪。"

有个一本正经的士兵说："别做梦娶媳妇，净想美事了。咱蒙古人有个老风俗，认为帽子无意中掉地上会碰到倒霉的事，你不碰上倒霉事，就算你捡着了。"

有个崇拜神灵的士兵说："大元帅出征前已向 99 尊天神、77 尊地母祈祷过了。天神地母都答应保佑西征顺利、马到成功，没有倒霉的事了。再说了，小可汗洪福齐天，几次遇大难不死，这是有长生天保佑。长生天保佑可汗，咱跟着可汗打仗，怎么也得借点儿光啊。"

队伍还在沙漠中艰难地跋涉着，人人都是一脸憔悴、疲惫的样子。女侍卫摘下马上皮壶，递给满都海说："大元帅，看您渴得嘴唇干裂都快出血了。您喝点儿水润润嗓子吧。"

满都海在马上接过皮壶，用舌头舔舔嘴唇，递给小可汗，说："你喝点儿吧。"

小可汗接过水壶，想喝，但看见满都海嘴唇干裂、眼睛通红、沙尘满面，咽了口唾沫，说："你不喝，我也不喝。"把水壶递还给满都海。

满都海看到小可汗懂事了，非常高兴，说："好，我的小可汗，好样的！可汗应该与将士们同甘共苦。"把水壶递还给女侍卫。

女侍卫不接，说："大元帅，您的担子比我们重，您的责任比我们大，您不能渴坏了身体呀。您一定得喝。"

满都海见让来让去的谁也不喝，就说："那好，那咱一人一口。你先喝。"女侍卫接过水壶，象征性地喝了一小口，递给满都海。满都海递给小可汗，"你喝吧，你年龄小，身体弱，身体不能缺水，你喝个够。"

小可汗咕嘟咕嘟喝了好几口，干渴难耐的脸上马上现出了笑容，抿抿嘴，递给满都海。

满都海喝了两口，说："嗨，没参加过王母娘娘蟠桃会，不知道蟠桃会上的玉液琼浆是啥滋味。在这沙漠中，喝水的舒服感觉，我看和在蟠桃会上喝玉液琼浆差不多吧！"

女侍卫随后立即附和着说："大元帅，您真会形容。"

满都海："让大家就地休息，掘地取水，都少喝点儿。"

女侍卫喊："大家就地休息。"

部队掀起了掘地取水高潮，处处掘地取水，有的用碗喝，有人用手捧着喝，有的伏地趴着用嘴喝，水少的用草管吸着喝。正热闹间，风沙停了，沙漠上出现了"海市蜃楼"，一个士兵首先看见，他马上放下掘沙的铁锹，喊："哎，你们看那儿，前面有绿洲了，快有水了！"

大伙听到有水了，都急切起身往那边看，大沙漠前方尽处有一片绿洲，绿洲中有树林，草地上开着红色黄色的花，树林环绕着一个碧绿的湖泊，水面上游弋着白色天鹅、野鸭、鸳鸯嬉戏——这是阳光与沙地反射出现的幻影，是真实的客观现象。

大伙都跳跃、欢呼。

满都海听有绿洲了，马上联想起过去听人讲过的海市蜃楼奇景误人的故事，便马上下令："伊剌姑，你们几个，到各人堆去通知，告诉大家，前面那是海市蜃楼，传说是一种叫作'蜃'的大蛤蜊吐出的气幻化而成，不是真正的绿洲。过去有些人不懂这方面的知识，拼命跑过去，结果绿洲没见到，却渴死累死晒死在大沙漠里。咱们不能走前人的老路。告诉大家，走出这巴丹吉林沙漠，还得走几天，要做好继续与风沙搏斗，继续吃苦的思想准备。"

放眼眺望，视线内，只能看见巴丹吉林沙漠的那些复合型高大沙山、沙峰等沙漠景观。

随后，大军继续往前行进，真的行进到沙漠中的奇观——沙山下有水的地方了。

第一个发现水的士兵喊："哎，你们看，沙山下真的有水了。"众多士兵都兴奋起来。

细心的士兵发现异样："哎，你们看，真新鲜，那水怎么发红呢？"

大大咧咧的士兵不以为然地说："太阳晃的呗，水哪能是红的呢？"

细心的士兵不服气："你眼睛花了，不是太阳晃的。你让别人看看，是不是红的？"

小头目下令："下去几个人看看，看能不能喝。"

第一个发现水的士兵自告奋勇："我去。"说着从沙坡上连走带滑地下去了。接连下去好几个人，到湖边用手捧水一看："哎，这水，真是红的"。其他几人都捧水看，都很诧异："怎么真是红的？"

胆大一点的士兵喝一口，"啐、啐"直吐："哎呀，不行不行，有味，喝不了。"另几个人也小口尝一下，也都吐了。几个人一齐站起来，向沙山上的人们左右摆手，表示不行。

大军嬉笑着在沙漠中行进，前面到了居延海（现在称天鹅湖），首先进入眼帘的是一片红色。

女侍卫乌云惊讶地报告："摄政王，您看前面一片红色，多好看呀！"

满都海看了看，也不知怎么回事，问："脱罗干知院，那前面一片红色，是咋回事啊？"

脱罗干知院诺延答复："那是长的草。"

满都海有疑问："草怎么是红色的呢？"

脱罗干知院解释："摄政王有所不知，这是这个地区特有的一种沙漠植物，叫碱蓬草，长得一簇一簇的。因其生命力旺盛，在这盐碱沙漠地里能长得这么好，人们称赞它为'生命红草'！这是远看，近处看更美了，那细细的小叶子是嫩红色，长成的叶子是深红色，到秋季，变成紫色。一年四季，就像铺了一层红地毯一样，谁看了都大饱眼福，流连忘返哪！"

满都海边骑马与脱罗干走着，边发着感叹："这长生天造就的万物，可真是无奇不有啊！"走着走着，来到居延海附近。

士兵们惊呼："哎呀，这么多水呀！"都因有水而驻足观看，欢天喜地！

满都海与将军们也都赶过来，惊奇地发出感慨，"这水面也太大了！"一条河水从中间穿过，河水宛如一条晶莹的飘带，系着两颗洁白的绣球。

脱罗干知院诺延讲解说："这西边的叫嘎顺淖尔（汉译为苦海），东边的叫苏泊淖尔（蒙古语：母鹿湖），汉人称其为居延海；那条河叫哈剌乌苏（汉译为黑河），是内陆第二大河，全是上游祁连山上流下来的融化的雪水。"

满都海问："那淖尔边上玩的、天上飞的，都是啥鸟啊？"

脱罗干诺延解释："那淖尔中一对一对游弋的是天鹅，个头小点的是黄鸭、灰鸭，还有不少叫不上名字的鸟。"

鸟儿受到惊动，全叫着飞起来了，叫声各种各样，悦耳动听；鸟儿在淖尔上空盘旋，其景色是少见的美景，真是美不胜收。

士兵们发出惊叹："你看你看，天鹅飞起来了！这姿势太优美了！"

满都海下令："传我的命令，部队小心前进，尽量不要惊动鸟儿们的正常生活。"

第六节　满都海西征瓦剌首战告捷

塔斯·博尔图地方到处是白色毡房，连亘几十里。瓦剌诺延大帐的设置，与东部蒙古诺延大帐相同。

探马进帐施礼："报告诺延，北边来了很多兵马。"

克舍太师诺延："有多少人？"

探马："几千人。"

克舍太师："离这还有多远？"

探马："也就一日程吧。"

克舍太师警觉，马上坐不住了："那不快到了吗？"

探马："启禀诺延，他们前进速度非常慢，好像是先遣部队，在修路。"

克舍太师拍大腿："那问题更严重了！这说明大部队在后面，肯定是咱不归顺汗廷，不觐见大汗，汗廷派大兵来征讨来了。秃阿赤！"

秃阿赤进帐施礼："请诺延吩咐。"

克舍太师："通知各爱玛克诺延马上到我这儿开会。"

征西大元帅满都海率领西征大军正在前进。

开路先行官阿来通骑马前来报告，下马施单膝跪礼："报告大元帅，前面约百里地方，是瓦剌人聚居的塔斯·博尔图。"

大元帅满都海："这是什么地方？"

阿来通："这里是居延大道第五站达忒思布尔都地方。我们多人修路，他们有所察觉，有的已经开始迁徙。因此我赶紧亲自回来禀报。"

满都海："你先坐下休息。秃阿赤，传我的命令，傍山靠水，靠树林扎营。"

瓦剌诺延好如嘎大帐内，克舍太师正召开瓦剌各爱玛克首领开会，研究对付汗廷征讨大军的办法。

克舍太师主持会议，向大家说明会议目的："各位诺延，达延汗即位典礼，通知咱瓦剌，因咱内部意见分歧，无人去祝贺。事后，汗廷派特使前来，要求咱们觐见大汗，承认达延汗为全蒙古的宗主大汗，咱又因意见分歧，坐失机会；现在，汗廷征讨咱的军队来了，只有一日程。大家说说，该咋办？"

好战派阿沙嗣丞相首先发声："怕什么？和他打！他们顶多来三四万人马，咱也有三四万人马，力量相当。他们在这恶劣环境下，行军数千里，是过度疲劳的疲劳之师，而咱们是以逸待劳，这一点上咱们占优势。既然他们送上门来，跟他决一死战，彻底摆脱孛儿只斤氏家族的统治，咱瓦剌的事咱自己做主。你们说，咋样？"

好战的将军们都不禁跃跃欲试。

克舍太师问："养罕丞相，你的意见呢？"

养罕丞相无主见："我们随大伙，咋都行。"

阿沙嗣又补充说："克舍太师，跟他们打一仗，不行再说。"

克舍太师顾虑也很大："这可不是闹着玩的。"

阿沙嗣逞能说："这场战争，指挥权您暂时交给我，打赢了，成绩归您，您还是咱瓦剌各爱玛克的盟主；打败了，责任由我承担。"

克舍太师不能决定，无奈用举手表决方法："同意阿沙嗣丞相意见的请举手。"好战派将军们举起手来，占一半。

克舍太师见此景不得不同意打仗："有一半人员同意打，那就试试吧。请阿沙嗣丞相具体部署战事。"

阿沙嗣立即行使指挥权："秃阿赤。"

秃阿赤进帐施礼："丞相有何吩咐？"

阿沙嗣命令："你马上骑快马到哈密北山，将这封信面交亦加思兰的谋臣墨日根，让他们立即派兵来支援。"秃阿赤答应："加！"揣信走了。

阿沙嗣继续下令："赶紧集合人马。"牛角号到处响起来。青壮年骑马持刀纷纷来集合。

满都海大元帅临时行军大帐内达延汗上座，满都海坐左首，将带矢鸡翎的帅盔放在几案上。各部诺延在两侧落座。满都海召开战前会议。

满都海说："阿来通将军，你给大家讲讲。"

阿来通将军向大伙介绍知道的情况："前面一日程的地方，就是瓦剌人聚集地塔斯·博尔图。据探马回来报告，瓦剌人已发觉了汗廷的行动，已加强了防卫措施。有些胆小的属民，已开始外迁。现在看，肯定要有一场恶战。"

大元帅满都海具体部署战事："各位将军，前面就是瓦剌驻地了，马上就要打仗，现在开始做战斗准备。将士，除披铠甲外，还要披甲哈甲，保护好双肩。从现在开始，必须披挂整齐待命，刀箭不离身，准备随时出击。战马，是战争胜利的保障。上阵战马必须戴上脑门甲、前腿甲、双侧甲。只有保护好战马，才能赢得战争的胜利。现在下去分头准备，挨个检查落实。布置好夜间巡逻和夜间岗哨，防止偷袭。明天天亮，在此集合。"

汗廷西征军队宿营地，漫山遍野都是野营简式毡房。满都海领着八名全副武装女侍卫，到基层部队检查进攻准备情况，在军营中走着，这儿看看人，那儿瞅瞅马，看清楚人马都已挂甲，士兵们都枕刀待战，很高兴。看见有一处围一堆人，满都海走了过去。

乌力吉说："哈尔巴拉（汉译为黑虎），你这是牛肉干吗？"

哈尔巴拉反问："那你叫啥？"

乌力吉（汉译为吉祥）挖苦地说："纯粹是他妈石头！"

哈尔巴拉反唇回击："你牙口不好，怨我的牛肉干硬，我还嫌它软乎不筋道呢，嫌硬你别吃，我没强迫你吃。"

乌力吉眼尖，看见满都海，便说："大元帅，您给评评，这是牛肉干，还是石头？"

满都海笑呵呵地挤坐在兵士中，侍卫们站在外围。哈尔巴拉从袋子中抓出一大把牛肉干，递给满都海。满都海用手捡一块放嘴里一咬，未咬动，又慢慢咬，咬掉一小块。

哈尔巴拉和乌力吉齐声问："咋样？"

满都海点着头："嗯！吃了这石头般的牛肉干，打仗保证有劲！"

哈尔巴拉赶紧说："我赢了！"乌力吉争辩说："我赢了！"

哈尔巴拉以满都海话为据："大元帅说了，是牛肉干，你赢啥了？"

乌力吉也以满都海话反驳："大元帅说了，你的肉干像石头般的，我咋不赢？"

满都海笑着，站起来，向别处走去。

第二天清晨，大元帅满都海在集合的队伍前，做临战战前动员："各位将军，勇士们，形势迫使我们不能迟疑，我们必须马上采取行动，迟延会造成更大伤亡。我决定：马上出击，在他们未准备好之前，打他个措手不及。亦思马因太师的永谢布部人马未到，作战部署要临时变动一下。乌纳博罗特将军、鄂尔多浩海将军、图美扎雅哈齐将军。"

乌纳博罗特等三人起立上前施礼："请大元帅发令。"

满都海下令："你们三人，以乌纳博罗特将军为总指挥官，带领你们科尔沁左右两翼人马，从他们右翼发起进攻。宝路德将军，你们土默特部和察哈尔部，从他们左翼发起进攻。火筛将军，你带领你们蒙郭勒津人马、克什克腾人马，随我正面进攻。乌格岱将军，你们几位老将军，和郭尔罗斯部人马一起，保护好大汗，随后跟进。"

满都海最后下令："打蛇先打头，瓦剌各诺延大帐都是攻击重点。"而后，把耷拉下来遮挡眼额的头发，用手往头上一拢，戴上头盔，"出发！"就带头赶紧往外走，侍卫赶紧牵过马来，满都海跨上马背，各诺延及全体士兵都跨上马背。满都海腰挎马刀，手持长枪，领头加鞭飞跑起来。全体人员，都跟随加鞭飞跑起来。

塔斯·博尔图地方上，瓦剌阿沙嗣丞相安排军队在古列延边上守卫，士兵手持弓箭等候，一将军在后面指挥。

满都海跨马持枪，率领千军万马，冲到塔斯·博尔图瓦剌古列延栅栏大门前，在一箭地之外停下，列阵。大元帅满都海，骑马站立在队伍中间，命令："向他们喊话！"

随从诺延向前一点，大声、拉长声喊："喂，你们听仔细了，我们是汗廷的军队，通知你们诺延赶紧出来迎接，不迎接我们，我们就武力征服，后果你们自己考虑。我再告诉你们一遍，我们是汗廷的军队，通知你们诺延赶紧出来迎接，不迎接我们，我们就武力征服，后果你们自己考虑。"

瓦剌守门将军在喊话时即偷偷瞄准喊话的诺延，话音刚落，一箭射中喊话诺延，喊话诺延落下马来。"放箭！"守军万箭齐发，射向汗廷军队，这行动，说明瓦剌拒绝和平解决。

满都海气急眼了，喊："火筛将军。"

火筛诺延大方脸盘，红脸膛儿，膀大腰圆，声如洪钟。

"大元帅！"火筛将军赶紧答应。

满都海命令："把他们压下去。"

火筛："加。"大喊，"强弩队，给我上！"

火筛将军带头射出一箭，射中在守门士兵后面指挥的诺延，当即倒下。由射箭高超的射手组成的强弩队，分成几个梯队，一支支的利箭射到守军当中，当即就听到鬼哭狼嚎之声。一、二、三梯队循环射击，速度非常快，箭支像飞蝗一样飞向守军，守军不敢抬头，不能还击，中箭伤亡哎吱声不断。

"钩子队上！"火筛命令。钩子队跑步到跟前，瞬间扔了不少带钩的皮绳子，而后与其后面的人一起往回拽绳子。一二三，一拽，古列延的木桩栅栏倒了。活着的守军撒腿就往回跑，强弩队跟踪射击。

满都海下令："冲啊！"而后自己带头冲进去。

千军万马，杀声冲天，冲进古列延内，纷纷与瓦剌将士展开了激战，战斗非常激烈。

满都海率领中军火筛等几个将军杀出一条血路直奔瓦剌最高司令部瓦剌诺延好如嘎大帐，瓦剌丞相阿沙嗣率领人马抵抗，满都海前刺后挑，刺杀几个前后左右的敌人。

瓦剌军中有人喊："满都海在这儿，抓住满都海，抓住那个女的，抓住满都海。"听这一喊，瓦剌人马都向满都海聚拢来。当敌人围住满都海时，满都海扔掉长枪，拔出马刀左劈右砍，砍伤、砍死的敌人落马。敌人继续包围满都海，一起把满都海团团围在其中，一起与满都海交战，满都海勉强招架，有几次险些遭到砍伤，岌岌可危之时，火筛大嗓门喊："大元帅，火筛来了！"左砍右劈，一刀一个冲进重围，支援满都海，为满都海解围。

正在这时，左右两翼攻击的军队喊着"杀"声如猛虎般冲杀进古列延来，顿时包围满都海的军队后面开始乱营。乌纳博罗特将军大喊："大元帅，科尔沁人马来了！"率领右翼军队喊着杀声杀过来。土默特诺延大喊："大元帅，土默特人马来了！"率领左翼军队喊着杀声杀过来。双方在古列延内进行了类似巷战的激战。

两军正在这边激战的时候，瓦剌部一支人马按阿沙嗣丞相安排奇袭向后卫部队杀来。

乌格岱将军骑在马上，手持弯刀，在达延汗坐骑旁守卫，耳朵在听瓦剌古列延内的喊杀声。忽然，手下兵士喊："将军，那边有一支人马杀来了！"

乌格岱将军马上分配任务："博来将军，你带一部分人马和郭尔罗斯人马迎上去，不要让他们接近大汗。"托郭齐将军说："你们在这保护好大汗，我去迎敌！"说完率领郭尔罗斯部人马迎上去，拦截瓦剌袭击人马，在途中厮杀。

瓦剌偷袭人马厮杀一阵，不见上下，便喊："不要恋战了，小可汗在后面人群里，赶紧去袭杀小可汗哪！"说着便拨转马头往小可汗这边杀来，其他人听了，也往这边杀来，托郭齐将军率部跟着杀回来。

乌格岱将军发布号令："勇士们，为大汗做贡献的时候到了，我们要誓死保卫大汗！冲上去，与来敌决一死战！"士兵们都冲上去了，他自己守卫在小可汗身边。

托郭齐将军追着瓦剌袭击者，回到小可汗附近，与冲上去的兵士，两下夹击来犯者，拼死激战。

瓦剌袭击将军激战不忘中心任务，自己一人挥刀直奔小可汗。乌格岱将军以身护着小可汗，与来敌激战。

满都海见火筛杀进包围圈，已不孤单，越战越勇。汗廷军队越来越多，从正面和左右三面杀入，成压倒优势。激战不久，瓦剌阿沙嗣丞相见队伍死伤人员越来越多，知不能胜，便大喊："摄政王，我们服了，摄政王，我们服了。"边喊边下马、扔刀、跪地、磕头，"摄政王饶命，摄政王饶命，我们服了，我们认输，我们愿意接受汗廷管辖，请求饶恕我们不死。我们服了，我们认输，我们愿意接受汗廷管辖，请求饶恕我们一方百姓不死。"

满都海骑在马上，用刀尖指着瓦剌阿沙嗣丞相："你是什么人？叫什么名？"

瓦剌诺延："我是瓦剌四部联盟丞相，我叫阿沙嗣。"

满都海在马上赶紧命令："命令你的部属立即放下刀箭。"

瓦剌阿沙嗣站起来，比画着，大喊："弟兄们，我是阿沙嗣，摄政王饶恕我们了，快放下刀箭，快放下刀箭，别打了。"

瓦剌军队将士听到命令，纷纷下马跪下，扔刀，纷纷求饶："饶命啊，大元帅；饶命啊摄政王！"

第七节　满都海给瓦剌四部立规矩

克舍太师见阿沙嗣丞相难以取胜，便带领瓦剌一部分部众拖家带口地逃跑。

骑马逃跑途中，克舍太师对正在赶着坐有老小的勒勒车，驱赶着牛羊的牧民说："汗廷大军杀来了，反抗只能自取灭亡，赶紧躲躲吧，快点跑啊。"

沿途逃跑牧民互相传告："克舍太师说了，反抗只能自取灭亡，赶紧跑啊。"人们奔跑着、互相呼喊着、拥挤着，路上一片混乱。

大元帅满都海在塔斯·博尔图首战告捷后，向群众宣布："各位将军、勇士们，咱们已经首战告捷了。"将士们欢呼："乌瑞！乌瑞！"

满都海鼓动群众："咱们虽然首战告捷，但瓦剌人跑了不少，尤其是分裂蒙古的罪魁祸首乩加思兰及其分裂势力未歼灭。咱们不能半途而废，不能给他们喘息机会，应该乘胜追击，取得全面胜利。追击！"三万多蒙古军，乘胜追击逃跑的瓦剌人。

亦思马因太师率永谢布部人马来到。亦思马因太师施礼："报告摄政王，永谢布因途中阻隔，来晚了。"

满都海不屑地看了他一眼，用很不高兴的口气说："亦思马因太师，战争已结束了，马上大军就要班师了。你们走得慢，你们先班师，回去吧。"把他晾在一边，不理他了。

追击歼敌的队伍，在得格德涅地方，追上了瓦剌丞相养罕率领的逃跑队伍，在那里双方进行了激战，杀声震天，人喊马嘶，不时传来刀枪相碰撞的叮当金属声，还有受伤痛苦的哭爹喊妈声。

激战结果，满都海征伐军队获得胜利。

瓦剌丞相养罕诺延被活捉，士兵们簇拥押送着他，来到大元帅跟前，说："报告大元帅，瓦剌养罕诺延被抓到，请您处治。"

大元帅满都海下马，手下人搬来一把行军椅子，满都海不紧不慢地坐下，跷起二郎腿，威风凛凛，用刀指着："你是养罕丞相吗？"

瓦剌养罕丞相赶忙跪下，哆哆嗦嗦地说："大元帅，是我。我们没想分裂蒙古，我们愿意接受汗廷管辖，是乩加思兰逼迫我们与汗廷为敌。今日的抵抗，是迫于乩加思兰的压力，不是我们自愿的。求大元帅饶我们不死！"

满都海："那你说说，乩加思兰是怎么逼迫你们与汗廷为敌的？"

养罕丞相："他以汗廷太师身份，命令我们听他的。我们稍有怠慢，他便以军事打击威胁我们。他人马多，我们打不过他，只得听他摆布。"

满都海："你说的是实话？"

养罕丞相："大元帅，我说的句句实话。上有天，下有地，我可以发誓。"

瓦剌民众："丞相所说，情况属实啊，大元帅，饶了他吧。"

满都海："给他松绑。"

养罕丞相松绑后，放松一下身体，忙给满都海磕头："谢谢大元帅不杀之恩！"

满都海教训他说："今后，你要好自为之。你必须带领你的属民，服从汗廷管辖，听从汗廷调遣，按时交纳汗廷规定的赋税。听清了吗？"

养罕丞相："听清了。"

满都海问："能做到吗？"

养罕丞相连连保证："能，能，保证做到。"

满都海："那你赶紧收拾你离散的阿拉巴图，清扫战场，掩埋尸体，抚恤伤亡，继续你的管辖。起来吧。"

养罕丞相磕头，起立。

乌格岱将军和托郭齐将军率领后卫部队，护着小可汗，押解着俘虏，走来。见到满都海，小可汗叫声："赛音哈屯！"便跑过去。

满都海拉过来，让其坐在身边。

小可汗："刚才好危险哪！把我吓坏了！"

满都海："有老将军和郭尔罗斯几千人马保护您，怕啥！"

乌格岱将军："报告大元帅，瓦剌部派遣一支人马袭击大汗，被我们击败，大汗安然无恙，现来复命。请大元帅处治瓦剌俘虏。"

满都海："老将军辛苦了，请先歇息。俘虏交给他们，一并处理。"

满都海手下兵士下马，挨个摘下被俘虏的那些人的帽子并解下他们的腰带。蒙古人注重帽子和腰带，认为它象征人的尊严，摘掉帽子解下腰带，相当于剥夺了他的政治权利。

满都海对他们发布训令："你们大伙听着，瓦剌蒙古人也是蒙古人，咱们都是蒙古人，我不想加害你们。但是有一条，你们必须接受汗廷管辖，不准搞分裂活动，必须按汗廷规定，按时向汗廷交纳赋税。"而后对瓦剌诺延，"阿沙嗣。"

阿沙嗣赶忙跪下："请摄政王训示。"

满都海又招呼："养罕丞相。"

养罕丞相赶紧过来施鞠躬礼说："请摄政王训示。"

摄政王满都海训示："你们愿意接受汗廷管辖，必须有具体表现。前面说的是国家政治大事，下面我宣布礼仪方面的几条纪律，你们也必须做到。"

阿沙嗣："请摄政王宣诏。"

满都海下令："一、今后，你们诺延的大毡房，不得称殿，只能称宅；"

阿沙嗣赶紧保证："一定照办。"

满都海问："养罕丞相，你呢？"

养罕赶紧表态："一定照办。"

满都海下令："第二，你们盔冠的冠缨，不得超过四指；"

阿沙嗣下保证："一定照办。"

养罕吸取了教训，不等问赶紧说："一定照办。"

满都海继续下令："第三，居常，许跪不许坐；第四，改乌苏克（酸奶）的名叫扯格；第五，吃东西，只许用牙咬或用牙啃，不许用刀割！"

养罕丞相自己觉得罪比阿沙嗣轻，便大着胆提出："摄政王您宣布的纪律，我们都照办，只是蒙古人食肉不用刀这一条，有点困难。请求汗廷恩准，允许我们食肉仍然用刀。"

满都海："好吧，食肉用刀，是蒙古人的习惯，这条恩准了。"

养罕丞相、阿沙嗣丞相和众多瓦剌人，众声说："谢谢汗廷恩典！"

大元帅满都海宣布：被俘虏的瓦剌参战人员，一律释放。汗廷要求你们，回去安心放牧，好好过日子。

瓦剌被俘人员和群众跳起来欢呼："乌瑞！乌瑞！"

第八节　满都海严惩瓦剌分裂首领阿沙嗣

摄政王满都海在广场召集瓦剌四部联盟首领开会。克舍太师、养罕丞相、阿沙嗣丞相等大小诸诺延都参加，汗廷火筛将军等主要将领也都参加。会上，达延汗在座，满都海代表达延汗宣布任命并惩罚首恶。

满都海讲话："我们明天就班师回朝。在回朝前，我代表大汗将瓦剌四部联盟的管理问题，明确一下。鉴于克舍太师在汗廷此次西征时，未率部对抗汗廷军队，我作为摄政王，代表达延汗，代表汗廷，任命克舍太师为瓦剌四部联盟总负责人。"

克舍太师起立，跪倒磕头谢恩："谢摄政王恩典。"

满都海接着说："从今日起，克舍太师代表汗廷，总管瓦剌四部联盟全部事务。诸位诺延，听清楚了没有？"

诸位瓦剌诺延齐声："听清楚了。"

满都海："听清楚了，那就请各位诺延，在克舍太师的统一领导下，进行各项工作。下面我宣布一项处罚决定，阿沙嗣丞相。"阿沙嗣赶紧起立，满都海接着说，"在此次征伐战争中，你率军抵抗汗廷军队，造成双方不少人员伤亡，还指名要抓汗廷统帅，罪该处死。"

阿沙嗣扑通跪倒，伏地磕头："卑职一时糊涂，抵抗汗廷军队，其罪应罚。可是大喊要抓摄政王的不是罪臣，请大元帅手下留情啊。"

满都海厉声："那是谁发动群众指名要抓我杀死我的？"

阿沙嗣不敢言语，但眼睛却一直盯着一个方向。

满都海一拍案子，站起来："到底是谁喊的？快说。"

阿沙嗣歪着脖子，对跟前那个人说："兄弟，你就承认了吧。"

阿沙嗣副将站出来，胆战心惊地说："是我喊的。"

满都海，威严地下令："这个人能喊，但喊不出好话，长这舌头没用，给我割去。"阿沙嗣副将捣蒜一样磕头哭喊："摄政王，饶了我吧、饶我这条小命吧……"瓦剌众多诺延，有的闭上眼睛，有的偷偷看着，都庆幸自己反抗汗廷军队没有太积极。

几个卫士将其按倒，掏出随身带的食肉刀撬开其嘴强行割去其舌头。那个副将，满嘴流着血，说不出话，哼不出声，疼得满地滚着。

满都海看看大家的表情，接着下令："给我用跑马拖死。"瓦剌众多诺延，不敢大喘气，胆战心惊地互相小心翼翼地看着。

卫士们三下五除二，几下子就把那个副将用绳子拴在马上，一个卫士骑上马，一加鞭子，那匹马就跑起来，跑了一圈回来，只见那副将血肉模糊已一动不能动，死了。

满都海接着进行下一项："阿沙嗣。"阿沙嗣哆嗦一下，赶紧跪下。满都海说，"考虑你后来适时停止反抗，放下武器，并下令让部属放下刀箭，使双方避免了继续伤亡，可以将功补过。"

阿沙嗣听到这，赶紧磕头："谢大元帅恩典，谢大元帅恩典。"

满都海有力地，但是慢慢地说："但是，过大功小，不能不罚。"阿沙嗣侧耳听着，满都海接着宣布，兹决定，"当众罚40马鞭。按咱蒙古人的规矩，天饶一下、地饶一下、我饶一下，实罚37下。"

满都海："阿沙嗣，怎么样，疼吗？"

阿沙嗣："谢大元帅不杀之恩。"

满都海："我问你疼不疼？"

阿沙嗣咧着嘴说："疼。"

满都海："这是一个小小的最轻的惩罚，目的是让你记住今日皮鞭之痛，以后不要违抗汗廷意旨。"

阿沙嗣："摄政王，我记住了，记住了，铭刻在心。"

满都海接着宣布："阿沙嗣，由于你的主张，造成汗廷四万兵马出征，兹决定：罚你良马一万匹，补偿此次战争马匹损失；罚牛三万头，抚恤阵亡将士家属；罚羊五万只，慰劳出征将士。"然后看着诸多瓦剌诺延们着重说，"这是'杀鸡给猴看'以儆效尤！阿沙嗣，听清楚没有？"

阿沙嗣："听清楚了！听清楚了！"

满都海："有意见没有？"

阿沙嗣赶紧磕头："谢摄政王不杀之恩，谢摄政王不杀之恩，愿意接受汗廷仁慈处罚。"

满都海："那好，所罚之马、牛、羊，派人随班师大军，送到汗廷。"

阿沙嗣："加。"心落底了，连连磕头。

满都海："起来吧。"

满都海西征大军凯旋时，克舍太师率歌舞队相送。受维吾尔影响的西蒙古瓦剌男人围着舞女敲着手鼓，手鼓随着其舞姿敲出清脆而欢快的节拍；舞女甩着黝黑发亮的长辫子，晃动着肩膀和脖颈，扭动着腰肢和臀部，不时向士兵们送过来深情的目光；嘹亮悠扬的长调歌声在空中回荡，展示了西部蒙古舞女的靓丽、舞姿的优美以及歌曲的动听。

牧民百姓们面带微笑，手端盛满新疆哈密葡萄的盘子或者手提着装满哈密瓜的篮子欢送，不时往士兵手中塞哈密葡萄或哈密瓜。

克舍太师在载歌载舞的队伍前，手捧雪白的手帕，高举过头，献给满都海，口呼："大元帅英勇过人，一战统一蒙古西部；摄政王心胸开阔，得理饶人；摄政王恩威并施，造福一方，请接受克舍一拜。"深深一礼，而后从怀中掏出写有"恩威并施，造福一方，统一蒙古功臣"的彩带，展示齐整后，走向前双手高举敬献给满都海。

满都海稍低头，克舍太师把彩带戴在满都海脖子上。

然后，克舍太师说："大元帅班师回朝，旅途遥远，臣献大军途中饮食，羊10000万只、牛5000头，请笑纳。"

满都海："谢谢克舍太师美意，收下了。"

这时，瓦剌几个少女跑上来，给满都海献了花束。

道路两旁，年轻靓丽的瓦剌蒙古姑娘，穿着鲜艳的服装，载歌载舞欢送。满都海带着军队从歌舞队中穿行，向欢送人群频频招手，男女老幼群众也向满都海招手。

这时，从人群中飘出优美的长调旋律：

天上有个北斗星，
金光闪闪压群星。
巾帼英雄满都海，
统一蒙古意志坚。
征伐分裂割据恶势力，
亲率兵，

做先锋，
戎马倥偬历艰辛，
蒙古高原又统一，
蒙古第二个铁木真。

悠扬的歌声在蔚蓝的天空中飘散。歌声中，西征大军怀着胜利的喜悦缓缓地骑马向东方走着。

第十七章 二征瓦剌

第一节　满都海专程亲征分裂叛乱首恶乩加思兰

1480年春，满都海扶立巴图蒙克即汗位当年，第一次携7岁小可汗亲征征服瓦剌四部归来不久，为继续击杀分裂叛乱首恶分子乩加思兰，彻底统一蒙古西部召开会议。

可汗金帐内，摄政王满都海召集察哈尔部特木热哈达克、伊内难、纳贺措、阿来通等，蒙郭勒津部脱罗干、火筛塔布囊诺延、掌吉·帖木尔·阿克拉忽诺延商议西征。小可汗在座。

摄政王满都海说："今天请你们几位诺延来，是专门为了讨伐叛臣逆贼乩加思兰的事。上次西征，瓦剌四部基本都被征服了，都表示接受汗廷管辖，承诺按规定纳税。这次西征，就是专程讨伐心腹大患、分裂割据首恶份子乩加思兰，因此这次就不动用更多的兵力了，有你们两个部的兵力就足够了。你们几位诺延，有意见没有？"

蒙郭勒津诺延，汗廷枢密院知院脱罗干第一个发言："摄政王只抽调我们蒙郭勒津和察哈尔两个部的人马，是对我们两个部战斗力的信任。我没意见。"

满都海插话："上次西征，令郎火筛将军表现不错，杀敌很勇猛，还给我解了围。这次西征，还去吗？"

火筛起立，态度很坚决地表示："当然去，我还要为汗廷建功立业。"

满都海表扬："好样的。"

察哈尔部几位诺延都表示没意见。

满都海："如果没意见，回去就抓紧准备。准备好就发兵，争取结冰上冻前凯旋回来。"

满都海为第二次西征，带一小队人马，到附近山包顶上祭天，祈求长生天保佑。到山顶后，摆上祭祀物品三牲以及奶酪、马奶酒等，向太阳的方向，跪在地上，随行人员跪在其后面。

满都海祈祷："99位天神，77位地母，我满都海为统一蒙古，为给达延汗亲政扫清障碍铺平道路，为歼灭叛逆分裂分子乩加思兰，为给满都鲁汗报仇，为给蒙古人民谋取安定生活的环境，欲第二次西征瓦剌，请求天神地母保佑我此次出征马到成功，旗开得胜。"而后磕头起立，随从人员也随着磕头起立，将祭品能吃的都分给随从人员吃掉，慢慢往回走。

乩加思兰在哈密北山的伊克格尔好如嘎大帐里与几个谋士将军研究如何对抗汗廷的政策。乩加思兰说："满都海纠集几个爱玛克的四万人马，征讨瓦剌。瓦剌四部都臣服了。她再出兵西征，那就是有针对性地冲着咱来了，咱得做好应战准备。"

墨日根提议："太师，我建议，在古列延四周挖一丈宽一人深的沟，就像明朝的护城河一样，让人马过不来。挖的沙土，都堆在大沟内侧，筑成护堤，像城墙一样；在大堤内侧沿边，平时多放巡逻哨，战时多放护兵，就像明朝守护城墙一样，以大堤作掩护，居高临下，把想过沟的来犯者都射死在沟里，有个把有能耐的爬上大堤探上头来的，守军迅速就地砍死或一箭射死；只在前面留一个门，平时多派兵把守，严格出入，战时全力以赴，务使来犯者都死在门前。我保证咱的古列延固若金汤。"

乩加思兰："其他人还有其他啥高招？都说说。"

另一谋士："多派几个探马，探得远一些，消息一定要灵通。"

又一谋士："我看挖大沟有弊病。他们人马进不来，那咱人马也出不去呀！"

墨日根："咱人马出去，正大光明地走大门，有啥出不去的？我看你是没等打仗就想开小差，是别有用心。"

那个谋士听了这话脸上挂不住，气愤地说："你说谁想开小差？谁别有用心？你给我说清楚！"

墨日根也寸步不让："就说你呢，就你想开小差，就你别有用心。"

那个谋士："你说我别有用心，你血口喷人，你拿出证据来，要不咱俩没完。"

墨日根："怎么的呀？不让挖大沟，就是证据，大家都听见了。"

那个谋士："那叫各抒己见，给太师提咨询意见，这叫什么证据？"

墨日根："不挖大沟，我说你是预备到时候想跑。"

那个谋士："人家来几万兵马，打不过，就转移呗，这不兵家常事嘛！你四周都挖大沟，到时候从哪转移出去呀？你这不是存心让咱太师和咱这些人憋死在这里吗？我看你才是别有用心呢。"

乩加思兰生气地："好了好了，别吵了！到啥时候了，还内部争吵。都说说，还有没有不同意见？"见没人吱声，乩加思兰最后宣布，那就明天开始挖沟。你们分头下去通知，只要能动的男女老少，都来挖沟。"

第二节　满都海先遣掌吉深入虎穴侦查

可汗金帐内，摄政王满都海召见汗廷诺延蒙郭勒津掌吉·帖木尔·阿克拉忽。小达延汗在座。

掌吉·帖木尔·阿克拉忽进帐，施手掌捂胸鞠躬礼："摄政王有何吩咐？"

摄政王满都海："请坐。"掌吉·帖木尔·阿克拉忽坐下。满都海说明召其前来的目的，"第二次西征已经定了。这次西征目的，就是要击杀反叛分裂割据头目乩加思兰，歼灭其分裂割据势力。据探马报告，乩加思兰在哈密北山一带驻牧。为了这次西征，不使乩加思兰跑掉，务歼乩加思兰，我派你一个特殊任务。"

掌吉·帖木尔·阿克拉忽："请摄政王明示！"

满都海："任务非常简单，但又非常艰巨。你是蒙郭勒津部能言善辩之人，在咱北元诺延中以能言善辩著称，这个任务非你莫属。"

掌吉·帖木尔看着满都海，静静地听其指示。

满都海继续交代任务："你带几个人，先出发，一路探听乩加思兰的准确消息，而后随时派人回来向我报告。见到乩加思兰，你务必千方百计要稳住他。"

掌吉·帖木尔问："到哪儿找您报告？"

满都海："我率大军，在你后面跟进，也就一日程。"

掌吉·帖木尔提出最担心的事："摄政王，乩加思兰疑心最大，我估计此去很可能要为国殉职，请求汗廷照顾好我家属。"

满都海："凭你的才干，绝不至此。你放心去吧。"

哈密北山，乩加思兰古列延四周有很多牧民在挖深沟。牧民挖沟是被迫的，因此都怨声载道，谁都不怎么卖力气，挖了几天，也没挖出个眉目来。

满都海率大军向哈密北山行进中。先头部队克什克腾部阿来通将军飞身下马，单膝跪："报告大元帅，抓到一个奸细。"

满都海："带上来。"

奸细见到满都海，磕头如捣蒜："诺延饶命，诺延饶命。"阿来通手下人员在奸细身后踢一脚："别装熊，快说。"

满都海坐在行军椅子上，怒目盯着奸细。

奸细："乩加思兰派我侦查你们动静，见到有军队前来，马上回去告诉他。诺延，我真的没干坏事啊。"

满都海："乩加思兰现在在哪儿？"

奸细："在古列延中。"

满都海："离这多远？"

奸细："也就两日程。"

满都海："好，你带路。秃阿赤，通知部队，加速前进。"

掌吉·帖木尔一行人骑马来到乩加思兰大营附近。掌吉向随从交代："你们在这瞅着我，看我进营了，那就是乩加思兰在家，你们赶紧回去向大元帅报告。"随从们答应："加。"

掌吉·帖木尔领着其中几个随从来到乩加思兰大营门前。乩加思兰古列延卫兵："站住，干什么的？"

掌吉·帖木尔说："我是汗廷派来和谈的钦差，有要事，要见你们诺延乩加思兰太师。"

卫兵："请问，怎么称呼您？"

掌吉·帖木尔："你就说掌吉·帖木尔·阿克拉忽求见。"

卫兵："您办什么公务？"

掌吉帖木尔："我不告诉你了嘛，我是汗廷派来和谈的钦差。"

卫兵："那好吧，诺延，请等一会儿，我去禀报。"跑着去报告，"报告太师，汗廷掌吉·帖木尔诺延求见。"随从在远处看着掌吉，在门口等待，知门卫进营请示报告，便骑马飞快向后方跑去。

乩加思兰正在帐内喝茶，听了卫兵报告很惊愕："谁求见？"

卫兵："汗廷掌吉·帖木尔·阿克拉忽诺延求见。"

乩加思兰："他说来干什么了吗？"

卫兵："他自称汗廷和谈的钦差，他说涉及高层机密，详情不便告诉我。"

乱加思兰站起来，来回走着，挠着脑袋思忖，自言自语："这时候来？干什么来了呢？和谈？满都海能与我和吗？是凶？是吉？肯定凶多吉少。"沉思一会儿，说，"让他进来。"

卫兵跑着回去回复："诺延让你进去。"卫兵留下掌吉的佩刀。

掌吉在大营内慢慢走着，欣赏着营内景致，还故意夸一些设施，有时还到跟前故意前后左右欣赏一下，故意拖延着时间，最后进帐，献手帕，施鞠躬礼："太师诺延，赛音拜诺？"

乱加思兰阴阳怪气地问："掌吉诺延，你不远万里，风餐露宿，到我这来，是喜鹊报喜呀，还是夜猫子进宅呀？"

掌吉答复："万里之遥，鞍马劳顿，到太师您这来，非为欣赏您这三宝殿，当然是有要事相谈喽！"

乱加思兰："你们的摄政王率几万兵马来讨伐我，要置我于死地。只可惜，没找到我。"

掌吉反驳说："太师此言差矣。那是要征服瓦剌四部，没想征伐你。要想找您还不容易，我自己来不就找到您了吗？"

乱加思兰："听说你是来和谈的。试问，咱两家，有什么要事好谈的？"

掌吉·帖木尔："彼一时此一时嘛。"

乱加思兰："此话怎讲？"

掌吉提醒："太师您忘了，有个哲人有句名言，'无永久的敌人，也无永久的朋友'。"

乱加思兰："有此名言又怎么样？"

掌吉解释说："这位哲人，是总结历朝历代历史，才得出的这个结论。这句名言的意思就是说，世上的事情不是一成不变的，随着日月的变迁、时光的流逝，是要发生变化的。举例说，咱蒙古人的先民匈奴与汉朝多年打仗，互相杀戮。匈奴多次进兵中原抢掠，汉朝也多次派重兵征伐杀戮匈奴。双方都死了很多人，后来匈奴呼韩邪单于竟然向汉朝皇帝请求和亲，汉元帝竟然也答应了。自己的姑娘没有了，把王昭君认作干女儿嫁给匈奴呼韩邪单于，促成了匈汉和好60年。汉元帝为这个，竟然把皇帝的年号都改成了'竟宁'，还敕封王昭君为'宁胡阏氏'，一千多年来传为美谈。"

乱加思兰："那能说明什么？"

掌吉说："这事足以说明哲人总结的'无永久的敌人'是正确的。"

乱加思兰问："历史上的个案，能代表一切吗？"

掌吉说："太师诺延，这不是个案，历朝历代都有这样的例子。我再给您举个唐朝的例子。"

乱加思兰："掌吉诺延，你不是为给我讲故事来的吧？"

掌吉说："太师诺延既然不愿意听过去古代的，那我给您讲点您愿意听的。上次摄政王满都海率军西征，吃了不少苦，也死了不少人，可以说是劳民伤财。她本人被瓦剌军队包围，好险阵亡。她是个弱女子，过了这半年时间，随着岁月的推移，她的主意变了，说'冤家宜解不宜结'，不想和您打仗了，想与您和解，派我来与您谈判。您说这是不是喜鹊报喜呀。"

乱加思兰冷冷冰冰地说："那你说我有什么喜？"

掌吉说："达延汗即位，满都海哈屯执政。满都海哈屯派我来，让我与您谈判，您老太师免去刀兵之灾，安享晚年，这岂不是第一个大喜？"

乱加思兰冷淡地回应："那你说说我第二个喜！"

掌吉说："老太师，谈好了，汗廷不征伐您，您在这蒙古西部，仍掌握几万人的兵权、财权，这岂不是第二个喜？"

乩加思兰冷淡地说："这第一个喜与第二个喜差不多。那你说说，我有没有第三个喜？"

掌吉·帖木尔："有，当然有，您听仔细了，我给您讲这第三个喜。"

掌吉·帖木尔的随从，快马往回跑送情报。满都海的大军，正在前进，途中相遇。掌吉的随从因情况紧急在马上抱拳向满都海："报告大元帅，乩加思兰正在营内。"

大元帅满都海："好，带路。传令，部队全速前进！"加鞭，马跑起来。后面的部队一个接一个往后传"全速前进"。两万多匹马奔腾，草原都被奔马飞跃踏出了尘土飞扬。

乩加思兰大帐里，掌吉若有所思地说："这第三个喜嘛，嗯，太师诺延，我得先给您贺喜，您的这个喜就更大了。"

乩加思兰不耐烦地说："你直接说，别拐弯抹角的。我第三个喜是啥？"

掌吉慢声慢语地说："太师诺延，您也太性急了吧！"

乩加思兰："这话怎么讲？"

掌吉说："您我一朝为臣好几年，这么老远的来了，怎么也得给我一碗奶茶喝吧？"

乩加思兰似有所悟："嗯，对，给他点儿奶茶喝。"侍女给端上茶来。

掌吉诺延转着奶碗不慌不忙地喝奶茶。

乩加思兰过了一小会儿，等不及了，说："掌吉诺延，你不是专门来喝奶茶的吧？"

掌吉说："远道而来，能不渴吗？"

乩加思兰："掌吉诺延，我看你的喝茶姿态，好像是在消磨时间。你边喝边说第三喜吧！"

掌吉说："太师诺延，我怎么觉得您像审讯我似的。"

乩加思兰："在这非常时期，从汗廷来了诺延，我当然要问明白来干啥？"

掌吉说："我已告诉过您，我是汗廷的钦差，我是来谈判的。"

乩加思兰："我没弄清你的真正来意之前，跟你谈啥？"

掌吉很不客气地反驳说："我的太师诺延大人，我已经数次向您表白了我的来意，表白得再清楚不过了，我是摄政王派来与您谈判的。话说到这分上，不已经很明确了吗？太师您心眼就动那么一点点儿，不全明白了吗？还用得着我点拨吗？"沉思一小会儿说，"也罢，我给您点破它，您举兵反叛，杀死满都鲁汗，您现在的身份，是汗廷的叛臣逆贼，这您不承认也不行，全北元官民都是这么看的。"说完眼睛盯着乩加思兰。

乩加思兰鼓着腮帮，瞪着眼珠子看着掌吉。

掌吉不动声色地说："但是呢，如果谈判成功，您可以继续当您的太师，从一个叛臣逆贼一下子变成汗廷重臣。您说太师，这是不是大喜，特大大喜呀？这第四个喜，还用我说吗？"

乩加思兰："得、得，不说也罢。掌吉诺延，那你给我说清楚，就你上嘴唇下嘴唇这么一动，说免去刀兵之灾，安享晚年，我就得到大喜啦？"

掌吉说："当然不会，这得听我们摄政王满都海的。我们摄政王满都海，想统一蒙古高原，但没有那么大力量。她认为您很有能力，又很有实力，因此她想恢复与您以前的联合关系。"

亦加思兰怀疑地问："满都海真是这么想的？"

掌吉说："她亲口对我讲的。她认为，能与您联合，就等于是漠南蒙古与西部蒙古联合了。下一步，就差漠北蒙古和东部蒙古了，那就好办多了。正因如此，才专程派我前来与您谈判。"

亦加思兰仔细思索一番，说："事，倒是那么个事。可是，那满都鲁汗死亡的事，满都海哈屯就不记仇了？"

掌吉说："您太不了解满都海哈屯了。摄政王满都海是个非常豁达的人，想的事情与常人不一样。她说，满都鲁汗已经死了，死了就不能复活，现在要多为活着的人着想，为统一蒙古着想。她说，为了统一蒙古大业，要放弃个人恩怨。"

亦加思兰怀疑地问："这些话，不会是你掌吉诺延给编的吧？"

掌吉说："这么大的事，我敢编吗？"

亦加思兰陷入思索。

掌吉趁亦加思兰思索的机会提出："太师诺延，来您这这么长时间了，我还饿着肚子哪，您得给我术兀思喝。"

亦加思兰命令卫兵："去给掌吉诺延取术兀思来。"

掌吉调侃说："肚子饿了，身上就没劲，冒虚汗，这饿肚子的滋味可真不好受。太师诺延，您尝过饿肚子的滋味吗？"

亦加思兰："饿了，吃点肉干、楚拉，能饿成你这样吗？你太娇嫩了！"

掌吉认真地说："吃肉干，我牙不好，嚼不烂，吃到肚子里胃疼。"

卫兵回来报告："报告太师诺延，术兀思现成的没有了，刚下锅，得煮一会儿。"

掌吉见有机会可乘，便说："小伙子，你领我到嘎勒图那去，我先拿一块嫩的在火上烤着吃，要饿死了。"说着站起来拽着卫兵走。

亦加思兰："掌吉诺延，我派几个人帮你烤。"一使眼色，卫兵们过去好几位，一同到嘎勒图那监督他。

第三节　满都海一举攻陷亦加思兰老巢

掌吉吃饱喝足，打着嗝，擦着油嘴，在卫兵监督下回到亦加思兰伊克格尔大帐，进帐后没话找话说："太师，我怎么感觉哈密这儿的烤羊肉、术兀思比我们蒙郭勒津那的好吃、好喝呢？"

亦加思兰说："那你就别回去了，在我这干吧。"

掌吉问："那我老婆孩子怎么办哪？"

亦加思兰随口答复说："想法接过来。"

探马这时进来施礼："报告诺延，我有机密情况报告。"

亦加思兰招手，探马过去，与亦加思兰耳语。亦加思兰眼珠子乱转，预感大事不好，要大祸临头，顿时脸色严肃起来，以审讯口吻："掌吉诺延，你后面的大部队是怎么回事啊？"

掌吉故意表示惊讶："什么大部队？"

乩加思兰非常气愤地："到这时候了，你还跟我捉迷藏？"

掌吉与其争辩："我捉什么迷藏？我受汗廷圣命，来此与您谈判，我怎么知道后边的人马是谁的？"

乩加思兰恶狠狠地说："你甭跟我嘴硬。方才左眼跳，我就觉着今天没好事，你这夜猫子真就带灾星来了，带来了大队人马。来人！"进来两名兵士，"把他捆起来！"掌吉·帖木尔被捆得严严实实。

掌吉大喊大叫："乩加思兰，你疯了？你捆绑汗廷钦差，你不想要命了？你捆绑老朋友，你够义气吗？你、你'狗咬吕洞宾，不识好人心'，你叫人吗？"

乩加思兰："秃阿赤，马上集合人马！"

传令兵："加。"出帐就吹起牛角号，接着，四处响起牛角号声。

探马气喘吁吁地进帐："报告诺延，北边来了一支人马。"

乩加思兰："有多少？"

探马："黑压压的，铺天盖地。"

乩加思兰额上冒汗了："秃阿赤，赶紧吹号，赶紧吹号！紧急集合，紧急集合！"回头看见掌吉·帖木尔，气愤地说，"你这个老东西，我就觉着你夜猫子进宅，没好事儿！领来了铺天盖地的军队。"

掌吉："来了多少军队，和我有什么关系。"

乩加思兰很奸诈地说："掌吉老兄，我不得好，我也不能让你得好。我先送你到阎王爷那去。"

掌吉："我是汗廷钦差，您可不能乱来呀！你要考虑后果。"

乩加思兰对进来的卫兵下令："把他拉出去，给我横来几刀再竖来几刀，让他先死这儿！"

掌吉到此时不能再讲理了，改破口大骂："乩加思兰，你个千刀万剐的逆贼，你兔子尾巴长不了啦，你的死期马上到了！你个挨千人唾、万人骂的叛贼，你不得好死！你搞分裂，你不得善终！你比我多活几分钟，我先到阎王爷那告你乩加思兰叛逆。你到阎王殿门口时，让牛头马面押你到最底层18层地狱。"骂着不走，被卫兵连拉带拽拖出大帐。

这时，满都海的军队已接近大营，连续向大营门卫守军开了几炮，门卫守军被炸得死的死伤的伤，不敢在门前阻挡，接着冲锋喊杀声已经像海潮声般涌进乩加思兰大帐。

掌吉被押出大帐后，在卫兵押着往前走时，趁卫兵不注意，掌吉诺延迅速往一个卫兵裆下狠劲踢了一脚，那个卫兵"哎呦"一声捂着裆部蹲下，掌吉说时迟那时快，瞬间朝另一卫兵又猛踢一脚，这个卫兵也"哎呦"一声也捂着裆部蹲下。掌吉开始逃跑。

乩加思兰大帐门口卫兵听到也看到两位同伙被踢伤，持刀追上来。此时统一大军火炮向大营深处开了几炮，在卫兵附近开花。

掌吉看见敌兵追上来，边跑边喊："汗廷大军要踏平你们大营了，赶快逃命去吧，快跑吧，晚了跑不掉了。"两名卫兵听到此话，听到大军杀声震天，真的抛下掌吉逃命去了。

掌吉继续逃跑，摔倒了，因被捆绑，便滚到一个角落躲藏起来。

满都海的军队掩杀过来，冲锋在前的先头部队，已冲进乩加思兰古列延。

乩加思兰见只集合部分人马，防御军队未组织起来，而满都海的军队，喊杀声震耳，知战不能胜，对集合的军队下令："你们给我顶住，进来一个杀他一个。"说完，自己偷摸地骑马跑了，跑到古列延边上，看到挖了沟过不去，骂墨日根，"什么墨日根，纯粹混蛋。"打马赶紧顺古列延边跑，正好有一处没修好，有豁口，大呼，"长生天不绝我乩加思兰也！"逃命去了，随从及亲信等也随着逃命去了。

乩加思兰的军队抵抗一阵，看统帅跑了，都四散逃命。到古列延边上，前有大沟过不去，后面有大军追击，都投降了。

满都海军队在乩加思兰营内四处搜索乩加思兰。掌吉喊："火筛将军，火筛将军，快来救我。我是掌吉·帖木尔·阿克拉忽啊。"

蒙郭勒津火筛将军听到有人喊他，顺声音找去，见到掌吉·帖木尔被捆在那儿，问："你怎么在这儿？"

掌吉顾不得自己安危，赶紧说："乩加思兰往那个方向跑了。"用嘴努着，用肩膀指着，"赶紧追呀，别让他跑掉啊！"

大元帅满都海赶到："火筛将军，抓到乩加思兰没有？"到跟前，看到掌吉·帖木尔，赶紧关心地问，"掌吉诺延，你没事吧？"

掌吉答话："大元帅，不用搜了，乩加思兰跑了！"

大元帅满都海下令："赶紧解救掌吉诺延。"女侍卫下马松绑，满都海对火筛将军下令，"你率兵追击乩加思兰，一定要活见人，死见尸。"

火筛将军答应："加。"和手下将军率兵追击乩加思兰去了。

第四节　火筛智擒分裂叛乱首恶乩加思兰

乩加思兰逃跑到乞勒扯儿洼地（又译为克勒其尔盆地），看后面追兵紧追不放，知道跑不掉，见有一牛群，忽生一计，便扔掉马，打马数鞭子企图让马继续跑开以迷惑追兵，自己钻进牛群里。没想到，马因主人未骑在马背上，跑不远便停下不走了。

火筛属下将军追到乞勒扯儿洼地，目标却没了，觉得奇怪："哎？乩加思兰哪去了？"这时火筛赶到，火筛属下将军禀告说："报告诺延，我们一直紧追乩加思兰，只差几箭地，乩加思兰就不见了。"

火筛将军共同停马观看，看见乩加思兰的马在附近，说："乩加思兰的马在那儿，肯定远不了。"继续在那四处观望，看见远处牛群里有一物不似牛，忽高忽低在牛群中活动，火筛指出，"在牛群里。"

属下将军："那怎么办？"

火筛将军："冲散牛群。"带着部队冲进牛群中，乱打牛群，牛群四散逃跑。

乩加思兰抓住一头犍牛，趴在犍牛身上想逃跑，犍牛不是骑用的牛，不让他骑，扭动几下就把他摔下来；他又抓住一头牛，爬上去，跑着。

属下将军："诺延，乩加思兰在那头牛上。"

火筛将军："追！"一齐奔过去。

乩加思兰赶紧弃牛躲在一小土丘后面负隅反抗，对追击他的兵士，射出罪恶的箭，有四个士兵中箭落马。

火筛将军："停止追击，包围乩加思兰，抓活的。"将士们迅速包围得水泄不通。

乩加思兰持刀，面对四面包围的将士做困兽决斗状。

火筛属下图布新之子赛音图鲁格根、奇塔忒之子乌努固齐、牙慧胡尔噶齐等四位将军下马，持刀从四面向其慢慢合拢着，逼近着。乩加思兰面对其中一方时，另三方的将军突然跳过去缩短距离；当乩加思兰面对另一个将军时，另三方将军一齐窜过去将乩加思兰按倒在地，很麻利地用牛毛捻的绳将乩加思兰捆得结结实实。

外面的士兵们欢呼起来："嗷！嗷！抓活的了，抓活的了！"

火筛下令："回去。"士兵们像扔死羊一样，把乩加思兰扔到他骑的马上，像钱褡子一样驮着，率队回到哈密北山。

第五节　分裂叛乱首恶乩加思兰被明正典刑

火筛将军带着被抓获的乩加思兰回到满都海驻帐处："报告大元帅，乩加思兰已被活捉。"在满都海面前，把乩加思兰拽下马，扔在地上。

满都海见到乩加思兰，仇恨不打一处来，怒目圆睁，咬牙切齿，一句口供没问就下令："将乩加思兰用乱箭射死，为满都鲁汗报仇。"

在哈密北山一较大的草场上，士兵们搭一个一丈多高的台子，将乩加思兰绑在台上柱子上。胜利的将士们和当地乡亲们，围了几大圈，大家都想亲眼目睹这个祸国殃民的贼首的下场，火筛将军安排不少兵力维持着秩序。最里面一圈人是手持弓箭的刽子手。

火筛将军："报告大元帅，乩加思兰的刑场已经安排完毕，请指示。"

满都海在卫兵簇拥下，威风凛凛地随着火筛进入刑场，坐在对面预备好的监斩官椅子上，两旁站立八名全副武装女侍卫。

场内群众呼喊："宰了他、宰了他！"

满都海看看情绪激愤的群众，而后一挥手："行刑。"

火筛将军站在满都海前面，向弓箭手们下达命令："弓箭手，对准乩加思兰，射击！"百多支箭齐发，箭无虚发，眨眼间，乩加思兰变成刺猬，脑袋耷拉下来。

围观群众大声欢呼："乌瑞！乌瑞！乌瑞！"

满都海下令："将乩加思兰陶老盖砍下来，在各鄂托克传示！"刽子手上台砍下乩加思兰头颅，血淋淋地用木杆挑着下台，交给传示各鄂托克的将士。

士兵们用木杆挑着乩加思兰头颅，在乩加思兰驻牧地哈密北山游街示众，每到一个牧民聚集区，围绕毡房示众，口中喊着："大家都来看哪，看看乩加思兰搞分裂的下场啊！"

牧民们男女老少纷纷出格尔观看。老太太吓得直哆嗦，小孩吓得直往大人身后躲，都吓得噤若寒蝉，脸色灰白。

一个小伙子问："哎，你挑的人头是真的吗？"

士兵："这还有假？谁敢开这个玩笑，你没看见还在滴血嘛！"

小伙子："怎么没看见他平时那恶样呢？"

士兵："他平时那恶样，在他被抓获时全吓丢了，现在就剩下这熊样了。"

小伙子："他可能没想到自己还有今天。"

士兵："没听说恶有恶报嘛！"

一个老牧民哆哆嗦嗦地说："乩加思兰作恶多端，长生天终于报应了。"

满都海第二次率军西征，斩杀叛乱分裂分子乩加思兰，收服其部众四万多人。满都海携小可汗率领大军胜利回师，满都海怀着胜利的喜悦，威风凛凛地骑马走在队伍前头，战将们都喜笑颜开地跟随其后，后面旌旗招展。这次战争，稳定了蒙古西部地区。

第六节　将士们议论满都海有能力及高风亮节

第二次西征凯旋途中，将士们有说有笑地谈论着自己对这次西征或这两次西征的感想，察哈尔部的两位将军伊内难、纳贺措谈论得最认真。

伊内难将军开头："我说老弟，上次西征你参加了吗？"

纳贺措将军："能落下我了吗？我的马冲在最前边。"

伊内难将军："我的马也冲在最前边，我怎么没看见你哪？"

纳贺措将军："你说那玩意儿，杀敌立功，谁顾得看你冲在哪啊！你若是大姑娘小媳妇，也许会偷看你两眼！"

伊内难将军："这两次西征，你有啥感想？"

纳贺措："感想可大了！咱的大元帅满都海，那就是'俩字'。"

伊内难："啥'俩字'？'俩字'是啥感想呢？"

纳贺措："'俩字'就是'厉害'。我说的厉害，不是一般的厉害，也不是'二般'的厉害！那是……"

伊内难："得、得，这'俩字'还用你说呀！谁不知道啊！一个年轻女人，两次亲率大军西征，尤其是自己做先锋，冲在最前面。就这一条，就够得上'三般、四般'的厉害了！一般的女人，别说挑头去打仗，就走这一趟路，翻山越岭、过河走沙漠，没有水，风餐露宿，她都不敢去！胆小的人，想想，我看都能吓得躺半个月！单说这次西征，一个人没死，伤的也不多，就把逆贼乩加思兰拿下了，谁敢说不厉害？"

纳贺措："你说的厉害，那都是低档次的厉害。"

伊内难："那你把你那高档次的厉害，拿出来，咱也学学。"

纳贺措："你真想学？"

伊内难："谁骗你。"

纳贺措："那我说个你听听？"

伊内难："我洗耳恭听。"

纳贺措："我说的厉害，不是你这个意义上的厉害，简单说吧，中原汉人历史上，唐朝时候出现过女皇帝武则天，你听说过没？"

伊内难："听说过，挺厉害的。"

纳贺措："武则天在中国历史上，那是很有名气的。可她就知道在宫内玩弄权术，没带兵打过仗，她也不一定会打仗。可咱大元帅满都海，当过代可汗，那就是蒙古人的女皇帝，与武则天同级了吧？现在又当摄政王，管着小可汗，那不还是女皇帝吗？咱蒙古人的女皇帝满都海，与汉人女皇帝武则天一比，你说怎样？"

伊内难："哎，你这一说，我也明白了。你说的意思是，汉人女皇帝武则天，只会文；而咱蒙古人的女皇帝满都海，文武双全，是这个意思吧？"

纳贺措："这个意思还小吗？文武双全的女皇帝，是不是比只懂文不会武的女皇帝更厉害？"

伊内难："要从女皇比女皇，比谁'厉害'这个角度，老弟说的'厉害'，是比我说的'厉害'档次高！"

纳贺措："怎么样？"

伊内难："行啊，老弟。这几天，有出息了！真是'一日不见，当刮目相看'啦！'"

纳贺措："不能小瞧咱哥们了吧？"

伊内难："别说你胖你就喘，按你这样说法，我还有比你这档次高的厉害哪。"

纳贺措："那你也说说，我也跟你学学。"

伊内难："你说，武则天当皇帝是为了谁？"

纳贺措："那还用问嘛，为自己呗。她将她男人的李姓唐朝都变成自己的武姓周朝了，那不是明摆着的事嘛。自己老了，交班传宗接代时交不下去了，这才把皇帝位子还给李家。"

伊内难："那你再看看咱蒙古的女皇，她是为了谁？"

纳贺措："这不也明摆着的嘛，是为了孛儿只斤氏黄金家族呗。只代理可汗两年，在小可汗7岁还不懂事时，就把汗位交给了黄金家族后裔巴图蒙克。"

伊内难："那你说说，汉人女皇武则天是为自己篡权夺位成为女皇，咱蒙古女皇满都海是为了黄金家族后裔即大汗位才当的代理可汗。她俩都是女皇，可她俩当女皇的目的不一样。看出高低了吧？"

纳贺措："哎，真有你的，我也得对你刮目相看了。"

远处草原牛羊成群，随风传来了牧羊姑娘悠扬甜美的歌声。

> 天上有个北斗星，
> 指引迷途行路人。
> 蒙古有了满都海，
> 险恶形势扭过来。

立斩乱世奸雄祸首,
挽狂澜,
救危亡,
危急关头最果断,
军政大权握在手,
统一重任挑在肩。

天上有个北斗星,
金光闪闪压群星。
巾帼英雄满都海,
统一蒙古意志坚。
征伐分裂割据恶势力,
亲率兵,
做先锋,
戎马倥偬历艰辛,
蒙古高原又统一,
蒙古第二个铁木真。

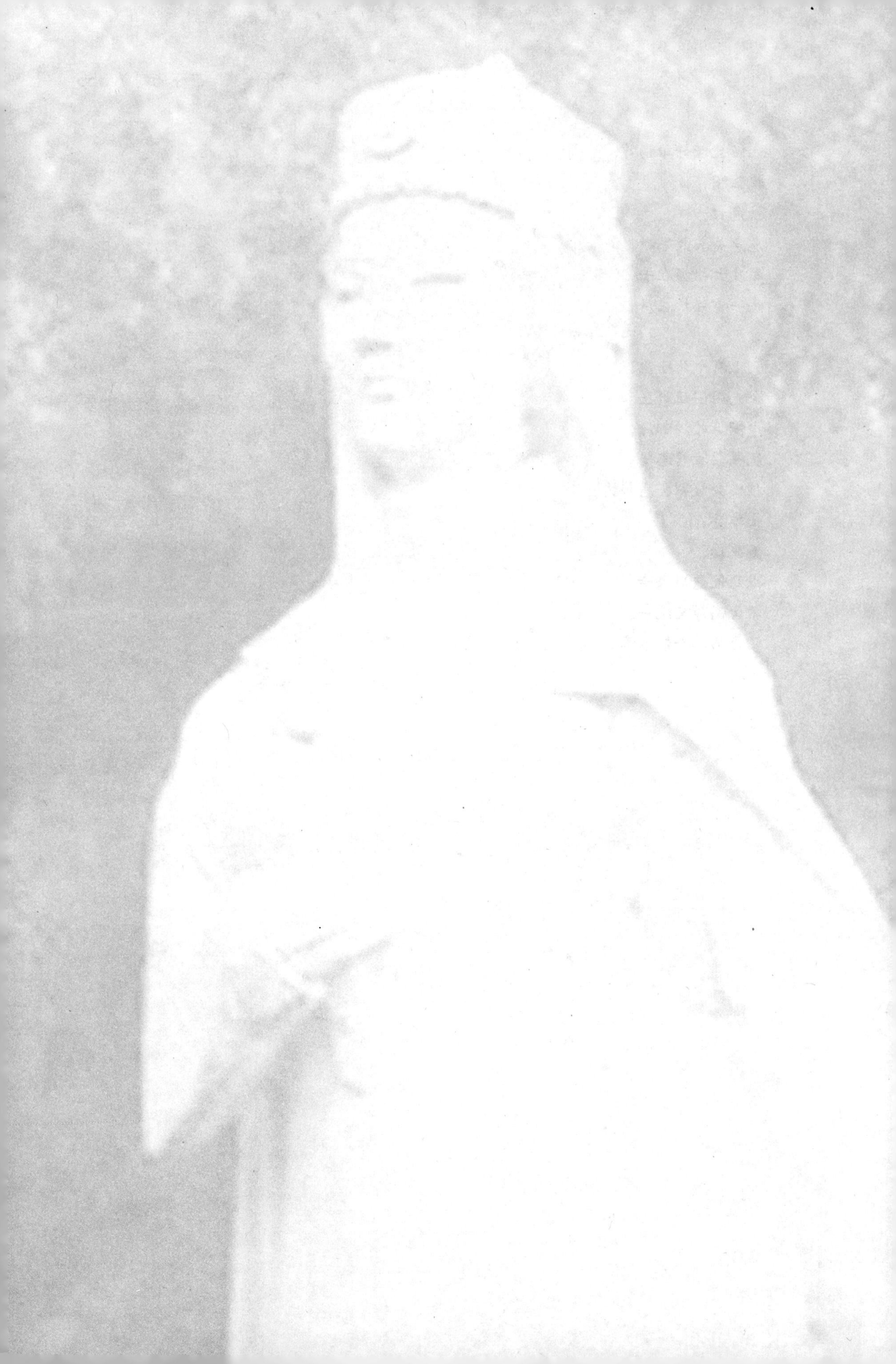

第十八章 培养幼帝

第一节　满都海借五月节登山教育小可汗

　　1481年5月初三，可汗昔剌斡幹耳朵金帐内，摄政王满都海和小可汗在座。
　　礼部约孙诺延进帐施礼，而后从怀里掏出两把御扇平端手中说："启禀大汗、摄政王，后天是'午节'了。按前朝《岁纪》的规矩，五月初五这天，各爱玛克要向大汗进献御扇。北撤后，由于多年战乱，顾不过来，这个礼数被遗忘了。臣是礼部约孙诺延，未忘此礼数，年初托人从明朝大同卫购来几把金丝刺绣御扇，今进献给大汗、摄政王，请大汗、摄政王笑纳。"而后弯腰将御扇高举过头。
　　宫廷侍女把御扇接过，呈送给大汗、摄政王。
　　满都海手把着御扇，欣赏着其上的金丝刺绣花纹，还扇了几下。
　　小可汗打不开，满都海帮助他打开，他用手抚摸着其上的花纹，也学满都海扇几下。但他不会扇，只是上下动，而且是向外扇风，跟前的人看着笑。
　　摄政王满都海说："这个礼数，我早年听人说过，但我进宫这几年却未见谁进献过，亏得约孙诺延还记着前朝《岁纪》规矩。咱北元，不久的将来统一后，各种汗廷礼仪、民间传统风俗都要恢复。"
　　礼部约孙诺延从怀里又掏出一把小扇子呈现给满都海，说："摄政王，这是一把檀香木镂空雕扇，是拿着玩的小扇，献给摄政王。"
　　侍女拿给满都海，满都海拿到手，未等打开就闻到一股檀香木味了，而后打开，翻看着扇子说："这雕工、这图案，都挺好的，这些汉人是挺巧的。约孙诺延还真会买东西。"
　　小可汗好奇地伸手拿过去，也闻闻、看看。
　　满都海招呼："伊剌姑。"
　　伊剌姑施礼："请摄政王吩咐。"
　　满都海说："咱蒙古人有礼尚往来的规矩，诺延们向大汗进献礼品，大汗要赏赐诺延。你从内务府大库中挑一件约孙诺延能喜欢的物品拿来，赏赐给约孙诺延。"

　　五月初四晚，满都海对巴图蒙克和手下人说："明天是五月初五'打猎节'，咱们按传统习俗过这个节日。"
　　侍女们都年轻，自从北撤后，社会不安定，也没有经历过五月打猎节，不知传统习俗的五月打猎节是啥样，便问："怎么过？请摄政王示下。"
　　满都海告诉大家："明天太阳出来前起床，谁也别说话，你们谁也不用给我请安。起来后，咱们一同去打无脚水（指提水水具未沾地前的水）每人都喝几口，回来时采摘艾蒿，回来后用无脚水洗漱，完了之后就可以说话、摆术兀思了。"
　　侍女伊剌姑问："那明天，咱是登山还是去打猎？"

满都海:"登山。"

小达延汗高兴地蹦了两下:"我可以上山玩了。"

五月初五早晨,满都海领着小达延汗、伊剌姑等侍女们,日出前都不声不响地起床,提着各种皮制提水工具,到前方水井前,满都海第一个到井边往下看,照面容,而后示意小达延汗也这么做,接着伊剌姑等侍女挨个照过。

接着,满都海用小桶打无脚水,打上来先给小达延汗喝,而后自己喝,此时伊剌姑等人也打上来无脚水喝,而后不约而同地往回走,在路上采集艾蒿,采到艾蒿的人也不言语,举艾蒿比画示意。采到艾蒿的人有的折一小枝挟在耳朵上,也有像花一样戴在头发上的。

回到格尔,持艾蒿的侍女将一小束艾蒿插或挟在格尔门窗等处,还用艾蒿编成艾虎悬挂在格尔门上。从满都海、小达延汗开始,挨个洗脸漱口,他人用手提着水桶不沾地等着倒水。

程序完后,满都海说:"好了,长生天会保佑咱们心明眼亮、耳聪目明、远离病魔的。赶紧喝奶茶,完了去登山。"

满都海和巴图蒙克骑马到蛮汉山下,满都海领巴图蒙克上山,利用此机会,满都海教育巴图蒙克。八名女侍卫在后面不远处跟着,乌格岱将军和一队男保镖组成的大汗卫队,在目视距离稍远处跟着护驾。

小达延汗下马后,像出笼的鸟一样,就开始往山上跑。

满都海赶紧招呼:"巴图蒙克,上山不能跑,一会你就该走不动了,慢慢走。"赶上,拉着他手,慢慢往山上走。到了山山,满都海问,"巴图蒙克,你说这地方好玩吗?"

小达延汗:"好玩。"

满都海问:"你知道,为什么蒙古人五月初五要登山吗?"

小达延汗:"知道一点点,不知为什么。"

满都海讲解说:"五月初五这天,咱蒙古人除了今天早晨咱们做的事情之外,还要做两件事,一是登山,再就是打猎,这是祖宗留下的规矩。"

小达延汗:"怎么留下这规矩呢?"

满都海解释说:"说起来挺有意思的。据说2000年前,周穆王派军队在五月初五这天来袭击咱蒙古人。恰巧,这天咱蒙古的男人都去打猎,女人、孩子们都去野游登山,都不在家。想消灭蒙古人的周穆王军队扑空后,不死心,估计妇女、儿童走不远,便到附近山上寻找。咱蒙古人的妇女儿童看见敌人来搜寻,都分别躲藏在山上艾蒿丛中,那时的艾蒿长得老高老高的,像小树一样,藏在艾蒿丛里,竟然都保住了性命。就这样,咱蒙古人避免了一场灭顶劫难,蒙古人保存下来了。咱蒙古人的祖先就把五月初五这一天,定为咱蒙古人的纪念日;而艾蒿也成了咱蒙古人神圣的纪念物,成为五月初五这个节日到处悬挂的祭品。"

小达延汗:"咱蒙古男人在家的话,肯定和他厮杀!"

满都海:"那是自然了。不过,人家是有备而来,来的人马又特别多,那时咱蒙古部落弱小,又无防备,肯定要遭灭顶之灾。这出去打猎,躲过了一场灭顶之灾。"

小达延汗:"我明白了,五月初五这个日子,是个救咱民族的好日子,应该纪念。登山、打猎这两项纪念活动，应该列为民族传统习俗。"

满都海："不光是纪念，还有教育子孙不要忘记敌人会偷袭的用意。"

小达延汗："咱老祖宗想得真周全。"

满都海："今年咱登山，明年咱去打猎，顺便看看你射箭的水平，行吗？"

小达延汗："好。"

满都海牵着巴图蒙克手，边玩边上山，边给讲解："这山有九座山峰，人们习惯从它的形状叫它九峰山，后来因为咱蒙古有一个爱玛克在此放牧，部落首领叫蛮汉，人们都到山这块找蛮汉，蛮汉蛮汉，这山就变成蛮汉山了。"

小达延汗："这山名真好玩。"

满都海站在那，指着："你看那山峦叠嶂，青翠峭拔，多好看哪！"

小达延汗："是好看，像绿色驼峰。"

满都海："你再看那横绕在山间缕缕的雾气，缠绕在山腰，多像咱蒙古壮汉腰缠白丝绸腰带叉着腿站在那啊！"

小达延汗看看山，又看看满都海："像是像！"手往粗比画着自己腰，"没脑袋，像个大腰板。"

满都海："这云雾，迷迷蒙蒙，多像一面大窗帘，挡着主峰。"

小达延汗："主峰什么样？"

满都海："主峰比其他的山峰还雄伟，没云雾时，可以看见上面有神仙洞。"

小达延汗："神仙洞能进人吗？"

满都海："能，怎么不能？"

小达延汗看见几只大蝴蝶飞过来，追大蝴蝶，险些摔倒，低头看见牵牛花，摘下一朵，说："赛音哈屯，这有牵牛花。"

满都海："男孩不能喜欢花。"

小达延汗很不好意思地说："我不是喜欢花，方才好悬摔倒，顺便摘一朵，让你看看。"

满都海："要说花啊，这山上，可多了去了，到处是花。你看，这坡边沟畔盛开的那红色的是山丹丹花，那草丛中独立的是野玫瑰花，那边橙色的是石绒花，黄色的是金针花。"

小达延汗蹦蹦跳跳地，摘着各种花，抓一小把，晃荡着："赛音哈屯，你看，好看吗？"

满都海："好看。"

小达延汗："那我献给你。"

满都海高兴得嘴都合不拢："哎呦，我的小可汗，知道给哈屯献花了。"接过花束，亲了脑门一下，"巴图蒙克，花不但好看，好多种花还是药材，能治病哪。"在附近看一遍，摘一支百合，对巴图蒙克说，"你看这花好看吧！它叫百合花，是一种名贵药材，他的鳞茎有润肺止咳、清心安神功效，主治痨嗽咳血、虚烦惊悸等病症，还可以当菜食用哪。"

小达延汗："赛音哈屯，你说这花这么好，那你为啥说男孩不能喜欢花呢？"

满都海："那是因为喜欢花的男孩，会喜欢姑娘。"

小达延汗笑了："原来是为这个！这山上药材多吗？"

满都海："多，像百合一样的名贵药材有70多种，如人参、当归、黄芪、知母，等等，我也叫不全，还有远志、甘草等200多种普通药材。咱蒙古人生病啊，打仗受伤啊，全靠这些药治了。"

小达延汗："赛音哈屯，你说产这么多药材，这不成了宝山了吗？"

满都海："就是宝山嘛。我说的这些，只是宝山的九牛一毛啊。"女侍卫们见满都海和小可汗聊得亲密，知趣地只在后面跟着，不打搅。

二人边走边聊，此时已走到林草茂密区。蝴蝶飞舞，树上的小鸟飞上远处树枝。一头母鹿带着一只子鹿在草丛中吃草，见到有人来，撒腿就跑。

小达延汗："赛音哈屯，那是什么动物？"

满都海："你看那动物身上那花纹，黄底带白花，多好看哪，那叫梅花鹿。大的是母鹿，小的是鹿崽。"

小达延汗："这么老远，你怎么分清公鹿母鹿哪？"

满都海："梅花鹿的公母最好分了。公鹿头上有鹿茸，是名贵药材。鹿茸长老了，就是鹿角，是公鹿相互角斗的工具。母鹿头上没有角。你看那鹿头上有带叉的鹿角吗？"

小达延汗："没有。"

满都海："对，那就是母鹿。动物是咱人类的好朋友。你看那草原狼是不是挺凶恶的，经常伤害咱们的羊群，有时还伤人呢。可是那个狼啊，更多的时候，是吃与咱牛羊争草场的兔子，吃破坏草地的土拨鼠。若不是草原狼，咱们的草原，早叫兔子、土拨鼠祸害成沙地了。"

小达延汗："动物是朋友，为啥咱蒙古人总打猎呢？"

满都海："咱蒙古人打猎，那是咱老祖宗留下来的习惯，打猎的主要目的，是通过打猎，搞军事训练。咱蒙古人，又是军人又是牧民，拿起刀箭就是士兵，拿起套马杆就是牧民，这就是圣祖成吉思汗能战胜欧亚几十个国家的秘密。就因为这个，几百年以来，打猎就成为蒙古人生活中不可缺少的组成部分。再者，打到猎物可以改善生活呀，猎物属于山珍嘛。"

小达延汗："赛音哈屯，这不矛盾了吗？"

满都海："不矛盾，咱太祖成吉思汗有办法。太祖成吉思汗为了保护野生动物的发展，在《大札撒》法律中明确规定不让杀害母兽、仔兽。谁杀害母兽、子兽，要受到严厉的惩罚的。"

小达延汗："我怎么看见咱蒙古人还有打母兽、子兽的呀？"

满都海："是啊！就是这些年，咱蒙古不统一，这项法律规定废弛了。有些人为了一己之利，打猎不分公母、不管老幼了，逮着一起打。"

小达延汗："赛音哈屯，那蒙古统一后，咱得强调这项法律，对吗？"

满都海："对，你理解得太对了。巴图蒙克，这事就得由你办了。咱蒙古人有很多保护生态的好习惯，比如煮奶煮术兀思用干牛粪，不用木柴，这就避免了砍伐树木，为咱蒙古人保护了森林资源，保持了草原水土。你将来亲政后，这些好的传统、习惯，都要严令坚持。"

小达延汗："赛音哈屯，咱到那边看看吧！"

满都海："巴图蒙克，时间不早了，有点累了，咱往回走吧，赶明儿个咱再来。"说着领巴图蒙克往回走，边走边说，"蒙古地方老大了。这样好玩的地方，太多了，这只是其中的一处。这是多么美好的大好河山哪！以前那些人打仗的时候，不管不顾，都给破坏了。"

小达延汗下山时东张西望的，一回头，看见在后面跟着的乌格岱他们，便说："赛音哈屯，我爷爷在后面哪。"说完便"爷爷、爷爷"地喊了几声。

这童声的音波频率很高，在那旷野中传播很远，乌格岱将军听到了，赶忙答应："哎，巴图蒙克。"一边答应着，一边紧赶上来。

小达延汗："爷爷，你上哪去了？我老半天没看见你。"

乌格岱："爷爷在后边跟着哪，看你玩得那么高兴，爷爷能打搅你吗？"

满都海："老将军，你追上来了，那你给巴图蒙克讲故事吧。"

乌格岱和小达延汗并肩骑马，问："巴图蒙克，摄政王都给你讲啥了？"

小达延汗："净给我讲山上的事了。"

乌格岱："那爷爷给你讲地上的事。嗯，讲啥呢？好，讲2000多年前的。"

小达延汗："爷爷，2000多年前的事你也知道啊？"

乌格岱："都是听老人讲的，一辈一辈往下讲呗。2000多年前，咱蒙古的丰州滩有个云中城，这城规模特别宏伟，也特别好看，和现在明朝的大同府差不多，是咱蒙古第一座城池。你知道为啥起名叫云中城吗？"

小达延汗："不知道。"

乌格岱："这里有个美丽的传说。传说当时的赵国国君赵武侯，原来在哈屯河西岸建造一座大城，费了很多人力物力，结果城倒塌了没造成。赵武侯通过占卜，改在云中这地方造城。当他设祭坛祈祷长生天保佑这次造城一定要成功时，来了一群白天鹅在上空盘旋，在他祭祀祈祷整个过程中，天鹅始终配合他在天空盘旋，天鹅盘旋的下面闪现明亮的白光，赵武侯当即感悟到这是长生天赐他的吉祥征兆，随口说出'这吉祥景象不是因我而生嘛'！于是下令在当地造城。城建好后，为了纪念长生天赐祥光，起名为云中城。"

小达延汗："爷爷，这云中城名字的来历，太有意思了。"

乌格岱："这个云中城，有长生天护佑，经过好几个朝代都没坏，存在了1000多年哪。臭名昭著的隋炀帝，在没坏透腔的时候，搞民族和谐，与突厥的启民可汗，在云中城举行过历史上著名的金河会盟哪！他是历史上第一个来咱蒙古的中原皇帝。"

小达延汗："爷爷，云中城，现在在哪儿？"

乌格岱："没了，早都没了。辽代的时候，在丰州滩建了白色金刚塔。你现在看，那美丽的白塔，还有吗？都没了！"

小达延汗："爷爷，都哪去了？"

乌格岱："都毁于战火中了，太可惜了。巴图蒙克，你长大后，亲自管理国家的时候，如果要打仗，一定要想法避开这样美好的地方，不要使风景优美的地方受到破坏，给子孙后代留下好玩的地方！这也是为民积德造福啊！"

小达延汗很奇怪地问："那么大的城池，怎么说没就没了呢？"

乌格岱："一打仗，就破坏对方的东西，什么解恨，就破坏什么。咱蒙古的上都城，忽必烈汗建的，那豪华程度，仅次于大都（北京）。100年前的一场战争，你看现在有吗？没了！只有残垣断壁了。还有，咱大蒙古国首都哈剌和林浩特，也是如此。现在还有吗？都没了。这战争，破坏性太大了！不但双方要死很多人，这砖瓦石头建的城池宫殿也剩不下。"

小达延汗："那怎么办呢？"

乌格岱："这次蒙古统一战争结束后，这打仗的事，要尽量地避免才好！"

小达延汗："战争能避免吗？"

乌格岱："有的能有的不能，比如有的诺延要篡权、搞叛乱、搞分裂，那必须用武力把他打败，这叫平息叛乱，这样的战争不能避免！"

小达延汗："什么样的战争能避免呢？"

乌格岱："比如说，咱北元与明朝，已经好几年没打仗了。这和明朝的战争，就可以避免。"

小达延汗："那怎么避免呢？"

乌格岱："爷爷是个粗人，更深的道理，爷爷也说不清楚。不过呢，爷爷有爷爷的体会。爷爷认为，一是大汗要约束住各部诺延，别让他们去骚扰明朝边城；再者就是办好马市，满足蒙汉两边民众的物资需求。"

小达延汗："爷爷，马市是明朝办的，他不办了，咱还有招吗？"

乌格岱："有！这就看你大汗的了。你可以派使臣与明朝沟通、谈判哪！"

满都海："老将军，到家了。看你爷俩聊的热乎劲儿。"

乌格岱："你看，我光顾讲故事了，到家了都不知道。都下马。"

小达延汗："爷爷，明天你接着给我讲。"

乌格岱："好！"爷爷和孙子击掌。

第二节　满都海带小可汗到牧民家微服私访教育

牧民居住的毡房群，袅袅炊烟；牧民放牛羊出栏，简单而重复的生活又开始了。

摄政王满都海要领小达延汗去体察民情，通过实际生活教育小可汗，要知道关心、了解、掌握民情、民意。

满都海头上包着头巾，打扮成普通妇女模样。满都海一边给小达延汗穿戴普通男孩衣服，打扮成普通儿童模样，一边问："巴图蒙克，咱今天到牧民家串个门，散散心怎么样？"

小达延汗："你上哪儿去，我跟你上哪儿去。"

满都海："那好，走。"把巴图蒙克抱上马。八名女侍卫，也是普通牧女模样，骑马跟随，乌格岱的大汗卫队远远跟随。

满都海和小可汗并肩骑马走着，满都海问："巴图蒙克，你知道今天为什么领你到牧民家去吗？"

小可汗："不知道。"

满都海告诉小可汗："咱们国家是靠阿拉巴图支撑着的。汗廷和诺延们的花销，来自阿拉巴图；打仗时的兵源，来自阿拉巴图；军需摊派、劳务差役要靠阿拉巴图。也就是，你当大汗，离不开阿拉巴图。因此，我想让你了解体察一下阿拉巴图们的生活，亲眼看看他们有得勒（蒙古语：衣服）穿没有？有术兀思喝没有？看看毡房能防风挡雨不？"

小达延汗："我知道你的用意了。"

满都海："那你一定要记住，亲政后，你必须关心阿拉巴图的生活，经常了解他们的情况，心里必须有数。"

小达延汗问:"怎么叫心里有数呢?"

满都海说:"用官场的话说叫'视察',也就是通过走访阿拉巴图,更主要的是通过微服私访,了解民众的衣、食、住、行。有一句老祖宗总结的话叫'民以食为天',这你永远不能忘。阿拉巴图得不到温饱,要有怨言,要对汗廷不满,严重了,那这个汗廷就危险了。"

小达延汗求知欲很强,问:"危险的后果怎样呢?"

满都海解释:"前朝在中原的后期,水灾、旱灾、蝗灾严重,民众吃不上饭,民怨严重,民众为了不被饿死,到处造反,最后乌哈嘎图汗不是被迫扔下中原大好河山撤回塞北蒙古老家来了吗?这是最好的例证。"

小达延汗:"这么严重?"

满都海:"我的汉人巴克什给我讲过,说800年前,中原汉人朝廷有个叫魏征的丞相,劝皇上要关心阿拉巴图的疾苦。他把阿拉巴图比作水,把皇帝比作船,说'水可以载船也可以覆船',民众好比水,人君好比船,也就是说阿拉巴图们可以让你当大汗,也可以把汗廷推翻。那个皇上采纳了魏征的意见,关注了阿拉巴图们的生活,结果是创造了贞观之治20多年,国家经济有了很大发展。"

小达延汗:"魏征这人真了不起,从一个小事看到它背后可能发生的严重后果。"

满都海:"咱现在的汗廷,是乱世中建立的,不那么巩固。咱们要得到民心,就要特别关注阿拉巴图们的疾苦。今天就是去体察民情,亲自看看牧民过的是什么样的日子。根据牧民的实际生活状况,制定税赋征收啊、军需摊派呀、劳务负担呀等一系列政策。知道为什么到牧民家了吧?!"

小达延汗:"知道了。"

满都海:"到那儿后,要多看,要细心听。"

小达延汗:"知道了。"

途中,满都海一行遇到一个敖包,她们在大约离百丈之外看见敖包就放慢速度,到跟前下马,领着小达延汗低头默默地、慢慢地按顺时针方向绕圈。

在绕敖包第二圈时,小可汗忍不住问:"赛音哈屯,在这绕,是啥意思啊?"

满都海不言语,继续领着小达延汗绕圈,绕完三圈后,上马继续前行。

小达延汗没忘,问:"赛音哈屯,方才我问你为啥绕敖包,你怎么没告诉我?"

满都海告诉他:"敖包不分大小,都是咱蒙古人天、地、火、祖宗、英雄的象征物。蒙古人有个规矩,出门途中不论有多忙,见到敖包必须下马,并且步行绕敖包三圈,这是对神明、对祖先的尊敬,对神明、祖先表示尊敬,会给你带来吉祥安康。刚才我没答复你的问话,是正在默默地为你祈祷平安。"

小达延汗:"原来是这么回事,我说嘛,怎么没吱声,原来在为我祈祷。"

转眼到了牧民居住的毡房群,她们到一家普通牧民毡房附近,该毡房比较低矮,周围有牛栏、羊圈,拴马杆等。

满都海停下,东西南北看了一下,下马,在多个牧民毡房中选了这家。这时,一中年牧民妇女正在羊栏中聚精会神地唱着《呔咕歌》(类似小儿催眠曲),抱着小羊喂奶。

满都海轻轻走过去,在一边默默地站立,示意随从别吱声,自己静静地听着牧民妇女唱《呔咕歌》。

牧民妇女聚精会神地坐在挤奶的小木凳上，对面是一对绵羊母子。那母绵羊冷漠无情地站立着，小羊羔几次下跪吃奶，都被母绵羊用嘴巴一拱，拱到一边，小绵羊摔倒了，勉强爬起来，跌跌撞撞再次去下跪吃奶，仍被拱跑。

牧民妇女抱着小羊羔，在其母亲母绵羊面前，唱《吠咕歌》，感动母绵羊，唤起母绵羊的母性，给它的孩子喂奶。

> 羊额吉怀胎5个月，呔咕呔咕
> 生下亲爱的羊宝宝，呔咕呔咕
> 母子连心哪羊额吉，呔咕呔咕
> 饿坏了羊宝宝可不得了，呔咕呔咕
> 你的奶水小河一样流淌，呔咕呔咕
> 为何不给自己宝宝吃奶，呔咕呔咕
> 宝宝在给你下跪祈求哪，呔咕呔咕
> 泪汪汪的眼睛在看你哪，呔咕呔咕
> 唤起你母性本能的慈爱吧，呔咕呔咕
> 哺育你传宗接代的小宝宝吧，呔咕呔咕

主人抱起小羊羔，唱着《呔咕歌》，挤母绵羊的奶，抹在小羊羔身上、脊背上，把小羊羔放到母绵羊鼻子那嗅一嗅，再放到母绵羊乳房旁，小羊羔嘴刚一接触乳房，母绵羊抬腿换了地方，小羊羔仍未吃到母奶。

主人继续唱着《呔咕歌》，再挤母绵羊的奶，抹在小羊羔满身各处是奶，再抹点母绵羊尿液在小羊羔身上，而后把小羊羔放到母绵羊鼻子那嗅一会儿，母绵羊无甚反感，再放到母绵羊乳房旁，小羊羔跪下吃奶，母绵羊允许了。

唱《呔咕歌》是蒙古人奇特的习俗，它是蒙古民族在长期的畜牧业生产过程中逐步归纳总结的劳动习俗歌，属于"劳动号子"。《呔咕歌》用纯朴纤细的感情，通过温柔悦耳的歌声，唤醒动物的母爱，与动物之间产生情感交流。它为提高仔畜成活率，起到了很好的作用。

满都海在旁边看着牧民妇女唱着《呔咕歌》，促进绵羊母子感情的情景。牧民妇女干完活，站起来时，突然发现身后有人。

"大姐，赛音拜诺？"满都海先问好。

牧民妇女约40岁，回头问："赛音拜那，其赛音拜诺？"

满都海："大姐，到你家串个门，欢迎吗？"

牧民妇女："欢迎欢迎！请进格尔吧。"用右手掀开门帘，满都海领着小达延汗从左边进格尔，八名女侍卫在格尔四周警戒。

满都海说："我们是闲串门的，把你的活儿耽误了吧？"

牧民妇女说："没事没事，咱牧民住得都比较远，串门的少。来个串门的，还乐不得的呢，有个说话的。"说着端上奶茶，"我们普通牧民，没有好奶茶，请对付着喝一口吧。"

满都海接过奶茶，放嘴边喝一小口放下，以示对主人的礼貌："给大姐添麻烦了。"

牧民妇女："哎呦，看这孩子长得多水灵啊！一看就知道是有福人家的孩子。"回头给拿块酸奶豆腐，说，"没啥东西给孩子吃，尝尝我家奶酪吧。"

小达延汗未接。

满都海："大姐别客气。"

牧民妇女："小孩子是别人家的东西好吃，拿着吧。"

满都海对小达延汗说："说谢谢。"小达延汗接过，拿在手里没动。

牧民妇女："不用客气。这早晨睁开眼皮，就开始忙。这不，刚挤完奶，又开始煮奶，这格尔还没来得及收拾哪，太乱套了，真不好意思。"

满都海："没事的，大姐。你家几口人啊？"

牧民妇女："四口人，两个孩子，跟他阿爸放羊去了。"

满都海："我在外边看了一下，你家有三个毡房，日子还过得去吧？"

牧民妇女："这几年好了。这个格尔我们两口子住，那个格尔我俩儿子住，而那个格尔就做仓库了。"

满都海："家有多少羊啊？"

牧民妇女："公羊 10 只，母羊 95 只，今年的羊羔 89 只。"

满都海："还有牛、马吗？"

牧民妇女："有，不多。马有 4 匹，是我们自己骑用的。产奶母牛有 9 头，今年的小牛犊有 9 头。"

满都海："那你家，已经脱掉贫困户帽子了？"

牧民妇女："但求长生天今年没有大灾。"

满都海："你家奶够吃吧？"

牧民妇女："够了。"突然想起外面那群女孩，说，"大妹子，你后面那几个女孩子是和你一起来的吧，怎么到现在还没进格尔呢？"说着要出去，"你等一会儿，我去找她们，让她们进格尔喝口奶茶。"

满都海："不用了，她们贪玩，让她们在外边玩去吧，别管她们。大姐，你说的羊啊、牛啊、马呀什么的，都是你自己家的呢，还是租放别人家的呢？"

牧民妇女："前几年，是租人家的牛羊放牧。现在，都是自己家的了。"说着，脸上露出得意的脸色。

满都海："那可挺好。"

牧民妇女："你可不知道啊，大妹子，租赁放牧那阵，可忙死了。放牧、饲养，可精心了，就怕出闪失，比现在还忙。"

满都海："租赁谁家的牛羊啊？"

牧民妇女："租赁土默特诺延的 100 只羊、10 头母牛。真是长生天保佑啊，这几年没发生战争，他阿爸我俩，后来孩子们也帮忙，起早贪黑忙活，忙活成现在这个样子。尽管少点吧，总算有了自己的牛羊群了。"

满都海："你们租赁放牧那阵，是怎么个租赁法呢？"

牧民妇女："很简单。就是从诺延的羊群中，赶来 100 只母羊，如这年能保住 90 只羔，年底我就有了 18 只羊，诺延的羊就发展到 172 只。牛也是这个算法。"

满都海："如果租来的母羊、母牛死了怎么办呢？"

牧民妇女："那没办法，赶上点低，年底拿属于自己的牛羊赔呗。"

满都海："你自己得的那一份里，诺延还征收乌拉和汤羊吗？"乌拉和汤羊是当时蒙古官府征收的实物税，乌拉是役马，汤羊是官府军政公务人员食用羊。

牧民妇女："我们这几年才有的自己的牛羊群，这几年都征了。"

满都海："征多少？"

牧民妇女："一百抽五。"

满都海问："能承受吗？"

牧民妇女答："跟您说点实在的，大妹子，心里是觉着重点。听说以前才一百抽一，这不有比的嘛。成吉思汗《大札撒》规定纳税比例为百分之一，战争时期可以提高到百分之五。"

满都海："觉着重的人多吗？"

牧民妇女忽然觉醒："大妹子，我跟很多人聊过，没有人问这个。你是不是官府的呀？"

满都海："跟官府有点关系。"

牧民妇女："哎呀，大妹子，我可是顺嘴瞎说呀，您可别往心里去呀。"

满都海："大姐，你别怕，我是特意来了解牧民生活的，看看牧民能不能吃饱肚子，有没有得勒穿。"

牧民妇女："这几年不打仗，消停了，牲畜都发展了，日子挺好的，我是挺满意的。"

满都海："你别怕，我不会告诉你们诺延的。你给我说实话，说百抽五重的人到底有多少，占多大分量？"

牧民妇女："我接触的那些牧民人家，都觉着百抽五多点。我们闲聊，没一家说不重的，谁愿意白给人家呀？"

满都海："嗯。那吃的解决了，穿的、用的怎么样呢？"

牧民妇女："这几年做'得勒'买布料难点。"指着自己衣服，说，"这都是前些年做的。茶叶、剪羊毛剪子、熬奶锅什么的，不太好买。前些日子，瓷碗没注意打了一个，跑了好多个地方就是买不着，汉人小商贩也不过来了，没法，又把早先年的木碗翻出来用了。"

满都海："早先年的木碗还留着哪？"

牧民妇女："他阿爸让扔，我觉着使那么多年，和这木碗还有点感情，没舍得扔。仗着没扔，要不就没碗喝术兀思了。"

满都海："茶叶没了怎么办？"

牧民妇女："就喝咱蒙古山上产的哈刺茶（一种灌木籽粒）。"

满都海："怎么样？喝得惯吗？"

牧民妇女："味道不如明朝的茶叶，消食解腻也差点儿。"

女侍从进格尔施半蹲礼提醒："摄政王，时候不早了。"

牧民妇女大为惊讶："哎呀，您就是声名远扬的代可汗满都海哈屯哪！"说着赶紧跪倒磕头，"民妇有眼无珠，口口声声叫您大妹子，罪过呀，摄政王您可不能怪罪呀！"

满都海："起来起来！"把她扶起来，口中说，"这几个孩子，一句话，惹出这么大麻烦。今天打扰了你，赏你5两银子，买几只羊吧。"女侍卫掏银子给她。

牧民妇女："我一个普通妇女，对汗廷无功，我可不敢接受这赏赐。"

女侍从："摄政王赏你了，你就拿着吧。"

牧民妇女接过银子："谢谢摄政王！"又跪下磕头。

满都海："起来吧，我们也该走了。"

满都海出格尔，牧民妇女送行。满都海她们走很远了，牧民妇女还在那张望。

在回来的路上，满都海问小可汗："巴图蒙克，你看出还是听出什么了吗？"

小达延汗："租赁放牧是什么意思？"

满都海："你能提出问题，很好，这说明你动脑筋了。什么是租赁放牧？我跟你讲，咱蒙古，从有氏族部落开始，就有个非常好的风俗，就是一根羊腿都没有的穷牧民，也不让他饿死。有牲畜的牧民，给他牲畜放牧，他可以吃所放牧牲畜的奶。牲畜下崽后，他还可以得到其中的一部分，时间长了，他也可以有自己的畜群。到了圣祖成吉思汗的时候，圣祖就把这民族风俗，归纳成一个制度，叫'苏鲁克'制度。苏鲁克制度就是牲畜租赁放牧制度。"

小达延汗："那怎么个租赁法呢？"

满都海："租赁放牧，所繁殖的牲畜，出租牲畜的人得十分之八，放牧的人得十分之二。平时母畜的奶水，归放牧者食用。这样一来，蒙古人就没有饿死的了。这苏鲁克，已经实行好几百年了。你刚才没听那个妇女说嘛，他们家就是在苏鲁克制度下，通过自己辛勤劳动，有了自己的畜群。这说明，这个制度是行之有效的。你亲政后，要继续实行苏鲁克，不能改变这个制度。"

小达延汗："明白了。那百抽五是怎么回事呢？"

满都海："那是国家税收。哪个国家都一样，都从阿拉巴图那收税，若不，汗廷这些诺延们吃啥呀？咱吃啥呀？几万人马的军队打仗，那费用由哪出啊？都得出在阿拉巴图身上。平时收税作为国库积累，国富才能民强，民强了国才能富。"

小达延汗："为啥百抽五呢？"

满都海："百抽五不是固定的，它根据国家的情况，可以增一点，也可以减一点。国家有战争，就多收点；阿拉巴图们遭天灾，就减一点；个别年份天灾特大的时候，大汗下令，当年可以全免。你登基大典那天，我不是宣布因大庆免收一年税赋嘛。但增减幅度一次不要太大，调整的频率不能太频繁，要有个稳定性。否则，阿拉巴图们就有怨言。"

小达延汗："明白了。"

满都海："那咱今天没白来。"

第三节　满都海教小可汗如何做人做人君

乌格岱将军问："巴图蒙克，咱爷俩今天练点啥？"小达延汗虽然大些了，乌格岱将军还是继续教授武艺。

小达延汗："爷爷，今天咱俩赛马。"

乌格岱："哎呀，我的小可汗能耐了，要与我赛马。来，咱俩赛马！"说着，分别上马，加鞭，往草原深处跑去。乌格岱将军有意让小达延汗稍微领先，他在后面追，八名保镖在乌格岱后面跟着。一行人跑了一气，跑出很远，小达延汗跑累了。

小达延汗放慢马速，很高兴地说："爷爷，你始终没追上我。"

乌格岱将军加速到跟前，并马骑着说："巴图蒙克，爷爷是没追上你，可你始终在我的视线内，也就一箭地。这要是战争，你就危险了，我可能在后面一箭把你射下马来。不能骄傲，还得练，骑得必须还得快，必须远远甩掉我。"

小达延汗："今天累了，那咱明天接着赛。"

乌格岱："好，明天你必须远远甩掉我才算赢。"

小达延汗："我明天一定能甩掉你。"

乌格岱："咱俩明天赛着看，那咱今天回去吧。"转回马头，信马由缰往回走。走了一小会儿，小达延汗说："爷爷，你那天说，接着给我讲历史故事，忘了没？"

乌格岱将军："那能忘嘛。不过，讲历朝历代兴衰历史故事，摄政王讲得比我好。你去找摄政王，她若没工夫，我再给你讲，好吗？"

小达延汗："好。"爷俩骑马回来，一进帐，就对满都海说，"赛音哈屯，我今天和爷爷赛马，我赢了，爷爷始终没追上我。"

满都海故意表示惊奇："是吗？"一边答应着，一边迎上去，问，"你拉下爷爷多远啊？"

小达延汗："拉下一箭地，爷爷始终没追上我。"

满都海："哎呀，我的小可汗能耐了。好，你明天还与爷爷赛马，一定要拉下他几里地，让他看不见你为止。"

小达延汗："我俩定了，明天还赛。"

满都海："那好，今天休息吧。"

小达延汗："不，我要你给我讲历史故事。"

满都海："爷爷年龄大，经历的事多，你怎么没让爷爷讲呢？"

小达延汗："爷爷说，你讲得比他好，让你讲。你没工夫，他才给讲。"

满都海："那好，今天我有工夫，我给你讲咱蒙古的真人真事。我的汉人巴克什给我讲过，唐朝那个听从魏征谏议的皇上说'用史作镜，可以见兴亡'，换句白话就叫'前事不忘，后事之师'。这意思就是说要总结历史的经验教训，牢牢记住前人的成功经验和失败的教训，那就是最好的巴克什。40多年前，咱北元瓦剌四部出了个很有能力的人物，他就是历史上著名的以少胜多的'土木堡战役'的总指挥也先太师。他曾以3万蒙古骑兵打败了明朝50万大军，活捉了明朝英宗皇帝朱祁镇，他还曾做过一任咱北元的大汗。这样的人，有谁敢说他没有能力？有谁敢说他不是一个英雄呢？可是，他后来竟成了一个昙花一现的人物，当大汗不到两年，便被手下诺延阿拉带人杀死了。"

小达延汗："为啥大汗被手下诺延害死了呢？"

满都海解释："这里原因很多，我总结其中根本的一条，就是也先胜利后对利益的分配不均衡。你想想看，谁没利起大早啊？干事也是如此。跟着也先，平时吃苦挨累，战时出生入死，都图啥呀？不都想干出点名堂来吗？"

小达延汗问："啥叫干出名堂来？"

满都海解释："所谓干出名堂，不外乎两个方面，一是政治上得'名'，晋职晋级，封妻荫子；二是经济上得'利'，受嘉奖得到赏赐，享受荣华；或者'名利'双丰收，既升官又发财。这二者之中呢，升官是主要的，因为'人往高处走，水往低处流'嘛！人都想出人头地，而且有了官也就有了财，老百姓不是常说升官发财嘛。"

小达延汗不解地看着满都海，满都海继续解释："可是也先汗怎么做的呢！拿杀死他的阿拉知院来说吧，阿拉知院跟也先多年，出生入死，没少卖命，是也先的主要干将，为也先篡权做全蒙古的大汗立有汗马功劳。可是也先当大汗了，阿拉还是知院，不晋级倒也罢了，但不能迫害人家呀！也先当大汗不久，就设法把阿拉两个儿子都害死了，这谁能忍受得了啊？民间有那么一句俗话叫'官逼民反'，而也先汗是'君逼臣反'了，阿拉知院起兵杀死了也先汗。你说也先汗死得值不值？"

小达延汗："不值。"

满都海："对，不值！巴图蒙克，咱要从也先汗的做法吸取教训！要记住，你当大汗，对属下人员，一定要赏罚分明。有功的一定要赏，大功大赏，这样才能使那些将军们、诺延们为你卖命！"

小达延汗："赏罚这么重要哇？"

满都海："当然了，这里还有任人唯才是用的问题。你知道吗？你爷爷乌格岱将军，就是因为也先汗任人唯亲，有才得不到重用才离开他，护送你阿爸来到这边的。"

小达延汗看看乌格岱。

满都海："一个将军，战场立功是很不容易的。一旦他出生入死建功，大汗却不闻不问，那他受到的打击和委屈，外人是体会不到的。将军们伤心了，以后拼死拼活那个劲头就没了，那你江山大业的稳固，就会受到影响。懂了吗？"

小达延汗："懂了。"

满都海："巴图蒙克，咱蒙古人以游牧为生，离不开马，咱还是多练点骑马射箭的本领，好吗？"

小达延汗："好。"

满都海："骑马射箭以外，咱蒙古人还有个绝招，就是撒布鲁，明朝汉人叫'套来把棍'，见着兔子，十几二十丈远一撒，就打着了。练好撒布鲁，平时打猎撒兔子、撒狼、撒狐狸；战时撒敌人，很有效。让你爷爷教你撒布鲁。"

乌格岱："巴图蒙克，咱蒙古人撒布鲁这手艺，汉人十八般武艺中就没有，咱蒙古人还有个汉人十八般武艺中没有的特殊武器。"

小达延汗："爷爷，什么特殊武器，怎么没听你说过？"

乌格岱："套马索啊。"

小达延汗："爷爷，套马索怎么当武器呀？"

乌格岱："牧民放马的时候，一般都预备个套马的绳子，你看见没？"

小达延汗："我看见过，是用一个长竿挑着的。那怎么当武器使啊？"。

乌格岱："你看见的那个叫套马杆，套马索在身后掖着。平时用套马杆不用套马索，你当然看不见了，但这手艺平时得练。你想想，打仗时，你突然把套马的套子撒出去，撒到敌人身上一拽，你看怎么样？"

达延汗："肯定拽下马。"

乌格岱："对，敌人没有马有劲，一拽肯定拽下马，但这招不是哪儿都能使。"

达延汗："都什么地方使啊？"

乌格岱："只有对想活捉的首领才能使这招。"

达延汗："我明白了，想杀死的敌人就不用套马索。"

在一个草场，竖立着几个草人，隔一段，木杆上挂着苏林（皮圈靶），另立两个木杆，木杆中间挂一张羊皮。草人对面，搭一个遮阳棚子。乌格岱将军和小达延汗骑马来到操场。

乌格岱将军像教练员发口令："巴图蒙克，今天，摄政王要亲自来检查你的骑马舞刀以及射箭的本领。咱先赶紧练习一会儿，热热身。"

小达延汗："加。"上马，跑开马，经过羊皮跟前砍一刀，而后搭弓向草人射箭，间或抛掷布鲁。如此几个来回，箭箭中的。

乌格岱鼓励说："巴图蒙克，射箭射最好的，是能够百步穿钱或者跑马射飞雁。摄政王前些年就跑马射过飞雁，称得上'神箭手'，射鼻子就不能射到眼睛上。咱先练练射小东西，练差不多时，再练跑马射飞鸟。"

小达延汗正在练习时，满都海带女侍从来了，到凉棚附近下马。

乌格岱赶紧起立，给满都海施右掌捂胸鞠躬礼："给摄政王请安。"

摄政王满都海："免了免了。练得怎么样了？"

乌格岱："摄政王，请您在棚下休息一会儿吧？"

满都海："没事，咱蒙古，就这条件，练吧，我看看。"说着坐到凉棚下。

乌格岱喊："巴图蒙克，给摄政王露一手。"此时，巴图蒙克从一头跑马过来砍羊皮，连射两个草人，马跑过去了。

满都海指挥女侍从："去看看。"

女侍从跑过去看草人，喊："摄政王，射中了！"拔出箭比画着，"射中了。"

满都海："不行，马跑得慢，再来！"

乌格岱往前走几步，用手做喇叭状，喊："马跑快一点！再来一次。"巴图蒙克从一头又跑马过来射草人，连射两个草人，勒住马等待检查考评。

女侍从又跑过去看结果，喊："摄政王，又射中了！"拿着箭往回跑，交给满都海。

满都海："箭射在草人哪个部位？"

女侍从："都在上部。"

满都海："看来进步不小啊！老将军，这都是你的成绩呀！"

乌格岱："摄政王，这都是巴图蒙克努力的结果。"

满都海："老将军，巴图蒙克身上带马刀没有？"

乌格岱："带着哪。"

满都海指女侍卫问："让她俩突然袭击一把，看看他的反应，怎么样？"

乌格岱："孩子小，我怕吓着孩子。"

满都海："目的就是为了锻炼他应变能力。这么着，你俩像进入战斗状态一样，高举马刀去，看他反应如何？"

女侍从："加！"翻身上马，举着马刀，向小可汗冲去。

乌格岱嘱咐女侍卫："适可而止啊，可别吓着他！"

女侍从高举马刀，飞马冲向达延汗。

小达延汗很纳闷，怎么奔我杀来？当接近自己时，本能地抽出马刀准备抵挡。

女侍从见小达延汗拔出马刀，便勒住马，而后打马回去了。

小达延汗打马追上，质问："你俩怎么回事？"女侍从笑笑，不语。小达延汗到满都海跟前下马："赛音哈屯，你这开的是啥玩笑啊？"

满都海拿出手帕，给他擦擦汗，说："你表现得很好，刚才是试验你的应变能力。这是初次简单的考试，将来还要有类似真实偷袭那样的对你的考试。"而后说，"老将军，你的学生，今天的考核成绩，我比较满意；当然，对你这个巴克什也就满意了。你们师徒继续练，我回去了。"

小达延汗和乌格岱，目送满都海一行远去。

第十九章 统一蒙古

第一节　满都海做统一全蒙古的部署

　　1483 年，满都海两次西征统一蒙古西部后，亦兵亦民的牧民已休整了 2 年，体力已得到恢复。这两年，牧业经济得到一定的发展，汗廷也有了财力的支持，便不失时机地提出出兵完成统一蒙古的问题。

　　在达延汗金帐，摄政王满都海召开统一全蒙古动员大会。达延汗坐大汗宝座，满都海坐左侧。汗廷诺延和各部诺延，分坐两旁。

　　满都海做动员报告："今天，又一次把大家请来，是想议一下统一全蒙古问题。咱们北元，从中原撤回本土后，这 100 多年，是分多聚少，各届汗廷，都没有真正统一过全蒙古。这对咱蒙古的发展，是非常不利的。蒙古必须统一，只有统一，才能进步，才能强大。这个道理大家都明白，就不多说了。今天的会议，改一下方式，请大家先说。请大家就怎么统一，各抒己见，畅所欲言。"

　　大家沉闷了一小会儿，可能都在思考这一问题。

　　脱罗干知院说："摄政王，今年是兔年，按太阳时辰，兔年往往饲草不好，牲畜倒毙，不是出兵征战最好年头，这个情况您考虑过没有？"

　　满都海："我考虑过。但是，从咱西征凯旋，已经过了两年了，咱也不能老等着吉利年头而耽搁了统一大业呀。对这个问题，我是反过来考虑的。大家想想，咱出兵选择吉利年头，不吉利就不出兵，假如人家来打咱们，咱们能因为不是吉利年头而不迎战吗？大家肯定说不能，对！就是这个理。这两年，咱人马也歇过劲来了，准备工作也做好了，不能再等了。"

　　蒙郭勒津部火筛诺延发言："我说两句。我认为，摄政王提出统一蒙古这个议题，其大方向绝对是正确的，应该统一。但怎么统一，我不在其位，也不考虑这事，拿不出意见来。摄政王考虑问题有高度，既然摄政王提出这问题，肯定有方案。我建议，摄政王拿出方案，谁有不同意见谁提出后再议，如果大家没意见，执行算了。"

　　科尔沁部乌纳博罗特诺延因佩服满都海机智多谋，也表态："同意这个意见。"

　　其他诺延见两个主力部落主要诺延这么说，也都表示："同意这个意见。"

　　摄政王满都海："既然这样，那我就说说我的意见。大家对统一蒙古问题，认识是一致的，这个问题就不议了。两次西征，即征服了瓦剌四部又歼灭了乩加思兰叛逆分裂势力，这是大家共同努力的结果。下步需要统一的，是东部蒙古和漠北蒙古，简单说就是'东征北讨'。首先，我任命统兵元帅和统兵将领。郭尔罗斯托郭齐少师。"

　　托郭齐少师起立，施鞠躬礼："请摄政王吩咐。"

　　摄政王满都海："我任命你为统兵大元帅，代表我指挥统一大军，并兼中路军总指挥。"

　　托郭齐少师："愿为摄政王效劳。"

　　满都海："请坐。蒙郭勒津部火筛诺延。"

　　火筛起立，施鞠躬礼："请摄政王吩咐。"

满都海："你们蒙郭勒津部为右路军,任命你为右路军总指挥,配合中路军作战。"

火筛："加。"施礼坐下。

满都海："科尔沁部乌纳博罗特诺延。"

乌纳博罗特起立,施鞠躬礼："请摄政王吩咐。"

满都海："你们科尔沁部为左路军,任命你为左路军总指挥,配合中路军作战。"

乌纳博罗特："加。"施礼坐下。

满都海继续点名："郭尔罗斯的巴巴海乌尔鲁克,浩齐特的额森土格勒、察罕阿玛、楚宾巴图尔、明噶图,阿尔鲁特的摩伦,克什克腾的巴尔齐阿噶拉呼、拉布克,锡格沁塔塔尔的塔儿衮哈喇、萨喇巴图拉特,喀木齐固特的呼哩巴雅斯呼、塔喇沁的巴噶素海、贺尔哈卜塔该,博尔布格的孟克、博勒库杜齐根、别乞鄂格德依,阿哈特穆尔的锡古斯、明噶图;萨尔呼特的额森台。"

这19位将军,每点到名字,都起立右掌捂胸施鞠躬礼后站立。

"你们19位将军,作为托郭齐大元帅的助手,共同率兵,作为中路军,是本次统一蒙古大军的主力,在右路军和左路军的协同配合下,一定要保证统一战争的胜利。"

这19位将军共同回答:"加。"

摄政王满都海:"请坐。这次出征,是先征服永谢布部亦思马因,而后征服东部蒙古和漠北蒙古,只有一个目的,就是统一全蒙古,凡是不服从汗廷管辖的部落,不论大小,一律在征服统一之列。我分三个问题论述!

"第一个问题:是出兵顺序问题。

"第一步,先制裁亦思马因,稳定漠南,巩固根据地。为什么先制裁亦思马因?理由有6点:

"一、亦思马因不服从汗廷调度,西征时故意不按时出兵,按《大札撒》的规定,应处以极刑。少一万人马,很有可能造成咱西征失败,失败得死多少人哪?各位诺延,你们想想看,这是多么严重的问题。因此,必须依法办事,按《大札撒》的规定予以制裁。

"二、不先打击亦思马因,他会在你后院捣乱。你全军出征,他乘机捣乱,那咱们的统一战争,就会事倍功半,或者可能前功尽弃。

"三、前年亦思马因率领永谢布几万人马进兵大同,连营50里,杀掠明朝人畜数万。亦思马因单独活动,其抢掠得到的东西都归他们,而其行为造成的后果,使明朝朝廷和被抢掠地区的汉人认为,是蒙古人抢掠他们,怀恨咱全部蒙古人。这严重影响了咱北元与明朝之间的关系,严重威胁整个北元的利益,直接危害着全体蒙古人的安全和全体蒙古人利益。

"四、有证据证明,孛罗忽济农之死与亦思马因有直接关系。

"五、亦思马因效法其族兄乩加思兰,故意分裂蒙古,大有在漠南当领头羊、称霸一方的势头,他是蒙古统一的最大障碍,必须先予打击。

"六、打击亦思马因,有杀鸡儆猴之效!

"第二步,进兵东部蒙古。

"兀良哈三卫蒙古部,至今未明确表示归附汗廷。他们犹豫不决,可能有受制于明朝的客观因素。因此统一东部,不要使其受到过大损失,迫使其归附汗廷即可。

"第三步,进兵漠北。

"漠北是圣祖成吉思汗发迹创建大蒙古国的地方，圣祖成吉思汗和其子孙历代大汗都在那里安息，是咱北元的特殊地方。在漠北的喀尔喀部、乌梁罕部，我估计统一蒙古大军一到，他们的诺延就会表示归附汗廷。

"总之，不论以战统一还是以威统一，要务必使蒙古高原的全部蒙古人，都在咱一个汗廷管辖下生活。

"第二个问题：兵源兵力和军队指挥问题。

"一、兵源兵力：科尔沁部、蒙郭勒津部各出人马5000，战将不少于10员。其他各部由两名年轻一点的诺延，带领本部2000人马参战。这样一来，战将可达50员，兵力可达3万，保证统一战争一定获胜。

"二、军队指挥：任命郭尔罗斯部托郭齐诺延为统兵大元帅，代我统一指挥这次'统一蒙古战争'的全部军队。任命郭尔罗斯部巴巴海乌尔鲁克将军为中路军先锋官。

"第三个问题：统一战争的纪律问题。

"一、各部参战诺延和各部参战军队，都必须服从托郭齐大元帅的指挥；

"二、在战争中不服从统一指挥的，大元帅有权处罚；

"三、各部不得抽回或者减少人马，增加人马不受限制；

"以上安排意见，大家有意见没有？"

各部诺延们齐声表示："没意见。"

摄政王满都海："那好，既然大家没意见，那就回去抓紧准备，散会。"

第二节　亦思马因得信息逃窜统一大军跟踪追击

永谢布部亦思马因太师伊克格尔好如嘎大帐内，探马进帐施礼："报告太师，汗廷正在调集人马。"

亦思马因："听说调兵干什么吗？"

探马："听说满都海哈屯要东征北讨，说什么统一蒙古。"

亦思马因："要东征北讨，统一蒙古？"他正琢磨其中含义，突然问，"说南征没有？"

探马："诺延，这我真没听说。"

亦思马因："没事，你下去吧。"

墨日根提醒："太师诺延，满都海东征北讨，为啥没通知永谢布出兵呢？"

亦思马因说："那还用说嘛，肯定是对咱永谢布有看法了。你想想，西征瓦剌，咱永谢布没听她摆弄，没按她意见一起出兵，单独进军又未及时到，她对咱能没看法吗？"

墨日根进一步提醒："太师诺延，有件事我以前没说，您琢磨过没有？您族兄乩加思兰太师攻击满都鲁汗那阵，满都海任命您为太师，应该让您在汗廷执掌大权，可是她却让您驻帐永谢布，不让您在汗廷办公，这说明那时候，她对您就不怎么信任！"

亦思马因说："对这事我也一直想不通。"

墨日根："太师诺延，我怀疑，这东征北讨里，肯定有阴谋。"

亦思马因："你说说看。"

墨日根："蒙古高原，地面这么大，有名的大部落44个，小部落上百。满都海的汗廷，只控制一小部分。两次西征，只是征服了西蒙古瓦剌，她为啥只提东征北讨，不提南征呢？"

亦思马因："对，她这是声东击西的迷魂计。她出兵，肯定得先对永谢布来，先肃清后院，稳定漠南，才能东征北讨。对，咱得赶紧转移。秃阿赤。"

传令兵进帐施礼："请诺延吩咐。"

亦思马因："紧急通知各鄂托克，立即拔营，率部往蓟辽（指今天津、承德、赤峰、锦州地区）地区兀良哈三卫方向迁徙。"

统一蒙古大军托郭齐元帅，按汗廷安排，祭祀了敖包，又按《大札撒》出征前宣读《大札撒》的规定，向全军逐级宣读了《大札撒》规定的军纪后，率领20位将军，统领科尔沁、蒙郭勒津等各部3万多人马，踏上征伐分裂分子永谢布首领亦思马因征程。

这一天，大军到了永谢布地界。探马报告永谢布已离开驻地正向东迁徙。托郭齐元帅见军情变化，便下令停止前进，就地安营扎寨。

托郭齐元帅行军大帐是较大的毡房，里面的设置符合野战要求，不豪华、不气派。大帐门口照样有士兵守卫，显得威严。

托郭齐坐主帅位，火筛诺延和乌纳博罗特诺延分坐左右，其他将军分坐两厢。大帐两旁的拴马柱和绳上，拴了几十匹马，门前放着几十条鞭子。

统兵元帅托郭齐通报遇到的形势："各位将军，据探马报告，亦思马因正率部向蓟辽方向逃窜，他因可能已获悉汗廷欲对其征讨的信息。现在，统一大军的进攻目标和进军方向，要调整。怎么调整，请大家发表意见。"

右路军总指挥火筛诺延发言："元帅，我分析，亦思马因率永谢布人马向蓟辽方向逃窜，是想逃进兀良哈三卫地区，先征服他们或与他们结盟以增加自己的实力，来对抗汗廷大军。"

左路军总指挥乌纳博罗特诺延发言："元帅，我的分析与火筛诺延的分析基本一致。但我认为，亦思马因的人马即使能够征服兀良哈三卫，兀良哈三卫蒙古人也不见得能听亦思马因指挥与咱汗廷统一大军开战，当年纳哈出太尉统帅20万蒙古铁骑一次都未战便投降明朝，兀良哈三卫自己没能力独挡明朝军队也归附了明朝，明朝皇帝朱元璋设了'三卫'机构，都封了官。但是，此后若干年一有机会兀良哈三卫蒙古人总是帮助汗廷，如平时代做马市交易为汗廷解决物资缺乏困难、战时为汗廷刺探明朝军事情报等等，也正因此他们受到永乐帝朱棣北征回师屠杀。我认为，统一大军不用急行军就能够追上拖家带口赶着牛羊行进的永谢布，在他们未到辽东前在途中就可歼灭他。如果他们先到并且与兀良哈三卫结成联盟，那按咱东征统一兀良哈三卫的既定任务，那就一起解决永谢布和兀良哈三卫。我的意见请元帅考虑。"

统兵元帅："乌纳博罗特诺延的分析意见与我个人想法基本相同。在蓟辽地区击杀亦思马因，这样，既完成了既定任务，还能扬我军威、震慑兀良哈三卫，起到一石双鸟之效。乌纳博罗特诺延，你们科尔沁与兀良哈三卫蒙古诸部驻地较近，情况比较熟悉。请你立即派人与兀良哈三卫首领联系，告诉他们，汗廷要求他们一不要接纳亦思马因；二是在大军攻击亦思马因时，最低要保持中立。下面我安排军事部署。现在开始分三路追击永谢布部。在大军接近永谢布部后，火筛诺延，请你率领右路军从永谢布人马右侧包抄；乌纳博罗特诺延，请你率领左路军从永谢布左侧包抄；中路军各部诺延，请率兵随我从中间突破！击毙亦思马因，不战征服兀良哈三卫蒙古各部，统一蒙古东部地区。"

亦思马因率领永谢布部男女老幼部众一两万人，骑着马，赶着牛羊，老人孩子坐着勒勒车，向东逃窜。

亦思马因向其军师征求意见："墨日根，前边不远就进入蓟辽地区兀良哈辖境了，你看咱是直接打进去占领那地方呢，还是先跟他们通融一下，暂借一块地方躲避一时呢？"

墨日根说："占领他们那地方，谈何容易？明朝几十万大军，都没敢和他们硬打，使降臣为说客劝降。咱这一两万人马，别想征服占有他们，只有走第二个路子，借地暂避一时。"

亦思马因："那这事就麻烦你跑一趟吧。"

墨日根说："太师诺延，咱平时与他们无任何往来，这次去求他们，得多送些金银珠宝等贵重礼物才好。"

亦思马因既是吝啬鬼，又无自知之明，说："给他们送什么礼物！白给他，咱这些年辛辛苦苦不白整了嘛。你去借，他借就借，不借，你就二话不说回来。咱就冲杀进去，杀人占地，不怕他不给。你去吧。"

墨日根非常为难，但作为下级不得不答应，答应后不敢去，跑一边躲起来了。

科尔沁诺延特使向兀良哈三卫诺延说明来意："我们乌纳博罗特诺延派我来，让我告诉你们，汗廷出动大军要制裁永谢布亦思马因。他们已逃窜到你们境内，汗廷要求你们不要给予他们任何庇护，至少在我们攻击他们时，要求你们保持中立。"

兀良哈三卫蒙古阿儿乞蛮诺延说："请转告乌纳博罗特诺延，我们兀良哈三卫蒙古，目前虽然未前去归顺汗廷，但我们不想与汗廷作对。既然汗廷有这个要求，我们一定照办。"

托郭齐元帅率领的统一蒙古大军，威风凛凛，清一色马队，向东进军。

在蓟辽兀良哈三卫地区，托郭齐少师率领的统一蒙古大军中路军，接近了亦思马因率领的永谢布队伍。

探马单膝跪："报告元帅，前面已发现永谢布队伍。"

托郭齐元帅在马上问："距这儿还有多远？"

探马："不远了。"

托郭齐元帅在马上对一个传令兵下令："传我的命令，命令科尔沁部从左面包抄出击！"对另一个传令兵下令，"命令蒙郭勒津从右面包抄出击。"

两名传令兵在马上答应："加。"快马加鞭走了。

托郭齐元帅："中路军各部，跟我加速前进。"

永谢布东逃迁徙队伍后队见后面有大队人马追来，惊慌失措，赶紧跑马到前面报告，气喘吁吁地说："报告太师诺延，后面有大队人马追来了。"

亦思马因问："有多少？"

永谢布队伍后队："说不清。"

亦思马因："传我的命令，列阵准备战斗。"永谢布是拖家带口全部落东逃迁徙转移的队伍，按的诺延命令，身强力壮的几千青壮年在一开阔地带列成横队，老弱男人在其后面形成几个梯队，准备迎击。

统一大军中路军人马冲到相距一箭地，停下，双方对峙。此时，左右两侧夹击的科尔沁、蒙郭勒津两部人马出现并正在缩小夹击距离，形成三面包围之势。

三面夹击形势已经形成，托郭齐元帅发出进军命令："勇士们，为汗廷立功的机会到了。冲啊！"

托郭齐元帅率中路军冲进永谢布队伍，见永谢布人便砍下马来，蒙郭勒津和科尔沁军队从左右两侧黑压压地冲杀过来。永谢布三面受敌，阵势顿时大乱，一阵激战后，永谢布军队伤亡过重，纷纷后退逃命，汗廷大军在逃跑队伍后面追杀。亦思马因见统一大军来势凶猛，兵马众多，便丢弃部众，率少数骨干亲信逃之夭夭。追随亦思马因的人员，丢下老婆孩子，也纷纷四散逃命去了。

永谢布部的老人、孩子、妇女，在四邻不靠的草地上，这一堆那一块的到处都是，老人相偎的，妇女拽着孩子的，孩子单独哭泣的，还有与统一大军对抗时受伤缺胳膊少腿的。丢下的马、牛、羊、勒勒车，漫山遍野。

托郭齐元帅率领的统一大军，首战告捷。士兵们欢呼雀跃，"乌瑞乌瑞"地呼喊着，一片欢腾景象，人人喜笑颜开。

兀良哈三卫蒙古的诺延们，本不反对统一，如今见统一大军对永谢布部的残酷军事打击，更没有其他想法，抬着酒坛、带着歌舞队、赶着大群牛羊，前来迎接统一大军。到了统一大军附近后，歌舞队敲起了锣鼓唱起歌跳起舞来，诺延们手持白手帕站立。托郭齐元帅见此情景，下马。兀良哈三卫诸多首领在阿儿乞蛮诺延带领下，上前施鞠躬礼，献手帕："托郭齐大元帅，赛音拜诺？"

托郭齐元帅："诸位诺延，赛音拜诺？"合掌表示还礼、谢意。

兀良哈三卫首领阿儿乞蛮："大元帅指挥有方，以摧枯拉朽之力，一战致胜，马到成功，真是威武之师啊！"

托郭齐元帅："托达延汗之洪福，仗摄政王满都海哈屯之英明策划，靠全体将士之勇猛善战，也有劳你们兀良哈各位诺延们之配合，才取得今日之辉煌胜利。今有劳诸位诺延，在百忙中远道迎接，谢谢大家！"

兀良哈三卫首领阿儿乞蛮："大元帅，大军一路辛苦。我们今天带来300坛酒、600头牛、3000只羊，奉献给大元帅，以犒劳大军将士。请笑纳！"

托郭齐元帅："难得诸位诺延的一片心情，好，我收下了！传令，在此安营扎寨。"

兀良哈三卫首领阿儿乞蛮："大元帅和诸位将军，一路鞍马劳顿，多有辛苦。我们备下薄酒，为大元帅和诸位将军接风洗尘。请大驾光临！"

托郭齐元帅："兀良哈诺延有此盛情，本帅理应从命。然而分裂分子亦思马因逃窜，不予歼灭，一未完成使命，二留后患。我当抓紧时间，追击歼灭，才不辱君命。宴席，就恕不从命了。但有一点，本帅郑重奉告诸位诺延，你们必须尽快、尽早地到汗廷，朝觐大汗和摄政王满都海哈屯。"

兀良哈三卫首领阿儿乞蛮："谢大元帅提醒，我们一定尽快去朝觐大汗和摄政王满都海哈屯，以表示我们归顺汗廷之意。"

托郭齐元帅："那好，咱们一言为定，在汗廷再见。"双掌合一，面对兀良哈三卫各诺延，"各位诺延，请回吧。"

托郭齐元帅立即派阿来通将军："你立即快马去汗廷，向摄政王报告两件事：一是报告永谢布部于蓟辽兀良哈之地被歼，部众被收服。其首领亦思马因率少数残余逃逸，我们正在追击中；二是报告兀良哈三卫蒙古部表示臣服，愿意归顺汗廷，即日即可去朝觐大汗。"

开原城南马市，集市上人头攒动，买卖牛马的、杂货的、蔬菜米面的，样样皆有。在一处人多的地方，一排站着十多个男女小孩，穿着破旧蒙古袍，衣领上插着一根草，在叫卖。众多人们在观看。

兀良哈三卫蒙古部一将军在叫卖："卖了卖了，这些孩子都是永谢布的良家子女，都是父母阵亡无人抚养的孩子。谁家缺儿少女，可以买去做儿女；有儿女的可以买去做奴仆。那个大个的女孩，养两年就可以做媳妇。用处多了，谁买呀？卖了卖了，没钱的可以用刀箭换了。"

海西女真一男人问："将军，我这有一把刀，你看换这个小丫头行不行？"指着其中一个大个小姑娘。

兀良哈三卫叫卖的将军，用手指验了刀的钢锋后说："算你有眼力，刚开张，便宜你了，领走吧。"孩子哭着。

观众中有几个海西女真人，见此便宜都想捡，都举着刀："我也换一个，我也换一个。"

第三节　统一大军三面突袭击杀分裂分子亦思马因

亦思马因逃窜后，因是瓦剌出身，逃到瓦剌四部联盟属下小厄鲁特，与小厄鲁特组成联军。统一蒙古大军乘胜尾随追击，追击约万里，追到小厄鲁特。

瓦剌小厄鲁特部和亦思马因联军营地中，两边是山，山间洼地，毡房连成片。两山中间，用勒勒车做障碍物连接，门口两旁竖着木栅拦，易守难攻。小厄鲁特首领亦剌思大帐在中央，大帐右侧竖着苏勒德及陪纛。营区高处有瞭望塔。

探马进帐施礼："报告诺延，有一路大军，快马向我们这个方向袭来。"

小厄鲁特亦剌思诺延："可能是汗廷大军，追歼亦思马因来了。传令兵，请亦思马因诺延马上过这边来一趟。"

传令兵："加。"出去了，一会儿，同亦思马因进帐。

亦思马因进帐，一合掌，表示见过礼了："诺延有何见教？"

小厄鲁特亦剌思诺延："亦思马因诺延，您可能给我们带来了灭顶之灾呀！"

亦思马因："此话怎讲？"

亦剌思诺延："我主政小厄鲁特部，十多年以来，从未与任何人结过怨仇，更未与任何人，有过引发战争的纠纷。今日大兵压境，岂不是因你而来？"

亦思马因："诺延有所不知，即使我不来，因你在这天高皇帝远的地方蛰居，多年不向汗廷进贡纳税，汗廷也会来征讨你。现在的形势是，满都海要统一全蒙古，你能在统一之外呀？"

亦剌思："我承认她的管辖，按照她的规定，向汗廷进贡纳税，她还能向我动兵吗？"

亦思马因："晚了，不赶趟了。在她大军出征之前，你主动到汗廷叩拜献厚礼，或许就不征伐你了。现在，大汗登基好几年了，你无动于衷，无声无息。现在大军到你门口了，你才想起进贡纳税，不好使了。"

亦剌思诺延："这么说，这个仗是一定要打呗？"

亦思马因："在劫难逃！"

亦剌思诺延："我这伙人，这些年来，净打兔子、獐、狍、麇、鹿来着，还没真正与人打过仗。这次，要初试宝刀了！"说着拔出腰刀，用衣襟擦拭着刀刃。

亦思马因："这两军对阵打仗，与你打猎可完全不一样。你打猎，猎物只会逃命。而打仗，人家可能会先打你，你打，人家也要反击，生与死是会随时发生的。有时候，你还没碰到人家一根汗毛，人家却要了你的性命。"

亦剌思诺延："你这话啥意思？"

亦思马因："没啥意思，就是告诉你，你没有打仗的经验，肯定要吃败仗。"

亦剌思诺延："那你说怎么办？"

亦思马因："为了打胜这个仗，你小厄鲁特军队归我指挥。"

小厄鲁特亦剌思诺延："你指挥？你不是指挥打败了，才跑到我这儿来的嘛！"

亦思马因："那次和这次不一样。那次，是在原野草地上，乘我不备他们三面夹击；这次是阵地战，咱这地方地势险要，可以据险固守，他攻不进来；再说咱是以逸待劳，咱可以随时出其不意地出兵袭击他们。"

亦剌思诺延："那就这一次，下不为例。"

亦思马因："那是当然。不过，我想今天就开始行使权力。"

亦剌思："你太心急了，定的事，你怕我变了主意不成？"

亦思马因："不是，你我是一根绳上的两只蚂蚱，我不怕你变。我是想今晚就给他来个出其不意的袭击。你想，他们远道前来，一路上没得到很好的休息，骑马颠得浑身筋骨都要散了，这一到地方，扎下营，一躺下就睡得像死人一样。入夜后，咱给他来个深夜偷袭大营，杀他个片甲不留。你看怎么样？"

亦剌思："还真有你的。行，就这么办。"

亦思马因："那你把众将找来开个会，让我布置一下吧。"

亦剌思："好，这就开会。"

托郭齐元帅大帐内，托郭齐与火筛、乌纳博罗特、巴巴海乌尔鲁克等几人正秘密开会。

托郭齐："各位诺延，人马一路劳累，扎下营寨就得休息。可是亦思马因营寨离咱这么近，亦思马因这人很狡黠，鬼点子多，若他以逸待劳，深夜偷袭，那时咱损失可大了。我的意见，咱各路人马轮班休息，防备他们偷袭。万一他们偷袭，就让他有来无回。"

火筛："亦思马因现在是山穷水尽、无家可归的困兽，必然与咱们决一死战，以求鱼死网破，他什么招都能使得出来。军事上，被攻击方往往以逸待劳，深夜偷袭营寨，这也是常识。元帅想得很周到，我同意今夜部署人马防御偷袭。"

托郭齐："那这个任务就交给你了。"

火筛："没问题。"

深夜，四处一片漆黑，汗廷统一大军大营内，巡逻兵在巡逻。亦思马因率一支军队步行偷偷摸摸地向大营摸过来，到大营营寨附近，亦思马因指挥翻栅栏偷越，士兵刚攀登上去要翻越，被守在里边的士兵一刀砍下脑袋，而后站起一群士兵向来人猛烈射箭。小厄鲁特兵士勇敢冲在最前面的都死了，没死的赶紧后退，火筛诺延埋伏在外围的军队见营寨那已开战，便喊着杀声包围过来，亦思马因安排的小厄鲁特偷袭军队被里外夹击。亦思马因见此情况懊丧地赶紧率残部逃回。

小厄鲁特首领亦剌思营帐内，亦剌思很不高兴地说："亦思马因诺延，你在格尔内安排得挺好，可是不好使。你看，我的弟兄这白死了不少。"

亦思马因满不在乎地说："偷袭没毛病，没承想他们有准备。偷鸡不成扔蚀把米，死几个人的事，打仗是经常发生的，为啥古人总结说胜败乃兵家常事呢，死这么几个人看你难受的！"

亦剌思很不满地说："亦思马因诺延，您可不能站着说话不腰疼。我这小厄鲁特爱玛克只几千口人，都沾亲带故的，不像你们永谢布一两万人，死几个人不当回事。"

亦思马因说："这回咱不出击了，守在营寨里，守株待兔。营帐栅拦后面，多安排弓箭手，多备弓箭。汗廷人马冲上来，一律使用弓箭射击。弓箭手分一、二、三梯队，轮班射击，不使其一兵一卒靠近营寨，可确保万无一失。"

亦剌思懒洋洋地说："试试看吧。"

亦思马因指挥军队，备足了弓箭，守在营帐栅拦后面。

托郭齐元帅的统一大军，几次冲击，都被飞蝗般的射箭射得退回来。主帅认为，硬攻伤亡太大，得智取。

托郭齐元帅大帐，元帅在部署破敌方案："各位将军，以往几个大仗，都以很小的代价，取得了最大的胜利。今天，追杀这个害群马、丧家犬，不能造成太大损失。大家说说，下一步怎么打？"

乌纳博罗特提议："我看得智取。"

托郭齐问："怎么个智取法？"

乌纳博罗特讲解智取法："各部轮班安排人马，昼夜到寨前佯攻、叫骂，让他们不得消停。等他们思想上麻痹了，行动上懈怠了，咱来个突然袭击。"

第十九章 统一蒙古

托郭齐表示："此计正合我意。各位将军听令：从今天早晨天亮起，按郭尔罗斯、浩齐特、阿尔鲁特、克什克腾、锡格沁塔塔尔、喀木齐固特、塔喇沁、博尔布格、阿哈特穆尔、萨尔呼特的顺序前去佯攻，每班一个时辰，其他时间休息好，准备随时突袭。"

托郭齐元帅安排的人马对小厄鲁特佯攻，在其门前轮流叫骂。第二天，统一大军多次到寨前进行类似攻击演习一样的佯攻，昼夜不停，如此五六天。此间，托郭齐元帅、巴巴海乌尔鲁克先锋官与左右路军总指挥乌纳博罗特、火筛几个将军，夜间分别步行到小厄鲁特营寨两侧山上勘察现场。

第七天晚上，元帅大帐内，元帅秉烛部署破敌计划："各位将军，这几天，消耗敌人很多精力，也给敌人造成了麻痹心理。今天深夜，在敌人沉沉入睡时，我军有三路攻取敌人营寨。左路军，从左侧山坡摸黑爬山进入敌营，火攻奇袭敌营。右路军，从右侧山坡摸黑爬山进入敌营，火攻奇袭敌营，形成夹击态势。奇袭人员进营后，首先放火，而后大喊大叫，让敌人摸不着头脑，让他们自相残杀。敌营内起火后，我和先锋官巴巴海乌尔鲁克率中路军从前门进攻，突破前门障碍，大部队从前门进入，让他里外开花，彻底歼灭敌人。攻击主要目标为亦思马因大帐和亦剌思大帐。为了识别敌我，我军一律左臂佩戴白布标记。大家回去分头准备，三更出发。"

深夜，月牙当空照。亦思马因大帐内，笙管笛箫仍在齐鸣，八名舞女在帐中摇摆着腰肢，为诺延跳舞取乐。亦思马因和亦剌思在帐中喝着酒，亦思马因夫人郭罗泰纳由欢和锡吉尔，小厄鲁特首领夫人一同观赏着歌舞。

亦思马因自我吹嘘说："怎么样？看见了吧，这好几天了，咱古列延固若金汤，汗廷大军一筹莫展。"

亦剌思奉承着说："亦思马因诺延的军事部署还真行。汗廷大军一直在门外大喊大叫的，就是打不进来。"

亦思马因自作聪明地说："你看见了吧，他们没劲了，今天喊叫的声音，比昨天小多了。再喊叫两天，他们就该回去了。来，喝酒！"

亦剌思："听喊叫声音，是小多了，他们可能有点泄劲。喝酒、喝酒！"

亦思马因看舞女们跳得有点疲惫，便督促："跳啊、跳啊！"瞪着眼珠子看着舞女，舞女们又翩翩舞着。

郭罗泰纳由欢比他们聪明，提醒说："诺延，满都海派兵追杀您来了，大兵在营前叫骂好几天了，您少喝两碗吧！"

亦思马因舌头有点大了："去去，夫人见识，你没听见喊叫声越来越小吗？"

乘灰蒙蒙的夜色，统一大军的左右两路军士兵们步行轻手轻脚地爬山，马队牵马在后面远处跟着，其先头部队逐步向小厄鲁特营寨栅栏靠近。

栅栏内三个士兵懒洋洋地巡逻着，可能听到点动静，喊："谁？"

统一大军士兵伏在地上一动不动。

栅栏内一个巡逻兵趴下观察小声问另一个巡逻兵："你看见什么了？"

那个巡逻兵说:"我好像听见有人走动的动静。"又趴那儿机警地四处观察一会儿,也看不清什么,自言自语地说,"可能是只兔子跑过去弄的动静。"起来向前走了。

统一大军先头部队士兵待其走远些,跃起到栅栏边,赶紧搭人梯翻过,往毡房方向摸去,到毡房附近,击打火镰,点燃毡房,顿时,易燃品的毡房在营区放出火光,接着几处接连放出火光。点火的奇袭军队大喊大叫起来:"起火了,起火了,汗廷大军杀进营了!起火了,起火了,汗廷大军杀进营了!"火光一起,在后面跟随的左右两路大军迅速前进,众人推倒栅栏,进入营区。小厄鲁特大营多处燃烧点已形成熊熊大火,大喊起火声此起彼伏,马儿见火嘶鸣起来,岗哨警醒,吹起了牛角号。士兵们在毡房里胡乱穿衣,互相抢刀,而后迷迷糊糊出来,懵懵懂懂地被砍去脑袋。

先锋官巴巴海乌尔鲁克率郭尔罗斯军队到营房大门前喊话:"要活命的赶紧开门!"见无动静,向门内射箭,未见往回射箭,骑兵冲上去,见守门卫兵正往营内逃跑,便大开营门,托郭齐元帅率中路大军直冲而入,直奔诺延大帐。

汗廷奇袭军队从三面发起攻击,喊杀声震天:"你们失败了,放下刀箭不杀!你们失败了,放下刀箭不杀!"小厄鲁特联军士兵纷纷从毡房中,扔出刀箭。

亦思马因头重脚轻地偷偷摸摸地钻出大帐直奔拴马处,骑上马就要逃跑。大帐中跑出若干舞女,四处纷纷乱窜着。此时三路奇袭大军都已进入营区,砍倒在途中拦截阻击的少数顽固分子后,都直奔小厄鲁特联军诺延大帐。

托郭齐元帅策马率兵先到小厄鲁特诺延大帐,看见亦思马因骑马要逃,大喊:"站住别跑,亦思马因下马受死。"亦思马因见托郭齐追来,加鞭逃跑。托郭齐心急手快,趁火光拉弓搭箭射去,射中亦思马因坐骑,亦思马因落马。托郭齐赶上去,亦思马因跳起来与托郭齐厮杀。此时火筛赶到,在亦思马因左顾右盼瞬间,托郭齐元帅一刀砍中亦思马因腕部,马刀"当啷"一声掉地,托郭齐元帅随即又一刀,杀死了亦思马因。

小厄鲁特亦刺思诺延被这场景吓傻了,出帐后乱跑乱转,不知要干什么,也被士兵乱刀杀死。

托郭齐元帅带着几个卫兵,进入亦思马因大帐,大帐内很凌乱,但见亦思马因妻子郭罗泰纳由欢长得很有姿色,便问:"你是亦思马因妻子?"

郭罗泰纳由欢偎在大帐一个角落,瑟瑟发抖,听到问话,点点头。

托郭齐元帅宣布:"你丈夫亦思马因分裂蒙古,单独进军明朝,抢掠明朝汉人,破坏蒙汉团结,危害了全蒙古利益;西征瓦剌不按时出兵,违犯了《大札撒》规定的军纪,罪在不赦!汗廷派大军追剿,你丈夫武力对抗汗廷大军,已在战争中死亡。"说到这儿,看看她的表情说,"你若愿意继续享受富贵,就跟我走吧。"

郭罗泰纳由欢点点头,慢慢站起来,跟着出来了。

托郭齐元帅到另一个中等大帐,进帐见到达延汗生母锡吉尔,便鞠躬施礼先问安:"太后,赛音拜诺?"

锡吉尔白了他一眼,未言语。

托郭齐元帅接着说:"太后,害死孛罗呼济农的罪魁祸首亦思马因,得到了应得下场。今日接您回去,请您收拾一下。"

锡吉尔坐着不动。

过了一会儿，托郭齐元帅再次提出请求："太后，您亲生儿子巴图蒙克已登基当了大汗，是他让我来接您的。您赶紧收拾东西，跟我们回去吧。"

锡吉尔仍坐着不动。

托郭齐元帅又等了一会儿，仍未见动，不免有些气愤，问："太后，难道您丈夫孛罗忽济农不好吗？难道您亲生儿子巴图蒙克大汗不好吗？难道回您出生地察哈尔就不好吗？难道杀害您丈夫的亦思马因就那么好吗？"

托郭齐元帅指责完，还未见锡吉尔的心灵受到震撼，便气得拔出刀来。锡吉尔这才惧而起身随行。

第四节　满都海设珠玛国宴招待统一蒙古参战功臣

统一蒙古大军托郭齐元帅在凯旋回师时，派阿来通将军为使臣先期向汗廷报告了信息。

摄政王满都海决定隆重迎接、招待作战有功的将军们。

礼部诺延正在汗廷金帐前面广场指挥搭建凯旋将士参拜大汗仪式的彩楼。彩楼有一个能放两个座椅的高一丈的平台，四角四个粗大金柱子，柱子上互相用彩带连接形成彩棚，以便大汗和哈屯在其上欢迎有功将士并受礼拜。彩楼两侧，插旗幡，彩楼顶部用金黄色彩绸遮阳。

达延汗已12岁，坐在广场前新搭建的彩楼上的七宝云龙御榻上、满都海在左边就座，汗廷官员以及各部诺延在台下两侧排列，中间用雪白的毡子铺成甬道。广场上，鼓乐齐鸣，载歌载舞，广场四周欢迎人群及出征将士家属人山人海。

托郭齐元帅在前，火筛将军、乌纳博罗特将军、巴巴海乌尔鲁克将军三人并列在其后，率38名将军，带卫队持各色彩杖骑着马，马都进行了装饰，至广场边下马，站立审视四周场景片刻。音乐停，众将在白毡甬道上步行，频频合掌向两侧欢迎人群致意。大汗和哈屯在台上起立，拍掌表示欢迎。托郭齐至台前站立，其稍后些是火筛、乌纳博罗特、巴巴海乌尔鲁克三人分立，再后是38名将军依次站立。大汗和哈屯归座，众将施跪拜礼，同声唱呼："祝大汗万岁、万岁、万万岁！"

达延汗："众爱卿免礼。"

托郭齐等众将军齐呼："谢大汗，起立。"

托郭齐等众将领再次跪倒："祝摄政王千岁、千岁、千千岁！"

摄政王满都海："诸位将军辛苦了！"

众将领："谢摄政王！"磕头起立。

托郭齐元帅："启禀大汗、摄政王，统一蒙古大军元帅托郭齐同左右路军总指挥火筛诺延、乌纳博罗特诺延，中路军先锋官巴巴海乌尔鲁克，率领蒙郭勒津、科尔沁、郭尔罗斯、浩齐特、阿尔鲁特、克什克腾、锡格沁塔塔尔、喀木齐固特、塔喇沁、博尔布格、阿哈特穆尔、萨尔呼特各部人马，历时五年，未损一员战将，已征服了明朝边墙（长城）以北，东起嫩江、西到哈密、北到贝加尔湖的整个蒙古高原地区，游牧在这个广袤地区的兀良哈三卫蒙古各部、漠北喀尔喀蒙古各部、乌梁罕蒙古各部、瓦剌蒙古各部，计44个部，都表示臣服汗廷。击杀了分裂北元首要分子亦思马因，歼灭了其分裂势力。我们圆满完成了汗廷交付的统一蒙古的任务，今向大汗、摄政王交令。"

摄政王满都海对统一蒙古大军做战果评价性的讲话："托郭齐元帅、火筛诺延、乌纳博罗特诺延，巴巴海乌尔鲁克将军，诸位将军，你们辛苦了！经过你们五年艰苦卓绝的征战，分裂百年的蒙古高原又重新得到统一。你们为蒙古创立了历史功勋，历史会记住你们的名字的。汗廷要对所有出征的将士，论功嘉奖、赏赐；对所有伤亡的士兵，要给予抚恤。今天，要为统一蒙古流血流汗，付出辛劳凯旋的全体将士们，在大汗昔剌斡耳朵摆珠玛宴国宴招待。"

礼部诺延招呼："请托郭齐元帅和诸位劳苦功高的将军们，到外帐更换参加国宴的礼服质孙服蒙古袍。"在悠扬的乐曲声中，众将到外帐，帐内身着天蓝色质孙蒙古袍的年轻姑娘面含微笑站在两侧，手中捧着准备更换的质孙服。每位诺延进来，服务姑娘鞠躬轻声说："赛音拜诺，由我帮您更换质孙服。"而后为其更换用金色丝线绣有蒙古族花纹边的天蓝色质孙服。

礼部诺延宣布："请大汗、摄政王、托郭齐元帅、火筛诺延、乌纳博罗特诺延、巴巴海乌尔鲁克将军，诸位将军、诸位诺延依次入宴会大帐。"

金帐大门口站着两名身材高大的金甲武士，金帐大汗宝座后为成吉思汗画像、其两侧为成吉思汗四杰、四狗等88名功臣画像。在欢快、喜庆的管弦乐曲声中，诸位将军，诺延依次鱼贯入场，夹道两边分立18名年轻姑娘行屈膝半蹲礼迎接。君臣各就其位，大汗坐在金帐中高台上的七宝云龙御榻之上，满都海在其左就座，余者在台下两廊按尊卑高低级别入席。可汗座前摆大酒海，座席间每2座有1个高酒壶，桌上有四色小菜和四色水果。金帐中间留有歌舞场地，坐席四周放9只铜鼎状火盆。

落座完毕，乐声停，蒙古族歌手轻声唱起了蒙古族最为神奇的天籁之音——呼麦，这时全场寂静无声地听着。

礼部诺延宣布："珠玛宴正式开始。珠玛宴第一项：由孛罗乃丞相宣读成吉思汗《大札撒》。"

孛罗乃丞相拿起用1尺宽2尺长薄羊皮抄写的《大札撒》宣读："法天启运圣武皇帝太祖铁木真成吉思汗《大札撒》说：一个民族，如果子女不遵从父亲的教诲，弟弟不听从兄长的劝诫；丈夫不信任妻子，妻子不顺从丈夫；公公不赞许儿媳，儿媳不尊敬公公；长者不管教幼者，幼者不尊重长者；诺延只宠信其亲属而疏远陌生人；富有者吝惜私有财物而损害公有财物的，那么必将导致被敌人击败、家户衰落、国家消亡。因此，所有民众必须提高警惕，所有诺延和阿拉巴图都必须遵守，这样长生天就会保佑我们完成大业。《大札撒》不能改变，必须千年、万年、世代遵守下去。"

与会众人热烈鼓掌。

礼部诺延："珠玛宴第二项，上珠玛。"

祝颂人上来颂诵："皇恩浩荡，后土高天，蒙古统一，将士凯旋，普天同庆，万民安康！"紧随祝颂人身后，庞大的头戴红花、身披红绸的金黄色的烤全牛，被推进金帐。全牛头偏右侧呈蹲卧状，嘴衔鲜花，神态似活牛般，身体各部位完好无缺。六位身着金黄色盔甲的蒙古武士手握苏勒德，紧随其后护卫着金牛。武士后面的年轻舞女们也手搭白色手帕上放银碗昂首步入宴席会场。金牛在大堂中央面朝大汗,护牛武士与姑娘们列成整齐的两队,等待为全牛剪彩。

礼部诺延:"珠玛宴第三项,由功勋卓著的托郭齐元帅开宴。"

托郭齐起立上前,向台上大汗和摄政王施礼后,掀下金牛覆盖物,而后用宴会提供的食肉刀在珠玛的额上划一个吉祥符号,然后用清洁的食品抹一下,恭敬地站立并且整理衣帽之后用司仪敬来的酒行萨察礼,即用右手无名指沾酒觞中酒向天地弹洒三次,先敬苍天,次敬地,再敬祖先,而后登台跪向大汗、摄政王敬酒。

侍者执酒近前半跪进献,退三步全跪,全场同跪,司仪高喊"哈",鼓乐齐鸣。大汗饮毕,乐止,众人复位。同样程序,给摄政王敬酒。

礼部诺延:"珠玛宴第四项,举献珠玛上席。"

此时珠玛师保儿赤入场,向台上及会场施礼后,右手持银制蒙古刀,使刀刃朝向自己,左手拿洁白的餐巾,首先把珠玛头仰起,成举献姿态;再将珠玛两肢前臂内关节切割少许,把珠玛做成跪式姿态;再将珠玛后颈第一颈骨切割少许,把珠玛做成低头叩拜姿态;再将珠玛后两肢跟骨关节切割少许,把珠玛做成卧式姿态;再把珠玛扶起;最后,闪身让大家看后,珠玛师保儿赤熟练地取珠玛左腰脊肉以及全身之德吉,祭洒9个方位,向至尊的圆形大酒局献酒34块肋骨、24块腰脊肉、28块前肢肉,而后将金牛肉切成厚薄均等、大小相同、外形美观、一口一块的肉块,由口鼻蒙白色纱巾的年轻女孩将献盘举过头顶,按尊贵顺序举献给大汗、摄政王和各位诺延。

礼部诺延:"珠玛宴第五项,举献蒙古八珍、草原四鲜。"

口鼻蒙纱巾的姑娘们托盘端进蒙古八珍:醍醐、麆、野驼蹄、鹿唇、驼乳、驼乳糜、天鹅炙、紫玉浆,按尊卑职务高低敬献。而后,口鼻蒙纱巾的姑娘们托盘端进草原四鲜:鲜蘑、沙葱、黄花、山野菜,按尊卑职务高低敬献。君臣品美食、畅饮,觥筹交错间,口鼻蒙纱巾的仕女们频频向诺延们敬酒。畅饮期间,九只铜鼎状火盆中火光闪烁,二十位女郎跳起了萨满舞,之后由十六位娇艳的女郎表演了最具典型的古典《十六天魔舞》,而后歌者、舞者陆续登场献歌舞,伴以宴舞、抒情歌、马头琴合奏等。

歌者演唱了对元代诗人杨允孚描写珠玛宴之诗谱曲的歌曲:

千官万骑到山椒,
个个金鞍雉尾高。
下马一齐催入宴,
玉阑干外换官袍。

酒酣时,饮宴的将军们兴奋地加入歌舞队中跳起来、唱起来。

摄政王满都海笑呵呵地问:"诸位将军,珠玛宴吃得怎么样?胜利的喜酒喝足了没有?"

诸位将军们嘻嘻哈哈地回答:"非常好,都喝多了。"

满都海说:"那好,进行下一项。"

礼部诺延:"珠玛宴第六项,大汗赏赐。"

达延汗站起来,走到台中央,面对大厅,看着稿,说:"朕宣布,对劳苦功高的出征将士进行赏赐：赏托郭齐元帅各色绸缎50匹；赏右路军总指挥火筛诺延和左路军总指挥乌纳博罗特诺延各色绸缎各40匹；赏中路军先锋官郭尔罗斯部的巴巴海乌尔鲁克将军各色绸缎30匹；赏浩齐特部的额森土格勒、察罕阿玛、楚宾巴图尔、明噶图4位将军，阿尔鲁特部的摩伦将军，克什克腾部的巴尔齐阿噶拉呼、拉布克二位将军，锡格沁塔塔尔部的塔儿衮哈喇、萨喇巴图拉特二位将军，喀木齐固特部的呼哩巴雅斯呼将军，塔喇沁部的巴噶素海、贺尔哈卜塔该二位将军，博尔布格部的孟克、博勒库杜齐根、别乞鄂格德依三位将军，阿哈特穆尔部的锡古斯、明噶图二位将军，萨尔呼特部的额森台将军，每人各色绸缎20匹；赏出征士兵每人彩绸两匹，赏阵亡士兵家母牛20头、母绵羊50只。"

托郭齐等齐声："谢大汗！"施跪拜礼。

满都海起立，摆手："大家都坐下。大家吃到咱蒙古最高级别的宫廷宴珠玛宴了，按咱蒙古盛宴后分享美食的习俗，大汗赐福，每人带一个昔刺斡耳朵宫廷珠玛宴羊腿回去，让老人、妻子、孩子分享珠玛宴的欢乐和祝福！"

托郭齐等起立："谢摄政王！"施鞠躬礼。

满都海："我向大家宣布一个好消息。现在蒙古统一了，国家太平了，我也有了闲心，我想领你们到咱蒙古避暑胜地道伦淖尔去避暑，到那儿休闲享受一下，好好玩玩，放松放松。"

众将军们高兴得一下子炸了锅。

满都海："领着夫人孩子去，老人能去的、愿意去的，也都带上。"

众将军高兴得已忘了在什么场合了，无秩序地问："摄政王，啥时去呀？"

满都海："回去后抓紧准备，准备好就直接到道伦淖尔报到。"

道伦淖尔，凡到的都在山前自找适当位置架上毡房，人们都以欢快的心情平等地相处。各位诺延和夫人孩子及其老人，大家都就地盘腿坐在草地上，满都海和达延汗坐在人群中间，与诺延夫人或老人寒暄着家常。

满都海："该来的都来了吧。"眼睛扫一圈，"可能少几位。不过没关系，咱们来玩嘛，晚来也没关系。既然我组织大家来玩，咱也得规定个玩的规矩。有很多诺延是头次来，咱先到道伦淖尔附近各地方走走，最低得到元代帝王离宫东凉亭和一千多年前的燕赵长城遗址，以及大渡口大峡谷、月亮湾湖看看，这个活动，最低得三天时间，根据大家兴趣可以延长或缩短。第四天开始，咱们就开始统一活动。不过声明一下，统一活动，身体不舒服或不喜欢，也可以不参加。"

大渡口大峡谷，峡谷两侧是平坦的草原，有野生动物出没，兔子遍地跑。大峡谷绵延50余里，深30丈左右，峡谷之间最宽处330丈，最窄处130丈左右。峡谷内有各种各样树木，有近百棵自然生长的百年云杉，还有蜿蜒曲折的蛇皮河。呼痕湖，地处浑善达克沙地的边缘，是一处天然形成的月亮湾形湖泊，湖水清澈，不淤不漫，能看见湖里有鲤鱼、鲫鱼、华子鱼、鲶鱼，真是垂钓的好地方。东边是原始天然次生林带，还有杨树、桦树、榆树、枫树和沙棘、山杏、榛子、稠李等各种树木。树林里有狍子、狼、沙狐、赤狐、艾虎、小毛足鼠、三趾跳鼠和黑线仓鼠等多种野生哺乳动物，还有沙地上生存的灰椋鸟、喜鹊、斑翅山鹑等，是各朝各代大汗们避暑的胜地。在这天堂般的美景中，摄政王满都海带领众诺延及其家属自由自在地唱歌、跳舞、喝酒、吃肉，尽享人间欢乐。

摄政王满都海哈屯通过组织这一集体游玩行动，让这些生活在各地的诺延们与大汗及其哈屯共同玩耍，使他们感受到了最高的荣誉。这不仅是奖励出征将军们的一种方式，也是笼络各部各爱玛克诺延们感情的一种手段。

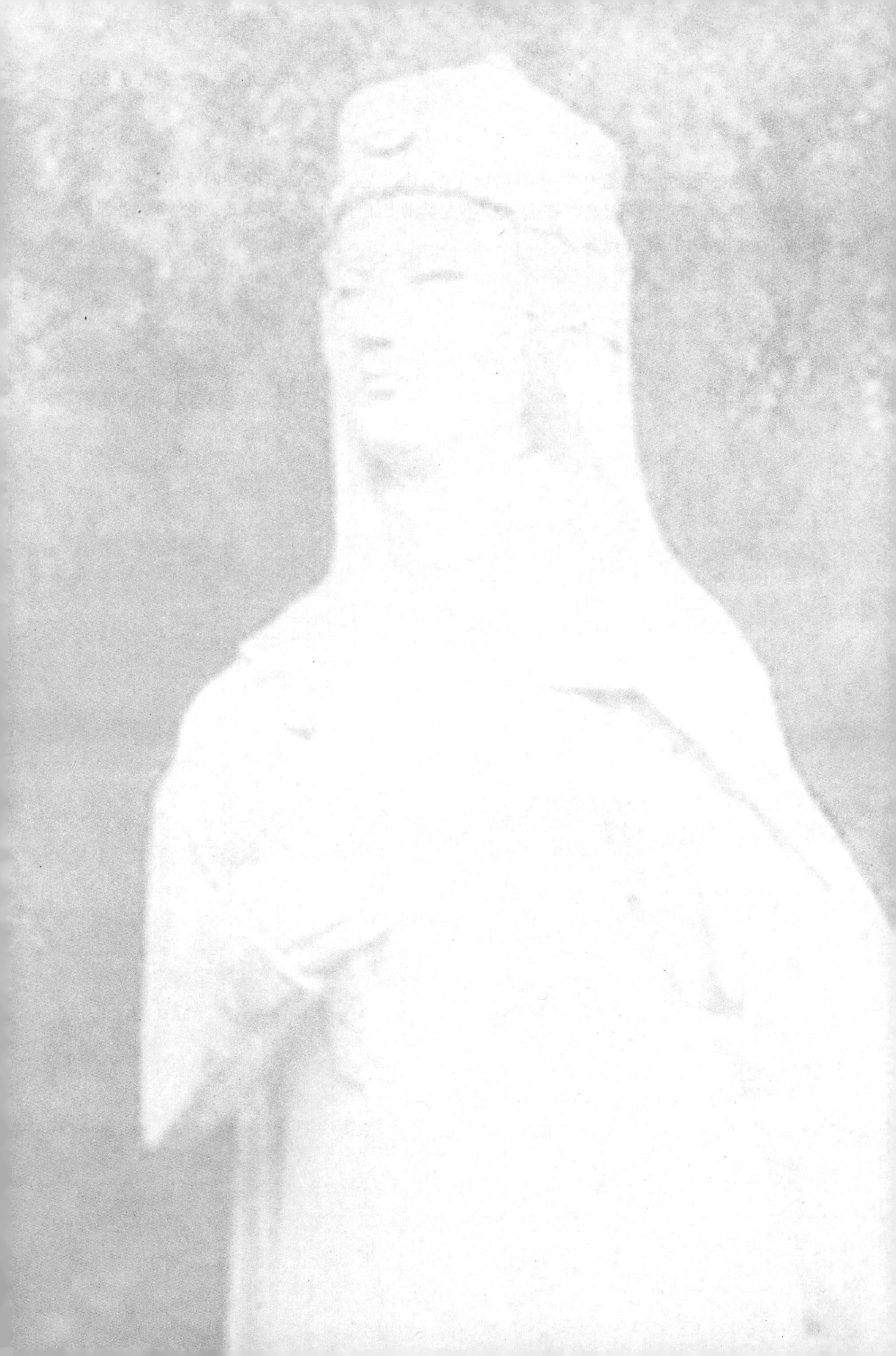

第二十章 劫难生子

第一节　青春萌动的小达延汗使满都海怀孕

　　1486年初春的一天傍晚，满都海自己待在寝帐，此时达延汗回来了。满都海起立，迎上前："大汗回来了。"

　　达延汗问："赛音哈屯，你还没休息呀？"

　　满都海接过大汗帽子，放到帽架上说："大汗没回来，我能休息吗？再说还不到休息时间哪。"

　　达延汗有一种急切的心情："那朕回来了，赶紧休息吧。"

　　满都海问："不吃点东西吗？"

　　达延汗："吃过了。"

　　满都海："喝杯奶茶吧。"

　　达延汗："好吧。"

　　满都海亲自倒杯奶茶，递到大汗手中，坐在对面看着。

　　达延汗正值青春性欲萌动，边喝奶茶边用火辣辣的异样眼神看着满都海，喝了几口，把杯子一放："不喝了。"

　　满都海问："怎么不喝了？"

　　达延汗急不可耐地道出目的："睡觉。"起身就往卧榻那儿奔，满都海过去，给大汗脱掉外衣，大汗不声不响就上卧榻钻进被窝。卧榻上并排铺着两床被，满都海担心大汗年轻睡觉不老实滚下来摔着，自己靠外边睡，让大汗在里边睡。达延汗上卧榻后故意钻进外边满都海的被窝。

　　满都海作为哈屯，见大汗要休息，自己虽不累不想休息也得陪着啊，赶紧收拾完东西脱衣服上卧榻，看见达延汗在自己被窝里躺着，说："巴图蒙克，你睡错地方了。"

　　达延汗瞪着眼睛，瞅着满都海不吱声。

　　满都海再次提醒："你睡错地方了，这是我的被窝。"

　　达延汗说："我睡的就是你被窝。"

　　满都海："那不行，你睡你自己被窝。"

　　达延汗："不，我就睡你被窝。"

　　满都海将计就计说："那好，鸠占鹊巢，你睡我被窝，那我睡你被窝。"满都海睡到达延汗铺位上。这时达延汗又钻进自己的被窝，满都海要回自己被窝，达延汗抱着不让动。

　　满都海亲他额头一下，而后轻轻推开达延汗："巴图蒙克，你今天怎么了？"

　　达延汗："没怎么的。"

　　满都海："为什么这样反常？"

　　达延汗："我要和你一个被窝睡觉。"

　　满都海："那不行，咱俩有规矩，各睡各的被窝。"

达延汗不高兴地说:"你是我哈屯,我就是要和你一个被窝睡觉。"

满都海:"是你哈屯也不行。"

达延汗生气了,拿起枕头往卧榻上一摔:"为啥不行?"达延汗已13岁,正值青春期发育极盛时期,已经有很强烈的性欲。

满都海见达延汗不高兴了,便抚摸着达延汗安慰说:"巴图蒙克,你说得对,我是你哈屯,应该和你一个被窝睡觉,可是现在不行。"

达延汗生气地质问:"为什么不行?"

满都海和蔼可亲地告诉他:"不因为什么,就是因为你年龄还小。"

达延汗很粗暴地反驳:"我不小了,我都13草青了。"

满都海:"13草青,也是孩子,不能和哈屯睡觉。"

达延汗吼着说:"圣祖成吉思汗9草青就定亲,比我还小4草青哪。"

满都海给她讲解:"9草青定亲,不等于9草青在一个被窝睡觉。你7草青封我为哈屯,比圣祖还小两草青哪,咱俩分床睡觉,不是一个理吗?"

达延汗还很气愤:"你在花言巧语骗人。"

满都海:"我自己主动做你哈屯,骗你干啥?我是怕过早同房,会影响你身体成长发育。"

达延汗捶着自己胸脯说:"我身体像大犍牛一样,不会影响成长发育。"

满都海:"才13草青,像大犍牛一样也不行。"

达延汗这时冲动得有点失去理智,拿起枕头撒满都海,还愤怒地乱蹬腿,大声喊叫着:"你玩赖、你玩赖。"

满都海无可奈何地说:"真拿你没办法。好吧,我依你。"

达延汗在汗廷中已生活7年,其享受的优厚生活待遇使其比同龄男孩发育得更早更成熟,性欲非常旺盛,曾多次要求与满都海同房。满都海已39岁,是过来人,也有这方面的要求,但是怕影响达延汗的身体发育,始终未答应他的要求。达延汗虽然一直压抑着,但他对满都海尊敬如母,虽为大汗也不敢强来。今天这一答应,达延汗高兴得竟忘乎所以,惊叫一声:"真的?"立即像饿虎扑食一样将满都海按倒。

这一"开闸",从此就形成正常。

此时的北元汗廷驻地在察哈尔大沙窝,该地附近有白音锡勒白桦木林天然林区,还有内蒙古四大淡水湖之一的库勒查干淖尔。可汗金帐设在此处,大汗、哈屯也有个休闲消遣的去处。

这一天,满都海正在可汗金帐办公,伏案写东西。

女侍卫:"摄政王,您成天忙,太累了,也该休息一会了。"

满都海抬起头,伸直腰,活动活动胳膊:"哎,不忙不行啊,大汗还小,没人分担哪!"

女侍卫:"摄政王,事情不急的话,出去散散心吧!若不会累坏的。"

满都海沉思一下,很愉快地答应:"好,散散心,你们说,上哪儿去?"

女侍卫:"摄政王,咱出门就赛马,马跑累了,咱就在那休息玩一会儿。行吗?"

满都海:"好,今天就听你们安排。"

女侍卫:"姐妹们,今天摄政王允许按咱的意思去玩了,走啊,玩去呀。"而后八名女侍卫骑马共同护着满都海往前跑，路过白音锡勒白桦木林自然保护区，到芍药沟附近停住。

满都海勒住马，抬头四处观望着，看见芍药沟满沟都是姹紫嫣红，不觉心旷神怡，说："累了，就这儿吧。"大家都下马，腿快心急的女侍卫们扑向花丛，叽叽喳喳地赞誉芍药花。满都海慢腾腾下马后却突然空呕了几下，细心的伊剌姑，看在眼里，赶紧过来扶摄政王。

伊剌姑："摄政王，没事吧？"

满都海："没事儿，累着了。我在这坐一会儿，一会儿就好，你们玩去吧。"

伊剌姑："我陪您。"

满都海："不用，休息一会儿就好，去玩去吧。"当伊剌姑未走远时，又呕了几下。伊剌姑赶紧转回来，陪着满都海。

伊剌姑很关心地问："摄政王，是不是病了？"

满都海胸有成竹地说："病嘛，也不是什么大病。我是过来人，我知道，可能是妇女病，没关系的。去玩去吧，好不容易来一趟，去玩吧。"伊剌姑不走，满都海撵她走，"没事儿的，去吧，去吧，有事儿我招呼你们，去吧。"

伊剌姑跑走了，去追姐妹们玩耍。

满都海缓缓地站起来，又慢慢走几步，呕了几下。满都海有意识地缓缓地用手摸一下自己的肚子，微笑了，这小巴图蒙克，还真整出事儿来了！甜甜的微笑挂在脸上，而后漫步走上山坡。

女侍卫："姐妹们，这还有酸杏哪，过来呀。"

满都海听到酸杏，条件反射，咽口唾沫。

女侍卫们叽叽喳喳地跑过去，摘酸杏吃着："真酸。"满都海羡慕地看着他们。

伊剌姑不声不响地摘一小把，捧着来到满都海跟前："摄政王您尝尝。"

满都海开始不好意思，拿起一个，看看，流口水，放进嘴里吃了。

伊剌姑看她不好意思吃，便拉起满都海的手："别不好意思！"笑着把青杏全放在满都海手掌里跑了。

满都海看她跑远，才吃起来，一小会儿一把酸杏全吃肚里了。

女侍卫们偷偷看着满都海吃酸杏的样子，小声议论着："摄政王吃酸杏吃得那么香，八成有喜了！"

又一女侍卫："听说男的10草青，就有那个能耐了。"

又一女侍卫对其他女侍卫："哎呀，你看她啥都懂。"

那个女侍卫追打着这个女侍卫："你真坏。"其他女侍卫们嘻嘻哈哈地笑着，笑得前仰后合。

第二节　贼兵夜袭满都海转移落马生双胞胎

瓦剌四部联盟下属一个鄂托克的斋桑诺延大毡帐内，斋桑诺延正在毡房内。

乩加思兰儿子诺谟库径直进帐："斋桑诺延，赛音拜诺？"

瓦剌斋桑诺延："什么风把你吹这儿来了？"

乩加思兰儿子诺谟库："是财神爷让我来的。"

瓦剌斋桑诺延："那好啊，那你就说说财神爷是什么意思吧！"

诺谟库："那年，满都海两次带兵征伐咱瓦剌蒙古，杀伤咱们那么多弟兄咱先不说，你看她那牛气样，骑在马上给咱瓦剌蒙古人下命令，连帽缨多长都管，管得也太宽点了吧。吃肉不让用刀割削，你说她恶不恶？"

斋桑诺延："吃肉不让用刀的事，提出来后，不是改了嘛。"

诺谟库："改，我也知道改了。我说的是这个事，咱蒙古人有史以来吃肉都用刀，可她不让用，那你说这肉怎么吃吧，不是要饿死咱瓦剌蒙古人嘛！"

斋桑诺延："老弟，你说半天我没明白，这和财神爷有什么关系？你直说啥意思吧？"

诺谟库："开门见山哪？"

斋桑诺延："对，开门见山，别拐弯抹角的。"

诺谟库："好，那我就直说。满都海统一了蒙古各部，以为太平了，把大军都遣散回家放牧牛羊去了，她的古列延只有一小队宿卫兵了。如果趁这个机会，带领人马去突袭她古列延，不能活捉满都海，也能掳获汗廷数不清的金银珠宝绸缎回来。这一下子你不发财了？"

瓦剌斋桑诺延："你这是让我发财吗？纯粹是让我发昏！就我这千八百口子，惹满都海，岂不是拿鸡蛋往石头上碰，自己找死吗？她那几万人马打过来，不得杀我个鸡犬不留，死无葬身之地呀？"

诺谟库："老兄，你怎么这么笨呢？既然想整，能让她知道是你干的呀？"

瓦剌斋桑："那怎么能让她不知道？"

诺谟库："你带精干人马，白天休息，专门夜行军。到附近后，先休息，等到夜深人静时候，来个突然袭击，打她个措手不及。不等天亮，完事了。我保证，你肯定百分之百取胜。"

瓦剌斋桑："如果被她们发现，我肯定百分之百玩完。"

诺谟库："你这人怎么这么死脑筋呢，我告诉你，她那只有一伙宿卫兵了，没人上阵了，满都海自己还是双身板，腆着个大肚子，不用说打仗，指挥都费劲了。你神不知鬼不觉地突袭，能不赢嘛！"

瓦剌斋桑："跟满都海整，我可不是她对手，这风险可太大了！"

诺谟库："我这么跟你说，你还不动心。算了，就算我看错人了！认识你这么个不是老爷们的朋友，算了，我走了。"说着站起来，"以后咱俩各顾各，咱俩的友谊，一刀两断！"用手比画一刀断，而后就走。

瓦剌斋桑看他真走叫住："慢着。"乩加思兰儿子回过头来，斋桑问，"那我问你，这么好的事，为啥你自己不干呢？"

诺谟库站着回答："我何尝不想干，我与满都海有杀父之仇，我不整满都海，我还是我阿爸的儿子吗？我有十个、一百个心思想整死满都海，可是我自己单枪匹马，怎么整？自从我阿爸被满都海乱箭杀死后，原来我阿爸手下那伙人，都归克舍太师了，我没有人马呀。因为这个，我才来找你的呀，兄弟。"

瓦剌斋桑："原来是这么回事。等等、等等，让我想想，这么大的事，你让我好好想想。"

诺谟库："想啥想啊，过这个村还有那个店吗？满都海那财产，连满都鲁的，那可是多了去了。你个小小的斋桑，不用这办法，几辈子累死，你也不能攒这些财产呀！风险嘛，肯定有。一点风险没有，那别人不早整了？能轮到你啊？行了，你愿整不整，跟你这种人，不说了，走了。"

瓦剌斋桑："慢，咱再好好商量商量。"

满都海与大汗的寝帐内，内部很豪华，虽然是游牧民族，但毕竟是一国之君大汗与其哈屯的住所，其室内也摆着一些奇珍异宝和古玩。而且，汗廷内务府大库也在附近，库内收藏有相当数量的金银珠宝、绫罗绸缎等供皇家享用的珍贵物品。

满都海哈屯因身怀六甲行动不便正在寝帐休息，见达延汗回来了便起身："大汗，怎么这么一会儿就回来了？"

达延汗说："汗廷哪，你不去，在那呆着没意思。"

过去是满都海在汗廷坐班执政，现在满都海怀孕快足月身体不方便，便让达延汗坐班接待一般公务，同时也是锻炼他以便下一步亲政。但达延汗正在青春发育旺盛期，自从同满都海同房后，便一刻也不想离开。满都海不在身边他心里就觉得空荡荡的，因此就回来了。

满都海哈屯教育他说："大汗要以朝政为主，处理朝政是最有意思的事，处理习惯了，就感到有意思了。"

达延汗："你要不去，处理啥，朕也感觉不出意思来。"

满都海："巴图蒙克，你这样当大汗可不行。"

达延汗对侍女们说："去、去，你们都下去。"待室内无他人后，达延汗嬉皮笑脸地凑到满都海跟前说，"朕想你了。"

满都海笑呵呵地说："大汗想哈屯，是好事！但想哈屯得有个时间哪！"

达延汗觉挺奇怪的："这还有时间？"

满都海："当然有时间了。白天办理汗廷的事情，等汗廷的事情办完了，才能想哈屯。"

达延汗逮着理了："对呀，汗廷的事朕已经办完了，到朕想哈屯的时候了。"说着抱住满都海，亲着满都海，"朕想让你给我生儿子。"

满都海哈屯故意开玩笑说："哎呦，你还是孩子哪，你还要儿子？"

达延汗不满："朕不是小孩了，朕已经是大人了。"挺直腰板与满都海比个，"你看，朕比你都高了。"

满都海将达延汗拉过来，搂在怀里说："我逗你玩哪，我说你是小孩，你还真生气。我告诉你，你已经有儿子了。"

达延汗惊奇地问："真的？"左右瞅瞅，"在哪儿？"

满都海一本正经地告诉他："当然是真的。大汗已经有儿子了，还想让我给你生儿子，怎么生啊？"

达延汗："朕已经有儿子了，朕怎么不知道，在哪儿？"

满都海哈屯用手指点他额头一下："傻小子，你都快当阿爸了，还不知道哪。"

达延汗有点莫名其妙地看着满都海。

满都海哈屯指着自己肚子："你儿子不在这里呢嘛！"

达延汗以为是藏在蒙古袍大襟里："快，给我看看，看长得啥样？"

满都海哈屯感慨地说："看你这要当阿爸的孩子，现在看不着，你只能摸摸你儿子。"拉过达延汗手，"来，摸摸这。里边是不是有个东西在动？"

达延汗兴奋地抚摸着满都海的肚皮："是有东西在动。"

满都海哈屯："那就是你儿子在动。"

达延汗："我儿子在这里变出来，真好玩。"

瓦剌偷袭人马，夜间行军，白天在树林中休息。一个士兵发牢骚说："兄弟，咱这白天在树林里猫着睡觉，专门夜间出来行军，连一口热水都不让烧，这哪是去打仗，这不是去做贼吗？"

被称为兄弟的士兵回答道："你寻思咱去干啥哪，诺延不说了嘛，进行一次长途偷袭。这偷袭，你寻思光彩哪？"

发牢骚的士兵有疑问："咱蒙古都统一了，去偷袭谁呀？"

那个兄弟继续解释："诺延说暂时保密，到地方后再告诉。"

发牢骚的士兵有点明白了："诺延说最富有的地方，偷袭成功，保证几年吃穿不愁。这地方，是不是大汗呆的地方啊？"

那个兄弟提醒："小点声，诺延知道咱知道要去的地方，会收拾咱俩的。"

发牢骚的士兵彻底明白了："那咱不是去送死吗？"

那个兄弟士兵说："我看够呛能活着回来。"

乩加思兰儿子诺谟库巡视检查："谁在说话？再说话，军法处治。"

满都海哈屯身孕显得很笨，侍女陪着她散步。达延汗见此情景，跑过来："你们回去吧，朕来陪。"侍女走后，大汗接连用眼睛上下打量着满都海的大肚子，而后挽着满都海胳膊散步，"赛音哈屯，身体这么笨了，还有多长时间，朕的儿子能出来与朕见面哪？"

满都海哈屯告诉他："孩子在嫫母肚子里，要呆10个月280天。小东西可识数了，差一天也不出来。这都8个多月了，快了。"

达延汗："我快当阿爸喽！"高兴地蹦起来，把满都海弄个趔趄，险些摔倒。

满都海："哎哟！看你高兴那样子，好险闪着腰。"

达延汗殷勤地说："我看看，我看看。"

满都海哈屯无奈地笑了："嗨！真是孩子啊！"在古列延内草地上，二人自在悠闲地走着，女侍卫们远远跟着。

蒙古已统一，已无对立部落，毫无战争迹象，牧民们安详地过着生活。亦兵亦民的兵都回家为民去了，汗廷只有少量宿卫兵警卫。

一天深夜，万籁俱寂，除了蛐蛐的叫声之外，大地万物沉睡。摄政王的战马，直刨蹄子，还打响鼻子。

宿卫兵守卫着可汗金帐，这一天执勤的是很负责的警卫士兵少布与巴拉，他俩在金帐前后来回走动观察着风吹草动一切可疑现象，当在摄政王战马前经过时看到马的不安动静，忽然有所警觉。

宿卫兵少布："哎，摄政王战马半夜刨地，是不是有点儿异常？你细听听，今儿个晚上，我感觉，好像哪有点儿异样？"

宿卫兵巴拉:"别说话,别动,静听一会,好像是有点儿异样动静。"

少布趴地上,耳朵贴在地上静听:"不好!有马蹄震地异样声波,可能有贼兵偷营。你听听,整准点。"

巴拉也趴地上,耳朵贴在地上静听:"是有马蹄震地异样声波,可能真有贼兵偷营。赶紧禀报摄政王。"

少布着急地在可汗寝帐门口轻声喊:"摄政王、摄政王,周边有跑马马蹄声!摄政王,周边有跑马马蹄声,是不是有人来偷袭呀?"

满都海立即警觉:"知道了。"赶紧叫醒达延汗,"巴图蒙克,赶紧起来,有情况!"自己也赶紧穿衣服。

达延汗赶紧穿衣服,满都海腆着大肚子下地。达延汗腿脚利索穿好衣服下地拿刀出帐。

满都海出帐观察情况:"怎么回事?"

宿卫兵少布单膝跪倒:"报告摄政王,从地震波听到周边不远处跑马马蹄声越来越近,我怀疑可能有一支军队杀来!"

满都海自己静静地听听,感觉好像是有马队飞奔马蹄造成的地震声音,便下令:"集合人马!"

宿卫兵吹起牛角号。这时突袭军队已杀到古列延门口。

门卫卫兵大喊:"站住、站住,停止前进!"突袭人马不理会,照常前进,与卫兵展开激战,刀枪相击叮当响。

卫兵见贼兵不停,便往里跑,一边跑一边大喊:"贼军袭营了,贼军袭营了,贼军袭营了!"

宿卫兵头目弘吉喇特之额色里太保将军、哈真之济忽儿达尔汗将军、管城者巴图博罗特将军、阿速特之巴图博罗特诺延四位将军听到集合号声,紧急来到可汗大帐前。

额色里将军:"摄政王,发生什么事了?"

满都海:"贼兵袭营了。你听,古列延门口兵马声。"此时,突袭军队已打开古列延门,正骑马往里冲。

额色里:"摄政王,不知来了多少兵马,这深更半夜的,咱没有准备,这么跟他们打,咱要吃亏呀,您身体又不好,咱先躲一躲吧。"

满都海:"好吧。"侍卫牵过马来,满都海因身体笨拙,慌忙上马时,女侍卫扶也未扶住,摔下来,"哎哟!"

女侍卫大声问:"摄政王摔下来了!"四位将军都围上去。

济忽儿将军到跟前问:"摔哪了?摄政王!"

满都海咬着牙皱着眉头说:"摔腰上了,哎哟,哎哟!"

达延汗赶忙凑过来问:"赛音哈屯,你没事吧?"

满都海:"哎哟。"

听到号声前来集合的蒙古将士在来路上与贼兵激战。

额色里:"贼兵已杀进古列延了,离这儿不远了,咱几个赶紧把摄政王抬上马,离开这儿。"几位将军刚抬起来,就听到满都海在叫唤:"哎哟,肚子痛!不行不行,哎哟,哎哟。"几位将军被迫放下。

巴图博罗特将军:"摄政王,这金帐招风,不离开这地方,危险太大了!您咬咬牙,忍耐一下,咱先换个地方。"几个人又抬一次。这时贼兵的喊杀声又近一点。

满都海："哎哟哟，不行不行，肚子痛死了。"

巴图将军跑进金帐拽来一床大被说："摄政王，金帐目标太大，咱必须离开这儿，您先咬牙忍一忍吧。来，把摄政王放这大被上。"几位女侍卫连抬带抱着，几位将军帮着，把满都海放大被上，而后扯着四边，"抬起来，走，往西走，你们几个，牵马跟上！"

一伙人平抬着满都海，往西走了约百丈，女侍卫们牵着大家的马跟着。满都海哼唷着，因疼得厉害，被迫又放下。

贼兵主力杀到金帐，见无人抵抗，便你争我夺地进金帐抢掠财宝，而后收获满满地杀奔他处。

乩加思兰儿子诺谟库为报杀父之仇，在金帐附近四周寻找满都海，当他发现金帐西边有一伙人便大声喊："哎呀，弟兄们，满都海在这儿哪！向这儿靠拢啊！"

有几个被诺谟库收买的贼兵，听到诺谟库招呼，这时杀到满都海哈屯跟前。满都海疼得直叫唤，达延汗和八位女侍卫在跟前保护。

额色里、济忽儿、巴图、巴延布克四位将军，在满都海四周稍远处拼命与来犯之敌厮杀，不让贼兵接近满都海半步。

外围的贼兵喊："满都海在那边动弹不了啦，咱上她金帐去翻，还有汗廷仓库那，那里宝贝多得是啊，走哇，去晚了没有了！"贼兵们是来抢劫财宝的，听到喊声："走啊，上满都海金帐去呀，上汗廷仓库去拿宝贝呀。"纷纷停下或结束这边的战斗往金帐那边跑。而被诺谟库收买的几个贼兵还是拼命往前闯着，总想接近满都海。

满都海哈屯疼痛中小声告诉伊剌姑："要生了。"

伊剌姑："姐妹们，快脱袍子，把摄政王围起来，摄政王要生孩子了。"四位侍女脱下袍子，一人扯一头，围成四方城屏风。

满都海哈屯此时发出几声尖厉的撕心裂肺的叫声，而后，满都海的声音听不到了，却听到了婴儿的哭声。扯屏风的女侍卫们惊叫："哎呀，摄政王生小台吉了！"

伊剌姑命令："拿着。"把她手中扯着的袍子角，交给其他女侍卫，自己进入屏风内收拾孩子，由于没经验，手忙脚乱的不知干啥，四下看，没东西包，"给我一个袍子！"另一个女侍卫脱下蒙古袍交给伊剌姑。伊剌姑用袍子包孩子，包好后自己抱着。

达延汗在跟前不知所措着。

女侍卫们忙碌着，满都海稍安静一会，四周仍激烈地拼命战斗着。

达延汗凑到满都海跟前："赛音哈屯，没事吧？"满都海有气无力地说："疼死我了。"

短暂的安静后，满都海又发出尖厉痛苦的喊叫声。女侍卫赶紧到跟前："怎么了？摄政王！"

满都海还是疼痛难忍地叫着，不一会儿，又听到了婴儿的哭声。扯屏风女侍卫惊叫："哎呀，快来人哪，摄政王又生了一个台吉！"

伊剌姑把抱着的孩子交给一个女侍卫，又手忙脚乱地上去收拾另一个孩子，另一女侍卫脱下蒙古袍递给伊剌姑包孩子，包好后自己抱着。伊剌姑告诉达延汗："大汗，摄政王生了两位台吉！"

达延汗凑上去看孩子。

与此同时，在稍远些的四周，四位将军继续与贼兵浴血战斗着。四位将军步行与贼兵战斗，各守一方，不让贼兵接近满都海，砍不着贼兵，就砍贼兵的马，马倒贼兵摔下来时上去给贼兵一刀。

四周已躺倒多匹马、多具贼兵尸体，而四位将军也都满脸血，身上也挂了几处伤。被诺谟库收买的贼兵们做贼心虚加上旅途劳累体力渐渐不支，在额色里等几位将军拼命厮杀下，最后都被斩杀。

两名女侍卫，一个人抱一个孩子，服侍在满都海跟前。另几位女侍卫，持刀在满都海四周警戒。

额色里一边战斗一边下令："快去附近找援兵！"

女侍卫："离不开呀！"

家属妇女们手持各种武器、马刀、棒子等连喊带叫地也出来上阵，招呼着："姐妹们，来强盗了，都出来呀，打死这些强盗劫匪呀！姐妹们，来强盗了，都出来呀，打死这些强盗劫匪呀！"

听到牛角号声来集合的将士，都在附近与来敌酣战。贼兵想逃跑或转移，与之战斗的蒙古兵以及参战的家属却拿着各种器械追着不放。可汗的人马越来越多，被杀的来敌越来越多，可汗金帐附近危险战局逐渐扭转。

额色里将军与大家说："咱得借这机会突围出去。大汗快上马！"命令女侍卫，"你俩快上马。"令抱小孩的女侍卫，"你俩把台吉递给她俩！你俩扶摄政王上马，然后在两边扶着摄政王。巴图将军、巴延布克将军，你俩在前面开路，慢点走，照顾着点后边。我和济忽儿将军在后面掩护。"

女侍卫说："摄政王，我扶您上马。"去扶满都海上马时发现满都海不吱声，不动了，大惊，"摄政王、摄政王、摄政王！"还是没动静，吓得大叫，"来人哪，摄政王不知怎么了？"

女侍卫们全过来了，看到这情形，惊讶地看着，不知所措。

伊剌姑趴下，耳朵贴近满都海嘴边，细听，下结论说："摄政王呼吸非常微弱，可能生孩子受到惊吓，同时受到风寒，休克了，必须马上抢救。"

女侍卫们："怎么抢救？我们也不会呀！"

伊剌姑："我也不会，但我听说过，用热腹疗法可以抢救。"

女侍卫们："啥叫热腹疗法？我们也不懂啊！"

伊剌姑："这是咱蒙古族古代遗留下来的有效抢救方法，就是杀一头牛或者骆驼，马也行，杀完趁热，马上把摄政王放到腹腔里去。"

女侍卫："那咱谁也没杀过牛和马呀！"

伊剌姑："为了抢救摄政王，我来杀，马上就杀，晚了怕是来不及了，把我的马牵过来！"

一女侍卫："我来杀，杀我的马。"说着，就向自己的爱骑脖子处狠狠地砍了一刀。那马，不知主人来这一手，顿时倒下。女侍卫对其马说，"对不起了，为了抢救摄政王，你来做贡献吧。"又来一刀，结束了其性命。

没抱孩子的女侍卫都过来一齐开膛，很快完成。伊剌姑和几个女侍卫，将满都海身体能放进去的部分都放进马的腹腔里。

四位将军护着满都海，在满都海四周警戒着。

满都海哈屯经过一段时间热腹吸毒，慢慢苏醒了，轻轻地出口长气。女侍卫们高兴地喊："摄政王苏醒了！摄政王苏醒了！"

额色里将军："摄政王苏醒了，咱得赶紧撤离这危险地方。"扶着满都海乘马，抱着孩子骑马，撤出古列延，途中遇到一些手下人员，大家共同到一个高坡地带休息。

满都海母子和达延汗躲过一场灾难，而且母子平安。

达延汗金帐驻地古列延内，一群贼兵吵吵嚷嚷地在古列延内分赃，因分赃不均而吵吵嚷嚷，有的大打出手。

第三节　满都海严军纪惩失职并借刀镇压偷袭贼

满都海躺在地上，底下铺个大被。达延汗守在身旁，抱孩子的女侍卫想把孩子放在满都海身旁，伊喇姑赶紧制止："不行不行，小台吉不能放那，凉着可不得了。"侍女又抱起孩子。

额色里将军发动群众："众乡亲们，摄政王这么躺着不行啊！咱大家把袍子脱下来，给摄政王搭个篷子，挡挡凉气。"十多个人脱下袍子，有人用马刀砍树枝，搭起架子，有人光着膀子把袍子披在架子上。满都海和孩子被遮在里面，孩子由人抱着。

满都海一直躺在地上始终不是个办法，巴图将军回："我去找床和毡帐，谁跟我去？"

多名牧民响应："我们跟你去。"

巴图将军："我们走了，你们可要保护好摄政王和小台吉。"

额色里将军："你们放心走吧。"然后趴在袍子篷跟前问，"摄政王，比刚才好点吗？"

满都海微弱地回应："你们受累了。"女侍卫在袍子篷旁侍候。达延汗在一旁坐着。将军们胳膊都流着血，穿袍子的人扯下自己袍子大襟给缠上。

巴图将军他们回来了，弄来了几张羊皮、几块木板、一个旧小毡帐。大家一齐上手把毡帐架起来，床也搭起来。女侍卫们把满都海和孩子移到临时床上，放好后，女侍卫们问："摄政王，比刚才舒适点吗？"

满都海微弱无力地说："好多了，你们受累了。"

天亮后，满都海让伊喇姑找来额色里将军。

额色里将军在临时毡帐外报告："摄政王，我来了。"

满都海用微弱的声音说："额色里将军，昨天夜里那场突袭，全仗你们几位将军了。这话就不多说了。咱在这呆着，不行啊。你回去探听一下情况，好决定下一步怎么办。"

额色里："加，我这就去。"回头嘱咐几位将军，"我奉命回营探听情况，你们几位将军要保护好大汗和摄政王母子安全。"而后带几个人走了。

额色里将军一行五人骑马回营。在接近营区的路上，丢弃的衣物到处都是，路旁不时有伤亡的士兵，偶尔听到他们"哎哟哎哟"的声音。额色里将军一行以临战的架势，跑马前进到营区大门，无人拦阻，直奔金帐。金帐附近一片狼藉。

额色里将军："你俩，赶紧沿着原路回去，报告摄政王，贼兵抢掠而去，没有占领古列延，也没有烧毁古列延，可以返回。"两名士兵回去了。额色里带着另外两人，在营区巡视着。

贼兵伤员见了额色里赶紧求饶："诺延饶命！诺延饶命！"

额色里："饶命容易，你得说实话。"

贼兵伤员："说实话，保证有啥说啥。"
额色里："走，上金帐说去。"
贼兵伤员："诺延，我腿伤了，走不动。"
额色里："我们请你来的吗？还想让我们抬着你呀？想得美，没门！走不动，想活命，就爬，爬到金帐。你们这群贼人，深更半夜突袭营盘，杀人越货，应该一刀一个。快点给我爬！"伤兵拖着一条伤腿，用手拄地，呲牙咧嘴地爬着。

可汗金帐内凌乱不堪，先期骑马回来的人员正在收拾金帐内外。
满都海和孩子在勒勒车上躺着，勒勒车在巴图等三位将军保护下刚刚进古列延。达延汗骑马跟在勒勒车后。
满都海返回金帐，女侍卫和侍女们手忙脚乱地把满都海和两个孩子抬进金帐，躺在可汗寝帐内卧榻上。额色里将军押着一个受伤的俘虏来到可汗寝帐。
额色里进帐，施鞠躬礼："报告摄政王，抓到一个俘虏。"
满都海在床上仰卧着说："带进来。"
额色里出帐，拽着俘虏后衣襟连拖带拽进帐："摄政王，是条死狗，我已经带进来了。"用手抓起俘虏后衣领，抬挺高，而后扔那了，"你跟摄政王如实好好说，你们是哪儿的，为啥要突然袭击我们。说好了给你留条命，有半句假话，'咔嚓'，我就这么一刀让你脑袋搬家。快说！"
俘虏伤兵："我全交代，全交代。我们是瓦剌蒙古人，在哈密地区驻牧。一个多月前，乩加思兰儿子诺谟库突然到我们诺延那里，说你们几万军队都遣散回家了，古列延里只剩下妇女、小孩和老弱病残了，说汗廷金银珠宝多的是，让我们夜里偷袭，劫取财宝。"
额色里："摄政王问你，你们出兵目的是啥？"
俘虏伤兵："乩加思兰儿子诺谟库找我们诺延的意思，是想通过长途突袭，杀害摄政王，替他父亲报仇。我们诺延就是想搞一次抢劫，发财致富。"
额色里："他怎么鼓动的？"
贼兵俘虏："他说，偷袭成功，抢劫的财宝、牲畜、东西全归我们，一下子就可以变成蒙古首富。他说，他不分成。他还说，如果能杀死摄政王，他另外还给我们诺延补贴一万两银子。"
满都海听到这里，精神受到刺激，闭上眼睛，不吱声了，用手轻轻一摆："你们问吧。"
额色里为了让满都海安静地休息，换了审讯地点："你接着交待，你们诺延都答应了？"
俘虏："答应了。"
额色里："我问你，来多少人马？"
俘虏："就来500人马。"
额色里："你们怎么过的山隘、路卡？"
俘虏："我们是专门夜间行军，等关卡哨兵睡着后，我们才过。"
额色里："那你们宿营搭不搭毡帐？"
俘虏："不让搭毡帐，不让冒烟，这一路上一个来月，都是啃干肉，喝河水。"
额色里："来人！"
卫兵施礼："将军有事？"

额色里："你去找额穆齐来。"

蒙古大夫问："将军，您伤哪了？"

额色里："不，你给他处理一下伤口，别让他感染得破伤风。那样会要他命的。"

蒙古大夫："加。"给俘虏处理伤口。

俘虏边说边磕头："诺延，你们都是好人哪。我给您磕头认罪呀，我是被迫来的呀。"

额色里："行了。好好养伤，伤好了，带我们去宰你们诺延。"

大汗寝帐内，摄政王满都海哈屯躺在卧榻上，布置工作："额色里将军，瓦剌突袭，咱们受到很大损失。瓦剌分裂割据势力残余分子听从乩加思兰儿子煽动蛊惑，固然是主要原因，但如果我们的探马、关卡不失职，不可能酿成这样大祸。所以，探马、关卡的责任，必须追究，必须予以惩罚，以示军纪的严明。这项工作，就交给你全权处理。"

额色里将军："谢谢摄政王的信任。摄政王，我建议，对这一小股逆贼强盗团伙，进行一次清剿行动。"

满都海："当然要清剿，对其中首犯、主犯，要坚决进行镇压。不过，眼下咱这人马不足，清剿有困难。"

额色里："那不能便宜这伙逆贼吧？"

满都海："不会的。这个清剿任务，交给汗廷任命的瓦剌总管克舍太师去办。"

额色里："摄政王，克舍太师万一不真心清剿怎么办？"

满都海："这好办，你去找济忽儿将军来。"

济忽儿将军进帐施双膝跪礼："摄政王有何吩咐？"

满都海："济忽儿将军，我任命你为汗廷钦差，拿汗廷金牌到瓦剌找克舍太师，命他派兵清剿那伙逆贼和乩加思兰儿子诺谟库，你在瓦剌督办，一定将其首犯、主犯全家斩首，一个不留。"

济忽儿将军："摄政王，对积极参与这次行动的，怎么处理？"

满都海："本人一律斩首，其眷属不咎。"

济忽儿将军："摄政王，克舍太师不办，如何？"

满都海："我相信他会办的。不过，你要灵活点，见机行事。他若搪塞不办，你就回来。咱再专门组织一支军队前去清剿，来个三征瓦剌。"

额色里："摄政王，我有个建议。"

满都海："说吧。"

额色里："您见过的那个俘虏，他的腿伤我找额穆齐给他治好了，他非常感激咱们，也非常恨他们诺延。我建议，济忽儿将军这次西行，带上他，让他提供罪犯名单，到时也可指认罪犯，免得遗漏罪犯。"

济忽儿将军："摄政王，我的意见，这名单在家就写好，指名斩首就是。带贼兵伤员去，我不放心。"

满都海："那就尊重钦差的意见吧。"

草地上，额色里将军站在中间，身后有武士十多人，说："大家注意了，现在开始开会。乡亲们，今天召开'严肃军纪，处理失职人员大会'。前几天，咱的古列延被贼兵突袭。有十名勇士，在与贼人战斗中英勇牺牲；有十五名乡亲，在与贼人战斗中光荣挂彩。很多家庭被掳掠，造成不应有的严重经济损失，乡亲们都受到惊吓。这场损失，固然是瓦剌分裂割据势力残余分子的突袭造成。但是，如果我们守卫关卡的士兵尽职尽责，尽早发现；我们的探马，在侦查工作中尽职尽责，尽早发现，这个大祸是完全可以避免的。为了防止今后不再发生类似事件，必须严肃军纪，对失职的西路关卡守卫兵士八人、西路探马两人，必须给予严肃处理。

"摄政王授权我，全权处理此事。我的处理决定如下：

"一、该十人，经调查，不是故意为贼人提供方便，因此免于砍杀；

"二、该十人的过失，给咱古列延造成严重经济损失，必须给予经济制裁。经济制裁的方法是：每人供养一户在突袭中英勇牺牲人员家属，对其老人，负责养老送终；对其孩子，负责抚养到自立。谁抚养哪一户，可以协商；协商不成的，抓阄解决。

"三、如抚养情况低于其自己亲生老小生活水平的，只要投诉，则按军法杖之军棍，并酌情按《大札撒》罚没牲畜。

"四、十名有过失人员，每人罚绵羊三十只，分给受伤的十五人每人二十只，作为慰问品，也是对因他们的过失造成伤害的补偿。

"你们十位，对我的处理决定服不服？"

十名失职人员连声说："服、服。"

额色里："不服，可以向摄政王提出申诉。"

十名失职人员："服、服，我们从内心服。由于我们失职，险些使摄政王遭受杀害；这十名牺牲者，是因为我们的失职造成的；还给乡亲们造成这么大的损失，我们都没脸活着。将军给我们的处罚，只轻不重，我们服。"

额色里："乡亲们，在贼人突袭中，为了维护古列延的利益，在与贼人战斗中牺牲的烈士，是咱全体蒙古人的骄傲。对牺牲的烈士，汗廷也要按规定给予抚恤。为了维护烈士遗属的利益，我要求大家，监督失职人员履行抚养其老人孩子义务。如他们之中某人抚养烈士家属，与今天会议上的表态不一样，请知情者向汗廷检举揭发。如情况属实，汗廷将对其严肃制裁或处罚。"

可汗金帐里，摄政王满都海哈屯与达延汗在座。

济忽儿将军进帐，施双膝跪礼："大汗、摄政王，臣受命出使瓦剌，敦促克舍太师出兵镇压乩加思兰儿子诺谟库和突袭古列延那群贼人头目、骨干，今都按《大札撒》砍杀，使其得到应有下场。臣的使命已圆满完成，今向大汗、摄政王复命。"

满都海："克舍太师表现得怎样？"

钦差济忽儿汇报："克舍太师听说这是摄政王的旨意，表现得非常积极。他说怕夜长梦多，当天即紧急召开各部诺延会议，部署清剿事项，调集一万人马，第二天即出兵，将那个鄂托克包围起来。克舍太师向被包围的鄂托克民众宣布了几条政策：对自首并检举别人的，对其罪行从轻处罚；对检举有重大贡献者，免除处罚；对捕获贼首来献者，给予赏赐；拒不自首或检举的，格杀勿论。政策宣布后，民众纷纷自首并检举，首恶分子及骨干分子看到情况不妙要逃跑，民众帮着克舍太师的人马将其当场击毙；被捕获的，验明正身后，当场砍杀。围剿乩加思兰儿子诺谟库的一支人马，深夜突袭，以迅雷不及掩耳之势，将其包围在格尔内，未及其反扑，将他砍杀在格尔内。两处战场，在同一天，未伤一兵一卒，圆满完成清剿任务。"

满都海："看来这克舍太师，对汗廷很忠诚，也很有能力，很有办法。"

钦差济忽儿："臣也有如此看法。"

满都海："济忽儿将军，这趟任务你完成得很好，汗廷要嘉奖你。对克舍太师的表现，汗廷也要嘉奖。这趟嘉奖的钦差，还由你担任。休息几天后，即可带着汗廷嘉奖《诏书》和赏赐的金银器皿、绸缎、茶叶、瓷器等物资，再远赴瓦剌一趟。"

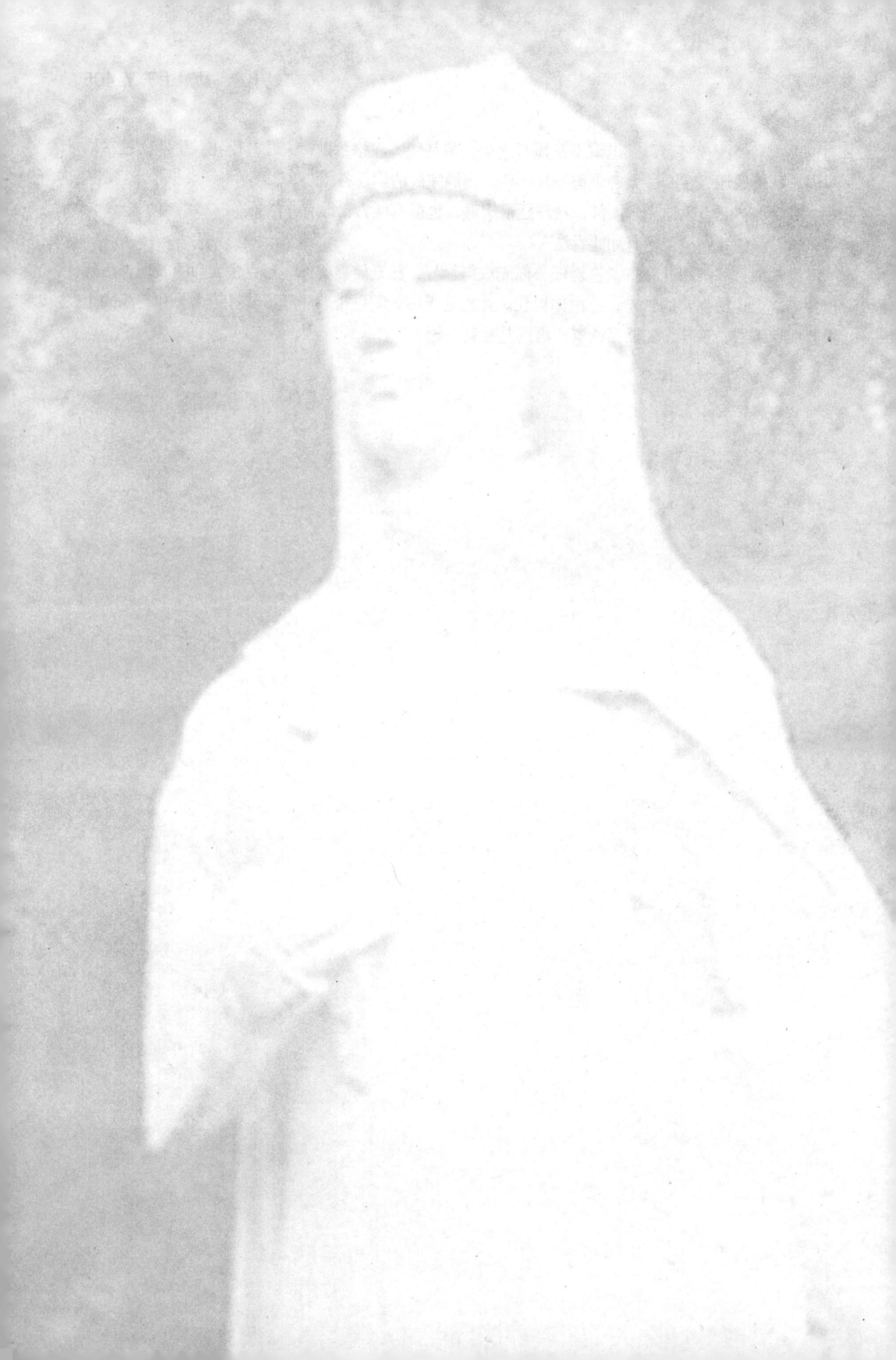

第二十一章 蒙明和好

第一节　满都海说服众诺延改变对明朝态度

1488年，摄政王满都海哈屯在大沙窝汗廷金帐召开汗廷楚固剌会议，讨论与明朝和好问题，参加会议人员有汗廷诺延、各部诺延。

可汗金帐内，达延汗正座，满都海坐左侧，诺延们分坐两侧。这一年，满都海已41岁，达延汗已15岁。

摄政王满都海宣布："各位诺延，今天楚固剌的议题，就一项，研究对明朝的政策问题。首先，按咱圣祖成吉思汗在研究国家重大决策前宣读《大札撒》的遗训，先宣读《大札撒》。"

齐王、左丞相孛罗乃宣读："圣祖成吉思汗制定的也克·蒙豁勒·兀鲁思《大札撒》说：凡是一个民族、一个兀鲁思，不与邻近民族、邻近兀鲁思和睦相处，必生国者之敌，将遭到他们抢劫，战乱不断，民众不安生，马和马群不安宁。"

摄政王满都海讲解与明朝和好的意义："咱蒙古人，从中原地区撤回塞北之后，与明朝进行了几十年的战争；我们国内，各部落之间，也进行了多年内战。由于战争，造成咱的阿日德（蒙古语：民众、群众、百姓）们生活非常困苦。现在，蒙古高原全部统一了，应该让咱们的阿日德们的生活有所改善。可是，咱们的国家，物产匮乏，牧业经济单一，很多生产物资尤其是生活必需品不能自己生产。而中原地区物产丰富，但是由明朝统治着，这个形势迫使咱们必须与明朝和好、通商、互市。

"明朝与咱们进行了半个世纪的战争，也未能治服咱蒙古人，更未能歼灭咱蒙古人；而咱蒙古人恢复大元帝国一统天下的愿望，因时间的推移，逐渐淡化，可以说客观事实上已经不可能。近几十年来，双方朝廷都已接受这一现实，并且已安于以明朝边墙（长城）为界形成的南、北各自统治局面。这种局面，为咱与明朝和好、通商、互市，创造了条件。在这种情况下，我的意见，咱们要及时与邻邦大国明朝和好、通商、互市，互通有无，用咱富足的马、牛、驼、羊、奶制品、皮毛等，换取中原汉人的绸缎、布匹、粮食、铁锅、瓷器以及茶叶等日用品。

"这件事，关系到咱北元的大政方针，我想听听大汗、诸位诺延们的意见。请你们畅所欲言，发表意见。"

汗廷丞相孛罗乃首先发言："摄政王，这我得先谈谈我的想法。"

满都海说："齐王孛罗乃丞相，您是咱北元最有威望、资格最老的诺延，您说说吧。"

孛罗乃说："我认为，不能与明朝和好。理由呢，有这么几点：

"一、他们几次用超过咱蒙古全体男性人口总数的兵力，多次重兵深入咱蒙古腹地，杀了那么多蒙古人。他们来攻击咱蒙古的兵比咱总人口都多，好险把咱蒙古人杀绝种，掳去了咱们那么多赖以生存的牲畜。若不是明朝，咱蒙古人不可能这么困苦。

"二、咱们总想和他们和好，过去也和明朝通过贡，搞过互市。我年轻时也参与过互市，可是他们根本不讲信用。比如说吧，三十年前，也先太师执政那一阵子，与明朝通贡互市已形成规模。咱们诚心诚意地与他们通商互市，选最好的马，挑最肥的牛，拿到马市上，让他们随便挑选。

可是明朝呢？你说怎么着，骗咱蒙古人没商量，把一匹绸缎分成两三匹与咱们交易。后来他们派一个叫什么王振的太监管马市，他更狠，竟然一匹绸缎分成五匹与咱们交易，这些都是我亲身经历的。明朝把咱们蒙古人坑苦了，骗急眼了，这才爆发的'土木堡战役'这场仗，打得他们稀里哗啦，把他们皇上都抓来了，他们傻眼了，这些年他们才老实了。

"这么说吧，明朝坑、崩、害咱蒙古人的事，太多了，历历在目，咱不能好了伤疤忘了疼！咱可绝对不能主动去找他们！"

满都海问："叔王，那你说说，不跟他们这个友邦大国和好搞贸易，咱们生产、生活用品这么缺乏，怎么办？"

孛罗乃："我的意见，还是老办法，咱们缺什么，就到明朝境内抢什么，谁让他不好好跟咱通商互市来着！"

满都海又问："那有啥好处呢？"

孛罗乃："好处大了：一是咱们缺乏物品的困难解决了；二是也报了昔日杀咱蒙古人的仇；三是能补偿过去他们抢咱们牲畜给咱蒙古人造成的损失；四是能让明朝皇帝老儿不得安宁，让他知道得罪蒙古人的后果；五是这么做，主动权在咱手里，咱想啥时去就啥时去，愿意从哪儿进去就从哪儿进去，明朝管不着，他也管不了。一走一过，满载而归。每次行动，几乎无牺牲、无损失，满载而归，这么做一举五得！请摄政王认真考虑我的意见！"

兀良哈三卫阿儿乞蛮诺延："我非常赞成齐王的意见。明朝把咱江山抢去了，咱打败了，不说它。咱单说明朝那个皇上，你有了那么好的锦绣江山，还总是不远万里出兵到咱草原、沙漠欺负咱。举个例子说，就那个什么永乐皇帝朱棣，还是咱蒙古人的外甥哪。他不在京城享清福，竟然亲自率领50万大兵，五次到咱草原攻打咱蒙古人。有一次，他想打阿鲁台太师，可他找不着阿鲁台在啥地方，劳师动众无功而返，太丢面子，就拿我们兀良哈三卫蒙古人杀着出气。我们兀良哈三卫蒙古人也没招他惹他，在他阿爸朱元璋执政时已经归属他们了，是他们的藩属了，我们的朵颜卫、福余卫、泰宁卫这三个卫的名称就是他们的开国皇上朱元璋给起的。我们年年向他们纳贡，可是他们总不拿咱蒙古人当人看待。回师中原时，绕道到我们兀良哈，把我们兀良哈三卫蒙古人杀了不少，杀的都是牧民，碰着妇女小孩就杀妇女小孩，我爷爷就是在放羊时被他们杀死的。我爷爷死时我阿爸才两岁，我奶奶抚养我阿爸成人可费尽了辛苦，我奶奶想起那事就哭。那次，杀人不算，朱棣还派他们数万人的军队毁咱牧草，弄得我奶奶放羊都没处放。根据明朝对我们兀良哈蒙古人的做法，我同意齐王的意见，不能跟他们和好。"

察哈尔诺延："我也同意齐王的意见。最可气的是，本来咱蒙古人就少，他们每来一趟蒙古，总把杀剩的那些妇女和孩子都带回中原，谁知道他们现在是死是活？谁知道他们带回那些妇女干啥？这些事，我想大家都知道，我就不多说了。明朝这样对待咱蒙古人，跟他们和好，我想不通。我估计，咱们跟他们和好，他们也不会与咱真心和好。我建议，请摄政王认真考虑一下齐王的意见。"

蒙郭勒津诺延火筛："我补充一点，就是我们这地方离明朝边境近一点，明朝皇上总指令大同、延绥总兵，动不动就派兵来烧荒、赶马，弄得我们牛羊没草吃，养肥的马牛羊被他们赶回去成了他们的了。"

满都海听大家诉了不少苦，她没法解释，只好从正面引导："好了好了，往下就别说了，大家的心思我都明白。我再给大家讲讲与明朝和好的重大意义。

"齐王孛罗乃诺延说的都是事实，固然有他的道理。明朝属实给咱们的兀鲁思和阿日德造成了很大灾难，每个蒙古人的心上都有伤痛！每个蒙古人家庭都有一本心酸史！但是，我提醒大家，那都是过去的事情。我的意见是，看问题要往前看，看得远一些。蒙古人和汉人，都是炎黄子孙，都是龙的传人，本是一家人，是同根同源同宗。后来居住、活动地区分中原和塞北了，这就形成为两个民族。你们想想看，兄弟俩，这样打打杀杀，何时是个头啊？有头吗？没头！那咱们永生永世、子子孙孙永远这么打打杀杀下去吗？我说，那不成！圣祖成吉思汗在《大札撒》中不也说了嘛，'不与邻近民族、邻近兀鲁思和睦相处，必生国者之敌，将遭到他们抢劫，战乱不断，民众不安生，马和马群不安宁'！那咱现在不与明朝和好，势必将来还得打呀！有人说过：'没有永久的敌人，也没有永久的朋友'，这话说得非常好。我的意见，过去的所谓恩仇，就让它随时间过去，成为历史。两个兄弟民族间打打杀杀的事，在咱这辈结束。

"大家想一想，过去给咱蒙古人造成灾难的，是明朝的朱元璋、朱棣等皇帝和徐达、常遇春、李文忠、冯胜等少数对蒙古人有严重民族歧视观点的明朝新贵们，现在他们都死了，那个罪恶多端的太监王振也死了。明朝下级军官和广大士兵，只是按皇帝的圣旨和指挥官的将令不得已而为之而已，他们内心不但不仇恨我们，还愿意和咱们做朋友的。

"咱们过去以牙还牙，去报仇，发兵去抢他们，糟蹋他们，是出气了。可是你考虑过没有，咱们去糟蹋他们，难道他们不记仇吗？和咱一样，他们也是记仇的。换位思考，这问题就好想通、好理解了。你再细想想，咱们抢他们、糟蹋他们，明朝皇帝和决策的高层官僚有损失吗？毫发无损。被抢的人绝大多数是明朝边境城市和乡村的无辜民众，顶多是中下级官员，明朝上层人士是不受损失的。这就违反了咱蒙古人'己所不欲，勿施于人'的传统美德。因此我一直在想，只有改善两国的关系，才能使两个兄弟民族的民众安居乐业。"

满都海说上述这番话时，底下的人们若有所悟，开始交头接耳。

"据探马报告，明朝宪宗皇帝朱见深死了，新皇帝朱祐樘即将登基即位，这是千载难逢的机会。汉人民间流传一句俗话叫'一个庙一个令，一个和尚一个磬'。意思是说，都是和尚，但和尚的庙不同，规矩就不一样；同一个和尚庙，主持和尚不一样，规矩也不一样。这个俗语，是以和尚庙和和尚形容朝代和皇帝。即同一个朝代，这个皇帝与那个皇帝，其外交政策也会不一样。这是老百姓对社会的一个总结。我分析，新皇上不能和老皇上一个样。我的意见，趁明朝新皇上即位登基的机会，派人与他们联系，要求与他们和好，与他们通贡、通商，开展互市贸易关系，探探他们的态度。"满都海线接着分析。

达延汗年轻，没有受过明朝造成的苦难，听了满都海的一番高谈阔论，当即表示："我同意摄政王的意见。"

满都海进一步讲解："各位诺延，你们考虑一下我说的有没有道理！对明朝的关系上，要心胸宽大，不能老记着历史旧账。我要与明朝和好的重要出发点，是为了通商、互市，改善咱蒙古人的生活。这些年，未与明朝互市、通商，咱蒙古人的生活用品多么匮乏！茶叶都买不到，只能喝梨树叶子茶。我相信，咱们今天到会的诺延们，都有切身感受，不信你们就回忆一下这些年你们自己享用的东西，是不是捉襟见肘、入不敷出啊？"

众诺延有点开窍，乱糟糟地说："听凭摄政王决定。"

满都海问："齐王孛罗乃诺延，你同意大家意见吗？"

齐王孛罗乃表示："摄政王的意见，大家都同意，我也同意，我得少数服从多数啊，我不能坚持己见与大伙唱对台戏呀。"

满都海问："蒙郭勒津诺延、兀良哈诺延、察哈尔诺延，你们的意见呢？"

"我们随大伙！"几个诺延也表了态。

满都海说："齐王孛罗乃诺延顾全大局的态度很好。齐王孛罗乃诺延是几朝老臣了，经历的事情多，当年被明朝欺骗的事，历历在目，是'一朝被蛇咬，十年怕井绳'，是可以理解的。蒙郭勒津诺延、兀良哈诺延、察哈尔诺延，也都有切身感受，也是可以理解的。你们愿意随大伙意见，这很好。既然这样，我决定，趁明朝新皇帝朱祐樘即位登基的机会，派一个友好使团到明朝京师北京，参加明朝新皇帝朱祐樘即位登基庆典，给明朝新皇帝送贺表、献贺礼，向其表示祝贺。"

孛罗乃诺延："摄政王，那派谁去联系呢？"

满都海："当然还是派咱蒙古人的懂汉语的外交大臣伯延猛可诺延了。"伯延猛可诺延在下面得意地微笑着。

孛罗乃："摄政王，是否先派人与明朝大同卫守臣联系一下，让他们先向其皇帝禀报一下。如果明朝皇帝同意代表团前去，这就表示他们也有和好通商互市的意思，我们到时再派友好使团前去不迟。"

满都海："那样会耽误时间的，我看不如由大汗亲自给他们新皇上写一封国书，直接表明要求和好、通贡、互市的态度。国书发出后，伯延猛可诺延的使团就可以出发，到大同等待，迫使他们尽快答复，免得遥遥无期。"

孛罗乃："摄政王，您的想法确实很好。"

达延汗："大家还有不同意见没有？"

众诺延不语。

满都海："大家没意见，那咱北元与明朝和好通商的大政方针，全票通过。"

满都海继续说："各位诺延，与明朝和好的先期联系工作，由大汗和与明朝有过交往的伯延猛可诺延去做，咱不管他们。很长时间了，咱这些人未在一起痛痛快快地玩啦，明天咱们一起去围猎怎么样？"

众诺延都兴奋地喊："好！"

满都海："我重申一遍圣祖成吉思汗《大札撒》规定的狩猎纪律，母兽和仔兽不准杀伤。谁杀伤母兽和仔兽，要给他惩罚。散会。"诺延们兴高采烈，议论纷纷地散去。

第二节　达延汗给明朝的国书迟迟得不到答复

按摄政王满都海的意见，达延汗以大元大可汗的名义，给明朝新皇帝朱祐樘亲笔写国书。

达延汗写国书时，两名侍女在左右侍候。侍女铺开绢布，达延汗手持竹削笔沾着朱砂写，写了一份，不可心，揉成一团扔地下了；又写一份，看了一会儿，又扔了。

侍女提议："大汗，我去叫笔且齐来吧。"

达延汗很自信："不用，以前没写过这样的文书。听说明朝的新皇上也和我一样年轻，给他的国书，朕非自己写不可。"

侍女铺好第三块白绢，可汗又接着写，一笔一划认真地写。写完，自己看看，觉得还满意："好了，送给赛音哈屯看看。"

侍女拿着达延汗写的国书，来到满都海伊克格尔大帐，施半蹲礼报告："摄政王，大汗写了一封国书，说请您审查。"而后呈递到满都海手中。

满都海看到自己培养的小可汗能自己写国书很高兴，笑呵呵地接过国书看："我的小可汗，有这两下子了！行，挺好。你回去告诉大汗，落款地方，添上'亲笔'二字，而后盖上玉玺大印。"

侍女拿着国书回到金帐，向大汗施半蹲礼："启禀大汗，摄政王说您写得挺好，只是建议在落款处加'亲笔'二字，而后盖上玉玺大印。"

达延汗受到肯定，很有成就感，很兴奋，加了"亲笔"二字，蘸足红红的印泥在其上浓浓地加盖了"制诰之宝"国宝玉玺之印，而后传秃阿赤。

信使进金帐施礼请示："大汗有什么吩咐？"

达延汗下令："秃阿赤，你带几个人，立即骑快马，将这封国书，送到明朝大同卫守臣处。"

明朝大同城，北边城门紧闭。城头一排戒备森严的明军，城下几个蒙古骑兵。

明大同北门守军："来者何人？来此何干？"

蒙古骑兵："我们是北元大汗的信使，今奉旨给贵国大同御史许进大人送来一封公文。这是紧急公文，请立即呈交许大人。"

明大同北门守军小校："你把它射上来。"

蒙古骑兵将信绑在箭上，一箭射到城门上。城门小兵跑去捡来，交给小校。

守门小校看一下，说："我这就去呈送许大人。"

蒙古骑兵："快点啊，我们等着听信哪。"而后下马，席地而坐，从马鞍上取下皮制酒壶和快餐食品，吃喝起来。

明朝大同守臣都御史许进府衙内，大同北门守军小校施半跪军礼："启禀御史大人，城外来了几个小鞑子，自称北虏番邦的信使，送来一封信。"

明大同守臣许进："呈上来。"接信，一看，看不懂，"请通事（翻译）。"

通事进衙施鞠躬礼："御史大人有何吩咐？"

许进："今北虏番帮送来一封信，请你看看是什么意思。"

通事看信，看完后说："御史大人，这不是一般书信，是北虏番邦可汗给咱皇上写的国书。"

许进："说些什么？"

通事说："国书上写：'欣闻明朝新皇帝即位，诚惶诚恐。在贵国举国庆贺之际，大元大可汗巴图蒙克，为两国建立友好邦交，拟派使团前去致礼祝贺。可否？敬请圣裁。大元大可汗巴图蒙克亲笔'。"

许进沉思于信中内容。

通事："御史大人，这国书是鞑靼大汗亲笔写给当今皇上的。不呈送皇上，惹恼了鞑靼人，怕是招来祸患，这责任担待不起；可是呈送皇上，皇上看见北虏番夷小王子自称'大元大可汗'，非怪罪下来不可，咱们又吃罪不起。御史大人，您看？"察言观色。

许进思忖了一会儿说："我看这样，八百里加急，将北虏番夷书信原件呈送朝廷。朝廷也有通事，让朝廷通事翻译给皇上。我再给朝廷写份奏疏，陈明事情原委，请皇上圣裁。"

通事："还是御史大人才思敏捷，处事有方。"

许进："纸墨侍候！"书吏研墨摊开纸张侍候。许进拉开架势用毛笔写奏疏，写完交给书吏，派人急送京师。

明朝京都北京的礼部衙门，大同府信使进衙，跪拜："尚书大人，大同都御史许进大人，呈报朝廷一份北虏番邦书信。"将书信双手呈给礼部尚书。

礼部尚书兼文渊阁大学士徐溥接书信一看，不懂："你去请大通事杨铭来一趟。"

书办："是。"过一会儿，通事来了。

大通事杨铭拱手施礼："拜见尚书大人。"

礼部尚书徐溥很客气："请坐。"

大通事："不知大人有何见教？"

礼部尚书徐溥："大通事，大同都御史许进大人送来一份北虏番邦书信，请你给看看，是什么意思？"

大通事杨铭看完书信后说："尚书大人，这不是一般外交文书，而是北虏番邦的国书，是大元大可汗巴图蒙克，亲笔写给咱大明皇上的，说新皇帝即位，要派使团前来祝贺。"

礼部尚书徐溥："怎么，称大元大可汗？"

大通事杨铭："是的，确确实实写的大元大可汗，一点不错。"

礼部尚书徐溥："要派使团来祝贺？"

大通事杨铭："是的，大人，确确实实这么写的。"

礼部尚书徐溥："北虏番夷，我朝与他们断绝交往已多年，且我朝不承认他们是大元，他们自称大元大可汗，这事很敏感。在我决定如何处理之前，请大通事暂为保密。"

大通事杨铭："请大人放心。"

第三节　北元代表团赶着"贺礼"提前出发敦促明朝

大汗金帐内，达延汗与伯延猛可诺延商量南行之事。

达延汗："伯延猛可诺延，咱给明朝皇上登基祝贺这个行为，咱是不是太主动了？"

伯延猛可诺延："大汗，臣的意思，既然要与明朝和好，主动比被动好。"

达延汗："那你说，明朝为何迟迟不予答复呢？是不是看咱主动，装老大，拿咱一把呀？"

伯延猛可诺延："大汗，明朝办事程序非常繁琐复杂，尤其是这么大的事，大同边官是做不了主的，必须请示皇上。请示皇上的奏疏，还必须经过礼部审查同意后才能提报给皇上。而现在是小皇上登基，什么事都得听大臣的。明朝那些大臣们见皇上，可不像咱蒙古这么容易。有什么重大事项，都必须在朝堂上请示汇报。朝堂上提出的问题，其他大臣都想露露脸显显自己有水平，公说公理，婆说婆理，各持己见。如果没有一个操有权柄的重臣平衡，就不能形成统一意见，那小皇上就不敢下旨了。"

达延汗："那咱这么等着，不是坐失良机吗？人家小皇上登基典礼过去了，咱再去，那不就失去意义了吗？"

伯延猛可诺延："想赶上明新皇登基庆典，为了往前赶时间，不妨咱们先出发，往大同那边走着。大不了，他们皇上不同意，咱们再回来，就算练兵了。摄政王不说了嘛，国书发出后，使团就可以出发，到大同等待，迫使他们尽快答复吗？"

达延汗："那就按摄政王的意见办，先出发，到大同敦促他们。"

达延汗将使团要先行出发的情况通报给满都海："赛音哈屯，到明朝祝贺的使团要出发了，他们要向你辞行。"

满都海："好、好，我给他们饯行。"

伯延猛可诺延兴致勃勃地带领使团到金帐前报告："摄政王，我们都准备好了，这就要出发了，请您指示。"

满都海走到金帐前广场集合待发的队伍前。

众人呼喊："摄政王，赛音拜诺？"

满都海向大家摆手致意："赛音拜诺、赛音拜诺。"往前走几步，走到第一排的阿尔斯楞、乌格岱、托郭齐、阿来通等几位将军面前说，"诸位将军，过去你们净冲锋陷阵了，这次作为文官，为北元与明朝和好通商互市问题，代表咱北元到明朝去谈判，责任重大，意义深远，我祝你们一路顺风、马到成功、圆满归来！"

诸位将军："请摄政王放心。"

满都海一招手，侍女端着酒盘子过来，斟上马奶酒。满都海拿起第一碗，轻轻沾嘴象征性地喝了一小口后递给伯延猛可诺延；拿起第二碗酒，也轻轻沾嘴象征性地喝一小口，而后递给阿尔斯楞；拿起第三碗酒又象征性地沾沾嘴唇递给乌格岱；拿起第四、第五、第六……碗酒，也都象征性地沾沾嘴唇喝一小口后递给托郭齐少师、阿来通、阿生麻、伯牙思、忽那孩等几位将军，最后满都海举酒碗："我预祝你们友好使命圆满成功，等待你们好消息，我希望你们在明朝京师好好玩玩，好好地欣赏一下明朝京都的繁华、中原的富庶、朝廷宫殿的壮丽及辉煌。大伙儿共同举碗喝酒！"

伯延猛可下令："出发！"

达延汗与满都海哈屯招手送行。

北元外交使团主官伯延猛可诺延，率领穿着不同等级花纹蒙古袍官服的众多诺延们，满都海为了让那些出征将军们都能到明朝开开眼界，各爱玛克都给了名额，安排了庞大的500多人的外交使团，连同工作人员以及马夫车夫兽医等勤杂人员计1539人，赶着4999匹马（蒙古人认为"9"是吉利数，因此特意献4999匹），从察哈尔大沙窝启程，奔赴明朝京师北京。还有几十辆勒勒车，装载着食用物品，以及途中随时除魂的几百只羊。

乌格岱将军从大沙窝出来，与伯延猛可诺延并马前后行进着，边聊着："伯延猛可诺延，咱们上大都，走哪条路近呢？"

伯延猛可："乌格岱诺延，你出生在瓦剌，没到这边来过吧？"

乌格岱诺延："护送大汗他阿爸巴延蒙克台吉找他叔爷满都鲁汗，走了大半个蒙古草原，哪都去了，就这儿没来过。"

伯延猛可："我告诉你，进大都，最近的路线，是走古北口，或者走居庸关。进了古北口或居庸关，那地方和咱这边截然两样，进了大都，那更是富丽堂皇，咱北元地方是没法比的。"

托郭齐少师插话："人家明朝还没回信，就咱这几个人，走古北口，人家不把咱当犯边者给收拾了啊？"

伯延猛可笑了："第二个近的路线，是走张家口，或者独石口，经过宣府，进大都。如走这条路线，咱们直接往南走，过了现在走的这个浑善达克沙地，就进入张北高原。进入张北高原后，走张家口，走独石口，都行，下一站就是宣府。圣祖成吉思汗用 10 万蒙古铁骑战胜 50 万金兵的野狐岭就在张家口附近；也先太师用 3 万蒙古骑兵全歼明朝 50 万军队，活捉明朝英宗皇帝的土木堡，也离宣府不远。过了宣府，就咱现在这个速度，两天也进大都。"

阿来通说："这路线是挺美呀！可惜呀，咱走不成。咱得走大同关。"

伯延猛可："走大同，远多了，多走上千里地，得多走十多天。"

阿来通："这有啥法，人家规定，由大同通关嘛！"

伯延猛可："是啊，不走大同，哪块也不让你进。你进，就是犯边。"

北元进京祝贺队伍无奈地往南走着。托郭齐向四周瞭望说："这地方水草不如咱那块了。"

伯延猛可诺延解释说："这是浑善达克沙地，是圣祖成吉思汗以他胯下宝驹'孤驹'浑善达克命名的地方。这地方土质不好，碱性大，草长不起来。那一堆一堆的，是芨芨草、四合木、骆驼刺，那成片绿的是沙柳丛。"托郭齐新奇地听着，向四面观望着。伯延猛可兴致勃勃地讲着，"芨芨草是多年生植物，有固沙作用，它的嫩株可做青饲料，老株冬季可做牧草，骆驼刺是骆驼最爱吃的灌木，那沙柳是适宜沙质碱性土生长的植物。"

途中不像去打仗那么紧张，日出而作日落而息。每到夕阳西下时，大家一阵忙乱，先是围圈住这 4999 个带嘴带腿的，给它们填饱肚子还得想法子别让它们跑了，再搭建人宿营行军帐。然后宰杀羊只，生着篝火，篝火上支三脚架烤全羊，围着篝火在野外吃野餐。不喜欢总吃烤肉的，在铜盆内加盐水和荞麦面，用铜盆底做面板揉面而后用手把面捏成大小像碗那么大的饼，在篝火底下热沙中烤饼或在篝火碳灰余温中烤饼，这种做法能保证外面不糊里面不生。吃饱喝足就唱歌跳舞，随军的说书艺人呼尔沁自拉自唱，四周围了很多人。呼尔沁演唱了成吉思汗"野狐岭大战金军"的"乌力格尔"。白天就没那么潇洒了，那 4999 个带腿的可不那么老实，说往哪儿跑就往哪儿跑。1000 多役夫都是牧马好手，往回圈也挺费劲，非常辛苦，有时连伯延猛可也得帮着照顾一下。但是，因为是到明朝协商谈判友好通商互市事宜，是办对两国两族都有益的事，因此大家心情还是非常愉快的。

一路不慌不忙地走着，这一天终于来到大同。

伯延猛可告知大伙："到大同了，前面这个城市就是大同。"

托郭齐发表议论:"难怪齐王字罗乃诺延说明朝没信用,现在看来还真有点儿那个意思,哪有收到人家大汗的亲笔国书,这么长时间不答复的呢?"

伯延猛可:"这事你们少见多怪,你们在这等着,我到城里找他们的诺延问问怎么回事。"骑马到大同城北门,用汉语朝上喊,"嗨,哪位当班啊?"

明大同守门小校到城门楼往下看,冷冰冰地问:"你是哪位?来此何干?"

伯延猛可:"我是北元伯延猛可诺延呀,请通报你们许大人,就说我求见。"

守门小校:"我说伯延猛可诺延,你可从我这来往不少次了。你没听说过嘛,我们汉人,自古以来就有个规矩,叫作靠山的吃山,靠河的吃河,我们守城门的就得吃来往过客。你都来往好几趟了,一点儿意思都没有,你是不懂我们汉人的规矩呀还是抠门啊?我说伯延猛可诺延哪,我呀今天累了,懒着动弹,我先歇歇胳膊腿,你先等一会儿,我待会儿再去给你通报。"

伯延猛可着急地说:"别别,你想要啥?我答应你,我这有急事,麻烦你给跑一趟。"

守门小校轻蔑地说:"要别的,你们有吗?你骑的那马,留下得了。"

伯延猛可:"我骑的马,我还要走路,我还得骑。我后边有的是马,给你挑一匹好的,行吧?"

守门小校:"不行算了,你还是等着吧。"

伯延猛可:"别别,我一会儿进城给你留下不就得了嘛。"

守门小校:"话可是你说的。"

伯延猛可:"错不了,我们蒙古人,一匹马算啥呀,你若不信,你现在就派人下来牵走。"

守门小校:"那你等着,我这就去给你禀报。"

伯延猛可:"我可等你回信啊。"

守门小校进明大同卫都御史许进衙门单膝跪倒:"报告御史大人,塞北鞑子伯延猛可又来了,指名要见您。"

许进:"来多少人?"

守门小校:"来不少人,少说也有五六百,后面赶着一大群马。"

许进:"让他们领队的进来。"

守门小校回来告知:"伯延猛可诺延,我们御史大人让你进城哪。"城门一开,伯延猛可诺延拍马迎上前去。

北门小校留下伯延猛可诺延身上的佩刀,领着他穿街过巷去许进府衙。

明朝大同卫都御史许进知道是怎么回事,听到禀报声出屋,在屋门前等候。

伯延猛可诺延到衙前下马,北门小校接过马缰。猛可诺延进院,到正堂,见许进在门前等候,赶紧从怀里掏出折叠齐整的手帕,平举鞠躬献给许进:"御史大人,贵体安康?"

许进抱拳作揖:"伯延猛可诺延,别来无恙?"

伯延猛可:"北元大汗为祝贺大明皇帝登基使团进京之事,派我来催办。"

许进:"请进衙说话。"

伯延猛可:"北元大汗祝贺大明皇帝登基之国书,送抵贵国时间已不短,至今未见答复。我们大汗怕耽误了时间，赶不上登基仪式，故贸然派我等启程，现在已到大同城下。请御史大人给追问一下，如不答复进京祝贺，我们就只能回去了。"

许进："伯延猛可诺延，实在对不起，本官也在为这件事着急，本官马上派快马前去催办。请问贵国使团来了多少官员，现在何处？"

伯延猛可："我们大汗非常重视贵国新皇帝登基之事，派友好使团进京祝贺。今本官率使团诺延500人和马夫杂役等1000多人共计1539人，携带大汗赠送贵国皇帝登基贺礼，蒙古良马4999匹，都在城外等候。"

许进："我这就给朝廷写奏疏催办。"提笔写奏疏，写完，"来人！"

小吏进堂门，施礼问："大人有何吩咐？"

许进："你立即启程，800里加急，把这封书信，当面呈交礼部尚书大人。"

小吏答应："是。"

许进："这事本官也很着急。作为下级，本官也没有办法。"

伯延猛可："理解、理解。"

许进："伯延猛可诺延，您看这样行不？既然使团已到大同，那么请使团官员进城到馆驿歇息，驱赶这些马匹，一路也是够辛苦的。这些马，本官暂代收代养。"

伯延猛可："御史大人真乃通情达理之人，就按大人的安排办好了。"

许进："来人！"

小吏进堂门，施礼问："大人有何吩咐？"

许进："安排人手，打扫馆驿，另外，包下城内较大的客栈、旅店空闲客房，安排北国使团人员。其他全体官员，随我出城迎接北国友好使团入城歇息。"

明朝京师朝堂上，文武大臣分立两旁。太监宣："今日圣上临朝，众大臣有本奏本，无本散朝。"

礼部尚书徐溥："臣有本启奏。"

明皇朱祐樘："讲。"

明礼部尚书徐溥出班站到大殿中心："启奏陛下，巡抚大同都御史许进，八百里加急送来鞑虏房书信一封。"手举书信，太监下来拿上去，平放在龙案上。

明皇朱祐樘一看，不懂："大通事，给大家念一念。"

明大通事杨铭出班，面朝皇帝站立，微躬身："是。"太监将书信拿给大通事，看了一小会儿，说，"启奏陛下，这是一封国书。臣不好讲。"

明皇朱祐樘："讲。"

大通事杨铭："皇上，这是一份大元大可汗巴图蒙克亲笔写给皇上的国书。书上讲：'欣闻南朝新皇帝即位，诚惶诚恐。在贵国举国庆贺之际，大元大可汗巴图蒙克，为两国建立友好邦交，拟派使团前去致礼祝贺。可否，敬请圣裁。落款是：大元大可汗巴图蒙克亲笔'。"

朱祐樘的父亲宪宗朱见深已于上年8月就死了，其子朱祐樘已于当年9月壬寅日即位，庆典早已举行完毕。因此，朱祐樘有点瞧不起地说："塞北鞑虏，信息也太闭塞了，朕登基仪式已过几个月了，才来国书要求派使团祝贺。"大通事斜眼看礼部尚书，礼部尚书斜眼看大通事，双方会意地微微点头。朱祐樘对北元国书还提出点看法说："'称书不称表，与我抗也；称我以南朝，是将北等我也；奉番书求贡，书辞悖慢；自称大元大可汗，以敌国自居'，何也？"

礼部尚书徐溥出班："陛下，巡抚大同都御史许进大人另有奏疏。"

朱祐樘："讲。"

礼部尚书徐溥："许进大人奏报：'自古驭夷之道，未尝不以怀柔为上策。今北虏小王子，以皇上嗣统，感恩向化，派使臣来京师致礼祝贺，乞为裁定，应是善意。今其先行来边，纳贡夷人1539人，马骡4999匹，可见其诚意。来人均脱弓矢安置大同馆'，请皇上示下。"将奏疏呈给皇上，太监接过去，放龙案上。徐溥接着禀告，"皇上，据许进奏报，北虏使团已到大同，带贺礼马骡4999匹。此事似宜及早决断。"

英国公张懋出班："臣有言要讲。"

明皇朱祐樘："讲。"

英国公张懋："陛下，夷狄者声教所不加，其僭（音见，地位在下的冒用地位在上的名义或礼仪）称'大元大可汗'名号自其故态，与中国无预（与中原没关系）。其辞虽若骄倨（傲慢），然自古御戎，来则不拒，在我先朝亦累赐包容。今彼即在边候旨，宜降敕大同守臣宣谕，其酋长果诚心和好，则以小王子所报应入者名数，遣内外重臣迎之如故事（如以前做法）。若观望不来亦听之。仍严我兵备，相机战守。从之。"

明皇朱祐樘："此事，礼部有何意见？"

礼部尚书徐溥："同意英国公的意见。臣以为，应对北虏小王子加以怀柔，尽量使其成为汉代匈奴的呼韩邪单于或唐代突厥的突利可汗，以使边境安定无兵事。请皇上裁定。"

明皇朱祐樘："众爱卿，有没有不同意见？"

众大臣不语。

朱祐樘是女俘虏被朱见深宠幸一次所生，遭万贵妃嫉妒多次谋害，幸亏后宫多位好心人搭救私养成人，6岁才与其父见面。不幸的成长经历促成他即位后施仁政："既然朝议都同意与北虏和好。朕命英国公张懋前去大同迎接北虏使团，太监金辅、大通事杨铭随英国公到大同译审。令北虏使团头目等官员500人进京。户部、礼部、工部三部差官沿途馆伴。其余千人，入边在大同馆驿招待，等候赏赐。"

英国公张懋、大通事杨铭出班同呼："领旨。"

北元进京祝贺人员在大同无事可做，在街市上闲逛，看见街市上熙熙攘攘，商人商号云集；集市上更为热闹，有许多蒙古人在用马牛羊与汉人交换生活用品。

托郭齐问："明朝皇帝不是一再下令严禁与蒙古人交易吗？这里怎么有这许多蒙古人在大同城内，公开与汉人交易呢？"

伯延猛可解释："明朝皇帝是一再下令，严禁和蒙古人搞贸易，官府害怕通过贸易渠道，把铁器传入蒙古。可是，老百姓们可不管那么多，汉人百姓需要蒙古人的马、牛、羊，需要羊毛皮货，而蒙古人需要汉人的绸缎、粮食、铁锅、茶叶，他们就自动地走到一起，形成了集市。"

托郭齐问："那官府难道就不禁止吗？"

伯延猛可："汉人当官的狡诈，他们故意制定出各种禁令，却没人认真执行，当官的把那些禁令当作收敛钱财的法宝。凡参加集市黑市交易的汉人蒙古人，只要向他们交一些买路钱，那些官员就睁一只眼闭一只眼假装没看到；买路钱给足了，有人举报也给压下，有时还反过来治那举报人哪。上边来官员检查的时候，才装模作样禁上几天。上边检查一过，还是老样子，该怎么交易还是怎么交易。那些禁令，只是为那些一本正经地做人、不懂敛财的笨人设的。"

托郭齐沉思了一会儿说："那太好了，咱们以后也钻这空子，打通这里的集市，从这里整一些铁器回去。"

第四节　年轻可汗意图与年轻皇帝一拍即合达成通商协议

北元使团所住驿馆内，许进登门送信："恭喜伯延猛可诺延，我大明皇帝谕旨已到，邀请使团即日进京。朝廷已安排英国公张懋、太监金辅、大通事杨铭到大同迎接，现正在本官府衙歇息。朝廷又安排了诸多官员，沿途招待使团一行食宿。请问诺延，何时进京？"

伯延猛可："贵国皇上派英国公亲到大同迎接，可见贵国皇上之诚意。既如此，进京越早越好。请御史大人安排就是。"

伯延猛可等500人从大同查验入京。

进入京城，城门上有"彰仪门"三个大字，城门楼装饰一新，挂着八盏大红灯笼。城门前两侧秧歌队舞着雄狮、金龙，鼓声震天，喇叭声悠扬。四个大铜锣有节奏地敲着开道，后面四排八人高举回避牌子，明朝英国公张懋、太监金辅、大通事杨铭骑马前引，其后跟着北元庆贺使团人员。

伯延猛可诺延作为庆贺登基友好使团主官骑马在前，气宇轩昂，一派得意神气。后面，跟着高举有飘带镶牙边三角旗的几十人，其后是跟着高举天蓝色立式长方形刀型旗的几十人，刀形旗上有象征日月的图案。再后是四百多人的使团队伍，都喜笑颜开，一副高兴的样子。街上店铺的掌柜伙计等探着脖子看，过往行人驻步观看，淘气的孩子们跟在前后跑着看着。

英国公张懋安排使团在龙江驿馆驿下榻。

北元庆贺使团参加明皇登基庆贺仪式一事，因礼部故意积压国书不报，已过期成为不可能，明朝廷特意安排一个接待仪式。这一天，明皇朱祐樘着通天冠、服绛纱龙袍正在金銮殿静坐等候。

英国公张懋上殿："臣启禀陛下，北元大可汗巴图蒙克派使团来京庆贺陛下登基志喜，请求接见，现在殿外侯旨。"

朱祐樘："传旨，迎请蒙古使团上殿。"

太监宣："迎请蒙古使团上殿。英国公张懋，大通事杨铭，应天府知府，下殿引伯延猛可诺延等上殿。"

伯延猛可诺延穿有5寸独棵大花蒙古一品官蒙古袍，进殿，走到丹墀下，站立颂咏："大明国皇帝陛下，值您荣登大宝之际，大元国大可汗巴图蒙克派我代表大汗专程前来祝贺，祝皇帝陛下万寿无疆！"以邻邦的礼节行右手捂胸稽首礼，参拜明朝皇帝。

明皇朱祐樘发表意见："巴图蒙克大可汗陛下在百忙中派遣使团，千里迢迢，不辞劳苦，来京祝贺，这表明蒙明两国和平友好事业有了良好开端，朕是喜不自胜！"说完站起来以手示意，太监搬过一把椅子放在龙案右前侧，朱祐樘以手示意请坐。

伯延猛可诺延坐下后说："皇帝陛下，新登大宝，国事繁忙，偷暇接待山野僻壤之人，实显两国友好之初衷。"转脸对殿下说，"呈上来！"

北元庆贺使团副官阿尔斯楞正在殿下等候，听到传呼声，用红绸布盖着的盘子盛着礼单，赶紧端上来，走进大殿，后跟乌格岱和托郭齐两名副手，到丹墀之下单膝跪倒，端着盘子口呼："祝皇帝陛下万岁、万岁、万万岁！"太监下来，将盘子里的礼单呈给伯延猛可诺延。

伯延猛可诺延拿着礼单，站起来说："今陛下新登大宝，为祝贺陛下登基志喜，巴图蒙克大可汗敬献一份薄礼。大元地处北国，没有什么出产，今献蒙古良马4999匹。良马已由大同关验收，这是验据，请陛下过目。"太监把大红礼单、验据拿走呈送皇帝。

明皇朱祐樘："赐副使诺延右廊就座。"太监给阿尔斯楞、乌格岱、托郭齐拿来椅子放在右侧廊下就是武官上朝站立的位置，三位很高兴地坐下。

太监宣布："摆欢迎宴。"朝堂气氛马上活跃起来。皇帝和大使两张酒桌斜对，互相敬酒。两廊是文武百官，也都开始喝酒。

伯延猛可诺延举杯："这第一杯酒，我代表巴图蒙克大可汗敬大明皇帝，祝大明皇帝登基，国富民强！"

明皇朱祐樘举杯同饮。

伯延猛可诺延举杯："这第二杯酒，我以大元庆贺使团团长身份，敬大明皇帝，祝大明皇帝福寿绵长，万万岁！"

明皇朱祐樘举杯同饮。

伯延猛可诺延举杯："这第三杯酒，我代表使团全体成员，敬大明皇帝，祝大明皇帝为蒙明两国友好、为蒙汉两族友好，万世流芳！"

明皇朱祐樘举杯同饮。

酒过三巡后，太监宣："演奏韶乐《圣安之曲》。"

从大殿一侧出来一群歌舞女子，翩翩来到大殿中央。舞女，穿着艳丽的舞衣向台上的皇帝施礼后起舞，丝竹齐鸣一旁还有歌女们伴唱。

> 乾坤日月明，
> 八方四海庆太平。
> 龙楼凤阁中，
> 扇开帘卷帝王兴。
> 圣威天地灵，
> 保万寿，洪福增。
> 祥光王气生，
> 升宝位，永康宁。

舞女们翩翩起舞，舞姿极其优美，舞到蒙古使臣面前，晃动着腰肢，扭动着臀部，那雪白的肚皮快速地抖动着，那丰满的胸脯随着身体的摆动颤动着。北元使臣们在蒙古从未见过这样的舞蹈，全都嘴巴半张，眯缝着双眼，目不转睛地看着。歌舞停，北元使臣们才如梦猛醒，感到失态，慌忙正正身子。

太监宣："下面由特意从山西请来的秦腔剧班，唱《昭君出塞》一折。"

  南郡秭归女王嫱，元帝召之竟不幸。
  深宫含怨又悲愁，巧逢匈奴求和亲。
  汉帝无女嫁单于，宫女之中选佳丽。
  昭君恨帝始不见，自荐北行去和亲。
  奇行表明昭君志，汉匈和好献终身。
  临行拜别汉元帝，汉宫生色帝悔惊。
  出塞风寒千里路，分毫未损落雁容。
  单于视作汉代表，言听计从遵其行。
  昭君不辜单于志，时刻不忘和汉匈。
  随胡风俗妻继子，汉匈和好六十年。
  匈汉和好息纷争，长城内外杨柳青。
  汉匈多年享太平，终成一绝千古颂。
  汉帝年号改竟宁，昭君为汉功不凡。
  蒙古奉为神仙供，汉人千年颂不停。

北元使团的诺延们在蒙古没看过秦腔戏，也没听过那高亢优美的秦腔，便细心听着、品着，目不转睛地看着。

这时，明皇朱祐樘举杯说："伯延猛可诺延，这弱小女子王昭君，使匈汉和好60年，成为千古美谈，咱须眉男儿自当努力。今贵国大可汗，为重叙两国友好关系，适时派友好使团前来中原，朕深感欣慰。朕这一杯酒，敬你们巴图蒙克大可汗一杯，祝他福寿永康！你作为大可汗的代表，你替他干这一杯！"

伯延猛可诺延："我替大可汗谢谢皇帝陛下的祝福。"伯延猛可诺延举杯一饮而尽。宫女过来斟满酒，伯延猛可举杯说，"皇帝陛下，王昭君这弱小女子，竟使匈汉和好60年，恨我等须眉男儿不如啊。"

明皇朱祐樘："伯延猛可诺延何恨男儿不如，今大可汗派你来中原，两国互相祝福，抛弃前嫌，坦诚相见，促成和好，岂不是后世颂扬的美事。"

伯延猛可诺延："皇帝陛下，您之所言，正是巴图蒙克大可汗派我来京师之初衷也。"

明皇朱祐樘："大可汗陛下派汝前来，为促成明蒙两国、汉蒙两族和好，也是朕之意愿。"

伯延猛可诺延举杯站起："皇帝陛下，为您有如此心情，我代表大可汗敬您一杯。"

明皇朱祐樘："干！"

伯延猛可诺延在酒宴将结束时说："皇帝陛下，贵国富甲天下，胜我北国万分，很多物品是我北国没有的。巴图蒙克大可汗想与贵国开展友好通商、互市贸易关系，互通有无。不知陛下意下如何？"

明皇朱祐樘："大可汗陛下如有这个意思，朕是求之不得。朕刚即大位，祁愿天下太平。如蒙明两国友好，消除敌对，和平互市，真乃两国百姓之福分。开展互市，这是对蒙明两国、蒙汉两个民族，都有百益而无一害的千秋伟业，何乐而不为呢？"

伯延猛可诺延："皇帝陛下真是年轻有为，处事果断。"

明皇朱祐樘："朕的意见，你们使团回去后向大可汗禀报，派人与我朝大同等边城联系互市事宜。朕明天就下昭书！指令边城官员准备互市通商事宜。"

伯延猛可诺延："一定按皇帝陛下的意见，立即派人与贵国边城官员联系开展互市通商事宜。"

明孝宗朱祐樘："大可汗陛下与朕是同龄人，都是年轻皇帝，愿我们这次建立的友好情谊，万古长青！干杯！"

伯延猛可诺延："干杯！"

众大臣们："干杯！"

伯延猛可诺延："愿这次建立的蒙汉两国两族友好关系，源远流长，永世长存！干杯！"

明皇朱祐樘："干杯！

众大臣们：干杯！"

伯延猛可诺延："皇帝陛下，我们此次到贵国，受到陛下热情接待和盛情款待，我代表巴图蒙克大可汗深表谢意！我们明晨起程回国，就此告别了！"

明皇朱祐樘考虑到北国献贺礼良马4999匹其价值不菲，便说："诸位爱卿，北国使团明日回国，为表明两国友好情谊，朕回赠北国大可汗纻丝盛金四爪大红蟒袍1件、织金胸背麒麟白泽狮子虎豹青红绿5匹、各色彩缎绸绢5000匹、茶叶5000箩、帐房5000顶；赠大可汗的满都海赛音哈屯龙凤珠翠冠1顶、真红织金大袖衣霞帔1件、白泽虎豹朵云细花彩缎20匹；赠代表团伯延猛可诺延织金麒麟虎豹海马八宝骨朵云纻丝4匹、彩绢4匹、素绢7匹；赠副使阿尔斯楞、乌格岱、托郭齐3位诺延每人织金麒麟虎豹海马八宝骨朵云纻丝3匹、彩绢3匹、素绢6匹；赏赐代表团其余496名成员每人八宝青朵云细花五色缎2匹、素缎3匹；赏赐在大同馆驿等待的友好使团勤杂役夫每人素缎1表里。"

伯延猛可诺延："谢大明皇帝陛下恩典！"

北元使团圆满完成了与明朝建立友好通商互市关系的任务，在回国途中兴奋地唱起了蒙古长调。

> 天上有个北斗星，
> 照耀蒙古向前进。
> 蒙明和好功盖世，
> 明帝回赠红蟒袍。
> 为蒙汉和谐多努力，
> 排众议，
> 派使团，

通使、互市、搞贸易，
长城南北都发展，
满都海功绩说不尽。

天上有个北斗星，
满都海蒙古指航程。
百年统一她创建，
功高盖世书丹青。
舍弃个人幸福为社稷，
为蒙古，
为中华，
中华民族女英雄！
满都海英名传千古，
青史永志美名扬！

北元通商大使伯延猛可诺延到明朝大同巡抚衙门对许进说："巡抚大人，我北元为互市贸易，已做好充分准备。只要阁下地点一定，千万头马、牛、羊，即刻赶到交易市场。贵国的田间，可见蒙古马牛为之效力；贵国官民餐桌上，可享用蒙古牛羊珍馐美味了。"

明大同巡抚许进："伯延猛可诺延，塞北草原上的牛羊，味道鲜美而不膻，我早已垂涎欲滴了，也想早日促成马市开张。马市地点，经我们勘测并经请示批准，定在大同北80里之镇羌堡、宣化西北之新开口堡。本官已发出告示，告各地民众以彩缎、布匹、粮食、茶叶、铁锅、瓷器等物资和日用品，以物易物，换取自己所需马、牛、羊、肉奶皮毛等。几天就可以开张了。"

几天后，北元朝野官民，在镇羌堡、新开口堡两地，与明朝各族人民互市。马市上人头攒动，车马拥挤，马嘶牛叫羊咩咩，勒勒车装满货物往北拉，牧民脸上笑眯眯。汉人拉着马的、赶着牛的、牵着羊的，背包提篮，笑呵呵地往南走。边境上，呈现出一派友好和平繁荣景象。

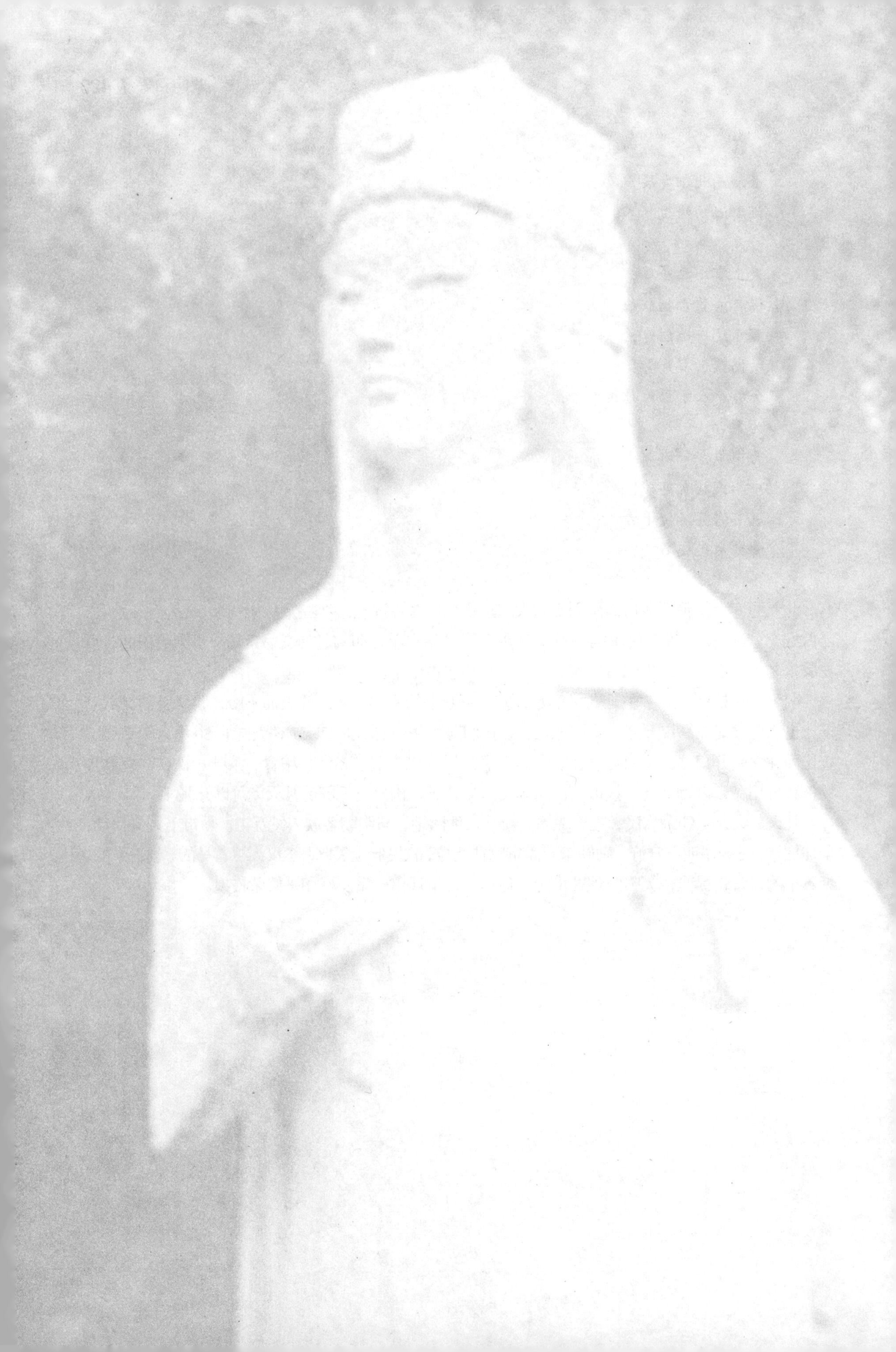

第二十二章 皇后选妃

第一节　瓦剌首领欲献美女达延汗不敢收纳

达延汗金帐内，瓦剌四部联盟首领克舍太师来说媒。

克舍太师进金帐施跪拜礼："大汗，赛音拜诺？"

达延汗："请坐。"

克舍太师："谢坐。"

达延汗问："克舍太师不远千里，备受路途鞍马劳顿，亲自前来，必定有重大事情吧？"

克舍太师说："是有一个重要事情，想与大汗单独谈谈。"

达延汗吩咐左右："你们都下去吧。"

克舍太师说明来意："大汗，卑职发现辖下巴嘎图特·巴嘎尔欢营地有一位好姑娘，是阿拉克丞相的孙女，名叫顾实，年方16草青，文武双全，能歌善舞，舞文弄墨、琴棋书画、样样精通，长得又特别俊俏，是咱北元少有的多才多艺的绝代佳人。今特意亲自前来向您推荐。"

达延汗未等克舍太师说完来意就笑着说："昨天晚上灯花报喜，原来是报这个消息。"

克舍太师接着说："大汗，明朝汉人皇帝三宫六院9个哈屯，据说还有72个偏妃；而咱北元，大汗您身体如此健壮，身边却只有一位哈屯，而且年龄又大了，因此卑职想将此女奉献给大汗，以表卑职与汗廷永结秦晋之好之意，为了稳妥起见，卑职亲自前来，征求大汗意见，不知大汗意下如何？"

达延汗心情很愉快地说："克舍太师的心情、美意，朕领了。你说的这个姑娘，朕相信你的眼力，她一定是个很好的姑娘。"顿了一下，又觉得很为难，"可是……"

克舍太师问："大汗有什么顾虑？"

达延汗泄气地说："哎！"

克舍太师猜测："大汗是否顾忌以前我们瓦剌也先太师将齐齐格公主嫁与大汗祖父哈尔古楚克台吉，后追杀之事乎？"

达延汗轻轻晃晃脑袋。

克舍太师再次猜测："若不，是大汗顾虑我们瓦剌乩加思兰太师嫁女给满都鲁汗，后又图谋不轨之事耶？"

达延汗仍晃晃脑袋。

克舍太师以为达延汗不便承认，便自以为是继续猜测："大汗完全可以不必担心过去发生过的事情，世上的事，彼一时、此一时也。过去乱世时，有些人产生野心，做出图谋不轨之事，这是很正常的，满都海彻辰哈屯统一蒙古高原后，都沁·都尔本蒙古都归属汗廷，卑职想，不会再发生过去那样不愉快的事了。而且，各个时期的首领，想事、做事的态度、方法都不一样。我们瓦剌四部联盟，是诚心诚意为与汗廷精诚和好，卑职才想出要亲自前来保这个媒的。"

达延汗说："克舍太师，你不要多心，你的诚意我已看出。朕的顾虑，与你们瓦剌无任何关系。"

克舍太师想了一下问:"如果是这样,大汗的顾虑,能否说出来,看看卑职能否为大汗消解一点难处。"

达延汗说:"谁也帮不了忙啊!"

克舍太师满腹疑问:"有什么难处,将大汗为难成这样?"

达延汗为解克舍太师顾虑,口吐真言:"明朝汉人有句成语叫'窈窕淑女,君子好逑',今天没外人,朕说句心里话,哪有男人不爱美女之理?朕知道,太师亲自远道前来,路途饱受风霜鞍马之苦,都是为朕。可是,没办法啊,朕登基封满都海为哈屯前,朕当满都海哈屯面,在圣祖灵前,向长生天发过毒誓,不再纳哈屯。"

克舍太师甚是惊讶:"这可是不得了的事!大汗,这内情,卑职都不知道,今天提这事,让大汗不愉快,罪过罪过。那大汗请保重,卑职回去了。"

达延汗:"太师远道前来,朕还未曾为你洗尘,哪有不喝酒就走之理。赐宴!"

第二节 达延汗与老妻不亲昵促使满都海给其纳妃

夜幕降临,月亮升起。达延汗寝帐内,卧榻边摆放着丹顶鹤形蜡台,鹤头顶上亮着蜡烛,四边吊着四个吊灯四支大蜡烛。几个十来岁的孩子在格尔内玩耍。

满都海50多岁了,两鬓已见白发,正等待大汗回来。寝帐中间黄花梨木雕刻的桌子上,放着点心和西域葡萄酒,见大汗还没有回到寝帐,满都海哈屯在烛光下,对着铜镜,照着自己的容貌。

夜深了,大汗还没有回来,满都海哈屯打了一个哈欠。侍女边铺卧榻边说:"彻辰哈屯,您累了,大汗可能又不回来了,您休息吧。"

满都海叫侍女:"丫头,去看看大汗忙完了没有?"

侍女:"加。"施礼退出,到大汗办公金帐。

满都海看见几个孩子也都困了,就叫大儿子:"图鲁博罗特,带弟弟睡觉去吧。"几个孩子一听让去睡觉,都撅着小嘴,站在玩的地方不动。

图鲁博罗特不高兴地说:"好几天没见到阿爸了,我等阿爸回来。"

满都海:"你阿爸不知啥时回来,别等了,睡觉去吧。"

图鲁博罗特:"不,再等一会儿。"

可汗金帐内,大汗独自在七宝云龙榻那坐着,前面有几位年轻侍女给大汗跳舞。

满都海的侍女在门口,施屈膝礼:"启禀大汗,彻辰哈屯在等您用膳。"

达延汗看跳舞看得正有兴致,头也未抬说声:"朕这就回去。"

烛光下,满都海对着铜镜,一边整理自己的发鬓,一边心急地等待着大汗。

侍女:"启禀彻辰哈屯,大汗说这就回来。"

满都海哈屯："把大汗餐具摆好。"

侍女过去，先摆上几种点心，而后把银筷子对齐横着放在满都海面前，又拿一双银筷子横放在桌子对面，杯中斟满葡萄酒，先放在满都海面前，再放一杯在对面。大孩子过去拿块点心，几个小的也过去一人拿一块，站在一旁吃。侍女将盘里的点心补上。

满都海心里有点烦，训孩子说："你们忙啥，不说等阿爸吗？等阿爸回来一起吃，还少了你们吃的吗？"

侍女无聊，拨着灯花。

满都海坐在桌子前，坐立不安地等着。

侍女懂事地问："彻辰哈屯，我再去催催大汗？"

满都海看看侍女，没吱声。侍女出去了。

满都海侍女来到可汗金帐。达延汗正与侍女们翩翩起舞，跳热了，坐回七宝云龙榻那坐着，解开衣领扣，侍女们围在周围，达延汗指点着几位侍女的舞姿："你，腰扭不起来，像个树桩子在那晃来晃去的。"另几个侍女嘻嘻哈哈笑着。

侍女不好意思地辩解着："我也不是舞女，没受过专门训练嘛。"

达延汗："咱蒙古人跳舞还用专门训练吗？从小看别人跳舞看都看会了。你把你的小腰扭动起来，不就好看了吗？"自己站在龙榻前做着腰部示范动作，惹得侍女们又一阵嬉笑。

满都海的侍女在门口看了一小会，施屈膝礼："启禀大汗，彻辰哈屯请您回去用夜宵。"

达延汗很扫兴地说："好了。"一摆手，嬉笑的侍女知趣地散去。大汗有点不情愿地跟侍女走出金帐。

侍女提着八角立体灯笼，灯笼棍上雕有马头，在前面引路，说："大汗慢点走。"

达延汗大步流星往前走，侍女小跑跟上。

大汗进入寝帐，看见满都海正在对着蜡烛出神，便撒谎说："赛音哈屯，今天的事太多了，忙不过来，回来晚了。"

几个孩子围上来抓住胳膊腿，"阿爸、阿爸"亲切地叫着。

达延汗问："你们怎么还没睡？"

几个孩子说："我们等您哪。"

达延汗："好，一起吃夜宵。"而后来到桌前，搓搓手，坐在桌子对面。孩子们也围坐在桌旁，用小手抓起点心送给达延汗，达延汗接过放在桌子上。

满都海哈屯关心地说："大汗，人是铁饭是钢，再忙，也得忙里偷闲吃点东西呀，别把身体饿坏了！"

达延汗："我没觉得饿。"

满都海："那先喝杯葡萄酒吧，是西域商人带进来的波斯葡萄酒。"

达延汗喝酒，吃点心，无甚言语。

满都海看看大汗，大汗也无反应。满都海为了调节气氛，自己给满酒，说："那杯酒是丫头们倒的。"笑呵呵地说，"看来，大汗真累了，打不起精神来了。来，我亲自给咱尊敬的大汗满一杯。"自己也倒上，而后举起杯，"大汗，咱俩碰一杯。"

达延汗可能内心还沉侵在与年轻侍女们的嬉笑快乐之中，对与老妻对杯饮酒毫无兴趣，无言语，无笑容，只是举杯和哈屯碰杯，喝酒。

满都海哈屯想挑起大汗的精神，说："看来我的大汗真有点饿了。丫头们，给大汗上点热菜，盛点热术兀思。"

达延汗："不用了，我饱了！"

满都海见此景无可奈何地说："我的大汗真累了，休息吧！"扶大汗上卧榻。

达延汗倒头就躺下了。

满都海哈屯觉得很扫兴，说："收拾吧。"对几个孩子说，"去吧，你们几个睡觉去吧。"

图鲁博罗特："媒母，我想和阿爸一起睡。"他的几个弟弟也说："我也想和阿爸一起睡。"

满都海立刻板起脸："听话，快去睡觉去。"满都海不仅对诺延们，对孩子们也是有威严的。小哥几个听了媒母威严的话，有的吐着舌头，有的做着鬼脸，有的哭丧脸，很不情愿地，跟着侍女走了。这时，满都海亲自给达延汗脱蒙古长袍，然后自己脱了蒙古长袍，躺在达延汗身边。达延汗无反应。满都海面朝格尔顶额鲁格躺了一小会儿，见达延汗仍无反应，便主动出击，侧过身，俯身亲了达延汗一下，而后轻轻抚摸达延汗胸脯和肩膀，用自己的脸贴蹭大汗的脸说："大汗，你真的累成一滩泥了！可要注意身体呀！"

达延汗不到30岁，正是精力旺盛时期，满都海对其温存的刺激，使其突然性起，把满都海抱住按倒原处，使劲地亲满都海。然而，当他看见满都海脸上多条岁月刻出的细细的皱纹时，亲吻的力度渐渐松弛下来，亲吻的频率慢了下来。最后，在脸上定睛瞅了一会儿，突然扑通躺倒回自己原来位置。

满都海正闭目接受亲吻，神经正在兴奋，见达延汗躺倒，不知怎么回事，侧起身，非常关心地问："大汗，您不舒服吗？"

达延汗躺着没言语，他也没法言语。

满都海："大汗，哪儿不舒服？"摸摸脑门说，"不发烧啊！碰到什么不愉快的事啦？"隔一小会，"您说呀，别憋在肚子里，时间长了会憋出病来的。大汗！"

达延汗厌烦地用被蒙上了头。

满都海纳闷："您这是怎么了？"看了他一会儿，见无反应，最后叹了一口气："哎！"躺回原处，睁大眼睛，望着毡房格尔的顶部，有点茫然。

达延汗不一会儿就出现了鼾声。

满都海反复思索："怎么了？"辗转反侧睡不着。

满都海哈屯思考达延汗与自己不亲昵的原因，思来想去，折腾一夜没睡着，临天亮才迷迷糊糊睡着了。睡得正香时，达延汗悄然起身，到大汗金帐去了。满都海睡醒，伸伸懒腰，睁开眼睛，光线刺眼，习惯地喊："丫头、丫头。"

侍女："彻辰哈屯，我在这儿。"

满都海惊讶地问："丫头，大汗哪去了？"

侍女："彻辰哈屯，大汗早就走了。现在是蛇时了，马上就该进午膳了。"

满都海："现在是蛇时了？"

侍女："是蛇时了。"

满都海："哎哟，这觉睡得，这么多年还真是大姑娘上花轿头一回哪！"说着起床，穿衣服，侍女侍候着。

侍女用铜盆打来洗脸水，拿擦脸巾侍候着，而后收拾卧榻。

满都海洗完脸，坐在椅子上，问："丫头，我问你，你昨天晚上去找大汗时，大汗在忙什么？"

侍女一边给满都海梳头，一边回答："在跟人说话。"

满都海："哪个诺延在那？"

侍女："我没、没看见有诺延。"

满都海："那大汗在跟谁说话？"

侍女沉默不语，但梳头的手有点颤抖。

满都海："不好说，是吧？"

侍女："没、没有。"

满都海一把推开侍女，头发散落下来，散落成披肩发，一脸严肃地问："你说，到底在跟谁说话？"

侍女赶紧跪下："奴才不敢说。"

满都海用温和的口气："说吧，不怪罪你。"

侍女："在跟侍女们说笑、跳舞。"

满都海："去，把昨天晚上那几个侍女叫到我这儿来。"

侍女："加！"施礼出去了。

可汗金帐里，大汗在座，有两名大臣在两侧就座，四名侍女分列两旁。

诺延："大汗，喀尔喀部派使臣来报告，说他们那里至今未下透雨，草场的草有的都卷叶干枯了，如再不下雨，将发生草荒。"

侍女进帐，施女式礼："启禀大汗，彻辰哈屯让昨天金帐值班的乌兰（红）其其格、昔剌（黄）其其格、呼和（蓝）其其格、查干（白）其其格，到她格尔去一趟。"

达延汗向身后站立侍女下令："你们几个去吧。"

乌兰其其格、昔剌其其格、呼和其其格、查干其其格四位其其格下台给大汗施礼："加。"随满都海侍女去了。

满都海哈屯在寝帐格尔内等她们，四名侍女旁立。

红、黄、蓝、白四名其其格进帐给哈屯施礼，齐声："祝彻辰哈屯身体安康！"

满都海哈屯头不抬、眼不睁，爱答不理地问："昨天晚上，是你们几个在金帐当班吗？"

红、黄、蓝、白四名其其格齐答："是。"

满都海讥讽道："你们几个不分尊卑，跟大汗嘻嘻哈哈地跳舞，耽误大汗休息，是吧？"

四位其其格听口气不对，赶紧跪下："请彻辰哈屯息怒，我们再也不敢了！"

满都海："昨天你们笑得开心，今天我让你们哭个痛心！"

四位其其格："请彻辰哈屯饶恕我们这一回，我们再也不敢了！再也不敢了！"

满都海哈屯无视她们认错苦求，下令："每人抽20鞭子。"几个侍女愣着未动，满都海厉声，"还用我亲自动手吗？"

那几个侍女乖乖地过来抡起鞭子，挨打的侍女口口声声哭叫："我们再也不敢了！再也不敢了！再也不敢了！再也不敢了。"直到打完20鞭子。

满都海训斥："今天让你们懂懂规矩！记住：以后尊卑要分明，不准跟大汗嬉皮笑脸的。你们要勾引大汗，我要了你的命。回去吧。"

达延汗金帐，达延汗正在办公，红、黄、蓝、白四位其其格带着哭痕，无精打采地进帐，给大汗施礼，而后各就各位。

达延汗挨个扫视他们的面部："怎么都像丢了魂似的，怎么的了？"

四位其其格没人敢吱声。

达延汗回寝帐内，进帐第一句话："赛音哈屯，今天那几个丫头从你这儿回去，都哭丧着脸，怎么回事啊？"

满都海告诉大汗："昨天晚上那几个小丫头，嘻嘻哈哈缠着您，不让您回来，影响您休息，我教训了她们一下。"

达延汗为她们辩解："不是她们不让朕回来，是朕觉得和她们一起玩、跳舞、说笑，挺开心的，才多呆一会儿，不怨她们。"

满都海生气地说："您是大汗，我不能怎么样。她们那几个小丫头，不分尊卑，跟大汗一起跳舞，成何体统，我不能管管吗？"

达延汗还是为她们开脱："是朕看她们跳舞，跳得很优美，才与她们一起跳，活动活动身板，不是她们不分尊卑，拉朕跟她们跳的。"

满都海："是您看她们跳舞跳得优美，这不是她们在引诱您吗？"

达延汗："是朕闲着没事，让她们跳的。"

满都海："您是大汗，一国之主，怎么能和女佣人们一起跳舞？"

达延汗："和她们跳舞，朕觉得开心、好玩。"

满都海哈屯恍然大悟："原来是这样！"不吱声了。达延汗见没事，出去了。满都海坐那里陷入沉思。忽然，她站起来走到梳妆台前，照铜镜，左照照、右照照，叹了一口气，而后慢慢站起来，在帐内轻轻踱步，感叹地自言自语，"我是老了！这些年来，没白天没黑夜，风里来雨里去，吃了那么多苦，操了那么多心，又生了那么多孩子！一个女人，能不见老嘛！"似乎又明白了人生生死轮回道理，"咳，该老了，孩子们都那么大了，连我的小巴图蒙克，也成了大小伙子了。哪有不老之理？我老了，都成了老太太了。"自己问自己，"老太太能与小姑娘一样吗？肯定不一样。那怎么办呢？"来回踱步，沉思想明白了什么似的，"对，就这么办！丫头，请大汗到我这来一趟，说我有要事相商。"

侍女："加。"

达延汗兴冲冲地进帐，问："赛音哈屯，有什么要紧事？"

满都海哈屯想通了，心情倒平静了，说声："大汗。"而后侍候坐下，平心静气又满含酸楚地说，"您这些天来精神郁闷，心情不开朗，我都看在眼里，记在心上。问您身上哪儿不舒服，您也不说；问您遇到什么不顺心的事了，您也不说。您这不明说，弄得我丈二和尚摸不着头脑，也跟着您多日心情不愉快。今天我突然明白了，因此找你商量商量。"

达延汗："赛音哈屯，我昨天也没干什么呀？"

满都海哈屯："对，您是没干什么，可是您的表现和您今天说的那番话提醒我一个问题。"

达延汗："啥事啊？这么严肃，特意叫朕回来！"

满都海："这可是大事。我在琢磨，你我是夫妻，又不同于一般夫妻，有些地方咱俩更像母子。你5岁到我这儿，我像亲生儿子一样抚养你长大，7岁时扶立你为大汗，以后又帮你打天下，统一了全蒙古。"

达延汗："这些事朕都知道，朕都没忘，今天怎么说起这事来了？"

满都海："现在，您是年富力强的大男子汉，又是亲自掌握朝政的大汗，这要在明朝汉人朝廷，你可以纳三宫六院72个偏妃，有一大群婀娜多姿的美女围着你转。"故意看看达延汗的表情，接着说，"可是你现在呢，只有我一个哈屯，还是个老太婆，还管着你，连一个鄂托克的诺延都不如。咱下边的诺延，几乎是正妻之外，都有别妻，有的还有三四个妻子。"

达延汗听到这儿，脸上是惊、是羞、是喜、是愧疚，变化非常。

满都海哈屯说："你是大汗，完全可以自己决定再纳几位哈屯。由于你一直对我怀有感激之情，不好意思自己决定纳小哈屯。你有这个想法，但你一直憋在肚子里不好意思说出来，也可能从小我对你的严格要求，导致你不敢向我提出这个要求。通过昨天晚上的事，我才醒悟过来，我应该理解你们年轻男人的心理要求和生理要求。"

达延汗："我、我、我没、没……"

满都海："啥也别说了。我已经决定了，我要在全蒙古给你选择貌如天仙、才能胜过我的哈屯。我今天特意把你请来，就是通知你。你没意见吧？"

达延汗："我是对长生天发过誓的呀！长生天会惩罚我的。"

满都海："是的，我没忘，是我让您发的誓言。可是那个誓言，是您不再纳哈屯，现在呢，是我要给您选哈屯，不一样，长生天是不会惩罚您的。"

达延汗脸上表情瞬间万变，不知说啥好，突然，起身搂住满都海，亲了又亲，脸上脖子上亲了个够，才缓缓地放下手，慢慢地说："知我者，是我如母赛音哈屯也！"感动得掉下泪来，而后把头偎在满都海怀里。

满都海待达延汗冷静后，轻轻按坐在椅子上，郑重其事地说："为了保证你的身体永远像一头大犍牛一样结实，我只能给你选两名，就选两名年轻哈屯。"

达延汗高兴地点头："行。"

满都海："不过，我还要给你立个规矩。"

满都海告诫："小哈屯来了之后，你绝对不能纵欲。要记住，美女是'妖精'，他会害了你身体，毁了你的江山。你答应吗？"

达延汗："我答应你，绝不纵欲。"

满都海："既然如此，明天我就发出通知，在全蒙古给你选小哈屯。"

第三节　满都海公告在全蒙古给达延汗选妃

满都海哈屯在可汗金帐给汗廷诺延们开会。满都海坐正席等待，诺延们陆续入场。诺延们有点愕然，议论着："大汗亲政了，怎么今天哈屯主持会议？"

等诺延们都到齐后，满都海开始开会："大家静一静，现在开始开会。到得早一点的诺延们方才小声议论。我虽然没听到他们说什么，但我已猜到七八分，就是议论今天怎么由哈屯一个人主持会议？对了，今天的会议，就得由我一个人主持。因为这个点子是我出的。大家问了，什么点子啊？有人可能听到一点风声。我今天召开这个会议，就是想明确告诉大家，我决定，给大汗选两位年轻哈屯。

"大家静一静。哈屯给大汗选哈屯，这事听起来是有点新鲜，以前没有过。但是大家如果仔细琢磨一下达延汗与我这个哈屯的关系，大家就会明白，这个责任非我莫属。因为，我俩不仅是夫妻关系，更主要的我俩还有类似母子的关系，这是大家都知道的。由于这个特殊的关系，大汗不好意思提出纳小哈屯，而我这个如母亲的哈屯，不能不替如儿子的大汗考虑，我老了，而大汗正年富力强。你们说对不对呀？

"今天召开这个会议，把这个决定向大家通报一下。我建议，在全蒙古范围内，为达延汗选哈屯，给咱的达延汗选两名年轻、靓丽、有才华，胜过我的哈屯。每个部每个鄂托克，最少要选送一名美女。美女，不仅仅是容貌长得俊俏，还要有才华，比如学识、品德、礼仪、舞枪弄箭、唱歌跳舞、琴棋书画、针织刺绣等，都得优秀。由我组织一个选美班子，共同评定，择优入选，不偏不袒。选美支出的费用，都由汗廷支付。美女的具体标准，评选的具体方法，我们选美班子具体研究制定。散会。"

可汗金帐内，四位笔且齐在满都海口述中用竹削笔在削薄的羊皮上书写选美公告：

兹决定在全蒙古地区内为达延汗选两名哈屯。报名参加遴选条件如下：

1. 年龄在15草青至20草青，容貌靓丽，脸上无黑痣及瘢痕更无其他疾病的健康蒙古女孩；
2. 出身不限，但诺延家的女孩，在条件相同的情况下优先；
3. 要会读写蒙古文，同时兼会读写汉文的优先；
4. 针织刺绣，琴棋书画，能歌善舞，骑马射箭，全兼备者优先，或一门精湛出众者优先。

请各部、各鄂托克、全体民众周知。

特此公告。

北元达延汗哈屯：满都海

汗廷信使骑马分赴各地张挂《公告》，公告4角用绳子固定，引来很多群众围观。

瓦剌·巴嘎图特鄂托克之地，阿拉克丞相之子孟克赉·阿古勒呼看了公告之后，回去赶紧请示其老阿爸。

阿拉克丞相70多岁，须发皆白，颏下有长髯，背稍驼，在岱宗汗脱脱不花汗时当过丞相。阿拉克丞相正在格尔中与另一老人在玩喜塔尔（即蒙古象棋，也叫马棋）。马棋棋子有王、哈屯、车、马、骆驼等，玩法可直走、横走、斜走，类似象棋。

正在两位老人因玩棋争执时，孟克赉·阿古勒呼进帐施礼招呼："阿爸，赛音拜诺？"

阿拉克丞相头也没回地说："我和你阿巴嘎下棋解闷，没事，你忙你的公务去吧。"

孟克赉·阿古勒呼站着不走："阿爸，我有要事向您请示。"

阿拉克丞相心不在焉地说："你是诺延，你掌权，你决定就行了，不用请示。"

孟克赉："不是公务的事，是您孙女顾实的事。"

阿拉克丞相马上转过头来问："顾实怎么了？"

孟克赉："顾实没怎么样，是顾实婚姻的事。"

阿拉克丞相最疼爱孙女，听说是孙女婚姻大事，便停下棋，转过身："你说说怎么回事？"

孟克赉："刚才在鄂托克斋桑大帐那，看到汗廷的公告，说满都海哈屯要给达延汗选哈屯。我想送您孙女顾实去参选，问问您行不行？"

阿拉克丞相："这达延汗，是孛罗忽济农的儿子，在满都海哈屯那儿长大，是满都海哈屯亲自培养教育出来的，看蒙古这几年的治理情况，还算可以，不像是昏庸可汗。行，你再问问孩子的意见。"

孟克赉："您老人家同意，我就敢问孩子的意见了。"

喀尔喀部扎赉尔·无量汉·呼图克少师格尔，设置与其他诺延格尔大同小异。

巴图尔将军在帐前下马，边拴马边喊："扎赉尔诺延大哥在家吗？"

扎赉尔·呼图克少师正衣冠，赶紧出迎："哎呀，远方的贵客，请进请进。"

巴图尔将军整理衣帽，挽袖后进格尔："赛音拜诺？"

扎赉尔·呼图克少师："巴图尔将军兄弟，请坐。上茶！"

巴图尔："大哥，我这些日子挺忙，不多呆了。有啥我就说啥，我侄女苏密尔定亲了没有？"

扎赉尔高兴地问："怎么，有合适人家了？"

巴图尔："如果侄女亲事未定，这家人家可是再合适不过了。"

扎赉尔："你说说是谁家？"

巴图尔将军："是当今的大汗。"

扎赉尔："兄弟你这不是跟大哥开玩笑嘛，这大汗当女婿这事，是天上难找地上难寻哪。可这媒人，上哪找哇？谁能当啊？"

巴图尔："大哥，您不知道，满都海哈屯发的公告，在全蒙古给达延汗选两名哈屯，我听说后，就想起了我侄女，凭她那才貌双全的条件，肯定能选上。为了给你送个准信，我骑马跑了好几处，想亲眼看看那公告怎么说的，跑了好几处，看了好几个公告，才把内容看全。此事确有其事啊，大哥，不能让我侄女错过这多年不遇的机会呀。"

扎赉尔："那好，咱就试试咱家孩子有没有一步登天的福分吧！"喊了声，"苏密尔。"

苏密尔十六七岁，听到喊声，进帐施屈膝礼："阿爸，招呼我有事？"

扎赉尔："见过你阿巴嘎。"

苏密尔："阿巴嘎，赛音拜诺？"施屈膝礼。

巴图尔："免了免了。"

扎赉尔："苏密尔，你阿巴嘎特意来送信，说满都海哈屯给当今大汗选哈屯。你阿巴嘎说你的条件能选上，建议你参选。你同意吗？"

苏密尔含羞地说："听凭阿爸做主。"

扎赉尔："那你就准备去参选吧。"

巴图尔："大哥，那我就回去了，缺啥少啥，吱一声。"

扎赉尔："你就那么忙，非走不可吗？"

巴图尔："刚才我一进格尔不就说了嘛，这几天特忙。等孩子的事一定，我特意喝酒来。"

扎赉尔："那我送送你。"送到距大帐几十步远的地方，敬上上马酒，走远了还在那招手。

一普通牧民家毡房内，类似的场景也在上演着。

牧民小伙："二姨、姨夫，我刚才在鄂托克，看到不少人在看布告。我凑上去，问问是怎么回事，那个大哥告诉我，是大汗选哈屯的公告。我立即想到我表妹，问啥条件，那个大哥告诉我，说15草青到20草青的，长得漂亮的。我还特意问了，牧民的孩子行不行，他说行。我就赶忙跑回来送信。回头对表妹说，"表妹，你看表哥够意思吧？"

赛因其其格低头微笑沉思不语。

赛因其其格的阿爸瞅瞅他老婆："你看这事……"

赛因其其格的额吉："这事不用看，根本不行。"

"哎哟！人家大汗配不上你一个牧民家黄毛丫头是怎的？你先下结论了。"她阿爸反问。

她额吉："是咱根本配不上人家。"

她阿爸不服气："他不就是选年轻、长得漂亮的吗？咱姑娘才15草青，年轻这条够了吧！在咱这方圆百里地方，咱姑娘是数得着的漂亮姑娘，这长得漂亮这一条又符合了。都符合，那怎么的？咱去试试。"

赛因其其格："阿爸，不用试，肯定不行。在咱家，我是你们掌上明珠；在咱这个地区，也是才貌双全的姑娘；可是，在全蒙古选，才貌双全的姑娘有的是，咱选不上。"

她额吉："其其格，你阿爸这一说，我还有信心了。你心又灵，手又巧，你阿爸又请人教你识字，你能写会画，能歌善舞，又能搭弓射箭，别人家的姑娘，不一定会你这么全。这是改变你命运的一个好机会，不能坐失良机。若能选上，也不枉来此人生走一遭，也对得起你阿爸这些年对你的一片心。"

赛因其其格："别的我不怕，我最担心的是，咱是普通牧民的孩子。"

她阿爸："其其格，不要有自卑心理，要树立信心，就拿出你驯服那儿马子的那个勇气，去跟她们竞选。"

赛因其其格："勇气我倒是有，但这事不是凭勇气的事。万一选不上，多砢碜哪！"

她额吉："竞选哈屯，选不上有什么砢碜的？选不上，也比没敢去的强。"

赛因其其格："那就去试试吧。"

牧民小伙："表妹，你真要选上，可别忘了我，让我也借点光！你帮说句话，让我在汗廷仪仗队或是给大汗当个侍卫什么的，也牛一把。"

赛因其其格："一点儿边都没有，看把你美得。"

她额吉："那就收拾东西，收拾好了，咱一起出发。"

各部、各鄂托克挑选的竞争哈屯的姑娘，在她们的诺延以及他们阿爸额吉陪同下，按其条件乘马或乘车从各自驻地在向汗廷方向行进着，到达汗廷所在地后，都搭建临时毡帐住下来。

满都海哈屯寝帐外，门口有两名女卫兵。

阿拉克丞相和他儿子孟克赉·阿古勒呼到满都海寝帐门口，对卫兵说："姑娘，请通报一声，就说瓦剌阿拉克老汉求见。"

女侍卫进帐施礼："彻辰哈屯，有一自称阿拉克的老汉求见。"

满都海哈屯："请他进来。"

阿拉克丞相进帐："彻辰哈屯，赛音拜诺？"掏出手帕，慢腾腾跪下，儿子扶着他跪好后自己跪在后面，将手帕高高举过头。

满都海哈屯："老先生是前朝老臣，这么大岁数了，就不要行此大礼了。快请坐。"侍女扶阿拉克丞相起来并代满都海接过手帕。

阿拉克丞相慢腾腾起身，站好后，指着他儿子说："这是我儿子孟克赉·阿古勒呼。"

孟克赉·阿古勒呼随即重新跪下，从怀里掏出手帕，双手举手帕过头："彻辰哈屯，赛音拜诺？"

满都海："起来吧。"

阿拉克丞相："谢彻辰哈屯。"

满都海："老先生，是先辈岱宗汗时期的老臣，有功于咱北元啊！"

阿拉克丞相："未能保住岱宗汗，使其早逝，老朽惭愧呀！"

满都海："旧事不堪回首，不提了。老先生今日前来，有事吗？"

阿拉克丞相："老朽已几年未见彻辰哈屯了，趁有生之年来看看彻辰哈屯。"而后用老手慢腾腾、哆哆嗦嗦地从怀里掏出一个小红木盒，从盒中取出一个小白绸布包，打开小包，露出一颗鸽子蛋大的亮晶晶的珍珠，双手捧着献给满都海，"彻辰哈屯，这是我珍藏多年的夜明珠，奉献给您。一点心思，不成敬意，请彻辰哈屯笑纳。"

满都海侍女将夜明珠连盒用小托盘接过放在满都海面前，满都海欣赏一下，边往盘子里放边说："难得老先生想着我。"

阿拉克丞相："我儿子孟克赉·阿古勒呼也向彻辰哈屯表点心意。"

孟克赉·阿古勒呼此时起立施鞠躬礼说："敬献彻辰哈屯 5 匹汗血马，略表心意，请彻辰哈屯笑纳。"

满都海说:"又破费了!"

阿拉克丞相接着说:"听说彻辰哈屯给大汗选哈屯,我孙女顾实要参选。我知道这孩子,她是我亲眼看着长大的,聪明伶俐,文武全才,为人正直,长得又俊俏,尤其是特别懂事,会体贴人,你要是生点气呀,她那个小嘴那么一说呀,保证你立刻烟消云散,多云转晴。我看我孙女有实力竞选,她可是个应选的好苗子。我这一琢磨,我就高兴了,有返老还童之感了。我就趁着身子骨还行,跟着就来了,顺便再看看彻辰哈屯您。彻辰哈屯,我孙女若能昼夜服侍在您身旁,我死而无憾了!"

满都海:"老先生,难得您有这片心思,谢谢你呀。至于令孙女顾实参选的事,我记下了,不过我一个人不能做主,得由我们三个人集体商定。您放心,同等条件,一定优先考虑。"

阿拉克丞相起身,孟克赍·阿古勒呼也起身。阿拉克说:"长生天刮风总要停,登门的客人不能久留。彻辰哈屯,那老朽就告辞了。"

满都海:"别忙,先坐会儿。咱蒙古人的规矩,不能让客人空手回去。今日老先生就这么回去,我满都海岂不让人千古耻笑!伊喇姑,把喀喇沁诺延送我的用牙玛吐山出产的巴林红山彩石磨成的手球,送两个给老先生。"

伊剌姑:"加。"到帐外,用托盘托着两个红花彩球回来,送给老先生。

阿拉克丞相接彩球在手:"谢谢彻辰哈屯。"

满都海:"老先生,咱蒙古牙玛吐山出产的巴林石,与中原出产的寿山石、青田石齐名,仅次于和田玉石了。这两个手球,你随手拿着摆弄着玩,可以随时锻炼手指活动。十指连心,十指经常活动,能促进心脏、大脑血液循环,有益老年人健康。天气这么热,老先生怎么受得了。伊剌姑,你把约孙诺延敬献的明朝折扇,给老先生拿一把来,让老先生扇扇风。再把我最近派人从大同买来的好茶叶,给老先生包两包。"

阿拉克丞相感动地双膝跪在地上磕头:"谢彻辰哈屯恩典。"

第四节　各部出众美女施展才华竞争哈屯

公告发出去后,满都海哈屯在其寝帐,请来两位德高望重且有政治经验的夫人做选美班子成员:一位是桑海乌尔鲁克夫人扎罕·阿噶,60多岁,穿着贵妇人衣饰;另一位是科尔沁孛罗乃诺延夫人,70来岁,穿着贵妇人衣饰。满都海的侍女,给三位上茶上点心。

满都海哈屯说明情况:"姊夫人,这么老远请您老人家来,就是想借您老人家的睿眼,帮我给咱年轻的大汗选个称心如意的哈屯。"

科尔沁诺延夫人:"赛音哈屯,我这老眼昏花的,能挑得好吗?可别辜负您这一番心情。"

满都海:"姊夫人,凭您老这些年在蒙古上层活动的阅历,肯定没问题的。"而后转头对扎罕·阿噶夫人说,"您当年帮我拿主意,周全了我与巴图蒙克的这桩婚事。可见您是咱蒙古有远见卓识的女性!这次为达延汗选哈屯,您还得出谋划策呀。"

扎罕·阿噶夫人:"承蒙赛音哈屯的信任,老身定当竭诚用心。"

满都海说:"如果这样呢,咱仨就组成'选美班子',由咱仨共同商量决定。你们看行吧。"

扎罕·阿噶夫人:"我俩尽心帮您挑选就是了,是吧,诺延夫人?"科尔沁诺延夫人点头:"您就说想挑啥样的!"

满都海:"我现在老了,不能再分担汗廷的事务了。我想找两个比我强的贤惠、端庄、稳重、靓丽的女孩,代我服侍大汗。"

扎罕·阿噶夫人是快言快语的人:"赛音哈屯,您是咱蒙古少有的女强人、女能人,几百年才出现您一位。要想找比您强的,我说句到家的话,现阶段咱全蒙古女孩中,肯定找不着。我看,以您的文韬武略、长相、处事待人,做个标准,矮子里拔大个,择优选拔吧。"

科尔沁诺延夫人:"我看扎罕·阿噶夫人说得很在理。咱蒙古几百年才出现您这样一位能治理国家的文武双全的女能人。现阶段,找比您强的,这标准太高了,肯定是办不到的。我看就按扎罕·阿噶夫人的意见,矮子里拔大个,择优选拔吧。"

满都海:"那就按您二老的意见办。可是,我总有个顾虑放心不下。"

科尔沁诺延夫人:"请说出来,看看我们能不能帮着参谋参谋。"

满都海:"我总觉得,咱今天全蒙古安定的局面来之不易呀!因为哈屯而丢江山的事,咱蒙古还没有。中原的朝廷,因为皇后干预朝政,而致使皇帝丢天下的事,发生得比较多。比较有名的如周幽王为博得爱妃褒姒一笑,烽火戏诸侯而失天下,最近的一次,唐玄宗因为宠爱皇贵妃杨玉环,发生了安史之乱,险些把江山丢了。"

科尔沁诺延夫人:"彻辰哈屯考虑得挺周到。"

满都海:"咱蒙古现在社会安定了,生活安逸了。俗话说'温饱思淫欲',我怕选的这一位小哈屯,迷住达延汗,使达延汗荒废了汗廷的事情。因为这个,我担心哪!"

扎罕·阿噶夫人:"赛音哈屯,我提个想法,您看行不行?"

满都海:"您说说看。"

扎罕·阿噶夫人:"反正是咱仨给大汗选,那咱不选长得最最漂亮的,选个上中等的,她既可以让大汗喜欢,但不能让她迷住大汗。"

科尔沁诺延夫人:"更重要的一条,咱重点审查她的人品,面试她的为人。"

满都海哈屯:"那就这样,就按这标准选拔。"

满都海哈屯寝帐右侧的一个毡房,门前挂着一个"哈屯参选姑娘接待处"蒙古文牌匾。满都海的札里赤伊剌姑和笔且齐各坐一边。伊剌姑审查第一关,专门近距离检查五官,重点检查脸上有无黑痣或疤痕,通过的交笔且齐登记发号牌。

伊剌姑在毡房门口对来参选的人员宣布:"大家听着,满都海彻辰哈屯懿旨,凡来参加哈屯竞选的女孩,先到这里登记领号牌。其护送的亲属及随从人员,食宿一律免费。自带毡房的,可以在附近搭建;未带毡房的,住在汗廷特意设立的馆驿。下面,按先来后到顺序,开始报名。"

服务姑娘喊:"第一个。"科尔沁诺延领选手胡其其格进格尔:"赛音拜诺?"

伊剌姑招呼:"姑娘,到我儿这来。"胡其其格走过去,伊剌姑仔细检查了五官各处,然后吩咐笔且齐,"给登记。"

笔且齐问:"叫什么名?多大年龄?哪个鄂托克的?"科尔沁诺延代答:"我们是科尔沁的,

名叫胡其其格，18 草青。"笔且齐记上名，发一个类似模特号牌的蒙文 1 号号牌。

笔且齐告知服务姑娘："领他们到接待站休息，招待好。招待不好，等人家当了哈屯，看怎么收拾你们。"服务姑娘笑着领走了。

另一服务姑娘出格尔喊："下一个。"赛因其其格阿爸领女儿进格尔："赛音拜诺？"

伊剌姑招呼："姑娘，到我这来。"赛因其其格走过去，伊剌姑仔细检查了五官各处，"笔且齐，给登记。"

笔且齐将女孩叫到跟前问："叫什么名？多大年龄？哪个鄂托克的？"其其格阿爸代答："我们是土默特的，这是我女儿，叫赛因其其格，15 草青。"笔且齐记上名，发一个蒙文 2 号号牌，告诉服务姑娘："领他们到接待站休息，招待好。"服务员领走。

按照这个程序，目视检查五官合格登记发号牌的有喀尔喀姑娘乌云旭日格，17 草青，瓦剌姑娘顾实，16 草青；察哈尔姑娘旭仁萨拉，17 草青；喀尔喀扎赉尔·呼图克少师的女儿苏密尔，16 草青；土默特姑娘杜达古拉，18 草青；蒙郭勒津姑娘旭仁其木格，17 草青，总共登记了 24 个姑娘。而后，伊剌姑向满都海哈屯汇报，满都海哈屯指示："参选姑娘们远道前来，旅途劳累，让他们回去休息，明天太阳出来后开始评选。"

第二天，在金帐附近一个平坦的广场草坪上设立起选美毡房格尔办公室，选美三人小组在内休息。屋内摆一个长条桌，上铺着洁白的绸布，桌上摆有茶具、食品，其上用天蓝色绸布搭个遮阳篷。开始后，选美班子坐在桌子后椅子上，满都海坐中间，科尔沁夫人在左，阿噶夫人在右，后面站着一排侍女。桌子前面摆着 24 个装选票嘎拉喀的小奶桶，分别用蒙古文标注着 1 到 24 的号码。开始前，参选人员家属忐忑不安地在毡房前等待，毡房的间隙中还有很多群众围观。

伊剌姑和满都海年龄相仿，是满都海从小一起长大陪学陪练的伙伴，是满都海最信任的女侍从，走出毡房宣布："大家听着，参加竞选哈屯的女孩到这儿集合。"从各毡房内走出参选美女，各自穿着本部落的传统服饰缓缓款步，稳稳地走向中心。

伊剌姑按登记先后顺序点名，察看号牌，指定各自的站立位置。

点完名，伊剌姑来到休息格尔内施礼："请彻辰哈屯、两位夫人入席。"

满都海等评委三人出毡房入席，一排侍女跟出来站在其身后。满都海哈屯坐稳后，看看四周，又与左右会意，然后宣布："开始吧！"

主持人伊剌姑站主席台前边宣布："选美程序正式开始。第一关，审查外貌、体形、走路姿态。"

一侍女领着 24 名参选美女缓缓通过主席台。每位美女，都似出水芙蓉一样，不走猫步，缓缓地、稳稳地、袅袅婷婷地走到主席台前，转身，正脸面朝主席台，下蹲行蒙古参拜礼。参选美女穿着具有各部落特点的服装，既展示了蒙古女孩之美，又展示了蒙古传统民族服饰之美，参拜后转身前行，如此到最后一个。都走一遍场后，队伍掉头，最后一位变第一位，再往回走一遍场，到主席台前仍施女士抱蹲礼，而后分立两边。

选美班子互相交换观点，伊剌姑在一旁听指示。满都海非常满意地告诉伊剌姑："这 24 个小姑娘，个个容貌靓丽，眉清目秀，身条秀美，个头适中，走路姿势优美，稳重，又懂礼节。想挑点毛病，都挑不出来。第一关，全部审查通过。"

主持人伊剌姑走到台前，大声宣布："第一关，目测，全部通过，每人得一分。"会场内家属和群众鼓掌,侍女给每人奶桶里放一个羊嘎拉喀。

主持人伊剌姑宣布:"第二关,审查参选美女们是否能歌善舞。"

美女们按站立在两边的位置分两组,翩翩起舞,在场内做各种舞蹈姿势后,舞向主席台。每个人,到主席台前第一个动作是以舞姿向评委施礼,单人在主席台前做几个优美舞蹈动作,而后向评委作施礼动作后离开,如此到最后一位。6组都舞完后,倒过顺序全体再来一遍,而后站立一边。

满都海哈屯与另两位评委合议后,非常满意地告诉伊剌姑:"这些小姑娘,跳舞姿势非常优美,无可挑剔,全部通过。"

主持人伊剌姑宣布:"舞姿审查,全部通过,每人加一分。"会场群众鼓掌,侍女给每人奶桶里放一个羊嘎拉喀。

主持人伊剌姑宣布:"下面比歌喉,每人唱一小段,歌曲自选,限一碗热奶茶时间。从一号选手开始,按顺序唱。"

1号选手胡其其格走上前,向主席台施礼后,端端庄庄地站在那唱:

科尔沁哪科尔沁,
是我美丽的家园。
辽阔草原连着天,
雪白羊群望不到边。

科尔沁哪科尔沁,
是我心爱的家园。
风调雨顺水草丰,
牛肥马壮喜乐无边。

2号选手赛因其其格走上前,向主席台施礼后,端端庄庄地站在那唱:

阳光洒满土默川,
雨露滋润大草原,
土默特儿女齐欢唱,
满都海带来吉祥平安。

蒙古英雄满都海,
伟大胸怀伟大志,
消灭分裂和割据,
统一蒙古功齐天。

24位美女自选歌曲各唱了一小段,唱功各有千秋。

满都海与另两位评委合议后，非常满意地告诉伊剌姑："这些小燕子们像百灵鸟，嗓音好听，五音正，歌声优美，无可挑剔，全部通过。"

伊剌姑宣布："歌喉审查，全部通过，每人加一分。"会场鼓掌。侍女过去，照样给每人奶桶里放一个羊嘎拉喀。

主持人伊剌姑宣布："第三关，审查文才。每人写一篇简短的文章，题目自选，论政治、谈经济，颂扬蒙古英雄人物、赞美咱蒙古大好河山，都可以。文章要求短小精悍，文笔通顺，通情达意即可。懂蒙文之外，能读写外国文者加分。能读写外国文的举手。"

苏密尔举手："我会读写俄国文。"

伊剌姑大声宣布："会读写外国文的一名，6号。每人发一套文房四宝，6号苏密尔小姐多发一套。"侍女们给每人搬来一个小桌，并发给她们竹削笔、刮平的白板羊皮以及墨等。美女们坐在地上面对主席台当场写作。

选美班子在那看着，家属在后面揪着心。过了一个煮羊术兀思的时间，选手们纷纷到主席台交卷。

美女们交卷回到原位置两边站立，侍女们上来撤走小桌。

选美班子三人评论着卷子，伊剌姑站在桌前听点评。然后，回到主持人位置，宣布："下面，由选美班子成员扎罕·阿噶夫人宣布审查结果。"

扎罕·阿噶夫人说："所有参选女孩，写的文章都非常好，赞美咱蒙古大好河山，颂扬咱蒙古的巴特尔。就文章写作水平来讲，都可称得上是女秀才，是咱蒙古的文人，全部通过。"全场鼓掌。侍女过去，给每人奶桶里放一个羊嘎拉喀。扎罕·阿噶夫人又接着说，"这里我说明一下，6号选手苏密尔小姐，她们喀尔喀人与相邻的大鼻子人接触较多，懂一些大鼻子的话，会写一些大鼻子的文字，额外交了一张大鼻子文写的考卷，我们几个上了岁数的人都不懂，应该算合格，加1分。"侍女过去，给6号苏密尔奶桶里又放一个羊嘎拉喀。

主持人伊剌姑宣布："下面，由选美班子成员科尔沁诺延夫人点评。"

科尔沁诺延夫人："选美班子认为，大汗的哈屯，应辅佐大汗处理日常事务。因此评选的侧重点，应选贴近大汗理政的文章。经选美班子认真比对，最后认定，有三位女孩的文章比较突出。

"2号，土默特牧民小姑娘赛因其其格，标题为《论苏鲁克租赁制》文章，以蒙古实际施行的苏鲁克租赁制度为基础，论其在蒙古经济生活中所起的作用，讲得客观实在，提出了个人见解，应该加1分。"其家属欢呼。侍女过去，给赛因其其格2号奶桶里放1个羊嘎拉喀。

"4号，瓦剌姑娘顾实，标题为《论满都海哈屯统一蒙古的功绩》的文章，有论点，有论据，前后时期比照，突出了蒙古统一后的发展进步，质量高，应该加1分。"家属欢呼，众人鼓掌。侍女过去，给顾实4号奶桶里放1个羊嘎拉喀。

"6号，喀尔喀姑娘苏密尔，用蒙文写的标题为《论蒙古的统一》的文章，又翻译成大鼻子文。这等于两份论文，应该加两分。"家属热烈鼓掌。侍女过去，给苏密尔6号奶桶里放两个嘎拉喀。

主持人伊剌姑宣布："第四关，审查武艺。比武，只比射箭。5箭2中或以下者，取消继续竞选资格，退出竞选；5箭3中者，通过，得基本分1分，加1个羊嘎拉喀；5箭4中者，得2分，加 2 个羊嘎拉喀；5 箭 5 中者，得 3 分，加 3 个羊嘎拉喀。"

侍女们在距主席台前 40 步远处，立了草人。草人约 2 米高，上半截 50 公分处有草，上用羊皮画了红黄蓝白黑 5 个圈。

伊剌姑像个战斗指挥员，下着命令："每 4 人一组。第一组 1 至 4 号。各就各位。"4 个女孩就位，这时侍女们给每人发 1 张弓 5 支箭。4 人分别对准草人 5 色圈靶红色靶心射出 5 箭。侍女 8 位跑去验看，每两人看一草人，喊："1 号中 3 支，2 号中 4 支，3 号中 3 支，4 号中 5 支。"侍女们拔下箭支，跑回去。管嘎拉喀的侍女过去，给 1 号奶桶里放 1 个嘎拉喀；给 2 号奶桶里放 2 个嘎拉喀；给 3 号奶桶里放 1 个嘎拉喀；给 4 号奶桶里放 3 个嘎拉喀。

第二组 5—8 号比赛中 5、7、8 号选手没得分，捂着脸哭着跑回自己休息的毡房，随后其家人动手拆卸毡房要走，被满都海及时发现。

满都海站起来大声喊："尊敬的家长们，你们不要忙着走。来参选的孩子们，都是好样的。我不能让这些好姑娘哭着回去，她们愿意留在我身边的，都留下来，我继续培养他们，将来我给她们选一个年轻英俊的诺延丈夫。不愿意留下的，可以跟父母回去，但我要赏赐她们，让她们拿着赏品回去。"落选人员家属安定下来。

第三、四、五、六组的比赛继续进行，13~24 号选手们也都认真发挥着自己的能力和水平，直到射箭比赛结束。

主持人伊剌姑请示彻辰哈屯："到现在，考核成绩 7 分的有 2 名，6 分的 1 名，4 分的 6 名，合计 9 名竞争选手入围。人数太多，是否进行淘汰赛，请指示！"

满都海说："可以进行淘汰赛，加赛琴艺、绘画、书法三项技艺，不精练的，淘汰。"

主持人伊剌姑："下面宣布第一轮竞选入围者情况。因只选两名哈屯，4 票以上入围。第一轮入围者有 9 人。他们是：1 号胡其其格 4 票、2 号赛因其其格 6 票、3 号乌云旭日格 4 票、4 号顾实 7 票、6 号苏密尔 8 票、11 号那仁才其格 4 票、16 号娜仁托娅 4 票、20 号那仁花尔 4 票、24 号嘎丽玛 4 票，共 9 名竞选女孩入围。入围选手进行第二轮考核。第一轮竞选不足 4 票未入围的，不能参加第二轮竞选。"

第五节　顾实和苏密尔 2 才女胜出被选为哈屯

主持人伊剌姑宣布："第二轮竞选，加赛琴艺、绘画、书法 3 项技艺。考核方法是进行淘汰赛，对不会的以及不精练的，予以淘汰。入围的 1、2、3、4、6、11、16、20、24 号 9 位姑娘按顺序在主席台前站成一排。"

伊剌姑继续做着说明："赛琴艺，自选各种乐器的一种；绘画，自选各种画法的一种。这两项加上书法，3 项技艺全能的举手。"

2 号赛因其其格、4 号顾实、6 号苏密尔三位举手。

主持人伊剌姑："2 号、4 号、6 号选手，站到这边。琴艺、绘画、书法 3 项技艺，会两样的举手。"

1号胡其其格、3号乌云旭日格、11号那仁才其格举手。

主持人伊剌姑："你们3位选手，作为候补选手，站那边。16号选手娜仁托娅、20号选手那仁花尔、24号选手嘎丽玛3位选手，琴艺、绘画、书法3项技艺只会1项，已失去进入第二轮淘汰赛的资格，现在可以回毡房休息了。"

先考核全能选手2号、4号、6号。如果每人考核都合格，那么3名候补选手就失去候补资格，被自然淘汰。

2号、4号、6号选手，先考核琴艺。乐器自选，曲目自定。侍女拿来马头琴、四弦胡、三弦、古筝、扬琴、笙、管、笛、箫等一大堆乐器摆在那儿。三位选手按自己会弹、拉、吹的技能选择某一种乐器，演奏比较拿手的那么一个小段子。

选美评委之一人表态："拉（弹、吹）得挺好！每人加1分。"侍女给每人加1个羊嘎拉喀。

主持人伊剌姑宣布："琴艺考核，都通过，没有被淘汰的。下面考核书法：自选题材，自选写法，要求作品工整、艺术。"

侍女搬来三个小桌，发给每人一套文房四宝，侍女研墨。

三人分别现场泼墨，分别呈送主席台。评委三人传看，交换观点。

科尔沁诺延夫人点评："这3张书法作品，运笔刚劲有力，泼墨挥洒自如，笔迹有行云流水之感，给人以美的享受，都是好作品。都通过。"

主持人伊剌姑宣布："都通过，每人加1分。"侍女每人给加1个嘎拉喀，伊剌姑接着宣布，"下面考核绘画。绘画的题目，以今天的选美会场为题，按照这实际风景绘制写生画，要求画得像、画得快。"侍女给每人发一张绘画纸以及几块木炭。

三人分别作画，4号和6号首先交卷，2号后交卷。

扎罕·阿噶夫人点评："3张绘画作品，经过对比，4号顾实小姐、6号苏密尔小姐的作品，画得比较形象，比例也适当，通过。相比较，2号赛因其格小姑娘的那张，绘画技巧运用不自如，景物比例失当，画面布局不太协调，显得绘画功底不太厚实，基础差一些。"

主持人宣布后，侍女分别给4号、6号选手加了羊嘎拉喀。

主持人伊剌姑检查奶罐里的羊嘎拉喀后："报告彻辰哈屯，第二轮加赛结果，2号8个嘎拉喀，总分得8分；4号10个嘎拉喀，总分得10分；6号11个嘎拉喀，总分得11分。"

满都海与二位夫人商量后决定："既已决出2名优秀选手，补赛的针织刺绣就不赛了。但最后的面试一关，不能免。下面进行面试答辩。"

主持人伊剌姑："4号选手顾实小姐，请到主席台前面来。"

顾实到台前施半蹲礼后站立。

扎罕·阿噶夫人问："顾实姑娘，我问你一个问题，你若做大汗的哈屯，大汗从外面回来时气鼓鼓的，你该怎么办？"

顾实："回夫人，我要用微笑迎接大汗，而后用我的微笑和温柔以及周到、殷勤的服侍，使大汗尽快消气。"

扎罕·阿噶夫人问："假如大汗气还不消怎么办？"

顾实："回夫人，我要想办法了解大汗生气的原因，而后用一些大汗能接受的语言劝解，使其消气。"

科尔沁诺延夫人问："顾实姑娘，我问你，假如你这套办法不好使时，你将如何？"

顾实："回老夫人，我将等待，寻找说服的机会。"

科尔沁诺延夫人问："假如弄明白了，大汗是因为汗廷诺延生气，你该怎么办？"

顾实："回老夫人，我必须先弄清大汗为什么生汗廷诺延的气。假如是因工作问题，得先看看谁的主张对汗廷、对社会有利。假如诺延的意见对国家和社会有利，但是呛了大汗的意见，当众驳了大汗的面子，让大汗下不了台，应尽量曲线说服大汗以国家利益为重，采纳大臣意见，纠正自己的错误。如果诺延的意见出发点是好的，只是方法不当的，那就劝说大汗，作为人君不能与臣下计较高低得失。如果诺延是别有用心，借机给大汗发难，那就建议大汗，不但不能支持，而且必须给予一定的批评，而后，建议大汗继续观察，别有用心继续有表现的，应当及时处理。"

科尔沁诺延夫人："好了，先下去吧。"

顾实："谢谢夫人。"施礼，退下站一边。

主持人伊剌姑："6号选手苏密尔小姐，请到主席台前面来。"

苏密尔小姐到台前，施半蹲礼后站立。

科尔沁诺延夫人问："苏密尔姑娘，我问你，咱蒙古与外国发生纠纷，比如说与明朝发生纠纷，大汗为此闷闷不乐，你该怎么办？"

苏密尔："尊敬的老夫人，回您老人家的话。我的原则，作为哈屯，首先掌握一个原则，尽可能不介入汗廷事务。如果大汗从汗廷回来，表现出一般的不愉快，则想法儿让他高兴即可，不主动问及为何在汗廷不高兴的原因。假如大汗说及或问起您老人家说的问题，甚至义愤填膺，此时我的态度是，建议大汗派外交使臣，到明朝相关部门协商解决纠纷的办法。如是由于我方的原因产生的纠纷，那就毫不掩饰，承认责任，造成对方损失的如数赔偿对方的损失，求得谅解；如果发生纠纷的原因在对方，在对方承认责任的基础上，予以谅解，采取宽松的态度，务求不使纠纷激化升格。总的原则是：求得协商和平解决纠纷是上策，这对双方都有利。"

扎罕·阿噶夫人问："苏密尔小姐，我问你，假如对方不同意协商，或者协商不成怎么办？"

苏密尔："回夫人，我的意见是，建议大汗，派外交使臣到对方的上级部门协商，直至到明朝皇帝那儿，说明纠纷激化升格对对方的利弊之处及可能发生的严重后果，尽量对对方晓以利弊，避免升格发生战争。"

科尔沁诺延夫人问："大汗对你的意见不理会怎么办？"

苏密尔："回夫人，满都海彻辰哈屯健在时，禀告满都海彻辰哈屯出面；满都海彻辰哈屯百年后，请汗廷中有权威的兼有功勋的诺延出面力谏。"

扎罕·阿噶夫人问："苏密尔小姐，如果朝议，大汗还坚持己见不采纳怎么办？"

苏密尔："回夫人，首先，我相信咱的大汗，不是那种不采众议、一意孤行的君主。如果是那样的大汗，我就不来竞选哈屯了。假如那样的事情真的发生，那只有先按大汗意见执行，在发生有可能转折的情况时，再适时劝谏修正，只有这样。"

扎罕·阿噶夫人："好了，答得很好。先下去吧。"

苏密尔："谢谢夫人。"施礼退下。

选美班子碰头研究，全场都静下来，鸦雀无声，等待结果。

满都海起身总结："经多日筹备，经过两天的竞赛，24 名竞选女孩中，4 号选手顾实小姐，6 号选手苏密尔小姐，脱颖而出。顾实小姐，苏密尔小姐，在各项竞赛中，成绩遥遥领先，而且在面试答辩中，不仅对答如流，观点正确，更主要的是，他们答辩处理问题的态度是稳重的。这对辅佐大汗执政是有益的。我宣布：顾实小姐，苏密尔小姐，被选中为大汗哈屯。

"我们将此情况向大汗禀报，安排与大汗见面，大汗如无异议，便择吉日给他们完婚！

"落选的 22 名女孩，都是咱蒙古女孩中的精英。每人赏赐彩缎 9 匹，并资助回乡路费白银 99 两。

"2 号选手赛因其其格，作为一个牧民的孩子，在条件极其不足的情况下，经过其个人奋发努力，刻苦学习，各项比赛均取得第 3 名的成绩，是难能可贵的。我要留下她，在我的帐前使用。

"其它落选女孩，愿留在我帐前使用的，请留下。不愿留下的，领取赏赐后就可以回去了。我宣布：北元汗廷为大汗选哈屯活动圆满胜利结束。"音乐奏起，锣鼓声喧天。

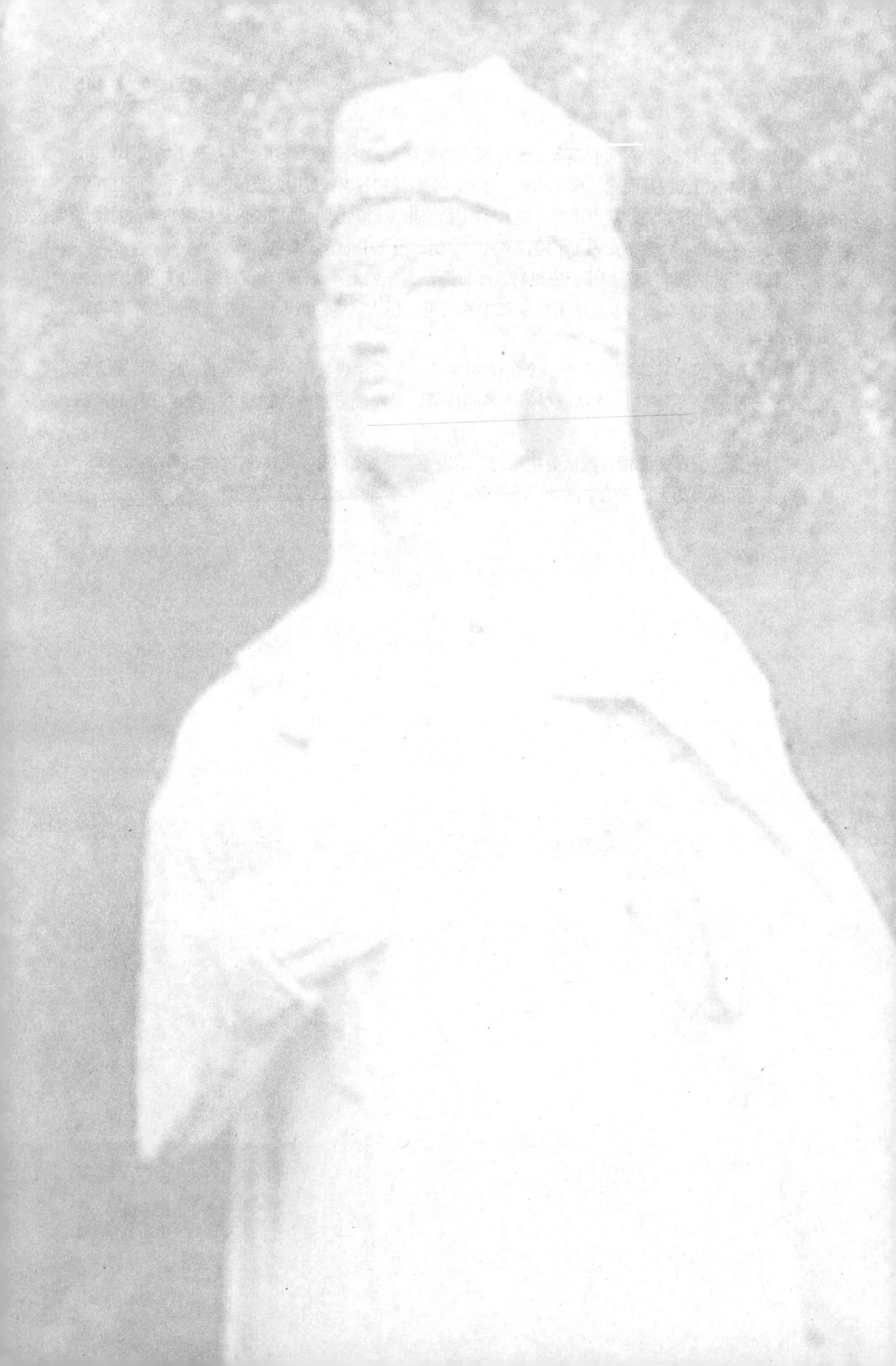

第二十三章 平定叛乱

第一节　右翼 3 部派请愿团请求汗廷派济农去管理

北元右翼鄂尔多斯部、永谢布部、蒙郭勒津土默特部每个部推举一个代表，推举三名代表率领的右翼请愿代表团三十人，到察哈尔大沙窝可汗驻帐地。

金帐卫兵挡住来人："停步，请问大叔，你们是哪儿的？有什么事？"

拜音绰古尔·达尔罕："我是拜音绰古尔·达尔罕伯延，我们三人率领鄂尔多斯、永谢布、蒙郭勒津三个部三十人的请愿代表团，为了向大汗、向满都海彻辰哈屯、向汗廷请愿，专程前来，求见大汗、满都海彻辰哈屯。"

金帐卫兵："请你们后退等待。"请愿团退后，卫兵进帐施礼，"报告大汗、哈屯，外面来了一伙人，说是鄂尔多斯、永谢布、蒙郭勒津三个部的代表，向大汗、哈屯请愿来了。"

达延汗面向满都海问："啥叫请愿？请什么愿？"

满都海答复达延汗："民众请愿，多数是利益的事，比如提出大雪冻死饿死牲畜，要求减免税赋；也有因为官员强摊乱派，为非作歹，搜刮民财，要求惩治贪官而请愿的。这次请愿为了啥事，听听再说吧。"吩咐卫兵，"请他们进来。"

金帐卫兵："大汗、哈屯请你们进去。"请愿团主动把刀箭都放在了门外，卫兵将吃肉小刀都留下了。

请愿团一行三十三人先后进入金帐，跪下，双手高举手帕，磕头口呼："祝尊敬的大汗，万岁万岁万万岁！祝尊敬的彻辰哈屯，千岁千岁千千岁！"

达延汗："平身。"

请愿团一行三十三人："谢大汗。"

拜音绰古尔·达尔罕自报身份："我是鄂尔多斯·哈尔哈坦伯延拜音绰古尔·达尔罕，我带领鄂尔多斯民众十名代表。"接着第二位自报身份："我是永谢布·布里亚特伯延珠尔嘎岱·墨尔根，我带领永谢布民众十名代表。"

第三位自报身份："我是蒙郭勒津土默特·茂明安伯延多郭兰·阿忽勒忽，我带领蒙郭勒津土默特民众十名代表。"

随后，拜音绰古尔·达尔罕说明来意："启禀尊敬的大汗陛下、彻辰哈屯殿下，我们三人，率领鄂尔多斯、永谢布、蒙郭勒津土默特三个兀鲁思民众推选的三十人请愿团，专程前来。"说完唱起了一首歌：

　　我承运之主已即汗位，
　　已讨平其不臣之仇敌，
　　赖所遇满都海彻辰哈屯，
　　祷祝而诞七博罗特矣！

故为于圣主八白宫前,
燃煌煌之大烛,
焚馥馥之高香,
为科敛六大国之贡赋,
请君一子为承制之济农而来矣!

满都海哈屯表态:"你们在下边还为汗廷'科敛贡赋'操心,为国家管理着想。你们的精神,难能可贵呀!"而后对达延汗说,"大汗,人家右翼三个部主动派出请愿团,请求你派一个儿子去任济农,管理右翼事务,你是不是应该派一个儿子去,满足他们的要求啊?"

达延汗:"右翼民众有这样善良的要求,当然要满足。乌鲁斯博罗特。"

乌鲁斯博罗特起立,站到大厅中央:"儿臣在。"

达延汗:"乌鲁斯博罗特,朕任命你为济农,代表朕统辖管理右翼三个部的事务。朕再派郭尔罗斯的阿巴海·巴巴岱·乌尔鲁克协助你,与你同行。即日,可随请愿团启程,赴任。"

请愿团一行三十三人:"谢大汗、谢彻辰哈屯!"

达延汗:"请愿团远道前来,一路辛苦,赐御宴慰问!"

请愿团一行三十三人:"谢大汗!"跪下磕头。

满都海在野外一山坡草地上,举行欢送乌鲁斯博罗特赴任仪式。在搭建的凉棚下,达延汗和满都海并排在一小桌后坐着,桌上摆着高脚银酒壶和银酒杯,后面站立着男女侍卫。

乌鲁斯博罗特济农,十六七岁的英俊小伙,一身将军打扮,骑马率领10几人的队伍过来,到凉棚附近下马,自己步行走到凉棚前,跪倒:"祝父汗、母后永远健康!"随从们都下马,就地站在马旁等候。

达延汗端起一杯酒说:"此去任重道远,祝你一切顺利!"递过酒来。

乌鲁斯博罗特接过酒杯:"谢谢父汗关心!"一饮而尽。

满都海端起一杯酒,含着眼泪嘱咐:"乌鲁斯博罗特,你年龄小,涉世不深,你去的地方,是逆贼亦思马因早年的老窝,凡事要多加小心,小心谨慎,好自为之!"递过酒来。

乌鲁斯博罗特接过酒杯说:"儿臣一定谨记母后的教诲,照母后教诲去做,请母后放心!"一饮而尽后擦擦嘴,磕头起立,奔向坐骑。

达延汗、满都海都起来,也奔向其坐骑。

乌鲁斯博罗特在其嬷母注视下,骑上马背。

满都海在乌鲁斯马下叮嘱:"人心叵测,一定要小心谨慎哪!"

乌鲁斯博罗特初生之犊不怕虎,说:"请父汗、母后回去吧!"给马加了一鞭,马跑了起来,随从人员都骑马跟上。

满都海拎起一奶桶,用木勺子舀着奶,目视乌鲁斯博罗特前进方向,向其前进方向泼洒着牛奶。达延汗在满都海旁边站着,目送儿子直到看不见为止。

乌鲁斯博罗特任济农管辖右翼三个部的消息传到右翼,永谢布部首领也先汗的孙子亦不剌鄂尔多斯部独眼龙的首领满都赉·阿忽勒呼二人打算密谋叛乱。

永谢布部首领亦不剌到鄂尔多斯首领大帐前，骄横地说："通报一声，就说永谢布亦不剌求见。"

卫兵进帐施礼："报告诺延，永谢布亦不剌诺延来了。"

鄂尔多斯满都赉·阿忽勒呼诺延听说亦不剌来了，赶紧出帐迎接。

永谢布亦不剌首先问好："赛音拜诺？"

鄂尔多斯满都赉诺延："说曹操，曹操就到。请进请进。"仆人掀开门帘，亦不剌大摇大摆进门，又毫不客气地坐下。

鄂尔多斯满都赉诺延呵斥仆人："去，赶紧给诺延上奶茶。"而后郑重其事地提出，"亦不剌诺延，我正想派人去找你哪。你看，汗廷给咱们派来了一个'婆婆'要管咱们，你说这事怎么办？"

亦不剌傲慢地说："我等何需上官，当自主，自行其事可也。"

满都赉："我说亦不剌诺延，你没听懂我的话是怎么的？管咱的上官都来了，你还说'我等何需上官，当自主，自行其事可也'，还赶趟吗？"

亦不剌恶狠狠地说："我让他赶趟就赶趟。"

满都赉："这话怎么越说越离谱了呢？"

亦不剌："我亦不剌向来不说空话，说到做到。"

满都赉："那你说说怎么个赶趟法，让我听听，心里也亮堂亮堂！"

亦不剌："满都海派她二小子来了，我也听说了。她那小崽子来，我愿意归他管，他管得了；我不愿意归他管，他管得了吗？"

满都赉："人家是大汗派的，有权力，硬管你怎么办？"

亦不剌："他硬管我，哼！我来个先下手为强。没等他管我，我先送他回姥姥家去。"

满都赉："你的意思是……"用手比画脖子，"咔嚓？"

亦不剌："那怎么的呀。到那时候，他还能管我不？"

满都赉："我说亦不剌诺延，他是大汗的儿子，杀了他，可要招来一场战争的！"

亦不剌："战争怎么了？打就打呗！怕他呀！我早就有心跟他打一仗。我爷爷也先、我太爷脱欢，都是了不起的巴特尔，都是因为孛儿只斤氏死的。我总想跟他们打一场，给我的先辈报仇。"

满都赉："你有战胜满都海、为先辈报仇的实力吗？"

亦不剌："咱俩家有三万人马，合起来跟他们斗。打赢了，我当大汗，你当太师。总之，咱哥俩掌权，不听他们摆弄。行不行，你说？"

满都赉："行是行，我总怕打不过他们，到时候弄个身败名裂、死无葬身之地。"

亦不剌："要想干事业，就得豁出四两半斤的来，得有不成功便成仁的精神。"

满都赉："这精神我倒是有，但总得衡量衡量实力呀。"

亦不剌："论实力，你没看看他们那伙，满都海老了，不能上阵指挥了；巴图蒙克，没打过仗，没经验；他们的军队，都是抽调各部的人马，七拼八凑的，各揣心腹事，你寻思都真心给他卖命哪？那些人，见硬就回。到时候，咱来个猛打猛冲，不怕不赢。"

满都赉："你这么有信心，那我就听你的了。到时候别忘了我就行。"

亦不刺："能忘你吗？你把我看成什么人了！"

乌鲁斯博罗特济农到鄂尔多斯后，住在鄂尔多斯请愿代表哈尔哈坦伯延拜音绰古尔·达尔罕家。拜音绰古尔家很富有，准备了很丰盛的宴席招待乌鲁斯。

乌鲁斯说："拜音绰古尔大叔，明天我想按咱蒙古人的老规矩，先去八白宫拜谒先主，而后再开始做事。"

拜音绰古尔说："在这先休息两天，找萨满选择一个吉日，再去不迟。"

乌鲁斯："不看日子了。可汗是长生天的儿子，可汗定的事，长生天会关照的。"

拜音绰古尔："那就按济农的意见办。八白宫离这有半日程，明天早点起来，争取龙时到八白宫。"

乌鲁斯："依大叔意见就是。"

拜音绰古尔："那就早点休息吧。"

第二节 济农上任前拜谒八白宫被叛匪挑衅杀害

鄂尔多斯满都赉·阿忽勒呼诺延大帐。满都赉已入睡。仆人报告："诺延、诺延，我已经打听来了。"

满都赉在被窝听仆人汇报："我听着哪，你说吧。"

仆人："我向拜音绰古尔伯延的仆人打听过，他说拜音绰古尔伯延已下令，让他们鸡叫前把茶食预备好。看来，乌鲁斯博罗特天亮就起程。"

满都赉在被窝下指示："你去请亦不刺诺延，说我有急事商量。"

亦不刺连夜赶来，问："满都赉诺延，你有事找我？"

满都赉："我的下人打听到乌鲁斯明天起早到八白宫去。我看是个动手的好机会，因此请你来商量。"

亦不刺沉思片刻说："对，是个机会。我看用激将法。"

满都赉："什么激将法？"

亦不刺防备隔墙有耳说："你附耳过来。"

满都赉探过身子，把耳朵贴在亦不刺嘴边，听后连声称赞："好计、好计，这计谋，也就你亦不刺诺延能想得出来。就按你的意见办，我这就去安排。"

蒙郭勒津首领火筛·塔布囊诺延伊克格尔大帐内，巴尔斯·博罗特台吉："姑爷，我二哥到鄂尔多斯任右翼济农，举行拜谒八白宫祖陵就职仪式，我想去看看。"

巴尔斯博罗特是满都海第三子，十五六岁，正在蒙郭勒津·彻库特火筛塔布囊家。火筛夫人是满都鲁汗与满都海所生女儿伊锡格公主，因火筛作战勇猛机智还对满都海忠心耿耿且其父脱罗干是汗廷枢密院知院，所以满都海就将与满都鲁汗所生之女嫁给了火筛。因此从父系论辈分，伊锡格是其姑奶，火筛是其姑爷。

火筛·塔布囊诺延说："鄂尔多斯那地方，社会秩序很不安定，你要格外小心。我让帖木尔陪你同去。帖木尔！"

帖木尔："诺延有什么吩咐？"

火筛诺延吩咐："巴尔斯台吉要去鄂尔多斯八白宫参加乌鲁斯济农就职仪式。台吉年龄小，没经验。你是鄂尔多斯人，那里情况你比较熟悉，你陪台吉一起去，多照顾一些台吉。"

帖木尔："加。"

火筛诺延还嘱咐："另外，我告诉你们，鄂尔多斯诺延满都赉不是个正经人，本事不大野心不小，我了解他。你们到他那一亩三分地，一定要提高警惕，格外小心，特别是注意安全。明白了没有？"

巴尔斯和帖木尔一起答应："明白。"

火筛诺延说："巴尔斯，你骑我的黄骏马去。"

乌鲁斯博罗特带领巴巴海等几人，带着祭品，骑马到八白宫去拜谒圣主灵。

乌鲁斯济农骑马来到八白宫跟前，未曾来得及下马，便围上来数人，其中一人为叛乱分子满都赉安排的挑衅者博勒卓木尔。

博勒卓木尔拽住乌鲁斯的马缰绳："这是我的马。"

乌鲁斯济农："老乡，我不认识你，你别开玩笑。"

博勒卓木尔："这就是我的马。"仍拽住乌鲁斯的马缰绳不放。

乌鲁斯济农解释说："我昨天刚从察哈尔来，我从察哈尔骑来的马，怎么是你的马？"

挑衅者死咬："这就是我的马。"仍拽住乌鲁斯的马缰绳不放。

乌鲁斯济农："你的马，你有什么证据？"

挑衅者说："我不管证据不证据，这马就是我的马。"就是拽住乌鲁斯的马缰绳不放。

乌鲁斯济农："老乡，我今天有重要事，你先放开，过一会儿咱俩再澄清到底是谁的马好不好？"

挑衅者："这就是我的马，我不等。"

乌鲁斯济农很气愤地说："你这人还讲不讲理？"

挑衅者："我说是我的马，就是我的马。"

济农的助手阿巴海·巴巴岱·乌尔鲁克见此人蛮不讲理，气愤已极，便抽出腰佩之刀，给那人一刀，因太气愤用力过猛头颅都被砍了下来，而后共同奔八白宫而去。在那种情况下，将挑衅者杀死也确实不冷静莽撞了点。

永谢布亦不剌、鄂尔多斯满都赉俩人见挑衅者被杀便煽动群众，大喊大叫："济农刚到，就杀人，今后还有咱活路吗？杀此阿巴海，就此举事啊！"两人轮番喊叫，附近聚拢很多人。

鄂尔多斯拜音绰古尔赶紧上前劝阻亦不剌："亦不剌诺延、满都赉诺延，咱右翼三个部大众公议，认为不可无主，推举我们到汗廷请愿，请求大汗、满都海哈屯派一子来任济农。今派来了，咱把它杀掉，咱可对不住大汗、满都海哈屯哪！长生天会惩罚咱们的。"

亦不刺恶狠狠地责问："拜音绰古尔，你去一趟察哈尔，满都海赏你喝顿'尿水子'，你是喝迷糊了还是被收买了？啊？"翻脸骂，"滚，这事轮不到你管。"对侍从下令，"去，赶紧把人马调过来。"侍从跑马去找部队。

洪吉喇特库坪孙将军是亦不刺手下将军，听到此话，赶紧奔向八白宫，找到乌鲁斯告诉他："济农诺延，亦不刺和满都赉反了，派人调军队去了。现在真相不明，群情激奋。为了您的人身安全，您必须先回避一下，赶紧跑吧。"将自己骑的红沙马交给济农。

乌鲁斯济农骑马刚要走，亦不刺的叛乱军队已经杀来，逃跑已来不及了，便躲进八白宫中。鄂尔多斯叛军将领巴雅里充带领叛军追进八白宫。济农拔刀自卫，与第一个追杀进来的叛匪斯杀。这时，叛军将领鄂巴雅里充在背后用箭射乌鲁斯济农，济农当即倒地死亡。叛军接着与济农的助手阿巴海·巴巴岱以及随从们激战，助手及随从拼命反击抵抗，寡不敌众，一个一个都被杀害。

叛军们欢呼胜利，举着刀乱糟糟地呼喊："乌瑞、乌瑞！"

满都海第三子巴尔斯特意来参加乌鲁斯济农就职仪式，一早来到八白宫，就看见挑衅行为，接着亲眼看见二哥被害，大喊一声："哥、哥呀！"痛哭失声。

巴尔斯姑爷火筛诺延派的保镖帖木尔连忙制止："台吉、台吉，您不能哭。叛军知道是您，也会杀您的。咱得赶紧离开这儿，晚了出不去了。"两人拨马往回跑，此时永谢布、鄂尔多斯两部军队越来越多。

巴尔斯博罗特急匆匆地回到蒙郭勒津土默特火筛诺延大帐，上气不接下气地说："姑爷，大事不好了！"

火筛诺延："别慌，喝口水。"递给他一碗奶茶，"冷静冷静，慢慢说。"

巴尔斯台吉坐下，喝口奶茶，冷静一下说："永谢布亦不刺、鄂尔多斯满都赉反了，我二哥被他们杀死了。"

火筛诺延问："看清楚没？"

巴尔斯台吉："看清楚了。"

保镖帖木尔也说："看清了。不单济农被杀死了，济农的十多个随从也都被杀死了。"

火筛诺延感慨地说："预料的事情终于发生了。"

巴尔斯哭："哥呀，你死得的太惨了！"

火筛夫人伊锡格公主也跟着痛哭："乌鲁斯，你死得好惨哪！"

火筛说："公主，你冷静冷静，得想个办法，尽快将这不幸的消息，告诉您嫫母和大汗。"

伊锡格公主："看现在这个形势，咱家保护不了这个孩子的安全了，得送他回他阿爸嫫母处了。"

火筛："得选几个靠得住的人护送。"

伊锡格公主："那你赶紧选吧。"

火筛："秃阿赤。"

传令兵进帐施礼："诺延有何吩咐？"

火筛诺延："你去找鄂尔多斯之库伯克特的帖木尔、乌格新之巴科苏固尔弓箭手、达拉特之垂·图尔根、乌喇特之推马克、布格斯之恩古尔、星忽尔之阿哈岱、蒙郭勒津之毕里克图七人速来我这里报到。"

传令兵："加。"施礼，走了。

火筛："巴尔斯，你也赶紧去收拾一下，一会儿那些护送你的人来后，你们一起起程，赶紧回汗廷报信。"

巴尔斯："加。"

伊锡格公主："我去帮他收拾收拾。"

七名护送将军到来，进帐施礼："诺延有何吩咐？"

火筛："交给你们一个紧急而又艰巨的任务。永谢布、鄂尔多斯叛乱，杀死了刚到任的济农诺延。你们几位将军是我最信得过的，派你们护送巴尔斯台吉回汗廷，向大汗、满都海哈屯报告这一不幸消息。简单收拾一下，立即起程。"

七名护送将军："加。"施礼，走了。

巴尔斯博罗特回汗廷报信的随行人员包括护送将军七人，巴尔斯比姬博达斯和三岁儿子衮毕里克，一名服侍比姬及孩子的女佣人。一行人带着八匹马和两辆勒勒车向察哈尔行进。

行走多日。这一天，家眷坐的车内孩子直哭。巴尔斯比姬博达斯哄孩子："噢、噢，不哭、不哭。"晃悠着，孩子仍然哭个不停。

女佣人："夫人，我下去让他们给小台吉弄点吃的吧。"

巴尔斯比姬博达斯："好吧。"

女佣人叫车夫："大叔，喊台吉，夫人找台吉有话说。"而后大声喊，"台吉、台吉！"

巴尔斯等人听到喊声，都停下马来，回过头问："怎么的了？"

女佣人："小台吉饿得直哭，给弄点东西吃吧。"

巴尔斯回马到车前。

博达斯比姬说："出来时你们也太匆忙了，带那么点奶食。昨天吃一天山韭菜野葱，我倒是还能将就两天，可是这奶不将就，今天就不下奶了。你看孩子哭得，嗓子都哑了，再过两天，这不活活会把孩子饿死吗？你得赶紧想法儿。"

巴尔斯说："不用说孩子，咱大人这么下去也不行。咱带的奶食，是按咱骑马行进的日子算计着带的，忘了此次是带着家眷行进，勒勒车把路途时间给耽误了，这怨我。不能再吃野菜了，整个没精打采的，到前边真要碰上叛匪拦截，咱都得被人抓俘虏。这么着不行，咱们得整点肉奶吃的。"

护送将军："咱分头去打猎。"

巴尔斯："只有这么办。夫人坐的车，就地休息。"

乌格新之巴科苏固尔弓箭手出去打猎，看到一匹野骡，骑马死死追着，射了几支箭，那野骡终于因受伤速度渐渐慢下来，追到近处一箭射中要害，野骡倒下。巴科苏固尔停下马，下马，累得躺那了。

帖木尔将军追兔子，追到这边，看到苏固尔："巴科苏固尔，没事吧？"

巴科苏固尔慢慢坐起来："没事，累得坐不住了！歇会儿就好了。"

帖木尔将军："巴科苏固尔，你为大伙儿立功了。有这匹野骡子，大家饿不死了。咱俩也整不动，你在这先歇一会儿，我去叫他们去。"听了这话，苏固尔又躺下了。

帖木尔："图尔根、推马克，巴科苏固尔打到一匹野骡子，这扒皮炖肉，可是该你俩干了吧?!"

图尔根："推马克，我扒骡子皮，你去捡干树枝。"

推马克："煮野骡子肉，可得树枝了。我告诉你，扒完骡子皮，你别完事大吉，你得负责煮肉。"

图尔根："行啊，但有一宗，你得供上我烧树枝。"

恩古尔："推马克，我和你一起检树枝。"

阿哈岱："毕里克图，你负责给台吉、夫人做警卫。草原上捡树枝不好捡，我也帮他们捡树枝去。"捡树枝的都走了，图日根开始扒野骡子皮。

毕里克图问："图日根，扒野骡子皮和扒牛皮比，怎么样啊？"

图日跟回答："差不多。"

毕里克图："图日根，大家都饿得肚皮帖脊梁骨上了，你别老一套。今天你也改革一下，先在骡子屁股那儿剜一块肉，先煮起来，大家先垫巴垫巴，别把老肠老肚饿急眼了。完了你再慢慢地扒。"

图日根："我也这么想，先整块肉，大家垫巴垫巴。可你要不说，我那么整，你一定会笑话我不会扒骡子皮，当老爷们不够资格了。"他俩边说着边剜一块骡子后臀部的肉，切成小块，在近处捡树枝煮起来。

恩古尔、推马克等人捡树枝回来。恩古尔有气无力地说："闻这肉味，我走不动了。"说着就坐那儿了。推马克也说："没这肉味，我还能挺一阵。闻到这肉味，老肠老肚就开始打架了。怎么的也得吃几块再走。"

毕里克图说："若不是我和图日根想出这招，骡子皮也未见能扒完。你想吃，你得吃生骡子肉。"

图日根捞出一块，尝了尝，说："熟了熟了，能吃了。哎，大家来吃野骡子肉喽！"实际上血丝没断，实在是饿得等不及了。这一招呼，大家都跑过来吃野骡子肉，拿什么家伙的都有，站着吃的，蹲着吃的，用手抓着吃的，都饿得不像样了。

野骡子肉救驾，巴尔斯等一行人终于到了察哈尔大沙窝可汗金帐。达延汗和满都海正在吃饭，吃的是肉粥。

巴尔斯博罗特台吉进金帐跪倒："父汗、母后，不得了啦！"

满都海哈屯问："巴尔斯，发生了什么事，整得这么狼狈？你起来，起来说。"

巴尔斯磕头起立："母后、父汗，永谢布亦不剌、鄂尔多斯满都赉那个独眼龙，他们反了。他们说不用上官，自己做主，把我二哥杀死了。"

满都海："你说什么？"

巴尔斯："我二哥被他们害死了！"

母子连心，满都海听到亲儿子被害立即感到头昏目眩，侍女赶紧扶其躺在长榻上。

达延汗暴跳如雷："亦不剌、满都赉你个叛臣贼子，我跟你们没完！一定要掏出你们的狼心狗肺，喂狗！"猛击龙案，"让你们不得好死！让你独眼龙全瞎！"

满都海躺了一小会儿，冷静后坐起来，斩钉截铁地说："出兵镇压！"

达延汗："对，出兵镇压！"

满都海："汗廷派去的命官，又是大汗的儿子，他们竟敢杀害，这不仅仅是叛乱，简直是贼胆包天，这样的贼人不镇压，还镇压谁？"

达延汗："那现在就开始做出兵镇压的准备工作。"

满都海："这次出兵征伐叛匪，你亲自挂帅。让萨满择个黄道吉日出兵。"

第三节　达延汗无经验第一次率兵出征尴尬回师

哈剌兀那山是形成蒙古高原的脊柱之一，它像巨龙一样横卧在辽阔的蒙古高原上。它巍峨陡峭，有昂首比肩的70座山峰，因此又被称为"达兰喀喇"。山上有难于行军的窄小崎岖山道，有数不清的山涧泉水，有繁花似锦的树木花草编织的美丽景色，同时也有艰险难以行走的自古一条路——蜈蚣坝。哈剌兀那山因其山色翠霭，青葱如画，蒙古人称为"喀喇兀纳"，译成汉语为"黑山"。明嘉靖时将黑山改称"青山"。到了清代，因青山之大，有人在青山二字之前，加上了"大"字，变成了大青山，延续至今，但这个时期还未改称青山。

克什克腾鄂托克乌噜木将军在崎岖山中的羊肠小道行进时，多数时间都是牵马步行，步行还很艰难，跌倒了，发牢骚："这叫道吗？"

科尔沁布尔海·巴图尔将军笑着："不叫道，你叫啥？"

乌噜木将军没好气地："叫我说，叫啥就是不叫道。"

巴图尔将军故意气他："像你老婆肚子那么平嶂，那叫山吗？"

乌噜木将军："你小子就会抬杠。"

巴图尔将军："不是抬杠，这叫真理，以前有人走过，留下痕迹能走路的地方就叫'道'。这是早年咱蒙古人在中原时，去西域丝绸北路的居延大道必经之路。笑话，竟然有人说这不叫道。"

乌噜木："你甭给我白话。"

巴图尔："我不是白话，真的。我教给你，咱蒙古的'道'分三种，一是帖里干道，可通行马车、勒勒车；二是木邻道，可骑马通过；三是纳邻道，就是像咱现在走的这种小道。"

乌噜木不耐烦地回应："行了行了，你今天是拿我开涮，涮过瘾了是吧？"

巴图尔："老兄，我再告诉你一个知识，你现在能走这个纳邻道，还得感谢右翼叛乱哪。若不，你还没资格走这纳邻道。过去，从这驿道通过的，必须是持有金牌或银牌的通报军情机密重事的使臣通行。你自己想过，不够资格。"

乌噜木："得了，我服了你了，不跟你说了。那你说说，啥时候在这山上修个帖里干道，能骑马奔驰过山呢？"

巴图尔："等着吧，长点寿命活着，总有一天会有的。"

达延汗："别埋怨山了，别逗嘴皮子了。我看这爬山，比过沙漠强。西征瓦剌那时，过了库布齐沙漠、腾格里沙漠、巴丹吉林沙漠三个沙漠，那天气燥热、风沙扑鼻、口渴难耐那劲，比现在可难受多了。我那时小，有赛音哈屯重点照顾着我，我还那么难受呢，你说别人怎么样吧？"

乌噜木："大汗，您从小就经受过锻炼嘛。"

达延汗："这正是赛音哈屯良苦用心之所在呀！经受了那样的艰苦，现在就不觉得那么苦了。这山道是难走点，可空气是新鲜的，能喝到水，吃干牛肉，不用沾'芝麻'盐了。"

乌噜木："大汗，在那艰苦环境，还有芝麻盐沾哪？"

巴图尔："你脑袋今天叫驴踢了？什么沾芝麻盐，那是风刮的细沙面。"

平叛大军下山后，沿图尔根河（蒙古人对大黑河的称呼）何下行进着。

右翼达拉特之纳古塄凯将军驱赶群牛沿岸吹号角而来。平叛大军以为右翼大军杀过来了，部众纷纷逃散。

达延汗看军纪涣散，未战自行逃去，便只好跟着撤退。跃马横过河水时，有角黄马倒落中流，达延汗也摔倒在河水中，帅盔盔顶插入泥淖中拔不出来。

别速特之托欢将军大喊："御儿马陷矣！大汗落水矣！"扎古特之察罕将军、彻格哲将军两人听到后面喊声，赶紧回马跑过来，下水救出大汗。

达延汗出水后，手下将军帮助整理了衣服、马具等。达延汗觉得很背兴，很丢面子，带领人马信马由缰前行。

右翼达拉特之纳古塄凯将军见此景作歌唱曰：

无端来侵之左翼之部众，
天地其已判明是与非矣，
图尔根河已训教而使倒矣，
已使离散其大金屋矣。

讨伐叛军先锋官彻格哲将军说："大汗，那个老家伙在笑骂咱，我去教训他一下。"

达延汗："一个疯老头，是在发疯嘲笑而已，无损毫毛。杀了他，显得咱没有肚量，不与其计较，继续前行。"

平叛大军继续在山谷中行进，到天黑也未找到山谷出口。此山为英嘎尔察克岭，是哈剌兀那山的一个分支。哈剌兀那山自古只有蜈蚣坝一条通道，而达延汗因没走蜈蚣坝当然找不到出山口。

先锋官彻格哲将军报告："报告大汗，没找到出山山口。"

达延汗下令："翻山越岭而行。"人马艰难地在山上爬行，马鞍多数脱落，人马疲惫不堪。达延汗看出师处处不利，便决定回师，"传我的命令，收兵回师！"人马小心翼翼地下山。

满都海哈屯在可汗金帐接待了尴尬回师的达延汗。

满都海哈屯："大汗第一次带兵出征，辛苦了？"

达延汗说："赛音哈屯，我无功而返，还闹出了笑话，我已感到惭愧之至，您再问我辛苦，我更无地自容了。"

满都海解释说："吃一堑长一智嘛，没关系，下次就有经验了。中原汉人有个哲学家叫刘禹锡，他有句名言'一将功成万骨枯'，意思是说，一位将军有很多次失败的经历，在他手下死上万人，最后才使他锻炼成为功成名就的一位名将。你才出兵一次，一个人没死，这不比那些功成名就的名将好多了吗？"

达延汗："赛音哈屯，你真会安慰朕。下次出兵，朕先研究好地图，研究好路线，再找个熟悉路线的好向导。"

满都海："我的大汗，增长了军事知识，长了经验，这就是胜利。来！"达延汗抢话说："共同喝压惊酒。"满都海笑着举杯同饮。

达延汗忽然想起一件事："来人！"

卫兵进帐施礼："大汗有什么吩咐？"

达延汗："去把萨满巫师伊都干给朕抓来。"

卫兵："加。"出去不久将巫师带到。巫师伊都干赶紧跪下磕头。

达延汗："你这个该死的巫师，给我选那么一个日子出兵，你知罪不？"

巫师伊都干连连磕头："大汗饶命、大汗饶命。"

达延汗："你这个耽误国家大事的巫师，留着何用？推出去，砍了！"

巫师伊都干跪爬到满都海脚前："彻辰哈屯，救救我吧，来世变马变牛报答您的恩德呀！"

满都海一旁说情："大汗，咱西征瓦剌，他不算得挺准的嘛。这次是个失误，不是故意的。留他一条命，罚他去放羊，也就行了。"

达延汗："太气人了，耽误了重大军事行动。死罪免了，活罪不饶。按《大札撒》规定，最低得重打40鞭子。天饶一下、地饶一下、我饶一下，拉下去重重地抽他37鞭子。"

卫兵拖出去，外面传进来鞭子抽打声和哭叫声。

第四节　叛匪出兵进攻汗廷火筛报信汗廷无恙

达延汗回师不久，叛匪永谢布亦不剌诺延与鄂尔多斯满都赉诺延商议出兵察哈尔进攻可汗一事。

亦不剌诺延："满都赉诺延，你听到巴图蒙克的笑话了吗？"

满都赉诺延问："什么笑话？"

亦不剌："我的探马报告说，日前巴图蒙克带兵前来，想歼灭咱们，在哈剌兀那山硬是没找到道，硬是没过来，后来没法，丢盔卸甲地回去了。"

满都赉："这个呀，我的探马也报告了。"

亦不剌："真正的笑话不是这个，是巴图蒙克的军队，见到达拉特纳古坷凯将军吹号角赶一群牛，就四散逃跑了！嘿嘿！巴图蒙克也跟着逃跑，摔河里了，整个落汤鸡！嘿嘿，你说招笑不？"

满都赉："巴图蒙克在他们全军面前丢老面子了！"

亦不剌："我原先说了，各部的军队不会全都给他卖命的。你看见了吧，听到疯老头纳古坷凯吹号角赶牛群奔跑声都吓跑了，我分析得不错吧！跟这样的军队打仗，你还怕不赢吗？"

满都赉："亦不剌诺延的确有先见之明，看问题看到骨头里去了，真英明，我服了。"

此时，蒙郭勒津火筛诺延派驻永谢布的联络员奥登（汉译为星星）从亦不刺诺延大帐前经过。

亦不刺卫兵："老兄，转悠啥哪？"

正在此时，帐内传出亦不刺说话声："既然这样，咱们主动出击，打到察哈尔的汗廷去，你看怎么样？"

奥登机智地说："我馋酒喝了，想找个地方，蹭顿酒喝！"

此时帐内又传出满都赉的说话声："就按你亦不刺诺延的意见办。"

亦不刺卫兵："那你今天可白来了，今天这儿没酒。"

奥登："那我上别的地方蹭去。"

蒙郭勒津驻永谢布联络员无意中听到永谢布和鄂尔多斯要进攻汗廷的绝密情报后，立即跑马回蒙郭勒津向火筛汇报。

蒙郭勒津驻在永谢布的联络员奥登进入蒙郭勒津火筛诺延大帐施礼："报告诺延，永谢布亦不刺诺延和鄂尔多斯满都赉诺延商量，要出动三万兵马，到察哈尔进攻汗廷，现在正在集结军队。"

火筛诺延："情报可靠吗？"

奥登："保证可靠。"

火筛："好，你这情报很有价值，赏你50两银子。你回去别声张，假装不知道，继续做你的事，有什么情况及时报告。"

奥登："谢谢诺延。"施礼走了。

蒙郭勒津火筛诺延派的紧急信使举着信使银牌，跑马来到可汗金帐前，下马："请通报大汗，蒙郭勒津有紧急军情报告。"

可汗警卫卫兵进帐施礼："报告大汗，蒙郭勒津有紧急军情禀报。"

达延汗："信使在哪儿？"

卫兵："在帐外。"

达延汗："赶紧去请赛音哈屯前来，一同听军情报告。"

警卫卫兵对信使："你进去吧。"而后去请满都海哈屯。

蒙郭勒津信使进帐，施双膝跪见礼："祝大汗万寿无疆。"磕头，起立。

达延汗："你一路劳累，坐下先歇一会儿，喝碗奶茶。"信使说声"谢谢"，在最下角沾个边坐下了，很不讲究地在大汗面前捧着碗喝起了奶茶，他昼夜赶路确实太累了。

满都海哈屯风风火火地来到："有什么紧急军情啊？"边说边往里走。

蒙郭勒津信使见满都海哈屯进金帐便赶紧起立。满都海落座，信使双膝跪倒施礼："祝彻辰哈屯永远健康！"

达延汗："有什么紧急军情，说吧。"

蒙郭勒津信使："报告大汗、彻辰哈屯，火筛塔布囊诺延，令小人八百里加急前来禀报，永谢布亦不刺诺延和鄂尔多斯满都赉诺延，出动三万兵马，要袭击汗廷，现在军队正在往这里行进中。"

满都海问："情报是怎么得到的？"

信使汇报："是我们火筛塔布囊诺延派驻永谢布的联络员奥登，发现他们正在集结军队，探听到后，连夜紧急报告给火筛塔布囊诺延的。"

满都海："这么说，这情报很可靠？！"

信使加重说："火筛塔布囊诺延让我告诉大汗、彻辰哈屯，这情报绝对可靠，一定要提前做好防备。"

达延汗："卫兵，将信使安排驿站休息，好生招待。"卫兵领下。

满都海说："火筛这个情报很有价值，给咱们抢得了防御时间。与其交战，眼下咱手里的人马没他们多，打胜的可能性小；再说，他们是有备而来，锐气比较盛，咱准备不足，仓促与其交战，胜算小；另外，一交战，双方死伤都不少。我建议，提前防御不如提前转移，让他们扑个空，劳兵伤财。"

达延汗："我同意，及时转移是上策，立即转移。"达延汗立即下令，"侍卫长，永谢布、鄂尔多斯三万人马进攻咱们，人马正在途中。你立即派人快马通知各鄂托克、各爱玛克，立即转移。"

侍卫长："加。"

达延汗："秃阿赤，吹起牛角号，通知古列延各户男女老少，立即转移。"各户紧急拆卸毡房，拉着辎重，赶着牛羊转移。

永谢布亦不剌率军来到察哈尔大沙窝可汗驻帐地，见已无人，看现场零乱不堪情况，知转移走了，下令："他们跑了，在后面跟踪追击。"千军万马追到噶海额勒孙之地，遇上了克什克腾、克木齐古特两部。两部人马仓皇抛下勒勒车和牛羊，四散而逃。

永谢布和鄂尔多斯军队，取得胜利，赶着掳获的牛羊，耀武扬威地往回走。亦不剌在马上，春风得意地对满都赉说："怎么样？你看见了吧，没等咱到都跑光了。满都海、巴图蒙克要是不跑，恐怕也得做咱的俘虏。"

满都赉赶紧吹捧他说："亦不剌诺延，您可真是孔明再生啊。"

亦不剌："你看，按现在这形势，咱们能不能战败他们，取得蒙古江山？"

满都赉："能，太能了。您祖上马哈木、脱欢他老人家，都曾在蒙古高原一度叱咤风云；您爷爷也先他老人家更是了不起，指挥三万蒙古铁骑使明朝五十万大军全军覆没，还活捉了他们的皇上，太神了！他老人家不仅统一了蒙古高原，还曾当过大汗。您有这样高贵血统的遗传基因，又有这些年的经验，我想，一定能，您一定能做出比您先辈还要大的事业。"

亦不剌："满都赉诺延，你可真会说话。哈哈、哈哈哈！"

第五节　达延汗亲率大军二征右翼平叛胜利

达延汗、满都海哈屯在达延汗金帐召开平叛会议，由各部诺延参加。

达延汗做动员报告："各位诺延，今天请你们来，是商讨平定右翼叛乱问题。叛匪如此猖獗，竟然率兵到察哈尔攻打汗廷，猖狂已极，其行为表明，他们与汗廷势不两立，必须毫不留情地坚决予以镇压。咱今天的会议，就专门商议出兵右翼如何取胜问题。请大家各抒己见。"

科尔沁额尔多浩海诺延："右翼叛乱，破坏了统一安定不久的大好形势，给民众带来灾难，对他们必须予以打击，对这一点是毫无疑问的。右翼三个部，满打满算也就是四万人马。我的意见，咱们一个部对他一个部，有个重点攻击目标，心里有数，到时集中兵力，全力以赴。剩余人马做预备队，临时加强薄弱环节。战场如有变化，由大汗临时指挥调度。"

察哈尔诺延："我看这个意见可行。"

喀尔喀诺延："我同意。"

达延汗："如果这样，我的意见：鄂尔多斯乃守主上八白宫，受大命之国，乌梁罕亦系守主上金柩，受大命之国。七部鄂尔多斯，由乌梁罕和阿巴海叔王率领的十三部科尔沁重点攻击抵御之；十部大永谢布，由十二部喀尔喀重点攻击抵御之；十二部土默特由八部察哈尔重点攻击抵御之；瓦剌色古色率领的骑兵分队，做预备队，随时听候调遣，加强薄弱环节。"

诸位诺延："没意见。"

满都海哈屯："我补充两条：第一条，回去后，全体参战人员从上到下必须认真学习《大札撒》规定的军纪，告诫参战全体将士，如有违反，将一丝不苟地严格执行，决不宽贷，绝不能让上次那样听到群牛奔跑声就四散逃跑的现象重演；第二条，科尔沁、察哈尔、喀尔喀，你们参战人马不得少于一万，乌梁罕参战人马不得少于五千，都要身强力壮的。"

诸位诺延："加。"

达延汗："回去抓紧准备。"

为镇压右翼叛乱，达延汗率领察哈尔、喀尔喀、兀良罕、科尔沁三万多人马出征，并由瓦剌部助战，出兵到达达答兰特里温时，叛军已先期抵达。

达答兰·特里温地方，平坦开阔。达延汗按瓦剌色古色将军的意见，将三万军队编为61组，形成牤牛角阵形，达延汗骑马立于平叛军队中央。亦不剌和满都赉将三万军队部署为弓形阵式，骑马立于叛军中央。

平叛大军由科尔沁部鄂尔多浩海诺延之子布尔海·巴图尔台吉、乌梁罕部巴雅海将军、扎古特鄂托克赛音彻格哲将军、喀尔喀部巴哈孙·塔布囊将军、克什克腾鄂托克乌噜木将军，五位将军作为平叛军队先锋官，骑马立于牤牛阵前面，后面是三万多人马。瓦剌色古色的预备队，在大汗右侧靠边。

叛军由奎图特鄂托克达尔玛·达尔罕将军、哈里郭沁鄂托克乌特哈齐·昆都伦将军、土默特布杭锦鄂托克阿勒楚赉·阿忽勒呼将军、洪吉喇特鄂托克库哩逊将军、永谢布部布尔哈特鄂托克索克唐皋将军、喀喇沁鄂托克莽郭勒岱将军这七名将军作为叛军先锋官，同样带领三万多人马。

叛军七名先锋官，策马持刀"报着自己名字前进"，后面弓形阵全面推进。

平叛军队先锋官五人，看叛军极其嚣张，便各率领一小队骑兵，冲入叛军阵营。叛军七名先锋官，看平叛军队已开始冲锋，便突然向乌梁罕阵地发起冲锋，冲进乌梁罕阵中，左冲右杀，横冲直撞，乌梁罕阵营大乱。平叛军队冲入叛军阵营的先锋官科尔沁布尔海·巴图尔台吉，战斗中首冲阵亡。

叛军弓形阵全线出击，达延汗以六十一个牛角阵形迎击，随之，平叛军队全线出击。十三部科尔沁军队冲进七部鄂尔多斯阵中；十二部喀尔喀军队冲进十部永谢布阵中；八部察哈尔军队冲进十二部土默特阵中。两个方面六万多大军浴血混战一团，马刀相碰撞声响彻上空，"哎哟、啊"

的喊叫声不绝于耳，双方战得昏天黑地。这时，平叛军队巴尔斯博罗特率领40员战将从土默特军中杀出一条血路，从鄂尔多斯军队背后冲杀过来，叛军阵营大乱。正在这时，鄂尔多斯旗手蒙库库看见巴尔斯博罗特呼喊："巴尔斯台吉，巴尔斯台吉，我举这杆大黑纛，是当年老可汗的黑纛，应该物归原主。您是汗裔，应该归您。"

巴尔斯台吉赞扬说："好，你是鄂尔多斯好样的。"随之指令他，"你就举着黑纛在这站着吧。"亦不剌与满都赉看到这面大纛，错误地认为达延汗就在这军中，指挥其军队主力向这里猛攻，乌梁罕军队不能抵御叛军主力猛攻。此时，达延汗指挥军队从叛军主力后面发起猛攻，与乌梁罕军队内外夹击，叛军主力伤亡惨重。巴尔斯台吉率四十名战将在人群中边冲杀，边呼喊："乡亲们，亦不剌、满都赉叛乱，大汗只追究他们的责任。你们不要为叛贼卖命了，放下马刀保你们不死。"这喊声对叛军士气瓦解力很大。右翼士兵听到此言，多半放下武器投降，被巴尔斯等人收服。不服要跑的，被砍杀一部分，逃跑一部分。

亦不剌、满都赉见此情形，知败局已定，便率残部逃跑。

达延汗下令："追！"平叛军队追击，叛军在逃跑路上一道丢弃辎重物品、牛羊、衣物等，人员也纷纷掉队。达延汗一直率领大部队追击，一直追到阿津柴达木之地（今之黄河冒带津西120里）地方，追上了叛匪首领满都赉。

平叛军队将领彻格哲刀指满都赉："满都赉，你赶紧下马伏诛。"满都赉垂死挣扎，举刀砍过来，彻格哲挥刀迎击，只几个回合，便将满都赉砍下马来。

彻格哲下马，边割首级边说："就你这两下子，还想造反？"薅着头发，把人头挂在后鞍桥上。

达延汗骑马站在一高处指挥着，见到彻格哲过来便亟不可待地问："彻格哲将军，抓到亦不剌、满都赉没有？"

彻格哲走近些报告："报告大汗，叛匪首领满都赉已被我击毙。"说着，伸手从后鞍桥上拽下满都赉头颅扔在地上。

达延汗当即表示："好，罪有应得！彻格哲，好样的！亦不剌呢？"

彻格哲："亦不剌只身逃走，察罕将军、托欢将军率队追去了。"

达延汗："算了，让他多活几天吧！"（亦不剌逃到哈密，后被人杀死）

达延汗尽收右翼三部随从部众三万多人，取得平叛最后胜利。

达延汗平定叛乱后，在圣祖八白宫前再次宣誓并接受数万兵民朝贺。那场面战骑如海，旌旗蔽日，是八白宫历史上最兴盛、最辉煌、最热闹的一天。从此达延汗的汗位才稳固下来。

第二十四章 政治改革

第一节 满都海针对蒙古政局提出政治改革意见

平定右翼叛乱后,可汗驻帐地迁到哈剌和林(其地在今蒙古国)。

满都海哈屯说:"大汗,这些日子,我一直在考虑一个重大问题。我认为现在已经基本考虑成熟了,今天提出来与您商量。"

达延汗:"朕估计你考虑的肯定是关系国计民生的问题。你讲吧,朕愿意听。"

满都海说:"过去的几十年里,咱北元汗权衰落,太师擅权,几任汗廷都被野心太师颠覆,大汗被弑,战争频发,社会动荡,阿拉巴图们处于水深火热之中。为什么屡屡出现这些问题呢?我这些年来一直在琢磨,后来我明白了,是咱们北元国家管理体制和管理方法上存在弊病。"

达延汗急切地问:"怎么纠正弊病呢?"

满都海:"我考虑过,要想杜绝历史悲剧的重演:首先,必须加强汗权,强化中央的权力;再者,抑制诺延们的强权,遏制产生分裂分子、野心家的条件。只有这两条做到了,才能防止分裂,才能巩固统一,才能保障社会稳定并且能够良性发展。"

达延汗:"那你说该怎么办?"

满都海:"鉴于过去国家管理体制和管理方法上存在弊病,我认为,必须对国家管理体制和管理方法进行改革。"

达延汗:"改革?我一听就有兴趣,具体怎么改,快说说。"

满都海:"改革总的指导思想是必须保证国家统一、稳定;改革总的原则是哪漏堵哪!比如说,过去太师擅权,给咱蒙古社会惹了不少麻烦,那咱们以后就不设太师这个职位了。以后各部落集团都改称兀鲁思,如鄂尔多斯七个部统称为鄂尔多斯兀鲁思,又如喀尔喀部有内喀尔喀五个部和漠北七个部共十二个部以后统称喀尔喀兀鲁思。咱儿子多,各兀鲁思都由咱儿子去管,让咱儿子堵这个国家制度的漏洞。我想,咱儿子绝对不能跟咱搞分裂。这一来,国家统一问题、防止颠覆问题、防止分裂问题,都解决了。"

达延汗:"你这招儿真高!"

满都海:"但有一条难做到。"

达延汗:"不怕,我支持你。"

满都海:"不是您支持我,而是由大汗您亲自去做。"

达延汗:"没问题,你策划好后,我执行就是。"

满都海:"这一条,要触及很多诺延们、赛特们的利益,估计他们的抵触情绪小不了。"

达延汗:"不管怎样,你先说出来,我听听。"

满都海:"这一条执行起来最难,但执行后产生的社会效果最好,就是各兀鲁思、各鄂托克的领地,重新统一划分。"

达延汗表情惊愕。

满都海若无其事地继续说:"领地重新划分后,令其严守疆域,未经批准不得越过领地。这样就遏制了产生分裂分子、割据分子的社会条件和经济条件。您想想,那些诺延们、赛特们没有领地了,再想搞分裂割据,在哪儿搞啊?这一招儿,对分裂割据,我想会起到釜底抽薪的作用。"

达延汗兴高采烈地说:"你这招儿太高了!赛音哈屯,我可真佩服你,你真有水平,你这些招儿可怎么想出来的呢?"

满都海长出一口气:"哎,这不是闭门造车凭空想出来的!也先篡位出兵袭击岱宗汗的事、孛赉诺延杀害乌珂克图汗的事、毛里孩与摩仑汗战斗杀死摩仑汗的事、乩加思兰兴兵进攻满都鲁汗的事,我反反复复想过不知多少遍,睡不着觉就想其中的前因后果。我正是从这一桩桩、一件件血的教训中总结出来的。"

达延汗:"哎呀,这么看来,不改革可不得了啊!你的改革指导思想、改革原则、改革具体方法,一切照办。马上召开呼里勒台会议,我主持,你宣布。"

满都海:"你这年轻大汗,太性急了。"特意向其强调,"这是涉及国家制度、国家体制、国家政策的大事,是涉及诸多诺延们、赛特们切身利益的大事,不能操之过急,弄不好他们要造反的。"

达延汗:"能有那么严重?"

满都海:"他们手中有军队,一定要随时防备他们借机搞乱咱北元社会。一定不能草率,一定不能等闲视之,一定要慎重。这几天,您前后左右、好好考虑一下。您考虑成熟了,认为稳妥了,认为万无一失了,咱再召开呼里勒台会议,别慌。"

达延汗:"好吧,好事不怕晚。按你的意见,这几天,我别的啥也不干,专心研究、领会你改革的指导思想、原则、策略、具体步骤、方法。"

满都海:"大汗,您亲政了,这样涉及国家大政方针的大事,必须由大汗您亲自宣布施行。"

达延汗:"好,我宣布施行。"

满都海:"在宣布这一重大决定之前,您还要进行一项重要活动。"

达延汗:"什么重要活动?"

满都海:"咱蒙古族在中原执政时,仿效历代中原皇帝做法,每个皇帝每年都要举行'祀天大典'。"

达延汗问:"'祀天大典'的意义是什么?"

满都海:"以前咱蒙古也有祀天仪式,但不叫'祀天大典',叫'主格黎'。为啥叫主格黎呢?因为长生天主宰四季冷暖和风、雨、雷、电,它既能给人间带来欢乐与幸福,也能给人间造成灾难和痛苦。咱蒙古人的祖先,为了不受到灾难和痛苦,以崇敬与畏惧的心理,远古时就开始祀天。后来,长生天将皇权交给其儿子,这做单于或可汗的儿子,怀着感恩的心情,每年都举行主格黎仪式祭祀长生天,这已形成历代蒙古的定制礼仪。进入中原后,主格黎祀天仪式被祀天大典代替。但不论是叫主格黎仪式还是叫祀天大典,都是由大汗亲自祭祀。大汗用此活动表示自己是长生天的儿子,是天地社稷之主,是至高无上的天子,以此向世人表示自己大汗地位的合法性,也表示反本修古不忘其初。"

达延汗:"那咱也举行祀天大典。"

满都海:"不,咱要举行主格黎大典。咱蒙古地方,没有天地坛(当时的名称)进行祀天大典。

再说，咱蒙古人既然回到蒙古，那就应该执行咱蒙古人的规矩，施行咱蒙古人的礼仪。"

达延汗："咱蒙古人的主格黎仪式什么样？"

满都海："主格黎仪式我也只是听说过，没见过，这得请太常、集贤、翰林各部门诺延们集体商议、集思广益了。"

达延汗："那我召开会议，让他们提供意见。"

满都海："主格黎仪式多年不举行了。我想，这次一定要搞得隆重点。借此机会，我要向全天下宣布，我的巴图蒙克是大元奉天承运皇帝。"

第二节 满都海举行蒙古祀天大典主格黎

满都海在可汗金帐内和达延汗召开举行主格黎仪式筹备会议，礼部诺延们及有关部门诺延参加。

满都海做会议主题发言："咱蒙古统一了，汗廷各项工作要转入正轨，过去的礼仪都要逐步恢复。第一个要恢复的，就是主格黎仪式。主格黎仪式多年不举行了，咱这一代人都很生疏。今天把大家请来，就研究一下如何举行主格黎仪式。大家各抒己见，知道多少就说多少。好了，大家说吧。"

中书省太常寺诺延："摄政王、大汗，先朝统治中原时就以'元兴朔漠，代有拜天之礼。衣冠尚质，祭器尚纯，帝后亲之，宗戚助祭，其意幽深古远，报本反始，出于自然，而非强为之也'的信念，岁岁祭天。因臣是咱北元祭祀主管，虽未举行过主格黎仪式，然臣不敢忘祖宗之礼仪之制，《太常集礼》常记心上。札里赤伊剌姑通知以后，臣准备了一下。下面汇报一下臣的意见：

"一、祭祀地点：先朝在大都时，是在大都丽正门东南郊外7里的地方设祭坛举行祀天仪式；臣建议，咱北元主格黎祀天仪式地点宜选在金帐东南7里的地方；

"二、祭祀对象：先朝主祀昊天上帝，太祖圣武皇帝成吉思汗配享。臣建议，咱北元祭祀，除昊天大帝、太祖之外，再加上世祖薛禅汗配享为宜；（蒙古也有为尊者讳的习俗规矩，一般不直接提太祖世祖名）

"三、祭祀日期：先朝取《周礼》'冬至以圜丘礼天，夏至以方丘礼地'的礼制，定于冬至日在圆坛上祀天；臣建议，咱也选冬至日较为合适；

"四、祭坛：先朝祭坛高3层，每层高8尺1寸，以合乾之九九。上层直径5丈、中层10丈、下层15丈。四边都有12级台阶。外设2墙（围，小土墙），内墙去坛25步，外墙去坛54步，墙与坛对应各设4门。臣建议照其办理。"

满都海："既然先朝都有规矩，那就结合咱北元情况，照先朝规矩办吧。设祭坛的工程，由太常寺诺延技术指导，工部组织施工。"

太常寺诺延起身答应："加。"

满都海："工部有什么意见？说说。"

工部诺延："臣等没做过，希望太常寺诺延亲临施工现场多做指导。"

满都海："这不会有问题。有关祭祀具体程序，谁说说？"

礼部诺延："具体祭祀程序，是礼部业务，礼部说说意见。

"一、主祀人员：祀天仪式，非同一般。先朝由大汗亲自主祀，哈屯陪祀，宗王从祀。臣建议，按此先例，也由大汗亲自祭祀，哈屯陪祀，宗王从祀。

"二、乐作：凡乐（音乐），前朝'以圆钟为宫、以黄钟为角、太簇为徵（读纸，5音的一种）、姑洗为羽（即宫商角徵羽的第5音）、雷鼓雷桃（拨浪鼓）、孤竹之管、云和之琴瑟、云门之舞、冬至日于地上之寰丘奏之'；言'若乐6变，则天神皆降，可得而礼矣'。臣建议，也用此乐，待乐（演奏）6变时，大汗开始祀天。

"三、神位：先朝本着'古者祀天，器用陶匏（音"抛"，葫芦属，现在的瓢），席用篙鞂'的原则，神位用松柏木板，长2尺5寸，阔1尺2寸，上圆下方，丹漆金字，白玉为座，黄罗帕覆之；器用陶瓦器。臣建议，神位照先朝制，器用用蒙古先民之木器。

"四、礼神玉：先朝以《周礼》'以烟祀昊天上帝'之礼的说法以烟祀之，天子自奉玉帛牲体于柴上。臣以为，咱北元应主以柏木烟祀之。在柏木烟祀之前，大汗捧玉龙、羊首坐于柴上，诸神下界乐停后登坛，而后以烟祀之。

"五、服饰：先朝以《周礼》'掌为大裘，以共王祀天之服'，着黑羊裘，被衮（帝王服，卷龙衣）以象天，戴冕十有二旒（穗子），服以祀天，以示质也。臣建议，从祀者，为以象天，皆着天蓝色质孙服，以示天人合一之质也。

"六、祭献礼品：用割牲。先朝以'大祭祀正六牲之体''体其犬豕牛羊'之旧礼，用纯色马1匹、苍犊1头、羊鹿野豕各9头。臣建议，以先朝制。"

达延汗："这么复杂呀！"

礼部诺延："大汗，这还是简化程序的祀天仪式。先朝在大都时，祀天仪式前后得进行10来天才完哪，还要撒马湩、散斋、致斋。散斋、致斋可是麻烦事，先朝在大都散斋4日，致斋3日。"

满都海："既然先朝有先例，咱北元照例行之，不能轻易随便改动。只是时间少安排几天，散斋1日、致斋1日。所用物品服饰由你们礼部负责造办。翰林诺延有什么补充？"

翰林诺延："摄政王，大汗，太常诺延、礼部诺延都已提出了自己业务范围的工作，我只补充一点，就是大汗的祭文。"

满都海："不用说了，大汗的祭文，你们翰林学士责无旁贷。你们拟写好了，拿来个别商量，没问题，届时大汗照着读就行了。还有补充的没有？"见大伙没吱声，便补充道，"离冬至日，为期不远了，抓紧准备，没想到的，随时向我提出。散会。"

太常寺诺延和工部诺延，在可汗金帐东南量尺划线，而后组织一伙人填土打夯建造祭坛。按太常寺意见，建起了三层祭坛。

冬至日前一天，祭坛顶层铺上了雪白的毡子，偏南处正中耸立一高杆，祭坛中间堆一小堆柏树枝，祭毕，将"酒馔物牲体燎于坛"用，东西北3面转圈插着9支白色带飘带的旗幡，迎风飘扬着。下面地面，祭坛前（南面）堆了一大堆柏树枝，下边为干树枝，上边为柏树嫩枝和绿叶，均做烟祀用。

冬至日日出前，祭坛顶层高杆顶上悬挂上洁净的半扇带前后腿的羊肉；杆下中间放一木桌，中间供上昊天大帝神位，左为成吉思汗神位，右为忽必烈汗神位；9盏主格黎酥油灯在其前一字排开，再往前摆1香炉；两侧各有一长条大木桌，其上准备摆放祭祀时端上来的祭品马、牛、羊、豕头大木盘。祭坛第二个土围上4周白色旗、黄色旗迎风招展。内外围土墙高5尺，门已涂红色。汗廷卫士们维持着秩序。一切准备就绪，只等大汗来祭祀。

巴图蒙克大汗身穿黑羊皮蒙古袍，外罩一前后胸绣有龙纹的大马甲，带一顶前后各有12条黄穗的朝天冠，率领都梳顾姑冠的满都海哈屯和两位小哈屯，都穿天蓝色质孙服蒙古袍、腰系金黄色腰带的宗王、诺延们，在仪仗队开道护卫下骑马来到祭坛。大汗祭祀队伍最前面是乐队，乐队以击打驮在马（驼）身上的马（驼）鼓为主。马（驼）鼓后为仪仗队，仪仗队全副武装，戴着特殊形状的帽子，手持长把大开山斧，3x3九人一小方队，共9个小方队计81人，清一色地骑着白马。队伍来到外围土墙西边的红门前时，门下侍郎进前跪奏："恭请圣驾。"全体人员都下马。

仪式主持人礼部诺延大声宣唱："大汗、哈屯、诸宗王、诺延们入场。"

围观人们闪开道路。在乐声中，仪仗队在前边威武严肃地开道，达延汗、满都海等人步行进入场中，在坛下，面对太阳立定，大汗在前，哈屯位于两侧，宗王在后排中心，众诺延向两边排开。大汗到坛下后乐声停。

礼部诺延转到祭坛南侧，放声喊："祀天火龙时辰到，全体肃立。"来祭祀的诺延们都肃穆站立。达延汗在最前面站立，左侧稍后是满都海，右侧稍后是两个小哈屯。众诺延们以职务高低向后排列。

礼部诺延宣布："祀天仪式开始。主格黎仪式进行第一项：大汗自奉玉、帛、牲体于柴上。"乐声起。

达延汗手捧一匹天蓝色绸缎，上置雌雄碧玉龙上柏树枝柴堆，礼仪诺延手捧盛羊头的木盘在柏树枝柴堆下呈给大汗，大汗再捧其上柏树枝柴堆，礼仪诺延再手捧盛牛头的木盘在柏树枝柴堆下呈给大汗，大汗再捧其上柏树枝柴堆，而后端端正正面朝太阳盘腿坐在中间，腿上放着上置雌雄碧玉龙（玉）的天蓝色绸缎（帛），牛羊头"牲"放膝前；随从诺延们围站四周。乐声停。

宗王和诺延们围站柴堆四周。

礼部诺延宣布："主格黎祀天仪式进行第二项：迎请昊天上帝人员登祭祀坛。"乐声起。大萨满率九名女萨满登坛。站好后，乐声停。

礼部诺延宣布："主格黎祀天仪式进行第三项：敬请昊天大帝、敬请圣祖成吉思汗、敬请世祖薛禅汗下界受祀。"

大萨满跪在祭祀坛挂肉木杆底下，面朝天致词：

  昊天99位上帝尊神，
  你们的儿子北元大汗巴图蒙克，
  今日对您设坛祭祀献供奉，
  请尊神下界享用。
  尊敬的圣祖、世祖神灵，
  您的后裔达延汗巴图蒙克，
  今日请你们配享昊天上帝，
  请先祖神灵莅坛享用。

致词完后乐声起，九名女萨满跳请神舞。

礼部诺延宣布："主格黎进行仪式第四项：祀天主祭人、北元大汗巴图蒙克登祀天坛。"

达延汗在侍卫接应下，从柏树枝柴垛上下来，仪仗队千牛将军持指挥刀指挥仪仗队，从柏树枝柴堆开始摆出甬道阵势直到祀坛顶层；大汗捧上置雌雄玉龙的天蓝色绸缎在礼部引导官引导下从西边台阶登坛。达延汗身后一丈远，哈屯、宗王们按职位高低次序跟随。大汗登坛后，捧着上置雌雄玉龙的天蓝色绸缎，面向太阳，立于挂肉木杆南中央；哈屯到其后两侧站立，满都海在左，小哈屯在右站立；宗王在哈屯之后站立。乐声停。

礼部诺延："主格黎祀天仪式进行第五项，由天之骄子、北元大汗巴图蒙克，向昊天上帝敬奉'玉帛'。"

萨满向大汗跪报："启禀大汗，昊天上帝已经来到祀坛，二位先祖也已来到祀坛，请大汗献供奉。"乐声起。

达延汗捧着上置雌雄碧玉龙的天蓝色绸缎走上前，恭恭敬敬地将天蓝色绸缎和雌雄碧玉龙放在神位前面，跪下磕头，而后退回原位。乐声停。

礼部诺延大声宣："主格黎祀天仪式进行第六项，由天之骄子、北元大汗巴图蒙克，向昊天上帝、先祖祀烟。"奏大合乐。

祭祀坛下的诺延将柏树枝柴草堆点燃，其上的绿柏枝和绿柏叶升腾起高高的灰白烟雾，升向天空，还发出一种柏香。

达延汗等人口呼："昊天上帝万岁！万岁！万万岁！"都跪下，解下腰带挂在脖子上，摘下帽子端在左手肘处，低头静默，静听乐声。

祭祀坛下，围墙外观众沸腾，纷纷就地跪倒口呼万岁。此时，祭祀坛四周四个特大锅正在煮牛肉术兀思，锅内露着大牛腿，冒着火和烟。

礼部诺延在烟祀完毕后宣布："主格黎祀天仪式进行第七项，由北元大汗巴图蒙克，向昊天上帝、先祖献牺牲。"乐声起。

坛下一排29对童男童女端着装有1马、1牛、9羊、9鹿、9野猪这5种牲畜头颅的木制盘子鱼贯走上坛。达延汗一个个接过来与满都海共同放在供桌上。等29件都供奉完，达延汗以手捶胸，匍匐，如此9次。乐声停。

礼部诺延宣布："主格黎祀天仪式进行第八项，由北元大汗巴图蒙克，向昊天上帝、先祖祀马湩酒。"乐声起。

达延汗用葫芦瓢从夹砂褐陶瓮中舀出马湩酒，满都海持泥质红陶钵（杯）接着，大汗斟马湩酒入红陶钵，而后亲自跪献给昊天上帝神位前，如此再为成吉思汗、薛禅汗各斟一红陶钵跪献神位前；而后，用瓢舀马湩酒，洒向天的各个方位。洒完乐声停。

礼部诺延宣布："主格黎祀天仪式进行第九项，由北元大汗巴图蒙克，向昊天上帝、先祖祀五谷。"乐声起。

达延汗端一匏五谷，到昊天上帝排位前施礼后，在坛上所献之牲品物上面撒五谷，而后由南，顺时针方向向四面八方撒五谷。撒完乐声停。

礼部诺延宣布："主格黎祀天仪式进行第十项，由天之骄子、达延汗巴图蒙克陛下，向昊天上帝致祭文。"

达延汗面向昊天大帝牌位跪着颂读祭文，坛上哈屯、宗王们都陪同跪下。读祭文时，坛下跪着的各级诺延们和其他人们，都自然向前上方平伸手掌。

"也克·蒙豁勒·兀鲁思建国 304 年之际，岁次金马，节届冬至，薰风和煦，万物滋荣。您的儿女，云集和林，敬献悃诚。回首以往，战乱纷朵，国土破碎，生民涂炭；赖您庇佑，国土统一，国泰民康；南北和好，互利共赢。禋（指祭天）展旧典，式循主格黎；卿云烂漫，紫气飞腾。昊天上帝，主宰人世万物最高之神，风调雨顺，功德永恒。……昊天上帝，您儿子成吉思汗第 16 代孙，我，巴图蒙克，向您祭拜。您赐予的也克·蒙豁勒·兀鲁思，在您的庇佑下，至今尚存。愿我臣民，同心同德，和衷共济，再步鹏程。我祖伟业，永世恢弘，大礼告成，尚飨为胜。"达延汗念完祭文后，磕头起立到祭坛前，将祭文用祭坛神灯火点燃在祭坛上燃烧。跪着平伸手掌的人们随之磕头起立。

礼部诺延宣布："主格黎祀天仪式进行第十一项，向昊天上帝祀燎。"乐声起。

达延汗亲自击打火镰将祭坛上的柏树枝柴禾点燃，燃烧的火中首先放入敬献供奉的天蓝色绸缎，而后放那些牺牲之畜的肉、食品、酒。祭坛上的礼宾诺延用祭坛上大汗亲自点燃的"祀燎"之正在燃烧的松柏木枝做火种将祭坛下的柏树枝柴禾点燃。顿时，坛上坛下火焰熊熊地燃烧，燃烧的绸缎、肉、食品、酒散发出的各种香味升上天空，也随风飘向草原四面八方。烧毕，乐声停。

礼部诺延宣布："主格黎祀天仪式进行第十二项，致斋。"乐声起。

祭坛下 101 对童男童女，分别端着从四个大锅里盛的术兀思，从四个方向端着盘子奔向祀坛，走上祀坛后，达延汗一一接过，一一摆在长条桌上，敬献给昊天 99 位神仙及两位先祖。致斋完，乐声停。

礼部诺延宣布："主格黎祀天仪式进行第十三项，向群众散斋，发放祀天福份子贺喜格。"

祭坛下，祭祀坛四周四处特大锅处，一大群持大木碗或小木奶桶的牧民，正排队盛术兀思。第一位得到术兀思的老牧民喜笑颜开，附近排号的牧民说："老爷子，你没白起早排号，真得到第一份贺喜格了！"得到第一份贺喜格的老汉喜笑颜开，哆哆嗦嗦地端着说："多少年没举行主格黎祀天仪式了。这祭祀腾格里昊天大帝的贺喜格，我得拿回家，和我老伴一起喝，让她也享受这福份子。"另一排号群众说："老爷子，这一碗你都喝了，再排一碗，那一碗再给老伴拿回去，那不一人一碗了嘛！"老汉说："那不行，这么多人，我们到岁数人笨手笨脚的，万一排不上，空手回去，老伴喝不着这福份子会伤心的。"众多牧民排号的虔诚心情和已领到福份子的高兴情绪，将领取福份子的热烈喜气场面渲染得非常热闹。

祭天食品按习俗都得吃完，不能剩下。

第三节　满都海改革方案达延汗公布施行

在哈刺和林大汗金帐，由汗廷诺延、各部首领、台吉、太师、丞相、赛特参加的呼里勒台"楚固拉干"全体诺延会议正在召开，部署改革工作，会场警卫森严。满都海哈屯到会，由达延汗以大汗名义宣布改革决定。

达延汗做改革工作报告:"各部诺延、台吉、太师、丞相、赛特们:咱们北元国家,退回到蒙古本土以后,约100年间,经历了从未有过的劫难。至今回忆起来,让有良心的蒙古人感到痛心。为防止历史悲剧重演,为巩固统一蒙古草原的胜利成果,咱们尊敬的满都海彻辰哈屯,提出了政治改革方案。朕认为很好。朕现在以大汗名义,宣布施行。

"改革的第一个方面:政治改革方面。

"一、恢复成吉思汗的行政、军事、经济三位一体的兀鲁思管理体制。

"圣祖成吉思汗建立'也克·蒙豁勒·兀鲁思'大蒙古国时,分封了左翼、右翼、中军、林木百姓4个兀鲁思。历史实践证明,这是行之有效的国家管理体制。根据现在咱北元的实际情况,设9个兀鲁思,左翼设察哈尔、喀尔喀、兀良罕3个兀鲁思;右翼设蒙郭勒津土默特、鄂尔多斯、永谢布3个兀鲁思;另外,科尔沁为叔王哈萨尔后裔领地,设科尔沁兀鲁思;西部蒙古地区,设瓦剌兀鲁思;东部兀良哈三卫蒙古地区,设兀良哈兀鲁思。

"科尔沁、瓦剌、兀良哈3个兀鲁思,比其他6个兀鲁思有更大的自主权。

"二、精简汗廷机构。撤销中书省、枢密院、御史台3个机构;废除太师、丞相、知院、御史大夫3个职位。今后,大汗不再任命太师、丞相、知院、御史大夫职务。

"三、恢复济农制度。济农代表大汗统辖、总管右翼3个兀鲁思的行政、军事、经济事务。朕任命第三子巴尔斯博罗特为济农。

"四、对外政策方面。对外交往,尤其与明朝的交往及对明朝的用兵,必须由大汗决定。未经大汗批准,各兀鲁思不得出兵侵犯、骚扰明朝边境。违者,给予严厉制裁。

"五、重新划分领地……"

听到重新划分领地,到会各诺延们神经都紧张起来。

达延汗宣布"重新划分领地"后,也扫视了各诺延表情的变化,而后宣布:"具体划分领地如下:1.朕第四子阿尔苏博罗特,领有蒙郭勒津兀鲁思的多罗土蛮鄂托克。"会场中的火筛立刻坐不住了,如坐针毡。

"2.朕第五子阿勒楚博罗特,领有内喀尔喀五个鄂托克;朕第九子阿埒扎森,领有外喀尔喀七个鄂托克。"喀尔喀诺延坐不住了,交头接耳。

"3.朕第六子斡齐尔博罗特,领有察哈尔兀鲁思的克什克腾鄂托克。"克什克腾鄂托克诺延脸上晴转多云变了色。

"4.朕第七子格埒博罗特,领有察哈尔兀鲁思的敖汉、奈曼二个鄂托克。"敖汉、奈曼两个鄂托克诺延也不高兴了。

"5.朕第八子阿尔博罗特,领有察哈尔兀鲁思的浩齐特鄂托克。"浩齐特鄂托克诺延也晃动着身子。

"6.朕第十子乌巴伞察青,领有永谢布兀鲁思的永谢布、阿苏特两个鄂托克。"永谢布、阿苏特二鄂托克的诺延在下面嘀嘀咕咕。

"领地之间,分疆划界,不得越界放牧;各兀鲁思领主,只能在自己的领地范围内,根据水草、季节、气候、畜群品类游牧迁徙。越界放牧者,予以处罚。处罚轻重,由大汗根据越界情节决定。"

满都海统一蒙古后,未实行中央集权政府。为了防止再出现前期外姓封建主分裂、割据问题,实用主义地采用了分封制,将国土都分封给儿子们,这在当时的短期内是取得了明显效果。但是,分封制后期在蒙古高原形成了若干诸侯国，为后世北元不能统一对付后金，留下了严重隐患，是其始料不及的。

"改革的第二个方面：经济政策方面。

"一、各兀鲁思的赋税，按《大札撒》规定的百抽一收取。非因战争原因，不得提高赋税收缴比例。

"二、继续执行牲畜苏鲁克租赁放牧制度。不经汗廷批准，对繁殖之牲畜，租牧者得其二的比例不得提高。

"三、对贫困牧民以及对穷夷来投者，各兀鲁思都要给其提供一定数量的牛羊放牧之，使他们都有奶喝、有术兀思喝。尤其对明朝边地因天灾逃荒到咱这来求生的汉人兄弟，要给予他们租牧牛羊使其安顿下来，保持和发扬咱蒙古人的优良传统。

"四、要保持好与明朝的互市贸易关系，在互市中，要诚信，要将好马、好牛、好羊、好肉、好奶、好皮子、好毛绒，拿去做交易。有了纠纷，不得打架，更不得伤害汉人，报于诺延与明朝交涉解决。"

很多诺延开始疏展眉头，只有火筛诺延仍阴沉着脸在听。

散会后，诺延们互相打着招呼纷纷陆续出帐。火筛诺延气鼓鼓地往外走，出了门，也未和各诺延们打个招呼，叫上自己的几个侍卫，骑马加鞭头也不回地走了。

第四节　火筛不满改革割去多罗土蛮鄂托克放厥词

蒙郭勒津兀鲁思首领火筛诺延回到伊克格尔好如嘎大帐。蒙郭勒津兀鲁思的诺延们见到火筛："诺延回来了？"火筛诺延下马，气鼓鼓地把马鞭子往地上狠狠一摔，看了大伙儿一眼也未答话便进入大帐，气鼓鼓地坐到诺延椅子上。

蒙郭勒津的诺延们跟进大帐，关心地问："汗廷开的什么会？诺延生这么大的气！"

火筛诺延跟大伙发泄对改革的不满，诺延们默默地听着。"巴图蒙克这小子，真是忘恩负义！咱蒙郭勒津帮他打天下，吃了多少苦，挨了多少累，损失了多少人马？为他流血牺牲，啊？你们说说！"火筛诺延气哼哼地接着发泄，"今天他天下到手了，翅膀也硬了，全蒙古都是他的了，还不知足，还搞什么改革！改就改吧，改到老子头上了。红嘴白牙就那么一动弹，就把咱最大的一个鄂托克多罗土蛮鄂托克改到他自己儿子阿尔苏博罗特名下了。"

手下诺延劝解："塔布囊诺延，请消消气，气大伤身的。"

火筛诺延继续说："没有我火筛，他巴图蒙克能有今天吗？早叫亦不剌、满都赉收拾了！好了伤疤忘了疼，琢磨到我这来了！忘恩负义！"

手下诺延小心翼翼地说："塔布囊诺延，有些事，是不是私下跟您岳母大人满都海哈屯商量商量，也许没那么严重。"

火筛诺延正在气头上，驳斥了该诺延的提议："岳母，什么岳母？岳母向着儿子，能向着姑爷吗？她在西征瓦剌时被瓦剌阿沙嗣包围了好几层，她的生命正在受到严重威胁时，是我杀进重围救了她，我晚去一会儿她不一定能活着回来，这事她还能记得吗？早忘了。"

火筛谋臣墨日根："塔布囊诺延，多罗土蛮鄂托克是咱蒙郭勒津多年的部属，是您阿爸脱罗干知院他老人家多年扶植起来的。他巴图蒙克不费吹灰之力，一句话，就把咱多罗土蛮鄂托克变成他儿子阿尔苏博罗特的领地了。这是有点以权欺人、强取豪夺的架势。"

火筛诺延："就是嘛，他明明是强取豪夺，还美其名曰'改革'！改革，改革，为啥不把属于他的牛羊分给我一半？对，他不是让他儿子阿尔苏博罗特领有我多罗土蛮鄂托克吗？我告诉他，没门！"

墨日根："塔布囊诺延，不要生那么大的气，冷静点。冷静了，也许……"

火筛瞪大眼珠子："也许什么？我告诉你，行他不仁，就行我不义！他不是已将汗廷迁到哈剌和林了嘛，他就在漠北那穷地方，当他的穷大汗吧。我就在这富庶的漠南，这靠近明朝大同、宣府的宝日陶亥、土默川地区，当我的诺延。这地方比他那漠北富裕多了。他在北，我在南，各占一边，咱俩各自发展，'争雄长'，看谁能在蒙古占老大！"

火筛塔布囊诺延在自己的好如嘎大帐大放厥词之事，其属下一个多年未得到重用的小头目，为了报私仇，偷偷地自己一人跑到哈剌和林向汗廷报告。

汗廷警卫用刀横住："站住，你是哪儿的？来此干啥？"

密报人："我是蒙郭勒津的，我来向大汗报告蒙郭勒津的一个机密情况。"

汗廷警卫："你往下站。"密报人退后几步后。另一警卫进帐请示，出来后说："进去吧。"

密报人进金帐后双腿跪倒："报告大汗、彻辰哈屯，蒙郭勒津火筛塔布囊诺延，对汗廷改革不满，说将多罗土蛮鄂托克划给阿尔苏博罗特台吉领有，是欺负他。他说您在北他在南，各占一边。他还扬言，要与大汗'争雄长'！"

满都海哈屯："你说的这些话属实吗？"

密报人："塔布囊诺延的这些话，是在好如嘎大帐说的。塔布囊诺延在汗廷开重要会议，我们蒙郭勒津的大小诺延们想早点听到重要信息，都来迎接塔布囊诺延，都在场，几乎都听到了。彻辰哈屯如有怀疑，可向他们核实。"

满都海："那我问你，为什么他们谁也没来报告，就你一个人来汇报？"

密报人："彻辰哈屯，他们怎么想的我不知道。我是考虑塔布囊诺延的那些言论，对咱北元统一安定不利我才来禀报的。"

满都海哈屯："知道了，下去吧。"密报人施礼出去了。

满都海与达延汗商量："火筛这几年背着汗廷，偷摸地深入明朝大同、宣府等地劫掠，获得不少财富。他是实力强大了，但是他也破坏了两国边地蒙汉两族人民和谐相处的关系。他背着咱干的那些事，明朝未与咱们交涉，也未对咱们采取报复行动。因为是我女婿，我也就睁一只眼闭一支眼，没与他较真。看来现在他翅膀真的硬了，要与大汗'争雄长'，这还得了！要各占一方，这不明显是要搞分裂嘛！"

达延汗说："前些年，火筛对蒙古统一，对汗廷巩固，是做过很大贡献，我也很感激他。可是，我也看出他很傲慢，开始，我也没在意，他比我辈分大，傲慢点就傲慢点吧。后来，我就有感觉，火筛这人不是久居人下之人。"

满都海："你过去没向我露过这话。"

达延汗："朕怕你不高兴。现在他的本质终于暴露了，就一个小小鄂托克领属的事，就要与汗廷'争雄长'，这将来还得了嘛！"

满都海："火筛，要与大汗'争雄长'，虽然没有具体行动，但这是分裂国家统一，危害国家安全的高度危险信号啊。"

达延汗："朕也这么认为。"

满都海："要及时制服这个要炸蹶子的儿马。不及时制服，有一天他会踢你的！那时就晚了！"

达延汗："用什么方法制服呢？"

满都海："咱蒙古的统一来之不易，不能破坏了。您处理这件事，不要考虑他是我女婿，对他手软。要从维护国家统一、维护社会安定的整体利益出发，该采取什么方法，就对他采取什么方法！"

达延汗："那，我想对他进行武力征讨。"

满都海："如要武力征讨，那就宜早不宜迟。不过，你要做好充分准备，火筛这人狡黠，鬼心眼多，加上他这些年积累一些战争经验，不好对付。你要谨慎，不要大意。不过，掌握一个尺度，制服即可。他还是有功于汗廷的诺延嘛，西征时，我被包围，他还救过我呢！"

第五节　满都海为国家统一支持丈夫对女婿用兵制裁

哈剌和林可汗金帐内，达延汗布置笔且齐，向喀尔喀兀鲁思、察哈尔兀鲁思、科尔沁兀鲁思发出《讨伐火筛檄文》，命令各带1万人马；向兀良罕兀鲁思、兀良哈兀鲁思发出《讨伐火筛檄文》，命令各带5000人马；30天内到察哈尔查干淖尔附近集结待命。

传令官各带着插有羽毛的"檄文"向四处飞马奔驰。

漠北喀尔喀领主伊克格尔好如嘎大帐内，喀尔喀领主满都海第五子阿勒楚博罗特台吉与其九弟商量出兵事："九弟，阿爸、额吉派使臣送来《讨伐火筛檄文》，命咱们带一万人马到查干淖尔集结，你看你那几个鄂托克出多少人马？"

喀尔喀领主满都海第九子格埒札森台吉说："五哥，咱们各出一半，各出5000人马，行吗？"

阿勒楚博罗特："行。九弟，出兵是有时间要求的，咱俩没带过兵，是否和阿爸请示一下，和他们一起走？"

格埒札森台吉："五哥，这事就你办吧，怎么都行，我听你的。"

阿勒楚博罗特："好，联系好了我告诉你。"

科尔沁诺延伊克格尔好如嘎大帐内，鄂尔多浩海诺延和乌纳博罗特诺延商议出兵问题。

科尔沁鄂尔多浩海诺延是孛罗乃诺延长子，现为主持科尔沁左翼7部的主官："老叔，汗廷发来《讨伐火筛檄文》，按《大札撒》的规定，必须无条件服从；人马不得少于一万，这是《讨伐檄文》中说得很清楚的事，都不允许讨价还价。现在的问题是，这次出兵，科尔沁的人马由谁统帅指挥？我的意见，你辈分大威望高，我想让您统率人马前去。您看怎么样？"

乌纳博罗特诺延："鄂尔多浩海，你有经验，上次平定右翼叛乱战役，最后取得全面胜利，这与你亲自率部冲杀不无关系。你的指挥才能，在满都海哈屯那，在达延汗那，都是挂了号的。我的意见，还是你挂帅，我做你的副手，听你指挥。"

鄂尔多浩海诺延："如是这样，那咱后天起程，别误了30天期限。"

汗廷军队和喀尔喀军队浩浩荡荡前行，来到目视能看到草原石林之地。

达延汗指着石林："那是啥地方，怎么有古城堡？没听说这块有古城堡啊！"

喀尔喀诺延："大汗，汗廷在大沙窝时，我们经常打这儿经过。我们去看过，那可不是城堡。"

达延汗："那是啥？"

喀尔喀诺延："大汗，那像城堡的，那是咱蒙古特有的阿斯哈图石林，是世界上独一无二的奇特地貌景观；就是咱这地方有这样的景，别的地方哪儿也没有。"

达延汗："看你说得玄乎劲。"

喀尔喀诺延："真的，大汗。您在这远处看，那块黑乎乎的，像个古城堡；到近处看，那可是美妙极了，千奇百怪的，那石头长得像啥的都有，有像人的，有像鹰的，有像狮子的，有像塔的，有像……"

达延汗笑着："越说越玄了。"

喀尔喀诺延："大汗，可不是我玄乎，真就那么神奇。我没全看过，我只是把我看到的那么一点点，向您介绍介绍。那地方老大了，方圆有十多里地，若是到那儿一看，那可真开眼界，像塔的，塔身分明，昂扬耸立；像鸟的，趋之欲动；像兽的，呼之欲来，栩栩如生，人工刻意雕琢也不见得能这么像。"

达延汗："真有那么好看？"

喀尔喀诺延："不信您亲自到那儿看看，我要是骗大汗您，您可以撤我的职。"

达延汗："可惜呀，这次是咱出兵讨伐火筛，没有闲工也没有闲心。朕下令各兀鲁思人马30天内到查干淖尔集结，朕自己30天内不到不好说呀。以后有机会一定去看看长生天鬼斧神工在咱蒙古造就的这仙境。"

科尔沁军队从现在的通辽西进，两个诺延率领兵马并马行进着。

鄂尔多浩海诺延问："老叔，您以前走过这条道没有？"

乌纳博罗特诺延："没走过这条道。"

鄂尔多浩海："这地方往南百多里地有个大青沟。这大青沟沟外，黄沙弥漫，气候干燥，是典型的塞北气候；沟内空气湿润，绿树茂密，鸟语花香，碧波潺潺，简直赛江南。沟内沟外，都有两个世界的感觉。"

乌纳博罗特："有那么好的地方，回师时顺便到那儿看看。"

蒙郭勒津火筛诺延伊克格尔好如嘎大帐，探马进帐施半跪礼："报告诺延，汗廷向各兀鲁思发出《讨伐火筛檄文》，命令各兀鲁思人马在查干淖尔集结。现在各兀鲁思人马正往查干淖尔运动。"

火筛诺延惊讶地问："消息准确吗？"

探马说："保证准确，我亲眼看到去查干淖尔集结的人马，所以才昼夜兼程、抓紧回来向您禀报。"

火筛诺延表扬探马："好！够格的好探马，赏一个大元宝。"

探马："谢谢诺延！"

火筛诺延："再仔细打探，有情况及时禀报。"

探马："加。"

火筛诺延："秃阿赤，通知全体将军马上到我这儿开紧急会议。"

将军们纷纷涌向火筛诺延大帐，自动分坐两旁，火筛坐正中主持会议。火筛诺延做动员报告："为咱们蒙郭勒津不服巴图蒙克利用大汗权力，将咱们的多罗土蛮鄂托克划给他儿子阿尔苏博罗特领有一事，巴图蒙克已向全国发出《讨伐火筛檄文》，调集各兀鲁思人马，出兵对咱们进行讨伐，想用军事力量制服咱们，同时镇服各兀鲁思。方才探马报告，各兀鲁思人马正往查干淖尔集结。咱蒙郭勒津人，不能俯首待诛，让他再欺负咱们。今天，巴图蒙克送上门来了，正好，咱们就跟他比试比试，看看谁能耐？各位将军，回去马上做打仗准备。后天天亮大军出发，迎击讨伐军。散会。"

墨日根着急了，制止了散会的决定："慢，再耽误大家一会儿。火筛诺延，讨伐军队尚在集结当中，到咱这儿还得几天工夫。出兵这事，不能这么匆忙，得选个吉利日子，按传统祭祀敖包，得到天神地母的支持才行。"

火筛："人家兵马，马上杀到咱门口来了，还那么按部就班，那不等着吃亏吗？咱们得赶紧出兵，占领有利地形，这对咱有利。"

墨日根："诺延说得有理，是得抓紧，但不在这一两天工夫。臣的意见，再紧迫，出兵的日子必须选，敖包总得要祭祀。"

火筛："墨日根说得也对。但情况紧急，日子就不选了，敖包就先不祭了，击退汗廷讨伐军后再补祭。"

墨日根："火筛诺延，出兵不祭祀敖包不妥，会得罪神灵的。"

火筛："墨日根，明朝军队来捣巢，咱没看日子、没祭敖包，出兵予以还击，不同样打胜了吗？"

墨日根："这和那不是一回事。"

火筛："差不了多少，行了，我已决定，就不要再议了。"

墨日根："那就求长生天保佑吧。"

达延汗讨伐火筛大军正向蒙郭勒津驻地进军。

科尔沁军队晚间在草地休息时，点燃百多处篝火，篝火"噼噼啪啪"响着，吐着通红的火苗。每个篝火外，都围着百多人，有吃的，有喝的，有玩的，有唱的，也有三五成堆在一边倒着抻懒腰或睡觉的。有的篝火旁，胡尔沁（蒙古评书说唱艺人）给大伙说唱着乌力格尔（蒙古语故事），听到兴奋的地方，听众自发地拍巴掌鼓励助兴，也有呼叫赞美的，总之气氛热烈，士气高涨。

第六节　火筛因小失大迎击征讨失误被达延汗战胜

蒙郭勒津人马迎击达延汗军队正前进中，探马来到飞身下马施礼："报告将军，前面已到图尔根河。"

前哨将军下令："部队就地休息。"而后自己快马往回跑，见到火筛，在马上施礼，"报告火筛诺延，前面已到图尔根河，请示下一步怎么办？"

火筛诺延下令："渡河，继续前进。"

前哨将军提出自己的战术建议："报告诺延，我建议，咱们据河坚守。敌军渡河（那时的河水是很深的），咱们就将敌军消灭在河中。如果渡河与敌作战，万一失利，我军就犯了军事上最忌讳的'背水之战'了。后退之路被河水阻死，后果会不堪设想。"

火筛诺延狠狠地说："混账，老子什么时候打过败仗？没等打仗，先说背兴的话。你这是成心长敌人志气，灭自己威风，扰乱军心，我先砍了你的脑袋。"

前哨将军赶紧下马，跪地磕头："诺延饶命、诺延饶命，我全是从作战的战术上说的，没有别的意思。看在跟随诺延多年的份上，请求诺延饶我这条命！"连连磕头。

火筛诺延看那可怜样子，拉长声说："好了。去戴罪立功，将功折罪吧。"

前哨将军："谢谢诺延、谢谢诺延。"

火筛诺延："起来吧，你是先头部队，你应该赶紧率队过河。"

前哨将军："加。"施礼，骑马走了。

汗廷征伐火筛大军来到图尔根河北面几十里地方，探马跑马到，下马单膝跪："报告大汗，蒙郭勒津军队正在过图尔根河。"

达延汗："好，这是长生天助我，几万人马过图尔根河，非一时之工。命令部队，加速前进，将火筛军队消灭在图尔根河里。"

蒙郭勒津军队的一半都未过图尔根河，另一多半正在用小木船、羊皮筏，一船一船、一筏一筏地渡着图尔根河。探马飞马到，滚下马单膝跪："报告塔布囊诺延，汗廷军队离这也就20多里了。"

火筛诺延下令："敌兵马上就到，过河的，赶紧在岸边列阵等待。前二排，徒步弓箭手；后面，列准备冲锋陷阵的骑兵。没过河的，加速过河。"

蒙郭勒津军队摆好阵势，列阵等待汗廷军队。汗廷讨伐军队刚到，尚未整顿队形，火筛诺延下令："放箭！"汗廷军队先到的，一片人仰马翻。

达延汗赶到，立刻组织人马，下令："继续冲，杀出缺口，冲进火筛阵中。"

火筛诺延大喊："勇士们,给我杀回去。"双方接战,刀枪对刺对砍,前刺后砍,叮叮当当;杀声震天,人喊马叫;双方纷纷有落马者,汗廷军队死伤较多。

汗廷军队正在激战中,达延汗坐骑陷入河岸边一处泥泞地摔倒,达延汗弄得满身泥浆而狼狈不堪。火筛军队有人喊:"大汗摔倒了,抓住他!大汗摔倒了,抓住他!"火筛军队好几个士兵窜上来按住正要捆绑他,汗廷主力来到抢走达延汗。于是达延汗摔倒处发生激烈战斗,达延汗生命仍处于极度危险境地。此时汗廷军队后续部队陆续到来,将达延汗转移到安全处,并截断火筛军队后续增援人马,使达延汗转危为安。

火筛诺延下令:"勇士们,趁他们刚到,立足未稳,先发制人,向他们主帅方向,冲啊!"率队冲向达延汗所在位置。

达延汗经大家救出后下令:"撤退、撤退,部队后撤20里。"此时后续兵力都已到齐,达延汗组织反攻。

火筛诺延眼看着达延汗被救走后气急败坏,训手下将领:"你们怎么搞的?要抓住的玩意儿都没抓住,真给我丢人。咱抓住他巴图蒙克,问问他,你还要不要多罗土蛮鄂托克了?让他乖乖地说不要了,咱不就赢了?这可倒好,放跑了。你们都给我听好了,一会儿他们还要回来进攻咱们,这次不能出岔,一定要打赢。现在列好阵势,他们冲过来,咱以放箭为主,不能让他靠近。"

火筛手下将军:"塔布囊诺延,刚才咱伤亡也不少,主力还有不少没过河,咱兵力明显不足啊。"

火筛诺延:"没承想,他们来得这么快。咱过河的军队,今天在此搞一个背水而战。背水而战,可以绝处逢生,今天跟他们拼了。"而后布置防御阵势。

达延汗发起了攻势,冲过来的第一、二、三批人马,因平推进攻,多数被弓箭手射死射伤,未死伤的不敢往前冲了。此后的冲锋兵士,以步兵盾牌为主,像一排墙一样推过来,步步逼近,箭头射到硬牛皮盾牌上咚一声扎个眼掉在地上,盾牌墙推到对方不能射箭地方时,发起冲锋,进入面对面的刀枪搏斗。

蒙郭勒津军队战斗非常勇猛,面对突入阵营的军队,火筛及时发出反攻命令:"出击!"对汗廷军队发起反攻。达延汗的形势急转直下,非常不利,军队步步后退。

达延汗在后面声嘶力竭地喊:"顶住,顶住!"由于汗廷军队人数多,后续援兵接踵而至,形成车轮战。火筛军队,尚有多人未过河,无援兵,体力逐渐不支,伤亡落马者增多。

前线指挥作战的将军:"塔布囊诺延,还有不少人马没过河。过河的人马,经过长时间浴血奋战,死的死,伤的伤,没死没伤的也精疲力尽了。汗廷的人马,源源不断地补充上来,我们顶不住了,撤退吧!"

火筛诺延:"撤退不等于败了吗?"

前线指挥建议:"撤到河对岸,以河为堑据守,他们是过不了河的。没过河的人马还能发挥作用。"

火筛诺延此时已失去统帅的理智:"不行,一定要顶住。命令没过河的,快点过河。"

前线指挥:"塔布囊诺延,我下命令已经不好使了,他们已经停止过河了,您亲自命令他们吧。"

火筛诺延:"我命令你,赶紧去给他们下命令。"火筛见士兵已不听将军指挥,知败局已定,便单骑逃跑。因图尔根河阻挡,火筛落荒而逃。

冷兵器时代都是近距离作战，因此汗廷军队有人看见火筛跑了便喊："火筛跑了，火筛跑了！"这一喊，蒙郭勒津军队阵营顿时混乱，作战的士兵士气荡然无存。

达延汗听到火筛跑了便下令："追！"汗廷讨伐军在后边追击。火筛部属见诺延逃跑，纷纷下马扔下刀枪，举手投降。达延汗满身泥土，骑马站在河岸边横七竖八的战亡士兵中间，高兴不起来，阴沉着脸，皱着眉头，向身边人员很有感慨地说："讨伐战争是获得了胜利，唉！可是这胜利的代价太高了！"

追击火筛的人马回来了，向大汗报告："追出30里，没有追上火筛塔布囊。"

达延汗："我估计他再也不能与我'争雄长'了。跑就跑吧，给咱驸马爷一条活路吧！"回头喊，"阿尔苏博罗特。"

阿尔苏博罗特赶紧上前施礼："父汗找我？"

达延汗下令："阿尔苏博罗特，过去分封领地，只分给你多罗土蛮一个鄂托克。现在，蒙郭勒津兀鲁思领主火筛诺延逃跑亡命去了，蒙郭勒津兀鲁思无人管辖，朕任命你为整个蒙郭勒津兀鲁思的领主，管辖全部蒙郭勒津！"

阿尔苏博罗特："谢父汗！"

达延汗下令："你现在就上任，由这几位将军扶持你。你现在就开始收拢蒙郭勒津部众，招抚逃亡，打扫战场，抚恤伤亡，安顿余生，要在尽可能短的时间内，把蒙郭勒津政治局势稳定下来。造成这场战争的责任，除火筛之外，不要追究处罚任何人。派人护送火筛夫人你姑奶博若克沁公主到哈剌和林养老。去吧！"

阿尔苏博罗特："加！"

达延汗宣布："其他人员，班师回朝！"

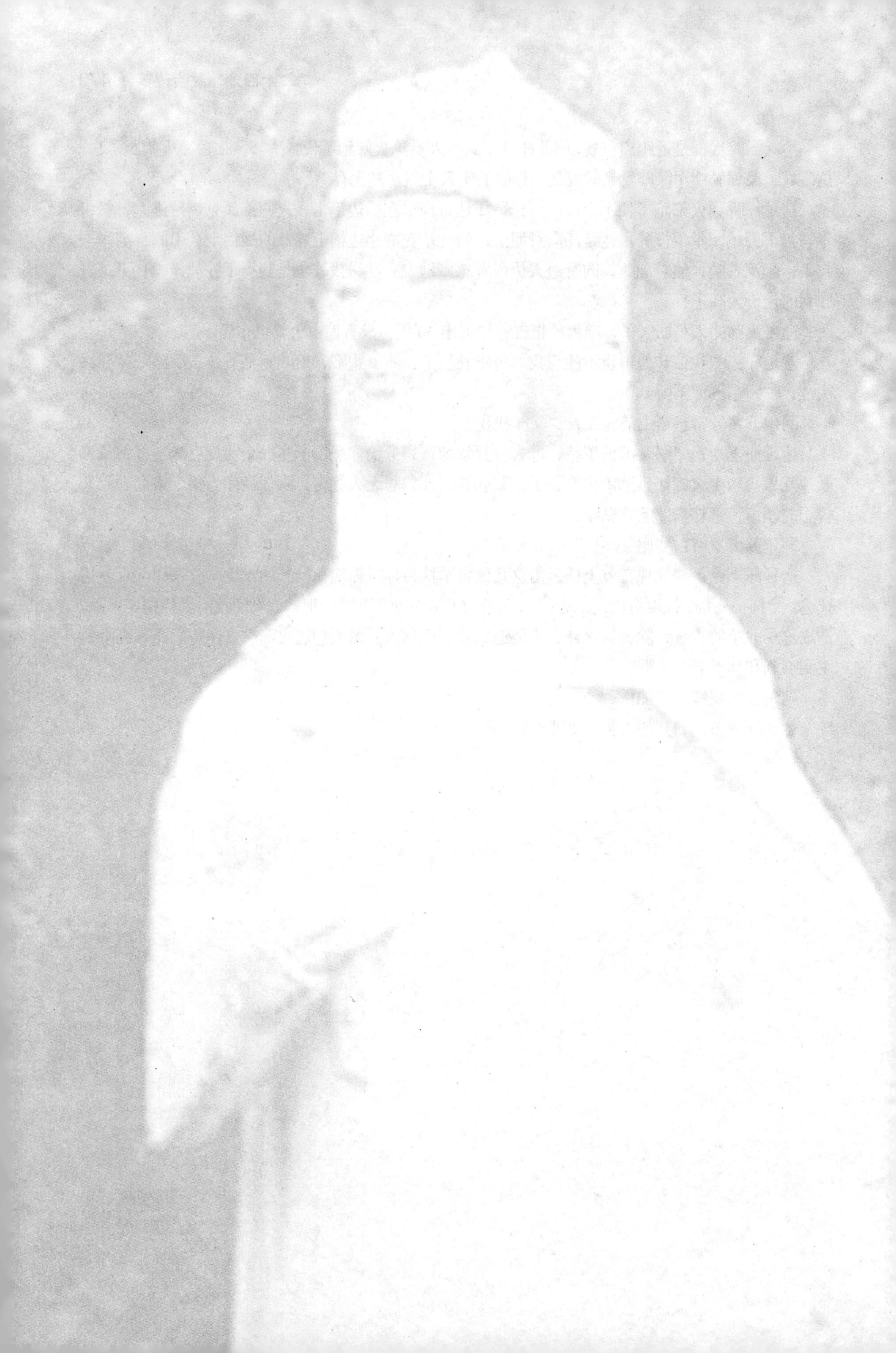

第二十五章 和谐社会

第一节　勋臣国戚提议肢解右翼被满都海驳回

　　科尔沁鄂尔多浩海诺延，既是成吉思汗二弟哈萨尔后裔，是皇亲国戚，又是汗廷平定右翼叛乱的主将，对汗廷是有功之臣。这一天，他不辞辛苦千里迢迢来到哈剌和林汗廷所在地，第一位拜访对象，就是满都海哈屯。他来到满都海哈屯大帐前，说："请通报一下，就说科尔沁鄂尔多浩海求见。"

　　宿卫进帐施礼："报告彻辰哈屯，科尔沁鄂尔多浩海诺延求见。"

　　满都海哈屯："请他进来。"

　　宿卫："彻辰哈屯，请您进去哪。"

　　鄂尔多浩海诺延进帐，施双膝跪礼："彻辰哈屯，赛音拜诺？"而后从怀中拿出手帕举到头顶，侍女接过。

　　满都海哈屯："请坐。"

　　鄂尔多浩海："谢坐。"起立，坐下。

　　满都海哈屯："鄂尔多浩海诺延，在平定右翼叛乱中，你们科尔沁做出了重大贡献！"

　　鄂尔多浩海："彻辰哈屯您过奖了，那都是我们应该做的。"

　　满都海哈屯："右翼叛乱，我失去了一个儿子；平定右翼叛乱，你又失去一个儿子。你我都是丧子之人，在享受这平定叛乱的胜利喜悦之余，你我都有伤子之切肤之痛啊！因为这叛乱，很多父母，失去儿子；很多妻子，变成了寡妇。痛心哪！这叛乱，太叫人厌恶啦！"

　　鄂尔多浩海："我儿子布尔海巴图尔在战场上牺牲后，撇下一个年轻媳妇和一个年幼的儿子。我那孙子，一听别的孩子叫阿爸，就磨着他额吉要阿爸，布尔海媳妇就哭，每次，都让我们老俩口跟着揪心好几天。对叛乱，我恨死了。"

　　满都海："谁不恨哪？这可恶的叛乱，给咱蒙古人造成多大的灾难啊！可是有什么办法呢？天要下雨，娘要改嫁，挡不了啊！"

　　鄂尔多浩海："彻辰哈屯，我就是为今后杜绝叛乱，来找您的。"

　　满都海很高兴地说："噢？你有什么杜绝叛乱的高招，快说说。"

　　鄂尔多浩海："彻辰哈屯，这几年，咱蒙古社会不稳定，都是右翼造成的。他们一个事儿接一个事儿，没完没了。今后如何不让右翼再出事，我想来想去，想出一个办法。"

　　满都海很有兴趣地问："想出了什么办法？快说说，我听听。"

　　鄂尔多浩海试探性地说："就是对永谢布、鄂尔多斯、蒙郭勒津三个兀鲁思，变更领导权。"

　　满都海听到变更领导权有点警觉："怎么个变更法？"

　　鄂尔多浩海说："科尔沁、察哈尔、喀尔喀，多年来对汗廷忠心耿耿，毫无异志，多年来为汗廷忧解难，从未给汗廷添过麻烦，是汗廷可以信赖的三个兀鲁思。"

　　满都海表示认同："这是有目共睹、众所周知的。"

　　鄂尔多浩海大胆地说："我的意思是，将永谢布、鄂尔多斯、蒙郭勒津，分别划归科尔沁、察

第二十五章 和谐社会 / 483

哈尔、喀尔喀领导。"

满都海谈她的理解："我听明白了，你说的变更领导权，就是变更领属关系，就是将永谢布、鄂尔多斯、蒙郭勒津分别划归科尔沁、察哈尔、喀尔喀领属。"

鄂尔多浩海："是这么个意思。"

满都海提问："这就是说，肢解右翼，强化左翼，使咱北元联邦中央政府从现在管辖9个兀鲁思的政府，变成只管辖6个兀鲁思的政府，是这个意思吧？"

鄂尔多浩海："可能是这个结果。"

满都海谈自己对这个意见的担心："鄂尔多浩海诺延，你的心情和想法我理解。但是你考虑过没有，领属关系是自然形成的。按你的意见变更领属关系，比如永谢布人都成为科尔沁人，那永谢布几个鄂托克的民众，心理能承受得了吗？"

鄂尔多浩海讲自己的看法："开始可能想不通，时间长了，也就习惯成自然了。圣祖成吉思汗那阵，将征服的各部落打乱，统一编成百户、千户，开始也是不习惯，时间长了，这不挺好吗？"

满都海讲自己的看法："鄂尔多浩海诺延，我考虑，问题可能没那么简单。我是这么想的，右翼搞叛乱的只是其首领和一小部分骨干，其部众是按首领的命令行事的，他们绝大多数人是不想叛乱。通过平叛，其首领已被击毙，部众也受到很大伤亡。未伤亡的部众，通过这件事，也受到了触及心灵的深刻教育。现在，政治局势刚刚稳定下来，再人为地改变他们的领属关系，是不是类似伤好了揭开疤一样啊？如果他们心理承受不了，我担心会酿成新的不安定因素，会不利于社会的安定、和谐。我不太赞成利用对稳定社会没有确切作用，甚至可能有副作用的变更领属关系的方法，作为杜绝今后可能发生叛乱的措施。不过，这只是我的个人想法。现在大汗亲政，我不直接过问更多汗廷事务，你请示一下大汗，看看大汗是什么观点。"

鄂尔多浩海诺延本以为有丧子之痛的满都海哈屯能支持他的意见，但听了满都海这样的答复心凉了半截，无精打采地回复："加！"施礼退出。

达延汗可汗金帐内，达延汗在座。鄂尔多浩海诺延来到金帐前："请通报一下，说科尔沁鄂尔多浩海求见。"

宿卫进帐施礼："报告大汗，科尔沁鄂尔多浩海诺延求见。"

达延汗："请他进来。"

宿卫："进去吧。"

鄂尔多浩海进金帐施跪拜礼："大汗，赛音拜诺？"而后掏出手帕，双手高举过头，侍女接过。

达延汗："请坐！"

鄂尔多浩海："谢大汗。"起立，坐下。

达延汗问："鄂尔多浩海诺延，亲自前来，肯定有重要事情吧！"

鄂尔多浩海："尊敬的大汗，我想向汗廷提一个关于今后如何使蒙古不再发生战乱的建议。"

达延汗很高兴："好啊，提吧！"

鄂尔多浩海："尊敬的大汗，前几年，右翼永谢布亦不剌、鄂尔多斯满都赉叛乱，给咱蒙古社会造成了极大的灾难。汗廷为平息叛乱，付出了极大的代价，大汗您亲临其境，不用我多说，您是知道的。"

达延汗："当然知道。"

鄂尔多浩海："日前，右翼蒙郭勒津火筛又不臣，企图与您争高低。汗廷兴兵讨伐，造成众多人员伤亡外，也给国家财政、社会经济造成巨大损失。"

达延汗："这都历历在目。"

鄂尔多浩海："尊敬的大汗，右翼屡次滋事生非，实属害群之马。如不对害群之马进行处治，根除滋事根源，难免今后不发生类似事件。为此，我建议，将右翼永谢布、鄂尔多斯、蒙郭勒津，分别划归科尔沁、察哈尔、喀尔喀领导，永绝其滋事根源。请求大汗圣裁。"

达延汗："鄂尔多浩海诺延，此事关系重大，容我考虑考虑，决定后，再答复你。"

鄂尔多浩海："加。"起立，施礼，退两步，转身，走出。

满都海寝帐内，满都海正聚精会神地与扎罕·阿噶夫人博奕喜塔尔（蒙古象棋）。门口卫兵在距离寝帐十多丈远就高呼："大汗回帐。"

扎罕·阿噶夫人："赛音哈屯，大汗回帐，我告退了。"赶紧起身，施礼，退出。

达延汗进帐，笑呵呵地说："赛音哈屯，我来请示来了。"

满都海起身迎接大汗："哎哟，堂堂北元大汗，想起我这老太婆，来就来呗，怎么还找个'请示'这个借口啊？"

达延汗拉着老妻满都海坐在一起："赛音哈屯，我真的是请示来了，你还拿我开玩笑。"

满都海："亲政都好几年了，还有什么事，能难住大汗您呢？"

达延汗："真的有难事，这事你不拍板，我心里不踏实。"

满都海亲昵地说："还像我当年的小巴图蒙克。"坐在一起，歪头亲了大汗一下。

达延汗也回手抱住满都海："赛音哈屯，我跟你说正经事哪，你赶紧帮我拿拿主意吧？"

满都海："自从苏密尔哈屯、顾实哈屯进宫之后，大汗您很少到我寝帐格尔来。今天趁着东风把您吹到我这儿来，我还不行跟我的小夫婿亲热一下吗？我的大汗！"

达延汗："赛音哈屯，你误解朕了，朕忘了谁也不能忘了你呀！朕属实太忙了。今天朕就住这儿了，汗廷有天大的事，朕也不回去了。"

满都海："大汗，您还挺实在的，我那是跟您开玩笑哪。大汗，有天大的事，您都不回汗廷，那可不是我想看到的大汗哪。您要么么做，可辜负了我当初教育您的初衷！大汗，我希望您，到苏密尔哈屯、顾实哈屯那，也要时刻以汗廷的事为重。"

达延汗："你放心，赛音哈屯。我绝对不当那花花心大汗，我要做个中兴可汗，把你辛辛苦苦给我打下的江山，千秋万代传下去！"

满都海又亲了达延汗一下："我培养的大汗，真好！"双方都开心地笑了。

达延汗："今天就这一件事儿，今天我真的不走了，咱俩好好聊聊。"而后躺倒在卧榻上，满都海整理一下大汗的衣袍，也和衣躺在跟前，头枕达延汗胳臂上，悠闲地聊起来。

满都海："您说请示的事，是不是科尔沁诺延找您的事？"

达延汗："你怎么知道？"

满都海："实不相瞒，科尔沁诺延先找的我，是我把他支到您那儿去的。"

达延汗："你直接答复他不就完事了，何苦让我来请示你。"

满都海："您是大汗，我直接答复了，我就是越俎代庖了。我把这事推给您，这是给您树立威信，懂吗？大汗。"又亲了一下。

达延汗："既然什么事你都知道了，你就说说你的意见。"

满都海："科尔沁诺延的建议，不能采纳。"

达延汗："为什么？"

满都海："首先，咱统治国家，就需要咱的国家安定，社会和谐，民众乐业。现在，右翼三个兀鲁思的政治形势已经基本稳定了，再将他们划归别的兀鲁思管辖，会产生一场风波，不利于国家安定，这属于节外生枝的建议，不能支持；其次，也是最重要的原因，就是咱要吸取以前的诺延势力大，危害汗廷的历史教训，不能人为地让各兀鲁思首领权势太大。'权重难治'，蒙汉朝廷历史上都有深刻教训，咱不能重蹈旧辙，这会威胁到您的统治，您想过没有？按他的建议那么做，他们的地盘和实力，立刻就强大一倍。将来他们若滋事，你汗廷对付得了吗？第三，那么做，对右翼来说，有以怨报怨之嫌！作为大汗，多给予民众一些恩泽，不能给民众一个小肚鸡肠的印象，从而失去民心，滋生不稳定的社会因素。"

达延汗："赛音哈屯，你考虑得真周到。右翼亦不刺、满都赉他们叛乱，咱又为制服火筛出兵，这两次咱伤亡那些人员，损失那么多财产，气头上，我真想批准科尔沁诺延的建议，但又觉得不太妥当，拿不定主意，这才来找你。你这一说，我才明白过来，这里的风险太大了！'权重难治'这几个字，可给我脑筋开了个大'窍'。赛音哈屯，你可真是我离不开的主心骨啊。"

满都海："作为大可汗，头脑一定要冷静，切记一定不能感情用事！"

达延汗侧起身，面对着满都海："我怎么向你表示感谢呢？"说完深深地吻了下去。

第二天，达延汗在可汗金帐召见科尔沁诺延。达延汗头戴类似礼帽的圆盔带沿棕色冠帽，身穿黄色蒙古袍，腰系蓝色腰带，坐在绣有龙凤坐垫的正中大椅子上，身后四个女侍卫。大厅两侧只有几个诺延。

达延汗："召见科尔沁兀鲁思鄂尔多浩海诺延。"

鄂尔多浩海进帐施双膝跪礼："大汗，赛音拜诺？"

达延汗："鄂尔多浩海诺延，请坐。"

鄂尔多浩海："谢座！"坐下。

达延汗对其提议做答复："鄂尔多浩海诺延，你提出的将右翼三个兀鲁思分别划归左翼三个兀鲁思管辖，使他们不能再形成一股势力危害蒙古社会，这确实能根绝他们今后再叛乱的可能性，是个好办法，我也倾向这种解决方法。但这件事，是涉及右翼三个兀鲁思的大事，在提交汗廷召开呼里勒台会议决议之前，我与满都海哈屯交换了一下观点。满都海哈屯提出，经过多年努力，蒙古高原重新得到统一，少数分裂分子的叛乱已经平息，社会政治生活已经平静。现在，蒙古社会最需要的是安定、团结、和谐。因此，满都海哈屯建议，今后汗廷工作重点，是考虑如何让民众休养生息，如何在安定、和谐的环境下发展牧业经济，从而使牧民们过上更好的生活。凡是影响安定、团结、和谐的事都不要做。你提的变更右翼领导权的动议，出发点很好，但涉嫌影响安定、团结、和谐大局，暂且缓一缓吧。有什么意见吗？"

鄂尔多浩海说："既然大汗和咱蒙古人最尊敬的满都海彻辰哈屯都是这个意见，我们科尔沁无条件地执行大汗的意见，没意见。"

满都海哈屯未准科尔沁鄂尔多浩海诺延肢解瓜分右翼三个兀鲁思的消息不胫而走。三个兀鲁思的官民，满心感激满都海的恩德。

永谢布诺延吉雅泰说："满都海哈屯，从国家前途、民众利益考虑问题，处理问题宽宏大量，仁义为怀呀。"

永谢布诺延布日固德："若不是满都海哈屯，万一把咱们整到科尔沁诺延手下，他们一定把咱永谢布蒙古人当作包兀勒（奴隶）对待。"

永谢布部诺延那音太："这事，都是亦不剌惹的。科尔沁诺延的儿子在平定亦不剌叛乱中阵亡了，因此他恨永谢布。咱们若到他手下，他肯定得公报私仇。满都海哈屯没同意他的动议，可给咱永谢布人积了大德了。"

鄂尔多斯的街头巷尾，有几个老牧民议论。

老牧民巴雅尔问："老哥，你听说了吗？"

老牧民白音："啥事啊？"

老牧民巴雅尔："因为咱鄂尔多斯满都赉诺延和永谢布亦不剌诺延害死了大汗的儿子，又出兵到察哈尔打人家大汗。科尔沁诺延说咱右翼三个兀鲁思不安分，要求大汗把咱这三个兀鲁思划归左翼三个兀鲁思，归他们管。"

老牧民白音："那天听点边儿，详情不知道，到底咋回事啊？"

巴雅尔："详情我也不知道。我就听说，科尔沁诺延的提议，满都海哈屯没同意，都给驳回了。"

白音："本来就应该驳回嘛。那诺延要造反，要害大汗的儿子，咱老百姓有啥着儿啊？不能因为诺延的事，治咱老百姓啊。"

老牧民吉日格勒："老兄，你这话说对一半。满都赉诺延杀害大汗儿子，你没招。满都赉诺延出兵察哈尔，攻打大汗，你俩儿子不都去了嘛，你对你儿子应该有招儿吧，为啥参加攻打大汗的战争呢？咱鄂尔多斯绝大多数人家都参加了攻打大汗的战争。就这条，治你怎么的？"

白音："你说那玩意儿，不去行吗？满都赉诺延回来，不治你呀？"

吉日格勒："咱不辩论该不该去的事。咱说满都海哈屯驳回科尔沁诺延意见的事，怎么说也是给咱鄂尔多斯百姓积了德了。不驳回，采纳科尔沁诺延意见，把右翼三个兀鲁思分了，你能怎么着？你不得给人家当包兀勒去呀。"

白音："你这么说，我同意。"

吉日格勒："这不得了，我就不同意你'应该驳回'的说法。我跟你说老兄，官府是讲统治的。官府制定政策，从统治角度考虑得多，从被统治者角度考虑得少。你鄂尔多斯不好好接受汗廷管辖，那满都海哈屯从统治角度，采纳科尔沁诺延意见，也是合情合理的。"

白音："你从这个角度说，有道理。"

吉日格勒："我告诉你老兄，官府怎么做都有理。人们不常说'嘴大嘴小'嘛，就是说的官府'嘴大'，怎么做都有理，老百姓'嘴小'，有理也没处说，说了也没人听。现在人家满都海哈屯，从老百姓角度考虑，为了让咱右翼几万户牧民安稳过日子，驳回科尔沁诺延的提议。这就给咱们老百姓办了大大的积德的事了，你不买这个账不行啊。"

白音："你这么一细说，我才明白。我原来认为她就应当这么做，听你这么一解释，原来是人家满都海施行的是德政、仁政。"

第二节　达延汗为满都海哈屯 61 岁本命年祝寿办庆典

公元 1508 年（戊辰年），满都海哈屯 61 岁。蒙古民族为老人庆贺 61、73、85 本命年是个习俗。达延汗按习俗给如母的老妻满都海哈屯庆贺 61 岁本命年，因此在可汗金帐召开"庆贺统一蒙古元勋满都海彻辰哈屯 61 岁寿辰庆典"筹备工作会议。

达延汗布置庆典筹备任务："礼宾司，你们的具体工作：一是起草邀请友邻大国明朝参加我朝'庆贺统一蒙古元勋满都海彻辰哈屯 61 岁寿辰庆典'的请柬。找一个写得好的笔且齐写，写得客客气气的，表示咱对人家的尊重。其他周边邻国，蒙兀儿斯坦、乞儿吉思等国，这些年战乱不断，路途又遥远，就不邀请了。二是邀请各兀鲁思领主、诺延、斋桑等高级诺延，前来参加'庆典'，一定要派人将请柬送到他们手中。三是组织好乐队、歌舞队，做好节目排练。四是对侍女们进行礼仪培训。"

礼宾司诺延起立表示："加。"

达延汗："伯延猛可诺延。"

伯延猛可诺延："请大汗吩咐。"

达延汗："自从与明朝恢复邦交，开展贡赐贸易和互市贸易以来，你都是我朝外交外贸全权代表，与明朝来往多年。您为两国、为蒙汉民族友好劳苦功高。这次邀请明朝皇帝派特使参加满都海彻辰哈屯寿辰庆典的任务，为了礼节，也是表示尊重，劳驾你这位德高望重的够级别的诺延亲自去邀请。"

伯延猛可："加。"

达延汗："内务府，你们负责准备贺寿庆典所需的全部物资，如接待外宾、客人住宿的毡帐；庆典所需牛羊以及各种山珍野味、奶类食品、酒类；参加庆典人员穿戴的质孙服；赠给各种人员的各种礼品；庆典用桌、椅、板、凳；客人的马、牛栅栏及所需草料；庆典服务人员的服装等。派人到新开口堡马市上，多买些鞭炮烟花，把庆祝活动搞得热热闹闹的。"

内务府官员："加。"

达延汗："阿尔斯楞将军，你再抽调一些巴特尔，连同你的汗廷侍卫队，做好会议期间的安全保卫工作。"

阿尔斯楞："加。"

贺寿大厅设在可汗昔剌斡耳朵金帐。金帐打扮得金碧辉煌，金帐外，旗幡彩带飘扬。金帐四周，拴着高头大马，停着高轮轿车，附近男女老幼人头攒动，人喊马嘶，像市场一样。稍远处，白色毡房像白莲花绽放。

金帐前脸和金帐内北侧，分别悬挂着"庆贺统一蒙古元勋满都海彻辰哈屯 61 岁寿辰"的大红横幅。横幅下方，中间悬挂着成吉思汗像，左右两边为成吉思汗的 88 功臣画像；两侧从里往外分别插着查干苏勒德、哈日苏勒德、黑地白马大纛。前面摆两张椅子，右为大汗的，左为满都海的。大厅两侧，每边摆两趟桌椅。大汗椅子右侧，稍斜摆着桌椅，是给有地位的外宾明朝特使准备的。

大汗前面，稍低些的位置，铺着白毡子，是为放礼品预备的。满都海儿女坐大厅两侧前部。苏勒德后边是乐队。乐队奏着轻松、舒畅、欢快的乐曲。

礼宾诺延招呼："各位诺延，入场就座了。"在音乐声中，参加会议的诺延们身着汗廷预备的天蓝色质孙服蒙古袍，腰系橘黄色腰带纷纷入场。人员坐好后，乐声停。

礼宾诺延："现在，请大汗、哈屯入席。"外面传来一阵炒豆般鞭炮。

音乐声起，大汗、满都海哈屯徐徐入场。

与会诺延们跪下："祝达延汗万岁、万岁、万万岁！祝满都海彻辰哈屯千岁、千岁、千千岁！"

满都海儿女跪下："祝父汗万岁、万岁、万万岁！祝母后千岁、千岁、千千岁！"

礼宾诺延："请友好邻邦，大明国武宗皇帝特使入席。"

明朝特使穿明朝文官官服，手持明帝赠满都海的贺幛入场。

达延汗、满都海哈屯起立，表示礼貌，并轻轻地拍着手掌，表示欢迎。

礼宾诺延引导明特使到大汗右侧座位处。主宾点头会意后都坐下。

礼宾诺延："现在我宣布：'北元庆贺统一蒙古元勋满都海彻辰哈屯61岁寿辰庆典暨封赏大呼拉尔'现在开始。进行庆典第一项：向圣祖成吉思汗致敬。"

礼宾诺延指挥："全体起立，拜！"全体跪倒；"再拜！"磕头；"平身！"起立后坐下。

礼宾诺延宣布："进行庆典第二项：盛世封功臣。"

达延汗起立，站立宣读《封臣敕书》：

"土默特兀鲁思恩古特鄂托克绰罗斯拜·帖木尔斋桑诺延及其格根塔娜夫人，为蒙古养育了第二次统一蒙古的元勋、旷世英才满都海。朕首先晋封满都海彻辰哈屯的阿爸为大达尔罕（享受法外特权的人），享受汗廷一品诺延俸禄，赐通行之大红金印讫。子孙承袭，世代罔替。封满都海彻辰哈屯的嫫母格根塔娜夫人为一品诰命夫人，享受汗廷一品诺延供俸。

"瓦剌乌格岱、喀喇沁博赉、萨尔塔郭勒之巴延台、洪吉喇特额则雷四位功臣，吃尽人间辛苦，将襁褓中的先父巴延蒙克·孛罗忽济农，从蒙古西部瓦剌辗转万里回归漠南蒙古，为孛儿只斤氏家族汗系延续做出了卓越贡献。此后又为蒙古统一呕心沥血，付出艰辛。晋封他们四位功臣为乌恩巴特尔（汉译为忠诚英雄）、大达尔罕，享受汗廷一品诺延俸禄，赐通行之大红金印讫。子孙承袭，世代罔替。

"牧民帖木尔·哈达克，正直善良，对朕有养育之恩。朕封他为达尔罕（享受特权的人），享汗廷五品诺延俸禄。赐通行之大红金印讫，子孙承袭，世代罔替。封帖木尔哈达克妻子鄂云达尔为五品诰命夫人，享汗廷五品诺延供俸。

"牧民安扎特穆尔，正直善良，见义勇为，舍生忘死救朕于呼鲁胡儿河，对朕有救命之恩。朕封他为达尔罕，赐通行之大红金印讫，享汗廷五品诺延俸禄。子孙承袭，世代罔替。

"扎罕·阿噶夫人，关键时候提出正确意见，促成朕与满都海彻辰哈屯的结合。朕封她为一品诰命夫人，享汗廷一品诺延供俸。

"科尔沁诺延、左丞相孛罗乃，在蒙古社会最关键时刻，挺身而出站在孛儿只斤氏家族一边并不遗余力地支持，使黄金家族的汗位得以延续，功不可没。先朝已晋封为齐王，朕封为大达尔罕，享受汗廷一品诺延俸禄，赐通行之大红金印讫。子孙承袭，世代罔替；另，赏银5000两、绸缎200匹、牛1000头。

"克什克腾部阿来通将军，在满都海彻辰哈屯西征瓦剌时任先锋官，为顺利西征做出突出贡献，朕封他为赛音巴特尔（汉译为好英雄）、大达尔罕，享受汗廷一品诺延俸禄，赐通行之大红金印讫。子孙承袭，世代罔替。

"蒙郭勒津部掌吉·帖木尔诺延，在满都海彻辰哈屯二征瓦剌时，只带几名亲兵，深入乩加思兰虎穴，探听虚实，拖住叛逆分裂分子乩加思兰，为西征大军歼灭分裂势力、击杀分裂首犯乩加思兰做出突出贡献，并险些被乩加思兰杀害。朕封他为墨日根巴特尔（汉译为聪慧的英雄）、大达尔罕，享受汗廷一品诺延俸禄，赐通行之大红金印讫。子孙承袭，世代罔替。

"郭尔罗斯部托郭齐诺延，代满都海哈屯带领众将领，率师浴血奋战，转战东起嫩江流域，西到哈密，北到贝加尔湖的整个蒙古高原，为蒙古重新统一做出了卓越贡献，立下了汗马功劳。朕封他为玛希巴特尔（汉译为顶级英雄）、大达尔罕，赐通行之大红金印讫，享汗廷一品诺延俸禄。子孙承袭，世代罔替。

"托郭齐大达尔罕带领的19位将领，在统一蒙古、横扫分裂割据分子亦思马因及小额鲁特战役中，表现突出，战果辉煌，朕封他们19位为苏尔图巴特尔（汉译为威风的英雄）、大达尔罕，赐通行之大红金印讫，享汗廷一品诺延俸禄。子孙承袭，世代罔替。

"洪吉喇特之额则里、哈真之济忽儿、管城者巴延布克、阿速特之巴延博罗特四位功臣，在瓦剌偷袭中满都海哈屯落马时，不顾自己安危，拼命杀敌，保护了满都海哈屯的安全，并保证了满都海哈屯安全生下两位台吉，同时保证了满都海哈屯母子安全转移，做出了卓越贡献，功勋卓著。朕封他们四人为胡日查巴特尔（汉译为机灵的英雄）、大达尔罕，享汗廷一品诺延俸禄，赐通行之大红金印讫，子孙承袭，世代罔替。

"科尔沁乌纳博罗特诺延，为蒙古铲除了弑君逆臣毛里孩，并将获得的珍宝传国宝玺捐献给汗廷，使物归其主，还在统一蒙古战争中战绩卓著，朕封他为乌恩巴特尔（汉译为忠诚的英雄）、大达尔罕，赐通行之大红金印讫，享汗廷一品诺延俸禄。子孙承袭，世代罔替。

"鄂尔多斯·哈尔哈坦之拜音绰古尔·达尔罕，为了汗廷能够按时收敛赋税，率领右翼30人请愿团，到汗廷请求派济农到右翼管理。在他的首领满都赉和永谢布亦不剌合谋举行叛乱时，不顾个人安危，上前劝阻，表现出对汗廷的赤胆忠心。朕晋封他为大达尔罕，享汗廷二品诺延俸禄，赐通行之大红金印讫，子孙承袭，世代罔替。

"洪吉喇特库垮孙将军，在他的首领率领叛军杀来之际，不畏招来杀身之祸，将自己的红骏马给予乌鲁斯博罗特逃跑，是舍身取义之人。朕封他为乌恩巴特尔（汉译为忠诚英雄）、达尔罕，享汗廷三品诺延俸禄，赐通行之大红金印讫，子孙承袭，世代罔替。

"平息右翼叛乱的达兰·特里衮战役中，率先冲入叛军阵营的科尔沁鄂尔多浩海诺延、乌梁军之巴雅海将军、扎古特之赛音彻格哲、喀尔喀之巴哈孙将军、克什克腾之乌噜木将军五位功臣，都为蒙古统一做出了突出贡献。朕封他们五位为胡春巴特尔（汉译为凶猛英雄）、大达尔罕，均享汗廷二品诺延俸禄，赐通行之大红金印讫，子孙承袭，世代罔替。

"凡参加平定右翼叛乱战役之将士，凡参加讨伐火筛战役之将士，均各奖励绸缎二表里、母牛10头、母羊20只。

"喀尔喀之巴哈孙将军，你年轻勇猛，表现突出，朕将满都海哈屯独生女图鲁勒图公主，赐与你为妻，晋你为塔布囊。"

受封众人跪倒齐呼："谢大汗恩典！达延汗万岁、万岁、万万岁！"

礼宾诺延："进行庆典第三项：大汗宣布大免、大赦令。"

达延汗："值此庆贺满都海彻辰哈屯 61 岁寿辰之际，又巧逢朕登基 30 年，蒙古高原重新统一，政治改革又获成功，真是大喜大庆。在这四喜临门的喜庆日子，为了让全国的阿拉巴图们同享这喜悦，朕宣布：一、全国免贡赋、徭役三年。二、全国的罪犯，一律特赦释放。判罚牲畜的，未缴纳的牲畜一律赦免缴纳。三、早年战争中俘虏的已变为各级诺延奴仆的明朝官兵或在历次边境摩擦中掳获的汉人，一律撤销其奴仆身份，恢复其平民地位，与咱蒙古人享受同等政治待遇。愿意在咱蒙古继续生活的，由其主人资助其牛羊让其自立门户独立生活。四、凡汉人本人愿意回中原老家探亲或定居的，无任何条件，一律允许其返回家乡与亲人团圆，发给路引，提供马匹脚力并资助路费。凡阻挠汉人回中原与其亲人团聚的，视情节予以制裁不怠。"

与会人员热烈欢呼："呼瑞！呼瑞！"掌声经久不息。

第三节　达延汗在庆寿大会上授予满都海"伟大母亲"称号

礼宾诺延："进行庆典第四项：由大汗授予统一蒙古元勋满都海彻辰哈屯'伟大母亲'称号。"

达延汗满面红光地走到台中央宣布："在大元帝国退回塞北蒙古本土之后，权臣乘机篡权夺位，颠覆汗廷，臣弑君，君戮臣，内乱频仍，蒙古政局到了崩溃的边沿。是满都海彻辰哈屯，在最危难、最险恶时期，果断代理可汗，执掌国柄，挑起拯救蒙古政局于危亡的重任。她力挽狂澜，亲自率领大军并自做先锋，跃马挥戈，驰骋疆场，击杀了分裂首恶分子剿平了其分裂势力；此后又派遣军队进行统一战争，使四分五裂的蒙古高原又重新获得统一。这是她为蒙古做出的伟大的历史功勋！

"满都海彻辰哈屯，以国家利益为重，从民族事业出发，以对圣祖成吉思汗黄金家族高度负责的政治责任感和责任心，为了将圣祖成吉思汗开创的事业进行到底，派人将朕寻回，并以其伟大的母爱，以胜过爱自己亲生儿子的爱，抚养、教育、培养朕，使朕在德、才、体、能各方面，得到能胜任大汗的全面教育。朕能走到今天，咱北元能有今天的辉煌，毫不夸大地讲，全是满都海彻辰哈屯的功劳！

"满都海彻辰哈屯，豁达真诚，刚柔相济，舍弃个人幸福，顾大局识大体，是伟大草原母亲的楷模，是中兴蒙古之母！

"满都海彻辰哈屯，作为母亲，抚养教育朕成人成才成为中兴可汗，培养教育其七个儿子成为兀鲁思的栋梁之才；作为妻子，给朕生了七个儿子和一个女儿；作为辅臣，为朕扫清了执政道路上的所有障碍；作为女人，是位完美的女人。

"朕诚挚地感谢'似母老妻'满都海彻辰哈屯。为此，朕以大汗名义授予彻辰哈屯满都海'伟大母亲'称号！"

此时，会场掌声如雷，经久不息。人们兴奋地欢呼雀跃，扔帽子。掌声中，有人自发地从内心呼喊："满都海万岁！满都海万岁！"

礼宾诺延："进行庆典第五项：贺寿开始。"欢快的音乐声起，大呼拉尔会议工作人员将满都海台上的座椅搬到台中央。

伟大母亲满都海彻辰哈屯端坐台中央。

礼宾诺延："首先，由子女贺寿。"

活着的九个儿子、一个女儿，依次上台拜寿：三子巴尔斯博罗特、四子阿尔斯博罗特、五子阿勒楚博罗特、六子斡齐尔博罗特、七子格呼博罗特、八子阿尔博罗特、九子格呼森扎、十子鄂卜兖锡青、十一子格呼图领着比姬和子女、女儿图鲁勒图，一家从左、右、后三面簇拥着一个大花篮上台，到满都海面前站一排，高举手帕过头顶，鞠躬施礼，而后跪倒，而后子女与眉齐端着手帕。

满都海彻辰哈屯第三子巴尔斯博罗特济农诺延，代表众子女，宣读《慈母颂词》：

额吉！最最亲爱的额吉：

每当我们呼出这神圣、亲切的"额吉"字母时，您高大、神圣、慈爱的形象，就会在我们脑海中显现。您无私的母爱，就会使我们全身的热血沸腾。

啊！额吉！是您把我们送到这美好的人间。您的儿子，现在都已成为父亲，已知您做母亲时的痛苦和艰辛。每当我们想到您送我们到人间时那一时刻死去活来的痛苦折磨，我们觉得您更神圣！更高大！更亲切！更恩德无限！

额吉！我想到这里，我的喉咙哽咽了，我的眼睛湿润了，我要用我已经颤抖的声音呼喊，是伟大的额吉您，给了我们生命，给了我们灵魂！给了我们力量！

额吉！您的血液在我们身上流淌，它传给我们：您高贵的基因、坚强的毅力、刚毅的性格、正直的品德、聪睿的智慧和克己为兀鲁思牺牲一切的精神！

额吉，您香甜的乳汁，是我们生命的源泉；您甘甜的乳汁，造就了我们健壮的体魄；您芳香的乳汁，成就了我们承受人间风霜雨雪、酷暑严寒的躯体！

额吉，您无私的母爱，如太阳般温暖；您亲切的母爱，如月亮般圣洁；您慈善的母爱，是我们生命的动力；您无微不至的母爱，如雨露滋润大地，是我们用之不尽、取之不竭的力量源泉。

额吉，您的严教，使我们都成了兀鲁思的人才；您的谆谆教诲，使我们确立了为民族出力的信念！

额吉，您为儿女付出了多年辛苦，您因儿女增添了丝丝白发。滚滚红尘，悠悠岁月，使您红颜换皱纹，儿女是您永远的牵挂。

额吉，您为我们的阿爸，打下江山，扶上宝座，铺平道路，奠定了今后的基础。

额吉，伟大的额吉！神圣的额吉！在您花甲之年，众儿女们，共同祝您寿比哈剌兀那山，与日月共存！福如哈屯河水，与天地共在！祝您身体永远健康！"

满都海彻辰哈屯按蒙古族习惯给予"伊勒日"："祝我的众儿女们，身体健康，儿女满堂，牛马遍野，草原发展，兀鲁思发达！"

众儿女们齐呼："博勒格！"磕头，然后一个一个地到满都海跟前跪下，将手帕献给满都海，磕头，满都海一个一个亲吻其前额。而后儿女逐个献寿礼，放在寿礼位置后，回到自己位置。

礼宾诺延："由顾实哈屯、苏密尔哈屯祝寿。"

顾实哈屯、苏密尔哈屯手捧手帕走上台阶，到满都海面前，献上手帕："祝最受尊敬的、有如慈母般恩德的彻辰哈屯大姐寿比哈剌兀那山不老松，福如哈屯河长流水！"施半蹲礼退回。

礼宾诺延："各部诺延、夫人祝寿。"

80多岁的科尔沁孛罗乃诺延在侍女搀扶下上台祝寿。侍女从他怀里掏出手帕，刚掏出，器乐声停。

满都海赶紧起立："加、加加加，老人家，您这么大岁数怎么也来了。快！快！"示意侍女赶紧接过手帕。

李罗乃："祝尊敬的满都海彻辰哈屯，寿比南山，福如东海！"

满都海哈屯收下叔王李罗乃的祝福，双手合掌在胸前并赶紧说："博勒格、博勒格。快搀老人家去休息！"

70来岁的科尔沁乌纳博罗特诺延携年轻夫人走上台阶贺寿，高举手帕过头顶："祝尊敬的满都海彻辰哈屯，寿如哈剌兀那山永在，福如哈屯河水永流！"献贺礼，施礼退下。

60多岁的科尔沁鄂尔多浩海诺延携夫人走上台阶贺寿，高举手帕过头顶："祝尊敬的满都海彻辰哈屯，寿如南山不老松，福如东海长流水！"献贺礼，施礼退下。

……

诺延们逐个贺寿、献贺礼，多数是异域奇珍异宝等，这也是各兀鲁思和各爱玛克与汗廷拉近关系的一个极好机会，因此都把压箱底的自己最稀罕的宝贝慷慨拿出来做贺礼。

礼宾诺延："进行庆典第六项：明朝特使献贺幛。"

明朝特使很有气派地起立，往前走几步，站在会场中央，清清嗓子宣读："在贵国隆重、热烈，庆贺满都海彻辰哈屯61岁寿辰之际，奉大明正德皇帝之命，前来祝贺。"台上台下鼓掌，掌声热烈。

"满都海哈屯，主持蒙古政权以来，特别是统一蒙古高原之后，不失时机地决定与我大明通好，派遣友好使团到京师，为我朝孝宗皇帝登基祝贺，促成了两国邦交，终止了军事摩擦，开展了对双方都有利的通贡通商互市贸易，互通有无，利国利民，加深了蒙明两国和蒙汉两族民众之间的理解，为万世友好开启了良好的开端。

"我朝正德皇帝对满都海彻辰哈屯及时决定恢复与我大明邦交的英明决策高度赞赏，亲自泼墨，写下《贺幛》，赠满都海彻辰哈屯寿诞志庆！"

说完，明朝特使打开贺幛，献给台上满都海哈屯。侍女赶紧走来接过贺幛呈送给满都海，达延汗帮着满都海打开，面向会场展示：

上联：识大局铸成两国友好造福长城内外
下联：开互市促进两族交流荫及塞北江南
横批：和谐社会

歌舞队中爆发出颂扬满都海功绩的歌声：

天上有个北斗星，
指引迷途行路人。
蒙古有了满都海，
险恶形势扭过来。
立斩乱世奸雄祸首，
挽狂澜，
救危亡，
危急关头最果断，

军政大权握在手，
统一重任挑在肩。

天上有个北斗星，
金光闪闪压群星。
巾帼英雄满都海，
统一蒙古意志坚。
征伐分裂割据恶势力，
亲率兵，
做先锋，
戎马倥偬历艰辛，
蒙古高原又统一，
蒙古第二个铁木真。

天上有个北斗星，
照耀蒙古向前进。
蒙明和好功盖世，
明帝回赠红蟒袍。
为蒙汉和谐多努力，
排众议，
派使团，
通使、互市、搞贸易，
长城南北都发展，
满都海功绩说不尽。

天上有个北斗星，
满都海蒙古指航程。
百年统一她创建，
功高盖世是豪杰。
舍弃个人幸福为社稷，
为蒙古，
为中华，
中华民族女英雄！
满都海英名传千古，
青史永志美名扬！